품질관리

박 주 영 · 김 영 균 공저

東 明 社

머 리 말

세계시장에서 경쟁은 점차로 심해지고 있다. 1970년대 일본의 경제 부흥으로 불붙기 시작한 무역전쟁은 2000년대 들어서면서 새로운 국면으로 접어들었다. 미국, 일본, 아시아 등 세계 경제가 침체기에 들어간 것이다.

아시아에 속한 한국도 외환관리의 잘못과 동남아 국가들의 외환위기로 경제위기를 맞으면서 새로운 경제 부흥을 위해 과거에 볼 수 없었던 강력한 구조조정을 정부와 기업의 주관하에 실시하고 있다.

미국과 일본이 비록 침체기에 있다고 하지만 일본과 미국은 세계 경제대국의 양대 산맥이라 할 수 있다. 일본과 미국이 강력한 국가 경쟁력을 갖게 된 공통점 중의 하나는 양 국가 모두 품질을 중요시하고 있다는 점이다.

일본의 품질분임조(QCC)와 전사적 품질관리 그리고 미국의 종합적 품질관리(TQC)와 품질경영(TQM)은 오늘날 경제대국인 일본과 미국을 만드는 중요한 원동력이다.

한국도 21세기 산업사회 경쟁에서 살아남기 위해서는 품질 우위를 확보하는 길밖에 없다. 품질대가인 Juran은 20세기는 생산성의 시대였지만 21세기는 품질의 시대가 될 것이라고 단언하였다. 당연히 21세기는 기술과 품질이 국가 경쟁력과 기업경쟁력을 좌우하게 될 것이다.

品자의 뜻은 물건이란 뜻 이외에 품수 품(格也), 벼슬차례 품(官級) 등 質이란 뜻으로 해석된 경우가 많다.

品格, 品性, 品位, 品行, 品劣 등에서 品자는 質을 뜻한다.

품질은 소비자 의사결정의 중요한 요소로서 제품의 구조나 기능이 복잡화되어 가고 보다 신뢰할 수 있는 성능, 정확도, 규정된 수명 등을 요구하게 되었다. 따라서 품질은 질적, 양적, 가격면에서 제품을 직접 만드는 생산공정을 비롯하여 설계, 시작, 가공, 검사, 서비스에 이르는 모든 면에서 합리적이고 과학적인 수법으로 관리되지 않으면 안 되게 되었다.

이 책은 이러한 품질과 품질관리의 추세에 따라 품질관리를 처음 공부하는 사람들에게, 품질관리의 사고 방법과 기본적인 수법을 아주 알기 쉽게 설명하는 데 주력하였다. 특히 품질관리 기법은 통계학을 수반해야 하는데, 통계학의 기본 지식이 부족한 사람도 이해할 수 있도록 이론을 자세하고도 쉽게 기술하였으며, 그리고 각 장마다 예제와 연습문제를 실어 확고한 지식을 얻도록 하는 데 역점을 두었다.

그러므로 이 책의 내용을 충분히 익히고 터득한다면, 현장관리나 보다 높은 수준의 품질관리 기법을 연구하는 데 많은 도움이 되리라 믿는다.

끝으로 본 교재를 위해 물심양면으로 지도 편달해 주신 분들과, 그리고 본 교재 제작에 적극 협력해 주신 동명사 여러분에게 깊은 감사를 드리는 바이다.

2006년 6월

저 자

차 례

제1장 품질관리 서론

제2장 품질관리 조직과 업무

제3장 데이터의 정리방법

제4장 통계적 방법에 사용되는 분포

제5장 추 정

제6장 검 정

제7장 간이검정 및 추정

제8장 관 리 도

제9장 상관과 회귀

제10장 분산분석

제11장 샘플링과 샘플링 오차

제12장 샘플링검사

제13장 공정능력과 규격

1 품질관리 서론

1.1 품질관리의 의의

품질관리(quality control)란 말은 우리들 생활 주변에서 흔히 들어왔으며 새로 나온 용어는 아니다. 그러나 일반적으로 생산에 종사하고 있는 사람 가운데는 만들어진 제품을 조사하여 좋은 품질과 나쁜 품질을 가려내는 것으로 생각하기 쉬웠다. 생산활동의 하나로 생각하면 검사가 그것에 해당되므로 품질관리란 검사라고 생각되었으며, 어떠한 방법이든 간에 만들어진 제품의 결과를 확인한다는 뜻에서 종래부터 시행되어 온 관리기법이었다.

그러나 검사를 한다고 부적합품이 곧 양품이 될 리가 없으며, 또한 통계적 기법을 잘 알고 있어도 가공, 조립, 설계, 작업방법 등에 전문적 지식이 없으면 부적합품의 발생을 줄일 수 없으며, 따라서 아무리 검사를 엄격히 하고 또 통계적 기법을 잘 알고 있어도 반드시 품질관리에서 큰 성과를 기대할 수는 없다. 그렇기 때문에 검사를 까다롭게 하면 할수록 부적합품이 증가될 뿐 이미 만들어진 전체 제품에 대하여는 하등의 영향이 없게 되며, 아무리 통계적 기법을 활용한다 해도 그 실효를 거둘 수 없다.

오늘날의 모든 제조과정에서는 고도의 기술이 요구되는 시대이며, 품질의 문제는 개개의 제품의 적합, 부적합의 극한된 요구에 그치지 않고 오히려 제품이 지닌 본래의 기능에 대하여 어느 정도 신뢰할 수 있는가 하는 시간적, 공간적으로 확대된 스케일부터 문제시되고 있다. 그 결과 품질보증(quality assurance)이 한걸음 전진해서 신뢰성(reliability)이라는 넓은 요구로 되었다고 생각하면 이는 당연한 것이다. 제품의 생명은 어디까지나 믿고 사용할 수 있는 데 따라 결정되는 것이다. 따라서 기업경영의 목적에 부합하는 것은 품질관리의 본질을 올바르게 이용하고, 각자의 기업에

적합한 방법으로 실시함으로써 비로소 큰 성과를 얻을 수 있는 것이다.

기업경영의 목적은 제품을 제조하여 이것을 판매하고 이익을 올리는 것이다. 제품이 팔리지 않으면 기업의 존속이 어렵게 된다. 전면적인 무역의 자유화가 여러 나라로부터 요구되는 지금, 기업이 존속하여 나가기 위해서는 소비자의 요구에 합당한 품질의 제품을 만들어야 한다. 소비자란 고객, 구입처 등 상품을 구입하여 사용해 주는 회사나 개인을 포함해서 크게는 국가를 말하며, 그러기 위해서는 생산공장에서 ① 좋은 제품(quality)을, ② 값싸게(cost), ③ 신속하게(delivery) 공급하는 것을 목표로 하여 이 목표를 만족시키는 방향으로 개선을 추진하는 것이 중요하다.

이 목표를 좀더 구체화하면 다음과 같다.

① 좋은 제품을 만든다.

• 부적합의 감소

• 품질의 불균일의 감소

② 적당한 가격의 제품을 만든다.

• 부적합품이 된 물품의 재료비나 이것을 만드는 데 소요된 노무비나 경비의 감소

• 검사비용의 감소

• 소비자에의 신용 상실로 일어나는 유휴시간(遊休時間)의 감소

③ 신속히 만든다.

여기에 신속하다는 말은 1분, 1시간을 서둔다는 의미가 아니며, 거래처가 요구하는 시기 또는 납기(納期)까지 필요한 수량만큼 양품을 전달할 수 있도록 미완성품을 감소시키거나, 생산기간을 단축하는 것을 말한다.

기업의 모든 부분이 이 목적을 향해 전진해 나가기 위한 관리기법으로서 품질관리가 있다. 즉, 공업생산의 목적달성을 위한 경영자의 책임 중의 하나인 품질관리는 중요한 경영의 도구(management tool)의 하나라는 것을 알 수가 있다.

1.2 품질관리의 역사

통계학의 역사는 대단히 길지만 1920년대부터 영국의 농학자 피셔(R. A. Fisher) 일파는 소수표본에 의한 추측적인 분석방법으로서의 추측 통계학을 처음으로 확립하여 오늘날의 품질관리의 기초를 형성하였다. 그러나 본격적으로 품질관리라는 용어를 제창한 사람은 1924년 미국의 슈하르트(W. A. Shewhart)로서 저서 『Economic Control of Quality of Manufactured Products(공업 제품의 경제적 품질관리)』(1931)에서 처음으로 소개되었다.

제품의 품질에는 반드시 변동이 따른다. 이 변동에 착안해서 품질을 미리 결정해 놓은 표준과 대비시켜 원하는 상태로 끌어가고자 하는 것이다. 품질의 변동은 전혀 불규칙적인 것이 아니며, 확률의 원리에서 보면 하나의 규칙성이 따르고 있다. 따라서 경제적으로 생각하여 현저한 변동만은 이를 억제하고, 그렇지 않은 것은 이를 무시해 버린다. 이 법칙을 확립해서 계산에 의해 가장 단순한 통계적인 시험방법으로 객관적 판단을 할 수 있도록 생각해내었다. 이것이 관리도(control chart)이다. 이러한 슈하르트의 생각은 당시 그가 근무하던 벨 전화 연구소(Bell Telephone Lab)에서는 그다지 관심을 끌지 못하였다.

이와 때를 같이 하여 1928년 같은 벨 전화 연구소의 다지(H. F. Dodge)와 로미그(H. G. Romig) 두 사람이 통계학을 샘플링검사(sampling inspection)에 응용할 것을 시도하고 있었는데, 이제까지의 검사방식과 비교하여 획기적인 합리성을 가지는 1회 샘플링검사 방식을 완성하였다. 이것이 다지-로미그의 샘플링검사표이다. 이 검사방식과 관리도에 의한 제품품질의 관리가 상세히 보급되어 품질의 보증과 경제적 생산에 유용한 도구임이 명백해졌다.

품질관리가 각 산업분야에 적용되기 시작한 것은 1941년 제 2 차 세계대전이 일어날 무렵이었다. 미국에서는 군수품의 수요에 대처하여 품질관리 방법을 전시 규격(war standard)으로 공포하였다. 이것이 유명한 ZI 규격이다.

ZI 1 : 1941년, Guide for Quality Control

ZI 2 : 1941년, Control Chart Method of Analyzing Data

ZI 3 : 1942년, Control Chart Method of Controlling Quality During Production

이 규격과 다지-로미그 샘플링검사 방식 및 여기에 근거를 둔 샘플링검사 방식의 채용은 미국의 커다란 전력이었다.

영국에서는 1935년 피어슨(E. S. Pearson)이 품질관리에 관하여 발표한 저서를 그대로 영국 규격으로 정하여 BS 600이라고 불렀다. 전시 중 현저한 효과를 거양(擧揚)한 것으로 인정된 이 기법은 전후 평화산업에 널리 활용되기에 이르렀다.

전후 민간단체나 대학에서 열심히 연구 보급하여 품질관리는 미국의 평화산업 속에서 급속히 침투하였을 뿐만 아니라, 일본을 비롯하여 영국, 프랑스 등지에 급속히 보급되었다. 그리고 비교적 보수적이던 독일도 최근 비상한 관심을 표시하고 있다. 러시아에서는 독자적인 관리기법이 발달하고 있으며, 인도는 예부터 통계학이 성한 나라이기 때문에 미국의 품질관리를 일찍부터 도입하여 공업 근대화의 강력한 추진력이 되고 있다.

일본의 경우를 보면, 품질관리가 도입된 지 약 50년이 되고 있으며 지금은 거의 모든 산업에서 기업의 대소를 막론하고 보급되어 품질관리라는 말이 공업 관계자의 상식이 되었다. 그동안 미국 품질 관리계의 데밍(Dr. W. E. Deming)은 1950~1952년 전후 3차에 걸쳐 일본에 초빙되어, 각 회사의 경영자, 기술자, 판매 관계자에게 품질관리나 시장조사에 관한 강습회를 개최하였고, 1954년에는 주란(Dr. J. M. Juran)이 경영관리와 품질관리의 결과에 대해 경영진을 교육하여 그 보급에 큰 공헌을 해왔다. 현재 품질관리를 알고 있는 회사에서는 경쟁적으로 그 실현을 꾀하고 있으며, 특히 1951년부터는 데밍을 기념하기 위해 데밍상을 제정하여 품질관리의 연구, 보급실시와 발전을 꾀하고 있으며 각 회사가 경쟁하여 이 상을 획득하려고 노력하고 있는 실정이다.

우리나라에서는 1961년 9월 30일 법률 제732호로서 공업 표준화법이 공포되면서부터 현대적 품질관리를 도입 실시하기 위한 공업 표준화사업이 시작되었다. 같은 해 10월에는 상공부에 표준국이 창립되었으며, 1962년 2월에는 공업표준심의회가 창립되어 공업표준에 대한 심의활동이 시작되었다. 1996년 2월 12일부터는 산업자원부 기술표준원이 출범하면서 품질관리 운동을 담당하고 있다.

1.3 품질 및 품질관리

1.3.1 품질의 정의

일반적으로 우리들은 품질이 좋다거나 나쁘다고 말한다. 그러면 이 품질이란 어떤 것을 가리키는가? 먼저 품질의 성질을 분류하면 ① 물성(物性), ② 가격, ③ 서비스, ④ 납기, ⑤ 만족감 등으로 구분할 수 있다. 그래서 일찍이 품질이란 제품의 유용성을 정하는 성질 또는 제품이 그 사용목적을 수행하기 위하여 갖추고 있어야 할 성질이라고 말할 수 있었다. 이 성질의 각각을 품질특성이라고 하며, 여기에는 길이·무게·온도·강도·압력 등이 있다. 이들 특성을 수치로 표시한 것을 품질 특성치라고 부르며, 예를 들면 중량(g), 길이(cm), 강도(kg/cm^2) 등으로 표시된다.

품질에는 상대적 품질과 절대적 품질이 있으나 품질관리에서 문제로 하는 품질은 가격을 무시하고 품질의 양호함을 추구하는 절대적 품질이 아니고, 가격과 품질과의 조화를 고려한 상대적 품질인 것이다.

품질이 좋다고 하는 것은 소비자가 바라는 조건에 대하여 최상의 것을 의미한다. 소비자가 바라는 조건은 제품의 실제 사용목적과 가격이다. 제품의 품질은 그 가격과 분리하여서 생각할 수는 없다. 그래서 우리가 물품을 구입할 때는 가격에 알맞는 물품을 구입하려고 하는 것이다. 따라서 좋은 품질이란 소비자가 만족하는 품질의 제품을 가장 저렴한 가격으로 만들어진 것이라고 말할 수 있다. 소비자를 만족하게 하지 않으면 제품은 팔리지 않을 것이며, 사업은 융성할 수 없게 됨은 당연한 일이다.

우리는 먼저 품질에 대하여 다음과 같은 사항을 염두에 두어야 한다.

품질을 평가할 경우 그 대상이 되는 항목인 성능, 기능, 외관, 구조, 수명, 안전성, 내구성, 신뢰성, 보수, 수리의 난이, 보수용 부품, 사용상의 편리성, 사용환경에 대한 적합성 등을 생각해야 하는데, 이것이 바로 품질특성인 것이다.

또한 좋은 품질이란, 즉 소비자가 만족하는 것, 또 소비자가 요구하고 있는 것은 시기에 따라 달라질 수 있다. 가격이 싸니까 잘 팔리고, 비싸니까 잘 팔리지 않는다고 할 수는 없다. 소비자가 원하는 품질을 만든다는 것이 판매를 결정짓는 근본이 된다. 소비자가 원하는 시기에 그 물건이 없으면 좋은 품질이라 하더라도 소비자를 만족시킬 수는 없는 것이다. 이러한 사항은 참으로 품질을 이해하고 판단할 수 있는 좋은 생각이며, 또한 가격을 고려한 상대적 품질의 개념을 올바르게 이해할 수 있는 것이다.

1.3.2 품질의 종류

품질의 종류는 크게 나누어 ① 시장품질, ② 설계품질, ③ 제조품질 등으로 나눠어 볼 수 있다.

[1] 시장품질

소비자(시장)가 요구하는 품질로서 시장조사가 매우 어려운 문제점, 수주(受注) 생산석의 시방(示方) 등으로부터 알 수 있다. 여기서 시방이란 재료 · 제품 · 공구 · 설비 등에 대하여 요구하는 특성의 형상, 구조, 치수, 성분, 능력, 정도, 성능, 제조방법 및 시험방법 등의 규정을 말하며, 시방을 문서화한 것을 시방서[仕様]라고 한다.

제품은 새로운 기술로 훌륭하게 만들어져 있어도 반드시 잘 팔린다고는 할 수 없다. 제품이 팔린다고 하는 것은 소비자의 요구를 만족시키는 품질이어야만 한다는 것이 선결문제이다. 따라서 제품을 판매할 경우 소비자가 무엇을 요구하고 있는가, 어떠한 품질을 바라고 있는가, 가격은 어느 정도가 좋은가 등을 정확하게 파악하여, 그것에 합당한 제품을 만들지 않으면 팔리지 않는다. 이러한 소비자의 요구를 잘 파악하여 실제 사용상에서 평가하는 품질을 시장품질이라고 하며, 이를 또한 소비자 품질이라고도 한다.

[2] 설계품질

품질의 설계는 경영의 출발점임에도 불구하고 종래 이것이 명확하지 못한 경우가 적지 않았다. 소비자가 원하는 품질이 결정되면 그것을 어떤 상품으로 할 것인가 하는 것이 문제로 된다. 이것이 품질설계인 것이다. 설계라고 하면 도면을 그리는 것만이 아니라 품질, 시방, 가공방식 등을 결정한다는 것이다.

품질설계의 제 1 요소는 소비자가 요구하는 품질을 구체적으로 하는 기술수단이다. 아무리 훌륭한 조사를 실시해서 소비자의 요구를 파악했다고 해도 그것에 대응될 수 있는 기술수단이 이루어지지 않고서는 아무런 의미가 없게 된다. 품질설계의 담당부문에서는 언제든지 이와 같은 기술동향을 잘 연구해서 현 단계에서 가장 앞선 지식을 포함하여 소비자의 요구를 구체화할 수 있도록 노력해야 한다.

품질설계의 제 2 요소는 코스트(cost)인 것이다. 판매의 가격과 필요한 코스트와의 차를 될 수 있는 대로 크게 하여 수익성을 높인다는 것을 말하며, 이는 품질설계의 중요한 임무인 것이다. 이러한 요소를 실현하는 품질을 설계품질이라 하며, 이를 목표로 하는 품질로서 시장품질, 자사(自社)의 설비능력, 다른 회사제품의 품질이나 가격을 종합 고려하여 결정하게 되며 이를 또한 목표의 품질이라고도 한다.

[3] 제조품질

원료를 투입하여 이것을 가공하므로 제품 또는 반제품으로 하는 작업이 제조이다. 제조는 몇 개의 공정으로 세분되나 설계의 품질을 그 각 공정으로 나누어 구체적, 수량적으로 규정한 것을 품질표준이라 하며, 품질표준을 목적으로 투입되는 원재료, 기계장치, 치공구, 계측기, 작업방법, 작업조건, 작업자 등의 모두가 원인이 되어 제조품질이 형성된다. 즉, 제조품질이란 설계품질을 목표로 제조하여 그 결과 만들어진 제품의 품질로서, 설계품질에 어느 정도 합치하고 있는가가 문제되기 때문에 이것을 적합품질이라고도 부른다. 제품의 품질은 설계품질과 제조품질 어느 것이나 좋지 않으면 좋은 것이라고는 할 수 없다. 예를 들면, 설계품질이 아무리 좋아도 제조에 있어서 그 설계대로 만들어지지 않으면 그 제품의 품질은 제조능력에 의하여 제약되고 만다. 또한, 반대로 아무리 좋은 제조기술이 있어도 설계가 나쁘면 제조품질은 설계에 의하여 제약되고 만다.

작업표준을 어떻게 작성하고 어떻게 하여 갈 것인가는 표준을 지키는 법, 개선방법에 따라 변해진다. 따라서 공정에서 만들어지는 품질인 제조품질은 각 공정에 주어진 품질표준에 합치되도록 생산현장에서 품질을 만들어 넣으려는 것이 제조품질인 것이다.

1.3.3 품질과 가격

고도의 경제와 생산기술의 복잡화에 수반하여 기업조직이 팽창하고 거대한 자금이 필요하게 되었다. 이 자금은 제품을 제조판매해서 얻지 않으면 안 된다. 품질은 가격을 무시하고는 생각할 수 없다.

그림 1·1에 품질과 가격의 관계가 표시되어 있다. 설계품질을 높이면 가격도 올라서 판매가격도 높아지는 것은 당연하지만, 설계품질의 상승에 따라서 원가는 급격히 상승하나 가격에는 한도가 있다. 즉, 가격이 너무 비싸면 아무도 사주지 않는다. 또한 반대로 설계품질을 떨어뜨리면 원가는 내려가지 않는다.

이익은 가격과 원가의 차로서 표시된다. 따라서 기업이 이익을 얻을 수 있는 것은 품질 a와 e 사이이다. 판매수량을 불변으로 하고 이익의 최대를 목표로 하면 품질 c점이 되고, 가격을 싸게 하여 많이 파는 방침이라면 품질 b점이며, 이익은 적어도 고급품을 파는 방침이라면 품질 d점으로 설계하면 된다. 즉, 설계품질은 어떠한 품질이며, 어느 정도의 이익을 목표로 하는가에 따라 결정되며, 이것은 경영방침에서 정해지는 것이다.

이러한 생각은 설계품질을 결정할 경우에 중요한 기준이 되며, 실제적으로 이러한 검토를 하기 위해서는 상품에 대해서 원가와 가격의 모습을 나타내어 둘 필요가 있다. 또한 설계품질의 중요한 업무 중의 하나는 그림 1·2와 같이 소비자의 요구를 만족시키기 위해서 기술수단과 코스트(원가)라고 하는 두 가지 제한조건을 잘 균형시켜 소비자의 만족을 꾀하는 일이며, 궁극적으로 소비자의 만족을 꾀한다는 것은 적절한 가격과 제품의 최적 품질수준을 결정하는 문제로 집약할 수 있다. 따라서 설

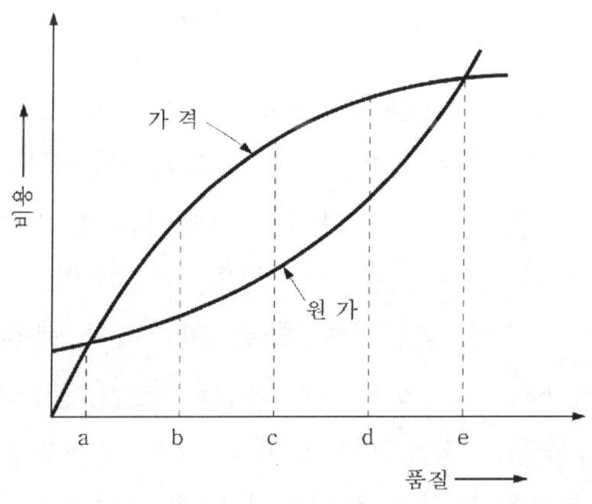

그림 1·1 설계품질

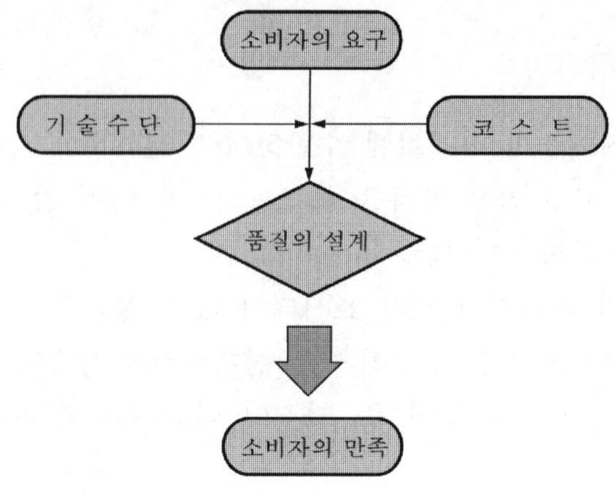

그림 1・2 품질의 설계

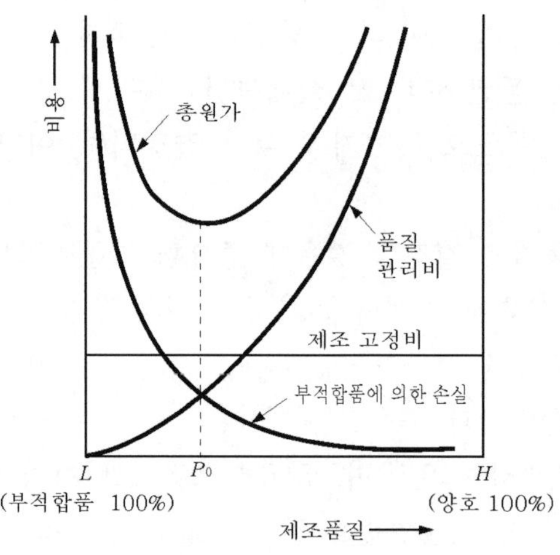

그림 1・3 제조품질

계품질은 가격과 밀접한 관계에 있으며, 가격을 생각하여 그 수준을 정해야 한다.

다음은 설계품질을 목표로 하여 제조하였을 경우를 생각해야 한다. 그림 1・3에서와 같이 최적조건이 있다. 품질을 좋게 하면 부적합에 의한 손실비용은 적게 되지만, 관리비용 예를 들면 설비의 정도, 측정기의 정도, 작업자의 숙련도 등을 올리는 데 요하는 비용은 증대된다. 또한 총원가는 품질 관리비와 부적합에 의한 손실액과 고정비를 합계한 것이기 때문에, P_0와 H 사이에서는 품질을 좋게 하려고 하면 결과적으로 제품의 부적합품률을 감소하는 것이 되지만, 부적합품률을 항상 영의 부근에 유지한다는 목표는 그것을 달성하기 위해서 막대한 설비비나 인건비를 필요로 하여 비용이 증대하는 것이 되어 총원가는 상승한다.

그러나 L과 P_0 사이에서는 반대로 품질을 잘 만들려고 하면 총원가는 감소한다. 이것은 부적합품률이 감소하기 때문에 부적합품의 폐기가 적어져서 개수비나 선별비가 감소하며, 클레임에 의한 불만처리, 대체품의 발송 및 기타의 비용이 감소되기 때문이다. 그래서 P_0의 점에서 총원가는 최소로 된다. 기업은 이 점을 제조목표로 하고 싶지만, 이 점으로 제조할 경우는 어느 정도의 부적합품이 나오는 것을 각오해야 한다. 소비자에게 폐를 끼쳐서는 곤란하므로 소비자를 만족하게 해줄 수 있는가를 충분히 검토할 필요가 있다. 따라서 그림 1 · 3은 부적합품률을 줄이기 위해 관리비가 많이 소요되지만, 부적합품에 의한 손실액이 적어지며, 관리비를 적게 들이면 부적합품에 의한 손실액이 커져서 총원가의 최소점은 부적합품률이 P_0의 점이 되며, 이 점이 바로 최적 품질수준이 된다.

다음은 시장품질에 있어서의 비용을 생각해 보기로 하자. 그림 1 · 4에서와 같이 시장품질을 소비자의 만족도로 보았을 때, 소비자가 만족할 수 있도록 하려면 생산자측에서는 많은 서비스 비용이 들며, 반대로 시장품질을 낮추면 서비스 비용은 적어지지만 소비자 비용이 증대하게 된다. 따라서 소비자측에서는 상품이나 메이커측에 신뢰성이 감퇴되며, 재구입 의욕을 갖지 않게 된다. 이러한 경우 생산자측은 제품의 판매에 많은 지장을 초래하게 된다. 그러므로 시장품질도 기업의 종합이윤을 고려하여 최적 품질수준에서 결정되어야 한다.

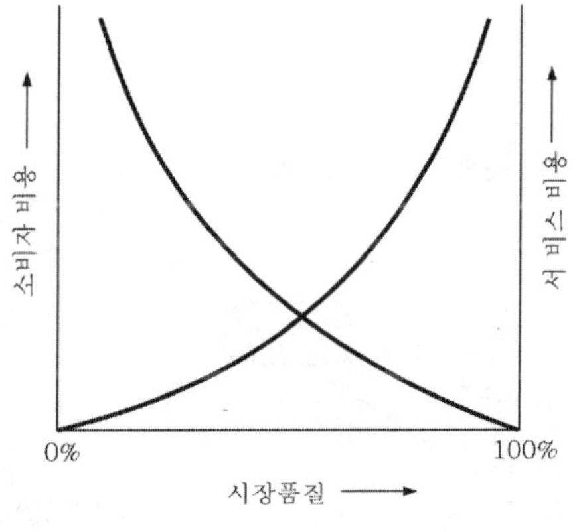

그림 1 · 4 시장품질

1.3.4 품질관리의 정의

관리에는 매니지먼트(management)라고 하는 의미와 컨트롤(control)이라고 하는 의미가 있다. 전자는 품질의 방침, 계획을 정하고 조직을 만들어 이것을 실행하고,

그 과정에 필요한 통제를 가한다고 하는 의미를 가지며, 후자는 좁은 의미의 관리로서 항상 어떤 기준이나 한계를 예상하여 그것에 대비시키면서 어떤 행동을 제어하여 나가는 것을 의미한다. 관리를 세분하면 그림 1·5와 같이 계획, 실시, 검토, 조처의 4단계로 구분할 수 있다. 이 단계를 살펴보면 다음과 같다.

① 설계(plan) : 경영의 방침에 기초를 두고 목표로 하는 품질을 만들기 위하여 필요한 방법, 조건 등에 대하여 계획하는 것을 말한다.

② 실시(do) : 계획대로 실행하는 것이다. 잘 진행되도록 작업활동을 교육지도하며 통제한다. 즉, 올바른 작업을 가르치며 작업방법을 이해하도록 하고 잘 지키도록 한다.

③ 검토(check) : 올바르게 작업이 행해지며 목표로 한 품질이 만들어지고 있는가를 검토하고 그 결과에 이상이 없으면 계획대로 작업을 계속한다.

④ 조처(action) : 이상이 있으면 어디에 문제가 있는지 그 원인을 찾아내어 시정조처를 행한다. 필요에 따라 개선도 행한다.

품질관리(quality control)에서의 관리란 좁은 의미의 관리로서 PDCA 사이클을 반복하는 형태라고 볼 수 있다. 따라서 목표를 정하여 이에 대하여 활동하며, 목표에서 벗어나면 수정해 나가는 좁은 의미의 관리는 구체적으로 다음과 같은 항목으로 집약할 수 있다.

① 무엇을 관리할 것인가 목적을 정한다.
② 목적을 달성하는 방법을 정한다. 즉, 표준을 설정한다.
③ 표준을 교육·훈련한다.
④ 작업을 실시한다.
⑤ 표준과 같이 하고 있는가를 체크한다.
⑥ 조처를 취한다.

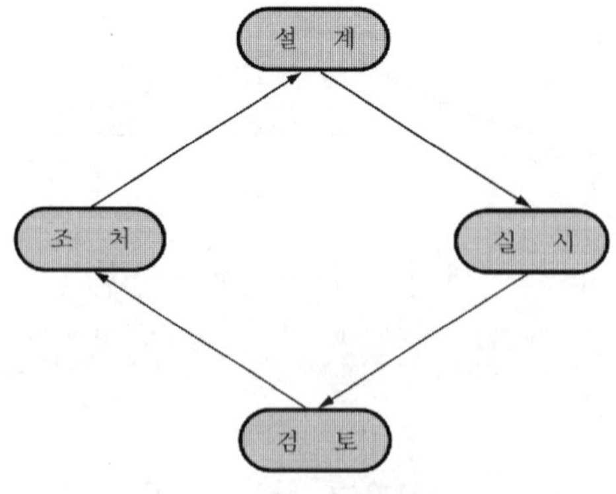

그림 1·5 PDCA 사이클

⑦ 조처한 결과를 체크한다.

⑧ 설정한 목표, 기준, 실시방법의 검토, 개정을 행한다.

생산에 관한 기술은 말할 것도 없이 기업의 원동력이다. 이것이 없이 기업은 발전될 수 없다. 그러나 이 제조기술을 기업의 목적에 적합하게 할 수 있는 또 하나의 방법이 필요하다. 이것이 기업체 내에서의 각종 관리활동이다. 품질관리의 모든 활동에는 경제의 원칙이 따르게 마련이다. 본질적인 목적달성을 위하여 우선 목적을 명확히 하고 불필요한 요소를 극력 제거한다는 것이다. 그러나 그 수단으로서 추상론에 그치지 않고 어디까지나 합리적이고 실제적으로 하자는 것이다. 여기에 재래식 조사 중심 주의를 벗어나 근대적 사고방식이 탄생하게 되었다. 이것을 근대적 품질관리(modern quality control)라 불러 종래의 것과 구별한다.

한편, 합리적 추구를 하려면 결국 과학적 수단에 의존하지 않을 수 없다. 그러기 위해서는 주관적 판단을 배제하고 객관성이 높은 판단에 따른다는 필요성에서 통계적인 사고방식이나 수법이 전면적으로 응용되게 되었다. 이 점을 특히 강조한 품질관리를 통계적 품질관리(statistical quality control)라 부른다. 통계적 품질관리란 제조기술을 기업 목적에 접근시키기 위한 하나의 기술이다.

제조 기술자나 품질관리 기술자만이 품질관리에 관여된 인원이라는 극한된 사고방식은 수법편중의 나머지 궁극적인 목표인 기업경영의 목표에서 이탈되지 않을 수 없게 되었다. 품질관리에는 어디까지나 협력체제가 필요하다. 따라서 생산에 종사하고 있는 모든 사람이 품질관리에 대한 의식적인 노력을 집중함으로써 비로소 그 목적을 달성할 수 있다.

올바른 방침은 올바른 정보에 의하여 확립되는 것이다. 경영방침이 결정되어야 표준화가 추진되며 관리를 행할 수 있게 된다. 품질관리를 행하는 데는 조직의 합리화가 필요하다. 조직이란 책임과 권한의 명확을 기할 수 있다. 권한은 위양되나 책임은 위양될 수 없다. 품질관리란 합리적으로 설정된 기준에 따른 조직적 활동으로만 이룩될 수 있다. 품질관리를 실시하려면 사장에서 종업원에 이르기까지 품질관리에 대한 인식을 하고 전사적(全社的)으로 추진하지 않으면 효과를 얻을 수 없다. 이러한 인식 위에 설 때 이를 종합적 품질관리(total quality control)라 부른다. 최근에는 이러한 의미의 품질관리가 특히 중요시되고 있다. 품질관리는 경영력을 최고로 발휘하기 위한 무형의 요소이며, 경제도구로서 그 비중이 지극히 큰 것이다.

품질관리에 대한 정의 중의 대표적인 것을 들어 보겠다.

> "근대적 품질관리란 소비자를 완전히 만족시키는 가장 경제적인 수준으로 생산할 수 있도록 사내 각 부문의 노력을 품질의 유지와 개선을 위하여 협력시키

는 효과적인 조직이다." (Modern quality control is an effective for coordinating quality maintenance and quality improvement efforts of various groups is an organization so as to enable product at the most economical levels which allow for full customer satisfaction.)

— 파이겐바움(A. V. Feigenbaum)

"통계적 품질관리란 가장 유용하고 시장성이 있는 제품을 가장 경제적으로 생산하기 위해서 생산의 모든 단계에 통계적 원리와 통계적 수법을 응용하는 일이다." (Statistical quality control is the application of statistical principles and techniques in all stages of production, directed toward the economic manufacture of a product that's maximally useful and has a market)

— 데밍(W. E. Deming)

"품질관리란 품질규격을 설정하고 이를 실현하기 위한 모든 수단의 종합이다. 통계적 품질관리란 품질관리 중에서 통계적 수법이라는 도구에 기초를 둔 부분이다." (Quality control is the totality of all means by which we establish and achieve quality specification." Statistical quality control is that part of means for establishing and achieving quality specifications which is based on the tools of statistical method.)

— 주란(J. M. Juran)

이 세 가지 정의에는 다소 뉘앙스의 차이가 있다. 파이겐바움은 기업활동으로서의 체계를 중시하고 있고, 데밍은 통계학의 원리와 기술 중심으로 생각하고 있다. 한편, 주란은 통계적 수법의 의미는 오히려 축소하고 품질규격의 설정과 이를 달성하기 위한 수단의 전체라고 정의하여 약간 막연하나마 넓게 해석하고 있다.

이들 정의에 나오는 품질(quality)의 뜻은 단지 완성된 제품의 모습에서의 품질이라고 하는 좁은 의미의 해석이 아니라, 본래의 품질의 뜻으로 확대하지 않으면 의미가 없다. 즉, 품질이란 물적 요소 이외에 여기에 영향을 미치는 모든 질적 요소를 포함한다고 생각하는 것이 타당하다.

품질관리란 수요자의 요구에 맞는 품질의 제품을 경제적으로 만들어내기 위한 모든 수단의 체계이다.

근대적인 품질관리는 통계적인 수단을 채택하고 있으므로, 특히 통계적 품질관리라고도 부른다(KSA. 3001).

어떤 회사의 경우를 보면 품질관리란 좋은 품질을 싸게, 빠르게 우리들 자신을 위하여 모든 힘을 합해서 만들어내는 모든 수단이라고 하였고, 또 어떤 회사의 경우를 보면 품질관리란 제품을 경제적으로 만들기 위하여 재료, 공정 및 제품의 각 수단에 있어서 부적합을 감소하기 위하여, 각 부문의 노력을 조직화하고 강조하기 위한 제도라고 하였다.

또한 어떤 회사의 경우를 보면, 다음과 같은 식으로 표시하였다. 좋은 품질의 제품을 생산한다는 것은 인식과 의욕이란 정신적 요소와 생산과 평가라는 기법의 상승작용에서 이룩된다고 해석할 수 있다.

품질생산=〔(품질에 대한 인식) + (품질 향상 의욕)〕
×〔(품질 생산) + (계속적 평가)〕

품질관리는 어떤 기업에도 적용되며, 기업에서 실시되지 않으면 안 된다. 소비자가 무엇을 요구하고 있는가를 포착하는 것이 품질관리의 제일보이며, 소비자에게 또한 무엇을 사게 하느냐가 품질관리의 제일보이다. 품질관리가 무엇인가를 한마디로 말하기는 곤란하며, 요컨대 실천과 경험을 통하여 이해할 수밖에 없다고 하겠다.

1.4 품질관리의 기능

제품품질에 영향을 주는 생산의 주요소는 4M으로 구성된다고 한다.

① materials ················ 원료(재료, 자재)
② machine ················· 기계(설비, 장치)
③ man ······················ 사람(작업자, 감독자)
④ method ·················· 기술(작업방법)

기타 자본(money), 판매(market), 또한 전체를 통괄하기 위한 경영(management)을 포함하여 7M이라고 하는 수도 있다. 이러한 요소들이 생산의 흐름 중 어떻게 결합되어 있는가는 그림 1·6을 보면 잘 알 수 있다.

그림 1·6에 표시된 전체의 사이클이 생산공정(production process)으로서 각 요소 ○와 활동 □이 경제적, 합리적 또한 유기적으로 결합되었을 때 품질관리는 완성된다. 출하, 판매 후 시장 기타에 대한 조사의 결과를 생산, 방침, 설계, 원재료, 구매, 제조공정(manufacturing process)에 반영시키는 것을 피드백(feedback)이라 한다. 피드백은 제조공정 속에서도 생각할 수 있다. 즉, 검사의 결과를 즉시 원재료, 기계, 작업방법, 작업자에게 반영시켜서 부적합대책을 강구하는 것이다. 이 피드백 루트는 내부적인 소순환이라 생각해도 좋다.

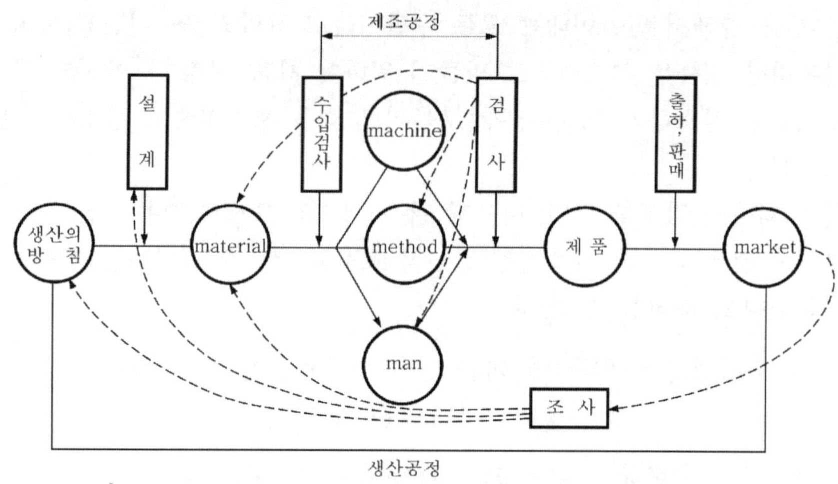

그림 1·6 생산공정의 흐름

그리하여 품질관리를 다음과 같이 제품의 제조판매 활동에 있어서 기업의 번영을 영속시키기 위한 일관된 방침하에, 모든 지식, 기술을 통합하고 기업 내의 모든 부문에 구체적·경제적 기준을 부여하여 생산의 목적에 적합시키는 체계라고 할 때, 품질관리의 기능은 네 가지로 대별할 수 있다.

① 품질의 설계

② 공정의 관리

③ 품질의 보증

④ 품질의 조사

이 네 가지의 기능은 그림 1·7에서와 같이 사이클을 형성하고 있어서, 1에서 4까지 가면 다시 되돌아와서 도중에 단절되는 일은 없다. 그러면 이 4단계를 좀더 구체적으로 설명하기로 한다.

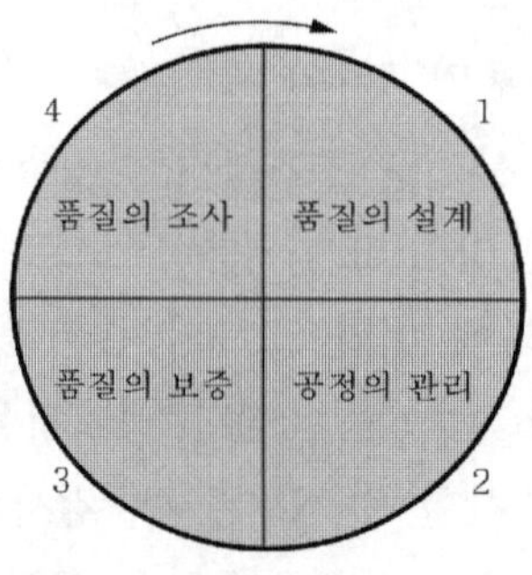

그림 1·7 품질관리의 기능

1.4.1 품질의 설계

소비자가 요구하는 품질의 제품을 만들기 위한 설계 및 계획을 수립하는 경영의 시발점이라 볼 수 있으며, 여기에는 '양품염가', '품질로서 사회에 봉사한다'라는 의미에서 이를 실현하는 구체적 뒷받침을 들어보면 다음과 같다.

① 품질에 관한 정책이 명확하게 밝혀져 있을 것

② 연구, 개발, 설계, 표준화, 감사, 조사 등에 대해서 조직이 짜여져 있고, 책임과 권한이 명확하고 또한 확실히 실행되고 있을 것

③ ②의 모든 기능이 서로 원활하게 조정되도록 운용되고 있을 것

④ 사내 규격이 체계화되어 품질에 대한 정책이 일관되어 있을 것

또한 품질의 설계단계는 특히 품질의 정도와 가격과의 문제를 신중히 검토해야 하며, 이는 설계품질의 최적 품질수준과 제조품질의 최적 품질수준을 염두에 두고 품질을 설계해야 된다는 의미를 내포하고 있다.

1.4.2 공정의 관리

제조공정이란 원재료의 수입에서 비롯하여 기계설비에 의한 제조 각 공정에서의 중간검사, 출하검사를 거쳐 제품의 최종 소비자의 손에 건너가는 최후의 사명을 완료할 때까지의 전체 과정을 말한다. 이 흐름에 따라 생산의 양과 코스트와 품질을 종합적으로 가장 경제적으로 관리하기 위하여 구체적인 수단을 강구하는 것이 공정의 관리이다.

이 공정관리의 구체적인 항목을 들어보면 다음과 같다.

① 원재료가 회사규격에 정해진 품질대로 확실히 수입되어 적시에 적량이 제조현장에 넘겨질 것

② 설비, 기계의 능력이 품질실현의 요구에 적합하고 또한 보전되어 있을 것

③ 작업원이 작업표준을 지키고 감독자에게 보고할 것, 또 지시는 어김없이 명확히 실행되고 있을 것

④ 검사, 시험작업, 판정의 기준이 명확하고, 판정의 결과가 올바르게 처리되고 그 결과가 공정작업에 신속히 피드백되고 있을 것

⑤ 출하된 후의 품질정보가 확실하게 설계제조 공정에 피드백되어 작업표준이 개정되어 있을 것

한편, 제조공정의 관리를 다른 면에서 보면 ⓐ 품질의 유지(quality maintenance),

ⓑ 품질의 향상(quality improvement)의 두 가지가 있어서 각기 품질관리의 기능이 된다.

품질의 유지란 설계품질에 의거해서 작업했을 때 제조의 품질이 어떤 한계 내에 들어 있는 것을 말한다. 이 제조품질은 불합격률과 같이 로트를 종합적으로 보는 것과 개개의 품질특성에 대해서 보는 방법이 있다. 그러나 작업표준이 아무리 엄밀하고 또한 그 실시가 관련되어 있어도 품질을 완전히 관리할 수는 없다. 제조공정에는 기술적으로 미지의 공정이 있으며, 또 불의의 사고나 오류가 있는 법이다. 따라서 관리하기 위한 수단으로는 한 공정에서 완성된 제품(중간제품일 수도 있다)의 결과로부터 반대로 공정의 이상을 찾아내는 방법밖에 없다. 관리의 경제성을 생각하면 다음과 같다.

① 부적합을 방지할 것

② 원인을 추구해서 부적합의 재발을 억제할 것

③ 검사원 또는 작업자 자신이 부적합 또는 공정의 이상을 발견할 것

④ 발견한 원인에 대해서는 조처를 확실히 취함과 동시에 필요한 곳에 연락을 할 것

이것이 품질을 유지하기 위하여 취해야 할 수단이며, 무엇보다도 중요한 것은 부적합의 재발방지이다.

공정의 관리에는 또 다른 면이 있다. 이것은 현상의 안정화에 만족하지 않는 것이다. 안정된 상태라 해도 만족하지 못하는 안정상태라는 것도 있을 수 있다. 예를 들어, 부적합품률 몇 %가 당연한 것으로 되어 있는 상태이다. 표면상 부적합품률이 적은 것 같아도 재가공(rework)이나 스크랩(scrap)이 많은 것은 실제로 흔히 볼 수 있는 일이다. 양을 더 내고 싶다고 하는 요구는 항상 일어나는 문제이다.

그러나 이것을 해결하려면 제조공정에 대해서 근본적인 개선책을 세우지 않으면 안 된다. 이것을 앞에 설명한 품질의 유지에 대해서 품질향상이라 하여 구별한다. 현장에서는 품질의 유지와 품질향상 또는 작업의 개선에 혼란을 일으켜 기술자나 감독자가 허둥대고 있는 예가 많다. 원칙은 어디까지나 품질의 유지작업의 안정화가 선결문제이다. 그런 연후에 품질의 향상작업의 개선으로 나아가는 것이 순서이다.

1.4.3 품질의 보증

기업이 영속하려면 신용을 유지해야 한다. 신용을 획득하는 데는 수년의 세월이 필요하지만 신용을 잃는 것은 단 하루로도 족하다. 이를 회복하려면 다시 수년의 세월이 필요하다. 제품이 소비자의 손으로 넘어가기 전에 품질이 다할 기능을 예상해

서 생산자 자신이 제품의 품질을 결정하는 것이 품질의 보증이다. 시험검사를 충분히 하지 않고 아무튼 팔아 버리고 나면 어떻게 되겠지 하는 것은 근대 경영자의 취할 태도가 아니다.

그러나 품질의 보증수단에는 한도가 있다. 원재료에 대해서도, 공정 중의 중간검사에 있어서도 또는 최종제품의 출하검사에 있어서도 모든 품질의 특성을 남김없이 측정하는 것은 불가능하다. 파괴하지 않으면 알 수 없는 품질특성도 있다. 따라서 검사에 의해서 얻어지는 이익과 검사에 드는 코스트의 밸런스를 생각한 다음에 시료수를 결정하는 것이 보통이다.

종래에는 검사의 경제성에 대한 근거 있는 이론이 없었다. 품질관리의 도입에 의해서 검사에 대한 반성과 이론적 근거에 의한 검사의 경제성 등이 인식되었다.

품질보증에는 또 하나의 다른 면이 있다. 이는 클레임의 문제이다. 불만은 소비자가 품질에 대한 기대가 어긋났을 때 일어나는 것이 보통이다. 무엇인가 트집을 잡는 것을 말한다. 또한 표면에 나타나지 않는 체념형의 불만도 있다. 이 세 가지 불만을 충분히 조사해서 각기 적절한 조치를 취하는 것이 불만처리이다. 이른바, 애프터서비스(after service)도 고객의 비위만 맞추다가는 한이 없다. 어느 편이건 품질보증의 문제는 생산 개시에 앞서 경제성의 관점에서 정책으로 정해 둘 중요한 문제이다.

1.4.4 품질의 조사

상품의 품질의 양부는 누가 결정하는 것인가? 다시 생각해 보면 회사의 설계자, 현장 제조자, 제품 검사자 모두 아니다. "소비자는 왕이다"라는 말과 같이 소비자에 의하여 결정되는 것이다.

상품은 고객의 요구에 적합되고 있고 신뢰도는 경제적인 만족감을 가지고 받아지는 것이어야 되는 것이다. 그렇지 않으면 그 상품이 시장에서 어떤 점유율을 확보하며, 계속하여 생산을 유지하지 못하게 될 것이다.

제조자가 고객의 요구를 멋대로 해석하여 설계하고, 제조한 물품은 전연 시장성이 없는 품질보증 이전의 단계의 것이다. 이와 같이 고객이 요구하는 품질을 또한 실제 사용면에서 평가조사하는 것을 품질의 조사라 하며, 그 조사대상은 시장이 된다. 품질의 조사는 절대로 소홀히 해서는 안 되며, 여기서 얻어 들이는 정보는 반드시 설계상에 반영시켜야 한다.

1.4.5 품질관리 활동의 피드백 기능

품질관리의 기본이념으로 그림 1 · 8은 품질관리 활동의 피드백 기능을 나타낸 것이다. 실선은 물품의 이동을 표시하고 점선은 정보의 이동을 표시한다. 시장에서 구입한 원재료나 부품은 공정에 투입, 생산 · 제품 출하, 고객에 인도함으로써 인도가 끝난다. 수입검사(受入檢査), 공정검사, 제품검사에 의하여 얻어진 정보와 시장조사에 의해서 얻어진 정보는 종합적 검토를 가하여 필요에 따라 규격을 개정하며, 개정된 규격에 의하여 차기 수입, 공정, 제품검사가 실시된다. 그리고 이들 정보는 통계라고 하는 동일한 방법에 수집된다.

이와 같이 정보를 수집해서 현장에 피드백시키는 활동이 계속 순환되어 나가며, 언제 끝날 것이라고 말할 수는 없다.

이러한 피드백은 제조공정에 대해서도 고려될 수 있다. 즉, 검사결과를 즉시 원재료, 설비, 작업방법, 작업자에 반영시켜 부적합대책을 강구하는 것이다. 이때의 피드백 기능은 공장 내부의 소순환이며, 위에 설명한 피드백은 공장외부까지 포함한 외부적 대순환이다. 순환적인 이동은 단순한 평면적 이동이 아니라 그 이동 중에 품질향상과 작업개선이 이루어져 생산기술이 진보되는 이른바 입체적 회전운동이라야

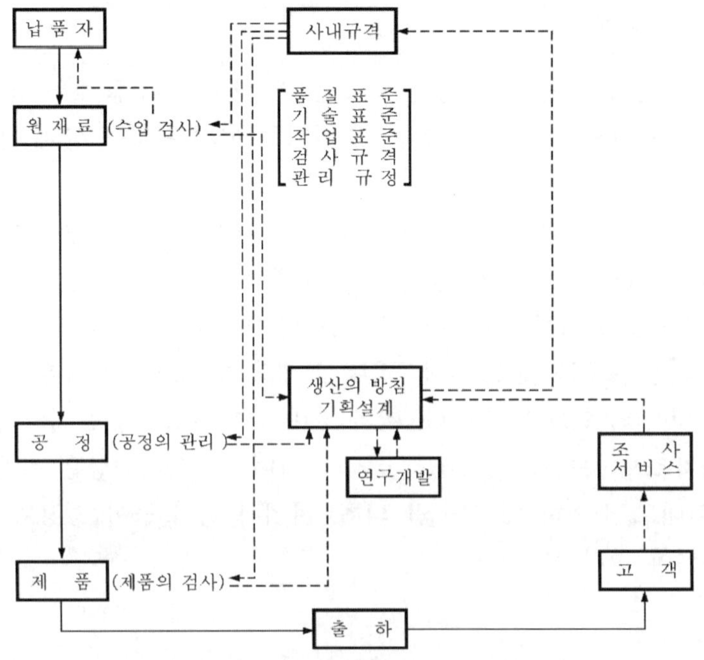

그림 1 · 8 품질관리 활동의 피드백 기능

한다.

제품을 만드는 곳은 제조부문이지만 품질을 좋게 하기 위해서는 설계, 판매, 구매 등 조직상의 모든 사람이 각각의 입장에서 참여하여 전사적(全社的) 활동으로 이루어져야 하며, 이 활동은 영속적이어야 한다. 이것이 바로 품질관리 활동의 피드백 기능이라 할 수 있다.

1.5 품질관리와 표준화

근래 공업생산은 다량생산 방식에 의해서 합리성, 경제성을 높이고자 하는 데 그 특색이 있다. 생산적인 입장에서 반복을 낳아서 생산의 경제성을 높이고자 하는 것이 표준화(standardization)의 이념이다. 생산자는 재료, 제조방법 등에 대하여 합리적인 기준을 정해 일정화시킴으로써 생산량이 많아진다. 동일한 작업이 되풀이됨으로써 작업방법이 개선되고 기술은 향상되며, 따라서 품질도 향상된다. 이것이 결국 코스트의 인하와 품질개선에 박차를 가하는 순환을 낳는다. 이것은 소비자를 만족시키며 동시에 생산자에게도 큰 이점을 가져다준다.

표준화의 이점은 양산을 가능하게 하는 동시에 관리를 용이하게 한다. 관리의 사이클에서는 품질을 정하고 표준을 설정하는 것부터 시작되기 때문이다.

구체적으로 생산에 관계된 모든 사내활동을 관리하려면 어느 부문이나 표준을 작성할 필요가 있는 것이다. 예를 들어, 재료는 어떤 시방으로 구입되며, 어떠한 검사방법으로 수입하는가를 정하고 작업을 수행하는 데 있어서의 기술적인 조건, 기계 또는 설비의 조작방법이나 제조공정의 관리, 제조품질의 검사방법 등 어느 것이나 표준을 정하여 따르지 않으면 작업의 안정화는 기할 수 없으며, 품질도 보증되지 않는다. 생산조건이 가능한 한 상세히 표준화되어서 비로소 관리가 가능하다. 원재료가 일정하지 못하거나, 제조방법도 작업자에 따라 자기 나름대로 수행하거나 검사원의 기분에 따라 처리해서는 관리는 성립할 수 없다.

생산공장에서는 특정인이 지닌 어떤 기술에만 의존하는 경우가 있다. 특정인만이 지닌 기술을 인정하면 이는 관리를 통해 합리적으로 발전시킬 수 없을 뿐만 아니라, 특정인의 존재가 영구히 보증되지 않는 한 생산활동에 차질을 가져오게 된다.

모든 제조기술은 표준화를 통하여 관리되고 보완됨이 타당하다. 품질관리는 우선 표준화로부터 시작된다. 그러나 표준화는 용이하게 실현되는 것은 아니다. 표준화의 실현은 엄격히 말하면, 사내활동의 모든 부문에 관한 표준이나 규격이 체계화되고 성문화되어, 강제력에 의해서 준수되고 있는 상태를 말한다.

표준화를 실현하기 위하여는 생산기술과 능력에 관한 엄밀한 조사와 검토가 선행되어야 한다. 이상 높은 수준에만 편중한다면 만들어진 모든 기준과 규격은 한편의 교재에 불과한 것이 되며, 사내활동의 실질적인 지침이 될 수 있는 표준으로 될 수는 없다. 이상적인 관리상태는 현실과 표준화의 밸런스 위에서 성장되어야 한다.

1.6 품질관리의 목적

품질관리의 목적은 넓은 의미의 목적과 좁은 의미의 목적으로 구분할 수 있다. 먼저, 넓은 의미의 목적을 들어보면 다음과 같은 다섯 가지로 요약할 수 있다.

① 소비자의 요구에 합치하는 제품을 경제적으로 생산한다.
② 신뢰성이 높은 제품을 생산한다.
③ 품질보증이 될 수 있는 제품을 생산한다.
④ 제품책임을 이행할 수 있는 제품을 생산한다.
⑤ 공해 없는 제품을 생산한다.

또한, 품질관리의 좁은 의미의 목적은 ①의 소비자의 요구에 합치하는 제품을 경제적으로 생산한다는 목적을 들 수가 있다. 그러면 이러한 품질관리의 목적을 대략적으로 설명해 보자.

[1] 소비자의 요구에 합치하는 제품을 경제적으로 생산

이 목적은 품질관리의 궁극적인 목적으로서 이를 위하여 적절한 품질의 표준을 정하고 달성되도록 통제하는 활동이 품질관리라고 할 수 있다. 표준화와 통계 및 피드백 기능은 이 때의 기본적 이념이 되며, 방법론을 제공해 주도록 한다. 중요한 것은 품질의 기준을 설정하고 그 기준을 준수하도록 통제함에 모든 품질관리 활동은 측정을 통하여 실시되며, 이를 위해서는 품질특성이 수량화되어야 한다는 것이다. 길이・면적・강도・중량・성분 등과 같은 물리・화학적 특성은 비교적 간단하게 정량화되지만 분명하지 않은 특성도 적지 않다.

예를 들면, 깨끗함이나 광택 등과 같은 외관, 원활성이나 유연성과 같은 촉감, 맛이나 냄새, 색, 소리, 점도, 부착성, 신축성, 용이성 등과 같이 수량화하기 어려운 특성이 있다. 그러나 이러한 특성도 한도견본과 비교하거나 점수로 표시하거나 간접적 측정법을 연구하면, 어느 정도 객관적으로 표현될 수 있으며, 우선 이러한 문제가 먼저 고려되어야 한다.

품질특성의 측정은 종래 검사방식의 품질관리에서도 실시되고 있었으나, 측정하는

것만으로는 통제가 되지 않는다. 결과를 분석, 평가함으로써 결론이나 지침을 마련하여 품질이 형성되는 모든 단계, 즉 설계개발 단계로부터 최종 조립선에 이르기까지 이를 적용하여 각 단계를 정상화하여야 한다는 품질관리 목적을 말하고 있다.

[2] 신뢰성(reliability)이 높은 제품 생산

신뢰성이란 시스템, 기기, 부품 등의 시간적 안정성을 나타내는 정도로서 신뢰도에 의해 그 기간 중의 규정된 기능을 수행하는 확률로 표시되고 있다. 따라서 고장과 직결되는 여러 함수관계를 정확하게 파악하여 원래 의도했던 제품의 규정된 기간 중의 기능을 충분히 수행할 수 있도록 제품을 제조한다는 품질관리 목적을 말하고 있다.

[3] 품질보증(quality assurance)이 될 수 있는 제품 생산

품질보증이란 품질이 소정의 수준에 있다는 것을 보증하는 것으로서 클레임 처리 등의 보상은 일부에 지나지 않는다. 그리고 품질보증에서 말하는 제품의 품질이란 서비스를 포함하며, 제품뿐만 아니고 원재료, 부품, 중간제품, 판매, 폐기품도 포함하며, 각 단계에선 품질이 보증되는 것을 필요로 하는 광범위한 활동이다. 따라서 품질보증은 품질관리의 정화로서 기업 내의 모든 활동의 체제이며, 클레임 처리 및 부적합재발 방지의 근본원인을 제거하여 소비자와의 품질상의 약속을 이행한다는 시스템 활동으로서, 품질보증 시스템의 정비와 그 운용에 의한 품질보증은 품질관리 활동의 가장 중요한 목적이라고 할 수 있다.

[4] 제품책임(product liability)을 이행할 수 있는 제품 생산

제품책임은 소비자 보호론의 표면화로서 제품사고의 원인이 부적합하거나 부적당한 설계에 있다고 생각하거나, 제조부적합이 사고원인이라고 생각하거나 조립부적합이라고 생각하는 경우가 있으며, 특히 문제가 되는 것은 제품의 불충분한 시설이라고 주장하는 것과 제조업자가 제품의 기능적인 면에서 사고위험을 소비자나 사용자에게 경고하지 않은 것과 같은 내용까지도 생산자는 소비자에게 책임을 져야 한다는 것을 의미하고 있다.

이러한 목적은 양산보다 좋은 품질의 제품생산을 중요하게 생각하며, 소비자가 산 제품을 오랫동안 고장 없이 사용하며, 또 그렇게 되기를 바라게 되었고, 이로 인하여 신뢰성 혹은 신뢰성 공학이 품질관리에 들어오게 되었다. 이에 따라서 완전품질(perfect quality)이라는 용어가 나오게 되었으며, 제품에 대해 생산자에게 책임을 추궁하는 제품책임(生産責任)이 표면화되었다.

이제 기업은 단지 제품을 제조할 뿐만 아니라 소비자에게 판매된 제품까지도 품질을 보증해야 하게 되었다. 이러한 목적은 장차 향상시켜야 할 가치가 있는 품질관리의 목적이다.

[5] 공해(pollution) 없는 제품 생산

공해문제는 이제 커다란 사회문제라 하지 않을 수 없다. 이 문제는 생산자 공해와 소비자 공해로 구분해서 생각할 수 있다. 품질관리에서는 먼저 생산에 관한 공해문제의 해결을 중시하고, 또한 소비공해까지도 고려해서 제품을 생산해야 될 시기에 도달했다. 어떻게 생각하면 품질관리와 공해문제는 별개의 것으로 생각할 수 있으나, 이 목적은 제품의 사회적 책임이라는 의미를 지니고 있으며, 당연히 제조자는 품질문제를 생각할 때 만들어서 팔아 버리면 된다는 무책임한 생각이나 안일한 생각을 바꾸어, 적극적으로 공해문제까지도 상세하게 고려해서 제품 사용시에 또는 사용한 후의 문제점을 항상 파악하여 제품품질에 반영해야 된다는 미래 지향적인 가치가 있는 목적이다.

이렇게 품질관리의 목적을 구체적으로 검토하여 보면 얼마나 복잡하고 다양한 것인가를 알 수 있다. 우리는 앞으로 품질관리를 실제로 적용할 때 반드시 이와 같은 거시적 목적을 유념해야 하며, 이러한 목적을 달성할 수 있도록 온갖 노력을 기울여야 할 것으로 생각된다.

1.7 품질관리의 실시효과

품질관리를 실시하여 좋은 성과를 얻은 기업은 많으나, 이 효과는 추진방법이나 실천의 정도 또는 지금까지의 상태, 기업의 규모 등에 따라 차이가 있을 것이며, 일반적으로 다음과 같은 것을 열거할 수 있다.

① 제품의 품질이 균일해진다.

② 부적합품의 감소나 이익한계의 상승에 의하여 가격이 싸게 된다.

③ 부적합품의 감소에 따라 생산량이 증가한다.

④ 품질이 안정되어 검사비용이 감소한다.

⑤ 품질관리를 행하고 있으므로 사외(社外)의 신용도가 높아진다.

⑥ 전사적(全社的) 품질관리 활동의 일환으로 최고 경영자의 방침이 말단에까지 철저하게 된다.

⑦ 쓸데없는 잡무에 관리자가 쫓기는 일이 없으면 관리능력이 높아진다.

⑧ 회사 내의 각 조직 사이의 관계가 원활해진다.

⑨ 작업자의 품질에 대한 책임감과 관심을 높이게 된다.

⑩ 종업원의 생산의욕이 향상된다.

그러나 품질관리의 실시효과를 여러 문제점을 해결할 수 있는 최선의 경영도구라는 관점에서 보면, 다음과 같이 그 구체적 효과를 들 수 있다.

① 보다 좋은 제품 생산
- 소비자가 만족하는 제품 생산
- 공정에서 클레임이 없는 제품 생산
- 품질의 변동이나 불균일 감소
- 시장의 신용 향상
- 판매량의 증대 도모

② 원료나 원단위(原單位)의 절감
- 적절한 원료 사용
- 원료나 원단위의 낭비 배제
- 원료에 클레임 제거
- 노력이나 시간의 낭비 배제
- 부자료(副資料)에 낭비 제거

③ 수율(收率)의 향상
- 불합격품의 감소
- 재가공품의 감소
- 스크랩의 감소

④ 사고의 방지
- 사고율의 감소
- 기계 가동률의 향상
- 설비, 장치의 수명연장

⑤ 검사의 합리화 실현
- 검사의 시간과 노력 감소
- 무의미한 검사의 배제
- 분석치의 신뢰

⑥ 설계 또는 시방서(示方書)의 합리화 실현
- 기계 정도의 향상
- 설계나 시방서의 불합리점 감소

⑦ 기술적 문제의 해결

- 사고원인을 명확하게 규명
- 개량여부의 확인
- 가장 크거나 많은 원인을 확인
- 이론과 실제가 일치하는 것을 확인

⑧ 작업표준의 확립

- 작업표준을 신용
- 작업표준의 준수
- 작업표준의 개선

이와 같이 많은 문제점들이 품질관리 방법에 의하여 해결될 수 있으며, 요컨대 노력의 정도에 따라 품질관리의 실시효과는 그 실효를 거둘 수 있다.

연습문제

1. 품질관리의 정의에 대해 설명하여라.
2. 품질관리의 역사를 간단히 설명하여라.
3. 품질의 정의에 대해 논하여라.
4. 품질의 종류와 그 내용을 설명하여라.
5. 품질과 가격과의 관계를 요약 설명하여라.
6. 품질관리란 무엇인가 요약 기술하여라.
7. 최적 품질 수준과 설계품질, 제조품질, 시장품질에 대해 논하여라.
8. 품질관리와 표준화에 대해 설명하여라.
9. 품질관리의 기능에 대해 설명하여라.
10. 품질관리의 피드백(feedback) 기능에 대해 설명하여라.
11. 품질관리의 목적을 설명하여라.
12. 품질관리의 실시효과에 대해 논하여라.

2 품질관리 조직과 업무

2.1 품질관리 직능과 조직

기업을 영위하는 데는 그 기업에 필요한 일이 있다. 이것을 직능(function)이라고 한다. 이 직능이 어떠해야 한다는 것은 업종에 따라서 다르며, 일반 제조기업에서는 5종의 직능으로 구분된다. 즉, 제조, 기술, 판매, 근무, 경리의 5대 직능이다.

이 직능이 다시 분할되어 그것이 세분화되어 간다. 기술에 대한 예를 들면, 기술이란 대분류는 연구, 실용화 기술, 생산기술, 판매기술로 중분류되며, 연구는 다시 기초연구와 응용연구로 분류된다. 실용화 기술은 설계, 시작(試作), 표준화로 분류된다. 이 분류를 정리해 보면 그림 2 · 1과 같이 나타낼 수 있다.

이 직능은 각자의 회사에서 일상 행해지고 있는 것이며, 일상의 일을 명확히 분석해 보면 알 수 있다. 이 분석된 직능은 어느 것이든 기업에 없으면 안 되는 것이므로, 이것을 담당하는 것이 기업조직에 포함되어 있다. 따라서 이 직능이 활동하지 않

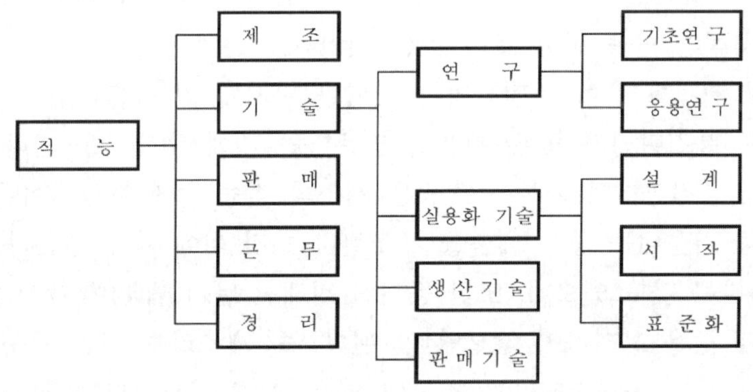

그림 2 · 1 직능의 분류

으면 기업은 결함을 초래하게 되는 것이다.

이 직능이 제각기 충분한 활동을 발휘하도록 하며, 기업목적을 수행하도록 조직된 것이 기업조직이다. 기업조직에는 구상의 기초가 되는 기본 형태가 있으나, 기업조직 자체의 기본형태는 없는 것이며, 그 기업의 크기, 업종, 경력 등에 따라서 다름은 당연하다. 요컨대, 기업목적을 완수하면 되는 것이다. 소기업에 있어서는 이것이 명료한 경우가 이따금 있다. 형식상 부족하나 잘 경영된 기업체가 형식을 갖춤으로써 그 기업이 잘 되지 않는 예도 많다.

그러나 어느 경우이든 기업활동이 번성할 경우에는 그 기업체의 각 직능(職能)이 활발하게 활동하고 있는 것이며, 이 직능의 활동을 제약하도록 하여서는 안 된다. 좋은 품질의 제품을 제조판매하기 위해서는 여기에 관련된 각종의 직능이 활동에 지장이 없도록 되어야만 한다. 조직의 형태가 어떻든 그 속에 포함되어 있는 직능이 충분히 활동하면 되는 것이다.

품질관리를 담당하는 사람들이 품질관리에 대해서만 깊이 연구하고, 그것을 시점으로 모든 관리를 품질관리에 결부해 버리는 일이 많다. 품질관리를 공부해 나가면 당연한 일로 원가에 관계해 버린다. 또한, 공정의 진행에도 관계해 버린다. 따라서 이것은 회사의 경영상황에도 관계하게 된다. 이것은 당연한 일이다. 기업 내의 일부의 관리인 이상 여러 점에서 기업의 모든 것에 관계되어 감은 당연하다. 원가관리나 공정관리 혹은 내부 통제의 그것을 깊이 연구해 가면, 기업의 모든 직능에 직접 혹은 간접으로 관계해 가게 됨은 당연한 것이다.

기업조직이나 기업운영 방식은 품질관리뿐만 아니라 기업경영 전체를 위해서 있어야만 한다. 품질관리의 새로운 방식을 도입하고 소화시키기 위해서는, 경영 전체에서 보아서 어떠해야만 한다는 것을 깊이 고려해 갈 필요가 있으나, 이것은 어디까지나 경영 전체적인 면을 통해 보아야 할 것이다.

여기서 경영 전체를 보아 품질관리가 어떠한 위치에 있는가를 확실히 하는 것이 중요한 일이다. 품질관리가 좋은 제품을 만든다는 것에 주목적을 둔다고 생각하면 당연한 일로서, 품질관리의 기본적 직능은 제조의 직능 속에 포함되어야만 한다. 제조라 하는 직능 가운데는 좋은 제품을 제조한다는 것 외에 싸게 만든다는 것, 즉 저원가로 제조한다는 것도 있으며, 또한 동시에 정해진 납기(納期)에 정해진 수량의 제품을 만드는 것 등을 고려하지 않으면 안 된다. 즉, 제조라는 직능 가운데는 원가관리, 공정관리와 함께 품질관리라는 직능이 있다. 이 품질관리라는 직능은 중요하나 경영 가운데 하나의 직능임을 되풀이해 둔다.

직능은 조직과는 다르다. 품질관리라는 직능을 다시 분석하면 품질, 불만의 조사,

품질에 대한 시장의 요구와 조사 등도 포함되어 있으며, 품질에 관한 방침의 결정이란 것도 있다. 이것들은 직능으로서는 품질관리에 속하나 조직상에는 각기 판매부나 총무부 등에 속하는 것이 보통이다. 즉, 다시 말하면 기업으로서 필요한 직능인 품질관리를 완전하게 하기 위해서는 판매부나 총무부 등 각 부(部)가 제각기 자기 부에 할당된 품질관리에 관한 부분적인 직능을 완전히 행함으로써 품질관리라는 직능이 비로소 완성되는 것이다.

이에 대해서는 총무부나 판매부 또는 기타 부서도 품질관리로 통합되는 것이 아니라, 품질관리를 발달시키기 위해서는 각 부에 할당된 분담을 제각기 행해야 할 필요가 있다는 것이다. 이것은 원가에 관해서나 공정에 관해서도 같은 이야기를 할 수 있다.

품질을 향상시키기 위해서는 조직상의 각 직위가 저마다의 입장에서 활동하는 일이 필요한 현재에 있어서, 형식상 조급하게 품질관리부를 신설한다는 것은 극력 피하고, 조직상의 각 단위에 있어서 품질을 향상시키는 직능을 활동시키는 것을 행해야만 한다.

이 품질관리에 대한 직능이 점차 발달된 경우에 비로소 제 나름의 직능을 협조·통합시키기 위해서 품질 관리부나 품질 관리과가 생기는 것이므로, 그의 역할은 협조자인 것이다. 최초부터 협조자로서 개인을 두는 것이 좋으나 조직체로서는 활동할 수 없다. 오히려, 품질 관리과나 품질 관리부를 설치하면 품질관리는 그 과(課)나 부(部)가 하는 것으로 생각되어 타과(他果)나 타부(他部)는 무관심해질 우려가 많다.

기업조직은 조직목적 수행에 적합하도록 되어 있으며, 기업목적 중의 일부 때문에 기업조직 변경을 시키는 것은 당분간 피해야 한다. 품질을 높이기 위해서 어차피 두어야 될 시기가 오면 비로소 품질 관리과나 품질 관리부는 자연 발생적으로 탄생하는 것이다. 품질을 향상시키는 것은 그것과 관련된 조직상의 각 단위 속의 직능이며, 그 직능이 충분한 활동을 하게 됨으로써 다시 발전하는 경우 그 활동의 원조기관 혹은 조언기관으로서 비로소 품질관리를 담당하는 부나 과가 설치되어야 한다.

아무튼 품질관리 조직과 직능은 다음에서 다루는 품질관리 활동체계와 품질관리 업무에 따라 변화할 수도 있고 또는 축소되거나 확장될 수도 있다.

2.2 품질관리 활동의 체계

일반적으로 품질관리를 실시하기 위해서는 품질의 해석, 공정의 해석, 작업표준의 작성 등의 활동이 필요하다.

[1] 표준품질의 결정

먼저, 만들고자 하는 품질을 결정한다. 이를 위해서는 ① 소비자의 요구(등급과 코스트), ② 제조면으로부터의 요구(기술과 관리의 상황)를 반영시켜야 한다. 표준품질은 작업의 목적이므로 당연히 자신의 제조기술을 고려하여야 하며, 규격처럼 외부의 요구를 그대로 표준품질로써 채택할 수는 없다. 제조기술의 상황을 고려하여 때로는 규격 이상의 제품을 만들지 않을 수 없을 경우도 있고, 제조기술의 향상에 따라 규격보다 월등하게 높은 품질의 제품을 제조하는 것이 유리할 경우도 있다.

그러나 한편 품질은 판매하는 것이므로 구입자의 희망을 고려해야 함은 물론이다. 그렇다고 해서 구입자의 희망을 전면적으로 받아들이는 것은 경영상의 관점에서 불가능하여, 이를 어느 정도 받아들이느냐에는 신용, 판매정책의 경영상의 판정을 기다려야 한다. 즉, 표준품질은 고객의 품질에 대한 의견을 조사하는 활동(시장조사)에 의거하고, 제조 기술을 고려하여 경영상의 판정에 따라 결정한다. 그래서 표준품질을 표면화한 것을 품질표준(품질 표준서)이라고 한다.

[2] 표준작업의 결정

표준품질을 제조할 작업을 결정한다. 이를 위해서는 공정의 해석에 있어서 요인과 특성치의 관계를 실제 모습대로 명백히 할 필요가 있다. 표준작업을 기재한 것을 작업표준(작업 표준서)이라 한다. 제조품질을 표시하는 수치를 특성치라 하고, 특성치에 변동을 미칠 제조의 조건을 요인(要因)이라고 한다.

특성치에 변동을 미칠 요인은 극히 많으며, 이들 요인이 모두 특성치에 영향을 미치고 있음은 확실하다. 다만, 영향을 미치는 정도가 요인에 따라 다르다. 작업에 임해서 이들 무수한 요인을 모두 관리할 필요는 없는 것이며 가능하지도 않다. 실제로 특성치에 크게 영향을 미치는 요인은 이들 요인 중 일부에 불과하며, 그것을 제어함으로써 공정을 안정 상태로 이끌 수 있다. 그래서 공정의 해석에 의해서 현실적으로 제어해야 할 요인을 찾아내어 이를 지시하는 것이 작업표준이다.

[3] 작업표준에 의한 작업

작업표준에 지시된 바에 의해서 작업을 한다. 작업표준에는 요인이 지시되어 있으므로, 공정에서 요인을 측정하여 이를 조건으로 제어한다. 이는 요인에 대한 조절이다. 예를 들면, 온도를 150～160℃로 유지함을 작업표준에 부여하고 있으면, 온도계의 눈금을 볼 때 온도가 150℃로 되면 증기의 밸브를 연다든가, 160℃ 이상 되면 밸브를 닫는다든가 하는 조절을 한다.

이와 같이 요인에 대해서 하는 활동을 조절이라 한다. 조절의 방법은 작업표준에 지시해야 한다.

[4] 작업결과를 알기 위한 측정

온도를 조절하여 반응시킨 결과 얻은 합성품의 품질이 과연 표준물질과 합치하는지의 여부를 알아볼 목적으로 한 합성품의 조성은 특성치이다.

[5] 관리표준의 작성

제조된 품질은 표준물질에 합치하지 않음이 상례이다. 만일, 완전한 작업표준을 만들어야 하는데, 이는 아주 곤란하다. 따라서 표준품질대로의 품질이 제조에 의해서 얻어진다면 바랄 나위 없지만, 실제로 제조되는 품질은 약간 정도가 낮은 것이다.

관리할 때 특성치와 비교할 품질의 수준, 즉 관리 수준은 표준품질과 동일하지 않으며, 그때그때의 작업조건을 고려하여 표준품질보다 낮은 곳에 정하는 수가 많다. 그러나 경우에 따라서는 표준품질 결정 당시보다 작업표준이 향상되어 관리 수준이 상위에 있을 수도 있다.

어쨌든 표준품질에 대하여 현장의 실태를 반영한 관리 수준을 정할 필요가 있다. 관리 수준의 결정방법, 절차의 표준을 기재한 것을 관리표준이라 한다.

[6] 관리표준에 의한 특성치의 체크

관리표준에 의해서 특성치의 이상유무를 조사하고 이어서 그 원인을 탐구한다.

[7] 이상원인을 제거하기 위한 조치

설사, 작업표준이 작성되어 있어도 제어해야 할 요인이 모두 제어되지 않거나, 조건에 의해서 어떤 원인의 영향이 크게 나타날 수도 있다. 이들 원인이 판명되면 즉시 원인을 제거할 방법을 취할 필요가 있다. 이것이 액션(action)으로서 이상이 일반적이면 작업표준을 개정하고, 그때그때 나타나는 일시적인 원인이면 조치를 취하는 동시에 기록에 남겨둘 필요가 있다.

이 때 중요한 것은 작업표준을 개정하든가 기록을 취하여 두어 차후 다시 동일한 원인에 의한 이상이 발생하지 않도록 미연에 강구할 필요가 있다.

이상에서 말한 품질관리 활동의 체계는 그림 2·2와 같은 관계에 있다. 그림 2·2에서는 품질의 문제점을 명백히 하여 표준품질을 정할 기초를 제공하는 것을 품질의 해석이란 말로 표현하였다.

품질의 해석과 더불어 공정의 해석을 하여 제조공정의 문제점을 명백히 하고, 표

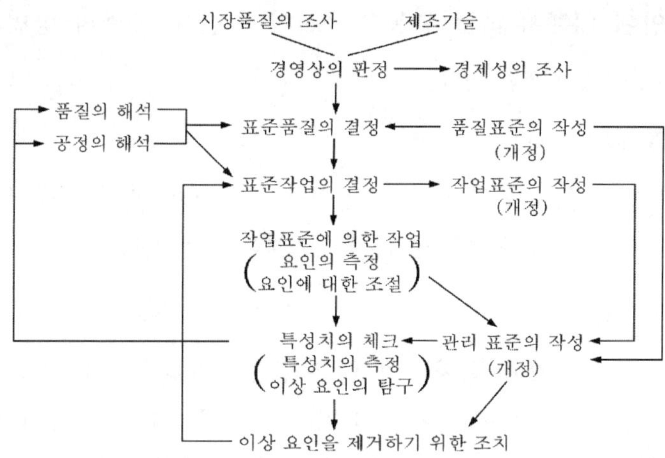

그림 2·2 품질관리 활동의 체계

준작업을 정할 기초를 제공할 필요가 있다. 또한 이들의 해석결과에 의해서 작업뿐만 아니라 제조방법, 제조설비, 제조인원, 작업시간, 제조재료, 제조비용 등의 제조계획의 각 단계도 정하는 것이므로, 공정의 안정화(품질의 유지)를 목적으로 하는 공정의 관리에 대해서

해석은 별도의 큰 분야를 이룬다.

주란(Juran)에 의하면 품질관리는

① 품질 위원회의 조직화

② 품질에 관한 경제적 검토와 주요한 품질문제의 결정

③ 문제를 해결하기 위한 품질관리 부분의 조직화

④ 품질장해에 대한 진단

⑤ 품질장해 원인을 제거하기 위한 치료

⑥ 그 상태의 유지

⑦ 품질 관심의 개선

의 순으로 해야 한다는 것이다. 이와 같은 생각에 따르면, 문제를 채택하기 위한 위원회와 문제해결의 실행기관으로써의 품질관리부문의 조직화가 필요하다. 따라서 품질관리의 계획으로서는 조직화의 계획이 먼저 필요하다.

다음에 진단, 치료, 유지 등의 품질관리 업무에 대한 계획이 필요하다. 이것을 품질관리실시계획이라고 한다. 나아가서 품질관리의 개선을 하기 위해서는 품질관리의 도입계획을 세워야 한다.

종전에 품질관리의 실시라고 하면 다음과 같은 점을 들 수 있다.

1 관리도, 유의차(有意差) 검정, 분산분석 등의 통계적 수법을 배운다.

2 현장의 데이터에 대하여 관리도를 그린다. 우선, 무엇이든 가능한 한 관리도를 많이 그린다.

3 히스토그램(histogram)을 그려서 현장의 정보를 모은다.

4 관리도의 층별, 검정, 추정 등의 해석방법을 써서 어떤 원인이 문제인가를 찾는다.

5 적당한 데이터가 있으면 유의차 검정, 분산분석 등의 방법에 의한 해석을 한다.

6 품질표준, 작업표준이 필요하면 작성한다.

7 관리도에 대하여 한계 외의 점의 원인을 탐구하고, 이것을 제거하기 위한 조치를 한다.

이와 같이, 1~7까지는 순서에 따라 행하는 것이 아니고 병행하여 수행하며, 서로 간에는 관계가 없는 것이 보통이다.

이것은 주란이 지적하는 원리와는 많은 차이가 있는 것이며, 작업의 범위만 커지고 일관된 줄거리가 없으므로 각각 효과가 없다고는 할 수 없지만, 단편적이고 뚜렷한 효과를 기대할 수는 없다. 품질관리는 아무래도 일관된 순서가 필요한 것이다.

여기서 주의해 둘 것은 위에서 말한 주란의 1~7에 이르는 단계는 코스트 절차, 부적합방지를 위한 골격에 지나지 않는다는 점이다. 품질관리라고 하는 이상 뒤에서 말한 1~7의 작업도 각각 필요하며, 이것이 주란의 1~7의 골격과 결부되어 비로소 품질관리가 효과를 발휘할 수 있다고 할 수 있다.

다시 말하면 주란은 문제를 파악하여 이것을 해결해 나가는 줄기를 제시한 것으로서 이것만으로 충분하며, 종래와 같이 공장에서 관리도를 그리거나 공정해석을 한다는 것이 쓸데없는 것이란 이론이 성립되지 않는다. 마치, 아무런 기초적 지식도 없이 문제에 직면하면 이것을 해결해 가면 된다고 생각하는 것과 같은 셈이다.

문제에 직면하여 해결할 수 있는 능력은 평소의 교양에 기대하는 바 많다. 역으로 교양만 있으면 문제가 해결되느냐 하면 그렇지도 않다. 문제를 해결할 수 있는 능력을 가지고 있다고 생각하는 사람이 많지만 이것은 잘못이다. 문제를 해결하려면 교양이 필요하지만, 문제의 초점을 잘 파악하고 투철한 사고력에 의하여 차례로 핵심에 접근해 감이 필요하다. 종전에는 흔히들 1~7의 품질관리의 교양적 사항에만 중점을 두고 1~7의 핵심에 파고드는 노력을 게을리 한 것같이 생각된다. 이 점을 주란이 날카롭게 지적한 것이다.

관리도의 수가 많아도 문제를 파악하는 노력이 없으면 품질관리는 되지 않는다. 품질관리 프로그램도 1~7에 이르는 세로선과 1~7에 이르는 가로선과의 양쪽에 대하여 수립할 필요가 있음은 명백하다.

이와 같은 의미에서 품질에 관한 직능(넓은 의미의 품질관리)에는 그림 2·3과 같은 업무가 있다고 할 수 있다. 이 업무는 서로 독립된 것이 아니고 각기 관계가 있다.

코스트 절하나 부적합방지를 위한 해석과 관리(좁은 의미의 품질관리)는 검사 및 품질보증과는 일단 다르기 때문에 구별하는 것이 편리하다.

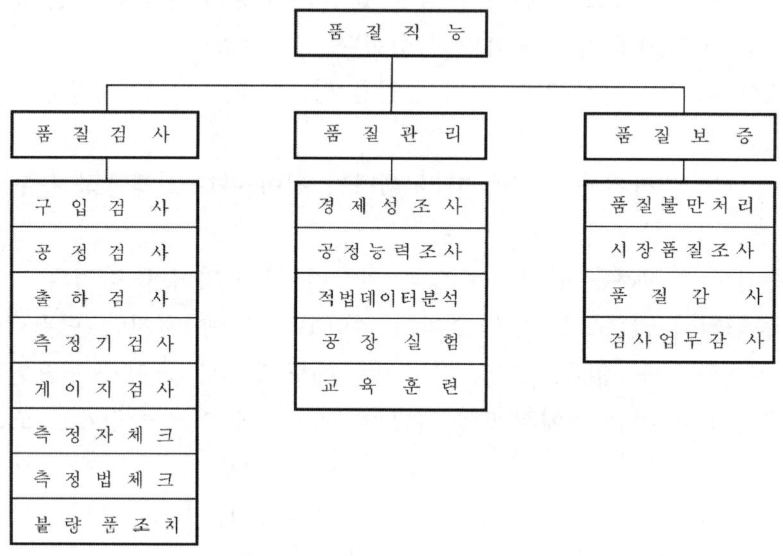

그림 2·3 품질의 직능

2.3 품질관리 업무

품질문제는 회사 내 각 부문에 직접 또는 간접으로 관련되어 있다. 이들 각 부문이 품질관리에 관련된 기능과 품질관리 활동을 계획대로 수행하려면, 품질계획에서부터 제조, 공정관리, 서비스 활동에 이르기까지 품질관리 업무를 명확히 분류해서 맡은 바 직능을 성실히 수행할 수 있도록 해야 한다.

품질관리 업무를 각 부문별로 나눠어 보면

① 신제품 개발을 위한 품질관리 업무

② 제조를 위한 품질관리 업무

③ 판매를 위한 품질관리 업무

④ 원가를 위한 품질관리 업무

⑤ 교육훈련을 위한 품질관리 업무

등으로 대별할 수 있다. 이들 각 부문별 업무를 구체적으로 다루어 보자.

2.3.1 신제품 개발을 위한 품질관리 업무

신제품 개발을 위한 최근의 품질관리 업무는 [1] 조사, [2] 설계, [3] 기술연구, [4] 시작(試作) 등을 들 수 있다.

이들을 각 항목별로 살펴보자.

[1] 조 사

품질관리의 선행조건으로서 만들어낼 제품의 품질수준이나 출하된 제품의 품질표준을 조사하는 것을 말한다. 먼저, 출하된 물품의 소비자에 대한 만족도와 제품이 고객에게 만족하지 못한 점을 조사하여 문제점을 발견하면, 이것을 기초로 사내외의 정보를 수집해서 바람직한 코스트, 기능 및 신뢰성에 대한 조사를 행한다. 이러한 조사업무는 정기적으로 행하며, 그 조사항목을 기초로 시행되어야 한다.

조사항목은 ① 고객의 만족도, ② 고객조사, ③ 타사의 상황조사, ④ 품질관리에 대한 중요한 정보, ⑤ 신제품의 품질수준, ⑥ 자사(自社)의 품질수준, ⑦ 신제품 계획, ⑧ 업계의 상황 등 여러 항목이 될 수 있다. 또한, 조사에 필요한 수법도 생각해 볼 필요가 있다. 특히, 최근에 많이 활용되는 적절한 통계적 수법을 활용하여 조사하면 귀중한 정보를 얻을 수 있다.

[2] 설 계

회사 내의 설계품질을 결정하고 품질수준을 기초로 품질의 적합여부를 결정하여 제조공장의 능력과 합치하는지를 확인한다. 또한 생산비 문제를 고려하여 사용자의 입장에서 품질을 평가하고 상품가치나 가격 또는 제품의 보수와 불편한 점과 외관상의 문제 등도 충분히 검토하여 제품으로써의 실패요인을 주의 깊게 보완하여 거의 완전한 설계가 될 수 있도록 그 업무를 수행해야 한다.

[3] 기술연구

기술연구를 행할 때는 여러 통계적 수법을 활용하여 종래 미비했던 여러 조건을 실험을 통해 재료의 사용문제, 작업방법의 문제, 제조상의 문제, 실제 사용상의 문제 등 실제적인 연구를 행하여야 한다. 특히, 실험 계획법을 이용한 구체적 연구를 통해 제품에 미치는 여러 요인을 분석검토하는 방법은 바람직한 기술연구라 할 수 있다.

[4] 시 작(試作)

설계단계에서 시작단계로 오면 기계관계와 화학적인 문제의 차이와 같은 근본적인 문제가 있게 된다. 원형(原型) 시작품을 만들 때는 시작품에 대한 목표, 성능, 공정능력 조사, 공차해석(公差解析), 제품기능 분석, 시험시작(試驗試作), 환경조건이나 실제의 사용목적에 대한 시험을 충분히 고려해야 하며, 양산체제의 적합여부까지도 확인해야 한다. 또한, 시작품이 완성되어도 어떤 일정한 기간 동안은 직접 소비자들의 의견을 듣도록 해야 하며, 또한 시작품의 실제 상태를 확인하여 아주 완전한 신작품을 만들도록 해야 한다. 그리고 제품화의 문제나 양산 체제화의 문제는 회사의 정책상의 문제와 병행하며, 또한 제조시기의 문제와도 같이 고려할 문제이다. 아무튼 시작업무는 현실적인 문제와 기술적인 문제를 고려해야 한다.

2.3.2 제조를 위한 품질관리 업무

제조란 경영방침을 기본으로 제품의 품질규격에 따라 제조용 재료나 도면, 사양서 등을 통하여 재료, 부품의 물리적, 화학적 변화를 가하여 최종제품의 품질을 만들어 내는 유형, 무형의 과정으로서, 품질 관리상 중요한 직능을 수행한다고 할 수 있다. 품질과 제조는 아주 중요한 관계를 갖고 있으며, 제조공정의 품질관리란 더욱더 그 비중이 크다고 할 수 있다.

제조를 위한 품질관리 업무를 세분하면, 설계가 완성된 후 제품에 대한 품질문제, 제조규격, 부품규격, 재료규격, 구체적 도면, 사양서, 공정능력 조사와 설계부문의 품질수준의 높음, 제조부문의 품질수준의 낮음, 이 양자의 조정 등과 같이 합리적인 제조를 행하는 업무는 품질관리 부문의 업무라 할 수 있다. 한편, 생산기술 부문의 업무는 사용재료, 부품제조 설비, 작업자, 작업방법, 품질수준과 기술수준의 표시, 공정능력 조사에 의한 정보를 설계부문과 제조부문에 제공하며, 또한 공정능력의 합치여부, 설계품질과의 합치여부 등 다양한 업무를 들 수 있다.

보통은 품질관리 부문 업무와 생산기술 부문 업무를 총합적으로 수행하는 업무를 우리는 제조를 위한 품질관리 업무라고 한다. 또한 제조부문의 역할은 품질, 양(量), 코스트의 문제를 해결해야 하므로, 생산설계의 입장에서도 이 세 가지를 실현할 수 있도록 계획해야 한다.

생산계획도 그 속에는 대소(大小), 다종(多種), 다량(多量)의 다양한 내용이 포함된다. '제조판매할 제품의 종류를 비롯해서 어느 정도 품질의 것을 어느 정도의 코스트로 얼마나 언제쯤 제조하여 판매할 것인가'라는 기본적인 계획에서, 더 나아가 여기서 얻어지는 정보에 의거한 제조설비, 제조방법, 관리방법의 결정, 생산일정 계획의 책정 등에 이르기까지 광범위하게 관계된다.

순수한 주문생산일 경우는 정보의 전달도 신속하고, 품질에 대한 수요자측의 의견도 즉시 입수할 수 있지만, 일반 시장품을 생산할 경우에는 물건을 살 사람들이 분명한 시방(示方)을 제시하여 마음에 들지 않으면 살 때 확실하게 거절하거나, 클레임을 제기하지 않고 우선 사서 써 보고 난 후에 품질의 양부(良否)를 판별하여, 좋지 않으면 다음에 같은 물건을 사 쓰지 않게 된다. 즉, 수요자측의 의향은 매상이 감퇴하는 상태로 비로소 나타난다. 더욱이 생산자와 소비자 사이에는 도매상, 소매상 등의 유통기구가 있어서 매상이 떨어지기 시작하더라도 생산자가 알게 되기까지는 상당한 시간이 걸리므로, 그 사이에 이미 일반에게 팔리지 않을 물건을 모르고 생산할 경우도 있다.

따라서 이러한 상품의 생산자는 소비자의 요구가 어디에 있나를 적극적으로 파악하려 하지 않는 한 만족스러운 경영을 기대할 수 없으며, 또한 소비자의 요구는 어느 한 점에 머물러 있지 않고 시간과 더불어 변화할 뿐만 아니라, 타사(他社)와의 경쟁도 심하기 때문에 경영자로서는 이러한 시장의 추이(推移)를 파악함이 최대의 책무(責務)라 할 수 있다. 즉, 시장조사, 판매 추정량 조사의 필요성이 강력히 대두되며, 여기에는 통계적인 고찰이나 수법을 광범위하게 채택할 필요가 생긴다. 그리하여 여기서 얻은 데이터를 근거로 품질표준을 정하고 판매예측을 수립해서 생산계획을 구체화하여 간다.

다음 단계의 주요부분은 공정계획이다. 대규모의 다량생산을 하는 공장에서는 제조부문과 독립된 생산기술 부문을 두어, 공정설계를 비롯해서 각 공정에 있어서의 가공방법이나 가공조건을 결정하기 위한 조사연구를 하고 있지만, 대개의 경우 제조부문에서 추진되고 있으므로 제조부문의 역할의 일부로 취급해야 한다.

품질관리의 입장에서 공정을 고찰할 경우에는, 당연히 넓은 의미로 해석하여 원재료 기타의 구매에서부터 제품의 판매에 이르기까지의 생산활동으로서 검토해야 한다. 이 때 구매에서 판매에 이르는 넓은 범위의 경우를 생산공정이라 하고, 원재료를 사용하여 제품을 만들어낼 때까지의 좁은 범위의 경우를 제조공정이라고 한다.

일반적으로 제조품질 관리업무로서는 생산공정을 대상으로 삼아야 한다. 그러나 그 일부분으로 제조공정의 품질관리를 보면 공정설계를 들 수 있다. 제조공정에 있어서는 제일 먼저 원재료에서 제품에 이르는 과정을 가급적 적은 수의 공정으로 마칠 수 있도록 연구하여 공정도(工程圖)를 작성한다. 이 때 각 공정에서 원재료의 품질을 어떻게 변화시키는지를 결정해야 한다.

구체적으로 설명하면 ① 그 공정에 투입되는 원재료의 품질과 양(量), ② 품질을 변화시키기 위한 설비[기계장치, 치공구(治工具), 치구(治具), 계측기 등], ③ 가공방법 또는 조건, ④ 작업자의 기능 정도를 그 공정에 부여된 품질을 가능한 한 낮은 코스트로 만들어낼 수 있도록 결정해야 한다. 여러 공정을 거쳐 나가므로 종합적으로 보아 양적인 밸런스가 잡히고, 총코스트가 가장 낮아야 할 일이다.

한편, 이러한 종합적인 면에서 제조라는 업무를 생각해 보면, 생산계획 · 재료관리 · 검사설비 · 제조작업 · 공정설계 등을 생각할 수 있다.

이와 같은 업무를 모든 부문의 협조로 잘 운영함으로써 제조를 위한 품질관리 업무는 비로소 완전히 행해지는 것이며, 이 업무와 다른 업무가 다시 결합될 때 경영은 잘 되어 가는 것이다.

2.3.3 판매를 위한 품질관리 업무

소비자를 직접 접촉하고 수요면이나 요구사항을 제조부문에 알리며, 새로운 기술로 신제품의 잠재수요를 예측하여 설계부문에 알려 신제품을 개발하도록 하며, 품질의 결함사항을 기술 및 제조부문에 연락하는 등 중요한 업무라 할 수 있다. 특히, 기술부문에 대한 제품의 관심사는 제품의 기능문제이며, 제조부문과 제조원가의 문제, 기능과 제조원가의 문제, 제품의 용도, 수요자층, 판매업무와 관련된 판매기획, 소비자의 구매 의욕, 제품의 시장성과 구매의욕, 제품의 외관이나 색채, 포장 등의 판매기술상의 문제, 판로확보의 문제 등 판매 자체의 업무와 타부문과의 업무를 총칭해서 판매를 위한 품질관리업무라 할 수 있다. 따라서 이 업무를 구분해 보면 ① 상품의 기능과 가격, ② 제조원가와 판매가격, ③ 품질보증과 고정처리(苦情處理), ④ 품질관리 활동의 원활화 등으로 나뉘어 볼 수 있다.

[1] 상품의 기능과 가격

소비자의 구입상품에 대한 문제로서 상품의 본질적인 기능에 대한 기대와 만족도, 제조부문이나 제조 기술상의 문제에 대한 연락, 제품의 내부구조와 설계상의 문제에 대한 연락, 상품의 의장, 포장개선의 문제, 시장동향 등의 문제를 해결하는 업무를 수행하는 것을 말한다.

[2] 제조원가와 판매가격

신제품의 상품화에 따른 문제, 수요자층과 예측수량 검토, 제품의 제조원가와 판매가능한 예측가격과의 문제, 설계와 공정능력과의 관계에 따른 기술 및 제조부문의 의견을 재검토, 설계변경에 따른 공정능력의 개선과 비용의 추정, 판매예측과 최근의 시장조사에 따른 이견조정(異見調整) 등을 통해 제품의 품질에 맞는 제조원가와 판매가격을 설정하는 업무를 수행함을 말한다.

[3] 품질보증과 고정처리

품질보증이란 일반 소비자가 요구하는 성능을 발휘할 수 있도록 하는 업무로서, 시장정보를 수집하며 기술연구를 지속하고 고객에 대한 PR와 기술 지도를 통해 제품에 대한 사용상의 기술적인 문제를 교육한다. 그 밖에 공정능력을 파악하고 품질규격이나 품질표준, 포장규격, 구매규격 등을 참조하여 제품의 가치를 손상시키지 않도록 한다. 또한, 상표와 신용을 떨어뜨리는 일이 없도록 한다. 물론, 품질보증은 회사 전체적인 업무라고도 할 수 있고, 품질관리의 종합적 업무라고도 할 수 있다.

따라서 품질보증의 설계단계의 업무는 보증품위(保證品位)의 설정, 원자재 규정, 제품규정, 공정관리의 확립, 품질표준, 기술표준, 작업표준의 확립을 들 수 있으며, 실시단계의 업무는 검사, 공정관리, 제품시험, 창고관리, 판매관리 등을 들 수 있고, 검토단계에서는 시장조사, 클레임 정보, 품질관리 감사 등의 업무를 들 수 있으며, 조치단계에서는 표준의 재검토와 공정능력의 재검토, 공정의 개선 등을 들 수가 있다.

고정처리 업무란 제품검사를 철저히 하여 클레임 처리, 클레임의 재발방지, 클레임의 해석 등의 업무를 수행하며, 애프터서비스, 기술 서비스, 보증기간 방법, 품질관리 업무의 감사, 타사 제품과의 비교, 자사제품을 시장에서 구입하여 출하시의 품위(品位)와 비교하는 등의 업무를 들 수 있다.

[4] 품질관리 활동의 원활화

제조면에 있어서의 특별공정을 조사하여 생산활동을 원활히 하고, 부적합품의 예방으로 품질보증을 원활히 하며, 재고품 관리를 철저히 하여 판매관리를 원활히 하며, 외주품(外注品)을 잘 관리하여 납기(納期)를 원활히 하는 등, 품질관리 활동에 지장을 초래하는 모든 업무를 원활히 하여 판매를 위한 품질관리 업무수행에 차질이 없도록 하는 것을 말한다.

2.3.4 원가를 위한 품질관리 업무

원가계산을 목적별로 분류하면 계획원가(cost for planning)와 통제원가(cost for control) 및 외부 보고 원가(costs for external purpose) 등으로 분류할 수 있다.

품질관리와 원가관계를 생각해 보면, 품질관리 목적상 품질개선을 위한 비용은 계획원가에 품질유지를 위해 비용은 통제원가에 해당된다고 본다. 품질개선에 포함되는 업무는 설비투자, 재료부품의 가치분석(value analysis) 등의 비용이 포함되고, 품질유지에 포함되는 업무는 정보전달 수단업무, 활동의욕을 고조시키는 업무, 업무평가 등의 비용이 포함된다.

따라서 품질 코스트(cost of quality)를 소비자가 요구하는 품질의 제품을 경제적으로 생산하기 위한 모든 비용이라고 한다면, 좀더 넓은 의미의 품질 코스트는 시장조사비, 연구 개발비, 설계비, 제조 계획비, 제조 공정비와 같은 제품의 개발 및 생산활동에 공통적으로 발생되는 비용을 말하며, 보통은 검사 및 시험비, 부적합예방비, 부적합품으로 인한 손실비, 품질 보증비 등을 말한다.

이와 같은 입장에서 파이겐바움은 품질 코스트를 ① 예방 코스트, ② 평가 코스트, ③ 실패 코스트로 분류하여 설명하고 있다.

[1] 예방 코스트(prevention cost)

품질부적합을 예방하는 데 소요되는 비용으로서 품질 시스템의 설계비, 공정 내의 부적합방지를 위해 행하는 데이터의 측정, 해석 등에 필요한 비용, 품질관리를 위해 실시하는 교육 훈련비, 계측기와 치공구(治工具)의 정도 유지비와 관련된 설비 보전비 등을 포함하며, 또한 품질계획 코스트에 포함되는 시장 조사비, 연구 개발비, 설계비 등도 포함된다.

[2] 평가 코스트(appraisal cost)

제품의 일정한 품질 수준을 유지하기 위해서 품질평가와 관련하여 발생하는 비용을 말하며, 원재료의 수입(收入) 검사비, 제조공정의 공정 검사비, 출하 검사비 등 생산의 모든 단계에서 행해지는 품질평가비용과 시험비 등이 포함된다.

[3] 실패 코스트(failure cost)

일정 품질표준에 미달한 원재료, 반제품, 제품 등에 의한 손실비용으로서, 공손품(工損品)·불합격품·등외품(等外品)·반품·클레임 등에 필요한 비용이 포함된다. 따라서 원가를 위한 품질관리 업무는 제품의 품질이 향상되고 제품의 품질비용이 감소하도록 그 업무를 충실히 수행해야 하며, 이러한 업무를 수행하기 위해서는 종합적 품질관리(total quality control) 계획에 의해 성취될 수 있다. 다시 말하면 종합적 품질관리에 의해 보다 나은 비용으로 보다 좋은 품질의 제품을 생산할 수 있으며, 더욱 중요한 것은 어떤 비용이 추가되거나 증가되고 있는가를 파악하는 품질

비용 분석업무를 중심과제로 하여야 한다.

이러한 품질비용 분석을 위해서는 품질 코스트를 분류해 볼 필요가 있다.

그림 2 · 4는 파이겐바움의 품질 코스트를 우리나라 기업의 실정과 일치하도록 분류하였다.

그러나 한 제품을 경제적으로 생산하기 위해서는 이러한 품질 코스트의 분석을 토대로 품질관리 활동을 전개해야 한다. 과거에는 대부분의 품질 코스트가 원가계산 방식에서 보조 부문비나 관리비 등으로 처리되었으나, 현재는 이 품질 코스트를 따로 산정하여 품질관리에 이용하는 것이 좋다. 이 품질 코스트는 총합적 품질관리 시스템(total quality control system)에서는 주요한 요소이다.

또한 이 품질 코스트의 분석은 제품별 혹은 기능별로 산정하여 여러 시점에서 비교하거나, 제조원가에 대비하여 품질 코스트의 동태를 관찰하면 좋은 결과를 얻을 수 있다.

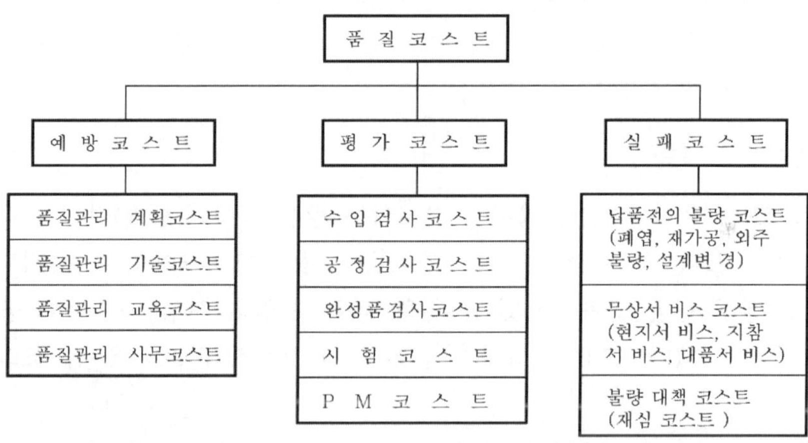

그림 2 · 4 품질 코스트의 분류

2.3.5 교육훈련을 위한 품질관리 업무

교육훈련의 목적은 기업목표의 경제적이고도 효과적인 달성을 위해 종업원의 근로 의욕을 증진하고 능력을 개발육성하는 데 있다.

품질관리는 전사적(全社的)인 활동이며 책임과 권한의 명확화를 전제로 하는 조직적인 활동이다. "기업은 사람에 달렸다"라고 말하듯, 명령과 복종 또는 표준화에 의한 인간의 기계화 등에 의해서는 도저히 달성되는 것이 아니다. 각 직위와 직능에 있어서의 모랄과 자발성, 창의연구(創意硏究)가 있음으로써 비로소 품질관리는 성공하며, 기업번영에도 기여할 수 있는 것이다. 이런 뜻에서 교육훈련은 각 계층을 통하여 항상 실시되지 않으면 안 된다.

품질관리의 도입, 추진에 있어서 교육은 대단히 중요하다. 특히, 교육에 있어서 지식만의 도입을 하는 것이 아니라 현장에서 활용되는 쓸모 있는 교육에 중점을 두어야 한다.

일반적으로 기업에서 행하는 품질관리 교육은 기업의 방침과 직장의 요청에 의해 실시되는 것이나, 교육효과를 올리기 위해서는 기업에 맞는 형태로 조직적이고 계속적으로 실시함이 중요하다.

[1] 품질관리 교육의 체계

품질관리 교육은 다른 전문교육과 마찬가지로 기업발전을 위하여 장기적인 안목에서 체계화하여 주는 것이 필요하다. 체계화에 있어서는 기업의 현상 또는 장례전망 혹은 사원의 능력, 교육방법 등 목적 중심으로 작성된다. 이러한 경우 품질관리 활동상황, QC서클 발전상황 등 품질관리 추진의 전체적인 움직임을 가미해서 체계를 수립하는 것이 중요하다.

[2] 품질관리 교육방법

품질관리 교육에는 외부 강습회에 출석시키는 방법과 사내(社內)에서 교육하는 방법의 두 가지가 있다. 외부 강습회는 강사로부터 사내 교육시와 같이 고정되지 않은 다른 기업의 실정 등을 들을 수 있다. 혹은, 다른 기업의 사람들과 같이 공부할 수 있는 특징도 갖고 있다. 그래서 사내 강습회의 참가와 사내 교육을 잘 조화시켜 실시하면 좋다.

사내교육에는 직장 외 집합교육(OFF-JT)과 직장 내 교육(OJT)이 있다. 직장 외 교육은 기업 외에서 집합교육을 하는 것으로, 어떤 한 가지를 계통을 세워 교육하는데 좋다. 직장 내 교육은 현장에서 상사가 부하에 대하여 필요한 지식, 기능, 태도 등에 대해 교육하는 것으로 실천에 맞는 교육이다. 이 교육은 작업을 통해 행해지며, 자기에게 직접 관심이 있으므로 이해가 빠르며 교육효과도 크다.

사내 품질관리교육의 체계는 그림 2 · 5와 같다.

또한 품질관리 교육의 커다란 특징에 QC서클에 의한 교육이 있다. 이 교육은 그룹 활동 중에 자기계발, 상호계발에 의한 것으로, 현장에 밀착된 교육으로서 효과가 있다.

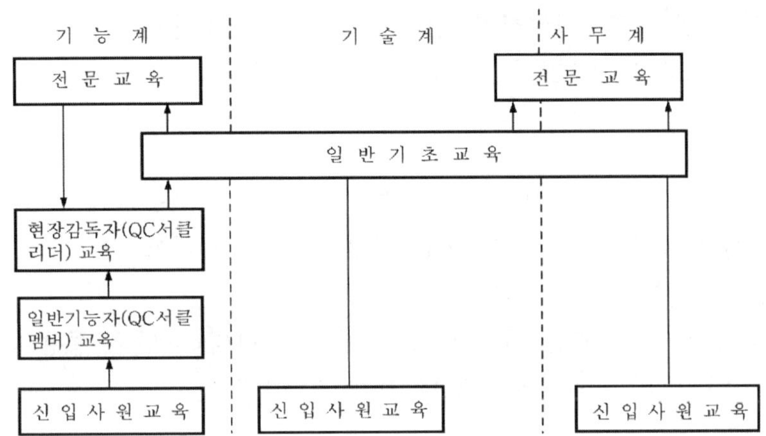

그림 2·5 사내 품질관리 교육의 체계

[3] 품질관리 교육의 계획

품질관리 교육의 계획에 있어서는 기업의 필요성과 현상 수준을 감안하여 장기적인 예상하에 검토되어야 한다. 무계획하게 높은 수준을 목표로 하여 고수준의 훈련 계획을 하는 것보다는 수강자의 수준에 맞는 교육훈련을 계획해야 한다. 또 빠른 효과만을 노려 계획하는 것은 좋은 교육훈련이라 할 수 없다. 서서히, 기초부터 한 걸음 한 걸음 향상할 수 있도록 계획을 수립하는 것이 필요하다. 또한 계획에 있어서 각 코스마다 도달해야 할 목표를 구체적으로 표현하는 것이 중요하다. 교육의 목표는 그림 2·6과 같다.

이를테면 A코스는 "현장에서 부적합품의 해석을 할 수 있다" 등으로 설정하는 것

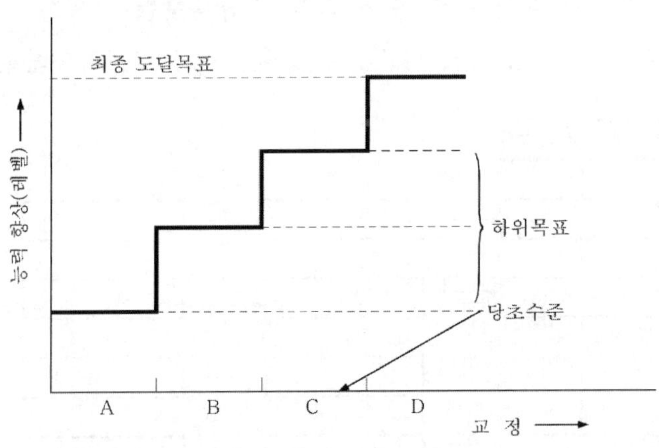

그림 2·6 교육의 목표

이다. 그 결과 목표에 도달시키려면 어떠한 내용으로 교육훈련을 실시하는가를 정하여, 하위목표와 최종 도달목표가 원활하게 결부되도록 계획해야 한다.

[4] 품질관리 교육의 실제

1) 교안(教案) 직장 외 사내 집합 훈련을 실시하는 경우, 교안을 명확히 작성하는 것이 중요하다. 같은 내용을 가르치는데 잡다하게 교육하느니보다는 정연하게 교육하는 편이 수강자의 이해가 빠르고 효과도 크다.

교안작성에 있어 우선 훈련 전체의 스케줄을 작성한다. 교안은 통상 다음 항목에 대해 작성되는데, 내용은 기업의 실정에 따라 획일적은 아니다.

① 도달목표
② 교재와 그 범위
③ 각 장마다의 시간배분
④ 가르치는 순서와 교구(教具), 교재사용 방법
⑤ 특히, 중점을 두고 가르치는 내용
⑥ 특히, 주의해야 할 내용
⑦ 연습문제와 예제
⑧ 기타 참고가 되는 사항

2) 강의 준비 강의준비는 빨리 하면 완전하다고 할 수 없다. 충분한 시간에 걸쳐 준비해 두어야 한다. 또한 준비에 있어 가르치는 내용에 누락됨이 없도록 그림 2·7과 같은 체계화가 필요하다.

예를 들면, "계량치의 평균치 검정을 할 수 있도록 한다"라는 교육목표를 세웠을 때 교육요소에는 "평균치 계산을 할 수 있다", "정규분포를 사용할 수 있다", "t분포를 사용할 수 있다", "가설검정(假説検定)의 뜻을 안다", "유의수준을 사용할 수 있

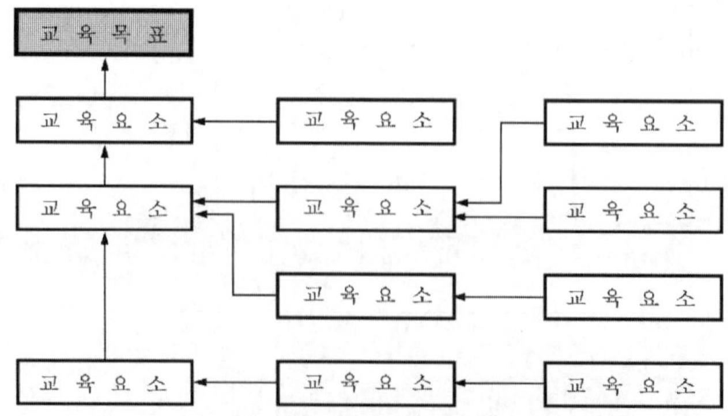

그림 2·7 교육목표와 교육요소의 관계

다", "귀무가설(歸無假說), 대립가설을 수립할 수 있다" 등을 들 수 있다. 그래서 이들을 그림 2·7과 같이 도시함으로써 가르치는 내용의 연결성을 명확히 파악하므로, 준비의 만전을 기할 수 있다.

3) 진행법　　강의는 훌륭하게 진행하려고 하는 것보다는 여하히 알 수 있도록 하느냐에 중점을 두어 열의를 갖고 진행하여야 한다. 그리고

① 모든 것을 수강자의 중심으로,

② 알고 있는 것부터 모르는 것으로,

③ 학습에는 문제를 결부시켜

진행하여야 한다. 즉, 수강자에게 알 수 있도록 하는 것이 중점이며, 이를테면 연습을 한다든가 친절한 보기로 설명하여 내용을 충분히 습득하도록 하는 것이 중요하다. 또한 강의가 끝난 후에는 다음 내용을 삽입한 강의기록을 남겨 다음 회의 연습자료로 하면 좋다. 그 내용은 다음 사항을 써 두면 좋다.

① 강의가 예정대로 진행되지 않았던 이유

② 설명이 잘 되지 않았던 곳

③ 질문이 집중된 곳 기타 개선사항

[5] 교육의 효과

교육의 효과는 즉시 나타나는 것과 그렇지 않은 것이 있으나, 효과가 곧 나타나는 것이 반드시 좋은 교육이라고는 말할 수 없다. 또한 교육의 효과는 모든 사항과 관계되어 있어 단독으로 측정한다는 것은 대단히 어렵다.

그러나 지식에 대한 도달목표에 대해서는 도달되었는가의 측정이 용이하므로 실시해야 한다. 그 결과 이해가 불충분한 수강자에 대해서는 적절한 조치로 도달목표에 이를 수 있도록 노력해야 한다.

2.4 품질관리 시스템

현재 우리는 총합적 품질관리와 품질보증이라는 용어의 정의에서 시스템이란 말을 발견할 수 있었다. 시스템을 우리말로는 체계나 제도라고 한다. 그러면 왜 총합적 품질관리와 품질보증을 시스템이라고 정의하게 되었을까를 생각해 볼 필요가 있다.

품질관리는 처음에 통계적인 관리수법으로서 생산공정에 적용되었으며, 이 수법의 활용으로 품질과 생산원가에 많은 효과를 거두게 되었다. 제품 하나 하나를 규격에 맞도록 깎고 다듬어서 만들던 시대에는 우리가 말하는 품질관리는 불합리했을 것이

다. 그러나 오늘날과 같은 다량생산 체제하에서는 제품 하나 하나의 품질을 종래의 방법만으로 관리해 갈 수 없다.

공정에서 만들어진 품질은 모두 산포(散布)하기 때문에 그것이 어떠한 통계적 분포를 한다. 계량(計量) 특성치의 경우 공정에서는 정규분포를 한다는 사실에 착안하여, 자연적인 원인에 의한 산포와 이상적(異常的)인 원인에 의한 산포로 구분하는 관리선을 이론적으로 설정한 것이 '3σ 한계'이며, 관리도는 바로 이 원리에 의하여 창안된 것이다.

관리도뿐만 아니라 다른 통계적 수법도 실제로 제품이 만들어지는 과정, 즉 공정의 품질에 적용시켰던 것이다. 통계적 품질관리를 실시함으로써 공정품질의 향상에 크게 기여하였다. 따라서 과거에는 품질의 관리를 제조공정에서 통계적 품질관리만을 잘 활용하면 된다는 확신을 했었다. 현재는 차차 이러한 사고가 잘못이었다는 것을 알게 되었다.

다시 말하면, 제조공정은 품질의 형성과정으로 볼 때 물리적·화학적 변화를 하는 중요한 부분이기는 하지만, 전과정으로 볼 때는 일부에 지나지 않는 것이다. 그러므로 소비자를 만족하게 하는 품질의 제품을 관리하기 위해서는 시장조사, 제품개발, 설계, 원자재의 구매, 제조, 검사, 출하 및 서비스 부문까지를 포함한 일관된 체계에 의해 관리하지 않으면 안 된다. 위에 든 모든 부문은 품질과 불가분의 관계를 갖고 있다. 즉, 품질에 어떤 영향을 미치는 공정의 일부분이다. 넓은 뜻으로 말하자면 생산의 한 단계인 것이다.

이러한 뜻에서 시스템의 정의에 대하여 살펴보자. 공학적인 견지에서 정의를 내린 E. G. Kirkpatrick 교수는 "시스템이란 어떤 공동의 한 목표나 여러 가지 목표를 달성하기 위해 설정된 한계 내에서 상호 유기적인 관련을 갖는 독립된 부분에 의해 이루어진 실체(實體) 혹은 개념체(概念體)이다"라고 정의하고 있다. 또한 자사(自社)의 품질을 달성하기 위한 품질관리의 체제는, 품질에 책임이 있는 사내의 모든 부문을 조정통합하는 효과적인 시스템이어야 할 것이다. 이러한 시스템을 파이겐바움은 "Total quality control"이라고 정의하였다. 우리가 총합적 품질 관리적인 관리체제를 도입하고자 하는 이유가 바로 여기에 있다.

품질은 제품의 생산과 분리할 수 없다. 또한 품질이 없는 제품은 없다. 따라서 품질관리를 하는 목적은 품질보증을 잘 하자는 데 있다고 할 수 있다. 제품을 만드는 제조자는 자기가 만든 제품의 품질을 보증할 수 있어야 한다. 이러한 품질보증을 위해서는 위에 든 생산의 모든 단계에서 보증할 수 있도록 관리하지 않으면 안 된다. 그래서 품질보증(quality assurance)은 "모든 품질관리의 활동이 효과적으로 수행되어 품질의 보증이 되게 하는 데 목적을 둔 활동의 체계"라고 정의하고 있다.

따라서 품질관리 시스템은 그 경영을 대표하는 체제이어야 한다. 이렇게 되었을 때 소비자를 만족하게 하는 품질의 제품을 생산할 수 있게 된다.

2.4.1 경영활동과 생산 시스템

기업은 시장의 수요를 대상으로 경영활동을 전개하는 계속기업이라고 할 수 있다. 생산기업은 그들이 생산한 제품을 시장이나 수요자에게 제공함으로써 제품원가에 이익이 붙은 판매대금을 받는다. 이 수금된 판매대금은 대부분 자금으로, 다시 생산활동에 투입된다.

기업의 활동은 그림 2·8과 같다. 즉, 생산기업의 경영활동은 재무활동→조달활동→생산활동→판매활동의 순환과정을 반복하면서 달성하고자 하는 목표를 얻게 된다. 다시 말하면, 기업의 목표달성은 이러한 시스템의 상호 유기적인 활동 없이는 불가능하다.

생산기업에서는 소비자의 욕구를 충족시킬 수 있는 제품을 경제적으로 생산할 수 있어야 한다. 이를 위해서는 우선 소비자가 요구하는 기능상의 요건을 갖춘 제품을 생산 시스템에서 생산할 수 있도록 제품이 기능설계가 되어야 한다. 예를 들어, 목표이익을 달성하려면 ① 어떤 품종의 제품을 어느 정도의 품질 수준으로, ② 어느 시기에 얼마의 수량을, ③ 어느 정도의 가격으로 판매하면 좋은가를 내용으로 하는 일련의 판매계획을 수요예측이나 시장조사의 결과를 토대로 하여 수집할 필요가 있다.

또한 제품을 생산하는 기업측에서 볼 때는 그 제품은 수익성이 높아야 하며, 경제적이고 효율적으로 생산할 수 있는 제품을 생산설계해야 한다.

결국, 기업의 입장에서는 고객과 기업이 모두 만족할 수 있는 생산설계가 필요하며, 이익을 만족할 만한 수준에서 생산 시스템의 설계가 이루어지도록 해야 할 것이

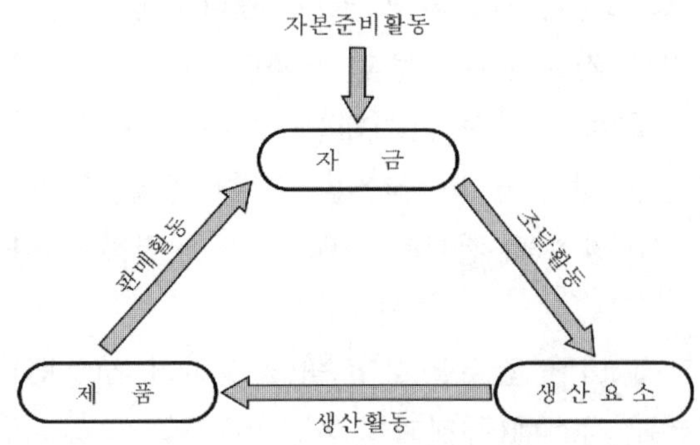

그림 2·8 경영활동의 순환과정

다. 즉, 기능요건을 고루 갖춘 제품설계에 의해서 고객이 만족할 수 있는 제품이 생산된다면, 시장에서의 경쟁력이 강화될 것이므로, 경쟁기업보다 유리한 가격으로 보다 많은 판매량을 확보할 수 있을 것이며, 이에 따라 매출액은 증대될 수 있다. 한편, 경제적인 생산설계에 의해서 기업이 만족할 수 있는 제품이 생산된다면, 재료비나 노무비에 투입되는 직접제조 원가 또는 생산 준비비와 생산 시스템 운영에 소요되는 제조 간접비 또한 보다 절감될 수 있으므로 이익이 증대된다. 따라서 제품은 그의 기능요건을 충족시킬 수 있는 범위 내에서 가장 경제적으로 생산할 수 있도록 설계해야 함은, 다시 강조할 필요가 없겠다. 생산 시스템의 의사결정은 제품설계에 의해서 크게 좌우되는 것으로, 그 몇 가지를 들면 다음과 같다.

① 어떤 종류의 자재를 얼마만큼 사용할 것인가?
② 제품의 품질 수준은 어느 정도 유지할 것인가?
③ 어떤 생산설비 또는 공정에서 생산할 것인가?
④ 어떤 작업방법이 필요할 것인가?
⑤ 제품의 생산에 어느 정도의 시간이 필요한가?
⑥ 작업자를 몇 사람 필요로 하는가?
⑦ 제품의 생산원가는 어느 정도 되는가?

이상의 여러 사항들은 제품의 생산원가와 밀접한 관계가 있는 것들로서, 이들에 의해 생산 시스템의 유효성이 크게 좌우된다고 할 수 있다.

2.4.2 품질 · 공정 · 원가관리 시스템

생산 시스템이 이룩된 다음에는 생산 시스템으로 하여금 주어진 목표달성을 하도록 지속적으로 통제할 관리 시스템(control system)의 역할이 필요하다.

생산 활동의 컨트롤 시스템은 근대 생산 시스템의 대규모화 내지는 복잡화가 더욱 진전됨에 따라, 그 중요성이 강조되고 있다. 왜냐하면, 생산 시스템의 설계가 제 아무리 우수하다 하더라도 컨트롤 시스템의 효과적이며 균형 있는 운영이 없이는 유효성(effectiveness)의 효율적인 달성은 기대할 수 없기 때문이다.

생산의 컨트롤 시스템은 주로 공정(시간 및 수량), 품질, 원가 등을 통해서 생산현상을 컨트롤한다. 따라서 생산의 컨트롤 시스템은 대별해서 다음과 같이 나뉠 수 있다.

① 생산수량 및 시간에 대한 컨트롤 시스템(공정관리 시스템)
② 품질에 대한 컨트롤 시스템(품질관리 시스템)
③ 원가에 대한 컨트롤 시스템(원가관리 시스템)

그런데 이들은 생산 시스템의 목적달성을 위해서 서로 유기적으로 균형 있게 운영되어야 한다. 가령, 고객이 원하는 품질의 제품을 그들이 요구하는 시기에 필요한 수량만큼을 생산하되, 그들 고객이 지불하려는 가격으로 팔고서도 바람직한 이익을 올릴 수 있도록 생산 시스템과 그의 컨트롤 시스템을 설계하고 운영하는 것이다. 이 경우 비로소 생산기업의 목표달성이 가능하며, 목표 향상도 기대할 수 있으리라 생각된다.

그림 2 · 9는 품질관리, 공정관리, 원가관리의 역할과 상호관계의 보완성을 나타내고 있다. 따라서 생산목표 달성의 중요한 표적이 되는 품질, 공정, 원가는 컨트롤 시스템의 평가요소로서 품질관리(quality control), 공정관리(production control), 원가관리(cost control)로 관리되고 있다. 이들 관련 활동들은 각기 독립해서 전개될 수는 있지만, 하나의 종합된 컨트롤 시스템으로 서로 유기적으로 관리운영되지 못하면 생산의 전체적 목표는 달성하기 어렵다는 점에 유념해야 한다. 왜냐하면 생산목표의 중요한 표적인 동시에 컨트롤 시스템의 평가요소인 이들 품질, 공정, 원가는 서로 배타적인 상관관계에 있기 때문이다.

그림 2 · 10은 품질, 공정, 원가의 상관관계를 나타낸다.

우선, 품질과 원가와의 관계를 보면 품질을 좋게 하면 어떤 수준 이상에서는 원가

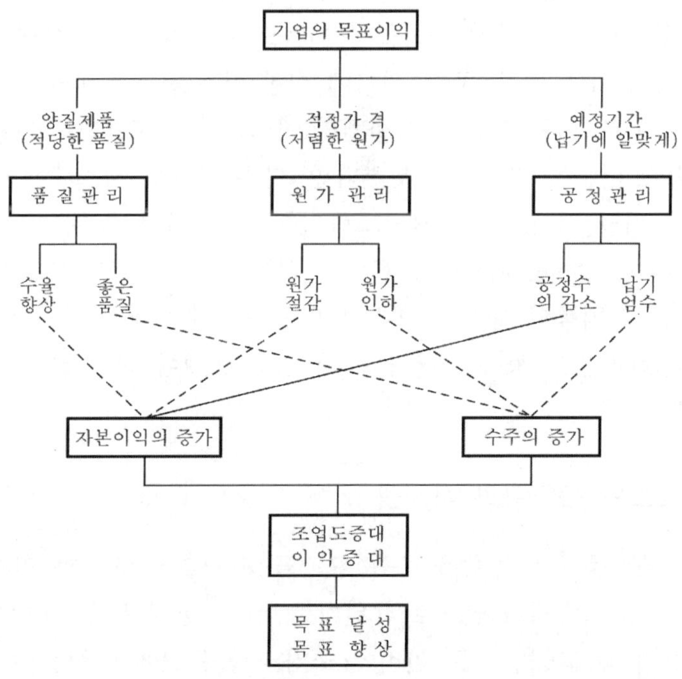

그림 2 · 9 품질관리, 공정관리, 원가관리의 역할과 상호 보완성

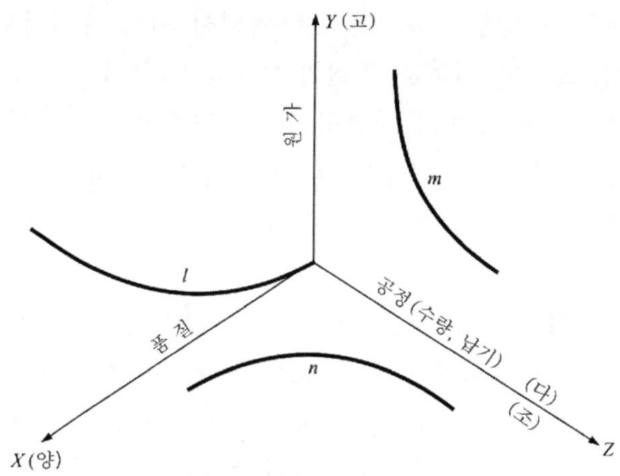

그림 2·10 품질, 공정, 원가의 상관관계

는 급히 올라간다(그림 2·10에서 l곡선). 그리고 원가와 공정과의 관계에서는 로트당 생산량을 늘리고, 생산시간을 적게 들이면 제품 단위당 원가는 내려간다(그림 2·10에서 m곡선). 다음 공정과 품질과의 관계에서 볼 때, 생산수량을 많이 하고 빨리 만들면 품질은 떨어지기 쉽다.

이상과 같이 품질, 공정, 원가는 서로 영향을 주고받기 때문에 결국 기업 전체의 입장에서 생산 경영자가 이들 세 가지를 유기적으로 관리하지 않으면 안 된다. 문제는 생산 시스템에서 이들 품질, 공정, 원가에 대한 컨트롤 시스템의 유기적인 관리와 운영이 중요한 것으로, 이들 컨트롤 시스템의 어느 하나라도 다른 것에 비하여 극히 낮은 수준으로밖에 기능을 발휘하지 못한다면, 다른 컨트롤 시스템을 아무리 고도로 적용시킨다 해도 기업 전체로 볼 때는 노력의 낭비가 되기 쉽다.

예를 들어, 고객이 원하는 제품을 그들이 원하는 시기에 보다 적은 비용으로 생산했다고 하더라도, 그 제품의 품질이 고객이 요구하는 수준에 미치지 못할 때는 생산 시스템은 소기의 목적을 달성하기 어렵다. 이 경우 품질에 대한 컨트롤 시스템이 중요한 요소가 된다.

2.4.3 경영요소와 품질관리 시스템

파이겐바움은 제품품질에 영향을 주는 요소들을 기술적 요인과 인간적 요인으로 대별하고 있다. 그는 기술적 요인으로서 원재료, 설비, 공정 등을 제시하고, 인간적인 요인으로서 생산에 관계되는 모든 인적 요소가 제품품질에 영향을 주고 있다는 것이다.

일반적으로 제품품질에 작용하는 요소들은 생산조건과 환경에 따라 다르겠지만, 열거해 보면 다음과 같다고 본다.

① 인적 요소(man)
② 원자재(materials)
③ 기계설비(machine)
④ 기술(methods)
⑤ 금전적 요소(money)
⑥ 시장 또는 고객(market)
⑦ 경영자(management)

이상의 일곱 가지는 경영요소(특히, 제품의 생산, 판매활동) 7M이라고도 하는데, 이들이 기업의 경영활동과 어떻게 관련되어 있는가를 품질관리 시스템과 연관시켜서 나타내면 그림 2·11과 같다.

우선, 기획부문에서는 생산방침과 시장조사 자료 등을 토대로 생산 및 판매계획을 수립하고, 아울러 제품에 관한 품질목표를 세운다.

연구, 기술, 설계부문에서는 연구개발 내지 시장조사 등을 중심하여 제품의 설계도와 시방서(示方書)를 작성하고, 아울러 공정계획, 작업표준, 검사표준 등을 결정한다. 구매 또는 자재부문에서는 시방서에 기재되어 있는 원자재를 구입 조달한다.

인사(人事) 내지 교육훈련 부문에서는 작업자가 품질의식을 갖고 작업표준대로 작업할 수 있도록 교육, 훈련을 시킨다. 설비 또는 공무부문에서는 제품을 시방서대로 제조할 기계 설비의 정비, 검사를 행한다.

제조공정에서는 중간검사가 행해지고, 최종적으로 제품검사를 통해 제품이 완성된

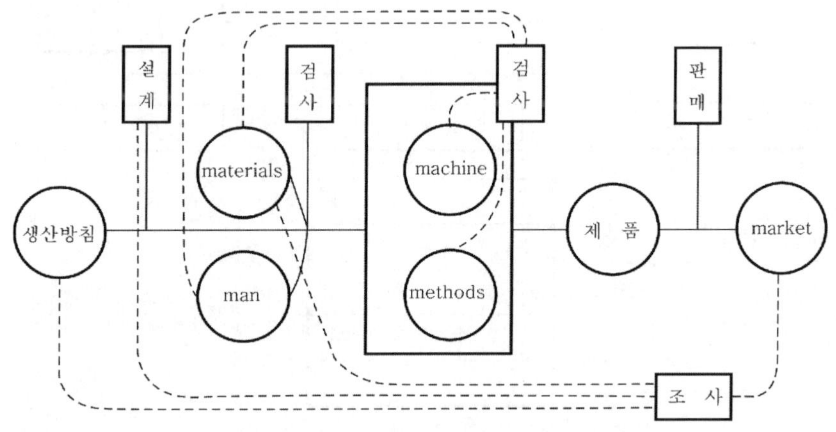

그림 2·11 경영요소와 품질관리 시스템의 연관

다. 검사결과 부적합에 대해서는 원인을 규명하여 원인 발생별, 장소별로 조처를 취한다. 완성된 제품들은 시장에 출하, 판매된다.

기획조사 부문에서는 경제상황, 시장변동, 수요예측에 관한 조사는 물론, 고객들로부터 그들의 요구 내지는 제품의 사용결과를 조사하여 생산방침이나 제품설계에 반영시키게 된다. 그러나 이들 각 부문의 활동들은 경영자의 의사결정에 따라 전개되는 것이다.

요컨대, 경영요소들과 기업 각 부문의 활동이 기업 시스템의 목적달성을 위해서는, 유기적이고 경제적으로 총합관리 운영될 때 비로소 참다운 기업관리는 이룩된다고 할 수 있다.

한편, 이러한 종합경영 시스템의 구성요소와 총합품질 시스템의 관계를 분류하면 그림 2 · 12와 같다.

먼저, 품질보증 시스템(quality assurance system)이란 "소비자가 그 제품을 성능면에서 안심하고 살 수 있고 또 오래 사용할 수 있다는 것을 보증하는 것"을 말한다. 즉, 자기 제품의 품질에 대해서 생산자가 소비자에게 하는 하나의 약속이라고 할 수 있다. 총합적 품질관리의 도입과 더불어 시장조사, 품질설계, 원재료관리, 공정관리에서부터 검사, 신뢰성, 애프터서비스 클레임 처리, 품질 보증 그룹 활동까지 포함한 일관된 총합품질관리의 실시에 의해 참다운 품질보증을 할 수가 있다.

품질감사 시스템은 경영자로 하여금 적절한 액션을 취할 수 있게 하기 위하여, 제

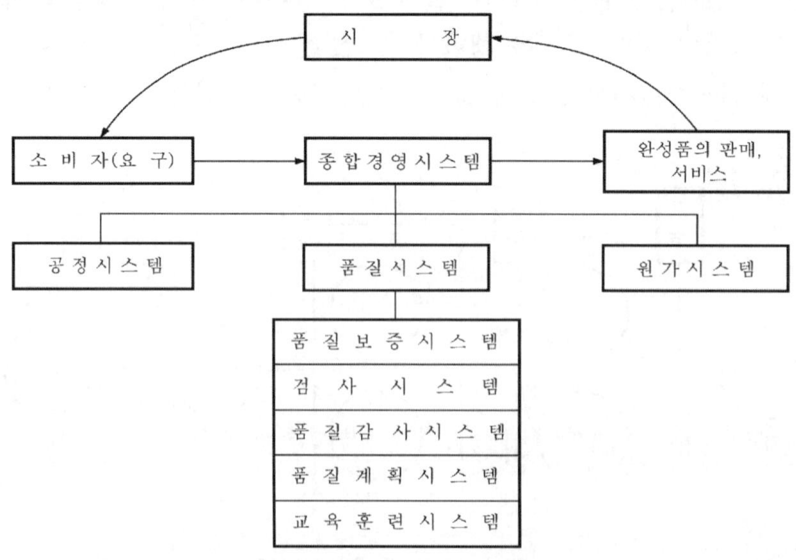

그림 2 · 12 총합경영 시스템과 총합품질 시스템

품품질에 관한 정보를 적시에 정확히 파악할 필요가 있다. 이를 위해서는 경영층에 직결된 품질관리 혹은 품질보증을 담당하는 부문을 명확히 한다. 이 부문을 중심으로 품질보증시스템을 확립시켜 개발, 제조, 판매, 애프터서비스 등의 기업활동의 단계마다 제품 품질에 대해 평가, 조사 또는 각 기능부문으로부터 그 상황의 보고를 하도록 한다. 그리고 각 단계마다 경영자의 입장에서 적절한 조치를 취해 그 원인의 추구, 제거 및 재발 방지에 이르기까지 여러 각도로 지시, 결정, 지도한다.

품질계획 시스템이란 생산개시 전의 제품설계 및 공정설계의 단계에서 요구되는 제품의 품질을 측정하고 달성하며, 관리하기 위해 필요한 계획을 수립하지 않으면 안 된다. 교육훈련 시스템은 품질관리의 구체적인 교육과 훈련방법에 대해서 다루며, 품질 시스템을 유효하게 움직이게 하는 능력개발에 중점을 두어야 한다. 교육훈련은 품질관리에 직접 종사하는 사람뿐만 아니라, 그 훈련이 제품의 품질에 영향을 미치는 회사 내의 다른 부문의 사람도 포함되고 있다.

따라서 종합경영 시스템의 일부로서 종합품질관리 시스템은 기업의 전체적 입장에서 품질관리 기능인 ① 품질의 설계, ② 공정의 관리, ③ 품질의 보증, ④ 품질의 조사를 끊임없이 수행하는 것이다.

오늘날 품질관리는 종래와 같이 기술 내지 검사부문이나 통계적 기법만으로는 소기의 성과를 충분히 얻을 수 없는 것으로, 품질에 영향을 주는 각 부문의 모든 사람이 품질에 대한 의식적 노력을 모아서 총합적(전사적)으로 품질관리를 추진해야 할 것이다. 바꾸어 말하면, 소비자가 만족할 수 있는 품질의 제품을 가장 경제적으로 생산 내지 서비스할 수 있도록, 사내(社內)의 각 부문의 활동을 총합할 필요가 있다. 따라서 현대적 품질관리는 TSSQC(Total Systematic Statistical Quality Control)로써 추진함이 바람직하다.

2.5 통계학과 품질관리

품질관리라는 새로운 기술이 기업에 도입되던 초기의 통계적 수법을 이용한 품질관리는, 일반적으로 대량생산 공장에서 많은 효과를 거두었다. 또한 품질관리는 통계이론을 많이 활용하기 때문에 단일품종 생산에 적합하지 않을 것 같으나, 실제의 경험이나 상식으로 생각하면 이러한 생각은 잘못된 것이다. 그러나 양산제품과 비교하여 품질, 원가, 납기(納期) 및 서비스에 있어서의 관리가 더 어렵고, 외면적인 성격이나 현상이 매우 다르게 보이는 것은 사실이다. 자세히 보면, 양산과 단일품종 생산 간에는 원칙적으로 다를 바가 없을 뿐 아니라, 양자에 대한 공통점을 찾음으로써 새로운 인식을 갖게 된다.

견적생산의 부품이나 제품의 품질관리와 마찬가지로, 주문생산의 단일품종의 제품 생산에도 품질을 관리할 필요가 있다. 따라서 공정 전체에 걸쳐 총합적 품질관리를 행하는 것이 어떤 생산방식에 있어서나 산발적인 활동을 하는 것보다 유리하므로, 이러한 관리 및 조직을 대량생산이든 단일 품종 생산이든 큰 차이 없이 활용할 수 있다. 다만, 대량생산에 있어서 품질관리 활동은 제품에 중점을 두는 데 대해 단일품종 생산에서는 공정의 관리에 중점을 두게 된다. 그러나 양자 모두 통계적 수법을 활용하는 면에서는 일치한다고 볼 수 있다.

통계학은 품질관리에서 많이 이용되고 있어 통계적 품질관리라고 불릴 만큼 품질관리 수법의 근간을 이루고 있다. 통계적 수법으로 대표되는 통계학적 사고와 그 개념은 품질관리의 모든 분야에서 큰 영향을 미치고 있다. 품질관리 업무의 추진에 있어서 통계적 수법은 단독으로 또는 몇 가지 수법의 조합에 의하여 자주 사용되고 있다. 일반적으로 많이 사용되고 있는 것을 들면 그림 2 · 13과 같다.

품질관리 업무와 관련하여 특히 많이 쓰이는 수법을 들었으나, 이들 수법은 그림 2 · 13과 같이 일정한 관리업무에 한해서 활용되는 것은 아니며, 경우에 따라서는 여러 형태로 응용하여 다른 관리업무에도 활용된다.

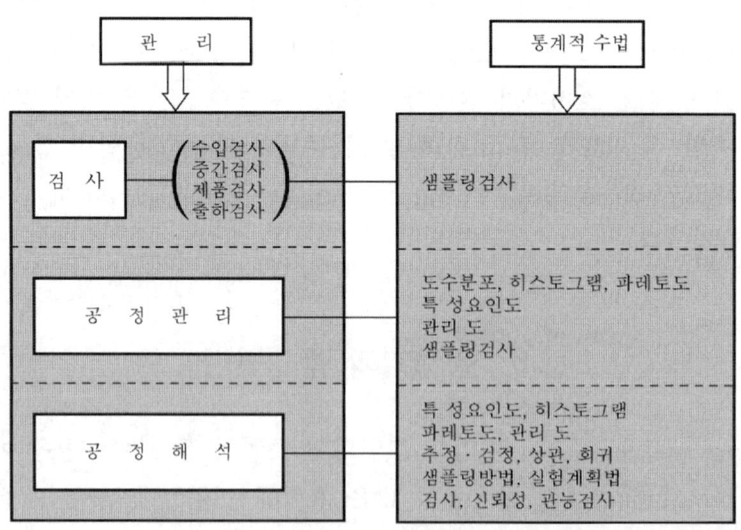

그림 2 · 13 품질관리와 통계적 수법

2.6 경영관리 기술과 품질관리

기업경영의 목적은 원료를 가공하여 경제가치를 높여 완성품을 생산, 판매해서 회사에 공헌함과 이익을 확보해 가는 것이라 할 수 있다. 따라서 기업의 경영자가 능률적인 방법으로 기업을 운영하기 위해서는 적절한 기업조직과 여러 가지 경영관리 수법이 필요하게 된다. 이에 따라, 복잡한 경영 시스템을 공학적인 방법에 의해 해결하려고 하는 경영공학(industrial engineering)이 발달하고 있으며, 미국을 비롯한 선진 여러 나라로부터 여러 가지 관리수법이 도입되고 있다. 또한, 기술혁신에 의한 고유기술(기계, 전기, 화학)의 눈부신 발전과 EDPS기술은 매우 다양하게 발전되어 가고 있다. 여러 경영관리 기술 가운데에서도 품질관리는 우리나라의 산업발전과 경제발전에 기여해 왔다.

다른 학문의 분야와 마찬가지로 품질관리라든가 원가관리 등과 같은 관리학에서는 더욱더 관련 과목이나 관련 분야와의 상호 관계를 잘 알아야 한다.

2.6.1 IE기술의 도입

품질관리의 목표는 다음 두 가지로 대별해 볼 수 있다.

① 부적합품을 만들지 않는다. 즉, 제품의 품질을 균일화하고 표준을 유지한다.

② 더 좋은 품질의 제품을 만든다. 즉, 제품의 품질을 향상시킨다.

따라서 제조 현장에서의 일상의 품질관리 활동은 ①의 목표를 달성하기 위하여 행하는 것이라고 볼 수 있으며, 즉 이것은 제조품질이 설계품질에 합치되도록 하는 관리활동이라 할 수 있다. 그런데, 제조품질은 작업자, 설비, 재료 및 작업방법의 네 가지 기본 요인에 의해 좌우된다. 따라서 제품품질을 균일화하기 위해서는 먼저 작업조건과 작업방법을 가장 합리적이고도 능률적인 것으로 표준화해야 한다.

이와 같이 작업자가 제품을 제조하기 위하여 생산현장에서 실시하는 작업을 가장 경제적이고도 능률적인 것으로 개선하고 표준화하며, 작업자를 지도 훈련하고 생산의 질을 좋은 상태로 유지하도록 노력함으로써 원가 절감과 생산성의 향상을 도모하는 관리기술이 바로 작업연구인 것이다.

이러한 작업연구는 IE기술의 핵심이 되는 것으로서, 그 내용은 공정순서의 변경, 폐지, 합병 등을 행하여 공정의 흐름을 원활히 하려는 공정분석과, 공정을 구성하는 개개의 작업에 대한 동작을 분석하여 그 중의 불필요한 동작을 제거하고, 가장 경제적인 방법으로 작업을 수행할 수 있는 표준작업 방법을 찾아내는 동작분석, 그리고 표준작업 방법에 의하여 작업을 행하는 데 소요되는 표준시간을 합리적으로 결정하는 시간분석의 세 가지 활동으로 분류되고 있다.

따라서 작업연구를 실시하면 다음과 같은 효과를 얻을 수 있다.

① 작업원이 작업을 수행하기 쉽게 된다.

② 작업소요 시간을 단축하고 표준화한다.

③ 제품의 품질이 균일화된다.

④ 생산비가 절감된다.

⑤ 생산능률을 제고시킨다.

이상과 같이 IE의 핵심이 되는 작업연구는 품질관리뿐만 아니라 능률관리, 원가관리, 공정관리와도 밀접한 관계를 가지는 관리기술이기 때문에, QC서클운동에 힘입어 기업의 품질의식이 고취되고 있는 현시점에서는 무엇보다도 IE기술의 도입활용이 우선되어야 한다고 본다.

2.6.2 설계기술의 도입과 연구개발

품질관리의 목표인 더 좋은 품질의 제품을 만들기 위해서는 일상의 품질관리 활동만 실시해서는 안 된다. 왜냐하면 이것은 설계품질의 수준을 높이려는 것이 아니라, 정해진 설계사양(設計仕樣)에 합치되는 품질의 제품을 생산하고자 하는 관리 운동이기 때문이다.

따라서 품질 향상을 기하기 위해서는 시장연구 및 설계기술이 매우 중요하게 된다. 제품의 품질을 향상시키기 위한 설계기술로는 신뢰성 공학(reliability engineering)과 인간공학(human factors engineering)과 같은 것을 들 수 있다.

신뢰성이란 개념적으로 시스템이나 장치가 정해진 사용 조건하에서 의도하는 기간 동안 만족하게 동작하는 시간적 안정성을 의미한다. 그러므로 품질관리에서 말하는 제품의 품질이 일정 시점에서의 정적(靜的)인 품질인데 반하여, 신뢰성은 제품의 시간적 품질을 의미하고 있다.

신뢰성을 나타내는 척도로서 신뢰도라는 말을 사용하고 있는데, 신뢰도란 시스템이나 기기 및 부품 등이 정해진 사용조건에서 의도하는 기간, 정해진 기능을 발휘할 확률이라고 정의된다. 즉, 신뢰도란 한마디로 말하여 고장 없이 작동될 확률이라고 말할 수 있다.

제품에 고장이 발생하지 않도록 하는 것은 바로 기업이 지향하는 목표라 할 수 있겠으나, 신뢰성을 확률이라고 하는 척도로 나타내는 이상, 이것을 영으로 만든다는 것은 매우 어려운 일이다. 그러나 어떠한 제품을 정해진 기간에 고장이 발생하지 않도록 하는 것은 가능하다. 따라서 이것이 바로 신뢰성 공학이 의도하는 목표라 하겠다.

이상과 같은 신뢰성 기술은 제품의 품질개념의 변화는 물론이려니와 기계나 전기 전자제품의 품질향상에 크게 기여하고 있기 때문에, 이의 도입활용과 이에 대한 연구가 긴요하다고 하겠다.

제2차 세계대전까지만 해도 기기를 설계하는 데 있어서 인간요소(human factors)를 크게 강조하지는 않았다. 왜냐하면 그 당시의 기기는 그것을 조작하는 사람이 감당할 수 없을 만큼 복잡하지 않았기 때문이다. 그러나 그 후 과학기술의 발달과 더불어 여러 면으로 사용하기 쉽고 편리한 기기가 개발되기는 하였으나, 복잡한 장치들이 추가됨으로써 사람이 조작해야 할 조작장치가 늘어나게 되고, 더 많은 사람의 동작이 필요하게 되었다.

따라서 인간의 능력과 기계의 능력을 비교 고찰하고, 인간의 신체적, 정신적, 심리적 요소와 능력을 찾아내어 인간의 능력한도에 맞추어 조작하기 편하게 기기를 설계하도록 하는 학문이 발전하게 되었는데, 이것이 곧 인간공학인 것이다.

그러므로 제품의 설계시에는 인간공학에서 찾아낸 제원리를 이용하여 사람이 사용하기에 편리하도록 제품을 설계하는 것이 품질의 향상면에서 마땅하다 하겠다.

2.6.3 시스템적 관리기술의 도입과 활용

품질관리의 목표인 품질 향상과 품질의 균일화를 달성하기 위해서는, 제조와 구매부문뿐 아니라 제품의 개발설계 및 판매부문 등, 제품의 품질에 관련되는 회사의 모든 부서를 종합적으로 관리하는 시스템적 관리기술이 필요하다. 왜냐하면, 제품의 품질은 기업 내의 모든 활동의 영향을 받기 때문이다. 즉, 제품의 품질은 고객의 대변자라 할 수 있는 판매부에서의 품질에 대한 주문조건이나, 클레임의 내용, 설계부에서의 설계의 양부(良否), 구매부에서의 구입재료의 적부, 설비부에서 준비하는 기계나 치공구(治工具)의 적부, 제조부에서의 작업의 양부, 검사부의 검사방법, 창고에서의 보관방법, 포장 및 출하의 양부 등 영향을 받지 않는 것이 없다. 더구나, 품질에 관련된 이들 모든 부문은 각자 견해가 다르고 서로 자기의 견해만을 주장하기 쉬우므로, 이를 종합적으로 조정하지 않으면 기업 전체의 목표달성과 품질향상에 차질이 생기게 된다.

예를 들어, 어떤 부품의 규격을 제정하고자 하는 경우, 설계부문은 정밀성과 성능을 강조한 나머지 규격의 공차(公差)를 되도록 적게 하고자 하고, 제조부문은 작업의 편리를 위해 공차를 크게 잡아 주기를 바라게 된다. 또 검사부문은 책임상 검사를 까다롭게 하게 되지만, 제조부문에서는 검사규격을 까다롭게 만들지 않기를 바라게 된다.

이상과 같이 기업 내의 각 부문은 품질에 대하여 각자의 입장을 달리하기 때문에, 품질관리를 효과적으로 실시하기 위해서는 품질에 관련된 여러 부문의 활동을 시스템적 관점에서 종합 조정할 필요가 있다. 그런데 이러한 기업 내의 여러 활동을 시스템적 관점에서 종합 조정하고, 여기서 일어나는 문제를 합리적으로 해결하는 관리기술로는 OR(Operations Research)와 SE(Systems Engineering)를 들 수 있다.

OR는 관리자가 직면하는 의사결정 문제를 객관적이고도 과학적인 분석의 기초 위에 합리적으로 해결할 수 있는 방안을 모색하고, 이것을 관리자에게 조언하여 줌으로써 경영의 효율을 증진하게 하는 것을 주된 임무로 하고 있기 때문에, 시스템적 관점에서 문제를 해결하고자 하는 것을 그 특징의 하나로 하고 있다.

그리고 SE는 원래 자동적인 조정능력을 갖는 생산기계를 연구하여 설계하고 운용하기 위한 공학이었으나, 시스템이라고 하는 것은 반드시 물리적인 기계장치만을 뜻하는 것이 아니고 기업체와 같은 사람, 자재, 설비 등으로 구성된 체계를 의미하고 있기 때문에, 현재에는 이와 같은 man-machine system의 연구와 설계를 하는 것을 SE라 말하고 있다.

이와 같이 SE를 정의하고 보면 SE와 OR는 유사한 것같이 보일 수도 있으나, SE와 OR의 차이는 SE가 종합적인 설계를 주로 하고 있는 데 반하여, OR는 시스템의 운용문제 해결을 주로 취급한다는 점에 있다. 어쨌든 SE나 OR는 기업 내의 각 부문의 활동을 시스템적 관점에서 종합 조정하고, 문제를 합리적으로 해결하기 위한 관리기술이다. 따라서 이의 도입활용으로 제품의 품질향상을 기하는 것이 긴요하다고 하겠다.

이와 같이, 품질관리 활동을 전개해 나가는 데는 작업자 중심의 활동과 병행하여 중견 관리자와 기술자를 중심으로 한 새로운 경영관리 기술, 즉 IE, 신뢰성, OR 및 SE 등의 관리기술의 도입활용과 보급, 그리고 품질 향상을 위한 연구개발로 품질관리 활동을 전개해야 하며, 이는 바로 품질관리가 다른 경영관리기술과 밀접한 관계가 있음을 입증하는 결과라고 생각한다.

연습문제

1. 기업의 직능(職能)을 분류하고 품질관리 직능과 비교 설명하여라.
2. 품질관리의 직능은 기업조직과 어떠한 관계가 있는지 설명하여라.
3. 품질관리 활동의 체계를 그림을 그려 설명하여라.
4. 품질관리 업무를 들고 설명하여라.
5. 품질코스트를 분류하고 설명하여라.
6. 사내(社內) 품질관리 교육체계에 대해 논하여라.
7. 경영활동의 순환과정에 대해 논하여라.
8. 품질, 공정, 원가의 상관관계에 대해 논하여라.
9. 경영요소와 품질관리 시스템에 대해 설명하여라.
10. 총합경영 시스템과 총합품질 시스템을 비교 설명하여라.
11. 품질관리, 공정관리, 원가관리의 역할과 상호 보완성에 대해 논하여라.
12. 품질관리와 통계적 수법에 대해 논하여라.
13. 품질관리는 왜 시스템적 관리기술을 도입해야 하는가를 설명하여라.
14. 품질관리는 왜 설계기술의 도입과 연구개발을 해야 하는지 설명하여라.
15. 품질관리는 왜 IE기술을 도입해야 하는가를 설명하여라.

3 데이터의 정리방법

3.1 품질관리와 데이터

품질관리에서 가장 중요한 것은 "사실에 의한 관리를 한다"라는 것이다. 사실을 파악하기 위해서는 우선 데이터(data)가 필요하다. 품질관리를 행하여 소비자를 만족시키는 제품의 품질을 확보하기 위해서는 품질특성을 명확히 하여 그 품질을 특성치로서 데이터로 표시해야 한다. 데이터에 의하여 올바른 판단을 하기 위해서 데이터를 적절히 처리해야 한다. 그래서 데이터를 취하는 방법, 정리방법 등에 대해 기초적인 것을 기술한다.

3.1.1 데이터에 의한 관리

제 1 장 서론에서 품질관리에 있어서의 통계적 수법의 필요성이 강조되었다. 여기서는 그 통계적 수법의 가장 기초가 되는 데이터 그 자체에 대한 사고방식과 데이터의 정리 방법의 극히 일반적인 것에 대하여 설명한다.

우리들이 기업에서 행하는 품질관리 활동, 즉 크게 나누어 품질의 계획과 그 실현, 유지를 가장 효과적으로 실시하기 위해서 우리들의 육감에 의지하는 것만이 아니라, 사실을 객관적으로 나타내는 데이터를 합리적으로 취하여 이를 통계적 수법 등에 의해 적절하게 정리, 처리하여 정보를 얻고, 이 정보에 의해 추진해 나가는 것이 중요하다. 즉, 품질관리는 사실을 나타내는 데이터에 의한 관리(fact control)이다.

3.1.2 모집단(母集團)과 시료(試料)

[1] 데이터를 취하는 목적

품질관리를 실시할 때 데이터로부터 정보를 얻어 조처행동을 취하는 대상 전체를 모집단(population)이라 한다. 이 모집단을 하나도 빠짐없이 관측하는 일은 물리적으로나 경제적으로 불가능한 경우가 많다. 그래서 우리들은 모집단 전체를 관측하는 대신 이 모집단으로부터 모집단을 대표하는 시료, 표본, 샘플(sample)을 취하여(샘플링) 그 시료를 관측하여 데이터를 얻는다. 그리고 이 데이터를 정리, 처리하여 모집단에 대한 정보를 얻고, 이미 얻어진 정보와 함께 검토하여 의사를 결정하고, 다시 모집단에 대하여 조처행동을 취하는 것이다. 이를 도시하면 그림 3 · 1과 같이 된다.

우리들이 데이터를 취하는 목적은 시료에 대한 정보를 얻기 위함이 아니라, 시료를 관측하여 얻어진 데이터에 의해 원리의 모집단에 대한 정보를 얻어, 그 모집단에 대하여 조처행동을 취하기 위함이다. 조처행동은 어디까지나 모집단이다.

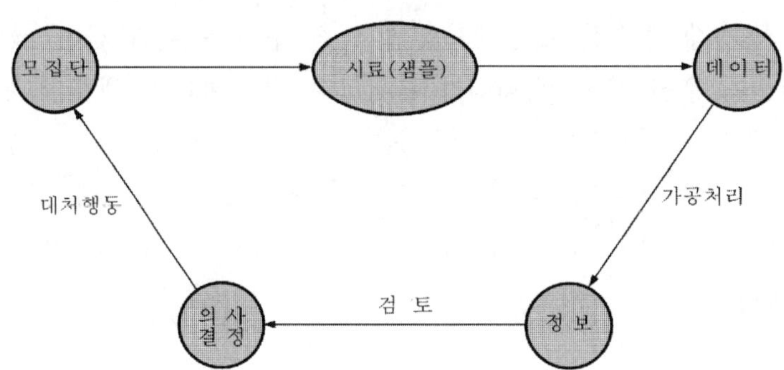

그림 3 · 1 모집단과 시료와의 관계

[2] 모집단

모집단에 포함되는 단위체(單位體) 또는 단위량의 수를 모집단의 크기(size of population)라 하는데, 그 크기에 따라 모집단에는 무한 모집단(infinite population)과 유한 모집단(finite population)의 두 가지로 분류된다. 크기가 무한대라고 생각되는 무한 모집단과 크기가 유한인 모집단이라고 생각되는 유한 모집단은, 이를테면 실제로 공정의 제조능력에 한도가 있으나 제품은 무한히 생산된다고 볼 수 있으므로, 공정은 보통 무한 모집단으로서 취급된다. 조사나 실험에 대해서도 같다.

한편 수입검사, 출하검사의 대상이 되는 제품의 로트(lot : 제품, 반제품 또는 원재료 등의 단위체 또는 단위량을 어떤 목적을 가지고 모아놓은 것)는 그 크기(lot size

: 로트에 포함되는 단위체 또는 단위량의 수)에 한계가 있으므로 유한 모집단으로서 취급한다. 그러므로 그림 3 · 1은 그림 3 · 2와 같이 된다.

또한 우리들은 모집단에 관해서 다음 두 가지에 주의해야 한다. 그 첫째는 시료를 취하여 데이터를 얻기 전에 그 목적과 조처행동을 취하는 대상으로서, 모집단을 명확히 규정하여 두지 않으면 안 된다는 것이며, 둘째는 데이터로부터 얻어진 결론이 적용되는 것은, 시료를 취하여 데이터를 얻기 전에 규정한 모집단에 한정되는 것으로서, 그 적용범위의 확장은 잘못된 결과를 가져온다는 것이다.

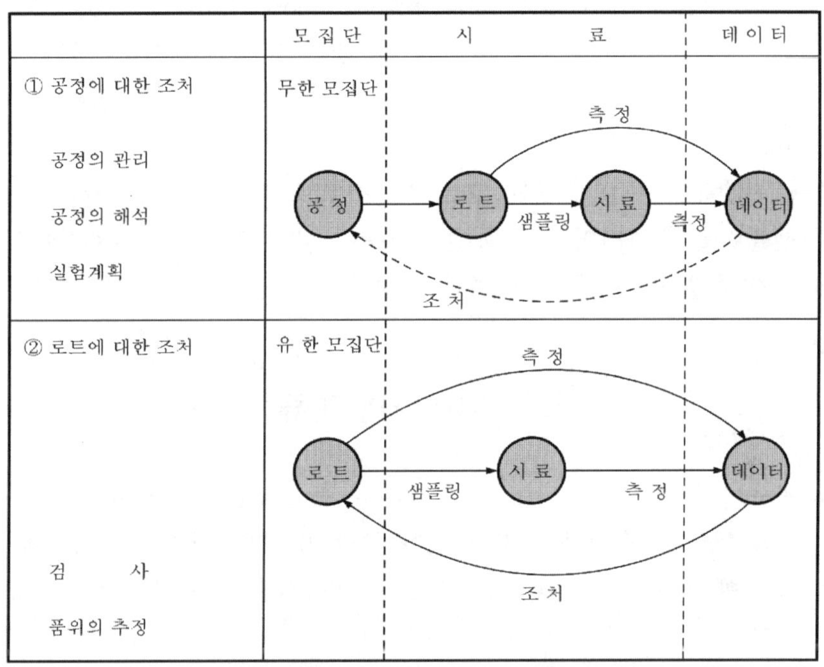

그림 3 · 2 무한 모집단과 유한 모집단

[3] 시 료

모집단으로부터 시료를 취하는, 즉 샘플링하는 것은 시료로부터 모집단에 관한 정보를 얻어 모집단에 대하여 조처행동을 취하기 위한 것이므로, 시료는 모집단의 모습을 올바르게 반영하는 것이 아니면 안 된다. 모집단을 구성하고 있는 단위체 혹은 단위량이 완전히 균일한 경우에는, 어떻게 시료를 취하여도 모집단의 모습을 올바르게 반영한 것이 얻어지나, 모집단이 완전히 균일하다는 것은 극히 드물어, 오히려 항상 산포(散布)를 가진 것으로서 구성되어 있는 것이 보통이다.

그래서 모집단으로부터 그 모습을 올바르게 반영하는 시료를 얻기 위해서는 랜덤하게 샘플링할 필요가 있다. 이러한 샘플링을 랜덤 샘플링(random sampling)이라 한다. 다시 말하면 랜덤 샘플링이란 모집단을 구성하고 있는 단위체 혹은 단위량 등이 모두 동일한 확률로 시료 중에 들어가도록 샘플링하는 것이라고 말할 수 있다. 통계적 방법을 사용할 때 시료라 하면 일반적으로 이러한 랜덤 샘플링을 뜻하며, 랜덤 샘플링에 의해 얻어진 시료로부터의 데이터만이 통계적 처리가 가능하다.

시료의 단위로서는 형광등 · 전구 · 백묵 · 철판 등과 같이 하나하나 셀 수 있는 것에 대해서 모집단을 구성하는 단위체 그 자체를 시료의 단위로 하면 된다.

한편 실 · 종이 · 전선 등과 같이 연속체에서는 길이 또는 면적 등의 단위량으로 시료의 단위를 정하는데, 이를 시장(試場)이라 한다. 또한 액체, 분체(粉體), 분괴(粉塊)혼합물 등에서는 시료의 채취용기로 채취하는 단위량을 시료의 단위로 하고 인크리먼트(increment)라 한다.

시료 중에 포함되는 이들 단위의 수는 일반적으로 시료의 크기(sample size)라 부른다. 랜덤 샘플링을 행하려면 로트를 혼합조작에 의해 충분히 균일화한다든가 난수표(亂數表), 난수(亂數)주사위를 사용하여 랜덤화하는 방법을 이용하면 된다.

3.2 데이터의 분류

품질관리에서 사용하는 데이터는 여러 가지의 분류방법이 있으나 대체로 그 활용면에서 분류해 보면 ① 특성과 요인에 의한 분류, ② 데이터의 사용목적에 따른 분류, ③ 측정방법에 의한 분류, ④ 척도(尺度)에 의한 분류 및 ⑤ 기타 분류 등으로 대별할 수 있다.

3.2.1 특성과 요인에 의한 분류

우리들이 얻는 데이터는 어떤 활동결과의 성패를 넓은 뜻에서의 품질(quality)을 나타내는 데이터(결과계의 데이터)와 그 결과를 낳은 상태나 조건 등을 나타내는 데이터(원인계의 데이터)가 있다.

품질에 관한 데이터는 질(좁은 뜻에서의 품질), 양(量), 코스트의 3 요소로 성립되어 있다고 생각할 수 있다. 때로는 이 밖에 시간을 생각하는 경우도 있으며, 이들의 비율을 생각하는 경우도 있다. 그리고 품질을 평가하고 대상이 되는 특성을 품질특성(quality characteristic)이라 하며, 이를 수치로 표시한 데이터를 품질 특성치 또는 특성치라 한다.

한편, 결과를 낳은 상태나 조건 등 품질특성에 영향을 주고 있는 원인을 요인(source of variation)이라 말하며, 요인에는 사람, 기계장치(설비), 원재료, 방법(기술적 조건이나 작업방법), 샘플링 및 측정방법, 환경조건 등이 있다.

[1] 품질특성을 나타내는 데이터

① 품질에 관한 품질특성 : 성능, 순도, 강도, 치수, 겉모양, 공차, 사고건수, 색조, 수명, 신뢰성, 수리 소요시간, 부적합품률, 재가공률, 보증기간, 운반방법, 클레임 건수, 클레임 처리, 클레임 조사 등

② 양에 관한 품질특성 : 생산량, 수량(收量), 반제품량, 원단위(原單位), 부적합수, 능률, 공수(工數), 작업시간, 잔업시간, 가동률, 납기(納期), 정체시간, 생산 달성률 등

③ 코스트에 관한 품질특성 : 원가, 원재료비, 판매가격, 손비(損費), 공수, 재가공 공수, 부적합품률, 수율(收率), 원단위, 생산량, 수량, 잔업시간, 가동률 등

이상 질, 양, 코스트에 관한 품질특성은 서로 관련을 갖고 있으므로 ①, ②, ③에 각각 포함되는 것도 있다.

[2] 요인을 나타내는 데이터

① 사람 : 실시자명, 소속명, 숙련도, 학력, 교육과정, 경험연수 등

② 기계장치(설비, 공구) : 기계, 설비의 종류, 정기보전 후의 경과일수, 수리 후의 경과일수, 치구(治具)의 종류, 제어되는 온도의 변화 등

③ 방법(기술적 조건이나 작업 방법) : 작업 방법별, 회전수, 유량(流量), pH, 농도, 압력, 송량(送量), 반응온도 등

④ 원재료 : 종류, 원재료 중의 수분 및 불순물, 원료의 입도(粒度), 재료나 부품의 납입자명 등

⑤ 샘플링 및 측정법 : 샘플링 방법, 측정법의 종류, 사용한 계측기 등

⑥ 환경조건 : 일시, 실온, 온도, 기후, 조명의 밝기 등

3.2.2 데이터의 사용목적에 따른 분류

우리들이 데이터를 얻는 것은 모집단(母集團)에 관한 정보를 얻어 그것에 의해 모집단에 대하여 어떠한 조처행동을 취하기 위해서인데, 목적으로 하는 조처행동에 따라 샘플링 방법이나 데이터의 필요수가 다르므로, 우리들은 데이터를 취하기에 앞서 충분히 그 데이터의 사용목적을 명확히 해둘 필요가 있으며, 목적을 명확히 하지 않으면 데이터가 쓸모없는 것이 되는 경우가 많다. 여기서 데이터를 사용목적에 따라

분류하면 다음과 같다.

① 문제점을 발견하는 것을 목적으로 취하는 데이터 : 품질계획을 세우든가, 개선활동을 하려면 우선 문제의식을 갖고 현상을 파악하여 문제점이 어디에 있는가를 명확히 하지 않으면 안 된다. 이 목적을 위하여 정리된 과거의 데이터 혹은 새로 취한 데이터를 말한다.

② 해석을 목적으로 하여 취하는 데이터 : 품질특성을 바람직한 상태로 유지, 개선하기 위해서는, 미리 품질특성과 그것을 낳는 요인과의 관계(인과관계)를 파악하여 두어야 한다. 이 인과관계를 파악하는 것을 해석이라 하는데, 이 해석을 목적으로 하는 데이터이다.

③ 검사를 목적으로 취하는 데이터 : 개개의 물건을 어떠한 방법으로 측정한 결과를 판정기준과 비교하여 개개의 물품의 양(良), 부적합 또는 로트의 합격, 불합격의 판정을 내리기 위한 목적으로 취하는 데이터이다.

④ 조절을 목적으로 취하는 데이터 : 바람직한 품질을 얻기 위하여 그것에 영향을 주고 있는 요인을 적당히 변경하는 것을 조절이라 하며, 이 조절을 목적으로 하여 취하는 데이터이다.

⑤ 관리를 목적으로 취하는 데이터 : 공정이 정상적으로 유지되고 있는가를 그 공정에서의 품질에 의해 판단하고, 만일 이상이 있으면 원인에 대하여 재발방지의 근본적인 조처행동을 취하는 관리를 목적으로 취하는 데이터이다.

⑥ 기록으로서 취하는 데이터 : 미리 정해진 사용목적은 없으나, 장래의 어떠한 필요성을 막연하게 예상하여 기록으로서 취하는 데이터이다.

3.2.3 측정방법에 의한 분류

시료(試料)를 측정하는 방법으로서 물리 화학적 방법(physical and chemical method), 생물학적 방법(biological method) 및 관능(官能)에 의한 방법(sensory method)이 있으며, 데이터도 당연히 이 세 가지 방법에 의해 분류된다.

① 물리 화학적 측정방법에 의해 얻은 데이터 : 길이를 자로 재서 얻은 데이터, 물질성분을 화학분석에 의해 조사하여 얻은 데이터 등을 말한다.

② 생물학적 측정방법에 의해 얻은 데이터 : 인간 이외의 생물을 계측기로 하여 얻어진 데이터로서, 이를테면 약품의 유효성을 동물실험에 의해 측정하여 얻은 데이터를 말한다.

③ 관능에 의한 측정방법에 의해 얻은 데이터 : 인간의 다섯 가지 감각기관(시각, 청각, 미각, 후각, 촉각)을 계측기로 하여 얻은 데이터로서, 예를 들면 음식물의 맛을

미각에 의해 판단하여 얻은 데이터, 부적합품을 육안에 의해 선별한 데이터 등을 말한다.

3.2.4 척도에 의한 분류

요인이나 특성의 상태를 객관적으로 파악하기 위해서는, 이들을 어떠한 척도로 사용해서 표현한다. 이 때 척도의 종류에 따라 요인이나 특성의 상태가 수량화할 수 있는 경우와 할 수 없는 경우가 있다. 수량화란 대상으로 하는 요인이나 특성에 어떤 종류의 척도를 정하고, 다음에 이 척도의 단위를 사용하여 개개의 대상의 상태를 수량적으로 표현하는 것을 말한다. 즉, 수량화는 척도구성과 측정의 두 가지 조작으로 성립되고 있다.

[1] 특성을 나타내는 데이터

특성을 나타내는 데이터는 모두 수량화되며, 척도구성 방법에 따라 계량치, 계수치와 기타의 값의 데이터로 나누어진다.

1) 계량치와 계수치　계량치란 길이 · 질량 · 온도 등과 같이 연속량으로 측정되는 품질특성의 값이며, 계수치란 부적합품 수, 부적합수 등과 같이 개수로 세어지는 품질특성의 값이다.

이들의 보기로서는 다음과 같은 것이 있다.

① 계량치 : 정제의 중량(g), 철선의 인강강도(kg/cm^2), 유리판의 두께(mm), 전구의 광속(루멘), 1 단위 작업의 소요시간(분), pH 및 온도(℃) 등

② 계수치 : 시료 중의 부적합개수, 어떤 과(課)의 결근자 수, 직포(織布) 1m^2 당의 얼룩수, 1 개월간의 사고수, 한 장의 유리판의 기포수 등

취급하는 데이터 중에서 계량치인가 계수치인가 혼돈할 수 있는 비율치가 있다. 부적합품을 검사개수로 나눈 값은 부적합품률인데, 이 부적합품률은 계수치와 계수치의 비이므로 불연속적인 값이 되며 계수치이다. 이에 대하여 반응 생성물의 수율이든가, 정제성분의 함유율 등은 계량치와 계량치의 비이므로, 연속적으로 변화하는 성질을 가져 계량치가 된다.

어떤 특성을 계량치로 수량화하느냐 계수치로 수량화하느냐는 목적에 따라 구분하여 사용된다. 예를 들면, 환봉(丸棒)의 지름은 계량치로 수량화할 수도 있으며, '거버너 게이지'를 사용하여 어느 규격치의 범위에 들어가느냐의 여부를 판단할 때는 적합품, 부적합품으로 나누어 계산치로 나타낼 수도 있다.

일반적으로 계량치로서 측정하려면 계수치로 측정하는 것보다 시간이나 비용이

많이 드나, 1회당 측정에 의한 정보가 많은 점을 그때그때 고려하면 된다.

계량치와 계수치는 나중에 설명하는 바와 같이 분포가 연속분포냐 이산분포(離散分布)냐의 차이가 있으므로, 취급하는 데이터가 어느 쪽이냐를 충분히 식별해야 한다.

2) 기타의 데이터　이미 설명한 바와 같이 품질의 측정을 관능에 의한 경우와 척도구성부터 행한다. 여기에는 순위, 점수, 우열 등이 있다.

[2] 요인을 나타내는 데이터

요인의 상태를 나타내는 데이터는 2종류로 대별된다. 하나는 작업자별로 특성을 표시하는 데이터를 분류할 때의 작업자라는 요인과, 온도의 변화에 따라 특성을 표시하는 데이터가 어떻게 변화하느냐를 조사할 때, 온도라는 요인과 같은 것이다. 전자를 층별요인이라 한다면 이 요인에는 다음과 같은 것을 생각할 수 있다.

① 사람 : 남녀, 숙련자와 미숙련자 등

② 기계장치 : 기계, 장치, 치공구 등

③ 원재료 : 산지, 종류, 외주선(外注先), 구매선(購買先), 내제(內製)와 외주(外注) 등

④ 방법(기술적 조건과 작업방법) : 작업 방법별, 샘플링 및 측정방법 등

⑤ 환경조건 : 시간, 계절 등

후자는 요인의 상태가 계량치나 계수치로 표시되고, 상관분석(相關分析)이나 회귀분석(回歸分析) 등의 수법이 사용되며, 이를 수량요인이라고 부른다면 수량요인에는 다음과 같은 것을 생각할 수 있다.

온도, 압력, 원료의 수분, 원료 배합비, 전압, 전류, 속도, 시간 등과 온도와 같이 계량치나 계수치로 표시되는 요인도, 어떤 일정한 온도의 상별, 하별과 같이 층별요인으로서 취급할 수가 있다.

3.2.5 기타 분류

[1] 데이터가 취해지는 시기에 의한 분류

과거의 데이터와 새로이 취하는 데이터로 나누어진다.

1) 과거의 데이터　일반적으로 과거의 데이터가 갖는 결점, 즉 데이터의 이력이 불명확한 요인에 교락(交絡)이 있다(이를테면, 원료가 바꾸어진 것과 제조장치가 바꾸어진 것 두 요인이 서로 얽혀 특성의 데이터치를 알고 있어도, 그 참원인이 어느 쪽에 있는가 모른다). 데이터의 균형이 잡혀져 있지 않다(어떤 종류의 조건의 데이터가 많은가 하면, 다른 조건에서의 데이터가 적다) 등의 부적합을 갖는 경우와 그렇지 않은 경우가 있다. 이들에 따라 그 데이터의 유용성이 상당히 달라진다.

2) 새로이 취하는 데이터　이미 설명한 목적에 따라 합리적으로 취하는 데이터이다.

[2] 실험과 조사에 의한 분류

여러 가지 조건을 적극적으로 변경하여 목적으로 하는 품질특성에 대하여 데이터를 취하는 것을 실험이라 하며, 한편 조건을 변경하지 않고 데이터를 취하는 것을 조사라 한다. 비용이나 데이터를 취하는 시간, 생산에 미치는 영향, 추측의 정밀도, 결과의 보편성 등에 일장일단이 있다.

[3] 해석의 가능과 불가능에 의한 분류

이미 설명한 바와 같이 해석이란 요인과 특성과의 관계를 파악하는 것이므로, 요인만의 또는 특성만의 데이터가 있다면 한쪽의 상태는 파악할 수 있어도 해석은 불가능하다. 우리들이 취하는 데이터는 그 경력을 명확히 하여 해석가능한 데이터로 하지 않으면 안 된다.

3.3 데이터 정리방법의 기초

3.3.1 모집단에 관한 정보와 데이터의 값

[1] 모집단과 분포

눈이 하나만의 주사위를 던졌을 때 나오는 눈의 수는 하나이다. 이와 같이 산포(散布)를 갖지 않는 모집단을 생각하는 일은 현실적으로 거의 없다. 만일 사람, 기계장치, 원재료, 방법, 샘플링 및 측정방법, 환경조건 등의 모든 요인의 상태를 일정하게 하고 몇 개의 데이터를 취했다고 할 때, 그 데이터의 값은 산포하지 않고 아마도 일정한 값을 나타낼 것이라고 생각된다. 요인의 상태가 같으면 품질특성(결과)을 나타내는 데이터(특성치)는, 같은 것이 되는 것이 과학의 기본적인 원리이다.

그러나 실제로 모든 요인의 상태를 항상 일정하게 하는 것은 불가능하다. 같은 사람에 의해 만들어졌다고 하지만, 첫 번째와 두 번째도 다소의 차이가 있을 것이다. 이와 같이 모든 요인 중 어느 것을 취하여도 첫 번째와 두 번째에 다소의 차이가 있는 것은 당연하다. 더구나, 환경조건을 일정하게 한다는 것은 전혀 불가능한 일이다. 즉, 요인의 상태를 일정하게 한다 하여도 그것은 항상 변화하고 있으며, 그 결과 품질특성을 나타내는 데이터는 당연히 그때그때 다른 값을 나타내며 산포한다. 즉, 우리들이 얻는 데이터는 산포를 가진 분포이며, 당연히 이 데이터가 얻어진 원래의 모집단도 산포를 가진 분포라고 생각된다.

[2] 모집단에 관하여 알고 싶은 정보

우리들이 모집단에 조처행동을 취하기 위하여 알고 싶은 정보란, 그 모집단의 분포의 모습(모집단으로써의 성질)이다. 그 주요한 것은 ① 분포의 중심위치, ② 분포의 산포로 볼 수 있고, 특별한 경우는 ③ 왜도(비뚤어짐), ④ 첨도(뾰족함)를 문제로 할 때도 있다. 또한 모집단의 모습을 결정하는 정수를 모수(母數, population parameter)라 부른다.

[3] 통계량

모집단에 관한 정보는 모집단으로부터의 시료(試料)를 관측한 데이터에서 추측한다. 시료를 측정한 데이터와 그 데이터로부터 계산한 값을 통계량(statistic)이라 한다.

3.3.2 분포의 중심위치의 측정

[1] 분포의 중심위치를 나타내는 측정

1) 모　수 : 모평균(母平均, population mean) : μ(모집단에 대한 평균치)

2) 통계량 : 시료평균(sample mean) : $\bar{x}$(시료에 대한 평균치)
메디안(median) : M_e
미드레인지(mid-range) : M

이들 통계량 중 대표적인 것은 시료평균과 메디안이며, 이 중에서도 가장 많이 사용되고 있는 것은 시료평균이다.

[2] 분포의 중심측도(中心測度)의 계산방법

1) 시료평균($\bar{x}$) : 평균치에는 산술평균(arithmetic mean), 기하평균(geometric mean), 조화평균(harmonic mean) 등이 있으나, 보통 평균치라 하면 산술평균을 뜻한다. 데이터로부터 계산된 산술평균은 모집단의 평균치(모평균)과 구별하기 위하여 시료평균(試料平均)이라 한다.

n개의 데이터 x_1, x_2, x_3, ……, x_n

$$\bar{x} = \frac{x_1 + x_2 + x_3 + \cdots\cdots + x_n}{n} = \frac{\sum_{i=1}^{n} x_i}{n} = \frac{\Sigma x_i}{n} \qquad (3 \cdot 1)$$

수치변환하는 경우

$$X_i = (x_i - x_0)h \tag{3·2}$$

$$\bar{x} = x_0 + \frac{\Sigma X_i}{n} \times \frac{1}{h} \tag{3·3}$$

2) 메디안(M_e) : 메디안은 데이터를 크기순으로 나열하였을 때, 데이터의 수가 홀수이면 중앙에 위치하는 데이터, 데이터의 수가 짝수이면 중앙에 위치하는 2개의 데이터의 평균치에 의해 정의되며, 메디안은 이와 같이 단지 순위를 헤아리는 것만으로 간단하게 구할 수가 있어, 현장에서는 사용하기가 편리하다.

그러나 데이터를 크기순으로 나열하였을 때의 중앙의 값만 사용하므로, 평균치에 비하여 효율이 약간 떨어지는 것은 피할 수 없다. 그렇지만 동떨어진 데이터가 있는 경우에 그 영향을 잘 받지 않는다는 이점도 있다. 데이터 수가 많으면 중앙의 값을 찾는다는 것은 용이하지 않으며, 효율도 저하되므로 시료의 크기가 3, 5 또는 7 정도일 때 편리하다.

3) 미드레인지(M) : 미드레인지는 1조의 데이터 중 최대치($x_{\max}$)와 최소치($x_{\min}$)의 평균치이다.

$$M = \frac{x_{\max} + x_{\min}}{2} \tag{3·4}$$

이것은 $\bar{x}$보다 계산이 간단하다는 이점을 갖고 있다. 그러나 데이터 수가 많든 적든 양단의 최소치와 최대치만 사용하므로 효율이 낮고, 또 극단적으로 동떨어진 데이터가 있으면 그 영향을 받으므로 분포가 비뚤어진 경우에는 사용하지 않는 것이 좋다.

[참고] 기하평균 G는 n개의 데이터를 x_1, x_2, x_3, ……, x_n이라 하면

$$G = \sqrt[n]{x_1 \cdot x_2 \cdot x_3 \cdot \cdots\cdots \cdot x_n} \tag{3·5}$$

조화평균 H는 다음 식에 의해 정의된다.

$$H = \frac{1}{\frac{1}{n}\Sigma\frac{1}{x_i}} \tag{3·6}$$

[예제] 3·1 철수는 아침에 집에서 학교까지 걸어서 가는데 3일 동안 각각 시속 5 km, 4 km, 8 km로 걸었다. 평균시속(산술평균, 기하평균, 조화평균)을 구하여라.

《풀이》 $\bar{x} = \frac{5+4+8}{3} = 5.667$ $G = (5 \cdot 4 \cdot 8)^{\frac{1}{3}} = 5.429$ $H = \frac{1}{\frac{1}{3}\left[\frac{1}{5}+\frac{1}{4}+\frac{1}{8}\right]} = 5.217$

3.3.3 분포의 산포의 측정

[1] 분포의 산포를 나타내는 측정

1) 모 수 : 모분산(population variance) : σ^2(모집단위 분산)

모표준 편차(population standard deviation) : σ(모집단의 표준편차)

2) 통계량 : 제곱의 합(sum of squares) : S

시료분산, 불편분산(mean square, unbiassed estimate of variance) : s^2, V

시료표준편차, 불편분산의 제곱근(square root of mean square) : s, $\sqrt{V}$

범위(range) : R

[2] 분포의 산포를 나타내는 측정의 계산 방법

1) 제곱의 합(S) : 제곱의 합이란 개개의 측정치의 시료평균으로부터의 편차의 제곱합을 말한다.

① n개의 데이터 x_1, x_2, x_3, ……, x_n

$$S = \sum_{i=1}^{n}(x_i - \bar{x})^2 = \Sigma(x_i - \bar{x})^2 \tag{3·7}$$

② 실제 계산하는 경우

$$S = \sum_{i=1}^{n} x_i^2 - \frac{\left(\sum_{i=1}^{n} x_i\right)^2}{n} = \Sigma x_i^2 - \frac{(\Sigma x_i)^2}{n} \tag{3·8}$$

여기서 $\left(\sum_{i=1}^{n} x_i\right)^2 \Big/ n$ 을 수정항(correction term)이라 하며 CT라고 표시한다.

$$S = \sum_{i=1}^{n} x_i^2 - \mathrm{CT} \tag{3·9}$$

③ 수치변환한 경우

$$S = \left\{\Sigma X_i^2 - \frac{(\Sigma X_i)^2}{n}\right\}\frac{1}{h^2} \tag{3·10}$$

2) 시료분산, 불편분산(s^2, V) : 데이터의 수가 n개 있을 때 이 데이터의 제곱의 합(S)을 $(n-1)$로 나눈 것을 불편분산이라고 한다. 여기서 $(n-1)$을 자유도(degree of freedom)라 부르고 ν로 표시한다.

$$s^2 = V = \frac{S}{n-1} = \frac{S}{\phi} \tag{3·11}$$

3) 시료표준편차, 불편분산의 제곱근(s, $\sqrt{V}$)

$$s = \sqrt{V} = \sqrt{\frac{S}{n-1}} \qquad (3 \cdot 12)$$

4) 범위(R) : 범위는 1조의 데이터 x_1, x_2, x_3, ……, x_n 등의 최대치(x_{max})에서 최소치(x_{min})를 뺀 것이다.

$$R = x_{max} - x_{min} \qquad (3 \cdot 13)$$

이것은 산포(散布)를 나타내는 척도로서는 가장 간단하다. 다만, 측정치 중 최대치와 최소치만 사용하므로, 데이터 수가 증가할수록 불편분산(不偏分散)의 제곱근($\sqrt{V}$)에 비하여 효율이 떨어진다. 또한 동떨어진 값이 있으면 영향을 받는다. 따라서 시료의 크기가 10 이하일 때에 한하여 사용된다.

[참고] 제곱의 합의 정의식은 식 (3・7)이며, 식 (3・8)은 식 (3・7)로부터 유도된다.

$$S = \Sigma(x_i - \bar{x})^2 = \Sigma(x_i^2 - 2x_i\bar{x} + \bar{x}^2)$$

$$= \Sigma x_i^2 - 2\Sigma x_i\bar{x} + \Sigma\bar{x}^2$$

$$= \Sigma x_i^2 - 2n\bar{x}\bar{x} + n\bar{x}^2 \quad (\because \Sigma x_i = n\bar{x})$$

$$= \Sigma x_i^2 - 2n\bar{x}^2 + n\bar{x}^2$$

$$= \Sigma x_i^2 - n\bar{x}^2 \qquad ⓐ$$

$$= \Sigma x_i^2 - \bar{x}\Sigma x_i \qquad ⓑ$$

$$= \Sigma x_i^2 - \frac{(\Sigma x_i)^2}{n} \qquad ⓒ$$

제곱의 합(S)의 계산은 ⓐ, ⓑ, ⓒ와 같은 식으로 계산되는 경우가 많다.

예제 3・2 다음 데이터는 어떤 종류의 부품에 대하여 그 길이를 측정한 것이다.

12.37, 12.56, 12.48, 12.43, 12.62, 12.66, 12.57(cm)

이 데이터로부터 다음 통계량을 계산하여라.

① 시료평균($\bar{x}$)
② 메디안(M_e)
③ 미드레인지(M)
④ 제곱의 합(S)
⑤ 시료분산, 불편분산(s^2, V)
⑥ 시료표준편차, 불편분산의 제곱근(s, $\sqrt{V}$)
⑦ 범위(R)

《풀이》 데이터를 수치변환하여 Σx_i, ΣX_i, ΣX_i^2을 구한다.

$x_0 = 12.50$, $h = 100$

$X_i = (x_i - x_0)h = (x_i - 12.50)\times 100$

x_i	X_i	X_i^2
12.37	−13	169
12.56	6	36
12.48	−2	4
12.43	−7	49
12.62	12	144
12.66	16	256
12.57	7	49
계 87.69	19	707

① 시료평균($\bar{x}$)

$$\bar{x} = x_0 + \frac{\Sigma X_i}{n} \cdot \frac{1}{h}$$

$$= 12.50 + \frac{19}{7} \times \frac{1}{100} = 12.50 + 0.027 = 12.527$$

② 메디안(M_e) : 데이터를 작은 쪽으로부터 큰 순으로 나열한다.

12.37, 12.43, 12.48, 12.56, 12.57, 12.62, 12.66

중앙의 데이터(네 번째)는 12.56이다.

$M_e = 12.56$

③ 미드레인지(M)

$x_{\max} = 12.66$, $x_{\min} = 12.37$

$$M = \frac{x_{\max} + x_{\min}}{2} = \frac{12,66 + 12.37}{2} = 12.515$$

④ 제곱의 합(S) : 수치변환한 값을 이용하여

$$S = \left\{\Sigma X_i^2 - \frac{(\Sigma X_i)^2}{n}\right\}\frac{1}{h^2}$$

$$= \left\{707 - \frac{(19)^2}{7}\right\}\frac{1}{100^2} = \{707 - 51.57\}\frac{1}{100^2} = 0.065543$$

⑤ 시료분산, 불편분산(V)

$$s^2 = V = \frac{S}{n-1} = \frac{0.06554}{6} = 0.010924$$

⑥ 시료표준편차, 불편분산의 제곱근($\sqrt{V}$)

$$s = \sqrt{V} = \sqrt{0.010924} = 0.1045$$

⑦ 범위(R)

$$R = x_{\max} - x_{\min}$$

$$= 12.66 - 12.37 = 0.29$$

3.3.4 여러 가지 데이터의 정리방법

모집단(母集團)에 관한 정보를 획득하여 모집단에 대하여 어떤 적절한 액션을 취하기 위해서는, 모집단으로부터 모집단을 대표하는 시료를 합리적으로 취하여 데이터를 얻고, 이 데이터를 적절하게 정리해야 한다. 이러한 과정에서 각종 통계적 수법은 대단히 중요한 역할을 하며, 데이터의 정리 방법으로서는 특성 요인도, 도수분포(히스토그램), 산점도(散點圖), 파레토도, 그래프, 체크 시트가 있으며, 이것은 또한 품질관리의 도구로서 QC 서클 활동에서 자주 쓰이고 있다.

3.4 도수분포와 히스토그램

3.4.1 도수표와 도수분포

표 3·1은 어느 날 하루에 제조된 섬유제품 중에서 100개의 시료(試料)를 랜덤 샘플링하고, 그 섬유제품의 수분(%)을 측정하여 얻은 데이터이다.

수분은 사내규격(社內規格)이 5.6~7.0%로 규정되어 있는데, 이 규격에 벗어나는 부적합품도 종종 나오므로 부적합을 줄이고, 제품 코스트를 내리기 위한 자료로서 측정하였다. 이 표 3·1로 보아서는 그 분포상태를 확실히 알 수 없으므로, 어떤 정리를 해야 한다.

표 3·1 섬유 제품의 수분

(단위 : %)

5.5•	6.0•	5.9	6.1	5.9	6.3	5.6•	6.4	6.4	6.0•
5.8	6.0•	6.6*	6.0	6.1	6.0•	6.5	6.2	7.6*	6.7*
6.3	6.5	5.5	6.1	7.1*	6.0•	6.9	6.8	6.3	6.1
6.9	6.0•	5.8	6.2	6.5	6.0•	6.9	5.8•	5.9	6.2
5.6	6.0•	5.3• S	5.7•	6.0	6.3	7.4*	6.6	6.3	6.7*
7.1*	6.8*	6.3	7.0*	6.3	6.0•	6.2	6.0	7.6*	6.3
6.0	6.0	6.6*	6.4	6.1	6.3	6.7	7.7* L	5.6•	6.0•
6.4	6.6	6.2	6.4	7.0	7.6*	5.6•	6.7	6.0	6.2
6.9	6.7	6.0	5.9	5.9	6.0•	5.8	6.7	6.2	6.5
5.8	6.7	6.5	6.3	5.8•	6.4	6.0	6.8	5.6•	6.2

[주] * : 최대치, • : 최소치, L : 전체의 최대치, S : 전체의 최소치

조사해 보니 수분의 최대치는 7.7%, 최소치는 5.3%이었다. 그래서 7.7%와 5.3%를 양단으로 하여 그 사이를 몇 개의 등간격(等間隔) 구간으로 나누어 각 구간에 몇 개의 데이터가 들어가나, 세어 보고 그 집계를 내면 표 3·2와 같은 도수표(度數表)를 작성할 수 있다. 표 3·2와 같이 나눈 구간 하나 하나를 급(級이)라 하고, 그 폭은 급의 폭이라 한다. 이 경우에는 급의 수가 13, 급의 폭은 5.45−5.25=0.20%이다.

이 구간 내에 들어가는 값은 그 구간의 중앙에 상당하는 값, 즉 중앙치에 의해서

표 3·2 섬유제품의 수분의 도수표

급의 번호	급의 한계(%)	중앙치(%)	도수(체크)	도수 f
1	5.25~5.45	5.35	|	1
2	5.45~5.65	5.55	卌 ||	7
3	5.65~5.85	5.75	卌 ||	7
4	5.85~6.05	5.95	卌卌卌卌 ||||	24
5	6.05~6.25	6.15	卌卌 ||||	14
6	6.25~6.45	6.35	卌卌卌 |	16
7	6.45~6.65	6.55	卌 |||	8
8	6.65~6.85	6.75	卌卌 |	11
9	6.85~7.05	6.95	卌	5
10	7.05~6.25	7.15	||	2
11	7.25~7.45	7.35	|	1
12	7.45~7.65	7.55	|||	3
13	7.65~7.85	7.75	|	1
			계 N=100	

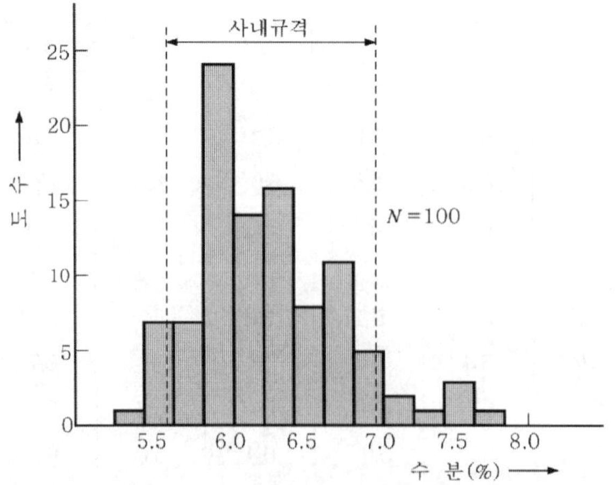

그림 3·3 히스토그램(섬유제품의 수분)

대표하기도 하는데, 이 값을 급의 대표치(계급값)라고 한다. 이 도수표를 도시하면 그림 3 · 3과 같이 히스토그램을 그릴 수 있다.

이와 같이 데이터를 도수표 또는 히스토그램으로 나타내면 한눈에 수분의 분포상태를 알 수 있다. 이 데이터의 값과 히스토그램이 나타내는 도수(度數)와의 관계를 도수분포라 한다. 또한, 아주 많은 수의 데이터를 많은 급으로 나누어 히스토그램을 그리고, 각 기둥의 위 끝을 연결하면, 그림 3 · 4와 같은 도수분포 곡선이 된다.

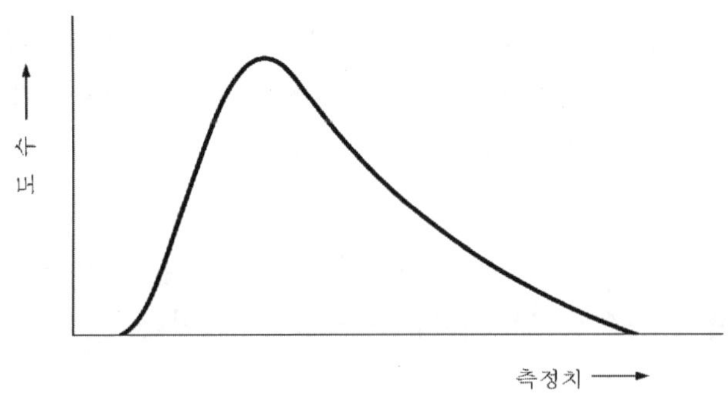

그림 3 · 4 도수분포 곡선

[1] 도수표 작성상의 주의

도수표를 작성하고 히스토그램을 그려 데이터의 분포상황을 조사할 때, 급의 선정방법이나 데이터를 구간으로 나누는 방법을 합리적으로 하지 않으면, 데이터의 분포상황을 바르게 알기 위해서나 통계량을 될 수 있는 대로 작은 오차로 계산하기 위한 부적당한 도수표나 히스토그램이 되고 만다.

일반적으로 급(級)의 수가 많아도 또한 적어도 부적당한 히스토그램이 된다.

대체로 다음 순서나 주의사항에 따라 하면 된다.

① 데이터의 수를 센다. 이것을 N으로 한다.

② 데이터의 최대치(x_{max})와 최소치(x_{min})를 구한다.

③ x_{max}과 x_{min}과의 차를 구한다.

④ $\dfrac{x_{max} - x_{min}}{k} = h$를 구한다. 이 h가 급의 폭이 된다.

이 때 k의 수는 대체로 10 정도가 적당하나, 측정치가 몇 자리까지인가는 그 $x_{max} - x_{min}$의 값인 측정단위를 고려하여 불합리하게 되지 않도록 결정한다. 급의 폭은 측정단위의 정수배가 되도록 잡지 않으면 치우침이 생긴다.

⑤ 급의 한계치를 한쪽 끝에서부터 정해 나가는데, 이 때 다음 두 가지를 주의하지 않으면 안 된다.

- 양단의 급을 결장할 때는 x_{max} 및 x_{min}이 대체로 한쪽으로 치우치지 않게 한다.
- 급의 한계치는 가능한 한 측정단위의 한 자리 아래를 잡는다.

이상의 주의사항을 지키지 않으면 오차는 상당히 커지고, 또 히스토그램에 의하여 데이터의 올바른 분포상황을 알기가 어렵게 된다.

[2] 누적도수(累積度數) 분포

공장에서 얻어진 데이터의 분포를 알아보는 데 있어, 우리들은 일반적으로 앞에서 말한 도수 분포표나 히스토그램을 사용하여 대략 분포상황을 알아보았는데, 어떤 측정치 이하의 데이터의 누적도수의 분포로서 표시할 때도 있다. 이와 같이 하여 표시한 분포를 누적도수 분포 혹은 단순히 누적분포라 한다. 표 3 · 2의 도수표의 누적도수를 구하면 표 3 · 3과 같이 된다.

이것을 플롯한 것이 그림 3 · 5이다. 이 곡선은 대개의 경우 *S*형을 하고 있다. 데이터가 많아 매끈한 곡선으로 된 것이 누적도수 곡선이다.

표 3 · 3 섬유제품의 수분누적 도수표

조의 번호	최대의 한계 %	한계치 이하의 도수	조의 번호	최대의 한계 %	한계치 이하의 도수
1	5.4	1	8	6.8	88
2	5.6	8	9	7.0	93
3	5.8	15	10	7.2	95
4	6.0	39	11	7.4	96
5	6.2	53	12	7.6	99
6	6.4	69	13	7.8	100
7	6.6	77			

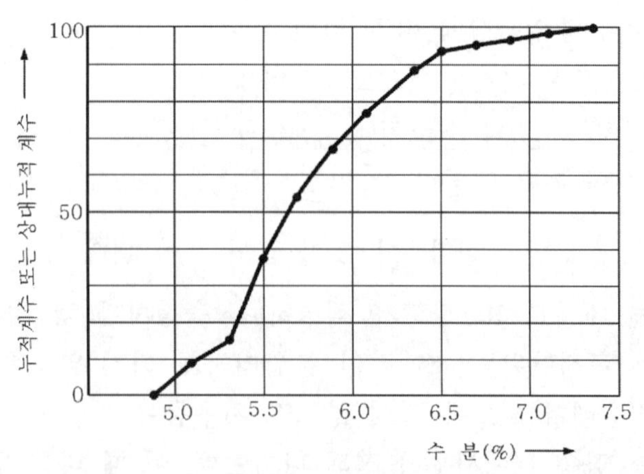

그림 3 · 5 누적분포(섬유제품의 구분)

3.4.2 도수분포의 수량적 표시법

분포의 형상이 어떠한가는 히스토그램이나 분포곡선을 그려 보면 명백하게 되나, 그 분포가 폭이 넓다거나 중심에 모인 것이라든가 좌우대칭이나 아니냐 하는 것 등을 수량적으로 표시할 수 없으면 불편하다. 이들을 표현하려면 ① 중심적 위치, ② 산포(散布), ③ 왜도(歪度), ④ 첨도(尖度)의 네 가지 양을 사용한다. 여기에서는 이들 가운데 가장 많이 쓰이는 중심적 위치와 산포에 관해서만 그 측도(測度)를 설명한다.

중심적 위치와 산포의 측도로서는 산술평균과 표준편차가 가장 잘 쓰이는데, 데이터가 많을 경우에 이것을 계산하는 일은 상당한 손이 간다. 이럴 경우에는 앞에서 말한 도수표 표 3 · 2를 사용하여 표 3 · 4와 같이 정리해서 계산하면 편리하다.

f는 도수, u는 급의 중앙치 x를 변환한 값이며, h를 급의 폭으로 하면

$$u = (x - x_0)/h$$

이다. x_0로서는 도수가 비교적 큰 급의 중앙치를 잡는 것이 보통이다. 계산은 다음과 같이 한다.

표 3 · 4 산술평균과 표준편차를 구하기 위한 도수표

급의 번호	급의 중앙치	f	u	fu	fu^2
1	5.35	1	−4	−4	16
2	5.55	7	−3	−21	63
3	5.75	7	−2	−14	28
4	5.95	24	−1	−24	24
5	6.15	14	0	0	0
6	6.35	16	1	16	16
7	6.55	8	2	16	32
8	6.75	11	3	33	99
9	6.95	5	4	20	80
10	7.15	2	5	10	50
11	7.35	1	6	6	36
12	7.55	3	7	21	147
13	7.75	1	8	8	64
계		100	−	130 −63 67	655

① 시료평균 ($\bar{x}$)

$$\bar{x} = x_0 + \frac{\Sigma fu}{\Sigma f} \times h \qquad (3 \cdot 14)$$

이 경우에는 $u = (x - 6.15)/0.2$

$$\bar{x} = 6.15 + \frac{67}{100} \times 0.2 = 6.284$$

② 시료표준 편차 (s)

$$S = \left\{\Sigma fu^2 - \frac{(\Sigma fu)^2}{\Sigma f}\right\}h^2 \qquad (3 \cdot 15)$$

$$s = \sqrt{S/\Sigma f} \qquad (3 \cdot 16)$$

$$S = \left\{\Sigma fu^2 - \frac{(\Sigma fu)^2}{\Sigma f}\right\}h^2 = \left\{655 - \frac{(67)^2}{100}\right\} \times 0.2^2 = 24.4044$$

$$s = \sqrt{S/\Sigma f} = \sqrt{24.4044/100} = 0.494$$

3.4.3 도수분포의 사용법

도수표나 히스토그램은 데이터의 집단으로서의 형태를 나타내는 것이므로, 다음과 같이 관찰하는 방법에 따라 많은 정보를 얻을 수 있다.

① 분포의 모양은 어떠한가.

② 규격이나 표준치와의 관계는 어떠한가.

③ 불연속은 없는가.

④ 층별하여 다시 만들면 결과는 어떻게 되는가.

그림 3 · 6은 A 조와 B 조의 작업자가 제조한 어떤 종류의 합금의 성분인데, A 조가 좋은 제품을 좋은 수율(收率)로 만들고 있음을 알았다. A 조와 B 조는 작업방법에 약간의 차가 있었으며 이것이 영향을 미치고 있음을 알았으므로, A 조의 작업 방법

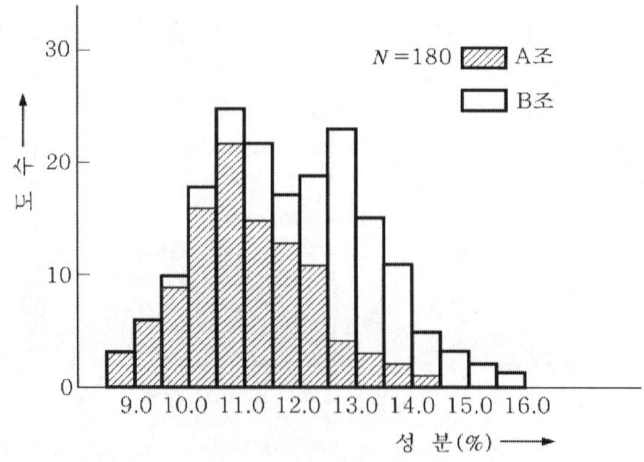

그림 3 · 6 합금의 성분

을 작업표준으로 정하여 B조는 이것을 지키게 함으로써 제품의 수율을 올릴 수가 있었다. 이와 같이 관찰하는 방법에 따라 많은 정보를 얻을 수 있고, 또한 이 정보를 이용하여 제품에 영향을 미치는 요인을 관리하는 데 사용된다.

[1] 히스토그램을 작성하는 방법

히스토그램은 모집단(母集團)으로부터 취하여진 비교적 많은 데이터에 의해, 모집단의 모습(분포의 모양, 중심위치, 산포의 크기)을 그림에 의해 파악하기 위하여 작성된다. 구체적으로 개선이나 유지활동의 모든 단계에서 필요에 따라 작성 사용된다.

① 집단의 분포의 모습을 파악한다.

② 규격의 중심위치와 분포의 중심위치와의 치우침을 조사한다. 공정능력을 조사한다. 부적합품이 나오는 상태를 조사하는 등 규격과 표준치와를 비교한다.

이들에 따라 문제점을 찾아 개선활동의 테마를 정하여, 어떠한 해석(층별)을 하면 좋은가를 검토한다. 어떠한 액션을 취하면 좋은가를 검토하며, 취해진 액션의 결과를 파악한다.

[2] 히스토그램 보는 방법

① 중심위치 : 평균치

② 산포의 크기 : 불편분산(不偏分散)의 제곱근(표준편차)

③ 분포의 모양 : 히스토그램을 작성하면 분포의 모양은 대략 7종류와 그 혼합된 패턴인 ⓐ 일반형, ⓑ 이빠진 형, ⓒ 비뚤어진 형, ⓓ 절벽형, ⓔ 고원형(高原型), ⓕ 쌍봉우리형, ⓖ 낙도형으로 분류된다.

3.5 체크시트

공장에서 도수분포를 응용할 경우 다음과 같은 체크 시트를 활용하면 편리하다. 현장에서 데이터 시트에 데이터를 일일이 기입하는 것은 특히 다량의 것을 검사할 경우 상당히 복잡하다. 또한 데이터 시트에는 그저 숫자가 나열되어 있을 뿐이므로, 분포상태를 알기 위해서는 이것을 히스토그램 등으로 고쳐 적지 않으면 안 된다. 체크 시트는 이러한 결점을 보완하는 것으로 간단히 마크만을 함으로써 도수분포(度數分布)가 구해져, 이로부터 여러 가지 정보를 얻을 수 있으므로 검사용, 관리용, 해석용으로 편리하다.

체크 시트로는 여러 가지 양식이 쓰이고 있으나, 한 예를 그림 3 · 7에 표시해 놓

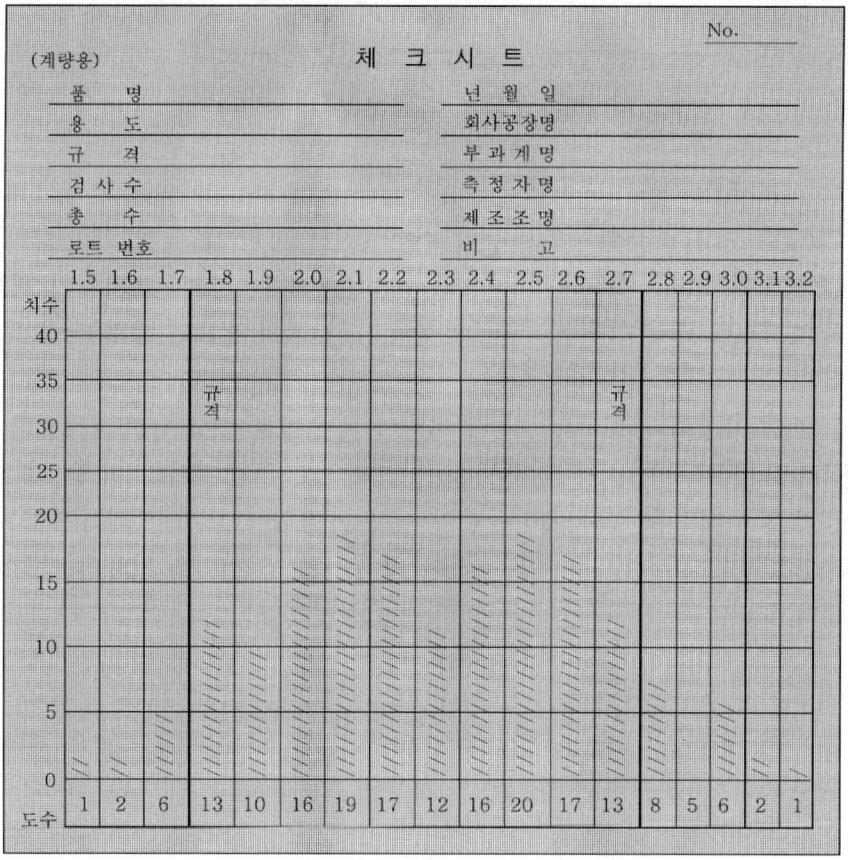
No.
(계량용)
체 크 시 트
품 명
용 도
규 격
검 사 수
총 수
로트 번호
년 월 일
회사공장명
부 과 계 명
측 정 자 명
제 조 조 명
비 고
1.5 1.6 1.7 1.8 1.9 2.0 2.1 2.2 2.3 2.4 2.5 2.6 2.7 2.8 2.9 3.0 3.1 3.2
치수
40
35
30
25
20
15
10
5
0
규격
규격
도수
1 2 6 13 10 16 19 17 12 16 20 17 13 8 5 6 2 1

그림 3 · 7 체크 시트

는다.

3.6 특성 요인도

공정의 개선과 관리활동에 자주 활용되는 수법의 하나로서, 품질특성과 요인과의 관계를 그림 3 · 8과 같이 표시한 것을 특성 요인도(要因圖)라고 한다. 이 특성 요인도는 1953년 일본의 Isikawa Kaoru(石川聲) 교수가 창안한 수법으로, 일본의 Kawaski제철(천기제철)에서 품질관리 지도를 할 때 처음 사용했다고 하며, 영어로는 Ishikawa Diagram, Characteristics Digram, Cause & Effects Diagram이라고 불려진다.

특성 요인도의 작성법은 다음과 같다.

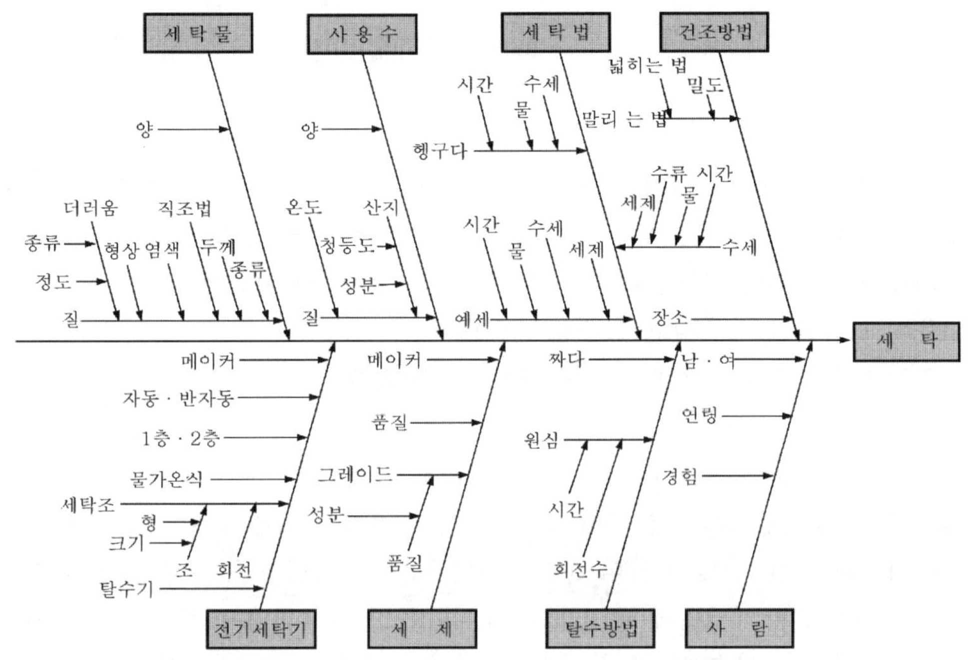

그림 3·8 특성 요인도(세탁)

① 취급하는 품질특성을 결정하고, 좌에서 우로 향한 굵은 화살표(줄기)를 그려서 우측 끝에 기입한다.

② 품질특성에 영향을 미친다고 생각되는 원인 중 큰 것부터 큰 가지(줄기), 중가지(큰 가지), 작은 가지(중가지)와 같이 액션과 직접 결부되는 요인에 이르기까지 기입해 간다.

③ 작성하려는 특성 요인도에 관계되는 전원(全員)의 자유스러운 발언에 의해 작성해 간다.

④ 일반적으로 많은 원인이 교락(交絡)되어 있어 액션과 직접 결부되는 요인까지 기입해서, 복잡한 것이 되도록 작성해야 쓸모가 있다.

⑤ 층별 요인이냐, 수량 요인이냐, 산발 요인이냐, 주기적 요인이냐, 만성적 요인이냐를 구별하여 두면 편리하다.

특성 요인도는 공정의 개선과 관리활동에 있어 특성에 관계하고 있는 많은 원인을 정리하는데 대단히 유효한 수법이므로, ⓐ 개선대책의 입안(立案), ⓑ 이상(異常)의 근본원인 추구, ⓒ 실험에 취급하는 인자(因子)를 구하는 것에 활용된다.

3.7 파레토도

이탈리아의 경영학자 파레토(Pareto)는 1897년에, 또 미국의 경영학자 로렌츠(Lorenz)는 1907년에 소득분배의 어떤 종류의 지수법칙(指數法則)을 발표하였다. 이것은 가로축에 누적인원백분율(%)을 취한 곡선으로서, 소득의 대부분은 극히 소수의 비율의 사람들로 점유되고 있음을 나타낸다.

그림 3 · 9에서 x원 이상의 소득을 갖는 인수(人數) y는 거의

$$y = kx^{-\alpha}$$

라는 관계로 연결된다. 여기서 k와 α는 나라에 따라 다른 수이다. 이 곡선을 로렌츠 곡선 또는 파레토 곡선이라 하며, 이 곡선이 그려진 그림을 파레토도라 한다.

주란 박사는 이를 힌트로 하여 QC 수법의 하나로 하였는데, 현재 파레토도라고 불려지고 있는 것은 가로축에 층별요인이나 특성 그 자체를 눈금한 그림 3 · 10, 그림 3 · 11과 같은 막대그래프로 부적합건수나 부적합손실 금액의 대부분이 극히 적은 약간의 부적합항목에 의해 점유되고 있음을 표시하고, 선정해야 할 개선테마의 목표를 결정하는 데 사용된다.

파레토도의 작성법은 다음과 같다.

① 어느 일정 기간에 층별 요인별 혹은 특성의 종류별로 데이터를 정리한다.

표 3 · 5는 카메라의 윗덮개에 대한 2000년 6월 1일부터 2000년 7월 31일까지 2개월간의 부적합 항목별 부적합개수를, 이 부적합품을 수리하기 위한 1개당 손실금액으로 조사한 것이다.

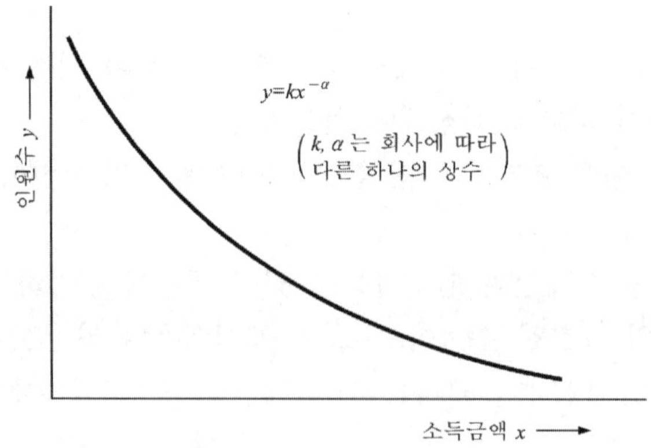

그림 3 · 9 파레토 곡선

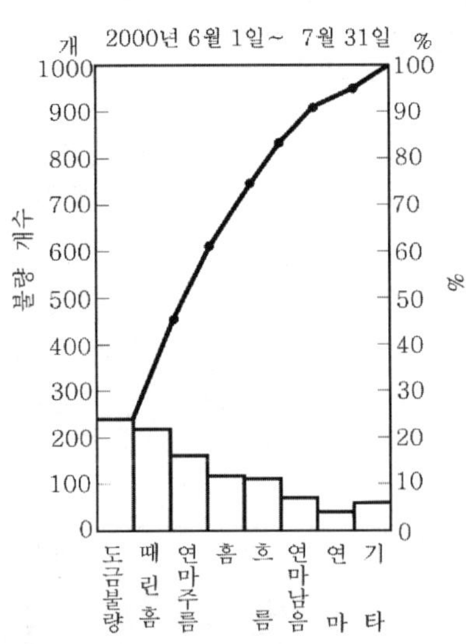

그림 3·10 카메라 윗덮개의
부적합 항목별
부적합개수 파레토도

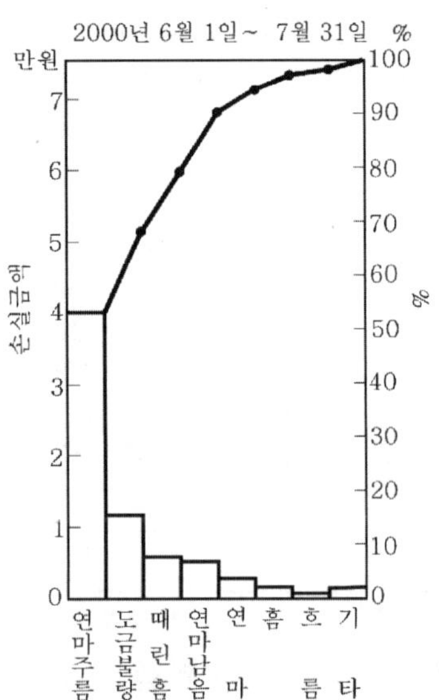

그림 3·11 카메라 윗덮개의
부적합 항목별
손실금액 파레토도

표 3·5 계산표(부적합개수)

부적합 항목	부적합개수	누적 부적합수	%	누적(%)
도금불량	238	238	23.8	
때린흠	216	454	21.6	45.4
연마주름	162	616	16.2	61.5
흠	118	734	11.8	73.3
흐름	112	846	11.2	84.5
연마남음	69	915	6.9	91.4
연마	33	948	3.3	94.7
기타	53	1001	5.3	100.0
계	1001	—	100	—

② 부적합개수가 많은 항목순으로, 또 손실금액이 많은 항목순으로 표 3·6, 3·7을 작성한다.

③ 그림 3·10, 3·11과 같이 부적합개수와 손실금액에 관한 파레토도를 작성한다.

표 3·6 카메라의 윗덮개의 부적합 항목별 부적합개수와 손실금액

부적합 항목	부적합개수	1개당 손실금액(원)	손실금액(원)
도금부적합	238	51	12,138
연마남음	69	102	7038
연마주름	162	248	40,176
연마	33	95	3135
때린흠	216	38	8828
흠	118	16	1888
흐름	112	8	896
기타	53	32	1696

표 3·7 계산표(손실금액)

부적합 항목	손실금액	누적손실 금액	%	누적(%)
연마주름	40,176	40,176	53,4	53.4
도금부적합	12,138	52,314	16.1	69.6
때린흠	8208	60,522	10.9	80.5
연마남음	7038	67,560	9.4	89.9
연마	3138	70,695	4.2	94.0
흠	1888	72,583	2.5	96.6
흐름	896	73,479	1.2	97.7
기타	1696	75,175	2.3	100.0
계	75,175	-	100	-

3.8 산점도(散點圖)

어떤 하나의 변량(變量)의 대략적인 분포의 모습을 파악하기 위한 데이터의 정리방법의 수법으로서 히스토그램이 있었다.

계량적(計量的)인 요인이나 특성에 대한 2변량간의 관계를 파악하기 위하여 각각을 가로축과 세로축에 취하여 측정치를 타점해서 만들어진 그림을 산점도(scatter diagram)라 한다.

3.8.1 산점도의 작성법

표 3·8은 어떤 화학 제품의 반응조제(反應助劑) 사용량(g)과 그 제조시에 있어서의 수율(%)과의 관계를 조사하기 위하여, 각 제조 배치(batch)마다 취해진 데이터이다. 이 데이터를 사용하여 불순물량과 수율(收率)에 관한 산포도를 작성한다.

① 상관관계(相關關係)를 조사하는 것을 목적으로 하는 대응 있는 2종류의 특성,

혹은 원인의 데이터(x, y)를 모은다.

② 데이터 x, y에 대하여 각각 최대치 및 최소치를 구하고, 세로축과 가로축의 간격이 거의 같도록 그래프 용지에 눈금한다.

③ 측정치를 그래프 위에 플롯한다.

④ 그래프의 여백에 데이터의 수 n을 기입한다.

표 3·8을 그림 3·12와 같이 산점도를 그릴 수 있다.

표 3·8 어떤 화학제품의 조제 사용량(g)과 수율(%)에 관한 데이터

No.	조제량	수 율	No.	조제량	수 율	No.	조제량	수 율
1	14	52.8	15	12	52.6	29	9	52.1
2	15	52.5	16	16	53.4	30	13	52.7
3	17	53.5	17	13	51.7	31	8	51.8
4	19	53.8	18	14	53.1	32	17	52.9
5	18	53.4	19	12	52.0	33	16	53.1
6	16	52.8	20	10	51.4	34	15	52.1
7	19	53.5	21	11	52.8	35	10	51.9
8	14	52.4	22	18	52.8	36	17	53.2
9	18	53.1	23	20	53.6	37	12	52.2
10	16	52.4	24	11	51.7	38	11	52.3
11	13	52.3	25	21	54.0	39	13	52.0
12	16	52.9	26	17	53.0	40	15	52.7
13	15	52.7	27	10	52.2			
14	14	52.5	28	13	52.0			

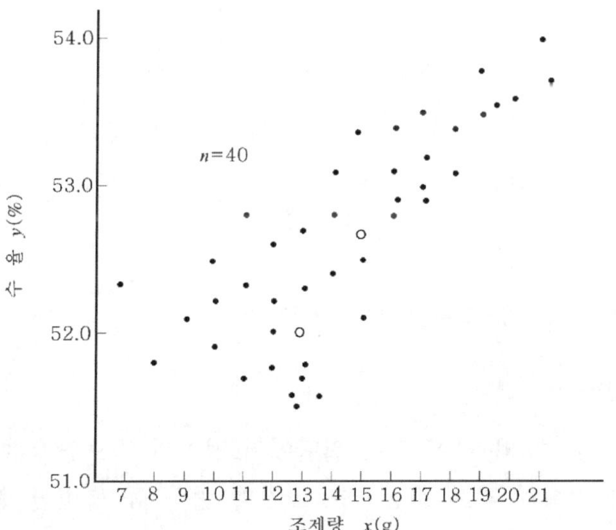

그림 3·12 어떤 화학제품의 반응 조제량과 수율에 관한 데이터

3.8.2 산점도를 보는 방법

[1] 점의 산포상태(散布狀態)의 상관관계

산점도에서 점의 산포상태는 여러 가지 경우가 있으나, 5개의 패턴으로 분류하면 그림 3 · 13과 같다.

① x가 증가하면 y도 증가하는 경우로서, 이 때는 +의 상관(정상관)이라고 한다.

② x가 증가하면 y도 점점 증가하는데, 상관의 정도는 비교적 약하다.

③ 상관이 없는 경우로서, 이 때는 0의 상관(무상관)이라고 한다.

④ x가 증가하면 y는 거의 감소하여 약한 −의 상관(부상관, 역상관)이 있는 경우이다.

⑤ x가 증가하면 y가 감소되는 강한 −의 상관(부상관, 역상관)이 있는 경우를 말한다.

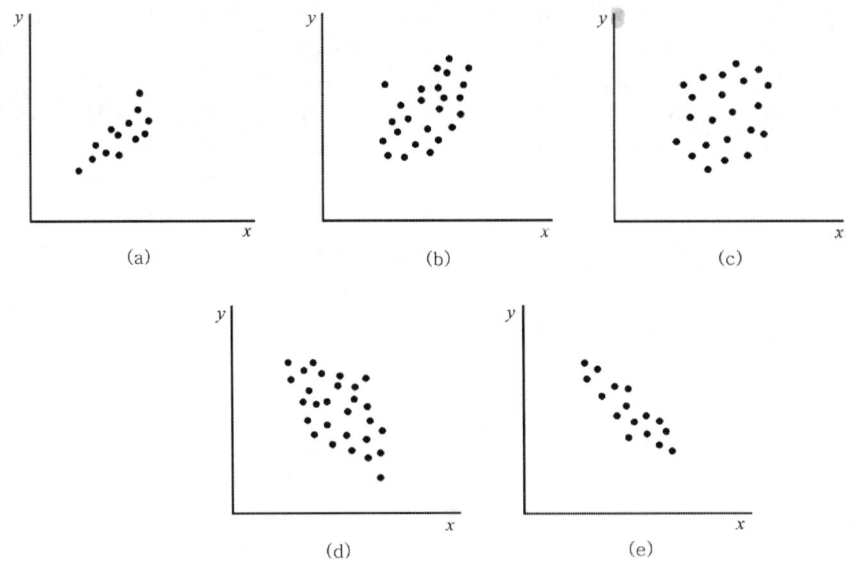

그림 3 · 13 여러 가지 산점도

[2] 이상점의 처리

산점도에서 그림 3 · 14와 같이 점이 집단에서 떨어져 있으면, 대부분의 경우 측정의 과오, 데이터의 기록의 과오 혹은 작업조건의 변화 등 특별한 원인이 있다고 생각해도 된다.

이 때는 그 원인을 조사하여 원인이 판명되면 그 점을 제외하고, 요인 혹은 특성

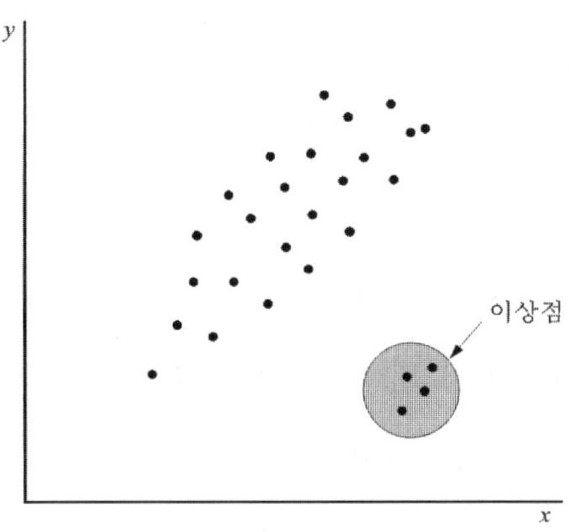

그림 3·14 이상점이 있는 산점도

간의 상관관계를 관찰할 수 있다. 한편, 원인이 불명한 경우에는 그 점을 제외하고 판단할 수가 없다.

[3] 층별의 필요성

그림 3·15와 같이 산점도의 점을 전체로서 보면 상관이 없는 것같이 보이나, 층별해 보면 상관이 있는 경우 또는 이와 반대로 그림 3·16과 같이 전체로서 보면 상관이 있을 것같이 보이나, 층별하면 상관이 없는 경우 등이 있다. 따라서 산점도를 작성하는 경우 어떠한 요인에 따라 층별할 수 있으면, 표식(表式)이나 색으로서 분별해 두는 것이 좋다.

데이터의 정리방법은 이 밖에도 많은 통계적 수법이 있으나, 이러한 수법들은 대부분 다음에 해당되는 부문에서 살펴보기로 한다.

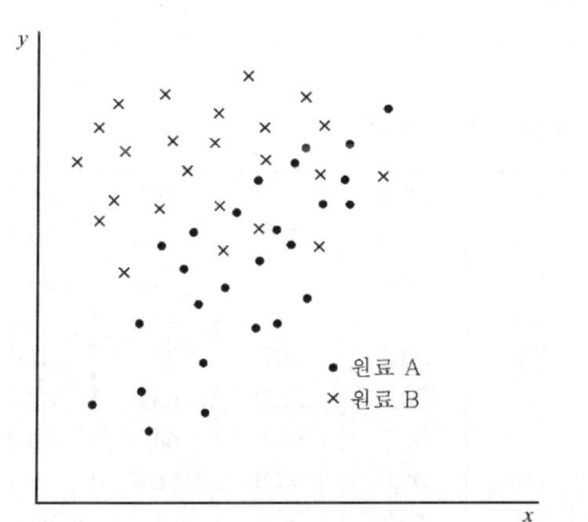

그림 3·15 원료로 층별한 산점도

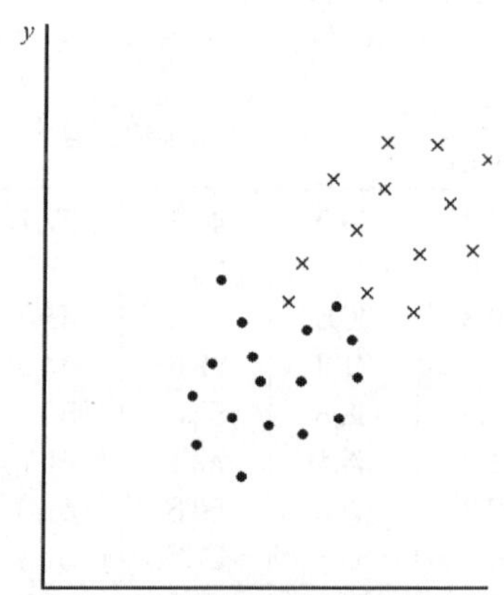

그림 3·16 두 개의 군의 산점도

연습문제

1. 모집단과 시료의 관계를 설명하여라.

2. 무한 모집단과 유한 모집단에 대해 설명하여라.

3. 데이터의 분류방법에 대해 설명하여라.

4. 데이터의 특성과 요인에 의한 분류를 설명하여라.

5. 데이터의 척도에 의한 분류를 설명하여라.

6. 분포의 중심위치를 나타내는 측도란 무엇인가?

7. 분포의 산포를 나타내는 측도란 무엇인가?

8. 다음 데이터는 어떤 기계부품의 안지름을 측정한 데이터이다.

   32.8, 28.2, 33.3, 34.0, 31.3, 28.4, 29.6, 30.4 (cm)

   ① 시료평균($\bar{x}$), ② 메디안(M_e), ③ 미드레인지(M),
   ④ 제곱의 합(S), ⑤ 시료분산, 불비분산(s^2, V),
   ⑥ 시료표준편차, 불비분산의 제곱근(s, $\sqrt{V}$), ⑦ 범위(R)를 구하여라.

9. 다음 표는 어느 하루에 제조된 금속 가공품 중에서 100개의 시료를 랜덤하게 샘플링하여 그 인장강도(kg/cm^2)를 측정해서 얻은 데이터이다.
   ① 도수표를 작성하고 히스토그램을 그려라.
   ② 시료평균과 표준편차를 구하여라.

어떤 금속 가공품의 인장강도 데이터(kg/cm^2)

48.1	49.0	49.8	57.7	38.7	49.3	50.4	61.3	54.7	61.2
75.8	34.5	68.7	68.5	48.5	54.1	64.8	77.0	51.9	40.3
40.8	46.5	44.3	49.0	70.4	46.7	50.0	56.0	43.1	54.6
38.7	71.3	42.0	44.0	48.1	42.4	39.3	49.1	43.1	70.6
57.0	48,8	52.6	50.1	56.2	53.9	36.6	48.3	33.2	67.0
61.7	56.1	47.1	41.7	50.9	47.2	59.0	55.0	63.2	52.3
52.2	58.0	59.5	51.6	65.2	50.7	56.7	47.6	48.5	43.2
50.1	55.3	57.7	57.5	45.5	58.1	54.6	43.8	58.8	49.9
60.9	56.1	52.5	46.0	44.1	45.0	49.2	36.6	51.3	48.5
49.0	60.1	61.4	53.1	53.1	48.9	52.4	37.5	66.2	46.4

10. 다음은 어느 하루에 제조된 전자부품 중에서 100개의 시료를 랜덤 샘플링하여 그 길이를 측정한 바, 규격에서 벗어난 부적합품은 2개였다. 이와 같은 측정을 48일간에 걸쳐 행한 결과 그 데이터가 얻어졌다.

전자제품의 길이에 관한 100개의 시료 중의 부적합품수

1	1	3	7	3	4	3	7	2	0
4	2	0	1	6	3	6	0	0	2
2	5	1	2	1	5	1	1	2	3
8	6	0	1	2	0	1	3	0	
2	9	4	5	1	1	4	4	5	

① 도수표를 작성하여라.

② 히스토그램을 그리고, 계량치 데이터의 히스토그램과 비교하여라.

11. 히스토그램의 분포 모양에 대해 설명하여라.

12. 다음 데이터는 어떤 선반작업에서 나오는 부적합품을 그 부적합 항목별로 조사한 것이다. 이 데이터로 파레토도를 그려라.

부적합 항목	부적합품수	부적합 항목	부적합품수
도면을 잘못 봄	38	눈금을 잘못 봄	10
준비 부적합	30	조작 과오	5
측정 과오	25	기 타	8

13. 산점도를 보는 방법에 대해 설명하여라.

4 통계적 방법에 사용되는 분포

4.1 분포의 종류와 특성

통계적 수법의 목적은 시료의 측정치에 의하여 모집단(母集團)을 추측하는 것이다. 우리들은 모집단의 성질을 알고 분포로서 파악하여 모집단의 분포를 이해할 때 이를 추측할 수 있다. 추측방법에 대해서도 여러 가지 방법이 있으나, 여기서는 어떠한 분포인가만을 설명한다. 측정치의 분포에는 계수치에 대해 2항 분포, 푸아송 분포, 초기하 분포를 들 수 있고, 계량치에 대해서는 지수분포(指數分布), 정규분포(正規分布) 등을 들 수가 있다. 이러한 분포들은 통계학의 이론 및 실용면에서 자주 나타나는 기초적인 분포이며, 품질관리에서는 이러한 분포이론을 응용하여 제품의 품질을 관리하는데 아주 많이 활용하고 있다.

또한 통계학에서는 이 분포이론을 이산분포(離散分布)와 연속분포의 개념으로 취급하고 있으며, 이들은 모두 확률변수에 따른 분포를 하고 있다. 그리고 이 확률변수는 확률법칙에 따라 변화하기 때문에 확률함수를 갖게 되며, 여기에는 확률밀도 함수와 확률분포 함수가 따르게 된다.

4.1.1 확률분포

변수 x가 출현하는 확률을 $P(x)$라 하면, 모든 x에 대한 $P(x)$의 분포를 확률분포라 한다.

$$\sum_x P(x) = 1 \tag{4・1}$$

부적합개수나 부적합수를 취급하는 경우에 이들의 값을 변수 x의 실현치라고 생각하면, x를 확률변수 또는 변량(變量)이라 부른다.

[1] 확률의 응용

대부분의 품질관리 문제에서는 그 의사결정의 문제로서 많은 실험을 요한다. 이러한 실험은 보다 신뢰성 있는 데이터를 얻기 위해서 똑같은 조건하에서 반복된다. 그러나 아무리 그 실험조건을 철저히 관리한다고 해도 실험이 매회 반복됨에 따라 얻어지는 데이터에는 완전히 제거할 수 없는 어느 정도의 산포(散布)가 있다. 이러한 데이터의 산포를 사람들은 흔히 실험오차라 부르나, 사실상 이 실험오차의 본질은 인간의 힘으로 완전히 관리할 수 없는 여러 가지 산포요인의 통칭이라 할 수 있다. 이러한 산포의 요인은 실험실을 벗어나 모든 생산활동에서 일어난다. 하기야, 이 생산활동도 역시 넓은 의미의 실험에 불과한 것이다. 요컨대, 관리된 상태하에서 반복되는 모든 실험결과도 항상 산포하게 마련이며, 따라서 어떤 일정한 실험결과가 시행(試行)의 결과로서 반복되리라는 것을 정확하게 예측한다는 것은 거의 불가능한 일이다.

따라서 우리는 이러한 불확실한 상태하에서의 의사결정(意思決定)의 해결방안을 확률에서 모색하지 않으면 안 된다. 즉, 품질관리의 활동에서 발생하는 모든 문제점의 해결방안은 이렇게 불확실한 조건에서 의사결정이 이루어지기 때문에 확률론에 따르게 되며, 따라서 확률은 모든 분포의 기본 요소가 되고 있다.

[2] 확률법칙의 응용

종래의 통계라고 하면 많은 데이터를 모아서 이것을 집계하여 판단하는 것으로 생각했다. 만일, 데이터를 쉽게 모을 수 있다면 좋은 방법이 될 수 있다.

그러나 근래 통계학에서는 적은 데이터를 잘 잡아 이것을 해석하고 확률적으로 판단해 나가는 것이 그 특징이다.

그럼, 여기서 확률문제를 다룰 때 기초가 되는, 지극히 상식적인 법칙에 대해 알아보기로 하자.

① $P_r(A+B) = P_r(A)+P_r(B)$

"두 사건 A, B가 동시에 일어나는 일이 없다면 A나 B 중 어느 한쪽이 일어나는 확률 $P_r(A+B)$는, A, B 각각이 일어날 확률의 합과 같다."

예제 4 · 1 주사위 하나를 굴렸을 때 1의 눈이나 6의 눈이 나올 확률은?

《풀이》 1/6 + 1/6 =1/3

예제 4 · 2 과거의 데이터를 해석해 보니 원료를 배합했을 때 그 배합규격이 30±1%

이었을 경우 29%보다 작아질 확률이 5%이고, 31%보다 커질 확률이 2%였다. 따라서 이 배합규격으로부터 벗어날 확률은?

《풀이》 0.05+0.02=0.07, 즉 7%

② $P_r(A \cup B) = P_r(A) + P_r(B) - P_r(AB)$

"A, B 두 사건 중 적어도 어느 한쪽이 나타날 확률, 바꾸어 말하면 어느 쪽인가 하나 또는 양쪽이 다 나타날 확률 $P_r(A \cup B)$는 A, B 각각이 일어날 확률로부터 A, B가 동시에 나타날 확률 $P_r(AB)$를 뺀 것과 같다."

예제 4·3 갑, 을 2개의 주사위를 굴렸을 때 적어도 한쪽에 홀수의 눈이 나타날 확률은?

《풀이》 갑에 홀수의 눈이 나타날 확률 : 1/2

을에 홀수의 눈이 나타날 확률 : 1/2

갑, 을 양쪽에 홀수의 눈이 나타날 확률 $P_r(AB)$: 1/2×1/2

그런데 갑, 을 어느 쪽이든가 한쪽에 홀수의 눈이 나타날 확률 $P_r(A \cup B)$는 모든 경우가 (홀, 홀), (짝, 홀), (홀, 짝), (짝, 짝)이므로 모든 경우의 3/4, 즉 $P_r(A \cup B) = 3/4$이다. 그런데 위의 법칙대로 해도 $1/2 + 1/2 - 1/4 = 3/4$이므로 위의 공식이 성립함을 할 수 있다.

예제 4·4 종래의 데이터로부터 어떤 화학약품이 그 성분 A에 불합격으로 된 확률이 2.2%, 수분으로 불합격된 확률이 4.5%, A성분과 수분 양쪽으로 불합격이 된 확률이 1.0%라고 하면, 성분 A나 수분에서 로트의 불합격이 될 확률은?

《풀이》 2.2 %+4.5 %−1.0 %=5.7 %

③ $P_r(AB) = P_r(A)P_r(B)$

"두 사건 A, B가 서로 독립하여 일어난다면 양쪽 동시에 일어날 확률 $P_r(AB)$는 각각이 일어날 확률의 곱과 같다."

예제 4·5 바둑돌 흰 것을 6개, 검은 것을 4개 넣어 두고 잘 섞어서 1개를 뽑아내어 그 빛깔을 보고 다시 집어넣고, 또다시 잘 섞어서 1개를 집어내어 그 빛깔을 볼 때 두 번 모두 검은 돌이 될 확률은?

《풀이》 4/10×4/10=4/25

예제 4·6 예제 4·4에서 A성분과 수분과에 상관관계가 없다면, 바꾸어 말하면 서로 독립하여 일어나는 현상이라면 A성분과 수분 양쪽 모두에 불합격이 될 확률은?

《풀이》 0.022×0.045=0.00099

④ $P_r(AB) = P_r(A)P_{rA}(B)$

"일반적으로 AB 동시에 일어날 확률 $P_r(\mathrm{AB})$는 A의 확률과 A가 일어났다는 조건 아래서 B가 일어날 확률 $P_{rA}(\mathrm{B})$의 곱과 같다."

예제 4·7 예제 4·5에서 제1회째의 바둑돌을 도로 집어넣지 않고 두 번째의 돌을 집었을 경우에 양쪽이 모두 검은 돌이 될 확률은?

《풀이》 4/10×3/9=2/15

예제 4·8 중간제품의 부적합품률이 5%, 중간제품의 적합품만을 사용해서 가공했을 때 제품의 부적합품률이 10%라고 하면, 원료로부터 적합품이 얻어질 확률은?

《풀이》 (1−0.05)(1−0.10)=0.95×0.90=0.855=85.5%

이와 같이 확률법칙을 품질관리에 응용하는 몇 개의 예제를 들어 보았다.

4.1.2 2항 분포(binomial distribution)

무한 모집단에서 랜덤하게 샘플링된 크기 n개의 시료를 어느 기준에 의해 적합품, 부적합품으로 나누었을 때 부적합품 수는 계수치(計數値)이다. 이 때 모집단에 포함되는 부적합품의 비율(부적합품률)을 p라 하고, 시료 중에서 부적합품에 속하는 수(부적합품수)를 x개라 하면, 크기 n개의 시료 중에 x개가 출현하는 확률은 다음 식으로 표시된다.

$$P(x) = \binom{n}{x} p^x (1-p)^{n-x} \qquad (4\cdot 2)$$

적합품에 대해서도 같은 식으로 표시할 수가 있다.

부적합품수나 부적합품률에 대해서도 같은 식이 성립하므로, 모부적합품률(母不良率: 공정평균 부적합품률) p인 무한 모집단에서 랜덤 샘플링된 크기 n개의 시료 중에, 부적합품수가 x개 포함되는 확률은 다음 식으로 표시된다.

$$P(x) = \binom{n}{x} p^x (1-p)^{n-x} = \frac{n!}{x!(n-x)!} p^x (1-p)^{n-x} \qquad (4\cdot 3)$$

$$\left(\begin{array}{c} x = 0,\ 1,\ 2,\ 3, \cdots\cdots,\ n,\ 0 \leq p \leq 1 \\ \sum_{x=0}^{n} P(x) = 1 \end{array} \right)$$

x에 대한 $P(x)$의 분포를 2항 분포라 한다.

[1] 2항 정리와 2항 분포

부적합품률 p라는 모집단이 있을 때 이것으로부터 n개의 시료를 랜덤하게 뽑았을 때 그 속에 부적합품이 0, 1, ……, x……, $n-1$, n개 들어 있을 확률은 다음 식의 각 항으로 나타낼 수 있다. 이 때 적합품비율을 Q로 하면 $p+Q=1$이 된다.

$$(Q+p)^n = Q^n + npQ^{n-1} + \cdots\cdots + \frac{n!}{x!(n-x)!}p^xQ^{n-x} + \cdots\cdots + p^n = 1$$

이것이 2항 정리식이다. 이 식에서 제 1 항 Q^n은 부적합품 0일 확률, 제 2 항 npQ^{n-1}은 부적합품이 1개일 확률, 제 $x+1$항 $[n!/\{x!(n-x)!\}]p^xQ^{n-x}$은 부적합품이 x개로 될 확률, 제 $n+1$항 p^n은 n개 모두 부적합품으로 되는 확률을 나타낸다.

예제 4 · 98 부적합품률이 10%인 1000개의 로트로부터 10개의 시료를 랜덤하게 샘플링했을 경우에, 부적합품이 0, 1, 2, 3, 4, ……, 10개의 경우가 될 수 있을 것을 생각해 보자.

《풀이》 이 확률은 식 (4 · 3)에 의해 구할 수 있다. 그 결과는 표 4 · 1 및 그림 4 · 1과 같이 된다.

표 4 · 1 시료 중에 부적합품이 나타날 확률(N=1000, p=0.10, n=10)

시료 중의 부적합품 수	0	1	2	3	4	5	6	7	8	9	10	합계
확 률	0.35	0.39	0.19	0.06	0.01	–	–	–	–	–	–	1.00

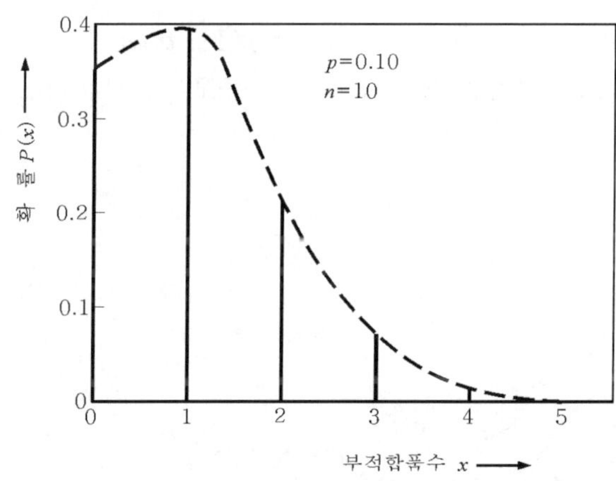

그림 4 · 1 2항 분포

[2] 부적합품수(pn)의 분포

① 평균치 : $E(np) = np$

② 산 포

• 무한 모집단의 경우

표준편차 $D(np) = \sqrt{np(1-p)}$

분　산 $V(np) = np(1-p)$

• 유한 모집단의 경우

$$D(np) = \sqrt{\frac{N-n}{N-1}}\sqrt{np(1-p)}$$

$$\fallingdotseq \sqrt{\left(1-\frac{n}{N}\right)}\sqrt{np(1-p)} \quad (N \gg 1\text{의 경우})$$

$$\fallingdotseq \sqrt{np(1-p)} \quad (n/N \leqq 0.1\text{의 경우})$$

$$V(np) = \frac{N-n}{N-1}np(1-p)$$

$$\fallingdotseq \left(1-\frac{n}{N}\right)np(1-p) \fallingdotseq np(1-p)$$

[3] 부적합품률(p)의 분포

부적합품률이라는 것은 $p = np/n$, 즉 부적합개수를 n으로 나눈 것인데, 분포도 부적합개수의 분포를 그대로 n으로 나누면 된다.

① 평균치 : $E(p) = p$

② 산　포 : $D(p) = \sqrt{p(1-p)/n}$, $V(p) = p(1-p)/n$

그림 4 · 2는 여러 모부적합품률에 대한 2항 분포를 나타낸다.

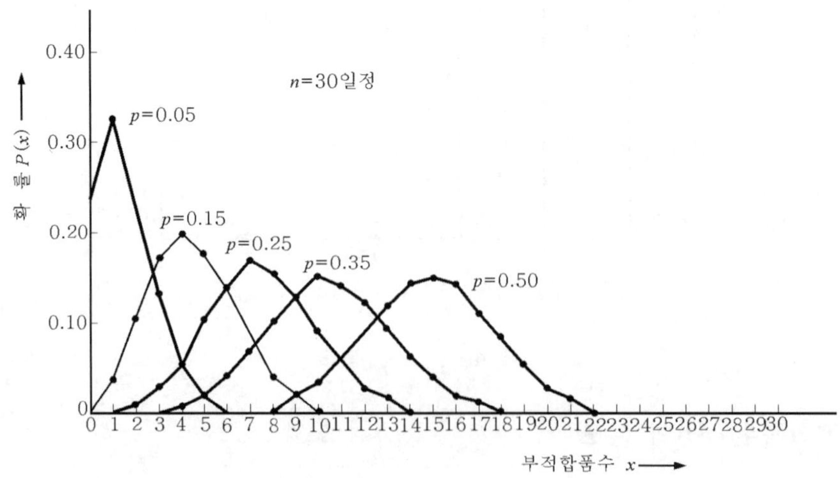

그림 4 · 2 여러 가지 모부적합품률에 대한 2 항 분포(n=30)

[4] 2항 분포의 성질

① 분포가 이산적이다.

② 평균치 np, 표준편차 $\sqrt{np(1-p)}$ 이다.

③ $p=0.5$일 때는 분포의 형태는 평균치에 관해서 좌우대칭이지만, $p\neq 0.5$일 때는 대칭으로 되지 않는다.

④ 보통 $np\geqq 5$이고, $p\leqq 0.5$일 때 2항 분포는 대체로 정규분포로 취급해도 좋다.

예제 4·10 제품 가운데서 10%는 부적합품이라고 하는 공정에서의 제품에 대해 랜덤하게 20개의 시료를 취했을 때, 그 중에 x개의 부적합품이 포함될 확률은 표 4·2 및 그림 4·3과 같이 된다.

표 4·2 2항 분포($p=0.10$, $n=20$)

x	$P(x)$
0	0.1216
1	0.2702
2	0.2852
3	0.1901
4	0.0898
5	0.0319
6	0.0089
7	0.0020
8	0.0004
9	0.0001
계	1.0002

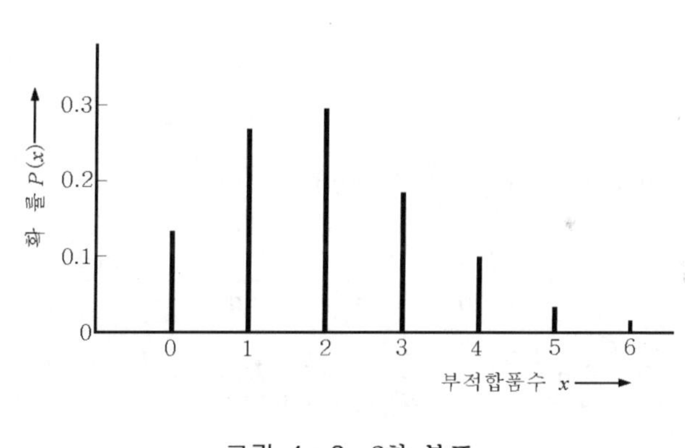

그림 4·3 2항 분포

4.1.3 푸아송 분포(Poisson distribution)

2항 분포에서 np를 일정하게 하고 $n=\infty$로 하였을 때의 극한분포를 푸아송 분포라고 한다. 무한 모집단에서 랜덤하게 샘플링한 단위시료에 포함되는 부적합수를 x라 하고, 모집단의 일정 단위에 포함되는 부적합수를 m이라 하면, 일정 단위 시료에 x개의 부적합이 포함되는 확률은 다음 식으로 표시된다.

$$P(x)=\frac{e^{-m}m^{x}}{x!} \qquad (4\cdot 4)$$

$(x=0,\ 1,\ 2,\ \cdots\cdots,\ m>0)$

x에 대한 $P(x)$의 분포를 푸아송 분포라 한다.

[1] 2항 분포와 푸아송 분포

2항 분포에서 $np=m$으로 일정하게 하고, n을 무한대로 하였을 때 극한의 형태가 푸아송 분포로 됨을 확인해 보자.

$$\lim_{n\to\infty}\binom{n}{x}p^x(1-p)^{n-x}=\frac{e^{-m}m^x}{x!}$$

[증명] $np=m,\ p=\dfrac{m}{n}$

$$\begin{aligned}P(x) &= \binom{n}{x}p^x(1-P)^{n-x}\\ &= \frac{n!}{x!(n-x)!}p^x(1-p)^{n-x}\\ &= \frac{n(n-1)(n-2)\cdots\cdots(n-x+1)}{x!}\left(\frac{m}{n}\right)^2\left(1-\frac{m}{n}\right)^{n-x}\\ &= \left(\frac{n}{n}\cdot\frac{n-1}{n}\cdot\frac{n-2}{n}\cdots\cdots\frac{n-x+1}{n}\right)\left(\frac{m^x}{x!}\right)\left(1-\frac{m}{n}\right)^n\left(1-\frac{m}{n}\right)^{-x}\end{aligned}$$

따라서 $\lim_{n\to\infty}\binom{n}{x}p^x(1-p)^{n-x}$

$$=\left(\frac{n}{n}\cdot\frac{n-1}{n}\cdot\frac{n-2}{n}\cdots\cdots\frac{n-x+1}{n}\right)\left(\frac{m^x}{x!}\right)\left(1-\frac{m}{n}\right)^n\left(1-\frac{m}{n}\right)^{-x}$$

① $\lim_{n\to\infty}\left(\dfrac{n}{n}\cdot\dfrac{n-1}{n}\cdot\dfrac{n-2}{n}\cdots\cdots\dfrac{n-x+1}{n}\right)=1,$

② $\lim_{n\to\infty}\left(1-\dfrac{m}{n}\right)^n = \lim_{n\to\infty}\left[\left(1-\dfrac{m}{n}\right)^{-\frac{n}{m}}\right]^{-m} = e^{-m}$

($\therefore\ \lim_{n\to\infty}(1+n)^{1/n}=e$)

③ $\lim_{n\to\infty}\left(1-\dfrac{m}{n}\right)^{-x} = 1$

$\left(\because\ \lim_{n\to\infty}\dbinom{n}{x}p^x(1-p)^{n-x} = \dfrac{e^{-m}m^x}{x!}\right)$

우리는 이 증명에 의한 2항 분포에서 $np=m$으로 일정되게 하고, n을 무한대로 하였을 때 극한의 형태가 푸아송 분포가 됨을 알 수 있다.

[2] 분 포

① 평균치 : $E(x) = m$

② 산 포

- 표준편차 $D(x) = \sqrt{m}$
- 분 산 $V(x) = m$

예제 **4·11** $m = 2$에 대하여 확률의 값을 구하고 그림을 그리면 표 4·3 및 그림 4·4와 같이 된다. 또한 표 4·3으로부터 $E(x) = 1.994$, $V(x) = 5.958 - 1.994^2 = 1.982$, $D(x) = \sqrt{1.982} = 1.408$의 값도 얻을 수 있다.

표 4·3 m=2의 푸아송 분포의 계산

x	$P(x)$	$xP(x)$	$x^2P(x)$
0	.135	0.	0.
1	.271	.271	.271
2	.271	.542	1.084
3	.180	.540	1.620
4	.090	.360	1.440
5	.036	.180	0.900
6	.012	.072	.432
7	.003	.021	.147
8	.001	.008	.064
9	.000	.000	.000
계	.999	1.994	5.958

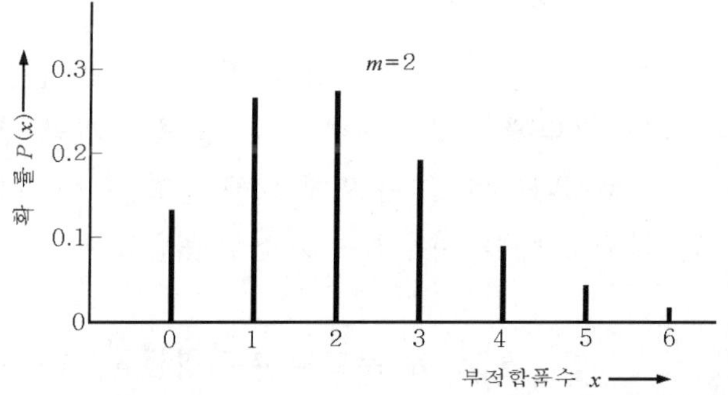

그림 4·4 푸아송 분포

그림 4·5는 m의 크기에 따라 분포의 모양이 어떻게 변화하는가를 보여 주는 것이다.

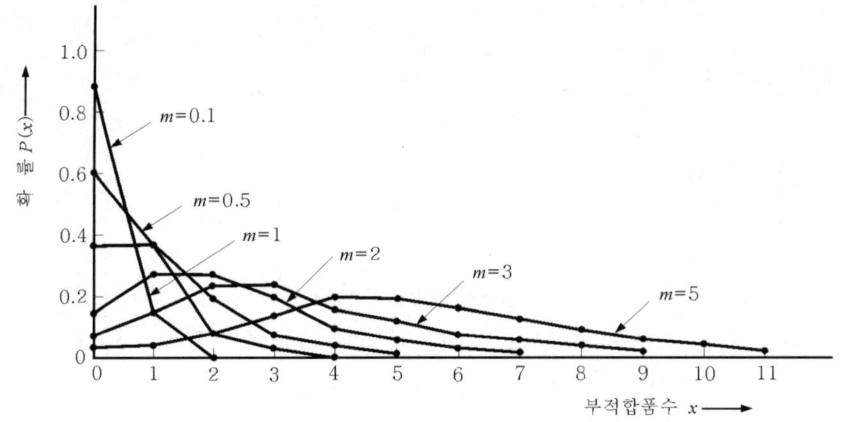

그림 4·5 여러 가지 m에 대한 푸아송 분포

[3] 푸아송 분포의 성질

① 이 분포에서는 평균치도 분산도 같이 $m = np$이다.

② 강판(鋼板), 직물 등의 연속체의 일정 단위 내에 평균 m개의 흠이 있을 경우, 이 강판, 직물 가운데서 랜덤하게 일정 단위를 샘플링했을 때, 그 중에 흠이 x개 나타날 확률은 푸아송 분포에 따른다.

③ 2항 분포에서 $p \leqq 0.1$이면 x의 분포는 근사적으로 푸아송 분포로 취급할 수 있다.

④ $m \geqq 5$일 때는 정규분포에 근사시킬 수 있다.

4.1.4 초기하 분포(hyper-geometric distribution)

초기하 분포(超幾何分布)는 2 항 분포와 밀접한 관계가 있는 분포로서, N이 적을 때는 초기하 분포로 된다. 로트에서 샘플링한 시료 중에 x개의 부적합품이 나타나는 확률은 지금까지 2 항 분포나 푸아송 분포에 의해 구할 수가 있었다. 그러나 정확하게는 초기하 분포인 경우의 식을 사용하여 계산할 수 있다.

지금

N : 로트의 크기, p : 로트의 부적합품률,

Np : 로트 내의 부적합품수, $N-Np$: 로트 내의 적합품수,

n : 시료의 크기, x : 시료 중의 부적합품수

$n-x$: 시료 중의 적합품수

라 하면, 이 관계는 그림 4·6과 같이 나타낼 수 있다.

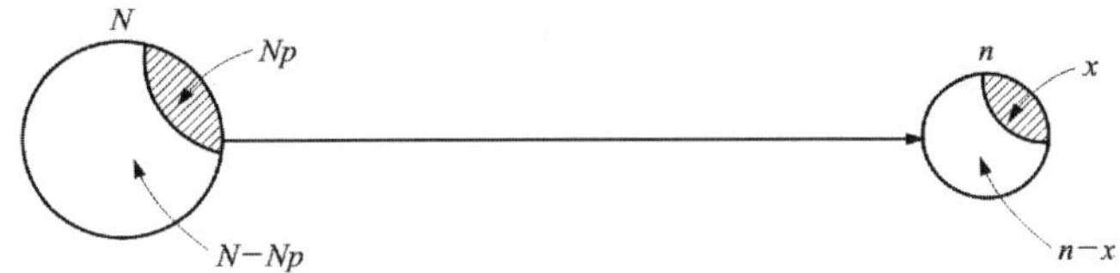

그림 4·6 로트와 시료와의 관계

여기서 부적합품률 p인 크기 N의 로트에서 랜덤하게 크기 n의 시료를 샘플링 했을 때, 그 시료 중에 x개의 부적합품이 나타나는 확률은 다음 식으로 표시된다.

$$P(x) = \frac{\binom{N-Np}{n-x}\binom{Np}{x}}{\binom{N}{n}} \qquad (4 \cdot 5)$$

$$(x=0,\ 1,\ 2,\ \cdots\cdots,\ n,\ x \leqq n,\ n < N)$$

x에 대한 $P(x)$의 분포를 초기하 분포라 한다.

초기하 분포는 N이 무한대가 되면 2항 분포와 같게 된다.

$$\lim_{N\to\infty} \frac{\binom{Np}{x}\binom{N-Np}{n-x}}{\binom{N}{n}} = \binom{n}{x} p^x (1-p)^{n-x}$$

[증명] $P(x) = \dfrac{\binom{Np}{x}\binom{N-Np}{n-x}}{\binom{N}{n}}$

$$= \frac{pN!\,(N-pN)!}{x!\,(pN-x)!\,(n-x)!\,(N-pN-n+x)!} \Big/ \frac{N!}{n!\,(N\ \ n)!}$$

$$= \frac{n!\,pN!\,(N-pN)!\,(N-n)!}{x!\,(n-x)!\,(pN-x)!\,(N-pN-n+x)!}$$

$$= \binom{n}{x} \frac{pN(pN-1)\cdots\cdots(pN-x+1)}{N(N-1)\cdots\cdots(N-x+1)}$$

$$\times \frac{(N-pN)(N-pN-1)\cdots\cdots(N-pN-n+x+1)}{(N-x)(N-x-1)\cdots\cdots(N-n+1)}$$

$N-n+1 = N-x-n+x+1$ 이므로

$$= \binom{n}{x} \frac{pN}{N} \cdot \frac{pN-1}{N-1} \cdots\cdots \frac{pN-x+1}{N-x+1} \cdot \frac{N-pN}{N-x} \cdots\cdots \frac{N-pN-n+x+1}{N-x-n+x+1}$$

분모, 분자를 N으로 나누면.

$$= \binom{n}{x} p \cdot \frac{p-\frac{1}{N}}{1-\frac{1}{N}} \cdots\cdots \frac{p-\frac{x-1}{N}}{1-\frac{x-1}{N}} \cdot \frac{1-p}{1-\frac{x}{N}} \cdots\cdots \frac{1-p-\frac{n-x-1}{N}}{1-\frac{x+n-x-1}{N}}$$

$N \to \infty$일 때

$$= \binom{n}{x} p \cdot p \cdots\cdots p \cdot (1-p)(1-p) \cdots\cdots (1-p)$$

$$= \binom{n}{x} p^x (1-p)^{n-x}$$

$$\therefore \lim_{N\to\infty} \frac{\binom{pN}{x}\binom{N-pN}{n-x}}{\binom{N}{n}} = \binom{n}{x} p^x (1-p)^{n-x}$$

예 제 4 · 12 부적합품률이 4%인 크기 50의 로트에서 랜덤하게 시료 5개를 샘플링했을 때 그 시료 중에 부적합품이 하나도 없을 확률을 구하여라. 단, $N=50$, $p=4\%$, $n=5$, $x=0$이다.

《풀이》 ① 초기하 분포에 의한 확률 계산

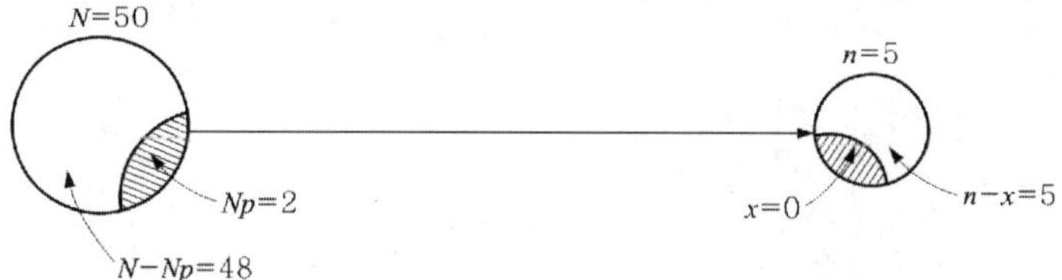

그림 4 · 7

$$P(0) = \frac{\binom{48}{5}\binom{2}{0}}{\binom{50}{5}} = \frac{\frac{48!}{5!(48-5)!}}{\frac{50!}{5!(50-5)!}} = \frac{48!45!}{50!43!} = \frac{45 \times 44}{50 \times 49} = 0.81$$

② 2항 분포에 의한 확률 계산

$$P(0) = \binom{5}{0}(0.04)^0(0.96)^5 = (0.96)^5 = 0.8153$$

③ 푸아송 분포에 의한 확률 계산

$$P(0) = \frac{(0.2)^0 e^{-0.2}}{0!} = e^{-0.2} = \frac{1}{e^{0.2}} = \frac{1}{1,22} = 0.82$$

$(e = 2.71828)$

4.1.5 지수분포(exponential distribution)

지수분포(指數分布)는 최근 신뢰성에서 많이 쓰이는 분포이다. 특히, 시스템이나 제품의 원활한 활동시기뿐만 아니라, 일정한 고장률이 아니고 고장률이 변화하는 경우에도 기본이 되기 때문이다. 이 분포는 그림 4 · 8에서 보는 바와 같은 모양을 갖고 있으며, 따라서 이 분포의 확률밀도 함수는 다음 식으로 표현할 수가 있다.

이와 같은 확률밀도 함수를 갖는 확률분포를 가리켜 모수(母數) λ의 지수분포라 한다. 한편, 확률분포 함수는 그림 4 · 9와 같이 나타낼 수 있다.

그림 4 · 8에서 보면 x가 증가함에 따라 사상(事象)이 일어날 확률은 적어진다. 시스템이나 기기(機器)에 대해 생각해 보면, 시간 (x)이 경과함에 따라 기능의 잔존 확률이 점차 적어지는 것을 나타낸다. 그림 4 · 9의 분포함수는 시간이 경과함에 따

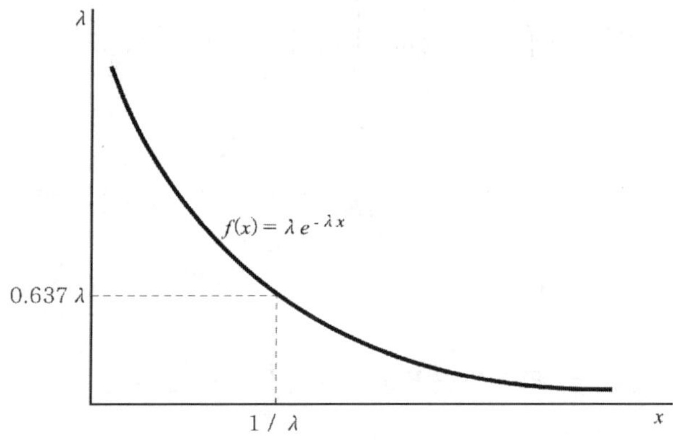

그림 4 · 8 지수분포

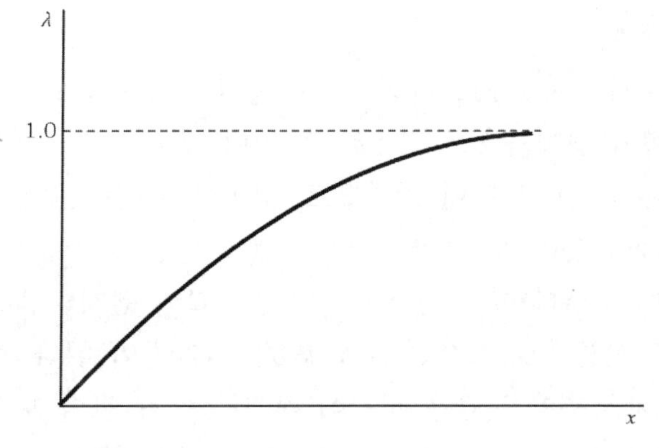

그림 4 · 9 분포함수

라 고장확률이 점점 커짐을 나타낸다.

또한 지수분포는 푸아송 분포와도 관계가 있어 사상이 한 번도 발생하지 않을 확률은 e^{-m}으로 나타내는데, 사상을 고장으로 바꾸어 보면 e^{-m}은 고장이 나지 않고 남아 있는 확률을 나타내게 된다.

$$f(x) = \lambda e^{-\lambda x} \tag{4·6}$$

지수분포의 평균과 분산을, 확률밀도 함수를 구간 $(0 \leq x \leq \infty)$에서 적분하여 구해 보면 다음과 같다.

$$\begin{aligned}
E(x) &= \int_0^\infty x \cdot f(x)\,dx \\
&= \int_0^\infty x \cdot \lambda e^{-\lambda x} dx \\
&= [x(-e^{-\lambda x})]_0^\infty + \int_0^\infty e^{-\lambda x} dx \\
&= \int_0^\infty e^{-\lambda x} dx = \left[-\frac{e^{-\lambda x}}{\lambda}\right]_0^\infty = \frac{1}{\lambda} \\
E(x^2) &= \int_0^\infty x^2 f(x)\,dx \\
&= \int_0^\infty x^2 \lambda e^{-\lambda x} dx \\
&= [x^2(-e^{-\lambda x})]_0^\infty + 2\int_0^\infty x e^{-\lambda x} dx = \frac{2}{\lambda^2} \\
V(x) &= E(x^2) - \{E(x)^2\} = \frac{2}{\lambda^2} - \frac{1}{\lambda^2} = \frac{1}{\lambda^2}
\end{aligned}$$

4.1.6 정규분포(normal distribution)

[1] 정규분포의 정의

히스토그램의 데이터수를 2배로 하면 이 때 만들어지는 히스토그램은 원래 히스토그램보다 세로방향의 높이가 또한 2배로 될 것이 예상된다. 데이터 수가 증가했을 때 히스토그램의 높이는 이와 같이 커지므로, 상이한 데이터 수로서 작성된 히스토그램은 비교하기가 곤란하다.

이러한 곤란을 피하기 위하여 그림 4 · 10에서와 같이 원래의 히스토그램 각 급의 기둥 상단 중앙부를 선분으로 이으면 도수(度數) 다각형이 된다. 이 도수 다각형의 면적이 1이 되도록 세로축의 눈금을 바꾸어 본다. 즉, 각 급의 도수를 시료(試料)의 크기로 나누어 세로축을 상대도수(f/n)의 눈금으로 변환하면, 수치는 바뀌나 히

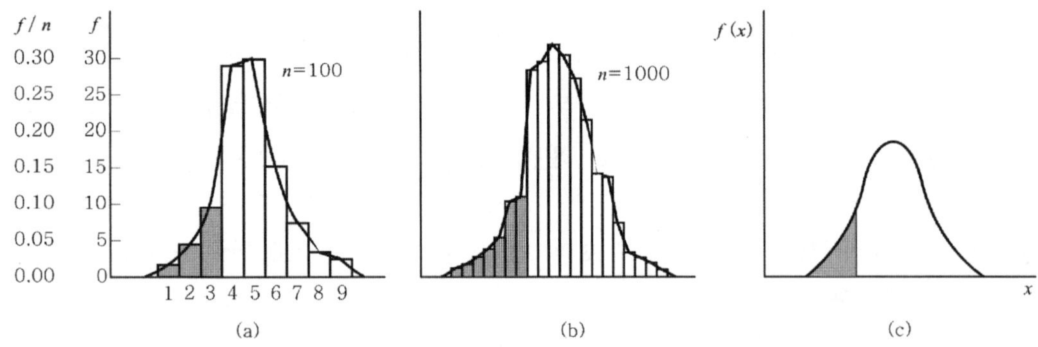

그림 4 · 10 도수 다각형과 도수곡선

스토그램의 모양은 변하지 않아 그림 4 · 10 (a)와 같이 된다.

시료의 크기를 증가시키고 급(級)의 폭을 좁게 취하여 급의 수를 늘리면 도수 다각형은 그림 4 · 10 (b)와 같이 좀더 매끈한 모양이 된다. 극한의 경우, 즉 데이터를 무한히 취하여 그릴 수 있었다고 하면, 도수 다각형은 그림 4 · 10 (c)와 같이 곡선이 될 것이다.

이러한 곡선은 상대도수의 이상형, 즉 모형으로 현실의 실험에서 여러 가지 x치가 이 곡선이 부여하는 상대도수에 따라 얻어지는 것으로 기대된다. 이러한 곡선으로 표시되는 도수분포가 연속형 변수 x의 이론도수 분포이다.

이론적 도수분포를 표시하는 곡선은 시료의 샘플링을 무한히 계속했을 때의 도수 다각형의 극한형으로 생각되므로, 그것은 히스토그램이 원래 지니고 있는 도수분포로의 성질을 갖지 않으면 안 된다. 따라서 히스토그램의 면적은 항상 1과 같으므로, 이론도수 분포곡선의 하부곡선도 항상 1과 같지 않으면 안 된다. 또한 히스토그램의 임의의 구형면적은 x가 그 구형에 대응하는 급 간격(급의 폭)의 경계 내의 값을 갖는 상대도수와 같으므로, 이와 동일한 경계 내의 이론도수 분포곡선 하부의 면적도 x가 그 구간에서 일어나는 기대 상대도수를 나타내게 된다.

따라서 x의 임의의 2개 값(x_1, x_2)이 정하는 구간에서의 곡선하부 면적은, x가 이러한 구간치를 취하는 각 상대도수의 합계치로서 표시된다.

$$P\{x_1 \le x \le x_2\} = \sum_{x_1}^{x_2} \frac{f_i}{n}$$

이론적 도수분포를 고려하는 경우 이 곡선의 특정한 범위($x_1 \sim x_2$)의 면적합계는 적분으로서 계산된다. 즉, 상대도수는 x의 함수이므로 이를 $f(x)$로 표시하면 다음과 같다.

$$P\{x_1 \le x \le x_2\} = \int_{x_1}^{x_2} f(x)dx$$

이 때 함수 $f(x)$를 확률밀도 함수라고 하며, 그림 4 · 11은 이 관계를 나타내고 있다. 이러한 도수분포는 평균치에 대한 좌우대칭의 종 모양의 분포를 하고 있으며, 이러한 도수분포에 대하여 극히 효과적인 것으로 입증된 이론분포가 정규분포이다. 정규분포는 가우스(Gauss)의 오차분포라고도 하며 그 확률밀도 함수는 다음과 같은 식으로 나타낼 수 있다.

$$f(x) = \frac{1}{\sqrt{2\pi} \cdot \sigma} \cdot e^{-\frac{(x-\mu)^2}{2\sigma^2}} \quad (4 \cdot 7)$$

여기서, μ : 평균치(모평균),

σ : 표준편차(모표준편차),

e : 2.718…… ; 자연대수의 저(底)

정규분포는 평균치(μ)와 표준편차(σ) 또는 분산(σ^2)에 의하여 그 형태가 정해지므로 보통 $N(\mu, \sigma^2)$으로 표시한다.

분포의 모양은 그림 4 · 12에서 보는 바와 같이 종 모양으로 되어 있으며, 평균(μ)을 중심으로 완전대칭이다. 그리고 σ가 적을수록 평균을 중심으로 분포가 집중된다. 그리고 $N(\mu, \sigma^2)$의 분포에 대응되어 그 확률분포 함수의 모양은 그림 4 · 13과 같이 된다.

따라서 정규분포는 다음과 같은 성질을 요약할 수가 있다.

① 평균치(μ)를 중심으로 좌우대칭이다.

② 곡선은 평균치(μ) 근처에서 높고 양측으로 갈수록 낮아진다.

③ 평균치(μ)는 곡선의 위치를 정한다.

④ 표준편차(σ)는 곡선의 모양을 정한다.

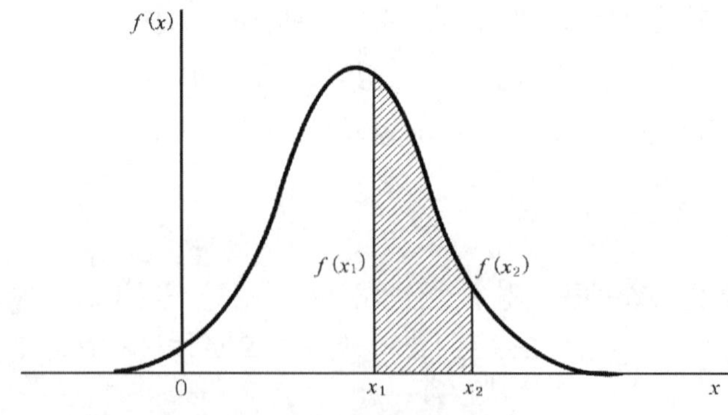

그림 4 · 11 연속분포

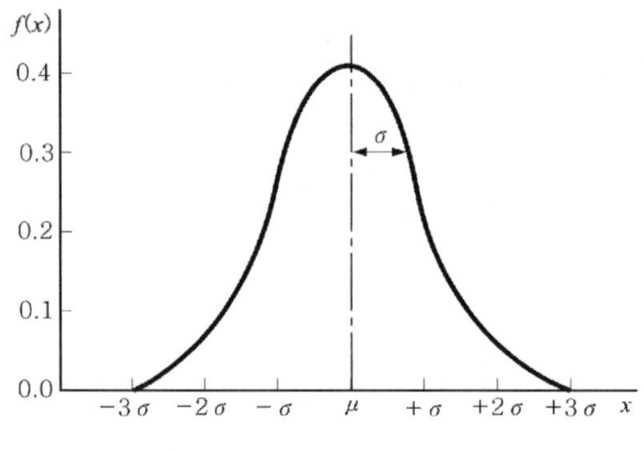

그림 4·12 정규분포

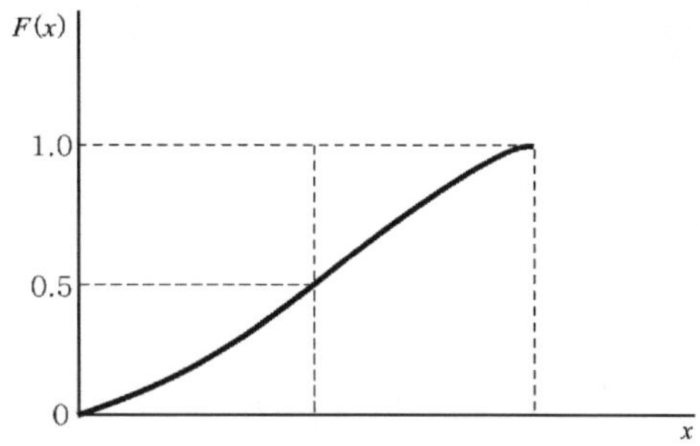

그림 4·13 정규분포 함수

⑤ 확률면적

- $\mu-\sigma$와 $\mu+\sigma$ 사이의 정규곡선 하부면적은 전체 면적의 약 68%이다.

$$P\{\mu-\sigma \leq x \leq \mu+\sigma\} = \int_{\mu-\sigma}^{\mu+\sigma} f(x)\,dx = 0.6827$$

- $\mu-2\sigma$와 $\mu+2\sigma$ 사이의 정규곡선 하부면적은 전체 면적의 약 95%이다.

$$P\{\mu-2\sigma \leq x \leq \mu+2\sigma\} = \int_{\mu-2\sigma}^{\mu+2\sigma} f(x)\,dx = 0.9545$$

- $\mu-3\sigma$와 $\mu+3\sigma$ 사이의 정규곡선 하부면적은 전체 면적의 약 99.7%이다.

$$P\{\mu-3\sigma \leq x \leq \mu+3\sigma\} = \int_{\mu-3\sigma}^{\mu+3\sigma} f(x)\,dx = 0.9973$$

⑥ 일반적으로 정규분포의 표기는 $N(\mu,\ \sigma^2)$이라 한다.

한편, 이 정규분포는 일반적으로 다음과 같은 특성을 가진다.

① 제품의 품질특성(계량치)의 분포는 대부분 정규분포를 한다. 따라서 정규분포를 갖고 임의의 한계 내에 포함되는 제품의 비율을 알 수 있다. 실용상으로 이 값은 면적이 된다.

② 제품의 분포가 정규분포로부터 상당히 벗어나 있어도 통계량, 예컨대 평균치 등의 분포는 거의 정규분포 곡선에 따르는 경향이 있다.

③ 모든 실용상의 목적에 대하여 그 분포로부터 기대되는 전변량(全變量)은 그것의 $\pm 3\sigma$ 크기로 표시된다.

[2] 표준 정규분포의 정의

정규분포의 확률면적은 확률변수의 절대치의 크기에 상관없이 분포 모양이 어떠하든 간에 표준편차 σ 단위의 일정 구간 내에 존재함을 알 수 있다. 즉, 평균이나 표준편차 및 도수(度數)의 절대치와는 상관없이 표준화된 변수구간 사이의 확률면적은 일정하다. 그러므로 어떤 크기 및 모양의 정규분포라 해도 확률변수를 평균과 표준편차에 의하여 표준화(standardize)하면 확률면적을 찾는 데 아주 편리하다.

식 (4・7)은 μ, σ의 값에 따라 $f(x)$가 변하기 때문에 불편하므로, x의 μ로부터의 편차(偏差)를 σ단위로 나누어 이것을 u라 하면

$$u = \frac{x-\mu}{\sigma}$$

로 되어, 이 식을 식 (4・7)에 대입하면 식 (4・8)과 같이 된다.

$$f(u) = \frac{1}{\sqrt{2\pi}} \cdot e^{-\frac{u^2}{2}} \qquad (4 \cdot 8)$$

이와 같이 확률변수를 표준화 변수 u로 변환하면 그 정규분포는 평균이 $\mu = 0$, 분산이 $\sigma^2 = 1$의 표준정규분포가 되며 $N(0, 1)$ 또는 $N(0, 1^2)$으로 표시된다.

[3] 분 포

$$E(x) = \int_{-\infty}^{\infty} x \cdot f(x)dx = \int_{-\infty}^{\infty} x \cdot \frac{1}{\sqrt{2\pi} \cdot \sigma} e^{-\frac{1}{2}\left(\frac{x-\mu}{\sigma}\right)^2} dx$$

$$= \int_{-\infty}^{\infty} \frac{1}{\sigma\sqrt{2\pi}} \{(x-\mu)+\mu\} e^{-\frac{1}{2}\left(\frac{x-\mu}{\sigma}\right)^2} dx$$

$$= \int_{-\infty}^{\infty} \frac{1}{\sigma\sqrt{2\pi}} (x-\mu) e^{-\frac{1}{2}\left(\frac{x-\mu}{\sigma}\right)^2} dx + \mu \int_{-\infty}^{\infty} \frac{1}{\sigma\sqrt{2\pi}} e^{-\frac{1}{2}\left(\frac{x-\mu}{\sigma}\right)^2} dx$$

$$= \int_{-\infty}^{\infty} \frac{1}{\sigma\sqrt{2\pi}} (x-\mu) e^{-\frac{1}{2}\left(\frac{x-\mu}{\sigma}\right)^2} dx + \mu$$

$$\left(\frac{x-\mu}{\sigma} = u,\ x-\mu = \sigma u,\ du/dx = 1/\sigma,\ dx = \sigma du\right)$$

$$= \sigma \int_{-\infty}^{\infty} \frac{1}{\sigma\sqrt{2\pi}} u e^{-\frac{1}{2}u^2} du + \mu$$

$$= \sigma\left\{\int_{0}^{\infty} \frac{1}{\sigma\sqrt{2\pi}} u e^{-\frac{u^2}{2}} du + \int_{-\infty}^{0} \frac{1}{\sigma\sqrt{2\pi}} u e^{-\frac{u^2}{2}} du\right\} + u$$

$$\left(\frac{u^2}{2} = y,\ du = dy/u\right)$$

$$= \sigma\left\{\int_{0}^{\infty} \frac{1}{\sigma\sqrt{2\pi}} e^{-y} dy + \int_{-\infty}^{0} \frac{1}{\sigma\sqrt{2\pi}} e^{-y} dy\right\} + u$$

$$\therefore\ E(x) = \sigma(0) + \mu = \mu$$

$$E[(x-\mu)^2] = \int_{-\infty}^{\infty}(x-\mu)^2 f(x)dx$$

$$= \int_{-\infty}^{\infty}(x-\mu)^2 \frac{1}{\sigma\sqrt{2\pi}} e^{-\frac{1}{2}\left(-\frac{x-\mu}{\sigma}\right)^2} dx$$

$$\left(\frac{x-\mu}{\sigma} = u,\ dx = adu\right)$$

$$= \sigma^2 \int_{-\infty}^{\infty} \frac{1}{\sigma\sqrt{2\pi}} u^2 \cdot e^{-\frac{u^2}{2}} du$$

$$\left[u^2 e^{-\frac{u^2}{2}} = u \cdot ue^{-\frac{u^2}{2}},\ \left(e-\frac{u^2}{2}\right) = -u \cdot e^{-\frac{u^2}{2}}\right]$$

$$= \sigma^2\left\{\left[\frac{1}{\sigma\sqrt{2\pi}}(-u)e^{-\frac{u^2}{2}}\right]_{-\infty}^{\infty} + \int_{-\infty}^{\infty}\frac{1}{\sigma\sqrt{2\pi}} e^{-\frac{u^2}{2}} du\right\} = \sigma^2$$

$$\therefore E[(x-\mu)^2] = \sigma^2$$

[참고] $\int_{-\infty}^{\infty}\frac{1}{\sigma\sqrt{2\pi}} e^{-\frac{(x-\mu)^2}{2\sigma^2}} dx = 1$이 됨을 증명해 본다.

$$1 = \int_{-\infty}^{\infty}-\frac{1}{\sigma\sqrt{2\pi}} e^{-\frac{(x-\mu)^2}{2\sigma^2}} dx$$

$$= \frac{1}{\sigma\sqrt{2\pi}}\int_{-\infty}^{\infty} e^{-\frac{(x-\mu)^2}{2\sigma^2}} dx\left(u = \frac{x-\mu}{\sigma},\ dx = \sigma du\right)$$

$$= \frac{1}{\sigma\sqrt{2\pi}}\int_{-\infty}^{\infty} e^{-\frac{u^2}{2}} du$$

$$1^2 = \frac{1}{\sqrt{2\pi}}\int_{-\infty}^{\infty} e^{-\frac{u^2}{2}} du \cdot \frac{1}{\sqrt{2\pi}}\int_{-\infty}^{\infty} e^{-\frac{v^2}{2}} dv$$

$$= \frac{1}{2\pi}\int_{-\infty}^{\infty}\int_{-\infty}^{\infty} e^{-\frac{1}{2}(u^2+v^2)} du\,dv$$

(정규분포는 우함수이므로)

$$= \frac{2}{\pi}\int_0^{\infty}\int_0^{\infty} e^{\frac{1}{2}(u^2+v^2)} du\,dv$$

(이 적분을 극좌표 형태로 바꾸기 위하여 $u = r\cos\phi$, $v = r\sin\phi$라 놓으면)

$$= \frac{2}{\pi}\int_0^{\pi/2}\int_0^{\infty} e^{-\frac{r^2}{2}} r \cdot dr \cdot d\phi$$

$$= \frac{2}{\pi} \int_0^{\pi/2} d\phi = 1$$

따라서 우리는 정규분포의 확률면적은 1이 됨을 알 수 있다.

[4] 정규분포의 응용

정규분포는 이론적인 면에서나 응용면에서 아주 중요한 분포이다. 정규분포에서 μ와 σ가 어떠한 값을 갖더라도 표준측도(標準測度) u로 변환하여 사용하면 μ에서 $\pm\sigma$, $\pm 2\sigma$, $\pm 3\sigma$ 떨어져 있는 위치 대신에 σ를 단위로 하여 μ로부터의 거리를 ± 1, ± 2, ± 3으로 표시할 수 있으며, 또 u에 대한 확률치를 표시한 정규 분포표를 사용할 수 있어서 매우 편리하다.

이러한 정규 분포표는 확률면적이 1로 되어 u에 대하여 $\pm u$의 밖으로 벗어날 확률이 기입되어 있거나, 거꾸로 그 안에 포함될 확률이 기입되어 있는가 하면, 때로는 0(평균치)과 u의 구간(편측)에 들어갈 확률이 기입되어 있기도 하므로, 주의하여 사용해야 한다. 여기에서 소개하는 정규 분포표는 표준 정규분포에서 표준화된 변량(變量)이 K_ε 이상의 값을 취하는 확률을 ε이라 했을 때, K_ε과 ε의 관계를 표로 한 한쪽 확률의 정규 분포표와, $u(\alpha)$ 이상의 값 또는 $-u(\alpha)$ 이하의 값 중 그 어느 하나를 취하는 확률을 α라 하였을 때, $u(\alpha)$와 α의 관계를 표로 한 양쪽 확률의 정규 분포표이다.

그림 4 · 14는 정규분포의 한쪽 확률을 표시하고, 그림 4 · 15는 정규분포의 양쪽 확률을 표시하며, 표 4 · 4는 정규 분포표를 나타낸다. 표 4 · 4에 없는 값은 〔부표 I〕을 사용하여 확률치를 찾아 쓰면 된다.

그러면 이 정규분포를 응용하는 방법을 몇 개의 예제를 통해 소개하도록 하겠으나, 다음에 소개하는 예제뿐만이 아니고 품질관리에서는 더 많은 분야에 응용할 수

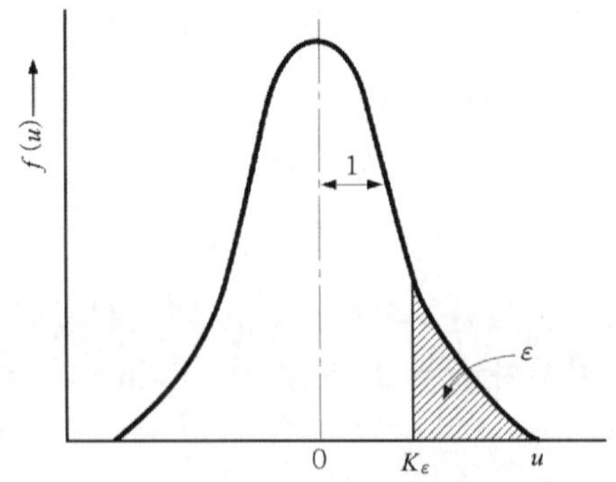

그림 4 · 14 정규분포의 한쪽 확률

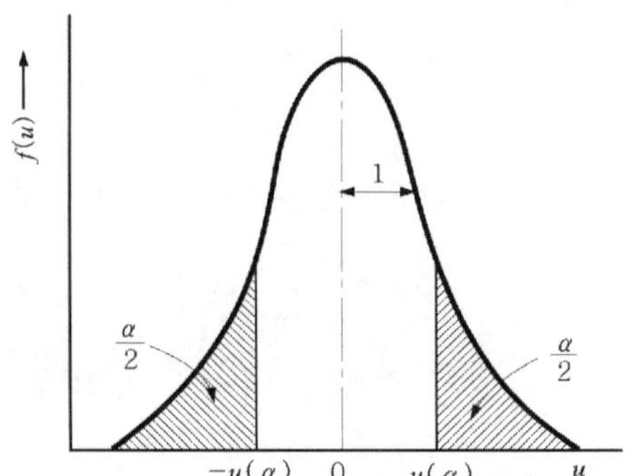

그림 4 · 15 정규분포의 양쪽 확률

표 4·4 정규 분포표

u	P_r(양측)	$P_r/2$(편측)
0	1.0000	0.5000
0.5	0.6171	0.3085
1.0	0.3173	0.1587
1.5	0.1336	0.0668
1.6449	0.1000	0.0500
1.9600	0.0500	0.0250
2.0	0.0455	0.0228
2.3263	0.0200	0.0100
2.5	0.0124	0.0062
2.5758	0.0100	0.0050
3.0	0.0027	0.0013
3.0902	0.0020	0.0010
3.5	0.0005	0.0002
4.0	0.00006	0.00003

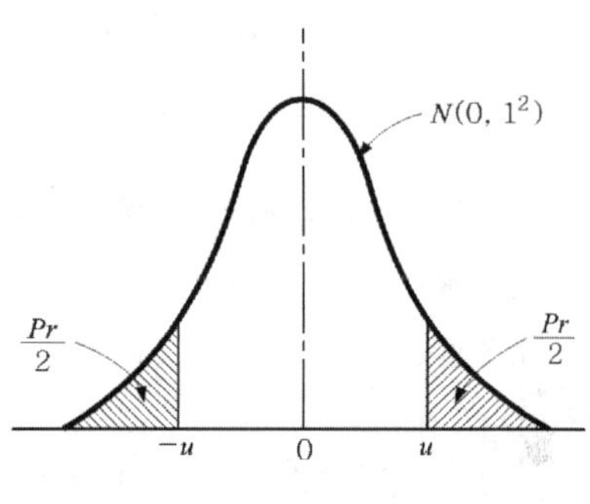

그림 4·16

있다는 것을 밝혀 둔다.

예제 4·13 $x \sim N(3\,\text{cm},\ 0.25\,\text{cm})$일 때 x가 2.8~3.5 cm 내에 들어갈 확률은 얼마인가?

《풀이》 $P(2.8 \leq x \leq 3.5)$

$$= 1 - P(x \geq 3.5) - P(x \leq 2.8)$$

$$= 1 - P\left(\frac{x-\mu}{\sigma} \geq \frac{3.5-3.0}{0.5}\right) - P\left(\frac{x-\mu}{\sigma} \leq \frac{2.8-3.0}{0.5}\right)$$

$$= 1 - P(u \geq 1) - P(u \leq -0.4)$$

$$= 1 - 0.1587 - 0.3446 = 0.4967$$

답 49.67%

예제 4·14 평균이 12.0 mm, $\sigma = 0.5$ mm의 제품이 있다.

① 11 mm 이하의 제품이 나올 확률은 얼마인가?

② 13.3 mm 이상의 제품이 나올 확률은 얼마인가?

《풀이》 $x - N[12.0\,\text{mm},\ (0.5\,\text{mm})^2]$

① $P(x \leq 11) = P\left(\frac{x-\mu}{\sigma} \leq \frac{11-12}{0.5}\right)$

$$= P(u \leq -2) = 0.0228$$

② $P(x \geq 13.3) = P\left(\frac{x-\mu}{\sigma} \geq \frac{13.3-12.0}{0.5}\right)$

$$= P(u \geq 2.6) = 0.0047$$

답 ① 2.28%, ② 0.47%

예제 4·15 어떤 약품의 순도의 규격은 80 % 이상이었다. 공정평균은 83 %, 표준편차는 1.5 %인 정규분포일 때 부적합로트가 나올 확률은 얼마인가?

《풀이》 x : 순도 80 % 이상

$x \sim N[83\%, (1.5\%)^2]$, $x \geq 80\%$: 합격

부적합확률 : $P(x < 80)$

$= P\left(\frac{x-\mu}{\sigma} < \frac{80-83}{1.5}\right)$

$= P(u < -2) = 0.0228$

답 2.28%

예제 4·16 어떤 제품의 치수공차는 21.0 ± 0.3 mm이다.

① 공정평균이 21.2 mm, 표준편차 0.15 mm일 때의 부적합이 나올 확률은 얼마인가?

② 공정평균이 21.0 mm, 표준편차 0.15 mm일 때의 부적합이 나올 확률은 얼마인가?

《풀이》 규격 21.0 ± 0.3 mm, 20.7 ~ 21.3 mm일 때

① $x \sim N[21.2\text{ mm}, (0.15\text{ mm})^2]$

부적합이 나올 확률 : $P(x < 20.7) + P(x > 21.3)$

$= P\left(\frac{x-\mu}{\sigma} < \frac{20.7-21.2}{0.15}\right) + P\left(\frac{x-\mu}{\sigma} > \frac{21.3-21.2}{0.15}\right)$

$= P(u < -3.33) + P(u > 0.67)$

$= 0.0004 + 0.2514 = 0.2518$

② $x \sim N[21.0\text{ mm}, (0.15\text{ mm})^2]$

부적합이 나올 확률 : $P(x < 20.7) + P(x > 21.3)$

$= P\left(\frac{x-\mu}{\sigma} < \frac{20.7-21.0}{0.15}\right) + P\left(\frac{x-\mu}{\sigma} > \frac{21.3-21.0}{0.15}\right)$

$= P(u < -2) + P(u > 2)$

$= 2 \times 0.0228 = 0.0456$

답 ① 25.18%, ② 4.56 %

예제 4·17 건전지를 생산하고 있는 공장에서 건전지의 수명에 대해 조사해 본 결과 그 수명은 대략 정규분포를 하며 그 평균치는 30시간, 표준편차는 5시간임을 알았다. 앞으로 이대로 생산을 계속한다면 이 공장에서 생산되는 건전지의 수명이 25 ~ 45시간이 되는 것은 전생산량의 몇 %나 되겠는가?

《풀이》 $x \sim N[30\text{ 시간}, (5\text{ 시간})^2]$

$1 - P(x \leq 25) + P(x \geq 45)$

$= 1 - P\left(\frac{x-\mu}{\sigma} \leq \frac{25-30}{5}\right) - P\left(\frac{x-\mu}{\sigma} \geq \frac{45-30}{5}\right)$

$= 1 - P(u \leq -1) - P(u \geq 3)$

$= 1 - 0.1587 - 0.0013$

$= 0.84$

답 84 %

예제 4·18 공정평균이 12.0 mm, 표준편차가 0.5 mm의 제품이 있다.

① $P(x > y) = 0.0228$일 때 y의 값은 얼마인가?

② $P(x < y) = 0.0228$일 때 y의 값은 얼마인가?

《풀이》 ① $P(x > y) = P\left(\frac{x-\mu}{\sigma} > \frac{y-12.0}{0.5}\right) = 0.0228$

$\frac{y-12}{0.5} = 2, \quad y = 12+1 = 13$ 답 13 mm

② $P(x < y) = P\left(\frac{x-\mu}{\sigma} < \frac{y-12.0}{0.5}\right) = 0.0228$

$\frac{y-12.0}{0.5} = -2, \quad y = 12-1 = 11$ 답 11 mm

4.2 모수와 통계량

모집단(母集團)의 특성을 수량적으로 표시하는 데는 평균치, 분산, 표준편차 등이 사용된다. 이들은 그 모집단에 대해서는 일정한 값으로서 각각 모평균(母平均), 모분산(母分散), 모표준편차(母標準偏差) 등으로 불리며 이들의 정산을 총칭하여 모수라 한다.

이에 대하여 시료(試料)에 관한 측정치의 평균치, 분산, 표준편차는 동일 모집단으로부터 샘플링된 시료라 하더라도 시료마다 다른 값을 갖는 변수로서 이들을 총칭하여 통계량이라 부른다.

여러 조(組)의 시료측정에 관해서는 분포를 생각할 수 있으며, 이것을 통계량 분포라 한다. 일반적으로 쓰이는 통계량에는 시료평균, 시료분산, 시료범위 등이 있다.

모수와 통계량과는 확실히 구별해야 하며, 이것을 나타내는 기호는 다음과 같이 구별된다.

	모 수	통 계 량
평균치	μ	$\bar{x}$
표준편차	σ	s
분산	σ^2	s^2
범위	—	R

4.3 통계량의 분포와 특성

시료로 모집단을 측정하려면 통계량의 분포를 알 필요가 있다. 지금 평균치 μ, 표준편차 σ의 모집단으로부터 크기 n의 시료를 k조(組) 샘플링하였다고 하자. 각 시료의 평균치를 $\overline{x_1}$, $\overline{x_2}$, ……, $\overline{x_k}$, 분산을 s_1^2, s_2^2, ……, s_k^2, 표준편차를 s_1, s_2, ……, s_k, 범위를 R_1, R_2, ……, R_k라 하면, 이것들은 어떤 정해진 분포를 한다.

통계량의 분포는 모집단의 분포가 다르면 물론 다를 것이나, 모집단이 정규분포를 할 경우에만 취급한다.

[1] 시료평균 $\overline{x}$의 분포

모집단 μ, 모분산 σ^2의 모집단으로부터 랜덤하게 크기 n의 시료를 k조 샘플링하여 각 샘플의 평균치를 $\overline{x_1}$, $\overline{x_2}$, $\overline{x_3}$, ……, $\overline{x_k}$라 한다면, 이 시료평균의 분포의 평균치와 표준편차는

$$E(\overline{x}) = \mu$$

$$D(\overline{x}) = \frac{\sigma}{\sqrt{n}}$$

로 된다. 이제 본래의 모집단이 정규분포를 할 때 $\overline{x}$의 분포는 그림 4 · 17에서와 같이 정규분포로 된다. 이 때 $u = \dfrac{(\overline{x} - \mu)}{\sigma/\sqrt{n}}$ 로 놓으면, u는 표준 정규분포에 따르게 된다.

x의 분포가 정규분포에서 멀리 떨어져 비뚤어진 분포를 하고 있을 때에도 시료의 크기가 4 이상이면 $\overline{x}$의 분포는 $N(\mu,\ \sigma^2/n)$인 정규분포로 보아도 실용상 지장이 없는 것으로 알려지고 있다.

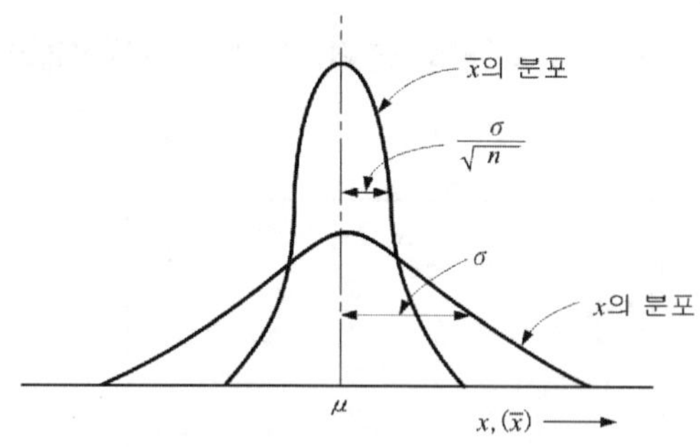

그림 4 · 17 시료평균 ($\overline{x}$)의 분포

[2] 시료분산, 불편분산(s^2, V)의 분포

$N(\mu,\ \sigma^2)$인 정규 모집단으로부터 랜덤하게 크기 n의 시료를 k조 샘플링하여 각 시료분산을 V_1, V_2, V_3, ……, V_k라 한다면, V는 그림 4 · 18에서와 같이 어떤 정해진 분포를 하게 된다. 이 분포의 평균치와 표준편차는

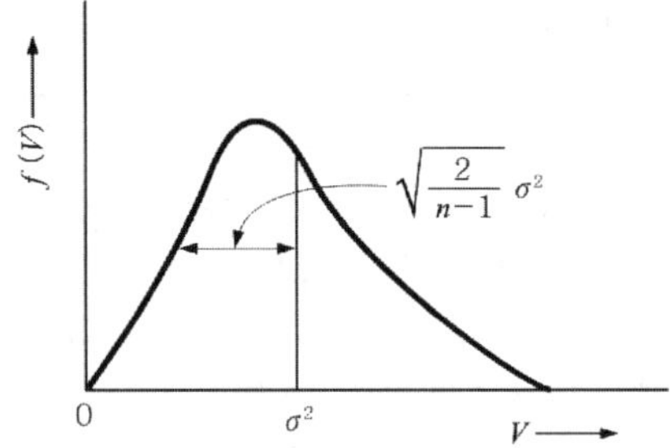

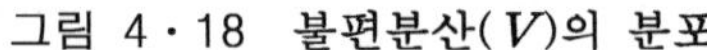

그림 4·18 불편분산(V)의 분포

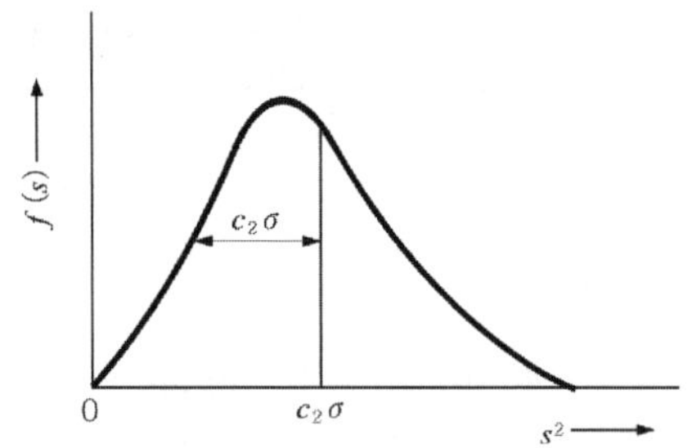

그림 4·19 시료표준편차(s)의 분포

$$E(V) = \sigma^2$$

$$D(V) = \sqrt{\frac{2}{n-1}}\,\sigma^2$$

이다. 시료분산으로부터 모분산을 추정하고자 하는 경우에는 s^2이 아니라 V 쪽이 더 편견이 없는 추정치로 된다.

[3] 시료표준편차, 불편분산의 평방근(s, $\sqrt{V}$)의 분포

$N(\mu, \sigma^2)$인 정규 모집단으로부터 랜덤하게 크기 n의 시료를 k조 샘플링하여 각 시료의 불편분산의 평방근을 $\sqrt{V_1}$, $\sqrt{V_2}$, $\sqrt{V_3}$, ……, $\sqrt{V_k}$라 한다면, $\sqrt{V}$는 그림 4·20에서와 같은 일정한 분포를 하게 된다. 이 분포의 평균치와 표준편차는

$$E(s) = E(\sqrt{V}) = c_2^*\sigma$$

$$D(s) = D(\sqrt{V}) = c_3^*\sigma$$

로 된다. c_2^*, c_3^*값의 일부를 표 4·5에 표시한다.

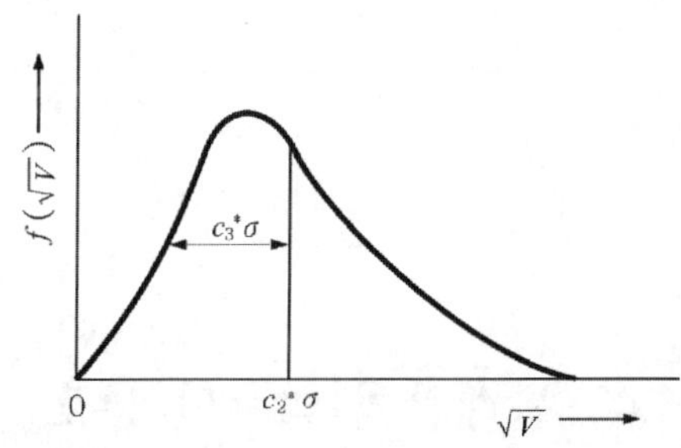

그림 4·20 불편분산의 평방근($\sqrt{V}$)의 분포

표 4・5 c_2, c_3, c_2^*, c_3^*, d_2, d_3의 수치

n	c_2	c_3	c_2^*	c_3^*	d_2	d_3
2	0.5642	0.426	0.7979	0.6028	1.128	0.853
3	0.7236	0.378	0.8862	0.4632	1.693	0.888
4	0.7979	0.337	0.9213	0.3888	2.059	0.880
5	0.8407	0.305	0.9400	0.3412	2.326	0.864
6	0.8686	0.281	0.9515	0.3076	2.534	0.848
7	0.8882	0.262	0.9594	0.2822	2.704	0.833
8	0.9027	0.245	0.9650	0.2621	2.847	0.820
9	0.9139	0.232	0.9693	0.2458	2.970	0.808
10	0.9227	0.220	0.9727	0.2322	3.078	0.797

[4] 범위 R의 분포

$N(\mu, \sigma^2)$인 정규모집단으로부터 랜덤하게 크기 n개의 시료를 k조 샘플링하여 각 시료의 범위를 R_1, R_2, R_3, ……, R_k라 하면, R는 그림 4・21에서와 같은 일정한 분포를 한다. 이 분포의 평균치와 표준편차는

$$E(R) = d_2\sigma$$

$$D(R) = d_3\sigma$$

로서, 이들 각 수치의 일부를 표 4・5에 표시해 둔다.

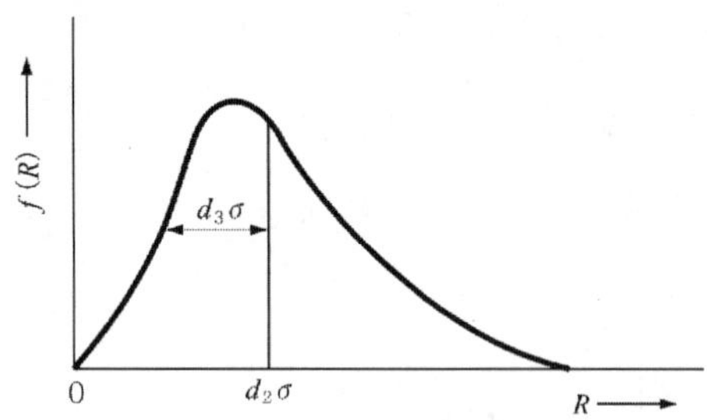

그림 4・21 범위(R)의 분포

4.4 통계량의 함수의 분포

정규분포를 하는 모집단에 관하여 각종의 추측을 하는 데 있어서, 중요한 통계량의 함수의 분포를 설명한다.

4.4.1 χ^2분포(chi-square distribution)

$N(\mu, \sigma^2)$인 정규 모집단으로부터 크기 n의 시료를 샘플링하여 그 데이터로부터 시료편차제곱합 S를 구했을 때 S를 모분산 σ^2으로 나누어서

$$\chi^2 = S/\sigma^2 \tag{4·9}$$

라는 새로운 통계량을 구하면, 이 χ^2의 값은 자유도 $\nu=n-1$의 χ^2분포를 한다. 또 χ^2에는 가법성이 있으므로 χ_1^2, χ_2^2이 자유도 ν_1, ν_2의 독립적인 χ^2분포를 하는 경우 $\chi_1^2+\chi_2^2$은 자유도 $\nu_1+\nu_2$의 χ^2분포를 한다. 그림 4·22와 그림 4·23은 각각 χ^2분포와 χ^2분포표의 확률을 나타낸다.

χ^2분포는 자유도 $\nu = n-1$ 에 따라서 모양이 다르므로 각 자유도에 대하여 χ^2이 어떤 값보다 크게 될 확률이 χ^2표에 나와 있다(부표 II), 이 때 양측에 위험률을 잡아서 상측(上側)에서 χ^2이 χ_u^2보다 큰 값으로 될 확률을 $\alpha/2$라 한다면, 하측(下側)에서 χ^2이 χ_L^2보다 큰 값을 가질 확률은 $1-\alpha/2$로 된다.

예컨대 자유도 9인 χ^2분포에 있어서 그보다 큰 χ^2을 가질 확률이 2.5%인 χ^2의 값은 [부표 II]에서 19.02이다. 이것을 다음과 같이 표시한다(χ_u^2).

$$\chi^2(9,\ 0.025) = 2.70$$

또, 이 때 하측에서 χ^2이 χ_L^2보다 큰 값을 가질 확률이 97.5%인 χ^2의 값은 2.70으로 된다 (χ_L^2).

$$\chi^2(9,\ 0.975) = 19.02$$

일반적으로 자유도 ν, 확률 α의 값을 $\chi^?(\nu,\ \alpha)$로 표시한다. 다만, 위의 예와 같이 양측을 고려할 때는 $\chi^2(\nu,\ \alpha/2)$, $\chi^2(\nu,\ 1-\alpha/2)$로 된다.

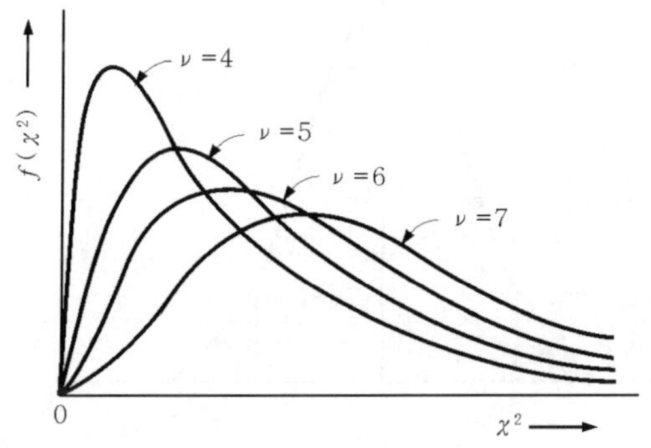

그림 4·22 χ^2분포

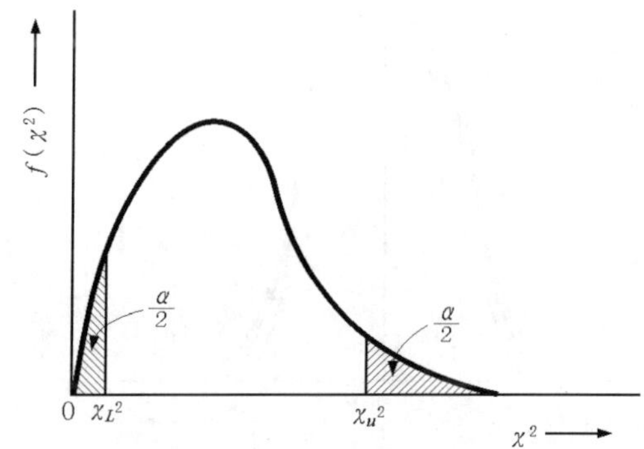

그림 4·23 χ^2분포표의 확률

4.4.2 t 분포(t-distribution)

$N(\mu, \sigma^2)$인 정규 모집단으로부터 랜덤하게 샘플링한 크기 n개의 시료의 평균 $\bar{x}$의 분포는 $N(\mu, \sigma^2/n)$의 정규분포로 되며, 이를 표준화하여

$$u = \frac{(\bar{x} - \mu)}{\sigma/\sqrt{n}}$$

로 놓으면, u는 표준정규분포 $N(0, 1^2)$에 따르게 된다는 것은 이미 설명한 바와 같다.

이제 σ 대신에 그 추정치인 불편분산(不偏分散) V의 제곱근 σ_c를 대입한 것을 t라 하고 식 (4·10)과 같이 나타낸다.

$$t = \frac{\bar{x} - \mu}{\sigma_e\sqrt{n}} \qquad (4 \cdot 10)$$

$$(\text{단, } \sigma_e = \sqrt{V} = \sqrt{S/n-1} = \sqrt{S/\phi}\,)$$

이 t는 정규분포로서 되지 않고 자유도 $\nu = n-1$의 t분포를 하는 것으로 알려지고 있다. t 분포는 자유도에 따라 그림 4·24에서와 같이 형태가 달라지나, 어느 경우를 막론하고 좌우대칭이 된다.

t 분포는 자유도가 커짐에 따라 정규분포에 접근하며, 자유도가 ∞일 때 $\sqrt{V} = \sigma$가 되므로 정규분포에 일치한다. 그림 4·25에서 $|t|$가 어떤 값보다 큰 확률, 즉 빗금친 부분면적의 합계에 상당하는 수치가 표로 작성되어 있다(부표 III).

자유도 5의 t 분포에서 $|t|$의 값이 2.571보다 클 확률은 00975이다. 이것을 자유

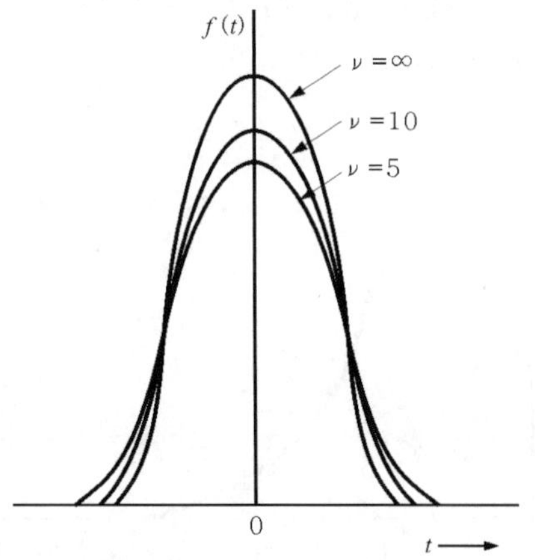

그림 4·24 t 분포

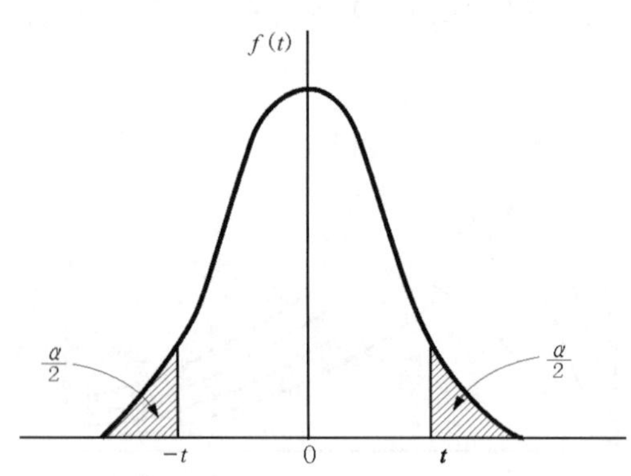

그림 4·25 t 분포표의 확률

도 5인 t 분포의 양측 5%점이라 하고

$$t(5,\ 0.975) = 2.571$$

로 표시한다.

일반적으로 자유도 ν의 t분포의 양측 100 α%점을 $t(\nu,\ 1-\alpha/2)$로 표시한다. 그리고 t 분포표에 구하고자 하는 자유도의 수치가 없을 때에는 보통 그 자유도(自由度)보다 더 작은 자유도의 값을 구하여 완전한 수치를 사용해야 한다.

4.4.3 F 분포(F-distribution)

분산이 동일한 2개의 정규 모집단으로부터 각각 랜덤하게 샘플링한 크기 n_1, n_2 2조(組)의 시료에서 불편분산이

$$V_1 = \frac{S_1}{n_1-1}, \qquad V_2 = \frac{S_2}{n_2-1}$$

라고 하면, V_1과 V_2의 비

$$F = \frac{V_1}{V_2} \tag{4・11}$$

은 자유도 $\nu_1 = n_1-1$, $\nu_2 = n_2-1$의 F분포를 한다. F분포는 그림 4・26에서와 같이 오른쪽으로 비뚤어진 형을 이루고 있으며, ϕ_1, ϕ_2의 조합에 의하여 분포모양이 달라진다. 이 분포는 $F>1$과 같이, 즉 $V_1 > V_2$와 같이 된다. 만일 $V_2 > V_1$라고 하면, $F = V_2/V_1$로 되어 자유도는 n_2-1, n_1-1로 되므로, 자유도를 열기(列記)하는 순서가 중요하다.

F분포에 대해서도 F분포표가 그림 4・27과 같은 확률치로 계산되어 있다(부표 Ⅳ). F분포표에는 2개의 자유도에 대해서 확률(편측)이 부여되었을 때의 F치가 표시되어 있다. 분자의 자유도(V가 큰 쪽) ν_1이 최상의 행에 분모의 자유도 ν_2가 최

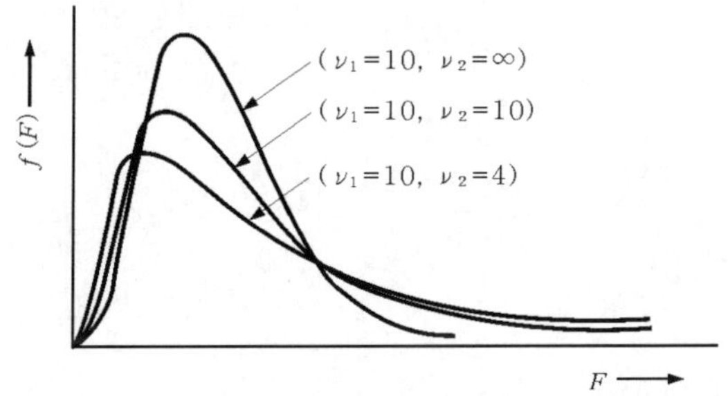

그림 4・26 F분포

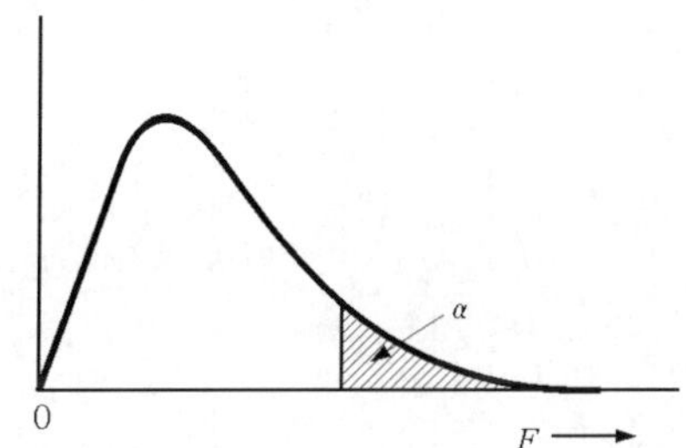

그림 4・27 F분포표의 확률

좌측에 표시되어 있다. 예컨대 자유도 $\nu_1 = 10$, $\nu_2 = 5$의 F분포에 있어서 확률이 5%일 때의 F치와 $\nu_1 = 5$, $\nu_2 = 10$일 때의 5%에 대한 F치는

$$F(10,\ 5;0.95) = 4.74$$

$$F(5,\ 10;0.95) = 3.33$$

과 같이 달라지므로 주의를 요한다.

일반적으로 자유도 ν_1(분자), ν_2(분모), 확률 α인 F치를 $F(\nu_1,\ \nu_2;\ 1-\alpha)$로 표시한다.

4.4.4 각 분포의 관계

χ^2, F, t의 분포는 서로 밀접한 관계가 있다. 또 이 분포들에 대해서는 각각 확률이 계산되어 표로 되어 있다.

① u와 t의 관계 : 자유도 ν가 크면 $n \fallingdotseq n-1$로 되어 t분포는 정규분포에 가까워진다. $\nu = \infty$의 t의 값은 u와 같다. 예를 들면, $\nu = \infty$의 $P = 0.05$의 값은 $u(0.975) = t(\infty,\ 0.95) = 1.96$이 된다.

② u와 χ^2의 관계 : 자유도 1인 $\sqrt{\chi^2}$의 값은 u의 값과 같다. 예를 들면 $\chi^2(1,\ 0.95) = 3.84$, $\sqrt{3.84} = 1.96$, $u(0.975) = 1.96$이 된다.

③ χ^2과 F의 관계 : χ^2이 자유도 $\nu = n-1$인 χ^2분포를 할 때 χ^2/ν은 자유도 $\nu_1 = n-1$, $\nu_2 = \infty$인 F분포를 한다. 예를 들면, $\chi^2(9,\ 0.95) = 16.92$, $\chi^2/\nu = 16.92/9 = 1.88$, $F(9,\ \infty;0.95) = 1.88$이 된다.

④ t와 F의 관계 : $[t(\phi,\ 1-\alpha)]^2 = F(1,\ \phi;\ 1-\alpha)$의 관계가 있다. 예를 들면, $t(2,\ 0.95) = 4.303$, $(4,303)^2 = 18,516$, $F(1,\ 2;\ 0.95) = 18.516$이 된다.

연습문제

1. $X \sim N(8\,\mathrm{cm},\ 0.16\,\mathrm{cm}^2)$일 때 다음 확률치를 구하여라.
   ① $P(7.5 \leq X \leq 8.6)$
   ② $P(X \geq 12)$

2. $Y \sim N(3\,\mathrm{g},\ 0.09\,\mathrm{g}^2)$일 때 다음 확률치에서 y치를 구하여라.
   ① $P(Y \leq y) = 0.9875$
   ② $P(Y \geq y) = 0.005$

3. 상자 속에 진공관이 10개 들어 있다. 이 중 4개가 부적합품이다. 지금 이 상자 속에서 3개의 진공관을 랜덤으로 샘플링할 때 부적합품이 1개, 2개, 3개 포함될 확률을 구하여라.

4. 이제까지의 데이터를 해석하니 합성수지 성형품을 가공하는데 재료부적합이 5%, 치수부적합이 3%가 되는 것을 알았다. 재료부적합 또는 치수부적합으로 부적합이 될 확률은 얼마인가? 단, 재료부적합은 가공 중에 발견되므로, 재료부적합에 치수부적합이 겹치는 일은 없다.

5. 인견사의 부적합타래가 3% 있었다. 이 부적합을 더욱 조사하였더니 부적합 중 보풀이 이는 부적합이 42%가 되었다. 금후 같은 공정으로 생산을 계속하는 경우, 보풀이 이는 부적합이 나타날 확률은 얼마인가?

6. 로트의 크기 $N=7$에는 적합품(良品)이 4개, 부적합품이 3개 들어 있다. 이 로트에서 4개 샘플링했을 때 2개는 적합품, 2개는 부적합품이 나올 확률은 얼마인가?

7. 제품 가운데 5%는 부적합품이라고 하는 공정에서 랜덤하게 5개의 시료(試料)를 샘플링했을 때, 그 중 2개의 부적합품이 포함될 확률은 얼마인가?

8. 어떤 상자 속에 제품이 10개 들어 있다. 이 중 3개가 부적합품이다. 지금 이 상자 속에서 2개의 제품을 랜덤 샘플링하였을 때 부적합품이 0, 1, 2개가 포함될 확률을 구하여라.

9. 정규분포의 확률을 계산하여 다음 값을 구하여라.
   ① $N(30,\ 4^2)$에서 x가 27 이하일 확률은 얼마인가?
   ② $N(30,\ 4^2)$에서 x가 35 이상일 확률은 얼마인가?
   ③ $N(30,\ 4^2)$에서 x가 27 이상, 35 이하일 확률은 얼마인가?

10. 형광등을 생산하고 있는 공장에서 형광등의 수명에 대해 조사해 본 결과, 그 수명은 대략 정규분포를 하며 평균치는 1000시간, 표준편차는 10시간이었다. 앞으로 이대로 계속 형광등을 생산한다면 이 공장에서 생산되는 형광등의 수명이 1020~995시간을 벗어나는 제품은 전생산량의 몇 %나 되겠는가?

11. 어떤 제품의 치수공차는 40.0±0.5 mm이다. 공정평균이 38.0 mm, 표준편차가 1.0 mm인 제품이 공차 내에 들어올 확률은 몇 % 인가?

12. 공정평균이 30.0 mm, $\sigma = 0.6$ mm의 제품이 있다. $P(x < y) = 0.1251$일 때 y의 값은 얼마인가?

13. 10개의 제품 속에 4개의 부적합품이 들어 있다. 이 부적합품을 모두 발견할 때까지 1개씩 차례로 검사할 때

① 여섯 번째의 검사에서 3개의 부적합품이 발견될 확률을 구하여라.

② 일곱 번째의 검사에서 마지막 부적합품을 발견할 확률은 얼마인가?

14. 10개의 제품 속에 3개의 부적합품이 들어 있다. 이 부적합품을 모두 발견할 때까지 1개씩 차례로 검사할 때

① 다섯 번째의 검사에서 2개의 부적합품이 발견될 확률은 얼마인가?

② 여섯 번째의 검사에서 최후의 부적합품이 발견될 확률은 얼마인가?

15. 공정평균이 25.0 mm, $\sigma = 0.5$ mm의 제품이 있다. $P(x > y) = 0.3300$일 때 y의 값은 얼마인가?

16. 어떤 제품의 치수공차는 25.0±0.3 mm이다. 공정평균이 24.0 mm, 표준편차가 0.25 mm일 때 부적합제품이 나올 확률은 얼마인가?

5 추 정

5.1 추정의 정의

통계량으로부터 모수(母數)를 추측하는 것을 추정(estimation)이라고 한다. 추정에는 점추정과 구간추정이 있는데 점추정(point estimation)이란 분포의 기대치를 이용하여 단 하나인 모수를 추정하는 것이고, 구간추정(interval estimation)이란 모수가 일정한 확률로 어느 한계 안에 있게 될 구간을 구하는 것을 말한다.

일반적으로 점추정은 시료수(試料數)가 적으면 그다지 정도가 좋지 않다. 그래서 추정의 정도를 높이기 위해서는 상당히 많은 시료를 필요로 한다. 그런데 다수의 시료를 샘플링하려면 시간적, 경제적으로 많은 제약이 있어서 부득이 소수시료에 의존할 수밖에 없다. 이러한 경우에 사용되는 것이 구간추정(區間推定)이다. 구간추정에서는 처음부터 추정치에 일정한 폭을 부여하여 모수가 그 구간 내에 포함될 확률, 예를 들면 95%와 같이 표시하는 방법을 사용한다.

모수의 구간추정에 있어서 모수가 구간 내에 포함될 확률을 신뢰율(confidence coefficient)이라 한다. 그러므로 신뢰율은 1보다도 위험률을 감소시킨 $(1-\alpha)$에 상당한다. 예를 들면, 95%라는 것은 몇 번이고 시료를 샘플링하였을 때, 그 때마다 측정치로 만든 구간 내에 모수를 포함하고 있을 비율이 100회 중 95회라는 것을 의미한다.

신뢰율을 너무 높게 잡으면 구간의 폭이 너무 커져서 실제의 목적에 부합되지 않을 우려가 있으며, 반대로 신뢰율을 너무 낮게 잡으면 구간의 폭이 작아지고 오판을 내릴 위험성이 커진다. 일반적으로 신뢰율은 95%, 99%를 사용한다. 모수가 구간에 포함되지 않았을 때는 손실이 크고, 또 실험에 의한 정보로밖에 이용할 수 없는 경우에는 신뢰율은 95%보다 크게, 그리고 반대의 경우에는 보다 작게 잡는 것이 좋다.

또 신뢰율을 일정하게 하면 시료의 크기 n을 크게 할 때 신뢰구간의 폭이 작아진다.

따라서 구간추정에서는 신뢰율, 시료, 신뢰구간과의 관계를 명확하게 알고 있어야 하기 때문에 다시 정리해 보면

① 신뢰율이 증가하면 신뢰구간은 넓어지고, ② 신뢰율이 감소하면 신뢰구간은 좁아진다. ③ 시료의 수가 증가하면 신뢰구간은 좁아지고, ④ 시료가 수가 감소하면 신뢰구간은 넓어진다.

5.2 점추정

1) 평균의 점추정　　평균의 기대치 대신에 평균을 구하여

$$\bar{x} \longrightarrow \mu \ (\hat{\mu} = \bar{x})$$

로서 평균치를 추정할 수 있다.

2) 모분산의 점추정　　분산의 기대치 대신에 불편분산을 구하여

$$V \longrightarrow \sigma^2 \ (\hat{\sigma}^2 = s^2)$$

3) 모표준편차(母標準偏差)의 점추정

$$\frac{\bar{s}}{C_4} \longrightarrow \sigma$$

$$\frac{\bar{R}}{d_2} \longrightarrow \sigma \left(\hat{\sigma} = \frac{\bar{R}}{d_2}\right)$$

이 중 어느 것이라도 무방하나 계산이 가장 간단한 $\bar{R}/d_2$가 가장 많이 사용된다.

예제 5·1 다음 데이터로 σ^2, σ를 추정하여라.

I	11.25	11.50	10.75	11.00	10.50
II	12.25	11.75	10.75	11.50	11.25

《풀이》 $R_{\mathrm{I}} = 1.00$, $R_{\mathrm{II}} = 1.50$ 　 $\bar{R} = 1.25$

$n=5$일 때 $d_2 = 2.326$

X_i	1	2	−1	0	−2	5	3	−1	2	1	10
X_i^2	1	4	1	0	4	25	9	1	4	1	50

$$\overline{R}/d_2 = 1.25/2.326 = 0.537 \longrightarrow \hat{\sigma}$$

$$X_i = (x_i - 11.00) \times 4$$

$$S = \left\{50 - \frac{(10)^2}{10}\right\}\frac{1}{4^2} = 2.5$$

$$s^2 = V = \frac{2.5}{10-1} = 0.278 \longrightarrow \hat{\sigma}^2$$

$$\hat{\sigma}^2 = (0.537)^2 = 0.288$$

∴ V로부터 구한 추정치(0.278)와 R로부터 구한 추정치(0.288)가 대체로 일치하는 것을 알 수 있다.

5.3 계량치의 구간추정

측정치의 평균 $\overline{x}$를 가지고 μ를 점추정하는 경우, 여기서 얻은 $\overline{x}$는 모평균 μ, 모표준편차 σ인 모집단으로부터 샘플링된 시료평균으로서, 샘플링을 되풀이할 때마다 μ의 주위에 산포하는 확률변수의 실현치라고 할 수 있다. 따라서 이 $\overline{x}$는 많은 $\overline{x}$라고 하는 변수 가운데서 우연적으로 나온 하나의 실현치에 불과한 것으로, 추정의 신뢰성이 무시되고 정도를 고려하지 않은 값이다.

통계적 추정에서는 이러한 점을 명확히 하고 추정의 신뢰율(1－α)을 미리 정한 후에 시료로부터 모수(母數)를 알아내려고 하는 것이 모수의 구간추정이다.

우리가 취급하는 품질특성이 계량치나 계수치냐에 따라 그 분포의 종류가 다르므로, 편의상 이들 특성치별로 추정의 문제를 다룬다.

5.3.1 모평균의 추정

[1] 모표준편차(σ)를 알고 있을 때

$$\overline{x} \pm u_{1-\alpha/2}\frac{\sigma}{\sqrt{n}} \qquad (5 \cdot 1)$$

추정의 순서는 다음과 같다.

① 측정결과로부터 평균치 $\overline{x}$를 구한다.

② 신뢰율 (1－α)을 목적에 따라 정한다.

③ α에 대한 $u_{1-\alpha/2}$의 값을 구한다(표 5 · 1 참조).

④ $u_{1-\alpha/2}\frac{\sigma}{\sqrt{n}}$ 의 값을 계산한다.

⑤ 신뢰한계를 계산한다.

신뢰상한(μ_U) : $\bar{x}+u_{1-\alpha/2}\sigma/\sqrt{n}$

신뢰하한(μ_L) : $\bar{x}-u_{1-\alpha/2}\sigma/\sqrt{n}$

예제 5·2 어떤 화학공장에서 약품을 제조하고 있는데, 그 순도의 표준편차가 $\sigma =$ 0.3%임을 알고 있다. 이제 동일공정에서 10개의 시료를 샘플링하여 순도를 측정한 결과 다음과 같은 데이터가 나왔다. 이 공정의 순도(%)의 모평균에 대한 신뢰구간을 구하여라(신뢰율 0.95).

(단위 : %)

15.8	15.3	15.9	14.8	15.0
15.5	16.1	15.5	15.3	15.5

《풀이》 ① $\bar{x} = 154.7/10 = 15.47$

② $1-\alpha = 0.95$이므로 $\alpha = 0.05$이다. 따라서 $\alpha/2 = 0.025$

③ $1-\alpha/2 = 0.975$, $u_{1-\alpha/2} = u_{0.975} = 1.96$

④ $1.96\dfrac{0.3}{\sqrt{10}} = 0.19$

⑤ 신뢰상한(μ_U) : $15.47+0.19 = 15.66$

신뢰하한(μ_L) : $15.47-0.19 = 15.28$

즉, 이 화학제품의 순도의 모평균은 구간(15.28%, 15,66%) 내에 있다고 할 수 있다(신뢰율 95%).

표 5·1 신뢰율 및 위험률에 대한 $u_{1-\alpha/2}$

신뢰율 $1-\alpha$	위험률 $\alpha/2$	$u_{1-\alpha/2}$
0.9973	0.00135	3.000
0.9950	0.0025	2.810
0.9900	0.005	2.576
0.9800	0.01	2.326
0.9544	0.0228	2.000
0.9500	0.025	1.960
0.9000	0.05	1.645

[2] 모표준편차 (σ)를 모르고 있을 때

어떤 로트로부터 크기 n개의 시료를 샘플링하여 특성치(x)를 측정한 경우, 종래 이 공정이나 로트에 대한 산포(散布)를 계산해 본 일이 없든가, 또는 모르는 상태에서 모평균을 추정하는 것이므로, σ 대신에 다른 통계량을 생각해야 한다. 작은 시료

에 대해 σ를 대신할 수 있는 값은 σ의 불편 추정치 $\sqrt{V}$이다. 또한, 이러한 조건을 구비한 분포가 t분포이므로 이를 이용한다.

$$\bar{x} \pm t_{1-\alpha/2}(\nu)\sqrt{\frac{V}{n}} \qquad (5 \cdot 2)$$

(1) S를 사용하면 $\bar{x} \pm t_{1-\alpha/2}(\nu)\sqrt{\frac{S}{n(n-1)}}$

(2) σ_e를 사용하면 $\bar{x} \pm t_{1-\alpha/2}(\nu)\frac{\sigma_e}{\sqrt{n}}$

추정의 순서는 다음과 같다.

① 측정결과로 평균치 $\bar{x}$를 구한다.

② 편차제곱합을 구한다.

$$S = \Sigma X_i^2 - \frac{(\Sigma X_i)^2}{n}$$

③ 불편분산의 제곱근 $\sqrt{V}(\sigma_e)$를 계산한다.

$$\sqrt{V} = \sqrt{\frac{S}{n-1}}$$

④ 신뢰율 $(1-\alpha)$을 목적에 따라서 정한다.

⑤ t표에서 $\nu(=\phi) = n-1$과 α에 대한 값 $t_{1-\alpha/2}(\nu)$를 구한다(부표 Ⅲ 참조).

⑥ $t_{1-\alpha/2}(\nu)\sqrt{\frac{V}{n}}$의 값을 구한다.

⑦ 신뢰한계를 구한다.

신뢰상한(μ_U) : $\bar{x} + t_{1-\alpha/2}(\nu)\sqrt{\frac{V}{n}}$

신뢰하한(μ_L) : $\bar{x} - t_{1-\alpha/2}(\nu)\sqrt{\frac{V}{n}}$

예제 5 · 3 어떤 구입부품의 로트로부터 10개의 시료를 랜덤 샘플링하여 측정한 결과, 다음과 같은 데이터를 얻었다. 이 구입부품의 경도(硬度)의 모평균에 대한 신뢰구간을 구하여라(신뢰율 0.95).

54, 57, 52, 56, 59, 56, 55, 56, 61, 58 (단위 : H_RB)

《풀이》 ① $\bar{x} = 564/10 = 56.4$

② $S = 60 - \frac{4^2}{10} = 58.4$

③ $\sqrt{V} = \sqrt{\dfrac{58.4}{10-1}} = 2.55$

④ $1-\alpha = 0.95$이므로 $\alpha = 0.05$이다. 따라서 $\alpha/2 = 0.025$

⑤ $t_{1-\alpha/2}(\nu) = t_{0.975}(9) = 2.262$

⑥ $2.262\dfrac{2.55}{\sqrt{10}} = 1.8$

⑦ 신뢰상한(μ_U) : $56.4+1.8 = 58.2$

신뢰하한(μ_L) : $56.4-1.8 = 54.6$

즉, 이 부품의 경도의 모평균은 구간 (54.6 H_RB, 58.2 H_RB) 내에 있다고 할 수 있다(신뢰율 95%).

표 5・2 $X_i = (x_i - 56)$

X_i	X_i^2	X_i	X_i^2
−2	4	0	0
1	1	−1	1
−4	16	0	0
0	0	5	25
3	9	2	4
계		4	60

5.3.2 모평균의 차의 추정

2개의 로트로부터 각각 크기 n_1 및 n_2의 시료를 샘플링하여 특성치(x_1 및 x_2)를 측정하였을 때, 이 2개의 로트의 모평균의 차에 대한 신뢰구간을 구할 때 사용된다.

[1] 모표준편차(σ)를 알고 있을 때

$$(\bar{x}_1 - \bar{x}_2) \pm u_{1-\alpha/2}\sqrt{\frac{\sigma_1^2}{n_1} + \frac{\sigma_2^2}{n_2}} \qquad (5 \cdot 3)$$

(1) $n_1 = n_2$라고 하면 $(\bar{x}_1 - \bar{x}) \pm u_{1-\alpha/2}\sqrt{\dfrac{\sigma_1^2 + \sigma_2^2}{n}}$

(2) $\sigma_1^2 = \sigma_2^2$라고 하면 $(\bar{x}_1 - \bar{x}_2) \pm u_{1-\alpha/2}\,\sigma\sqrt{\dfrac{1}{n_1} + \dfrac{1}{n_2}}$

추정의 순서는 다음과 같다.

① 측정결과로부터 각각 평균치 $\bar{x}_1$, $\bar{x}_2$를 구한다.

② $(\bar{x}_1 - \bar{x}_2)$의 절대치 Δ를 계산한다.

③ $(\bar{x}_1 - \bar{x}_2)$의 표준편차 σ_Δ를 계산한다.

$$\sigma_\Delta = \sqrt{\frac{\sigma_1^2}{n_1} + \frac{\sigma_2^2}{n_2}}$$

④ 신뢰율 $(1-\alpha)$을 목적에 따라 정한다.

⑤ 신뢰율에 대한 $u_{1-\alpha/2}$의 값을 구한다(표 5 · 1 참조).

⑥ $u_{1-\alpha/2} \cdot \sigma_\Delta$를 계산한다.

⑦ 신뢰한계를 계산한다.

신뢰상한(Δ_U) : $\Delta + u_{1-\alpha/2} \cdot \sigma_\Delta$

신뢰하한(Δ_L) : $\Delta - u_{1-\alpha/2} \cdot \sigma_\Delta$

예제 5 · 4 A사 제품과 B사 제품의 로트로부터 시료를 각각 12 및 10개씩 랜덤하게 샘플링하여 그 순도(%)를 측정한 결과, 다음과 같은 수치가 나왔다. A사 제품과 B사 제품의 순도(%)의 모평균의 차에 대한 신뢰구간을 구하여라(신뢰율 95%). 단, 표준편차는 각각 $\sigma_A = 0.3\%$, $\sigma_B = 0.2\%$임을 알고 있다.

- A사 : 95.4, 96.1, 95.7, 95.3, 95.9, 95.6, 95.6, 95.8, 94.8, 95.0, 95.8, 94.7(%) — 측정치 (x_1)
- B사 : 94.9, 94.7, 95.2, 95.0, 94.4, 94.4, 95.1, 94.8, 94.2, 94.5(%) — 측정치 (x_2)

《풀이》 ① $\bar{x}_1 = \dfrac{1145.7}{12} = 95.48$

$\bar{x}_2 = \dfrac{947.2}{10} = 94.72$

② $\Delta = |95.48 - 94.72| = 0.76$

③ $\sigma_\Delta = \sqrt{\dfrac{0.3^2}{12} + \dfrac{0.2^2}{10}} = 0.107$

④ $1 - \alpha = 0.95$

⑤ $u_{1-\alpha/2} = u_{0.975} = 1.96$

⑥ $1.96 \times 0.107 = 0.21$

⑦ 신뢰상한(Δ_U) : $0.76 + 0.21 = 0.97$

신뢰하한(Δ_L) : $0.76 + 0.21 = 0.55$

즉, A사 제품과 B사 제품의 순도의 모평균의 차는 구간(55%, 97%) 내에 있다고 할 수 있다(신뢰율 95%).

[2] 모표준편차 (σ)를 모르고 있을 때

2개의 모집단의 표준편차는 모르지만 거의 같다고 생각하는 경우와, 같다고 생각되지 않은 경우의 두 가지가 있다.

1) 표준편차(σ)는 모르지만 같다고 생각될 때

$$(\bar{x}_1 - \bar{x}_2) \pm t_{1-\alpha/2}(v^*)\sqrt{V}\sqrt{\frac{1}{n_1} + \frac{1}{n_2}} \tag{5·4}$$

단, $v^* = n_1 + n_2 - 2$

- $\sqrt{V} = \sqrt{\dfrac{S_1 + S_2}{\phi_1 + \phi_2}} = \sqrt{\dfrac{S_1 + S_2}{n_1 + n_2 - 2}}$

$$(\bar{x}_1 - \bar{x}_2) \pm t_{1-\alpha/2}(v^*)\sqrt{\left(\frac{1}{n_1} + \frac{1}{n_2}\right)\left(\frac{S_1 + S_2}{n_1 + n_2 - 2}\right)}$$

- $n_1 = n_2$이면 $(\bar{x}_1 - \bar{x}_2) \pm t_{1-\alpha/2}(v^{**})\sqrt{\dfrac{S}{n(n-1)}}$

단, $v^{**} = 2(n-1)$

추정의 순서는 다음과 같다.

① 측정결과로부터 각각 $\bar{x}_1$, $\bar{x}_2$를 구한다.

② $(\bar{x}_1 - \bar{x}_2)$의 절대치 d를 계산한다.

③ 각 조(組)의 편차제곱합 S_1 및 S_2를 계산한다.

$$S_1 = \Sigma X_1^2 - \frac{(\Sigma X_1)^2}{n_1}, \qquad S_2 = \Sigma X_2^2 - \frac{(\Sigma X_2)^2}{n_2}$$

④ 불편분산의 제곱근 $\sqrt{V}(\sigma_e)$를 계산한다.

$$\sqrt{V} = \sqrt{\frac{S_1 + S_2}{n_1 + n_2 - 2}}$$

⑤ 신뢰율$(1-\alpha)$을 목적에 따라 정한다.

⑥ t표에서 v^*와 신뢰율 $1-\alpha$에 대한 $t_{1-\alpha/2}(v^*)$를 계산한다.

⑦ $t_{1-\alpha/2}(v^*) \cdot \sqrt{V}\sqrt{\dfrac{1}{n_1} + \dfrac{1}{n_2}}$ 의 값을 구한다.

⑧ 신뢰한계를 계산한다.

- 신뢰상한(Δ_U) : $\Delta + t_{1-\alpha/2}(v^*)\sqrt{V}\sqrt{\dfrac{1}{n_1} + \dfrac{1}{n_2}}$
- 신뢰하한(Δ_L) : $\Delta - t_{1-\alpha/2}(v^*)\sqrt{V}\sqrt{\dfrac{1}{n_1} + \dfrac{1}{n_2}}$

예제 5·5 어떤 전자기기부품에 관해서 방법 A 및 B에 의하여 가공한 로트로부터, 각각 14 및 10개의 시료를 랜덤하게 샘플링하여 측정한 결과는 다음과 같다. 방법 A 및 B에 의하여 가공치수의 모평균의 차에 대한 신뢰구간을 구하여라(신뢰율 95%).

표 5·3

(단위 : μ)

No.	방법(A)	방법(B)	No.	방법(A)	방법(B)
	측정치 x_1	측정치 x_2		측정치 x_1	측정치 x_2
1	18	11	8	18	8
2	27	14	9	25	11
3	22	16	10	23	13
4	23	20	11	25	
5	15	14	12	16	
6	19	12	13	17	
7	21	18	14	25	

《풀이》 ① $\bar{x}_1 = \dfrac{294}{14} = 21.0$

$\bar{x}_2 = \dfrac{137}{10} = 13.7$

② $\Delta = |21.0 - 13.7| = 7.3$

③ 각 조의 편차제곱합 S_1 및 S_2를 계산한다.

$$S_1 = 192 - \frac{0}{14} = 192$$

$$S_2 = 115 - \frac{(-3)^2}{10} = 114.1$$

④ $\sqrt{V} = \sqrt{\dfrac{192 + 114.1}{14 + 10 - 2}} = 3.77$

⑤ 신뢰율 $1 - \alpha = 0.95$

⑥ $t_{1-\alpha/2}(\nu^*) = t_{0.975}(22) = 2.074$ (단, $\nu^* = n_1 + n_2 - 2 = 14 + 10 - 2 = 22$)

⑦ $2.074 \times 3.77\sqrt{\dfrac{1}{14} + \dfrac{1}{10}} = 3.20$

⑧ 신뢰상한 : $7.3 + 3.2 = 10.5$

신뢰하한 : $7.3 - 3.2 = 4.1$

즉, 방법 A 및 B의 모평균의 차는 구간(4.1 μ, 10.5 μ) 내에 있다고 할 수 있다(신뢰율 95%).

표 5·4

No.	$X_1 = x_1 - 21$	X_1^2	$X_2 = x_2 - 14$	X_2^2
1	−3	9	−3	9
2	6	36	0	0
3	1	1	2	4
4	2	4	6	36
5	−6	36	0	0
6	−2	4	−2	4
7	0	0	4	16
8	−3	9	−6	36
9	4	16	−3	9
10	2	4	−1	1
11	4	16		
12	−5	25		
13	−4	16		
14	4	16		
계	0	192	−3	115

2) 표준편차 (σ)는 모르지만 다르다고 생각될 때

$$(\bar{x}_1 - \bar{x}_2) \pm t_{1-\alpha/2}(v)\sqrt{\frac{V_1}{n_1} + \frac{V_2}{n_2}} \qquad (5 \cdot 5)$$

이 식에 의해서 측정하는 방법을 Welch−Aspin 방법이라 한다. 따라서 모분산이 같지 않은 2조의 샘플에 대해 계산된 V_1과 V_2를 합성하고 있기 때문에, 그 자유도를 간단히 구할 수 없게 된다. 그러므로 $t_{1-\alpha/2}(v)$는 t표에서 찾는 이론치인데, 이때 v는 다음 식에 의해 구한다.

$$v = 1/\{(c^2/n_1 - 1)\} + 1/\{(1-c)^2/(n_2 - 1)\}$$

$$\text{단, } c = \frac{V_1}{n_1} \bigg/ \left(\frac{V_1}{n_1} + \frac{V_2}{n_2}\right)$$

그러나 분산이 서로 다를 때 평균치의 차의 추정은 가능하나, 실제 문제에서는 아무런 뜻이 없다. 왜냐하면 산포(散布)에 차가 있는 원인을 평균치에 대하여 그 차를 추정한다는 것은 바람직하지 못하기 때문이다.

3) 모분산의 추정

어떤 로트로부터 크기 n개의 시료를 샘플링하여 특성치를 결정할 경우에, 로트의 분산 σ^2에 대한 신뢰구간을 구하는 식은 다음과 같다.

$$\frac{S}{\chi^2{}_{1-\alpha/2}(\nu)} < \sigma^2 < \frac{S}{\chi^2{}_{\alpha/2}(\nu)} \qquad (5 \cdot 6)$$

추정의 순서는 다음과 같다.

① 편차제곱합을 계산한다.

$$S = \Sigma x_i^2 - \frac{(\Sigma x_i)^2}{n}$$

② 신뢰율 $1-\alpha$를 정한다.

③ [부표 II]에서 $\phi = n-1$, $\alpha/2$에 대한 수치 $\chi^2{}_{1-\alpha/2}(\nu) \cdots\cdots \chi^2_n$과 $\nu = n+1$, $1-\alpha/2$에 대한 수치 $\chi^2{}_{\alpha/2}(\nu) \cdots\cdots \chi^2_L$의 값을 구한다.

④ 신뢰한계를 구한다.

- 신뢰상한 : $\dfrac{(n-1)V}{\chi^2{}_{\alpha/2}(\nu)}$
- 신뢰하한 : $\dfrac{(n-1)V}{\chi^2{}_{1-\alpha/2}(\nu)}$

분산은 신뢰하한과 신뢰상한 사이의 구간에 있다고 할 수 있다(신뢰율 $1-\alpha$).

예제 5 · 6 적층판의 성분을 변경하여 시작한 로트로부터 10개의 시료를 랜덤으로 샘플링하여 측정한 결과 다음과 같은 데이터가 나왔다. 이 때 특성치의 분산에 대한 신뢰구간을 구하여라(신뢰율 95%).

(단위 : mm)

0.03	−0.01	−0.05	0.03	0.01
−0.05	0.13	−0.01	0.04	−0.03

《풀이》

표 5 · 5

$X_i = x_i \times 10^2$	X_i^2	$X_i = x_i \times 10^2$	X_i^2
3	9	−5	25
−1	1	13	169
5	25	−1	1
3	9	4	16
1	1	−3	9
계		9	265

① $S = \left(265 - \frac{9^2}{10}\right) \times \frac{1}{10^4} = 0.0257$

② $1-\alpha = 0.95$

③ $\alpha/2 = 0.05/2 = 0.025, \quad \nu = 10-1 = 9$

$1-\alpha/2 = 1-0.05/2 = 0.975$

$\chi^2_{\alpha/2}(\nu) = \chi^2_{0.025}(9) = 2.70$

$\chi^2_{1-\alpha/2}(\nu) = \chi^2_{0.975}(9) = 19.02$

④ 신뢰상한 : 0.0257/19.02 = 0.0095

신뢰하한 : 0.0257/2.70 = 0.0014

즉, 모분산은 구간(0.0014 mm, 0.0095 mm) 내에 있다고 할 수 있다(신뢰율 95%).

5.4 계수치의 추정

5.4.1 모부적합품률의 추정

$np>5$로서 p가 0 또는 1에 근사하지 않을 때에는 2항 분포가 정규분포에 근사시킬 수 있으므로, 이러한 조건이 만족될 때는 정규분포의 성질을 이용하여 구간추정을 할 수 있다.

$$\hat{p} \pm u_{1-\alpha/2}\sqrt{\frac{\hat{p}(1-\hat{p})}{n}} \qquad (5 \cdot 7)$$

추정의 순서는 다음과 같다.

① 부적합품률 $\hat{p}$를 구한다.

$p = r/n$ (n : 시료의 수, r : 부적합품수)

② 신뢰율 $1-\alpha$를 목적에 따라 정한다.

③ $1-\alpha$에 대한 $u_{1-\alpha/2}$의 값을 구한다.

④ $u_{1-\alpha/2}\sqrt{\frac{\hat{p}(1-\hat{p})}{n}}$를 계산한다.

⑤ 신뢰한계를 계산한다.

- 신뢰상한 : $\hat{p} + u_{1-\alpha/2}\sqrt{\frac{\hat{p}(1-\hat{p})}{n}}$
- 신뢰하한 : $\hat{p} - u_{1-\alpha/2}\sqrt{\frac{\hat{p}(1-\hat{p})}{n}}$

예제 5·7 일정한 작업표준에 의하여 제조하고 있는 공정의 1로트로부터 100개의 시료를 샘플링하여 측정한 결과 12개의 부적합품이 나왔다. 신뢰율 95%로 모부적합품률의 신뢰한계를 구하여라.

《풀이》 ① $\hat{p} = r/n = 12/100 = 0.12$

② $1-\alpha = 0.95$

③ $u_{1-\alpha/2} = u_{0.975} = 1.96$

④ $1.96\sqrt{\dfrac{0.12(1-0.12)}{100}} = 0.0637$

⑤ 신뢰상한 : $0.12+0.06 = 0.18$

신뢰하한 : $0.12-0.06 = 0.06$

즉, 모부적합품률은 구간(0.18, 0.06) 내에 있다고 할 수 있다.

5.4.2 모부적합품률의 차의 추정

n이 크고 각 조의 r가 5보다 큰 경우에는 정규분포에 의한 방법을 사용하여 추정할 수 있다.

신뢰구간을 구하는 식은 다음과 같다.

$$|\widehat{p_A} - \widehat{p_B}| \pm u_{1-\alpha/2}\sqrt{\frac{\widehat{p_A}(1-\widehat{p_A})}{n_A} + \frac{\widehat{p_B}(1-\widehat{p_B})}{n_B}} \qquad (5 \cdot 8)$$

추정의 순서는 다음과 같다.

① 부적합품률 $\widehat{p_A}$, $\widehat{p_B}$를 구한다.

$$\widehat{p_A} = r_A/n_A, \qquad \widehat{p_B} = r_B/n_B$$

② 신뢰율 $1-\alpha$를 목적에 따라 정한다.

③ $1-\alpha$에 대한 $u_{1-\alpha/2}$의 값을 구한다.

④ $u_{1-\alpha/2}\sqrt{\dfrac{\widehat{p_A}(1-\widehat{p_A})}{n_A} + \dfrac{\widehat{p_B}(1-\widehat{p_B})}{n_B}}$ 를 계산한다.

⑤ 신뢰한계를 계산한다.

- 신뢰상한 : $|\widehat{p_A} - \widehat{p_B}| + u_{1-\alpha/2}\sqrt{\dfrac{\widehat{p_A}(1-\widehat{p_A})}{n_A} + \dfrac{\widehat{p_B}(1\ \ \widehat{p_B})}{n_B}}$

- 신뢰하한 : $|\widehat{p_A} - \widehat{p_B}| - u_{1-\alpha/2}\sqrt{\dfrac{\widehat{p_A}(1-\widehat{p_A})}{n_A} + \dfrac{\widehat{p_B}(1-\widehat{p_B})}{n_B}}$

예제 5 · 8 어떤 합성수지 제품을 프레스하는 공정이 있다. 2대의 기계로 작업을 하는데, 그 기계의 성능을 비교하기 위해서 다음과 같은 데이터를 얻었다. 두 기계의 모부적합품률차의 신뢰구간을 구하여라(신뢰율 95%).

구 분 \ 기 계	I	II
시 료	1000	2000
부 적 합 품	90	140

《풀이》 ① $p_1 = 90/1000 = 0.09$, $p_2 = 140/2000 = 0.07$

② $1-\alpha = 0.95$

③ $u_{1-\alpha/2} = u_{0.975} = 1.96$

④ $1.96\sqrt{\dfrac{0.09(1-0.09)}{1000} + \dfrac{0.07(1-0.07)}{2000}} = 0.021$

⑤ 신뢰상한 : $0.02 + 0.021 = 0.041$

신뢰하한 : $0.02 - 0.021 = -0.001$

따라서 두 기계의 모부적합품률의 차는 구간(0.041, 0) 내에 있다고 할 수 있다(신뢰율 95%).

5.4.3 모부적합수의 추정

부적합수는 일반적으로 푸아송 분포에 따르며, $m \geqq 5$일 때에는 정규분포에 근사시킬 수 있으므로 정규분포를 이용하여 추정할 수 있다. 그 추정식은

$$x \pm u_{1-\alpha/2}\sqrt{x} \qquad (\text{단}, \hat{m} = x) \tag{5·9}$$

또한 단위당 부적합수일 때는 다음 식으로 추정한다.

$$\hat{u} \pm u_{1-\alpha/2}\sqrt{\frac{\hat{u}}{n}} \qquad (\text{단}, \hat{u} = \frac{x}{n}) \tag{5·10}$$

모부적합수의 구간추정 순서는 다음과 같다.

① 부적합수 x를 구한다.

② 신뢰율 $1-\alpha$를 목적에 따라 정한다.

③ $1-\alpha$에 대한 $u_{1-\alpha/2}$의 값을 구한다.

④ $u_{1-\alpha/2} \cdot \sqrt{x}$의 값을 계산한다.

⑤ 신뢰한계를 계산한다.

- 신뢰상한 : $x + u_{1-\alpha/2}\sqrt{x}$
- 신뢰하한 : $x - u_{1-\alpha/2}\sqrt{x}$

예제 5·9 시료의 부적합수가 16일 때 모부적합수의 신뢰한계를 구하여라(신뢰율 95%).

《풀이》 ① $x = 16$

② $1-\alpha = 0.95$

③ $u_{1-\alpha/2} = u_{0.975} = 1.96$

④ $1.96\sqrt{16} = 7.84$

⑤ 신뢰상한 : $16 + 7.8 = 23.8$

신뢰하한 : $16 - 7.8 = 8.2$

즉, 모부적합수는 구간(23.8, 8.2) 내에 있다고 할 수 있다(신뢰율 95%).

예제 5·10 20매의 합석판에서 30개의 흠이 발견되었다. 합석판 1매당의 모부적합수는 얼마나 되겠는가 추정하여라(신뢰율 95%).

《풀이》 ① $\hat{u} = \frac{x}{n} = \frac{30}{20} = 1.5$

② $u_{1-\alpha/2} = u_{0.975} = 1.96$

③ $1.96\sqrt{\frac{1.5}{20}} = 0.54$

④ 신뢰상한 : $1.5+0.54 = 2.04$

신뢰하한 : $1.5-0.54 = 0.96$

즉, 합석판 1매당의 모부적합수는 구간(2.04, 0.96) 내에 있다고 할 수 있다(신뢰율 95%).

연습문제

1. $\sigma = 2\%$라는 모집단으로부터 랜덤하게 4개의 시료를 뽑아 그 평균치($\bar{x}$)를 구하니 25%이었다. 모평균(μ)의 99% 신뢰한계를 구하여라.

2. 원료를 구입하는데 A, B 두 회사 중 유리한 쪽으로 결정하고 싶다. 각 로트로부터 샘플 10개를 취하여 측정한 결과 $\bar{x}_A = 86.34$, $\bar{x}_B = 81.21(\%)$를 얻었다. $\sigma_A = \sigma_B = 1.53(\%)$임을 알고 있다. 모평균의 차를 추정하여라($1-\alpha = 0.95$).

3. $\sigma = 10$인 모집단으로부터 샘플링한 12개의 시료의 평균치가 38.11이었다. 신뢰율 95% 및 99%로 모평균(μ)의 신뢰한계를 구하여라.

4. 다음과 같은 시료의 측정치가 있다. 신뢰율 95%로 모평균(μ)의 신뢰한계를 구하여라.

63.8	71.4	70.6	65.7	68.8
71.0	70.2	65.2	68.1	69.3

5. 다음과 같은 2조의 데이터가 있다. A와 B의 모평균의 차의 추정치를 구하여라. 단, 2조의 모표준 편차는 미지수이나 동일한 것으로 생각한다(신뢰율 95%).

A	24.3	23.0	20.9	22.4	20.4	21.9
B	19.5	20.8	16.4	18.9	20.1	17.1

6. 다음 데이터는 A사와 B사의 경도 측정기로 어떤 제품의 경도를 측정한 결과이다. A사와 B사의 경도 측정기의 표준편차는 $\sigma_A = 4.6$, $\sigma_B = 6.8$이다. 두 회사의 경도 측정기에 대한 평균치의 차를 추정하여라($1-\alpha = 0.95$).

(단위 : HBC)

A	60.2	58.7	62.4	47.2	54.8	53.2	58.6
B	60.5	54.2	48.2	62.8	40.7	50.2	42.6

7. 수주생산(受注生産)하는 어떤 특수기계 부품이 있다. 제작이 대단히 복잡하여 종전에는 100개 중 13개의 부적합품이 나왔다. 최근 동일한 기계부품을 1000개 제작하도록 주문받았다. 몇 개를 만들도록 해야 현재의 주문량을 충당할 수 있겠는가?

8. A, B 2대의 기계로 만들어진 제품을 각각 1000개씩 검사한 결과 부적합품이 130개 및 70개이었다. A, B 양기계로 만들어진 제품의 모부적합품률차의 신뢰한계를 구하여라(신뢰율 95%).

9. 어떤 회사에서 근무하고 있는 사람 10명에 대한 일급(日級)을 조사해 본 결과 분산은 290(원)이었다. 이 회사에서 근무하고 있는 사람의 일급의 분산의 95% 신뢰한계를 구하여라.

10. 새로운 탈수기가 만들어졌기에 작업표준을 작성하여 5회의 시운전을 해서 다음과 같은 결과를 얻었다. 금후 이 작업표준으로 작업을 계속한다면 공정 평균수분은 어느 정도로 되는가? 95% 신뢰한계를 구하여라.

수분(%) : 5.6, 5.0, 4.2, 3.6, 5.7

11. 시료의 크기 $n=10$의 측정치에서 얻은 시료분산의 값은 $s^2 = 0.0025$이었다. 분산의 95% 양측 신뢰구간을 구하여라.

12. 새로운 제조방법으로 반도체 100개를 시험제작하였더니 부적합품이 16개 있었다. 이 방법으로 생산을 한다면 장차 공정 평균 부적합품률은 어느 정도가 되는가? 또한 1일 생산량이 10,000개로 되었을 경우의 부적합품수는 어느 정도로 되는가? 95% 신뢰한계를 구하여라.

13. 유리병 10,000개의 로트가 있다. 이것으로부터 랜덤하게 100개를 샘플링했더니 부적합품이 16개 있었다. 로트의 부적합품률은 얼마나 되는가? 이 로트에는 몇 개쯤의 부적합품이 들어 있겠는가? 95% 신뢰한계를 구하여라.

14. A, B 2대의 전기로에 의하여 합금의 성분 X의 함량(%)은 다음과 같다. 그 결과에 따라 2개의 노(爐)에 대한 성분 X의 함량의 차에 대해 그 평균치의 차를 신뢰율 95%로 추정하여라.

(단위 : %)

A	85	89	87	76	85	82	86	85	80	78	84	89	83	86	80
B	89	91	89	83	91	86	87	86	83	86	88	85	86	90	85

15. 랜덤하게 취한 도금제품의 표면시험을 행했더니 핀홀수(부적합수)가 9개 있었다. 이러한 방법으로 도금을 계속할 경우, 공정평균 핀홀수는 1장당 얼마나 되는가? 신뢰율 95%로 추정하여라.

16. 5대의 컴프레서에 관하여 1개월간에 고장(부적합수)이 11번 있었다. 이러한 상태가 계속된다면 컴프레서 1대의 1개월간의 평균 고장횟수는 몇 번쯤 되겠는가? 신뢰율 95%로 추정하여라.

17. 어떤 용액 중에서 5 cc를 취하여 그 속에 들어 있는 어떤 세균의 수(부적합수)를 계산하였더니 20개 있었다. 이 용액 중에는 1 cc마다 세균이 평균 몇 개나 있겠는가? 신뢰율 99%로 추정하여라.

18. 다음 데이터에서 평균치의 신뢰율 95%의 신뢰한계를 구하여라.

7, 9, 5, 4, 10, 8, 6, 9, 7, 5

19. 어느 합금의 항장력(抗張力)을 시료 11개에 대하여 측정하였더니 그 편차제곱합은 26.65 kg이었다. 이 항장력에 대하여 합금의 모분산의 95% 신뢰한계를 구하여라.

20. 어느 촉매 A, B 두 종류에 대하여 10일간의 실험에서 동일조건으로 접촉환원을 행하였다. 이 때 제품의 수량(g)에 대하여 다음 데이터를 얻었을 때, A와 B 촉매의 평균치의 차에 대한 추정을 구하여라(신뢰율 95%).

(단위 : g)

A	71.5	71.0	70.8	71.2	71.0	71.5	70.5	71.6	71.1
B	70.4	70.5	71.0	71.3	70.6	71.2	70.6	70.9	

6 검 정

6.1 검정의 정의

어떤 2개의 상이한 재료 A, B로 만든 스프링의 강도를 각각 10개의 시료(試料)에 관하여 측정하였던 바 A의 평균치는 74.81, B의 평균치는 71.08이었다 하고, 이 때 평균치의 차를 구하면

$$74.81 - 71.08 = 3.73$$

인데, A, B의 평균치에 차이가 있다고 할 수 있을 것인가? 언뜻 보기에 평균치에 차가 있는 것처럼 보이지만, A, B의 모집단으로부터 샘플링한 시료에 의하여 계산한 평균치는 통계량이며, $\sigma/\sqrt{n}$를 표준편차로 하는 분포에 따르게 되므로, 만일 σ가 크거나 n이 작을 때에는 양쪽의 차가 거의 없어지는 것도 생각할 수 있다.

그러므로 측정치의 평균이 달라졌다고 해서 변동을 고려하지 않고, 모평균이 달라졌다고 간단하게 말해 버릴 수는 없다. 이러한 때에 원래 쌍방의 측정치는 어느 것이나 어떤 모수(母數)를 갖는 동일 모집단(母集團)으로부터 랜덤으로 샘플링된 것이라 가정하고, 그 경우에 통계량이 어떤 한계 내에서 예상되는 분포에 따르는가 어떤가를 조사하여 판정을 내리게 된다.

이러한 가설을 통계적 가설이라 하고, 가설을 판정하는 것을 가설의 검정이라고 한다. 따라서 우리들이 생각하는 검정(test)이란 바로 이 가설의 검정을 뜻한다. 보통 직관이 옳다면 기각할 수 있는 가설을 설정하므로, 이러한 가설을 귀무가설(歸無假說, null hypothesis)이라 한다. 또한 귀무가설이 기각될 경우에 채택할 가설도 미리 준비하여 둔다. 이러한 가설을 대립가설(alternative hypothesis)이라 한다. 보통 귀무가설을 H_0로 표시하고 대립가설을 H_1으로 표시한다.

이러한 귀무가설을 설정한 경우에 통계량의 함수의 분포 u, t, χ^2, F를 각각의 경우에 대응시켜 사용한다. 이들 분포를 이용하여 H_0의 채택, 기각을 결정하게 된다. 그런데 H_0의 채택 또는 기각을 결정할 때 어떤 위험률(확률)로서 그 경계를 설정하면 필연적으로 다음과 같은 2종류의 과오가 발생한다.

① 제1종 과오 : 귀무가설이 옳은데도 불구하고 이를 기각해 버릴 과오

② 제2종 과오 : 귀무가설이 옳지 않은데도 불구하고 이를 채택할 과오

제1종 과오를 일으킬 확률을 α, 제2종 과오를 일으킬 확률을 β라 하면, 일정한 분포를 문제로 하는 한 α를 작게 하면 β가 커지고, β를 작게 하면 α가 커져서 양쪽을 동시에 작게 할 수는 없다. 이러한 관계를 표시하면 그림 6·1과 같다.

즉, 경계를 정할 때 어느 한쪽에 중점을 두지 않으면 안 된다. 통계적 검정은 데이터 수가 적으므로 제2종 과오(β)를 발견하기가 곤란하다. 그래서 가급적 β를 작게 하도록 하기 위하여 α쪽을 1%나 5%와 같이 비교적 큰 위험률을 갖게 해둔다.

이와 같이 검정에 앞서서 미리 1%나 5%로 정해 두는 위험률을 유의수준(有意水準, level of significance)이라 하고 H_0가 5% 유의수준에서 기각되는 것을 5% 유의(有意)라 하고, H_0가 1% 유의수준에서 기각되는 것을 1% 유의 또는 고도(高度)로 유의라 한다.

H_0가 유의라고 하는 것은 처음 예에서 A와 B가 다르다고 하는 것을 적극적으로 표현하는 것이 아니고, 그 시료로부터 판단하건대 A와 B는 동일한 모집단(母集團)에 속한다고 말할 수 없음을 표시하며, 1% 쪽이 5% 쪽보다 그 정도가 높다는 것을 표현하게 되는 것이다.

귀무가설을 검정함에 있어서 H_0의 기각역(棄却域)을 분포의 양쪽에 잡을 것인가, 한쪽에만 잡을 것인가의 문제가 있다. A, B 사이의 유의차(有意差)가 있는가 어떤가

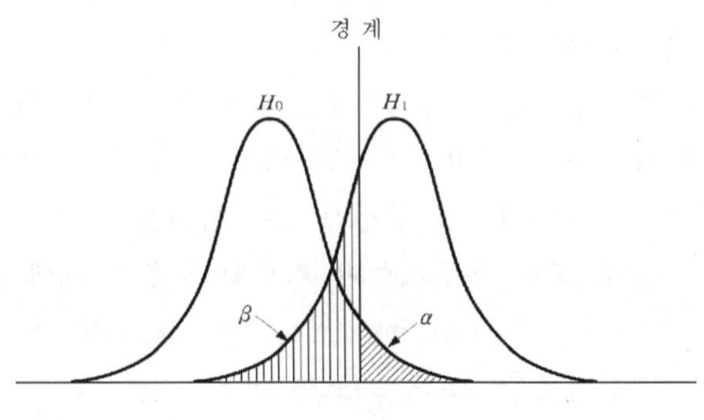

그림 6·1 H_0와 H_1, α와 β

의 경우에는 양측에 기각역을 설치하는 양쪽 검정으로 하고, A가 B보다 낮은가 높은가의 경우에는 한쪽 검정을 한다. 그리고 귀무가설의 설정에 있어서는 그것이 기각될 때의 반대로 채택해야 될 대립가설을 고려해 둘 필요가 있다. 모평균(母平均)의 검정에 있어서 양쪽 검정, 한쪽 검정의 가설설정 방법은 다음과 같다.

- 양쪽 검정 : $H_0: \mu_A = \mu_B$, $H_1: \mu_A \neq \mu_B$
- 한쪽 검정 : $H_0: \mu_A \geq \mu_B$, $H_1: \mu_A < \mu_B$

  $H_0: \mu_A \leq \mu_B$, $H_1: \mu_A > \mu_B$

한쪽 검정은 ① 기각역이 원리상 한쪽밖에 고려할 수 없거나, ② 한쪽의 기각역을 완전히 무시해 버리거나 어느 한쪽의 경우로서, 실험에 앞서 미리 정해 두어야 하며 결과를 낸 다음에 정해서는 안 된다. 또한 정규분포표, t분포표, F분포표, χ^2분포표에는 이 위험률에 따른 확률치가 한쪽이나 또는 양쪽에 따라 약간 다르게 되며, 그 기각역의 한계도 그림 6 · 2와 같이 된다.

그 다음 목적에 따라 적당한 통계량을 결정해서 정규분포, t분포, F분포, χ^2분포에 따른 검정을 하게 되며, 시료에 대해서 u, t, F, χ^2 등을 계산하여 u_0, t_0, F_0, χ_0^2 등으로 표기하고, 유의수준과 기각역의 끝의 값을 각 분포표에서 찾아 측정치에서 구한 이들의 값과 비교하여 판단을 내린다.

- u_0, t_0, F_0, χ_0^2의 값이 한계치보다 작다 → 유의 아니다 → 귀무가설 채택
- u_0, t_0, F_0, χ_0^2의 값이 한계치보다 크다 → 유의 또는 고도로 유의 → 대립가설 채택

유의수준	정규분포표	t 분포표	F 분포표	χ^2 분포표
	한쪽 검정	양쪽 검정	한쪽 검정	양쪽 검정
5 %	0.10	0.05	0.05	0.025
1 %	0.02	0.01	0.01	0.005

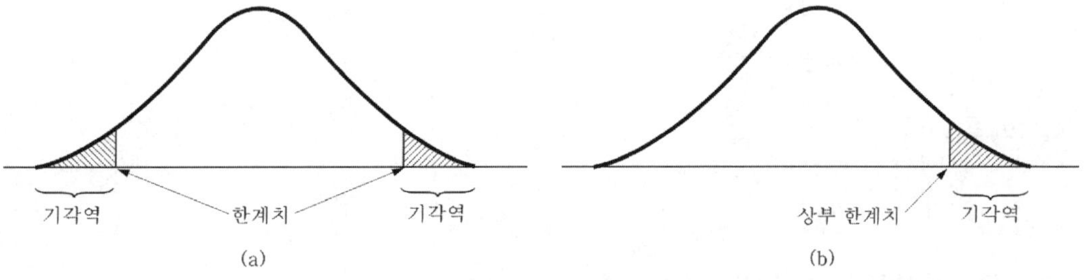

그림 6 · 2 기각역

한편, 가설검정이라고 하는 것은 하나의 통계적 수단이 적당한가 어떤가를 생각하여 보지 않으면 안 된다. 설사 어떤 검정에 의해서 유의(有意)로 차가 나와도 그 문제에 그 검정을 적용함이 부적당하면 그 결론은 가치가 없을 뿐 아니라 당치도 않은 과오를 범할 원인이 된다. 기각역을 구하는 방법에 대해서도 같은 말을 할 수 있다. 수법을 바르게 사용하기 위해서는 이 수법의 활용에 대해서 잘 알고 있을 필요가 있다.

6.2 계량치의 검정

6.2.1 모평균의 검정

[1] 모평균과 모표준편차를 알고 있는 경우

시료평균 $\bar{x}$가 정규분포를 하는 모집단 $N(\mu,\ \sigma^2/n)$으로부터 랜덤하게 취한 시료의 평균치인가 아닌가를 검정한다.

$$u_0 = \frac{|\bar{x} - \mu|}{\sigma/\sqrt{n}} \tag{6·1}$$

검정의 순서는 다음과 같다.

① 귀무가설을 세운다.

$$H_0: \mu = \mu_0$$

② 대립가설을 세운다.

$H_1: \mu \neq \mu_0$ (양쪽 검정)

$H_1 > \mu_0$ (한쪽 검정)

$H_1 < \mu_0$

③ 시료평균 $\bar{x}$를 계산한다.

$$\bar{x} = \frac{\sum x_i}{n}$$

④ u_0를 구한다.

$$u_0 = \frac{|\bar{x} - \mu|}{\sigma/\sqrt{n}}$$

⑤ 정규 분포표의 값을 비교한다.

$u_{1-\alpha/2} = u_{0.975} = 1.96 \leq u_0$이면, 유의수준 5%로

$u_{1-\alpha/2} = u_{0.995} = 2.58 \leqq u_0$이면, 유의수준 1%로 유의차가 있다고 판정한다.

예 제 6 · 1 어떤 기계공장에서 프레스(press)된 부품의 지름의 기준치는 7.95 mm, 표준편차 $\sigma = 0.03$ mm라는 것을 알고 있다. 이제 제조공정의 일부를 변경하여 10개의 샘플을 랜덤으로 샘플링해서 측정한 결과 다음과 같다고 하자. 그러면 프레스된 부품의 지름이 달라졌다고 할 수 있겠는가(신뢰율 95%)?

(단위 : mm)

7.92	7.94	7.90	7.93	7.92
7.92	7.94	7.91	7.93	7.95

《풀이》 ① $H_0: \mu = \mu_0$

② $H_1: \mu \neq \mu_0$

③ $\bar{x} = 79.26/10 = 7.926$

④ $u_0 = \dfrac{0.024}{0.03/\sqrt{10}} = 2.53$

⑤ $u_{1-\alpha/2} = u_{0.975} = 1.96, \quad 2.53 > 1.96$

즉, 이 프레스로 만들어진 로트의 모평균은 기준으로 설정한 수치와 다르다고 할 수 있다(위험률 5%).

[2] 모평균을 알고 모표준편차는 모르는 경우

σ를 모르기 때문에 $\sqrt{V}$를 써서 t분포에 의해 검정한다.

$$t_0 = \frac{|\bar{x} - \mu|}{\sqrt{V}/\sqrt{n}} \qquad (6 \cdot 2)$$

검정의 순서는 다음과 같다.

① $H_0: \mu = \mu_0$

② $H_1: \mu \neq \mu_0$(양쪽 검정)

$H_1: \mu > \mu_0$(한쪽 검정)

$H_1: \mu < \mu_0$

③ $\bar{x}$와 $\sqrt{V}$를 구한다.

$$\bar{x} = \frac{\Sigma x_i}{n}, \qquad \sqrt{V} = \sqrt{\frac{S}{\nu}}\,(\nu = n-1)$$

④ t_0의 값을 구한다.

$$t_0 = \frac{|\bar{x} - \mu|}{\sqrt{V}/\sqrt{n}}$$

⑤ t분포표의 값을 비교한다.

$t_{1-\alpha/2}(\nu) = t_{1-0.025}(\nu) = t_{0.975}(\nu) \leqq t_0$이면, 유의수준 5%로

$t_{1-\alpha/2}(\nu) = t_{1-0.005}(\nu) = t_{0.995}(\nu) \leqq t_0$이면, 유의수준 1%로

유의차가 있다고 판정한다.

예 제 6 · 2 새로운 작업방법으로 시작(試作)한 화학약품의 로트로부터 10개의 시료를 랜덤으로 샘플링하여 측정한 결과는 다음과 같았다. 그 성분 함유량의 모평균은 기준으로 설정한 수치 1.00%와 다르다고 할 수 있겠는가?

(단위 : %)

1.69	1.83	1.87	1.53	1.41
1.48	1.17	1.23	0.88	1.21

《풀이》 ① $H_0: \mu = \mu_0$

② $H_1: \mu \neq \mu_0$

③ $\bar{x} = 14.30/10 = 1.430$

$$S = \left(9.016 - \frac{30^2}{10}\right) \times \frac{1}{10^4} = 0.8926$$

$$\sqrt{V} = \sqrt{\frac{0.8926}{10-1}} = 0.315$$

④ $$t_0 = \frac{0.43}{0.315/\sqrt{10}} = 4.32$$

⑤ $t_{1-\alpha/2}(\nu) = t_{0.975}(9) = 2.262, \quad 4.32 > 2.262$

즉, 성분 함유량의 모평균을 기준으로 설정된 수치와 다르다고 할 수 있다(위험률 5%).

표 6 · 1

$X_i = x_i \times 10^2 - 140$	X_i^2	$X_i = x_i \times 10^2 - 140$	X_i^2
29	841	8	64
43	1849	−23	529
47	2209	−17	289
13	169	−52	2704
1	1	−19	361
계		30	9,016

6.2.2 모평균의 차의 검정

[1] 2조의 평균치의 차의 검정(표준편차를 알고 있을 때)

2개의 로트로부터 각각 크기 n_A 및 n_B의 시료를 샘플링하여 특성치를 측정한 결과 2개의 로트의 모평균에 차가 있다고 할 수 있는가 어떤가를 검정한다.

이 때 2개의 로트의 표준편차 σ_A, σ_B는 이미 알고 있다.

$$u_0 = \frac{|\bar{x}_A - \bar{x}_B|}{\sqrt{\frac{\sigma_A^2}{n_A} + \frac{\sigma_B^2}{n_B}}} \qquad (6 \cdot 3)$$

검정의 순서는 다음과 같다.

① 귀무가설을 설정한다.

② 측정 결과로부터 각각 평균치 $\bar{x}_A$, $\bar{x}_B$를 구한다.

③ $\bar{x}_A$와 $\bar{x}_B$의 차에 대한 절대치를 구한다.

$$\Delta = |\widehat{\mu_A} - \widehat{\mu_B}| = |\bar{x}_A - \bar{x}_B|$$

④ $(\bar{x}_A - \bar{x}_B)$의 표준편차 σ_Δ를 계산한다.

$$\sigma_\Delta = \sqrt{\sigma_A^2/n_A + \sigma_B^2/n_B}$$

⑤ u_0를 계산한다.

$$u_0 = \Delta / \sigma_\Delta$$

⑥ 위험률(α)을 목적에 따라 정한다.

⑦ $u_{1-\alpha/2}$값을 찾는다.

⑧ u_0와 $u_{1-\alpha/2}$비교한다.

$u_0 \geq u_{1-\alpha/2}$이면, 모평균에 차가 있다고 할 수 있다.

$u_0 < u_{1-\alpha/2}$이면, 모평균에 차가 있다고 할 수 없다.

예제 6 · 3 A사 제품과 B사 제품의 재료 로트에서 시료를 각각 11개, 13개씩 랜덤으로 샘플링하여 인장강도를 측정한 결과는 다음과 같다.

A사 제품과 B사 제품재료의 인장강도의 모평균에 차가 있다고 할 수 있는가? 단, 표준편차는 각각 $\sigma_A = 5.0$ kg/mm², $\sigma_B = 4.0$ kg/mm²이다(신뢰율 95%).

(단위 : kg/mm²)

A사	46	47	38	46	45	44	38	46	33	37	42		
B사	37	36	35	41	39	41	43	35	31	35	33	29	34

《풀이》 ① $H_0 : \mu_A = \mu_B$, $H_1 : \mu_A \neq \mu_B$

② $\bar{x}_A = 462/11 = 42.0$, $\bar{x}_B = 469/13 = 36.1$

③ $\Delta = |42.0 - 36.1| = 5.9$

④ $\sigma_\Delta = \sqrt{(5.0)^2/11 + (4.0)^2/13} = 1.87$

⑤ $u_0 = 5.9/1.87 = 3.16$

⑥ $\alpha = 0.05$

⑦ $u_{1-\alpha/2} = u_{0.975} = 1.96$

⑧ $3.16 > 1.96$

따라서 A사 제품과 B사 제품재료의 인장강도의 모평균의 차가 있다고 할 수 있다(위험률 5%).

[2] 2조의 평균치의 차의 검정(표준편차를 모르고 있을 때)

2개의 로트로부터 각각 n_A 및 n_B의 시료를 샘플링하여 특성치를 측정한 결과, 2개의 로트의 모평균에 차가 있다고 할 수 있는가 어떤가를 검정한다. 이 때 2개의 로트의 표준편차는 알지 못하나 동일한 것으로 생각한다.

$$t_0 = \frac{|\bar{x}_A - \bar{x}_B|}{\sqrt{\left(\frac{S_A + S_B}{n_A + n_B - 2}\right)\left(\frac{1}{n_A} + \frac{1}{n_B}\right)}} \qquad (6 \cdot 4)$$

검정의 순서는 다음과 같다.

① 귀무가설을 결정한다.

② 측정결과로부터 각각 평균치 $\bar{x}_A$, $\bar{x}_B$를 구한다.

③ $\bar{x}_A$와 $\bar{x}_B$의 차의 절대치를 계산한다.

$$\Delta = |\bar{x}_A - \bar{x}_B|$$

④ 각 조의 편차제곱합 S_A 및 S_B를 계산한다.

$$S_A = \Sigma x_A^2 - \frac{(\Sigma x_A)^2}{n_A}, \qquad S_B = \Sigma x_B^2 - \frac{(\Sigma x_B)^2}{n_B}$$

⑤ 양쪽 시료를 합친 불편분산의 제곱근 $\sqrt{V} = \sigma_e$를 구한다.

$$\sigma_e = \sqrt{\frac{S_A + S_B}{n_A + n_B - 2}}$$

⑥ t_0를 계산한다.

$$t_0 = \frac{\Delta}{\sigma_e \sqrt{\frac{1}{n_A} + \frac{1}{n_B}}}$$

⑦ 위험률 α를 목적에 따라 정한다.

⑧ $t_{1-\alpha/2}(v^*)$값을 찾는다. (단, $v^* = n_A + n_B - 2$)

⑨ t_0와 $t_{1-\alpha/2}(v^*)$를 비교한다.

$t_0 \geqq t_{1-\alpha/2}(\nu^*)$이면, 차가 있다고 할 수 있다.

$t_0 < t_{1-\alpha/2}(\nu^*)$이면, 차가 있다고 할 수 없다.

예제 6・4 A사 및 B사의 철판 로트로부터 시료를 각각 10개, 15개씩 랜덤하게 샘플링하여 경도(硬度)를 측정한 결과는 다음과 같다. A사와 B사의 철판의 경도의 모평균에 차가 있다고 할 수 있겠는가(신뢰율 95%)?

(단위 : H_RB)

A사	51	45	60	50	62	52	56	48	55	45					
B사	59	56	63	58	55	49	64	44	58	53	65	59	67	59	49

《풀이》 ① $H_0: \mu_A = \mu_B$, $H_1: \mu_A \neq \mu_B$

표 6・2

$X_A = (x_A - 52)$	X_A^2	$X_B = (x_B - 57)$	X_B^2
−1	1	2	4
−7	49	−1	1
8	64	6	36
−2	4	1	1
10	100	−2	4
0	0	−8	64
4	16	7	49
−4	16	−13	169
3	9	1	1
−7	49	−4	16
		8	64
		2	4
		10	100
		2	4
		−8	64
계 4	308	3	581

② $\bar{x}_A = 524/10 = 52.4$, $\bar{x}_B = 858/15 = 57.2$

③ $\Delta = |52.4 - 57.2| = 4.8$

④ $S_A = 308 - \dfrac{4^2}{10} = 306.40$, $S_B = 581 - \dfrac{3^2}{15} = 580.40$

⑤ $\sigma_e = \sqrt{\dfrac{306.40 + 580.40}{10 + 15 - 2}} = 6.205$

⑥ $t_0 = \dfrac{4.8}{6.025\sqrt{\dfrac{1}{10}+\dfrac{1}{15}}} = 1.894$

⑦ $\alpha = 0.05$

⑧ $t_{1-\alpha/2}(v) = t_{0.975}(23) = 2.069$ (단, $v = 10+15-2=23$)

⑨ $1.894 < 2.069$

따라서 A사와 B사의 철판의 경도의 모평균에 차가 있다고 할 수 없다(위험률 5%).

[3] 2조의 평균치의 차의 검정(표준편차를 모르며 같다고 생각할 수 없을 때)

표준편차를 모르고 또 동일하다는 확신이 없을 때에는 Welch-Aspin의 방법을 사용한다. 즉, 2개의 정규분포를 이루는 모집단의 모평균을 μ_A, μ_B라 하고, 이 2개의 모집단으로부터 크기 n_A, n_B의 샘플을 샘플링하여 그들의 평균치를 $\bar{x}_A$, $\bar{x}_B$, 불편분산을 V_A, V_B라 하면, 2개의 모집단으로부터의 시료 평균치의 차의 통계량은 t분포를 한다.

$$t_0 = \frac{\bar{x}_A - \bar{x}_B}{\sqrt{\dfrac{V_A}{n_A}+\dfrac{V_B}{n_B}}} \tag{6・5}$$

를 사용하여 실제로 필요한 $t_{1-\alpha/2}(v)$의 값을 발견하기 위해서, V_A와 V_B의 2개를 합성한 자유도 v는 다음과 같은 식으로 구한다.

$$v = 1 \Big/ \frac{c^2}{n_A-1} + \frac{(1-c)^2}{n_B-1}$$

$$c = \frac{V_A}{n_A} \Big/ \frac{V_A}{n_A} + \frac{V_B}{n_B}$$

실제로는 산포(散布)에 차가 있는 2조의 평균치의 차의 검정은 아무런 뜻이 없다.

[4] 대응하는 2조(組)의 평균치의 차의 검정

2개의 로트로부터 대응하는 2조의 데이터를 얻었을 때, 각각 n개씩의 시료를 샘플링하여 특성치를 측정했을 경우, 2개 로트의 모평균에 차가 있다고 할 수 있는가 어떤가를 검정한다.

$$t_0 = \frac{|\bar{d}|}{\sqrt{\dfrac{V_d}{n}}} \tag{6・6}$$

검정의 순서는 다음과 같다.

① 귀무가설을 설정한다.

② 보조표를 작성하여 대응하는 데이터의 차 d 및 d^2를 구한다.

③ d의 평균치를 계산한다.

$$\bar{d} = \Sigma d_i / n$$

④ d의 편차제곱합 S_d를 계산한다.

⑤ d의 불편분산의 제곱근 $\sqrt{V_d}$를 계산한다.

⑥ t_0를 계산한다.

$$t_0 = \bar{d} / \sqrt{V_d / n}$$

⑦ 위험률 α를 목적에 따라 정한다.

⑧ t표에서 $t_{1-\alpha/2}(\nu)$의 값을 찾는다[$\nu = (n-1)$, α].

⑨ t_0와 $t_{1-\alpha/2}(\nu)$를 비교한다.

$t_0 \geqq t_{1-\alpha/2}(\nu)$이면, 차가 있다고 할 수 있다.

$t_0 < t_{1-\alpha/2}(\nu)$이면, 차가 있다고 할 수 없다.

예제 6・5 A, B 두 사람의 작업자가 기계부품의 길이를 측정한 결과, 다음과 같은 데이터가 얻어졌다. 이 두 사람의 측정치는 A 작업자의 측정치가 B 작업자의 측정치보다 크다고 할 수 있겠는가? 데이터는 각각 대응이 있다.

(단위 : mm)

데이터의 조	1	2	3	4	5	6
A	79	78	83	86	80	87
B	84	85	70	75	81	75

《풀이》 ① $H_0: \mu_A = \mu_B$, $H_1: \mu_A > \mu_B$(한쪽 검정)

② d 및 d^2을 구한다.

③ $d = 23/6 = 3.8$

④ $S_d = 509 - \dfrac{23^2}{6} = 421$

⑤ $\sqrt{V_d} = \sqrt{\dfrac{421}{6-1}} = 9.18$

⑥ $t_0 = 3.8/9.18\sqrt{6} = 1.02$

⑦ $\alpha = 0.05$

⑧ $t_{1-\alpha/2}(\nu) = t_{1-0.025}(5) = t_{0.975}(5) = 2.015$

⑨ $1.02 < 2.015$

따라서 A가 B보다 크다고 할 수 없다(위험률 5%).

표 6·3

x_A	x_B	d	d^2
79	84	−5	25
78	85	−7	49
83	70	13	169
86	75	11	121
80	81	−1	1
87	75	12	144
계		23	509

6.2.3 분산의 검정

[1] 미지분산과 기지분산(既知分散)과의 상위의 검정

어떤 로트로부터 크기 n개의 시료를 샘플링하여 특성치를 측정한 경우에, 로트의 분산을 기준으로 설정한 σ^2과 차이가 있다고 할 수 있는가 어떤가를 검정한다.

$$\chi_0^2 = \frac{S}{\sigma^2} \qquad (6 \cdot 7)$$

검정의 순서는 다음과 같다.

① 귀무가설을 설정한다.

② 편차제곱합을 계산한다.

$$S = \Sigma x_i^2 - \frac{(\Sigma x_i)^2}{n}$$

③ χ_0^2를 계산한다.

$$\chi_0^2 = S/\sigma^2$$

④ 위험률 α를 목적에 따라서 정한다.

⑤ $v = n-1, \ \alpha/2 \longrightarrow \chi^2{}_{1-\alpha/2}(v) = \sigma_U{}^2$

$v = n-1, \ 1-\alpha/2 \longrightarrow \chi^2{}_{\alpha/2}(v) = \sigma_L{}^2$을 구한다.

⑥ χ_0^2과 $\chi^2{}_{1-\alpha/2}(v)$ 및 $\chi^2{}_{\alpha/2}(v)$를 비교한다.

$\chi_0^2 \geq \chi^2{}_{1-\alpha/2}(v)$

$\chi_0^2 \leq \chi^2{}_{\alpha/2}(v)$이면 차가 있다고 할 수 있다.

$\chi^2{}_{\alpha/2}(v) < \chi_0^2 < \chi^2{}_{1-\alpha/2}(v)$이면 차가 있다고 할 수 없다.

예제 6·6 적층판(積層板)의 어떤 품질 특성을 개선하기 위하여 성분을 바꾸어서 시작해 보았는데, 적층판의 휨(bending)의 분산의 변화가 문제로 되었다. 시작제품(試作製品)의 로트로부터 10개의 시료를 랜덤으로 샘플링하여 측정한 결과, 다음과 같은 데이터가 나왔다. 종래의 기준으로 설정한 분산 $\sigma^2 = 0.0010$과 차가 있다고 할 수 있겠는가(신뢰율 95%)?

(단위 : mm)

0.03	−0.01	−0.05	−0.03	0.01
−0.05	0.13	−0.01	0.04	−0.03

《풀이》 ① $H_0: \sigma^2 = \sigma_0^2$, $H_1: \sigma^2 \neq \sigma_0^2$

② S를 구한다.

$$S = \left(265 - \frac{3^2}{10}\right) \times \frac{1}{10^4} = 0.0264$$

③ $\chi_0^2 = \dfrac{0.0264}{0.0010} = 26.4$

④ $\alpha = 0.05$

⑤ $\nu = 10 - 1 = 9$, $\alpha = 0.05$

$\sigma_U^2 = \chi^2{}_{1-\alpha/2}(\nu) = \chi^2{}_{0.975}(9) = 19.0$

$\sigma_L^2 = \chi^2{}_{1-\alpha/2}(\nu) = \chi^2{}_{0.025}(9) = 2.70$

⑥ $26.4 > 19.0$

따라서 휨의 분산을 기준으로 설정한 수치와 다르다고 할 수 있다(위험률 5%).

표 6·4

$X_i = x_i \times 10^2$	X_i^2	$X_i = x_i \times 10^2$	X_i^2
3	9	−5	25
−1	1	13	169
−5	25	−1	1
−3	9	4	16
1	1	−3	9
계		3	265

[2] 2개의 모분산의 차의 검정

2개의 로트로부터 각각 크기 n_A 및 n_B의 시료를 샘플링하여 특성치를 측정한 결과 2개의 로트의 분산에 차가 있다고 할 수 있는가 어떤가를 검정한다.

$$F_0 = \frac{V_A}{V_B} \text{(단, } V_A > V_B\text{)} \tag{6·8}$$

검정의 순서는 다음과 같다.

① 귀무가설을 설정한다.

② 각 조의 편차제곱합 S_A 및 S_B를 계산한다.

$$S_A = \Sigma x_A^2 - \frac{(\Sigma x_A)^2}{n_A}, \qquad S_B = \Sigma x_B^2 - \frac{(\Sigma x_B)^2}{n_B}$$

③ 각 조의 불편분산 V_A, V_B를 계산한다.

$$V_A = \frac{S_A}{n_A - 1}, \qquad V_B = \frac{S_B}{n_B - 1}$$

④ F_0를 계산한다.

$$F_0 = \frac{\text{큰 쪽의 불편분산}}{\text{작은 쪽의 불편분산}}$$

⑤ 위험률을 목적에 따라 정한다.

⑥ $F_{\alpha/2}(\nu_A, \nu_B)$의 값을 찾는다.

ⓐ $V_A > V_B$; $\nu_A = n_A - 1$, $\nu_B = n_B - 1$

ⓑ $V_A < V_B$; $\nu_A = n_B - 1$, $\nu_B = n_A - 1$

⑦ F_0와 $F_{\alpha/2}(\nu_A, \nu_B)$를 비교한다.

$F_0 \geq F_{\alpha/2}(\nu_A, \nu_B)$이면, 2개의 모분산에 차가 있다.

$F_0 < F_{\alpha/2}(\nu_A, \nu_B)$이면, 2개의 모분산에 차가 있다고 할 수 없다.

예제 6 · 7 A사와 B사의 어떤 재료를 기준면에서 측정하는데, 이 때 측정점의 오차의 모분산에 차가 있다고 할 수 있는가 어떤가를 검정하고자 한다. A사 및 B사의 로트로부터 각각 10개 및 15개씩 시료를 랜덤으로 샘플링하여 측정한 결과 다음과 같은 데이터가 나왔다.

A 사	0.04	−0.06	−0.04	0.03	0.06			
	0.11	−0.09	−0.01	0.03	−0.03			
B 사	0.04	0.02	−0.01	0.00	−0.03	0.02	0.07	0.01
	0.03	0.00	0.05	−0.01	0.02	0.04	−0.02	

《풀이》 ① $H_0: \sigma_A^2 = \sigma_B^2$, $H_1: \sigma_A^2 \neq \sigma_B^2$

② 각 조의 편차제곱합 S_A 및 S_B를 계산한다.

$$S_A = \left(334 - \frac{4^2}{10}\right) \times \frac{1}{10^4} = 0.03324$$

$$S_B = \left(143 - \frac{23^2}{15}\right) \times \frac{1}{10^4} = 0.01077$$

③ $V_A = \dfrac{0.03324}{10-1} = 0.003693$

$V_B = \dfrac{0.01077}{15-1} = 0.000769$

표 6·5

$X_A = x_A \times 10^2$	X_A^2	$X_B = x_B \times 10^2$	X_B^2
4	16	4	16
−6	36	2	4
−4	16	−1	1
3	9	0	0
6	36	−3	9
11	121	2	4
−9	81	7	49
−1	1	1	1
3	9	3	9
−3	9	0	0
		5	25
		−1	1
		2	4
		4	16
		−2	4
계 4	334	23	143

④ $F_0 = \dfrac{V_A}{V_B} = \dfrac{0.003693}{0.000769} = 4.80$

⑤ $\alpha = 0.05$이므로 $\alpha/2 = 0.025$

⑥ $\nu_A = n_A - 1 = 10 - 1 = 9$

$\nu_B = n_B - 1 = 15 - 1 = 14$

$F_{\alpha/2}(\nu_A, \nu_B) = F_{0.025}(9, 14) = 3.21$

⑦ $4.80 > 3.21$

따라서 A사와 B사의 재료의 기준면으로부터의 측정오차의 모분산에 차가 있다고 할 수 있다 (위험률 5%).

6.3 계수치의 검정

계수치의 검정에는 여러 방법이 고안되어 있으나, 여기서는 비교적 많이 사용되는 방법에 대해서만 설명하고자 한다.

6.3.1 부적합품률의 검정

[1] 모부적합품률의 검정

$np' > 5$이고 $p' \leqq 0.5$일 때 2항 분포는 정규분포에 근사시킬 수 있으므로, 이러한 성질을 이용하여 검정을 행한다.

$$u_0 = \frac{|x - np'|}{\sqrt{np'(1-p')}} \qquad (6 \cdot 9)$$

검정의 순서는 다음과 같다.

① 귀무가설을 설정한다.

② 부적합품률 $\hat{p}$를 계산한다.

$$\hat{p} = x/n$$

③ 위험률 α를 목적에 따라서 정한다.

④ u_0를 계산한다.

$$u_0 = \frac{|x - np'|}{\sqrt{np'(1-p')}}$$

⑤ α에 대응하는 $u_{1-\alpha/2}$값을 구한다.

⑥ u_0와 $u_{1-\alpha/2}$를 비교한다.

$u_0 \geqq u_{1-\alpha/2}$이면, 모부적합품률에 차가 있다고 할 수 있다.

$u_0 < u_{1-\alpha/2}$이면, 모부적합품률에 차가 있다고 할 수 없다.

예 제 6 · 8 어떤 공정의 모부적합품률이 $p' = 11.8\%$란 것을 알고 있다. 그 공정으로부터 랜덤하게 100개의 시료를 샘플링하여 검사한 결과 9개의 부적합품이 나왔다. 부적합품이 나오는 방식이 달라졌다고 할 수 있겠는가?

《풀이》 ① $H_0: p' = p, \quad H_1: p' \neq p$

② $\hat{p} = \dfrac{x}{n} = \dfrac{9}{100} = 0.09$

③ $\alpha = 0.05$

④ $u_0 = \dfrac{|9 - 11.8|}{\sqrt{100 \times 0.118(1-0.118)}} = 0.867$

⑤ $u_{1-\alpha/2} = u_{1-0.025} = u_{0.975} = 1.96$

⑥ $0.867 < 1.96$

따라서 부적합품이 나오는 방식이 달라졌다고 할 수 없다(위험률 5%).

[2] 모부적합품률의 차의 검정

2조의 부적합품률의 차는 n이 클 때 정규분포에 의한 방법을 사용하여 검정할 수 있다.

$$u_0 = \frac{|\widehat{p_A} - \widehat{P_B}|}{\sqrt{\hat{p}(1-\hat{p})\left(\frac{1}{n_A} + \frac{1}{n_B}\right)}} \quad (6 \cdot 10)$$

검정의 순서는 다음과 같다.

① 귀무가설을 설정한다.

② 부적합품률 $\hat{p}$를 계산한다.

$$\hat{p} = \frac{x_A + x_B}{n_A + n_B} \quad (x_A,\ x_B : \text{부적합품수},\ n_A,\ n_B : \text{시료의 수})$$

③ 위험률 α를 목적에 따라서 정한다.

④ u_0를 계산한다.

$$u_0 = \frac{|\widehat{p_A} - \widehat{P_B}|}{\sqrt{\hat{p}(1-\hat{p})\left(\frac{1}{n_A} + \frac{1}{n_B}\right)}}$$

⑤ $u_{1-\alpha/2}$의 값을 구한다.

⑥ u_0와 $u_{1-\alpha/2}$의 값을 비교한다.

$u_0 \geq u_{1-\alpha/2}$이면, 2개의 모부적합품률에 차가 있다고 할 수 있다.

$u_0 < u_{1-\alpha/2}$이면, 2개의 모부적합품률에 차가 있다고 할 수 없다.

예제 6·9 A 기계와 B 기계에 있어서의 양품수와 부적합품수는 다음과 같다. 이 양 기계의 부적합품률에 차가 있다고 할 수 있겠는가?

기 계	양 품 수	부적합품수	계
A	905	95	1000
B	820	80	900

《풀이》 ① $H_0: p_A = p_B$, $H_1: p_A \neq p_B$

② $\hat{p} = \frac{95+80}{1000+900} = 0.092$, $\widehat{p_A} = \frac{x_A}{n_A} = \frac{95}{1000}$, $\widehat{p_B} = \frac{x_B}{n_B} = \frac{80}{900}$

③ $\alpha = 0.05$

④ $u_0 = \dfrac{\frac{95}{1000} - \frac{80}{900}}{\sqrt{0.092(1-0.092)\left(\frac{1}{1000} + \frac{1}{900}\right)}} = 0.451$

⑤ $u_{1-\alpha/2} = u_{1-0.025} = u_{0.975} = 1.96$

⑥ $0.451 < 1.96$
따라서 A, B 기계의 부적합품률에 차가 있다고 할 수 없다(위험률 5%).

6.3.2 부적합수의 검정

[1] 모부적합수의 검정

$m > 5$인 경우에는 푸아송 분포는 정규분포에 근사시킬 수 있으며, 이러한 조건일 때 정규분포를 이용할 수 있다.

$$u_0 = \frac{|x - m|}{\sqrt{m}} \qquad (6 \cdot 11)$$

검정의 순서는 다음과 같다.

① 귀무가설을 결정한다.

② 위험률 α를 목적에 따라 정한다.

③ u_0의 값을 계산한다.

$$u_0 = \frac{|x - m|}{\sqrt{m}}$$

④ $u_{1-\alpha/2}$의 값을 구한다.

⑤ u_0와 $u_{1-\alpha/2}$의 값을 비교한다.
$u_0 \geq u_{1-\alpha/2}$이면, 모부적합수가 달라졌다고 할 수 있다.
$u_0 < u_{1-\alpha/2}$이면, 모부적합수가 달라졌다고 할 수 없다.

예제 6 · 10 종래의 한 로트의 모부적합수가 $m = 26$이었다. 작업방법을 개선한 후에는 시료의 부적합수는 $c = 19$가 나왔다. 모부적합수가 달라졌다고 할 수 있는가? (신뢰율 95%)

《풀이》 ① $H_0: m = m_0, \quad H_1: m \neq m_0$

② $\alpha = 0.05$

③ $u_0 = \dfrac{|19 - 26|}{\sqrt{26}} = 1.37$

④ $u_{1-\alpha/2} = u_{1-0.025} = u_{0.975} = 1.96$

⑤ $1.37 < 1.96$

따라서 모부적합수가 달라졌다고 할 수 없다(위험률 5%).

[2] 부적합수의 차의 검정

2조의 부적합수의 차는 정규분포를 사용하여 검정할 수 있다.

$$u_0 = \frac{|x_A - x_B|}{\sqrt{2x}} \qquad (6 \cdot 12)$$

검정의 순서는 다음과 같다.

① 귀무가설을 설정한다.

② x를 계산한다.

$$x = \frac{x_A + x_B}{2}$$

③ 위험률 α를 목적에 따라서 정한다.

④ u_0를 계산한다.

$$u_0 = \frac{|x_A - x_B|}{\sqrt{2x}}$$

⑤ $u_{1-\alpha/2}$값을 구한다.

⑥ u_0와 $u_{1-\alpha/2}$의 값을 비교한다.

$u_0 \geqq u_{1-\alpha/2}$이면, 2개의 모부적합수에 차가 있다고 할 수 있다.

$u_0 < u_{1-\alpha/2}$이면, 2개의 모부적합수에 차가 있다고 할 수 없다.

예제 6 · 11 어느 유리공장에는 생산라인이 A, B의 2개가 있다. A 공정에서는 10 m^2당 기포의 수가 45개 있었고, B 공정에서는 10 m^2당 기포의 수가 56개 있었다. A, B 공정의 기포의 수는 차이가 있는가(신뢰율 95%)?

《풀이》 ① $H_0: m_A = m_B$, $H_1: m_A \neq m_B$

② $x = \dfrac{45+56}{2} = 50.5$

③ $\alpha = 0.05$

④ $u_0 = \dfrac{|45-56|}{\sqrt{2 \times 50.5}} = 1.095$

⑤ $u_{1-\alpha/2} = u_{1-0.025} = u_{0.975} = 1.96$

⑥ $1.095 < 1,96$

따라서 A, B 공정의 기포의 수는 차이가 있다고 할 수 없다(위험률 5%).

6.3.3 적합도의 검정

기대치 및 실측치를 알고 있을 때 또는 이론치 및 실측치를 알고 있을 때

$$\chi_0^2 = \sum^{k} \left\{ \frac{(\text{실측치} - \text{기대치})^2}{\text{기대치}} \right\}$$

$$\chi_0^2 = \sum^{k} \left\{ \frac{(\text{실측치} - \text{이론치})^2}{\text{이론치}} \right\} \qquad (6 \cdot 13)$$

은 근사적으로 자유도(自由度) $v = k-1$의 χ^2분포를 하는 것으로 알려지고 있다. 이를 이용하여 실측치가 기대한 대로 출현할 것인가 어떤가를 검정한다. 이러한 검정을 적합도 검정(goodness-of-fit test)이라 한다.

이 방법에 의한 검정의 순서는 다음과 같다.

① 귀무가설을 설정한다.

② 위험률 α를 목적에 따라 정한다.

③ 기대치를 구하여 χ_0^2을 계산한다.

$$\chi_0^2 = \sum^{k}\left\{\frac{(\text{실측치}-\text{기대치})^2}{\text{기대치}}\right\}$$

④ $\chi^2{}_{1-\alpha}(v)$의 값을 구한다(단, $v = k-1$).

⑤ χ_0^2과 $\chi^2{}_{1-\alpha}(v)$의 값을 비교한다.

$\chi_0^2 < \chi^2{}_{1-\alpha}(v)$이면 귀무가설을 채택한다.

$\chi_0^2 \geqq \chi^2{}_{1-\alpha}(v)$이면 귀무가설을 기각한다.

예제 6·12 7대의 직기를 운전하고 있는 공정이 있다. 각 직기마다 일정시간 내에 실이 끊어지는 횟수를 조사하였더니 다음 표와 같이 나타났다. 직기에 따라 실이 끊어지는 횟수가 다르다고 할 수 있겠는가(신뢰율 95%)?

직기	A	B	C	D	E	F	G	계
횟수	25	17	22	33	20	14	28	159

기대치 또는 이론치가 주어지지 않은 경우

《풀이》 ① $H_0: m_A = m_B = \cdots\cdots = m_G$

$H_1: m_A \neq m_B \neq \cdots\cdots \neq m_G$

② $\alpha = 0.05$

③ $m = \dfrac{159}{7} = 22.7$

$$\chi_0^2 = \frac{1}{m}\{(m_A - m)^2 + (m_B - m)^2 + \cdots\cdots + (m_G - m)^2\}$$

$$= \frac{1}{22.7}\{(25-22.7)^2 + (17-22.7)^2 + \cdots\cdots + (28-22.7)^2\}$$

$$= 11.25$$

④ $\chi^2{}_{1-\alpha}(v) = \chi^2{}_{1-0.05}(7-1) = \chi^2{}_{0.95}(6) = 12.59$

⑤ $11.25 < 12.59$

따라서 각 직기마다 실이 끊어지는 횟수가 다르다고 할 수 없다(위험률 5%).

예 제 **6 · 13** 주사위를 120회 굴려서 각 눈이 나오는 수를 세어 보았더니 다음 표와 같이 되었다. 이 주사위가 속임수 없이 굴려졌다면, 이 주사위는 바르게 만들어졌다고 할 수 있겠는가?

눈	1	2	3	4	5	6	계
횟수	28	14	27	13	13	25	120

기대치 또는 이론치가 주어진 경우

《풀이》 ① H_0: $m_A = m_B = \cdots\cdots = m_G$

H_1: $m_A \neq m_B \neq \cdots\cdots \neq m_G$ (주사위면이 나오는 횟수가 다르다)

② $\alpha = 0.05$

③ $m = 120 \times 1/6 = 20$

$\chi_0^2 = \frac{1}{20}\{(28-20)^2 + (14-20)^2 + \cdots\cdots + (25-20)^2\} = 13.60$

④ $\chi^2_{1-\alpha}(\nu) = \chi^2_{1-0.05}(6-1) = \chi^2_{0.95}(5) = 11.07$

⑤ $13.60 > 11.07$

따라서 주사위가 바르게 만들어졌다고 할 수 없다(위험률 5%).

6.3.4 분할표

[1] $m \times n$ 분할표

어떤 계수치 x가 2개의 원인 A, B에 의하여 다음과 같이 지배될 때 x의 크기가 A 및 B에 의하여 달라지는가 어떤가를 검정하는 것이 분할표이다(단, x가 계량치이면 분산분석으로 된다).

이 검정법은 본질적으로는 적합도의 검정과 동일한 것으로서 기대치 e_{ij}를

$$e_{ij} = \frac{T_{Ai} \cdot T_{Bj}}{T}$$

로 구하여, 다음 식으로 χ^2을 검정하면 된다.

$$\chi^2 = \sum_{i=1}^{m} \sum_{j=1}^{n} \frac{(x_{ij} - t_{ij})^2}{t_{ij}} \qquad (6 \cdot 14)$$

$$\nu = (m-1)(n-1)$$

단, T_{Ai}, T_{Bj}, T는 각각 A_i, B_j 및 전체의 합계를 표시하고, m과 n은 요인 A 및 B의 변화수(이를 수준수라고 한다)이다. 일반적으로 A가 m 수준, B가 n 수준인 분할표를 $m \times n$ 분할표라 한다.

검정의 순서는 다음과 같다.

표 6·6 $m \times n$ 분할표의 일반구조

	B_1	B_2	$B_3 \cdots\cdots B_i \cdots\cdots B_n$	계
A_1	x_{11}	x_{12}	$x_{13} \cdots\cdots x_{1j} \cdots\cdots x_{1n}$	T_{A1}
A_1	x_{21}	x_{22}	$x_{23} \cdots\cdots x_{2j} \cdots\cdots x_{2n}$	T_{A2}
$\vdots$	$\vdots$	$\vdots$	$\vdots \qquad \vdots \qquad \vdots$	$\vdots$
A_1	x_{i1}	x_{i2}	$x_{i3} \cdots\cdots x_{ij} \cdots\cdots x_{in}$	T_{Ai}
$\vdots$	$\vdots$	$\vdots$	$\vdots \qquad \vdots \qquad \vdots$	$\vdots$
T_n	x_{n1}	x_{n2}	$x_{m3} \cdots\cdots x_{mj} \cdots\cdots x_{mn}$	T_{Am}
계	T_{B1}	T_{B2}	$B_{B3} \cdots\cdots B_{Bj} \cdots\cdots B_{Bn}$	T

① 귀무가설을 설정한다.

② 위험률 α를 목적에 따라 정한다.

③ 각 조 내의 기대치를 계산하여 기대치 표를 만든다.

$$t_{ij} = \frac{T_{Ai} \cdot T_{Bj}}{T}$$

④ 실측치와 기대치와의 편차 d_{ij}를 구해 편차의 표를 만든다.

⑤ 편차의 제곱을 구하여 편차 제곱표를 만든다.

⑥ χ_{ij}^2의 값을 다음 식으로 구하여 χ_0^2의 계산표를 작성하고 χ_0^2의 값을 구한다.

$$\chi_{ij}^2 = \frac{d_{ij}^2}{t_{ij}}$$

⑦ χ^2 분포표에서 $\chi^2{}_{1-\alpha}(\nu)$의 값을 구한다[$\nu = (m-1)(n-1)$].

⑧ χ_0^2와 $\chi^2{}_{1-\alpha}(\nu)$의 값을 비교한다.

$\chi_0^2 < \chi^2{}_{1-\alpha}(\nu)$이면 귀무가설을 채택한다.

$\chi_0^2 \geqq \chi^2{}_{1-\alpha}(\nu)$이면 귀무가설을 기각한다.

예제 6·14 하청공장 A, B, C, D사로부터 납품된 부품을 검사하여 1급품, 2급품, 3급품으로 분류하였더니 다음과 같은 데이터가 나왔다. 하청공장에 따라 각 등급품이 나

표 6·7 검사결과

	1급품	2급품	3급품	계
A	69	25	6	100
B	57	32	11	100
C	65	23	12	100
D	71	19	10	100
계	262	99	39	400

오는 방식이 다르다고 할 수 있겠는가(신뢰율 95%)?

《풀이》 ① H_0: 다르지 않다.

H_1 : 다르다.

② 위험률 α를 0.05로 정한다.

③ 기대치 표를 작성한다.

표 6·8 기대치(t_{ij})

	1 급품	2 급품	3 급품	계
A	65.5	24.75	9.75	100
B	65.5	24.75	9.75	100
C	65.5	24.75	9.75	100
D	65.5	24.75	9.75	100
계	262	99	39	400

〔계산〕 $t_{11} = \frac{100\times262}{400} = 65.5$

$t_{12} = \frac{100\times99}{400} = 24.75$

$t_{13} = \frac{100\times39}{400} = 9.75$

....

④ 편차의 표를 작성한다.

표 6·9 편차(d_{ij})

	1급품	2급품	3급품	계
A	3.5	0.25	−3.75	0
B	−8.5	7.25	1.25	0
C	−0.5	−1.75	2.25	0
D	5.5	−5.75	0.25	0
계	0	0	0	0

〔계산〕 $d_{11} = 69-65.5 = 3.5$

$d_{12} = 25-24.75 = 0.25$

$d_{13} = 6-9.75 = -3.75$

....

⑤ 편차제곱의 표를 작성한다.

표 6·10 편차제곱(d_{ij}^2)

	1급품	2급품	3급품
A	12.25	0.0625	14.0625
B	72.25	52.5625	1.5625
C	0.25	3.0625	5.0625
D	30.25	33.0625	0.0625

⑥ χ_0^2의 계산표를 작성한다.

$\chi_0^2 = 7.47$

표 6·11 χ_0^2의 계산(χ_{ij}^2)

	1급품	2급품	3급품	계
A	0.187	0.002	1.442	1.631
B	1.103	2.124	0.160	3.387
C	0.004	0.124	0.519	0.647
D	0.462	1.336	0.006	1.804
계	1.756	3.586	2.127	7.469

⑦ $v=(4-1)(3-1)=6$, $\chi^2{}_{1-\alpha}(v) = x^2{}_{1-0.05}(6) = x^2{}_{0.95}(6) = 12.59$

⑧ $7.47 < 12.59$

따라서 A, B C, D에 따라 1급품, 2급품, 3급품이 나오는 방식에 차이가 있다고는 할 수 없다 (위험률 5%).

[2] 2 × 2 분할표

2×2 분할표의 경우에 a, b, c, d가 계수치 데이터로 표 6·12에서 $T_A = a+b$, $T_B = c+d$, $T_1 = a+c$, $T_2 = b+d$, $T = T_1 + T_2 = T_A + T_B$라 하면

표 6·12 분할표

	1	2	계
A	a	b	T_A
B	c	d	T_B
계	T_1	T_2	T

다음 식에 의하여 χ_0^2을 직접 계산할 수 있다.

$$\chi_0^2 = \frac{(ad-bc)^2 T}{T_1 T_2 T_A T_B} \qquad (6 \cdot 15)$$

그러나 a, b, c, d는 어느 것이나 어느 정도로 크지 않으면(적어도 5 이상) 정도가 나빠져서 사용할 수 없다. 그러므로 이러한 때에는 다음과 같은 Yates의 식을 사용한다.

$$\chi_0^2 = \frac{\left(|ad-bc| - \frac{T}{2}\right)^2 T}{T_1 T_2 T_A T_B} \qquad (6 \cdot 16)$$

예제 6·15 A, B의 두 회사에서 납품된 부품의 검사결과가 표 6·13에 나와 있다.

A, B에 따라서 부적합품이 나오는 방식에 차가 있다고 할 수 있겠는가(신뢰율 95%)?

표 6·13 검사결과

	양품수	부적합품수	계
A B	477 565	23 35	500 600
계	1042	58	1100

《풀이》 ① H_0 : 차이가 없다.

H_1 : 차이가 있다.

② $\alpha = 0.05$

③ $$\chi_0^2 = \frac{\left(477\times35 - 23\times565 - \dfrac{1100}{2}\right)^2 \times 1100}{1042\times58\times500\times600} = 0.602$$

④ $\nu = (2-1)(2-1) = 1$, $\chi^2_{1-\alpha}(\nu) = \chi^2_{1-0.05}(1) = \chi^2_{0.95}(1) = 3.84$

⑤ $0.602 < 3.84$

즉, A, B에 따라 부적합품수가 나오는 방식에 차가 있다고 할 수 없다(위험률 5%).

연습문제

1. 어떤 공장에서 제조된 제품의 수량이 73.7 kg이고 표준편차가 13.0 kg임을 알고 있다. 새로운 장치로 18회의 제조를 해본 결과 표준편차는 변하지 않고 그 평균은 79.5 kg이었다. 과연 새로운 장치로 제조한 수량이 변했다고 할 수 있는가?

2. 병 속에 5.65 l의 제품을 주입하는 데 A, B 2대의 자동주입 설비를 이용하고 있다. 병 속에 주입된 제품중량은 대략 정규분포를 하면 $\sigma_A = 0.014\,l$, $\sigma_B = 0.016\,l$임을 알았다. 이 두 설비에서 주입되는 제품의 평균용량이 같은가를 확인하기 위해 각각 샘플 16개로부터 $\bar{x}_A = 5.63\,l$, $\bar{x}_B = 5.681\,l$를 얻었다. 5%의 유의수준에서 두 설비에 주입되는 제품용량이 같은가를 검정하여라.

3. 같은 규격의 전선을 생산하는 A, B의 두 설비가 있다. 기사의 말에 의하면 A 설비에서 생산하는 전선의 저항이 크다고 한다. 두 설비의 시료를 측정한 결과 $n_A = 6$, $\bar{x}_A = 0.1405\,(\Omega)$, $\sigma_A = 0.002\,(\Omega)$, $n_B = 5$, $\bar{x}_B = 0.1382\,(\Omega)$, $\sigma_B = 0.003\,(\Omega)$일 때 $\alpha = 0.01$에서 기사의 주장이 옳다고 할 수 있겠는가?

4. 새로운 탈수기가 만들어졌기에 작업표준을 작성하여 5회의 시운전을 한 결과 다음과 같은 데이터를 얻었다. 금후 이 작업표준으로 작업을 계속한다면 공정평균 $\mu =$ 4.5%와 같다고 할 수 있겠는가?

수분함량(%)	5.6	5.0	4.2	3.6	5.7

5. 어떤 화학 실험실에서 사용하는 천칭을 교정하기 위해서 표준량 10개를 측정하여 그 오차를 측정하였더니 다음과 같았다. 유의수준 1%에서 문제의 천칭이 정확한가를 검정하여라.

−0.01	0.00	−0.04	+0.01	+0.02
−0.03	−0.05	0.00	−0.02	+0.01

6. 지금까지의 제조에서 어떤 금속제품의 강도의 평균은 76.7 kg/cm^{2}이었다. 새로운 용해로로 제조를 한 결과 다음과 같은 데이터를 얻었다. 이 새로운 용해로로 제조된 제품의 강도가 증가했다고 할 수 있는가?

(단위 : kg/cm^2)

74.5	81.2	79.8	82.0	76.3
75.7	80.2	77.6	77.9	82.8

7. 지금까지 어떤 공장에서 제작한 X 부품에 대한 지름의 분산은 0.12 cm였다. 5명의 새로운 작업원을 채용하여 이들에게 수주간의 훈련을 시킨 후 그 부품을 만들도록 하였다. 이들의 기술이 미숙할지 모르기 때문에 이들이 만든 부품으로부터 랜덤하게 10개의 샘플을 뽑아 분산을 조사해 보았더니 0.20 cm였다. 신입 작업원들이 특히 산포가 큰 부품을 만들고 있다고 할 수 있겠는가?

8. 종래의 장치로서는 어떤 품질특성이 $\mu = 54.91$이었다. 호평을 받고 있는 새로운 장치로 대체하여 다음과 같은 데이터가 나왔다.

54.2	56.1	54.5	55.2	52.9
54.6	55.7	56.7	55.2	56.9

장치변경에 의하여 품질특성이 좋아졌다고 할 수 있겠는가?

9. 원료 A와 원료 B에 의한 제품의 순도는 다음과 같다.
원료 A와 B에서 순도의 산포에 차가 있다고 할 수 있겠는가?

(단위 : %)

A	74.9	73.9	74.7	74.3	75.8	74.2	74.4	73.3	75.5	74.0
B	75.2	75.0	75.3	76.9	75.0	74.9	74.4	76.5	75.3	

10. 다음 표와 같은 데이터가 있다.
A와 B에 차가 있다고 할 수 있겠는가? (단, $\sigma_A = 2.0$, $\sigma_B = 3.0$이란 것을 알고 있다.)

A	43	47	45	43	46	44
B	38	45	42	47	39	35

11. 다음과 같은 데이터가 있다.
A와 B에 차가 있다고 할 수 있겠는가? (단, 분산은 동일하다.)

A	68.8	65.7	67.6	67.8	66.2	66.8
B	69.0	68.2	69.4	67.1	68.8	68.2

12. 다음과 같은 데이터가 있다.
A와 B에 차가 있다고 할 수 있겠는가? (단, 데이터는 각각 대응이 있다.)

A	27.3	18.4	21.6	28.3	11.3	19.6	20.8	21.6
B	41.3	18.9	31.4	9.8	16.8	14.0	19.3	11.1

13. 성분비가 서로 다른 2개의 합금 A, B에 관하여 시편을 만들어 그 인장강도를 측정한 결과, 다음과 같은 데이터가 나왔다.
A와 B의 변동에 차가 있다고 할 수 있겠는가?

(단위 : kg/cm^2)

A	49.01 54.06	51.63 48.60	50.82 50.07	49.55 50.31	50.05 52.24	48.93	52.54	
B	49.22	49.77	52.03	52.23	50.38	50.50	51.00	51.46

14. 어떤 모집단의 모표준편차는 $\sigma=0.20$이다. 이러한 모집단에서 샘플링된 것으로 추측되는 10개의 데이터의 표준편차는 $s=0.23$이었다. 분산이 달라졌다고 할 수 있겠는가? ($S=ns^2$)

15. 작업자 A와 B의 제품을 조사해 보니 다음과 같았다.
A가 더 많은 부적합품을 내고 있다고 할 수 있겠는가?

작업자 \ 제 품	제 품 수	부적합품수
A	102	14
B	94	16

16. 하청공장 A, B, C, D사에서 납품되는 부품을 1급품, 2급품, 3급품으로 분할하였던 바, 다음과 같은 데이터가 나왔다. 단위는 개수이다. 하청공장에 따라서 각 등급품이 나오는 방식에 차가 있다고 할 수 있겠는가?

사 명	1급품	2급품	3급품	계
A	17	17	12	46
B	8	11	19	38
C	7	14	28	49
D	9	11	13	33
계	41	53	72	166

17. 어느 유리공장에서 어떤 특수한 유리제품의 부적합품률은 12%였다. 장치의 일부를 변경하여 제조한 바 80개의 제품 중 18개의 부적합품이 발생하였다. 이 부적합품률은 종전의 부적합품률과 같다고 할 수 있겠는가?

18. 2교대제로 1일 16시간 작업을 하고 있는 직물공장에서 1일 중 시간에 따라 직기의 사절수에 차가 있나 없나를 알아보기 위해서 새벽, 오전, 정오, 오후, 밤으로 나뉘어 직기 10대에 대해서 각 1시간당의 사절수를 조사하여 보니 다음과 같았다. 시간에 따라 사절수에 차가 있다고 할 수 있겠는가?

시 간	새 벽	오 전	정 오	오 후	밤
사절수	13	7	13	6	9

19. 병행으로 가동하고 있는 A, B 두 직조공정이 있다. A공정에는 직물 10,000 m당 흠이 30개, B공정에서는 같은 길이 직물에서 흠이 37개 있었다. B공정의 부적합품수는 A보다 많다고 할 수 있는가?

20. 다음과 같은 두 쌍의 데이터로부터 유의수준 5%로 A는 B보다 크다고 할 수 있겠는가를 검정하여라.

A	18	20	11	14	19
B	17	17	12	12	19

21. A, B 2종의 원료가 있다. 각각을 사용하여 합성한 약품의 수확량을 계산하였더니 다음과 같았다. 두 원료에 의한 약품의 수확량의 산포와 평균치에 차가 있다고 할 수 있겠는가? 유의 수준 5%로 검정하여라.

	A	B
n	9	16
$\bar{x}$	25.0	20.0
S	35.0	225

22. 어떤 공정검사에서 제품의 부적합품률이 종전 10%였다. 원료가 바뀐 뒤 1000개의 검사에서 부적합품이 120개 나왔다. 원료변경으로 부적합품률에 변동이 있었다고 할 수 있겠는가를 검정하여라.

7 간이검정 및 추정

7.1 범위를 사용하는 방법

7.1.1 범위를 사용한 변동의 차의 검정

F검정은 2개의 모분산의 차의 검정이었다. 그러나 1조의 n의 크기가 10 이내인 경우에는 범위를 사용하면 계산이 간단해진다.

크기 n인 어떤 시료를 k조 샘플링하여 구한 범위의 평균을 $\overline{R}$라 하면, 이 $\overline{R}$는 근사적으로 다음의 법칙을 적용할 수 있다.

$$\overline{R}/c=\sqrt{V}$$

여기서 V는 자유도 ν의 불편분산이며 ν와 c는 k와 n에 의해서 정해지는 통계수치이다.

이를 이용하여 2조의 데이터가 있을 때 각각의 불편분산을 계산하여 그 비를 구해서 F검정으로 변동의 차를 구할 수 있다.

$$F=\left(\frac{\overline{R}_1}{c_1}\right)^2\Big/\left(\frac{\overline{R}_2}{c_2}\right)^2 \qquad (7 \cdot 1)$$

예제 7·1 1호기와 2호기의 전기로가 안정되어 운전되고 있다. 2시간마다 태핑(tapping)을 하고 그 성분을 분석하고 있다. 그 결과는 다음과 같았다. 1호기와 2호기의 성분의 변동에 차가 있다고 할 수 있겠는가?

《풀이》 ① $n=4$개씩 나누어서 R를 구하고 $\overline{R}$를 계산한다.

$$\overline{R}_1=\frac{2.1+2.1+1.6+1.5+2.1}{5}=1.88$$

표 7 · 1

1 호 기				2 호 기			
46.7	48.2	47.7	48.8	49.7	48.1	48.5	48.8
50.2	49.1	48.7	48.1	47.3	47.3	50.3	50.1
47.6	48.0	49.2	48.5	49.4	46.5	49.6	47.7
48.5	47.6	49.1	48.2	46.8	47.4	48.2	47.0
49.4	48.3	47.3	47.9				

$$\overline{R}_2 = \frac{1.6+3.0+3.1+1.4}{4} = 2.28$$

② 표 7 · 2에서 n과 k로부터 c와 v를 구한다.

표 7 · 2 범위를 사용하는 검정의 보조표(v와 c의 수치)

n \ k		2	3	4	5	10	15	20	25	$k>5$
2	v	1.9	2.8	3.7	4.6	9.0	13.4	17.8	22.2	$0.876\,k+0.25$
	c	1.28	2.23	1.21	1.19	1.16	1.15	1.14	1.14	$1.128+0.32/k$
3	v	3.8	5.7	7.5	9.3	18.4	27.5	36.6	45.6	$1.815\,k+0.25$
	c	1.81	1.77	1.75	1.74	1.72	1.71	1.70	1.70	$1.693+0.23/k$
4	v	5.7	8.4	11.2	13.9	27.6	41.3	55.0	68.7	$2.738\,k+0.25$
	c	2.15	2.12	2.11	2.10	2.08	2.07	2.06	2.06	$2.059+0.19/k$
5	v	7.5	11.1	14.7	18.4	36.5	54.6	72.7	90.8	$3.623\,k+0.25$
	c	2.40	2.38	2.37	2.36	2.34	2.33	2.33	2.33	$2.326+0.16/k$
6	v	9.2	13.6	18.1	22.6	44.9	67.2	89.6	111.9	$4.466\,k+0.25$
	c	2.60	2.58	2.57	2.56	2.55	2.54	2.54	2.54	$2.534+0.14/k$

$n_1=4, \quad k_1=5 \longrightarrow c_1=2.10, \quad \nu_1=13.9$

$n_2=4, \quad k_1=4 \longrightarrow c_2=2.11, \quad \nu_2=11.2$

③ 불편분산을 계산한다.

$$\left(\frac{\overline{R}_1}{c_1}\right)^2=\left(\frac{1.88}{2.10}\right)^2=0.80, \quad \left(\frac{\overline{R}_2}{c_2}\right)^2=\left(\frac{2.28}{2.11}\right)^2=1.17$$

④ F_0를 계산한다.

$$F_0=\frac{1.17}{0.80}=1.46$$

⑤ 위험률 α를 목적에 따라서 정한다($\alpha=0.05$).

⑥ F표에서 ν_1, ν_2와 $\alpha/2$에 대한 F치를 구한다.

$\nu_1 = 11.2, \quad \nu_2 = 13.9, \quad 1-\alpha/2 = 0.975$

$F(11.2, \ 13.9 ; \ 0.975)$

$\Rightarrow F(10, \ 13 ; \ 0.975) = 3.25$

⑦ F_0와 $F(\nu_1, \nu_2; 1-\alpha/2)$를 비교한다.

$1.46 < 3.37$

F_0의 값은 한계치보다 작으므로 유의가 아니다. 즉, 두 전기로의 성분의 변동에는 차가 없다.

[참고] 이 검정법은 R를 이용한 대용 F검정이라 할 수 있다.

c는 다음 식의 내용을 가진다.

$$c=\sqrt{d_2^2+\frac{d_3^2}{k}}$$

k가 크면 c는 d_2에 접근하나 작으면 $c>d_2$로 된다.

7.1.2 범위를 사용한 평균치의 차의 검정

불편분산을 $(R/c)^2$으로 추정할 수 있으므로 t검정을 할 수 있다.

$$t_0=\frac{\bar{x}-\mu}{\frac{\bar{R}}{c}\Big/\sqrt{kn}} \qquad (7\cdot2)$$

R의 성격상 n개로 구분한 k조의 시료이므로 kn이 시료의 크기로 된다.

예제 7・2 평균 52의 로크웰(Rockwell) 경도를 갖는 합금을 만들고자 한다. 이러한 목표로 만들어진 10개의 합금시편의 경도를 측정한 결과, 다음과 같은 데이터가 나왔다.

81, 40, 70, 77, 65, 55, 48, 74, 46, 79

목표한 대로 되었다고 할 수 있겠는가? 단, 변동은 이런 정도로 인정한다.

《풀이》 ① 데이터를 $n=5$로 나누어 $\bar{R}$를 계산한다.

$$\left.\begin{array}{l}81\ \ 40\ \ 70\ \ 77\ \ 65 \longrightarrow R_1=41\\ 55\ \ 48\ \ 74\ \ 46\ \ 79 \longrightarrow R_2=33\end{array}\right\}\bar{R}=37.0$$

② 표 7・2에서 c, ν를 구한다.

$n=5,\quad k=2 \longrightarrow c=2.40,\ \nu=7.5$

③ t_0를 계산한다.

$$t_0=\frac{63.5-52}{\frac{37.0}{240}\Big/\sqrt{5\times2}}=2.36$$

④ 위험률 α를 0.05로 한다.

⑤ t표에서 $t(\nu,\ 1-\alpha/2)$값을 구한다.

$t(7,\ 0.975)=2.365$

⑥ t_0와 $t(\nu,\ 1-\alpha/2)$를 비교한다.

$2.36<2.365$

이므로 귀무가설은 5% 유의가 아니고 목표대로 되어 있다고 할 수 있다.

k의 값이 크면 c 대신에 d_2를 사용하여도 큰 오차는 없다. 그래서 2조의 큰 시료의 평균치의 차를 검정할 때에는 다음 식을 사용한다.

$$u_0 = \frac{|\bar{\bar{x}}_1 - \bar{\bar{x}}_2|}{\frac{\bar{R}}{\sqrt{n}d_2}\sqrt{\frac{1}{k_1}+\frac{1}{k_2}}}$$

$$\bar{R} = \frac{k_1\bar{R}_1 + k_2\bar{R}_2}{k_1 + k_2}$$

단, 이 식은 데이터의 수가 상당히 많은 경우에 적합하므로, 위에서 설명한 적은 데이터의 검정입장을 떠나서 다수치의 검정입장을 취하므로 제 2 종의 과오를 검출할 수 있는 기회가 많다. 그래서 제 1 종의 과오를 일으킬 확률을 0.3%로 하고 정규분포의 한계치로서 $u=3$으로 하여

$u_0 \geqq 3$이면, 유의차가 있으며,

$u_0 < 3$이면, 유의차가 없는 것으로 판정하는 것이 보통이다.

예 제 7 · 3 층별한 조의 관리도 ($\bar{x}-R$)에서

$n_A=5$	$k_A=10$	$\bar{R}_A=21.50$	$\bar{\bar{x}}_A=162.87$
$n_B=5$	$k_B=15$	$\bar{R}_B=20.77$	$\bar{\bar{x}}_B=165.31$

로 되어 있다. A, B 두 관리도는 각각 관리상태에 있다. 평균치 사이에 유의차가 있는가?

《풀이》 ① 표 7 · 2에서 c, ν를 구한다.

$n_A=5$, $k_A=10 \longrightarrow c_A=2.34$, $\nu_A=36.5$

$n_B=5$, $k_B=15 \longrightarrow c_B=2.33$, $\nu_B=54.6$

② 불편분산을 계산한다.

$$\left(\frac{\bar{R}_A}{c_A}\right)^2 = \left(\frac{21.50}{2.34}\right)^2 = 84.4$$

$$\left(\frac{\bar{R}_B}{c_B}\right)^2 = \left(\frac{20.77}{2.33}\right)^2 = 79.5$$

③ F_0를 계산한다.

$F_0 = 84.4/79.5 = 1.06$

④ F표에서 ν_1, ν_2, $1-\alpha/2$에 대한 F치 $F(\nu_1, \nu_2; 1-\alpha/2)$를 구한다.

$F(30, 40; 0.025) = 1.94$

⑤ F_0와 $F(\nu_1, \nu_2; 1-\alpha/2)$를 비교한다.

$1.06 < 1.94$

이므로 유의가 아니다. 즉, 두 관리도에 있어서의 변동에는 차가 없다고 할 수 있다.

⑥ 두 관리도로부터 합친 $\bar{R}$를 계산한다.

$$\overline{R} = \frac{10\times21.50 + 15\times20.77}{10+15} = 21.06$$

⑦ u_0를 계산한다.

$$u_0 = \frac{|\,162.87 - 165.31\,|}{\dfrac{21.06}{\sqrt{5\times2.326}} \cdot \sqrt{\dfrac{1}{10}+\dfrac{1}{15}}} = \frac{2.44}{1.65} = 1.48$$

⑧ 정규분포표로부터 $\alpha = 0.003$에 대한 $u(1-\alpha/2) = 3$을 구한다.

⑨ u_0와 $u(1-\alpha/2)$를 비교한다.

$1.48 < 3$

$\overline{\overline{x}}_A$와 $\overline{\overline{x}}_B$ 사이에는 유의차가 없다.

[참고] 관리도를 사용하는 검정법에서는 다음과 같이 사용하기 쉬운 형태로 바꿔 놓고 있다.

$$\overline{\overline{x}}_1 - \overline{\overline{x}}_2 \geq A_2\overline{R}\sqrt{\frac{1}{k_1}+\frac{1}{k_2}}$$

이면 평균치 사이에 유의차가 있다.

단, $A_2 = 3/\sqrt{n}\cdot d_2$, 2조의 n이 동일해야 한다.

7.1.3 범위를 사용한 평균치의 구간추정

$$\overline{x} \pm t(\nu,\ 1-\alpha/2)\frac{\overline{R}}{c\sqrt{kn}} \qquad (7\cdot3)$$

예제 7 · 4 어떤 제품에 관하여 원료에 대한 수율을 과거 10회의 실적에서 조사해 본 결과 다음과 같은 데이터가 나왔다.

이 공정에 대한 수율의 95% 신뢰한계를 구하여라.

(단위 : %)

63.8	71.4	70.6	65.7	68.8
71.0	70.2	65.2	68.1	69.3

《풀이》 ① 평균치 $\overline{x} = 68.41$

② $n=5$로 데이터를 나누어 R를 구하고 $\overline{R}$를 계산한다.

$$\left.\begin{aligned} R_1 &= 7.6 \\ R_2 &= 5.8 \end{aligned}\right)\ \overline{R} = 6.7$$

③ 표 7 · 2에서 c, ν를 구한다.

$n=5,\quad k=2 \longrightarrow c=2.40,\quad \nu=7.5$

④ $1-\alpha = 0.95,\quad \alpha = 0.05$

⑤ $t(7,\ 0.975) = 2.365$

⑥ $t(\nu,\ 1-\alpha/2)\dfrac{\overline{R}}{c\sqrt{kn}}$를 계산한다.

$$2.365 \times \frac{6.7}{2.40\sqrt{5\times2}} = 2.088$$

⑦ 신뢰한계를 계산한다.

신뢰상한 …… $68.41 + 2.088 = 70.498$

신뢰하한 …… $68.41 - 2.088 = 66.322$

7.2 2항 확률지의 사용방법

7.2.1 2항 확률지의 성질

성질 [Ⅰ] :

모부적합품률이 p'인 어떤 무한 모집단으로부터 n개의 시료를 샘플링하여 시료 중의 부적합품수가 r개이었다면 r/n는 시료 부적합품률이 된다. 여기에서 r/n를

$$\Theta = \sin^{-1}\sqrt{r/n}$$

의 각도로 방향변환을 하면, 시료 부적합품률 r/n가 2항 분포를 하는 데 대하여, Θ는 거의 정규분포를 하게 된다.

이제 2항 확률지와 같은 평방근지의 세로눈금에 r(부적합품수), 가로눈금에 $n-r$(양품개수)를 잡아 각 좌표의 교차점을 M이라 하고 M과 원점 O를 연결하며, 또 M으로부터 가로축에 수직선 MN을 그려 내리면 피타고라스의 정리에 의하여

$$(\sqrt{n-r})^2 + (\sqrt{r})^2 = (\sqrt{n})^2$$

이 되므로

$$\sin\Theta = \frac{\sqrt{r}}{\sqrt{n}} = \sqrt{\frac{r}{n}}$$

$$\Theta = \sin^{-1}\sqrt{r/n}$$

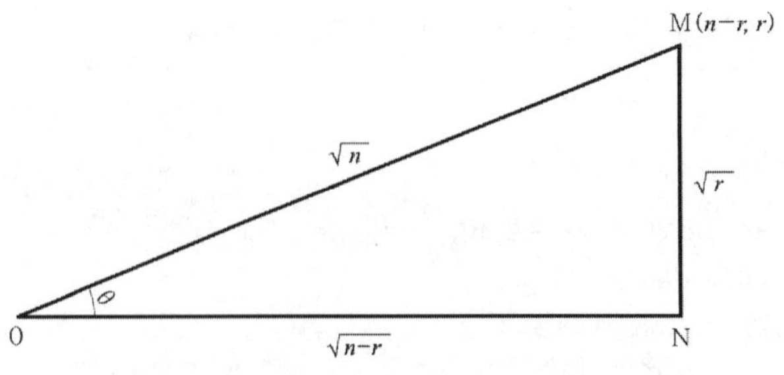

그림 7·1 성질 I의 설명도

한편 교차점 M과 원점 O를 연결하는 직선은 안분선(split)이라 하는데, 가로축에 대한 각도 Θ를 결정하는 것이다.

성질 [II] :

모부적합품률이 p'인 무한 모집단으로부터 랜덤으로 샘플링한 n개의 시료 중에 나타난 부적합품수를 r라 할 때 $(n-r):r$, 안분선과 가로축이 이루는 각도 Θ의 모분산은 $1/4n$이라는 것을 알 수 있다. 즉, 각도변환을 하였을 때 각 Θ는 $N(\Theta_0, 1/4n)$인 정규분포를 하며, 모분산은 $1/4n$로 시료의 크기 n에 의해서만 정해지며 Θ의 모평균인 Θ_0에는 관계가 없다.

성질 [III] :

모부적합품률이 p'인 무한 모집단으로부터 랜덤으로 샘플링한 크기 n개의 샘플 중에 나타난 부적합품수를 r라 하면, 실측점 $(n-r, r)$으로부터 p 안분선까지의 거리는 근사적으로 평균치, 0, 분산 1/4의 정규분포에 따른다.

즉, 실측점의 변동방식은 분산이 근사적으로 1/4로 되어서 모부적합품률 p'나 시료의 크기 n에는 관계가 없다. 그러므로 2항 확률지의 어떤 부분에서 측정하여도 항상 동일한 표준편차 1/2을 가진다. 이 표준편차의 크기가 σ척도로서 용지의 상부에 표시되어 있다.

그림 7 · 2에서와 같이 p안분선이 가로축과 이루는 각을 Θ_0, $(n-r, r)$ 안분선이 가로축과 이루는 각을 Θ라 하여, 실측점 $A(n-r, r)$로부터 p안분선에 그어내린 수직선의 교점을 B라 하고, 원점 O를 중심으로 $\overline{OA}$를 반지름으로 하는 원과 p 안분선과의 교점을 C라 하면

$$\angle AOB = \Theta_0 - \Theta = \Delta\Theta$$

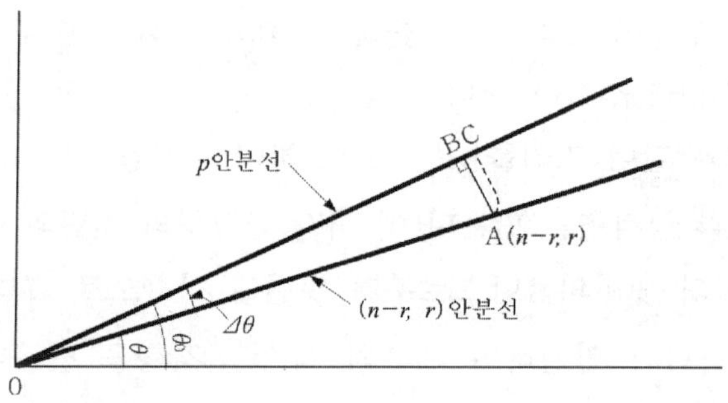

그림 7 · 2 성질 III의 설명도

$$\overline{OA} = \sqrt{n} = \overline{OC}$$

가 된다. 그래서 $\Delta\Theta$가 충분히 작은 곳에서는 $\overline{AC} \doteqdot \overline{AB}$, $\overline{AB} = \Delta\Theta\sqrt{n}$으로 되어 이 길이가 $N(0,\ 1/4)$에 따르게 되는 것이 증명되어 있다. 2항 확률지의 기저(원점으로부터 1까지의 거리)는 1 cm이므로, 반지름 $\sqrt{n}$의 원주에 따라 1/2의 길이, 즉 5 mm의 길이가 1σ에 상당하게 된다.

성질 [IV] :

2항 확률지에서 편차제곱합을 Σd_i^2으로 할 때 $4\Sigma d_i^2$은 χ^2 분포에 따른다. 이 때의 자유도는 k를 시료의 조수라 하면 안분선을 시료의 수치로부터 추정하여 차감한 경우는 $k-1$, 모수를 사용한 경우는 k이다.

분산이 σ^2인 정규모집단으로부터 랜덤으로 샘플링한 n개의 시료에 관한 편차제곱합을 S라 한다면 S/σ^2는 자유도 $n-1$의 χ^2분포를 한다는 것은 이미 설명한 바와 같다.

$\Sigma d_i^2 = S$이고 2항 확률지에서는 분산 $\sigma^2 = 1/4$이므로, 이로써 위의 성질을 유도해 낼 수 있다. 또 S는 다음과 같이 작도에 의하여 구한다.

< 작도에 의하여 편차제곱합을 구하는 방법 >

편차제곱합 S를 2항 확률지에서 구하는 방법은 다음과 같다.

k개의 실측점 $(n_1-r_1,\ r_1)$, $(n_2-r_2,\ r_2)$, ……, $(n_i-r_i,\ r_i)$, ……, $(n_k-r_k,\ r_k)$로부터 $\Sigma r_i/\Sigma n_i \times 100\%$ 안분선까지의 거리를 각각 $d_1,\ d_2, \cdots,\ d_i, \cdots,\ d_k$라 하면, 편차제곱합은 $d_1^2 + d_2^2 + \cdots\cdots + d_i^2 + \cdots\cdots + d_k^2$으로 된다. 단, 이 경우에는 $(n_i - r_t,\ r_i)$를 하나의 실측치로 생각한다. 따라서 편차제곱합은 이들 거리를 측정해서 자승하여 합계해도 좋으나, 피타고라스의 정리를 응용하여 다음에 설명하는 순서에 따라 작도로 구하는 방법이 보다 더 간단하다. 이와 같이 작도에 의하여 구하는 방법을 크래버디션(crabadition)이라 한다.

① 그림 7 · 3에서와 같이 거리를 d_1, d_2로 하여 직각을 이루는 2변의 길이를 각각 d_1, d_2로 하는 직각 삼각형을 만든다(이 직각 삼각형의 빗변의 길이는 $\sqrt{d_1^2 + d_2^2}$).

② 이 직각 삼각형의 빗변의 1단으로부터 빗변에 직각으로 d_3의 길이를 잡아 그림 7·3에서와 같이 타단과 연결하여 제 2 의 직각 삼각형을 만든다(이 직각 삼각형의 빗변의 길이는 $\sqrt{d_1^2 + d_2^2 + d_3^2}$).

③ 이를 되풀이하여 $\sqrt{d_1^2 + d_2^2 + d_3^2 + \cdots + d_k^2}$을 구한다.

④ ③에서 만든 길이를 측정하여 자승하거나 또는 이 길이를 2항 확률지의 좌표축에 맞추어서 0으로부터 그 길이를 읽으면 편차제곱합을 구할 수 있다.

그림 7·3의 예는 $k=5$일 때의 단거리에 관하여 편차제곱합을 구한 것이다.

또 k개의 실측점 $(n_1-r_1,\ r_1)$, ……, $(n_i-r_i,\ r_i)$, ……, $(n_k-r_k,\ r_k)$가 있을 때 $\Sigma(n_i-r_i,\ r_i):\Sigma r_i$, 안분선의 상측 및 하측에서 각각 안분선으로부터 가장 먼 실측점까지의 거리의 합계를 범위라 한다. 그림 7·3에서 범위 R는 d_2+d_5이다.

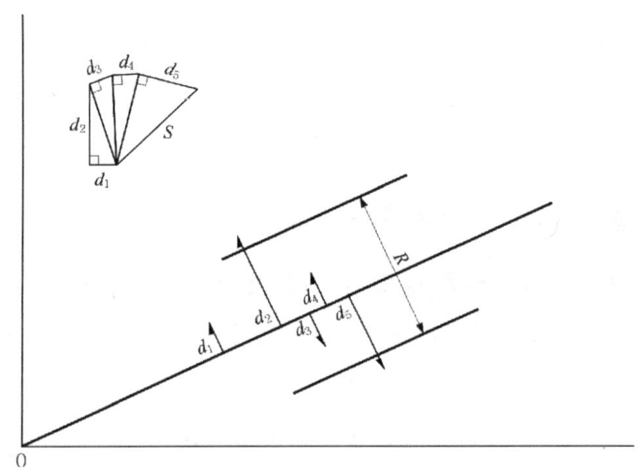

그림 7·3 작도에 의하여 S를 구하는 방법

성질 [V] :

각변환은 모집단 부적합품률 p'가 0 또는 1에 가깝거나 또는 n이 작을 때에는 정확하지 않다. 이를 더욱 유효하게 하기 위하여 Bartlet의 경험적인 수정에 따라서 시료부적합품률 r/n를 그대로 하지 않고 $r/n+1$로 각변환을 하여 $\sin^{-1}\sqrt{\dfrac{r}{n+1}}$로 하는 것이 보다 더 정규분포에의 근사가 좋아지게 된다. 그래서 부적합품률이 0 또는 1에 가까울 때에는 실측점으로서 직접 $(n-r,\ r)$를 2항 확률지에 잡는 것보다도 $(n-r+1,\ r)$ 또는 $(n-r,\ r+1)$을 잡는 것이 p안분선에의 거리가 정규분포에 잘 근사하게 된다.

그림 7·4에 관해서 설명하면 실측점 $\mathrm{A}(n-r,\ r)$ 및 $\mathrm{B}(n-r,\ r+1)$로부터 p 안분선에 그어 내린 직선의 교점을 각각 D, E라 하면 [성질 III]에서 설명한 바와 같이 $\overline{\mathrm{AD}}$는 근사적으로 평균치 0, 분산 1/4의 정규분포를 하는데 모부적합품률이 작을 때에는 $\overline{\mathrm{BE}}$ 쪽이 보다 더 정규분포에 근사하게 된다.

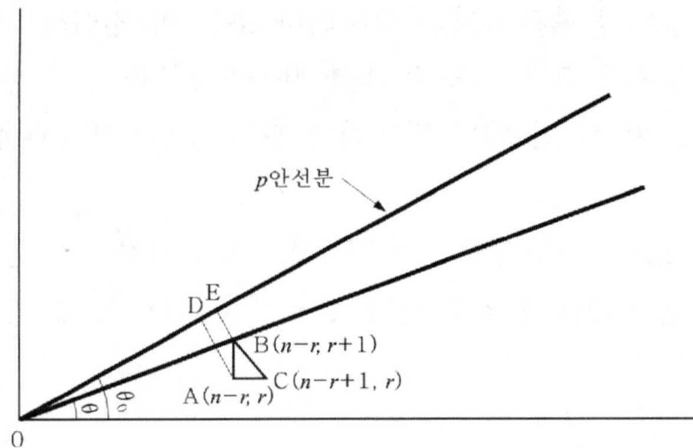

그림 7·4 성질 V의 설명도

7.2.2 2항 확률지의 각종 척도의 작성방법

2항 확률지의 σ척, α척, R척, χ척은 다음과 같이 작성한다.

1) σ척 : [성질 Ⅲ]에서 설명한 바와 같이 2항 확률지에서는 5 mm의 길이가 1σ에 상당하므로 σ척은 5 mm를 1σ로 하는 눈금으로 되어 있다. 또한 1/10 스케일(scale)의 σ척은 $5/\sqrt{10} = 1.58$ mm를 1σ로 하고 있다.

2) α척 : α척은 정규 분포표에서 표 7·3과 같이 구하고, 또한 $1/\sqrt{10}$ 스케일의 α척은 이 값을 $1/\sqrt{10}$배 하여 구한다.

표 7·3 α척 및 $\frac{1}{\sqrt{10}}$ α척의 표

확률		α 척의 길이		
편측	양측	α 단위	α 척(cm)	$\frac{1}{\sqrt{10}}$ α척(cm)
0.25	0.50	0.67	0.34	0.11
0.10	0.20	1.28	0.64	0.20
0.05	0.10	1.64	0.82	0.26
0.025	0.05	1.96	0.98	0.31
0.010	0.02	2.33	1.16	0.37
0.005	0.01	2.58	1.29	0.41
0.001	0.002	3.09	1.54	0.49
0.0005	0.001	3.29	1.64	0.52

3) R척 : 분산 σ^2인 정규모집단으로부터 랜덤하게 샘플링한 크기 n개의 시료

에 관한 범위 R가 $c\sigma$보다 크게 될 확률이 0.05 및 0.01이 되도록 하는 c의 값을 구하여 2항 확률지에 있어서의 $1\sigma=5$ mm에 c의 값을 곱한 길이가 R척의 눈금이다. 이 값을 표 7·4에 표시한다.

표 7·4 R척의 표

표본의 크기	확률 0.05		확률 0.01	
	σ단위	R척(cm)	σ단위	R척(cm)
2	2.77	1.38	3.64	1.82
3	3.31	1.66	4.12	2.06
4	3.63	1.82	4.40	2.20
5	3.86	1.93	4.60	2.30
6	4.03	2.02	4.76	2.38
7	4.17	2.08	4.88	2.44
8	4.29	2.14	4.99	2.50
9	4.39	2.20	5.08	2.54
10	4.47	2.24	5.16	2.58
15	4.80	2.40	5.45	2.72
20	5.01	2.50	5.65	2.82

4) χ척 : χ^2 분포표에서 여러 가지 자유도의 5% 및 1% 점을 읽어 그 제곱근을 구해서 $1\sigma=5$ mm에 이를 곱한 길이가 χ척의 눈금이다. 표 7·5에 여러 가지 자유도에 대한 값을 기록해 둔다.

표 7·5 χ척의 표

자유도	확률 0.05			확률 0.01		
	χ^2	χ	χ척(cm)	χ^2	χ	χ척(cm)
1	3.84	1.96	0.98	6.63	2.52	1.28
2	5.99	2.45	1.22	9.21	3.03	1.52
3	7.81	2.79	1.40	11.34	3.37	1.68
4	9.49	3.08	1.54	13.28	3.64	1.82
5	11.07	3.33	1.66	15.09	3.88	1.94
9	12.59	3.55	1.78	16.81	4.10	2.05
10	18.31	4.28	2.14	23.21	4.82	2.41
15	25.00	5.00	2.50	30.58	5.33	2.76
30	43.77	6.62	3.31	50.89	7.13	3.56

[1] 2항 확률지의 설명

① σ척과 α척에서 1σ의 길이는 0.5 cm이며 α척은 한쪽과 양쪽의 눈금이 새겨져 있다.

② $1/\sqrt{10}$ 스케일의 σ척, α척

③ 기저란 원점 O로부터 1까지의 거리를 말한다. Nishibori 2항 확률지에서는 기저가 1 cm로 되어 있다.

④ 가로축과 안분선(원점을 통하는 직선이 이루는 각)이 π 라디안 단위로 오른쪽 및 왼쪽에 새겨져 있다(눈금의 간격은 0.05 π 라디안).

⑤ 원점을 중심으로 하여 (100, 0)의 점을 지나는 1/4의 원주를 4분원이라 한다. 4분원상에는 세로축과 안분선이 이루는 각을 π 라디안 단위로 표시한 값에 0.5를 가하여 100배 한 수치가 눈금으로 되어 있다.

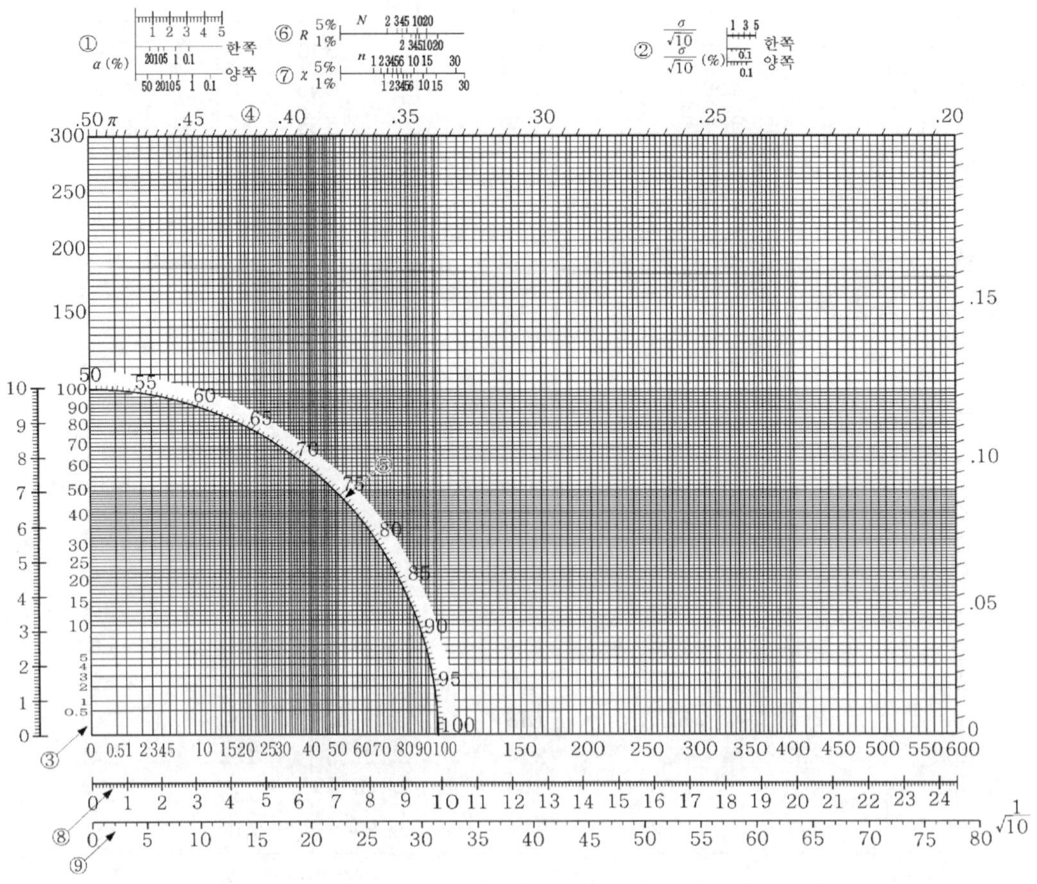

그림 7·5 2항 확률지

⑥ R척으로서 범위를 검정한다. N은 시료의 크기이고 $N=2, 4, \cdots\cdots, 20$에 대하여 5% 및 1%의 유의수준의 점이 표시되어 있다.

⑦ χ척(χ^2 검정을 하기 위한 스케일)으로서 n은 자유도이다. 이는 χ의 값이고 χ^2의 값이 아닌 것에 주의하기 바란다. 자유도 1, 2, 3 ……, 30에 관하여 유의수준 5% 및 1%의 점이 표시되어 있다.

⑧ cm 척으로서 원점을 O로 하여 mm 간격으로 눈금이 표시되어 있다.

⑨ $1/\sqrt{10}$ 스케일의 cm척, 즉 cm척을 $1/\sqrt{10}=1/3.162$로 축소한 것이다.

[2] 표시법

① 실측점 : 크기 n개의 시료를 검사하여 부적합품이 r개, 양품이 $(n-r)$개 있었을 때, 이 시료를 2항 확률지 위에서는 $(n-r,\ r)$인 점으로 표시하며 이 점을 실측점이라 한다.

② 실측 삼각형 : 실측치 $n-r,\ r$가 작을 경우에는 $(n-r,\ r)$의 1점만을 사용하지 않고 안전하게 $(n-r,\ r)$, $(n-r+1,\ r)$, $(n-r,\ r+1)$의 3점으로 구성되는 직각 삼각형으로 실측치를 표시한다. 이 삼각형을 실측 삼각형이라 한다. $n-r,\ r$가 모두 100 이상이 되면 실측 삼각형은 거의 점으로 되고 말며, 또 한쪽이 100 이상이고 다른 쪽이 비교적 작을 때에는 거의 선분으로 된다.

③ 안분선 : 원점을 지나는 직선을 안분선이라 한다. 예를 들면 점 (27, 23)을 지나는 안분선은 27 : 23 안분선, 즉 46%[23/(27+23)×100] 안분선이라 한다. 점 (1, 1)을 지나는 안분선은 1 : 1 안분선, 즉 점 (5, 5), (20, 20), (100, 100) 등을 지난다. 따라서 1 : 1 안분선, 5 : 5 안분선 등은 어느 것이나 동일한 안분선을 가리킨다. 또, 실측점을 지나는 안분선과 4분원과의 교점의 세로좌표는 그 실측점에 대응하는 백분률(이 경우에는 부적합품률)을 가리킨다.

④ 편차(거리) : 실측점으로부터 안분선에 내린 수선의 길이를 편차 또는 거리라 한다. 실측점은 시료에 대응하며, 또 안분선은 모수, 모수의 추정치 혹은 귀무가설에 상당한다. 실측 삼각형의 직각정점(실측점) 이외의 2정점으로부터 안분선까지의 거리 가운데서 짧은 쪽을 단거리, 긴 쪽을 장거리라 한다.

⑤ 범위 : 몇 개의 실측점 $(n_1-r_1,\ r_1)$, $(n_2-r_2,\ r_2)$……가 있을 때 $\Sigma(n_i-r_i)$: Σr_i 안분선을 긋고(모부적합품률의 추정), 이 안분선의 위쪽과 아래쪽에서 가장 먼 점까지의 거리의 합을 범위라 한다.

7.3 2항 확률지에 의한 검정과 추정

7.3.1 모부적합품률의 검정

어떤 아주 큰 로트로부터 n개의 시료를 랜덤으로 샘플링하여 검사한 결과 부적합품이 r개 나왔을 경우, 이 로트의 부적합품률은 p라고 할 수 있는가 어떤가를 검정하는 순서는 다음과 같다.

① p안분선을 긋는다.

② 실측 삼각형 $(n-r,\ r)$, $(n-r+1,\ r)$, $(n-r,\ r+1)$을 작도한다.

③ 이 실측 삼각형으로부터 p안분선까지의 거리를 측정하여 이 길이를 α척(귀무가설의 설정방법에 따라서 양쪽 또는 한쪽)과 비교하여 판정한다. 단거리가 α척의 α%의 길이보다 길면 유의수준 α%에서 유의, 장거리가 α척의 α%의 길이보다 짧으면 유의수준 α%에서 유의가 아니라고 판정한다.

[예제] 7 · 5 어떤 공정의 부적합품률은 종래부터 22%로 알려지고 있다. 이제, 이 공정으로부터 59개의 시료를 샘플링하여 검사한 결과 부적합품이 3개 나왔다. 이 때 부적합품률이 작아졌다고 할 수 있겠는가?

《풀이》 ① 22% 안분선을 긋는다.

② 실측 삼각형 (56, 3), (57, 3), (56, 4)를 작도한다.

③ 이 실측 삼각형에서 안분선까지의 거리를 측정하여 한쪽 α척과 비교한다. 단거리도 한쪽 α척의 1%의 길이보다 더 길다. 그러므로 고도로 유의하다.

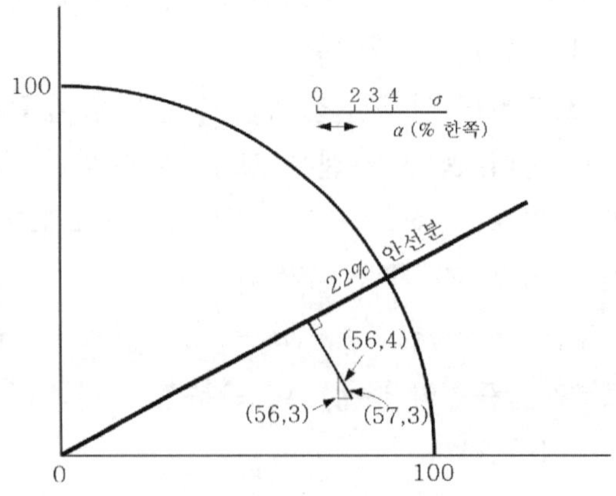

그림 7 · 6 부적합품률의 검정

7.3.2 모부적합품률의 추정

[1] 모부적합품률의 점추정

어떤 로트로부터 크기 n의 시료를 샘플링하여 검사한 결과 부적합품이 r개 있을 경우에 이 로트의 부적합품률의 점추정을 하는 순서는 다음과 같다.

① 실측 삼각형 $(n-r,\ r)$, $(n-r+1,\ r)$,$(n-r,\ r+1)$을 작도한다.

② $\left(n-r+\dfrac{1}{2},\ r+\dfrac{1}{2}\right)$의 점을 구하여 이 점을 통과하는 안분선을 긋는다.

③ 이 안분선과 4분원과의 교점의 세로좌표를 읽는다. 이 값이 구하고자 하는 모부적합품률의 추정치이다.

[예제] 7·6 부적합품이 많이 나오고 있는 공정이 있다. 시료 50개를 샘플링하여 검사한 결과 31개의 부적합품이 나왔다. 이 공정의 모부적합품률을 추정하여라.

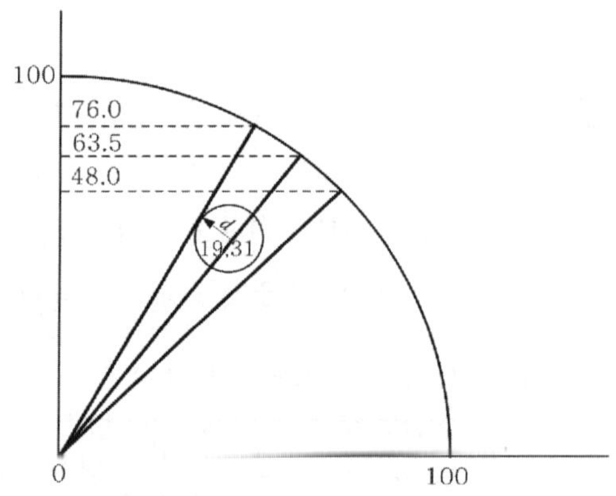

그림 7·7 부적합품률의 추정

《풀이》 ① 실측 삼각형 (19, 31), (20, 31), (19, 32)를 작도한다.

② 점 $\left(19\dfrac{1}{2},\ 31\dfrac{1}{2}\right)$을 통과하는 안분선을 긋는다.

③ 이 안분선과 4분원과의 교점의 세로좌표는 63.5%로 된다.

[2] 모부적합품률의 구간추정

어떤 로트로부터 n개의 시료를 샘플링하여 검사한 결과 r개의 부적합품이 나왔다. 이 로트의 부적합품률의 신뢰율 $(100-\alpha)$%의 신뢰한계를 구하는 순서는 다음과 같다.

① 실측 삼각형 $(n-r,\ r)$, $(n-r+1,\ r)$, $(n-r,\ r+1)$을 작도한다.

② 실측 삼각형의 빗변의 양단, 즉 점 $(n-r+1,\ r)$ 및 $(n-r,\ r+1)$을 중심으로 하여 양측 α척의 (100－α)%까지의 길이를 반지름으로 하는 2개의 원을 그린다.

③ 이 2개의 원의 외측에 접하는 2개의 안분선을 긋는다.

④ ③에서 그은 2개의 안분선과 4분원과의 교점의 세로좌표를 읽으면 이 값이 구하고자 하는 신뢰율 (100－α)%의 신뢰한계이다.

예제 7·7 예제 7·6에 관하여 모부적합품률의 신뢰율 95%의 신뢰한계를 구하여라.

《풀이》 ① 실측 삼각형을 작도한다.

② 실측 삼각형의 빗변의 양단을 중심으로 하여 양측 α척의 5%의 길이를 반지름으로 하는 원을 그린다.

③ 이 2개의 원의 외측에 접하는 안분선을 긋는다.

④ 이 2개의 안분선과 4분원과의 교점의 세로좌표를 읽으면 48.0 및 76.0이 된다. 즉, 부적합품률의 신뢰율 95%의 신뢰한계는 48.0% 및 76.0%이다(그림 7·7 참조).

7.3.3 부적합품률의 차의 검정

작업자 A가 만든 부품 n_A개 중에는 r_A개의 부적합품이, B가 만든 부품 n_B개 중에는 r_B개의 부적합품이 있었다고 할 때 A, B 양쪽의 부적합품률에 차가 있다고 할 수 있는가 어떤가를 검정하는 순서는 다음과 같다. 이 검정에는 1) 범위에 의하는 방법, 2) crabadition에 의하는 방법, 3) Nishibori에 의한 방법이 있다.

표 7·6 A, B 양쪽의 불량 부품수

	A	B	계
적 합 품	n_A-r_A	n_B-r_B	$n_A+n_B-r_A-r_B$
부 적 합 품	r_A	r_B	r_A+r_B
계	n_A	n_B	n_A+n_B

1) 범위에 의하는 방법

① 2개의 실측 삼각형 $(n_A-r_A,\ r_A)$ 및 $(n_B-r_B,\ r_B)$를 작도한다.

② $(n_A+n_B-r_A-r_B):(r_A+r_B)$ 안분선을 긋는다.

③ ①에서 구한 실측 삼각형으로부터 안분선까지의 거리의 합계를 구하여 R척으로 검정한다. 이 때 시료의 조수 $N=2$의 R척과 비교한다.

2) crabadition에 의하는 방법

① 실측 삼각형 $(n_A-r_A,\ r_A)$ 및 $(n_B-r_B,\ r_B)$를 작도한다.

② $(n_A+r_B-r_A-r_B):(r_A+r_B)$ 안분선을 긋는다.

③ ①에서 만든 실측 삼각형으로부터 안분선까지의 거리를 crabadition한다. 그리고 그 길이를 χ척과 비교하여 검정한다. 자유도는 1이다.

3) Nishibori에 의한 방법

① 실측 삼각형 $(n_A-r_A,\ r_A)$, (n_B-r_B, r_B)를 작도한다. 이 2개의 삼각형에서 가장 가까운 정점을 P_A, P_B라 한다.

② P_A, P_B를 통과하는 2개의 안분선을 긋는다.

③ 점 $(0,\ n_A)$ 및 $(n_B,\ 0)$을 연결하는 직선을 그어, 여기에 원점 O로부터 수직선을 그어서 그 교점을 H라 한다.

④ 원점을 중심으로 하여 OH를 반지름으로 하는 원을 그리고, 그 원호의 안분선 $\overline{\mathrm{OP}}_A$ 및 $\overline{\mathrm{OP}}_B$ 사이에 포함된 부분의 길이를 재어서 α척과 비교하여 검정한다.

예제 7·8 어떤 기계 부품을 A, B 2대의 기계로 제작하고 있는데 A는 250개 중에 41개의 부적합품을, B는 300개 중에 20개의 부적합품을 발생시켰다. A, B의 부적합품률에 차가 있는가?

	A	B	계
적 합 품	209	280	489
부 적 합 품	41	20	61
계	250	300	550

《풀이》 1) 범위에 의하는 방법

① 실측 삼각형 (209, 41) 및 (280, 20)을 작도한다.

② 489 : 61 안분선을 긋는다.

③ 범위를 구하여 R척과 비교하면 1%의 길이보다 더 길므로 A, B 사이에는 1%의 유의수준으로 유의차가 있다(그림 7 · 8).

2) crabadition에 의하는 방법

범위에 의하는 방법과 마찬가지로 실측 삼각형과 안분선을 작도하여 거리를 crabadition하면 그 길이는 자유도 1의 χ척 1%의 길이보다 더 길다. 그러므로 1%로의 유의이다(그림 7 · 8).

3) Nishibori에 의한 방법

① 실측 삼각형 (209, 41), (280, 20)을 작도하여 서로 가장 가까운 정점을 P_A, P_B라 한다.

② P_A, P_B를 통과하는 2개의 안분선을 긋는다.

③ 점 (0, 250) 및 점 (300, 0)을 연결하는 직선을 그어 여기에 원점으로부터 수직선을 그어 내려서 그 교점을 H로 한다.

④ 원점 O를 중심으로 하여 OH를 반지름으로 하는 원을 그리고, 이 원호의 안분선 $\overline{\mathrm{OP}}_A$, $\overline{\mathrm{OP}}_B$ 사이에 포함되는 부분의 길이를 구하여 α척과 비교하면, 양측 1%의 길이보다 더 길다.

그러므로 1%로 유의이다(그림 7 · 8).

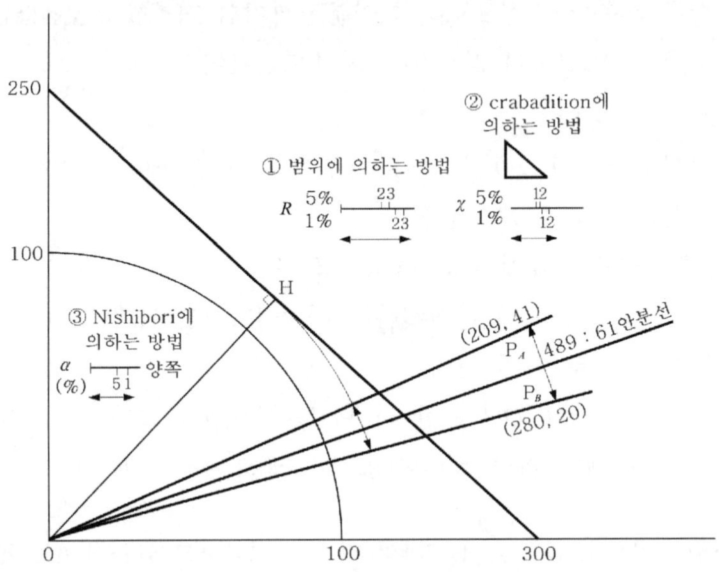

그림 7 · 8 2개의 부적합품률의 비교

7.3.4 2×*n* 분할표의 검정

[예제] 7 · 9 어떤 방적공정의 중간제품에서 기계 4내에 대한 하루 제품 중 사내 규격에 합격한 것과 불합격한 것은 다음과 같다. 이 4대의 기계 사이에 차가 있다고 할 수 있는가?

합부 \ 기계	1	2	3	4	계
규 격 내	157	147	154	149	607
규 격 외	11	20	16	11	58
계	168	167	170	160	665

《풀이》 2×*n* 분할표는 범위에 의한 방법으로 검정할 수 있다.

① (157, 11), (147, 20), (154, 16) 및 (149, 11)의 4개의 실측 삼각형을 만든다.

② 607 : 58의 안분선을 긋는다.

③ 이 안분선의 상, 하에서 가장 멀리 떨어진 실측 삼각형, 즉 (147, 20), (157, 11)까지의 거리를 구한다.

④ 이 범위의 길이를 $N=4$의 R척의 길이와 비교하여 판정한다. 이 경우에는 R척 $N=4$의 5%의 길이보다 짧으므로 유의차는 없다(그림 7 · 9).

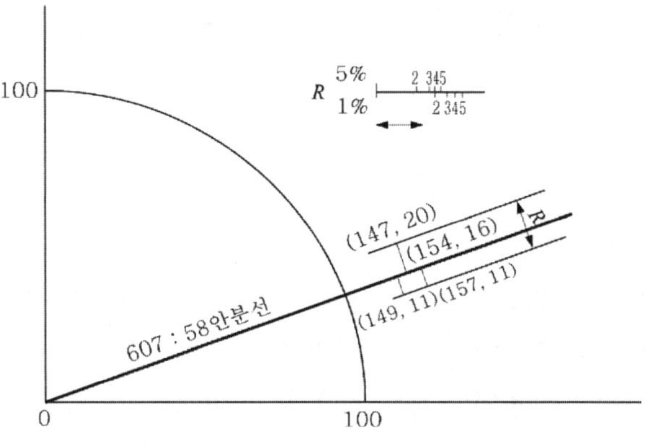

그림 7·9 2×n 분할표

7.3.5 부호검정

모부적합품률의 검정에 있어 50%의 안분선, 즉 45도의 선을 그으면 이로써 $p'=1/2$에 대한 검정을 할 수 있다. 평균치보다 큰가 작은가(평균치 자체는 제외), 또는 +인가 −인가(0은 제외)와 같이 출현할 수 있는 경우가 2개밖에 없고, 또한 그들이 균등한 기회로 출현한다면 +의 수가 −의 수보다 많으냐 적으냐 하는 것은 이 방법으로 검정할 수 있다.

이는 다수의 계량치의 데이터를 기초로 하여 판정을 내릴 때 일일이 계산하는 것이 번잡스러우므로 이를 그러한 계수치로 고쳐서 간이검정을 할 때에 매우 편리하

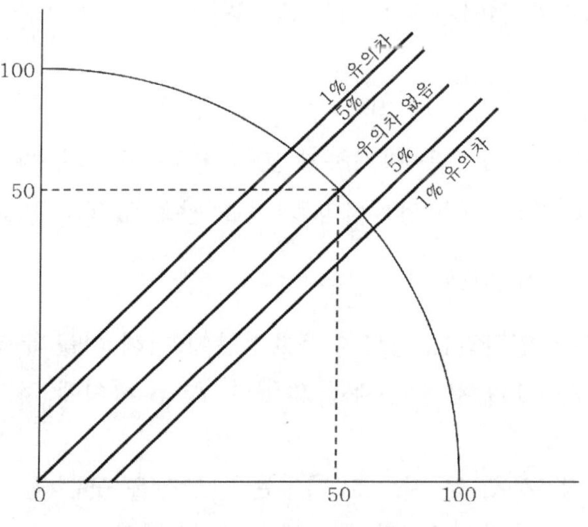

그림 7·10 부호검정

다. 이것을 부호검정이라 하며 널리 사용되고 있다.

부호검정 순서는 다음과 같다(그림 7 · 10).

① 50% 안분선을 긋는다.

② 안분선의 양측에 양측 5% 및 양측 1%의 선을 안분선과 평행으로 긋는다.

③ 실측 삼각형 $(n-r,\ r), (n-r+1,\ r), (n-r, r+1)$을 작도한다.

④ 실측 삼각형의 단거리를 이루는 정점이 어떤 영역에 있는가를 본다.

양측 5% 선의 내측영역 : 유의차 없음.

양측 1% 선의 외측영역 : 1% 유의차 있음.

중간영역 : 5% 유의차 있음.

예제 7 · 10 같은 종류의 재료를 공급하고 있는 A, B 2개 회사가 있다. 과거 30회의 납품로트 품질을 검사한 결과 A가 B보다 더 우수했던 로트가 20회, 반대로 B가 더 우수했던 로트가 10회였다. A는 B보다도 더 좋은 재료를 공급하였다고 할 수 있겠는가?

《풀이》 ① 50% 안분선을 긋는다.

② 안분선의 양측에 양측 5% 및 양측 1%의 선을 안분선과 평행으로 긋는다.

③ 실측 삼각형 (20, 10), (21, 10), (20, 11)을 작도한다.

④ 50% 안분선에 가까운 정점은 5% 선의 내측에 들어가므로 유의차가 없는 것으로 판단된다.

[1] 2조의 데이터의 비교(대응이 있을 경우)

A, B 2조의 데이터가 있고 A와 B의 데이터가 1개씩 대응하는 경우 A와 B 사이에 차가 있나 없나를 검정하려면 다음 순서에 따른다.

① A와 B의 1개씩의 데이터에 대해서 A>B이면, +, A<B이면 −, A=B일 때 0의 부호를 붙인다.

② +의 수 n_+, −의 수 n_-, 0의 수 n_0을 센다.

③ 실측 삼각형 $(n_+,\ n_-)$을 작도하고 50% 안분선을 긋는다. 그리고 실측 삼각형 $(n_+,\ n_-)$로부터 50% 안분선까지의 거리를 양쪽 α척과 비교하여 판정한다.

[2] 2조의 데이터의 비교(대응이 없는 경우)

A, B 두 회사로부터 입하하는 원료의 유효성분에 대해 이를 분석해서 그 측정치를 플롯한 결과, 그림 7 · 11과 같은 결과를 얻었다. A, B 사이에 차가 있다고 할 수 있는가?

① 전체의 점을 상, 하로 약 반으로 나누는 가로선을 긋는다.

② 이 가로선의 상, 하에 있는 점의 수를 세어 집계한다.

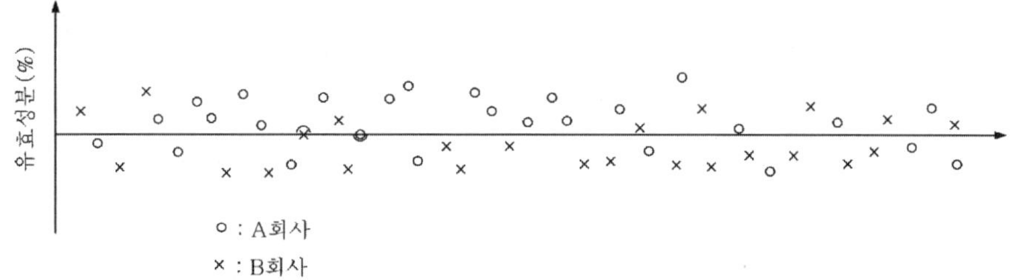

그림 7·11 원료의 유효성분

	A	B	계
상	19	8	27
하	8	16	24
계	27	24	51

③ 이 2×2 분할표를 범위에 의하여 검정한다.

④ A, B의 차가 유의이면 A만에 대한 메디안선 $\tilde{x}_A$(점을 상, 하 동일한 수로 나누는 선)와 B만에 대한 메디안선 $\tilde{x}_B$를 긋고, $d=\tilde{x}_A-\tilde{x}_B$를 A의 값에서 빼면(이것을 수정이라 함) A, B의 차는 데이터에서 소거된 셈이 된다. 이 데이터를 다시 다른 요인으로 층별하여 검정을 행할 수 있다.

[3] k조의 데이터의 비교

k조의 데이터가 있을 경우에는 위의 방법에 준하여 점의 수를 세어 $2\times k$ 분할표를 만들어 앞에서 말한 방법으로 검정하면 된다.

[4] 상관의 검정

1) 산포도에 의한 방법 : 그림 7·12의 산포도는 점의 수가 30이고, x, y에 대해서 메디안선을 그으면 각 구획 내의 점의 수는 $n_1=11$, $n_2=4$, $n_3=11$, $n_4=4$이다. 1, 3 구획의 점을 +로 하고 2, 4 구획의 점을 −로 하면 +, −점의 수는

$$n_+=11+11=22$$

$$n_-=4+4=8$$

n_+, n_-를 세어 실측 삼각형(n_+, n_-)을 만든다. 이 때 n_+와 n_- 중에서 큰 쪽을 가로축에 잡는다. 50% 안분선을 긋고 실측 삼각형으로부터의 거리를 양쪽 α척으로 검정하면 상관의 검정을 할 수 있다.

단거리가 양쪽 α척의 α%의 길이보다 길면 유의수준 α로 유의, 즉 상관이 있다

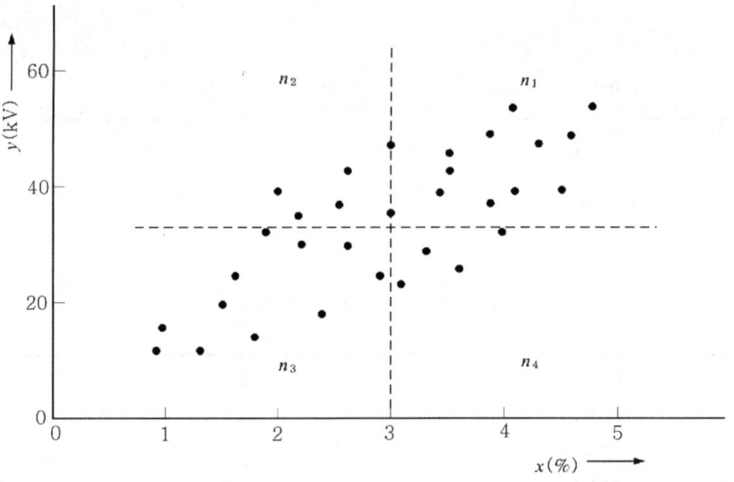

그림 7·12 기공률과 절연내력의 산포도

고 판정한다. 이 경우에는 5% 유의수준으로 유의로 된다.

2) 그래프 또는 관리도에 의한 방법 : 2개의 특성치 x와 y의 그래프 또는 관리도가 얻어졌을 경우, x와 y의 관계가 있나 없나를 알아보려면 다음과 같이 한다.

① x, y의 그래프에 각각 메디안선을 긋는다.

② 메디안선의 위쪽에 있는 점을 +, 아래쪽에 있는 점을 −로 하여 + −의 계열을 만든다.

③ x와 y에 대해서 같은 부호이면 +, 다른 부호이면 −로 한다.

x + − − + + + − + − − + + − + − − − − − + + + − + + − + −
y + − − − + − − + − + + + − − + − − − − + − + − + + − + +

$x×y$ + + + − + − + + + − + + − − + − + + + − + − − − + − − −

④ n_{+}, n_{-} 의 수를 산포도에 의한 방법과 같이 검정한다.

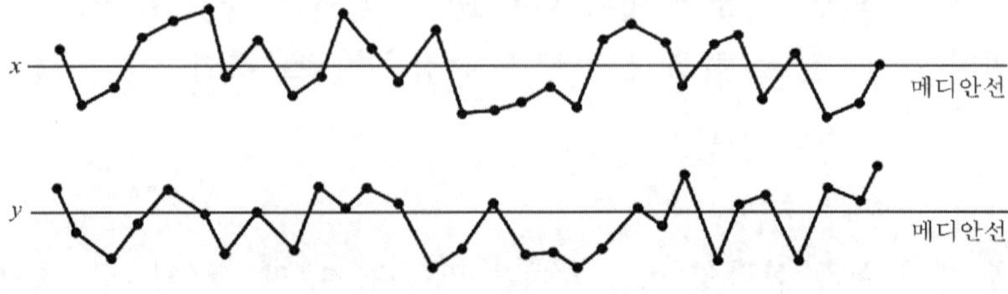

그림 7·13 x와 y의 그래프

연습문제

1. 어떤 공정의 제품에서 크기 $n=50$의 시료를 랜덤하게 취하여 검사한 결과 부적합품이 15개 있었다. 이 공정의 부적합품률은 20%라고 할 수 있는가? 단, 2항 확률지를 사용하여라.

2. 어떤 공정의 제품에서 50개의 시료를 샘플링하여 검사한 결과 부적합품이 15개 있었다.

① 이 공정의 부적합품률을 추정하여라.

② 이 공정의 부적합품률의 신뢰율 95%의 신뢰한계를 구하여라. 단, 2항 확률지를 사용하여라.

3. 어떤 기계부품을 A, B 2대의 기계로 만든 결과 A는 250개 중에서 부적합품이 41개, B는 300개 중에서 부적합품이 20개 있었다. A, B 2대의 부적합품률에 차가 있다고 할 수 있는가? 단, 범위에 의한 방법을 사용하여라.

4. 어떤 부품의 정밀 다듬질의 연마방법에 A, B, C의 3종류가 있다. 이 3종류의 방법을 써서 다듬질을 행한 결과는 다음 표에 따라서 연마방법에 의해 틀림이 있다고 할 수 있겠는가? 단, 2항 확률지를 사용하여 검정하여라.

	A	B	C
검 정 개 수	215	362	185
불합격품수	32	40	18

5. A, B 두 회사로부터 입하되는 원료의 성분에 관하여 분석하고 그 측정치를 플롯하였더니 그림 7·14와 같은 결과를 얻었다. A. B 사이에 차가 있다고 할 수 있겠는가?

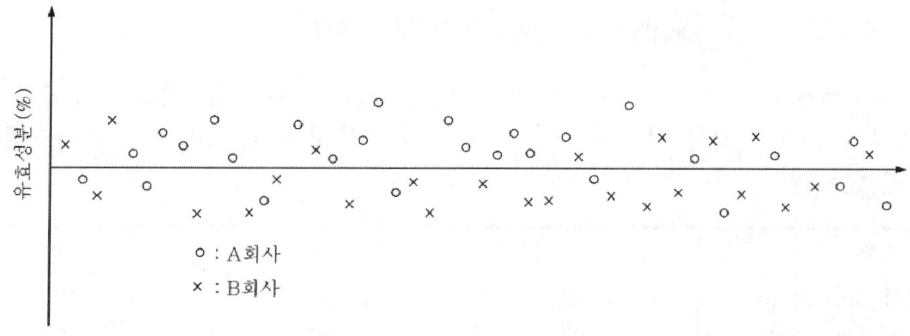

그림 7·14 원료의 유효성분

6. 다음은 A, B, C, D 4개의 원료회사로부터 입하되고 있는 어떤 원료의 성분에 관하여 분석하고, 그 측정치를 플롯한 후 점을 상, 하로 반분할 수 있는 메디안선을 긋고 각 회사마다 상, 하의 점을 조사했더니 다음과 같이 집계되었다.
원료로 입하하는 회사 사이에 차가 있다고 할 수 있는가?

	A	B	C	D	합 계
상	18	9	19	30	76
하	15	25	23	12	75
합 계	33	34	42	42	151

7. 다음의 분할표를 2항 확률지를 써서 검정하여라.

	A	B	C
적 합 품	68	83	77
부 적 합 품	7	15	16

8. 황화광의 배소공정에서 배소광 잔류황분을 정량분석하여 배소효율을 관리하고 있다. 하루에 5점의 측정치가 나오므로 이것을 1군으로 삼아서 8월, 9월 각 25일간의 데이터에 관한 $\bar{\bar{x}}$와 $\bar{R}$를 구했더니 다음의 값이 얻어졌다. 8월과 9월 사이에 산포, 평균치에 차가 있겠는가?

	$\bar{\bar{x}}$	$\bar{R}$
8월	1.58	1.57
9월	1.82	1.72

9. 도제 다듬질을 한 어떤 부품의 로트로부터 크기 $n=50$의 시료를 랜덤으로 샘플링하여 검사하였던 바 1급품이 35개, 2급품이 15개였다. 이 로트의 2급품의 비율이 45%라고 할 수 있겠는가? 단, 2항 확률지를 사용하여라. 또한 로트의 2급품의 비율의 점추정 및 신뢰율 95%의 신뢰한계를 구하여라.

10. 2개 회사로부터 납품된 약품을 특정한 결함이 있는 것과 없는 것으로 분할한 결과, 다음과 같은 데이터가 나왔다. A, B에 따라서 특정한 결함의 유무가 다르다고 할 수 있겠는가?

회 사	A	B	C
결함 없는 개수	12	6	18
결함 있는 개수	20	25	45

11. 어떤 약품의 성분에 관하여 A, B 두 사람이 매일 동일한 시료를 두 가지로 나누어서 분석하고 있다. 과거 40회의 실적은 다음과 같았다. A와 B 사이에 차가 있다고 할 수 있겠는가?

A가 B보다 크다.	21회
A가 B보다 작다.	16회
A와 B가 같다.	3회

8 관 리 도

8.1 관리도의 정의

관리도는 공정의 상태를 나타내는 특성치에 관해서 그려진 그래프로서, 공정을 안정상태(관리상태)로 유지하기 위하여 사용된다. 또한 관리도는 제조공정이 잘 관리된 상태에 있는가를 조사하기 위해서 사용할 수 있다.

관리도에는 1개의 중심선과 그 선의 상, 하에 2개의 관리 한계선을 그어놓고 공정의 상태를 나타내는 특성치를 기입하였을 때, 그 점이 관리 한계선 밖으로 벗어났으면 공정에 무엇인가 보아 넘기기 어려운 원인이 존재하고 있음을 나타낸다. 이러한 경우에는 그 원인을 찾아서 제거하고, 재발방지의 조처를 취해 줌으로써 공정을 관리상태로 이끌어갈 수 있게 되며, 점이 관리 한계선 안쪽에 있으면 그 공정은 관리상태에 있음을 나타낸다.

8.1.1 품질의 산포

동일한 재료를 사용하여 동일한 작업을 실시하여도 만들어진 품질은 크든 작든 반드시 산포를 하게 된다. 이러한 산포는 다음과 같은 원인에 의해서 발생한다.

① 원재료의 품질이 허용차의 범위 내에서 변화하기 때문

② 작업표준에 정해진 허용차의 범위 내에서 작업조건이 변화하기 때문

③ 작업표준을 지키지 않고 작업하기 때문

④ 작업표준을 지키고 있으나 작업표준 자체가 불완전하여 변동의 원인을 억제할 수 없기 때문

이상과 같은 변동의 원인은 우리가 기술적으로 확인할 수 있는 것도 있으나 확인이 안 되는 것도 있다. 이와 같은 원인은 그것이 확인이 되든가 안 되든가 상관없이

다음의 두 가지로 분류할 수 있다.

• 공정에서 언제나 일어나고 있는 정도의 어찌할 수 없는 산포 : 이 산포가 생기는 우연 원인(chance cause), 불가피원인, 억제할 수 없는 원인이라고 한다.

• 보통 때와 다른 의미가 있는 산포 : 이 산포가 생기는 원인을 보아 넘기기 어려운 원인(assignable cause), 가피원인, 이상원인이라고 한다.

이상의 두 가지 원인에 의하여 공정에서 생산되는 제품에는 산포가 생기지만, 보아 넘기기 어려운 원인(이상원인)을 제거하고 우연원인에 의한 산포만을 가지는 상태를 관리상태(state of control) 또는 안정상태라고 한다. 이상원인이 존재하는 경우에는 그 공정은 관리되지 않은 상태에 있다고 말한다.

8.1.2 관리한계

관리도는 품질변동의 원인이 우연원인에 의한 것인가, 아니면 이상원인에 의한 것인가를 구별하는 작용을 하는 것이다. 이를 위하여 관리도에는 관리 한계선이라 부르는 1쌍의 선이 표시되어 있다. 품질에 관한 측정결과를 그래프에 타점하였을 때 점이 한계선 밖으로 이탈하면 이상원인이 있음을 표시하게 된다. 관리 한계선은 보통 과거의 실적으로부터 통계학적인 계산으로 설정하게 되는데, 평균치를 중심으로 타점할 통계량의 표준편차의 3배의 거리에 상, 하 대칭으로 그려 넣는다(3σ법). 그러나 경우에 따라서 한쪽만을 설정하는 경우도 있다.

8.1.3 안정상태

제조공정을 혼란하게 하는 원인을 기술적으로 파악하고 있고, 이러한 혼란이 발생하지 않도록 작업표준을 설정하고 있다면, 작업자가 작업표준대로 작업을 하는 한 원료규격의 허용차나 작업표준의 허용차 이내의 우연한 변동만이 제품품질의 변동원인으로 된다. 관리한계는 이러한 우연원인에 의한 변동은 거의 모두가 그 안에 포함되도록 설정된 것이므로, 품질을 표시하기 위하여 관리도에 기입한 점은 공정에 착오가 없는 한 거의 모두 관리한계 내에 들어가게 된다. 이러한 상태를 안정상태(state of control)라 한다. 안정상태는 통계적 관리상태 또는 관리상태라고도 한다.

3σ법의 관리한계에서는 제 2 종 과오가 대개의 경우 경제적으로 조화되고 있다는 것이 오랫동안의 경험에 의하여 인정되고 있다. 그러므로 특별한 이유가 없는 한 3σ법을 사용하는 것이 편리하다.

제조공정이 안정상태에 있으면 현재의 작업표준에 의하여 작업을 수행하는 한 품질의 변동을 지금보다 더 작게 할 수는 없다. 품질의 변동을 더 작게 하려면 공정을 개선하여 작업표준을 개정해야 한다. 규격에 비하여 부적합품이 많아서 기술적 또는 경제적으로 만족할 수 없을 때에는 다음과 같은 조치를 강구하여야 한다.

① 공정을 개선하여 부적합품이 감소되도록 한다.

② 규격의 폭을 넓혀서 현재의 안정상태로도 규격에 맞을 수 있도록 한다.

③ 공정이나 규격을 그대로 두고 제품의 전수를 조사하여 부적합품을 제거한다.

또한 공정이 안정상태에 있으면 다음과 같은 이익이 있다.

① 현재의 제조 조건하에서 품질의 변동이 최소로 된다.

② 관리한계 내에 들어갈 제품의 비율을 측정할 때 신뢰성이 최대로 되며, 따라서 제조자는 현재 만들고 있는 제품의 품질에 관하여 자신을 가지고 예언할 수 있다.

③ 규격의 변경이 얼마만큼 이익이 되는가를 확실한 근거를 가지고 판단할 수 있다.

④ 수요자는 출하되는 대로 검사를 하지 않고 관리도만에 의해서 안심하고 받아들일 수 있다.

8.1.4 관리도의 종류

관리도에는 여러 가지 종류가 있는데 어떠한 데이터를 써서 작성할 것인가, 즉 사용할 통계량에 의한 분류, 한계선을 긋는 방법에 의한 분류, 관리도의 양식에 의한 분류 등으로 나뉠 수 있다. 여기에서는 일반적인 관리도로서 사용하는 통계량에 따라 다음과 같이 분류된다.

① $\bar{x}$-R(평균치와 범위) 관리도 ② x(개개의 측정치) 관리도 ③ M_e-R(메디안과 범위) 관리도	계량치의 관리도
④ np(부적합품수) 관리도 ⑤ p(부적합품률) 관리도 ⑥ c(부적합수) 관리도 ⑦ u(단위당 부적합수) 관리도	계수치의 관리도

이러한 관리도에 대해 각각 간단히 설명해 보면 다음과 같다.

[1] $\bar{x}$-R 관리도

관리대상이 되는 항목이 길이, 무게, 시간, 강도, 성분, 수확률, 순도 등과 같이 데이터가 연속량(계량치)으로 나타나는 공정을 관리할 때 사용한다. 공정에서 얻은 데이터를 그대로 점으로 찍지 않고 적당한 군으로 나누어 각 군의 평균치($\bar{x}$)와 군마다의 범위(R)를 구하여 $\bar{x}$관리도 및 R 관리도에 각각 별도로 점을 찍는다. 예를 들어, 축의 완성된 지름, 실의 인장강도, 아스피린의 순도, 바이트(bite)의 소입 온도, 전구의 소비전력 등이다.

[2] x 관리도

데이터를 군으로 나누지 않고 하나하나의 측정치를 그대로 사용하여 공정을 관리할 경우에 사용한다. 데이터를 얻는 간격이 크거나, 군으로 나누어도 별로 의미가 없는 경우 또는 정해진 공정으로부터 1개의 측정치밖에 얻을 수 없을 때 사용한다.

예를 들면, 시간이 많이 소비되는 화학 분석치, 알코올의 농도, 배치(batch) 반응공정의 수확률, 1일 전력 소비량 등이다.

[3] M_e-R 관리도

$\bar{x}$-R 관리도의 $\bar{x}$ 대신에 M_e(메디안)을 사용한 것으로서, $\bar{x}$의 계산을 하지 않는다는 데 이점이 있다.

[4] np 관리도

데이터가 계량치가 아니고 하나하나의 물품을 적합품, 부적합품으로 판정하여 시료 전체 속에 부적합품이 몇 개 있었는가 하는 부적합품수로서 공정을 관리할 때 사용한다. 시료의 크기 n이 항상 일정한 경우에만 사용한다.

예를 들면, 전구 꼭지쇠의 부적합품수, 나사의 길이 부적합, 전화기의 겉보기 부적합 등이다.

[5] p 관리도

부적합품률로서 공정을 관리할 때 사용한다. p관리도는 시료의 크기가 반드시 일정하지 않아도 된다. 2급품률, 규격외품의 비율, 양호품률, 출근율 등도 p관리도를 작성할 수 있다.

예를 들면, np 관리도의 예를 부적합품률로서 관리하는 경우

[6] c 관리도

일정한 크기의 시료 가운데 나타나는 부적합수에 의거하여 공정을 관리할 때에 사용한다.

예를 들면, 일정한 면적의 철판의 흠, 직물의 일정면적 중의 흠의 수, 에나멜 동선

의 일정한 길이 중의 핀홀수, 라디오 1대 중 납땜 부적합의 수 등이다.

[7] u 관리도

부적합수에 의거하여 공정을 관리할 때 제품의 크기가 여러 가지로 변할 경우에는 부적합수를 일정 단위당으로 바꾸어서 u관리도를 사용한다. 즉, 일정면적, 일정 길이, 제품 1개당의 부적합수 등으로 고친다.

예를 들면, 직물의 얼룩수, 에나멜 동선의 핀홀수 등이다.

8.1.5 관리할 항목의 선정

관리도를 작성하기에 앞서 우선 관리할 항목을 선정해야 한다. 즉, 품질을 관리하기 위해서는 품질, 제조조건 등 그 중에서 어느 항목이 중요한가를 정하여 그 항목에 대해 관리도를 사용하지 않으면 효과적인 관리를 할 수가 없다.

관리항목은 다음과 같은 것을 생각하여 선정한다.

① 사용자가 요구하는 품질이 그 제품의 어느 품질특성인가를 잘 조사하여, 사용목적에 중요한 관계가 있는 것을 선정한다.

② 최종제품의 품질특성뿐만 아니라 다음 공정의 합리적인 요구에 따라 원료, 반제품의 품질특성들도 선정한다.

③ 기계 등을 조립한 후의 품질특성을 선정하는 것도 좋으나, 조립하기 전의 각 부분품 등에서 될 수 있는 한 앞의 공정에 있어서의 품질특성, 제조조건 등을 선정하여 그 각 공정을 관리하는 것이 유리한 경우가 많다.

④ 제품에 대하여 관리항목은 1개뿐일 경우도 있으나 2개 이상 선정하지 않으면 안 되는 경우도 많다.

⑤ 관리할 항목은 측정하기 쉽고 또 공정에 대하여 조사하기 쉬운 것을 선정하는 것이 좋다. 그러나 측정하기는 쉬워도 품질로서 중요하지 않은 것을 선정해서는 안된다.

⑥ 원인을 추구하여 조치를 취할 수 있는 항목을 선정한다. 조치가 불가능한 항목은 관리도를 사용하여도 아무런 뜻이 없게 된다.

⑦ 어떤 품질특성은 직접 측정하기가 기술적, 경제적으로 곤란할 경우에는, 그 품질특성과 밀접한 관계가 있는 품질특성 또는 제조조건을 선정하는 것이 좋다.

⑧ 관리해야 할 항목으로서는 품질에 관한 것만이 아니고 생산비에 관계가 있는 것을 선정할 수도 있다.

예를 들면 수확률, 원단위, 생산량 및 능률 등을 관리도로서 관리할 수 있다.

8.2 관리도의 수리

8.2.1 3σ법 관리도의 원칙

3σ법이란 어떤 통계량 x의 기대치의 상, 하에 그 통계량의 표준편차의 3배에 해당하는 폭을 잡아서 관리 한계선으로 하는 방법이다. 즉, 관리한계를

$$\left.\begin{array}{l}\mathrm{UCL}\\ \\ \mathrm{LCL}\end{array}\right] = E(X) \pm 3D(X)$$

에 의거한 것이다. 만약 2σ 한계로 잡고 싶으면

$$E(X) \pm 2D(X)$$

로 하면 된다. 또한 통계량 X가 정규분포를 하고 $E(X)$, $D(X)$를 알고 있으면, 이 한계선을 벗어나서 점이 찍힐 수 있는 확률(공정에 이상이 없음에도 불구하고 점이 한계선을 벗어나는 확률, 즉 제 1 종 과오의 확률)은 약 0.27%가 된다. 그리고 정규분포를 하고 있지 않은 통계량에 있어서도 이에 가까운 아주 적은 확률이 된다고 한다.

관리도의 관리한계의 폭으로서 몇 σ가 좋은가는 한 마디로 말할 수는 없지만 W. A. Shewhart는 경험적으로 3σ법이 좋다고 제안하고 있으며, 일반적으로 이 3σ법이 널리 채택되고 있다.

8.2.2 $\bar{x}$ R 관리도의 계수

$\bar{x}$관리도의 관리한계는

$$\left.\begin{array}{l}\mathrm{UCL}\\ \\ \mathrm{LCL}\end{array}\right] = \bar{\bar{x}} \pm A_2\bar{R} \qquad (8 \cdot 1)$$

에 의거해서 구한다.

3σ 한계는 $E(X) \pm 3D(X)$이므로 통계량으로서 $\bar{x}$를 대입하면

$$\left.\begin{array}{l}\mathrm{UCL}\\ \\ \mathrm{LCL}\end{array}\right] = E(\bar{x}) \pm 3D(\bar{x})$$

$$= \mu \pm 3\frac{\sigma_x}{\sqrt{n}}$$

μ 대신에 $\overline{\overline{x}}$, σ_x 대신에 $\overline{R}/d_2$를 대입하면

$$= \overline{\overline{x}} \pm 3\frac{1}{\sqrt{n}} \cdot \frac{\overline{R}}{d_2}$$

여기서, $A_2 = \frac{3}{\sqrt{n}} \cdot \frac{1}{d_2}$ 이라 하면

$$= \overline{\overline{x}} \pm A_2\overline{R}$$

로 된다. 즉, $\overline{x}$ 관리도의 관리한계를 부여하는 공식은 3σ법의 원칙에 따라 $\overline{x}$의 기대치의 상, 하에 $\overline{x}$의 표준편차의 3배의 폭을 가하여 만들어졌음을 알 수 있다.

R 관리도의 관리한계는

$$\left.\begin{array}{l}\text{UCL}\\ \text{LCL}\end{array}\right] = D_4\overline{R},\ D_3\overline{R} \qquad (8 \cdot 2)$$

로 주어진다.

3σ 한계의 원칙에 따라

$$\left.\begin{array}{l}\text{UCL}\\ \text{LCL}\end{array}\right] = E(R) \pm 3D(R)$$

$$= E(R) \pm 3d_3\sigma_x \ (\because D(R) = d_3\sigma_x)$$

$E(R)$ 대신에 $\overline{R}$, σ_x 대신에 $\overline{R}/d_2$를 대입하면

$$= \overline{R} \pm 3d_3 \cdot \frac{\overline{R}}{d_2}$$

$$= \left(1 \pm 3\frac{d_3}{d_2}\right)\overline{R}$$

여기서 $D_4 = 1 + 3\frac{d_3}{d_2}$, $D_3 = 1 - 3\frac{d_3}{d_2}$ 라 하면

$$\left.\begin{array}{l}\text{UCL}\\ \text{LCL}\end{array}\right] = D_4\overline{R},\ D_3\overline{R}$$

로 된다.

[참고] 위에서 d_2, d_3는 정규분포에 대한 값으로 다음 식으로 구할 수 있다.

$$d_2 = \int_{-\infty}^{\infty} [1 - \{1 - \phi(x_1)\}^n - \{\phi(x_2)\}^n]\, dx_1$$

$$d_3 = \sqrt{2\int_{-\infty}^{\infty}\int_{-\infty}^{\infty} x_n [1 - \{\phi(x_n)\}^n - \{1 - \phi(x_1)\}^n + \{\phi(x_n) - \phi(x_1)\}^n]\, dx_1 dx_n - d_2^2}$$

여기서 $\phi(x_1) = \frac{1}{\sqrt{2\pi}} e^{\frac{x^2}{2}} dx$

x_1 : 크기 n의 시료 중의 최소치

x_n : 크기 n의 시료 중의 최대치

d_2 : $N(0, 1)$로부터의 크기 n의 시료 중의 범위의 분포의 평균치

시료군의 크기 $n=2\sim10$에 대한 d_2, d_3의 값은 다음 표 8·1에 나타내었다.

표 8·1 x-R 관리도용 계수표

시료의 크기 n	$\bar{x}$ 관리도		R 관리도			
	$\sqrt{n}$	A_2	D_3	D_4	d_2	d_3
2	1.4142	1.88	–	3.27	1.128	0.853
3	1.7321	1.02	–	2.57	1.693	0.888
4	2.0000	0.73	–	2.28	2.059	0.880
5	2.2361	0.58	–	2.11	2.326	0.864
6	2.4495	0.48	–	2.00	2.534	0.848
7	2.6458	0.42	0.08	1.92	2.704	0.833
8	2.8284	0.37	0.14	1.86	2.847	0.820
9	3.0000	0.34	0.18	1.82	2.970	0.808
10	3.1623	0.31	0.22	1.78	3.078	0.797

8.2.3 x관리도의 계수

x관리도의 관리한계는

$$\left.\begin{matrix}\text{UCL}\\ \text{LCL}\end{matrix}\right] = \bar{x} \pm E_2\bar{R} \tag{8·3}$$

이다. 3σ의 한계원칙에 따라

$$\left.\begin{matrix}\text{UCL}\\ \text{LCL}\end{matrix}\right] = E(X) \pm 3D(X)$$

$$= \mu + 3\sigma_x$$

μ 대신에 $\bar{x}$, σ_x 대신에 $\bar{R}/d_2$를 대입하면 다음과 같이 된다.

$$= \bar{x} \pm 3\frac{\bar{R}}{d_2}$$

여기서 $E_2 = \dfrac{3}{d_2}$ 으로 하면 다음과 같이 된다.

$$= \overline{x} \pm E_2 \overline{R}$$

[참고] $A_2 = \dfrac{3}{\sqrt{n \cdot d_2}}$ 이므로 $E_2\overline{R} = \sqrt{n}\, A_2 \overline{R}$로 된다.

시료군의 크기 $n = 2 \sim 10$에 대한 E_2의 값은 표 8 · 2와 같다.

표 8 · 2 특별한 관리도를 위한 계수표

시료의 크기	x	x		L-S	
n	E_2	A_4	m_3	A_9	e_3
2	2.66	1.880	1.000	2.695	0.826
3	1.77	1.187	1.160	1.826	0.748
4	1.46	0.796	1.092	1.522	0.701
5	1.29	0.691	1.198	1.363	0.669
6	1.18	0.549	1.135	1.263	0.645
7	1.11	0.509	1.214	1.194	0.626
8	1.05	0.432	1.160	1.143	0.611
9	1.01	0.412	1.223	1.104	0.598
10	0.98	0.363	1.176	1.072	0.586

8.2.4 M_e-R 관리도의 계수

M_e 관리도의 관리 한계선을 구하는 방법은 여러 가지가 있으나, 일반적으로 사용되고 있는 것은 다음과 같다.

$$\left.\begin{matrix}\text{UCL}\\ \text{LCL}\end{matrix}\right] = \overline{M_e} \pm A_4 \overline{R} \qquad (8 \cdot 4)$$

3σ법의 원칙에 따라

$$\left.\begin{matrix}\text{UCL}\\ \text{LCL}\end{matrix}\right] = E(M_e) \pm 3D(M_e)$$

$$= \mu \pm 3m_3 \frac{\sigma_x}{\sqrt{n}}$$

μ 대신에 $\overline{M_e}$, σ_x 대신에 $\overline{R}/d_2$를 대입하면

$$= \overline{M_e} \pm 3m_3 \frac{1}{\sqrt{n}} \cdot \frac{\overline{R}}{d_2} \qquad (\text{단}, \ \hat{\mu} = \tilde{x}, \ \hat{\sigma} = \frac{\overline{R}}{d_2})$$

$$= \overline{M_e} \pm A_4 \overline{R} \qquad (\text{단}, \ A_4 = \frac{3m_3}{\sqrt{n} \cdot d_2})$$

로 된다.

[참고] 평균 μ, 분산 σ^2의 정규 모집단으로부터 취한 크기 n개의 시료에 대해서는

$$E(M_e) = \mu$$

$$D(M_e) = m_3 \frac{\sigma}{\sqrt{n}}$$

로 된다.

시료군의 크기 $n = 2 \sim 10$에 대한 m_3의 값은 표 8 · 2에 있다.

8.2.5 *np* 관리도, *p* 관리도의 계수

모집단을 모부적합품률 P의 무한 모집단이라고 가정하면, n개의 시료 중에 포함되는 부적합품의 수 r는

$$\binom{n}{r} P^r (1-P)^{n-r}$$

인 2항 분포에 따르며, 그 평균 및 표준편차는

$$E(r) = Pn$$

$$D(r) = \sqrt{Pn(1-P)}$$

로서 구해진다. 부적합품률 p에 대해서는

$$E(p) = E\left(\frac{r}{n}\right) = P$$

$$D(p) = D\left(\frac{r}{n}\right) = \sqrt{\frac{P(1-P)}{n}}$$

로 된다. 따라서 3σ 한계의 원칙에 의거하여 np 관리도의

$$\left.\begin{matrix} \text{UCL} \\ \text{LCL} \end{matrix}\right\} = E(np) \pm 3D(np)$$

$$= np \pm 3\sqrt{np(1-P)}$$

P 대신에 $\overline{p}$를 대입하면

$$= \overline{np} \pm 3\sqrt{\overline{np}(1-\overline{p})} \qquad (8 \cdot 5)$$

p 관리도는

$$\left.\begin{matrix}\text{UCL}\\ \text{LCL}\end{matrix}\right] = E(P) \pm 3D(P)$$

$$= P \pm 3\sqrt{\frac{P(1-P)}{n}}$$

P 대신에 $\bar{p}$를 대입하면

$$= \bar{p} \pm 3\sqrt{\frac{\bar{p}(1-\bar{p})}{n}} \qquad (8 \cdot 6)$$

로 된다.

8.2.6 c 관리도, u 관리도의 계수

모집단의 부적합수를 C라고 하면 이 모집단으로부터 취한 시료 중에 포함되는 부적합수 c의 분포는 푸아송 분포에 따르게 된다는 것이 알려져 있으므로, 그의 기대치와 표준편차는

$$E(c) = C$$

$$D(c) = \sqrt{C}$$

로 된다. 따라서 이 통계량 c에 대하여 3σ 법의 원칙을 사용하면 관리한계는

$$\left.\begin{matrix}\text{UCL}\\ \text{LCL}\end{matrix}\right] = E(c) \pm 3D(c)$$

$$= C + 3\sqrt{C}$$

C 대신에 $\bar{c}$를 대입하면

$$= \bar{c} \pm 3\sqrt{\bar{c}} \qquad (8 \cdot 7)$$

로 된다. 또, 단위당 부적합수 $\bar{u}$는 $\bar{c}$와의 사이에

$$\bar{c} = n\bar{u}$$

로 되는 관계가 있으므로, c 관리도의 공식에 대입하면

$$n\bar{u} \pm 3\sqrt{n\bar{u}}$$

로 된다. 이것을 n으로 나누면 단위당 부적합수가 되므로

$$\left.\begin{array}{l}\text{UCL}\\ \\ \text{LCL}\end{array}\right] = \bar{u} \pm 3\sqrt{\frac{\bar{u}}{n}} \qquad (8 \cdot 8)$$

로 된다. $A=3/\sqrt{n}$ 을 사용하면 다음과 같이 된다.

$$\left.\begin{array}{l}\text{UCL}\\ \\ \text{LCL}\end{array}\right] = \bar{u} \pm A\sqrt{\bar{u}}$$

8.2.7 L–S 관리도의 계수

최대치(L)의 분포는

$$E(L) = \mu + \frac{d_2}{2}\sigma$$

$$D(L) = e_3\sigma$$

최소치(S)의 분포는

$$E(S) = \mu - \frac{d_2}{2}\sigma$$

$$D(S) = e_3\sigma$$

로 되는 것이 알려져 있다.

L–S 관리도의 관리 한계선은 최대치에 대해서

$$\left.\begin{array}{l}\text{UCL}\\ \\ \text{LCL}\end{array}\right] = E(L) \pm 3D(L)$$

$$= \mu + \frac{d_2}{2}\sigma \pm 3e_3\sigma$$

L에 대한 UCL과 S에 대한 LCL을 취하면

$$\left.\begin{array}{l}\text{UCL}\\ \\ \text{LCL}\end{array}\right] = \mu \pm \frac{d_2}{2}\sigma \pm 3e_3\sigma$$

μ 대신에 $\dfrac{\overline{L}+\overline{S}}{2}$, σ 대신에 $\overline{R}/d_2$라고 두면

$$= \frac{\overline{L}+\overline{S}}{2} \pm \left(\frac{d_2}{2} + 3e_3\right)\frac{\overline{R}}{d_2}$$

$$= \frac{\overline{L}+\overline{S}}{2} \pm \left(\frac{1}{2} + 3\frac{e_3}{d_2}\right)\overline{R}$$

$$= \overline{M} \pm A_9 \overline{R} \tag{8·9}$$

로 된다.

여기서

$$\overline{M} = \frac{\overline{L} + \overline{S}}{2}, \qquad A_9 = \frac{1}{2} + 3\frac{e_3}{d_2}$$

시료군의 크기 $n = 2 \sim 10$에 대한 A_9, e_3의 값은 표 8 · 2와 같다.

8.3 관리도의 작성방법

8.3.1 $\overline{x}$ R 관리도의 작성법

이 관리도는 공정에서 채취한 시료의 길이, 무게, 시간, 인장강도 등 계량치의 데이터에 대해서 $\overline{x}$와 R를 사용하여 공정을 관리하는 관리도로서 가장 대표적인 관리도이다.

작성순서는 다음과 같다.

1) 데이터의 채취방법 약 100개의 데이터를 수집한다. 이 데이터를 크기 4~5의 군으로 20~25조로 나눈다. 군 내에는 되도록 이질의 데이터가 포함되지 않도록 균일하게 나누어 준다. 이 데이터를 자료표에 기입한다.

[참고] 1. 데이터는 많을수록 좋으나 공정의 최근의 상태를 나타낼 수 있는 것이라야 한다.
2. 구분을 할 기술적인 근거가 특별히 없을 때에는 데이터가 얻어진 순서대로 군을 나눈다.
3. 군의 크기는 2~6이 보통이지만 4, 5가 가장 많이 쓰인다.
4. 자료표(data sheet)에는 품명, 시료채취 방법, 측정방법 등 공정 관리상 필요한 사항과 데이터의 이력 등을 기록해 둔다.

2) $\overline{x}$의 계산 각 시료군마다 시료의 평균치 $\overline{x}$를 계산한다.

$$\overline{x} = \frac{x_1 + x_2 + \cdots\cdots + x_n}{n}$$

3) R의 계산 각 시료군마다 범위 R를 계산한다.

$$R = (x\text{의 최대치}) - (x\text{의 최소치})$$

4) 관리도용지의 준비 모눈종이 또는 적당한 용지를 준비하여 $\overline{x}$와 R를 세로 눈금에 적고, 아래쪽에는 가로로 시료군의 번호를 적는다. 그 밖에 자료표의 기재사항을 적고 공정에 대한 조치사항을 기입하는 난을 만든다.

5) 점의 기입　관리도 용지에 $\bar{x}$와 R의 값을 표시하는 점을 각각 찍는다.

6) 관리선의 계산　데이터의 관리선으로서 중심선(center line)과 관리 상한선(Upper Control Limit : UCL), 관리 하한선(Lower Control Limit : LCL)을 계산한다.

$\bar{x}$ 관리도의 중심선으로서는 $\bar{x}$의 평균 $\bar{\bar{x}}$(x의 총평균)를 계산한다.

R 관리도의 중심선으로서는 R의 평균 $\bar{R}$를 계산한다.

일반식은

$$\bar{\bar{x}}=\frac{\Sigma \bar{x}}{k}, \qquad \bar{R}=\frac{\Sigma R}{k}$$

- $\bar{x}$ 관리도의 관리한계

  관리상한 $\text{UCL}=\bar{\bar{x}}+A_2\bar{R}$

  관리하한 $\text{LCL}=\bar{\bar{x}}-A_2\bar{R}$

- R 관리도의 관리한계

  관리상한 $\text{UCL}=D_4\bar{R}$

  관리하한 $\text{LCL}=D_3\bar{R}$

단, A_2, D_4, D_3는 표 8 · 1의 값을 참조하고, R 관리도의 경우 LCL은 n이 6 이하인 경우에는 0 이하의 값이 되므로 고려하지 않아도 된다.

7) 관리선의 기입　$\bar{x}$관리도에 $\bar{\bar{x}}$의 값은 실선으로 기입하고, UCL과 LCL의 값은 각각 점선으로 기입한다.

R관리도에 $\bar{R}$의 값은 실선으로 기입하고, UCL과 LCL의 값은 점선으로 기입한다.

8) 관리상태에 있는가의 조사　기입한 점이 모두 관리 한계선 안에 있으면 데이터를 취한 제조공정은 관리상태(안정상태)에 있다고 생각해도 좋으며, 만일 관리한계의 밖에 벗어나는 점이 있으면 보아 넘기기 어려운 원인이 있으므로 그 원인을 조사한다.

점이 관리 한계선 위에 있는 경우도 밖으로 벗어난 것으로 본다.

예 제 8 · 1　A형 샤프트의 제조공정에 관해서 바깥지름을 특성치로 하여 1시간 간격으로 5개씩 시료를 취하여 측정하고 있다. 이 결과 표 8 · 3의 데이터가 얻어졌다. 이것에 관해 $\bar{x}$ R 관리도를 그림 8 · 1과 같이 작성하였다. 관리 한계선으로부터 벗어나는 점이 없으므로, 이 기간의 공정은 관리상태에 있다고 볼 수 있다.

표 8·3 $\bar{x}$-R 관리도 자료표(data sheet)

No.______________

제 품 명 칭		A형 샤프트	제 조 명 령 번 호		01-D-107	기 간	01-01-01
품 질 특 성		바깥지름(데이터에서 6.4 mm를 뺌)	직 장		제1가공계		01-10-04
측 정 단 위		1/1000 mm	규준일산고		14,000개	기 계 번 호	JL-5
규격한계	최 대	6.470 mm	시 료	크 기	n=5	작 업 원	○ ○ ○
	최 소	6.400 mm		간 격	1 시간	검 사 원	○ ○ ○
규 격 번 호		B-1205	측정기번호		M-0458	성 명 인	

일 시	시료군의 번호	측정치 x_1	x_2	x_3	x_4	x_5	계 Σx	평균치 $\bar{x}$	범 위 R	적 요
10/1	1	47	32	44	35	20	178	35.6	27	
	2	19	37	31	25	34	146	29.2	18	
	3	19	11	16	11	44	101	20.2	33	
	4	29	29	42	59	38	197	39.4	30	
	5	28	12	45	36	25	146	29.2	33	
	6	40	35	11	38	33	157	31.4	29	
	7	15	30	12	33	26	116	23.2	21	
10/2	8	35	44	32	11	38	160	32.0	33	
	9	27	37	26	20	35	145	29.0	17	
	10	23	45	26	37	32	163	32.6	22	
	11	28	44	40	31	18	161	32.2	26	
	12	31	25	24	32	22	134	26.8	10	
	13	22	37	19	47	14	139	27.8	33	
	14	37	32	12	38	30	149	29.8	26	
10/3	15	25	40	24	50	19	158	31.6	31	
	16	7	31	23	18	32	111	22.2	25	
	17	38	0	41	40	37	156	31.2	41	
	18	35	12	29	48	20	144	28.8	36	
	19	31	20	35	24	47	157	31.4	27	
	20	12	27	38	40	31	148	29.6	28	
	21	52	42	52	24	25	195	39.0	28	
10/4	22	20	31	15	3	28	97	19.4	28	
	23	29	47	41	32	22	171	34.2	25	
	24	28	27	22	32	54	163	32.6	32	
	25	42	34	15	29	21	141	28.2	27	
							계	746.6	686	

$\bar{\bar{x}}$ 관리도

$UCL = \bar{\bar{x}} + A_2\bar{R} = 29.9 + 0.58 \times 27.4 = 45.8$

$LCL = \bar{\bar{x}} - A_2\bar{R} = 29.9 - 0.58 \times 27.4 = 14.0$

R관리도

$UCL = D_4\bar{R} = 2.11 \times 27.4 = 57.8$

$LCL = D_3\bar{R} = -$

$\bar{\bar{x}} = 29.9$ $\bar{R} = 27.4$

n	A_2	D_4	D_3
4	0.73	2.28	—
5	0.58	2.11	—

기사 본래의 단위로 고쳐서 $\bar{\bar{x}} = 6.4299$ $\bar{R} = 0.0274$

$UCL = 6.4458$ $UCL = 0.0578$

$LCL = 6.4140$

<table>
<tr><td>제품명칭</td><td>A형 샤프트</td><td colspan="2">규격번호</td><td>B-1206</td><td>제조명령번호</td><td>01-D-107</td><td>기 간</td><td></td></tr>
<tr><td>품질특성</td><td>바깥지름</td><td rowspan="2">규격
한계</td><td>최대</td><td>6.470mm</td><td>직 장</td><td>제1가공계</td><td rowspan="2">검사원</td><td rowspan="2">㊞</td></tr>
<tr><td>측정단위</td><td>1 / 1000mm</td><td>최소</td><td>6.400mm</td><td>규준일산고</td><td>14,000개</td></tr>
<tr><td>측정방법</td><td>공기마이크로미터</td><td rowspan="2">시료</td><td>크기</td><td>n=5</td><td>기계번호</td><td>JL-5</td><td rowspan="2">한 계
지정자</td><td rowspan="2">㊞</td></tr>
<tr><td>측정기번호</td><td>M-0458</td><td>간격</td><td>1시간</td><td>작 업 원</td><td></td></tr>
</table>

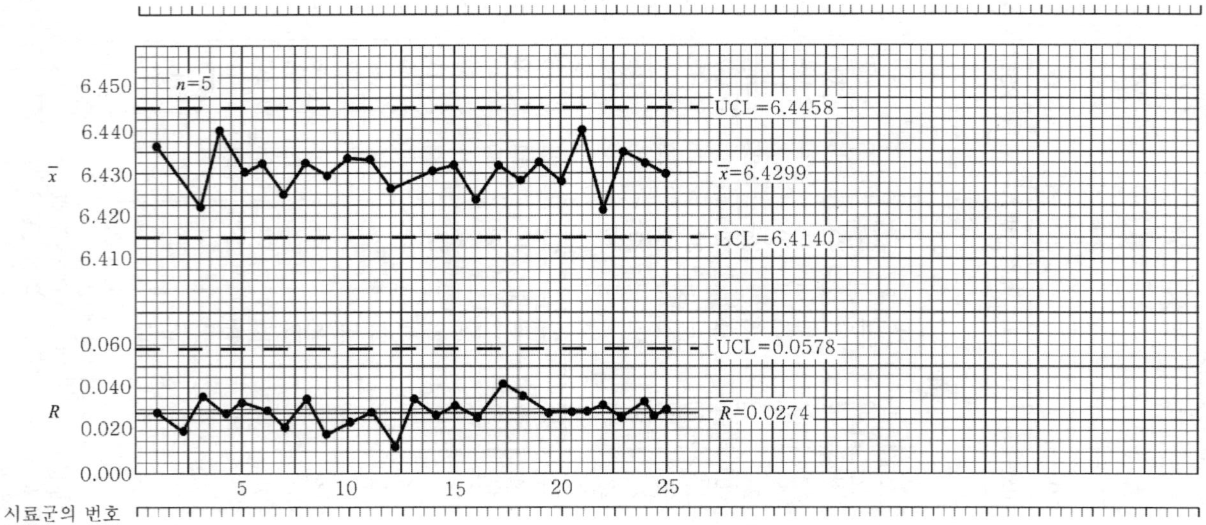

$\bar{x}$: 6.450, 6.440, 6.430, 6.420, 6.410

n=5

UCL=6.4458

$\bar{x}$=6.4299

LCL=6.4140

R: 0.060, 0.040, 0.020, 0.000

UCL=0.0578

$\bar{R}$=0.0274

시료군의 번호: 5, 10, 15, 20, 25

기 사

그림 8 · 1 $\bar{x}$-R 관리도

8.3.2 x관리도의 작성법

x관리도의 작성방법에는 ① 합리적인 군으로 나눌 수 있는 경우, ② 합리적인 군으로 나눌 수 없는 경우(이들 범위를 사용하는 경우)의 두 가지 방법으로 나눌 수 있다.

[1] 합리적인 군으로 나눌 수 있는 경우

군구분을 하여 $\bar{x}$-R 관리도를 적용해도 관리가 되지만, 이상원인을 재빨리 발견하여 제거하려고 할 경우에는 x관리도를 사용하여 개개의 데이터를 관리한다. 이 관리도에 $\bar{x}$ R 관리도를 병용하면 유익한 정보를 얻는 경우가 많다.

① 데이터 채취방법 : 합리적인 1군이라고 생각되는 것 중에서 크기 4~5의 시료를 약 20~25군을 채취하여 측정한다. 이 데이터를 자료표에 기입한다.

② $\bar{x}$의 계산 : $\bar{x}=\dfrac{x_1+x_2+\cdots\cdots+x_n}{n}$

③ R의 계산 : $R=$(x의 최대치)$-$(x의 최소치)

④ 관리도 용지에 기입

⑤ 관리선의 계산

중심선 $\bar{\bar{x}}$

관리상한 $\mathrm{UCL}=\bar{\bar{x}}+E_2\bar{R}$

관리하한 $\mathrm{LCL}=\bar{\bar{x}}-E_2\bar{R}$

단, $\bar{\bar{x}}=\dfrac{\Sigma\bar{x}}{k}$

$$\bar{R}=\frac{R_1+R_2+\cdots\cdots+R_k}{k}$$

⑥ 관리선의 기입

⑦ 관리상태의 조사

예제 8·2 망간 강제 부분품의 제조에서 8시간 교대시간마다 4톤의 지금을 5회 용해하여 화학분석에 의거, 미리 알고 있는 규소의 필요량을 넣어서 규소의 함유량을 조절하는 공정이 있다. 규소의 함유량이 많으면 주조하기가 쉬우나, 너무 많으면 주조된 것이 지나치게 연하게 되므로 규소 함유량을 관리하고자 한다. 용해지금은 용해 중 잘 저어 줌으로써 각 용해액 내의 규소 함유량의 변동은 아주 적어 관리한계를 정하는 눈금으로 부적당하다. 그러나 8시간의 작업시간 중에는 같은 재료, 같은 설비를 사용하기 때문에 품질의 변동은 주로 작업자의 부주의나 기능의 정도에 의하여 생긴다고 볼 수 있다. 그러므로 8시간 작업 중의 5회분의 용해를 군 내의 산포로서 관리하기로 하였다. 그러나 1일 1회 $n=5$로 하여 $\bar{x}$ R 관리도를 그려서는 공정에 대한 조치가 너무 늦어지므로, x관리도를 그려서 여기에 $\bar{x}$-R 관리도를 병용하기로 하였다.

이 공정에 대한 데이터는 표 8 · 4와 같으며, 관리도는 그림 8 · 2와 같다. 그리고 이 관리도에서는 한계선을 벗어나는 점이 없으므로, 이 기간 중의 공정은 관리상태에 있다고 본다. 특히, 이 예제에서는 각 용해마다의 변동을 관리하는데 x 관리도를 사용하고, 1교대 시간마다의 변동을 관리하는 데는 $\bar{x}$ R 관리도를 사용한다.

[2] 합리적인 군으로 나눌 수 없는 경우(이동범위를 사용하는 경우)

이 관리도는 다음과 같은 경우에 사용하면 대단히 편리하고 유익하다.

① 1로트 또는 1배치(batch)로부터 1개의 측정치밖에 얻을 수 없을 때

② 정해진 공정(로트)의 내부가 균일하여 많은 측정치를 얻어도 의미가 없을 때

③ 측정치를 얻는 데 시간이나 경비가 많이 들어, 정해진 공정으로부터 현실적으로 1개의 측정치밖에 얻을 수 없을 때

1) 데이터의 채취방법 $k=20\sim25$군으로부터 각각 1개씩의 시료를 채취하여 측정한다.

2) $\bar{x}$의 계산 $\bar{x}=\dfrac{x_1+x_2+\cdots+x_k}{k}$

3) R_s의 계산 서로 인접한 두 측정치의 차 R_s(이동범위)를 계산한다.

$$R_{si}=|(i\text{번째 측정치})-(i+1\text{번째 측정치})|$$

4) 관리도 용지에 기입 측정치 x와 이동범위 R_s를 기입한다.

5) $\overline{R}_s$의 계산 $\overline{R}_s=\dfrac{R_{s_1}+R_{s_2}+\cdots+R_{s(k-1)}}{k-1}$

6) 관리선의 계산

중심선 $\bar{x}$

관리 상한선 $\text{UCL}=\bar{x}+2.66\overline{R}_s$

관리 하한선 $\text{LCL}=\bar{x}-2.66\overline{R}_s$

단, 2.66은 $n=2$일 때 E_2의 값

7) 관리선의 기입

8) 관리상태의 조사

표 8·4 x, $\bar{x}$-R 관리도 자료표(data sheet)

No.____________

제 품 명 칭		망간 강제	제조명령번호			기 간	
품 질 특 성		Si 함유량	직 장				
측 정 단 위		0.01%	규준일산고			기 계 번 호	
규격 한계	최 대		시 료	크 기	n=5	작 업 원	
	최 소			간 격	8시간	검 사 원	
규 격 번 호			측정기 번호			성 명 인	

일시	시료군의 번호	측정치 x_1	x_2	x_3	x_4	x_5	계 Σx	평균치 $\bar{x}$	범위 R	적 요
월 1	1	0.70	0.72	0.61	0.75	0.73	3.51	0.702	0.14	
2	2	0.83	0.68	0.83	0.71	0.73	3.78	0.756	0.15	
3	3	0.86	0.78	0.71	0.70	0.90	3.95	0.790	0.20	
화 1	4	0.80	0.78	0.68	0.70	0.74	3.70	0.740	0.12	
2	5	0.64	0.66	0.79	0.81	0.68	3.58	0.716	0.17	
3	6	0.68	0.64	0.71	0.69	0.81	3.53	0.706	0.17	
수 1	7	0.80	0.63	0.69	0.62	0.75	3.49	0.698	0.18	
2	8	0.65	0.81	0.68	0.84	0.66	3.64	0.728	0.19	
3	9	0.64	0.70	0.66	0.65	0.93	3.58	0.716	0.29	
목 1	10	0.77	0.83	0.88	0.70	0.64	3.82	0.764	0.24	
2	11	0.72	0.67	0.77	0.74	0.72	3.62	0.724	0.10	
3	12	0.73	0.66	0.72	0.73	0.71	3.55	0.710	0.07	
금 1	13	0.79	0.70	0.63	0.70	0.88	3.70	0.740	0.25	
2	14	0.85	0.80	0.78	0.85	0.62	3.90	0.780	0.23	
3	15	0.67	0.78	0.81	0.84	0.96	4.06	0.812	0.29	
토 1	16	0.88	0.76	0.64	0.73	0.71	3.72	0.744	0.24	
2	17	0.78	0.66	0.68	0.75	0.82	3.69	0.738	0.16	
3	18	0.72	0.70	0.74	0.60	0.74	3.50	0.700	0.14	
일 1	19	0.75	0.72	0.84	0.92	0.80	4.03	0.806	0.20	
2	20	0.81	0.64	0.85	0.78	0.62	3.70	0.740	0.23	
3	21	0.65	0.78	0.71	0.67	0.72	3.53	0.706	0.13	
							계	15.516	3.91	
							평 균	$\bar{\bar{x}}=0.739$	$\bar{R}=0.186$	

x 관리도 $\bar{\bar{x}}=0.739$

$UCL=\bar{\bar{x}}+E_2\bar{R}$

$=0.739+1.29\times0.186$

$=0.979$

$LCL=\bar{\bar{x}}-E_2\bar{R}$

$=0.739-1.29\times0.186$

$=0.490$

$\bar{x}$ 관리도 $\bar{\bar{x}}=0.739$

$UCL=\bar{\bar{x}}+A_2\bar{R}=0.847$

$LCL=\bar{\bar{x}}-A_2\bar{R}=0.631$

R 관리도 $\bar{R}=0.186$

$UCL=D_4\bar{R}=0.392$

LCL = −

n	E_2	A_2	D_4	D_3
4	1.46	0.73	2.28	−
5	1.29	0.58	2.11	−

기사
....
....
....
....
....

No.

제품명칭	망간강제	규격번호			제조명령번호		기 간	
품질특성	Si 함유량	규격 한계	최 대		직 장		검사원	㉤
측정단위	0.01%		최 소		규준일산고			
측정방법		시 료	크 기	n=5	기계번호		한 계 지정자	㉤
측정기번호			간 격	8시간	작 업 원			

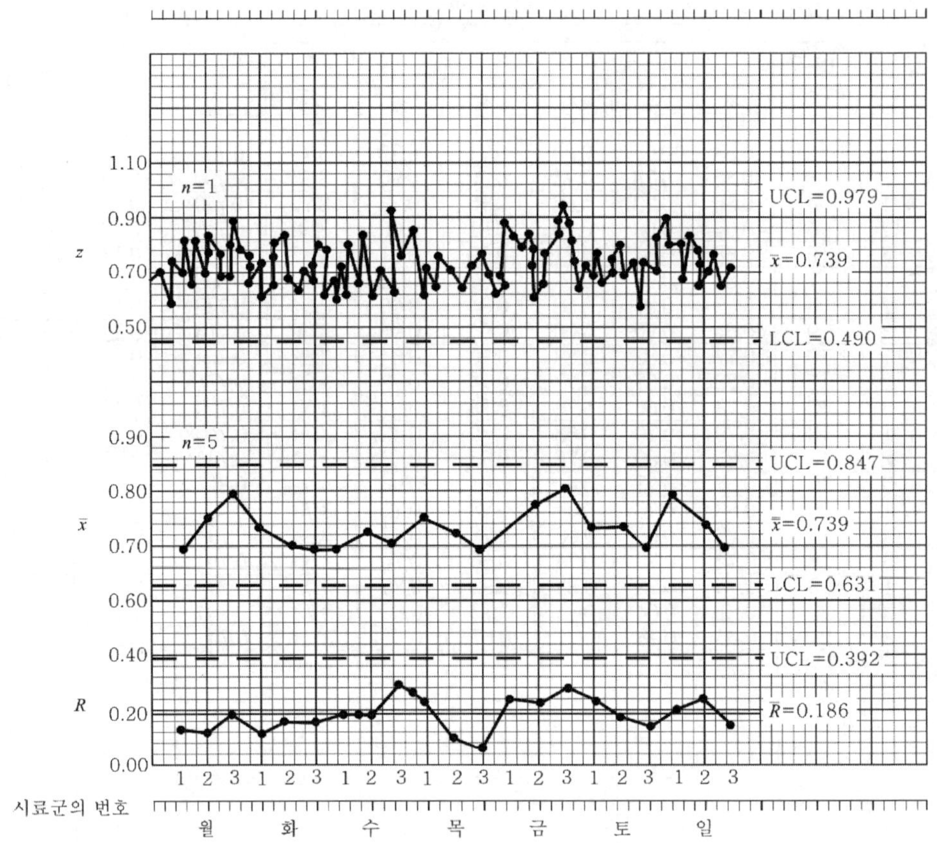

x: n=1, 1.10, 0.90, 0.70, 0.50, UCL=0.979, $\bar{x}$=0.739, LCL=0.490

$\bar{x}$: n=5, 0.90, 0.80, 0.70, 0.60, UCL=0.847, $\bar{\bar{x}}$=0.739, LCL=0.631

R: 0.40, 0.20, 0.00, UCL=0.392, $\bar{R}$=0.186

시료군의 번호: 1 2 3 1 2 3 1 2 3 1 2 3 1 2 3 1 2 3 1 2 3

월 화 수 목 금 토 일

기 사

그림 8·2 x, $\bar{x}$-R 관리도

예제 8 · 3 증류공장에서 커다란 탱크 속에 들어 있는 변성 알코올의 배치(batch)를 증류조정하고 있다. 이 작업을 제품의 메탄올 함유량으로 관리하고 싶다. 같은 배치로부터 반복해서 시료를 채취하여 측정해 보아도 측정치의 산포는 무시해도 좋을 만큼 매우 작다. 그래서 1개의 배치로부터는 1회만 측정하기로 하고 x관리도를 사용하여 관리하기로 하였다.

이 작업에 대한 데이터는 표 8 · 5와 같으며, 관리도는 그림 8 · 3과 같다. 그러나 이 관리도에서는 한계선 밖으로 벗어나는 점이 없으므로, 이 기간의 공정은 일단 안정 상태에 있다고 생각할 수 있다. 그러나 x관리도에서 10번부터 20번의 점은 좀 높은 것 같이 보인다.

점이 관리한계를 벗어나지 않는 경우라도 어떤 때는 관리상태라고 볼 수 없는 경우가 있다. 이에 관해서는 관리도 보는 방법에서 좀더 구체적으로 설명하기로 한다.

8.3.3 M_e–R 관리도의 작성법

이 관리도는 평균치 $\bar{x}$를 계산하는 시간과 노력을 줄이기 위해서 $\bar{x}$ 대신에 M_e (median)를 사용하는 경우에 쓴다.

① 데이터 채취방법 : $\bar{x}$ R관리도의 경우와 같이 데이터를 채취한다.

② M_e를 구함 : 각 시료군에 대하여 M_e를 구한다.

③ R의 계산

④ 관리도용지에 기입 : M_e의 값과 R의 값을 기입한다.

⑤ 관리선의 계산

$$\text{중심선}\quad \overline{M_e} = \frac{\Sigma M_e}{k}, \qquad \bar{R} = \frac{\Sigma R}{k}$$

- $\tilde{x}$ 관리도의 관리한계
  - 관리상한 $\mathrm{UCL} = \overline{M_e} + A_4 \bar{R}$
  - 관리하한 $\mathrm{LCL} = \overline{M_e} + A_4 \bar{R}$
- R 관리도의 관리한계
  - 관리상한 $\mathrm{UCL} = D_4 \bar{R}$
  - 관리하한 $\mathrm{LCL} = D_3 \bar{R}$

⑥ 관리선의 기입

⑦ 관리상태의 조사

표 8·5 x-R_s 관리도 자료표(data sheet)

No.__________

제품명칭		변성 알코올	제조명령번호			기 간	
품질특성		메탄올 함유량	직 장				
측정단위		0.1%	규준일산고			기계 번호	
규격	최대		시료	크기	n=1	작 업 원	
한계	최소			간격	배치마다	검 사 원	
규격번호			측정기번호			성 명 인	

번 호	일 시	측정치 x	이동범위 R_s	기 사
1		4.6	0.1	
2		4.7	0.4	
3		4.3	0.4	
4		4.7	0.0	
5		4.7	0.1	
6		4.6	0.2	
7		4.8	0.0	
8		4.8	0.4	
9		5.2	0.2	
10		5.0	0.2	
11		5.2	0.2	
12		5.0	0.6	
13		5.6	0.1	
14		5.5	0.3	
15		5.2	0.6	
16		4.6	0.9	
17		5.5	0.1	
18		5.6	0.4	
19		5.2	0.3	
20		4.9	0.0	
21		4.9	0.4	
22		5.3	0.3	
23		5.0	0.7	
24		4.3	0.2	
25		4.5	0.1	
26		4.4		
계		128.1	7.2	
평 균		4.93	0.29	

x 관리도 $\bar{x} = 4.93$

$\mathrm{UCL} = \bar{x} + 2.66\overline{R}_s = 4.93 + 2.66 \times 0.29 = 5.70$

$\mathrm{LCL} = \bar{x} - 2.66\overline{R}_s = 4.93 - 2.66 \times 0.29 = 4.16$

R_s 관리도 $\overline{R}_s = 0.29$

$\mathrm{UCL} = 3.27\overline{R}_s = 3.27 \times 0.29 = 0.95$ (3.27 → n=2의 D_4)

LCL = ―

No.

제품명칭	망간강제	규격번호			제조명령번호		기간	
품질특성	Si 함유량	규격 한계	최대		직장		검사원	인
측정단위	0.01%		최소		규준일산고			
측정방법		시료	크기	n=5	기계번호		한계 지정자	인
측정기번호			간격	8시간	작업원			

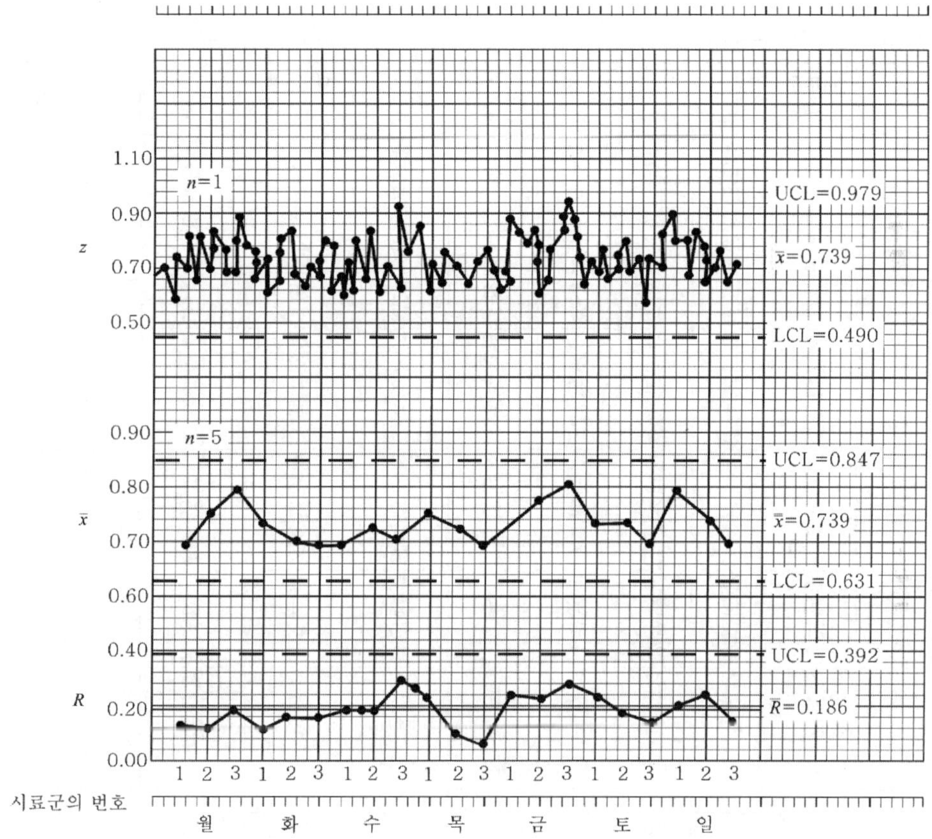

x: 1.10, 0.90, 0.70, 0.50 (n=1)

UCL=0.979

$\bar{x}$=0.739

LCL=0.490

$\bar{x}$: 0.90, 0.80, 0.70, 0.60 (n=5)

UCL=0.847

$\bar{\bar{x}}$=0.739

LCL=0.631

R: 0.40, 0.20, 0.00

UCL=0.392

$\bar{R}$=0.186

시료군의 번호: 1 2 3 1 2 3 1 2 3 1 2 3 1 2 3 1 2 3 1 2 3

월 화 수 목 금 토 일

기 사

그림 8 · 3 x-R_s 관리도

표 8·6 M_e-R 관리도 자료표(data sheet)

No.____________

제품명칭		A형 샤프트	제조명령 번호			기 간	
품질특성		바깥 지름	직 장				
측정단위		1/1000 mm	규준일산고			기계번호	
규격 한계	최 대		시료	크 기	n=5	작 업 원	
	최 소			간 격	1시간	검 사 원	
규격번호			측정기번호			성 명 인	

일 시	시료군의 번호	측정치 x_1	x_2	x_3	x_4	x_5	메디안 M_e	범 위 R	적 요
	1	47	32	44	㉟	20	35	27	
	2	19	37	㉛	25	34	31	18	
	3	19	11	⑯	11	44	16	33	
	4	29	29	42	59	㊳	38	30	
	5	㉘	12	45	36	25	28	33	
	6	40	35	11	38	33	35	29	
	7	15	30	12	33	㉖	26	21	
	8	㉟	44	32	11	38	35	33	
	9	㉗	37	26	20	35	27	17	
	10	23	45	26	37	㉜	32	22	
	11	28	44	40	㉛	18	31	26	
	12	31	㉕	24	32	22	25	10	
	13	㉒	37	19	47	14	22	33	
	14	37	㉜	12	38	30	32	26	
	15	㉕	40	24	50	19	25	31	
	16	7	31	㉓	18	32	23	25	
	17	㊳	0	41	40	37	38	41	
	18	35	12	㉙	48	20	29	36	
	19	㉛	20	35	24	47	31	27	
	20	12	27	38	40	㉛	31	28	
	21	52	㊷	52	24	25	42	28	
	22	⑳	31	15	3	28	20	28	
	23	29	47	41	㉜	22	32	25	
	24	㉘	27	22	32	54	28	32	
	25	42	34	15	㉙	21	29	27	
							741	686	

$\overline{M_e}$ 관리도 $\overline{M_e}=29.6$

$\mathrm{UCL}=\overline{M_e}+A_4\overline{R}$
$=29.6+0.691\times27.4$
$=48.5$

$\mathrm{LCL}=\overline{M_e}-A_4\overline{R}$
$=29.6-0.691\times27.4$
$=10.7$

R 관리도 $\overline{R}=27.4$

$\mathrm{UCL}=D_4\overline{R}=2.11\times27.4$
$=57.8$

$\mathrm{LCL}=D_3\overline{R}=-$

$\overline{M_e}=29.6$ $\overline{R}=27.4$

n	A_4	D_4	D_3
4	0.796	2.28	—
5	0.691	2.11	—

기사 본래의 단위로 고쳐서

$\overline{M_e}=6.4296$ $\overline{R}=0.0274$

$\mathrm{UCL}=6.4485$ $\mathrm{UCL}=0.0578$

$\mathrm{LCL}=6.4107$ $\mathrm{LCL}=-$

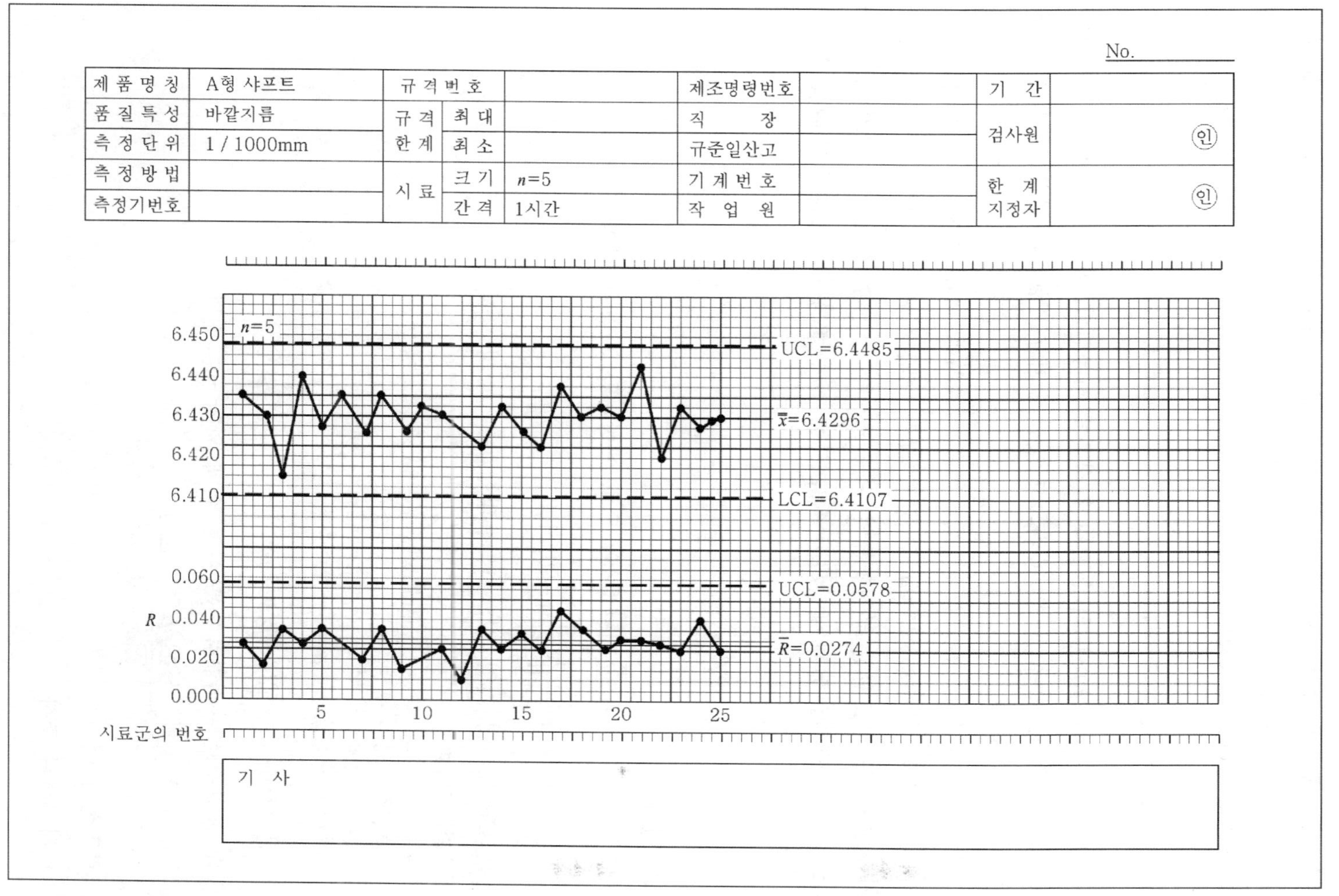
No.
제품명칭
A형 샤프트
품질특성
바깥지름
측정단위
1 / 1000mm
측정방법
측정기번호
규격번호
규격 한계
최대
최소
시료
크기
n=5
간격
1시간
제조명령번호
직장
규준일산고
기계번호
작업원
기간
검사원
인
한계 지정자
인
n=5
UCL=6.4485
$\bar{\bar{x}}$=6.4296
LCL=6.4107
UCL=0.0578
$\bar{R}$=0.0274
6.450
6.440
6.430
6.420
6.410
0.060
0.040
0.020
0.000
R
5
10
15
20
25
시료군의 번호
기 사

그림 8·4 M_e-R 관리도

예 제 8·4 예제 8·1의 데이터로서 M_e R관리도를 작성하면 표 8·6, 그림 8·4와 같이 된다. 이 관리도에서는 관리한계를 벗어나는 점이 없으므로, 이 기간의 공정은 관리상태에 있다고 생각해도 된다.

8.3.4 np관리도의 작성법

공정을 부적합품수 np에 의거 관리할 경우에 사용한다. 이 경우에 시료의 크기는 일정하지 않으면 안 된다. 또 이 관리도는 양품의 개수, 2급품의 개수 등 특정한 것의 개수에도 사용한다.

① 데이터 채취방법 : 공정의 부적합품률을 예측하여 시료 중에 대략 평균적으로 1~5개쯤의 부적합품수가 포함될 수 있는 크기 n의 시료를 약 20~25군을 채취해서, 각 시료군 중에 포함된 부적합품의 수를 조사 측정한다. 시료군의 크기 n을 정하는 데는 부적합품률 p를 예상하여 시료 중에 1~5개의 부적합품이 포함될 수 있도록 한다.

$$np=1\sim5, \qquad n=\frac{1}{p}\sim\frac{5}{p}$$

쯤으로 한다.

가령, 부적합 백분율이 대략 5%쯤으로 예상되면, 다음과 같이 한다.

$$n=\frac{1\sim5}{0.05}=20\sim100$$

② 관리도 용지에 기입 : 각 군의 부적합품수 np의 수를 표시하는 점을 찍는다.

③ 관리선의 계산

중심선 $n\bar{p}=\dfrac{\Sigma np}{k}$

관리상한 $n\bar{p}+\sqrt{n\bar{p}(1-\bar{p})}$

관리하한 $n\bar{p}-3\sqrt{n\bar{p}(1-\bar{p})}$

$\bar{p}$, 즉 공정평균 부적합품률은 다음 식에 의해 구해진다.

$$\bar{p}=\frac{\Sigma np}{\Sigma n}=\frac{\Sigma np}{kn}$$

④ 관리선의 기입

⑤ 관리상태의 조사

표 8·7 *np* 관리도 자료표(data sheet)

No.________

제품명칭		도금 부분품	제조명령번호			기 간	
품질특성		외관부적합	직 장				
측정방법		관능검사	규준일산고			기계번호	
규격한계	최대	한도견본 2~3	시 료	크 기	n=100	작 업 원	
	최소			간 격		검 사 원 성 명 인	
규격번호			측정기번호				

일 시	로 트 번 호	시료군의 번 호	부적합품수 np	적 요
	1		4	
	2		2	
	3		0	
	4		5	
	5		3	
	6		2	
	7		4	
	8		3	
	9		2	
	10		6	
	11		1	
	12		4	
	13		1	
	14		0	
	15		2	
	16		3	
	17		1	
	18		6	
	19		1	
	20		3	
	21		3	
	22		2	
	23		0	
	24		7	
	25		3	
계	($\Sigma pn=$)		68	
평균	($\overline{pn}=$)		2.72	

$\bar{p}=\dfrac{\Sigma np}{\Sigma n}=0.0272$

$$\begin{aligned}UCL &= n\bar{p}+3\sqrt{n\bar{p}(1-\bar{p})}\\ &= n\bar{p}+3\sqrt{n\bar{p}}\times\sqrt{1-\bar{p}}\\ &= 2.72+4.95\times 0.99\\ &= 7.5999\end{aligned}$$

$$\begin{aligned}LCL &= n\bar{p}-3\sqrt{n\bar{p}(1-\bar{p})}\\ &= n\bar{p}-3\sqrt{n\bar{p}}\times\sqrt{1-\bar{p}}\\ &= -2.18\end{aligned}$$

(고려하지 않는다)

기사

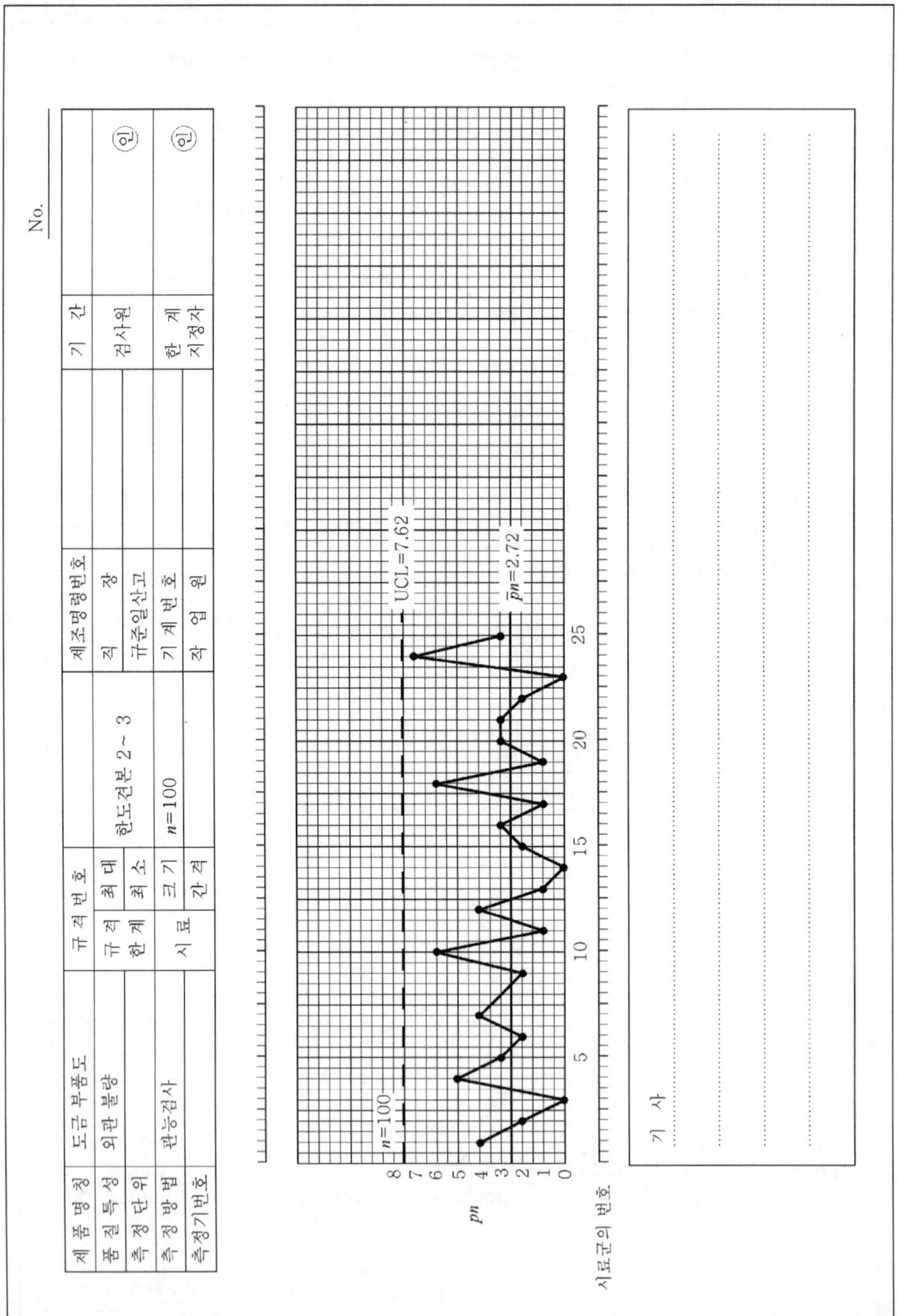

No.

제품명칭	도금 부품도	규격번호			제조명령번호		기 간	
품질특성	외관 불량	규격 한계	최대	한도견본 2~ 3	직 장		검사원	㊞
측정단위			최소		규준일산고			
측정방법	관능검사	시료	크기	n=100	기계번호		한 계 지정자	㊞
측정기번호			간격		작 업 원			

pn

n=100

UCL=7.62

$\bar{p}n$=2.72

8 7 6 5 4 3 2 1 0

5 10 15 20 25

시료군의 번호

기 사

그림 8 · 5 pn 관리도

예제 8·5 어떤 부분품의 도금공정에서 부분품을 100개씩 도금하고 있다. 이 공정을 관리하기 위하여 100개마다의 외관부적합품의 수를 조사하였다. 이에 대한 데이터는 표 8·7과 같고, 관리도는 그림 8·5와 같다. 이 관리도에서는 관리 한계선을 벗어나는 점이 없으므로, 이 공정은 관리상태에 있다고 볼 수 있다.

8.3.5 p 관리도의 작성법

p 관리도는 공정을 부적합품률 p에 의거하여 관리할 경우에 사용한다. 작성방법은 np 관리도와 거의 같으나 다만 관리한계의 계산식이 약간 다르며, 시료의 크기가 다를 때에는 n에 따라 한계의 폭이 변한다.

① 데이터의 채취방법 : 공정의 부적합품률을 예측하여 시료 중에 부적합품수가 대략 평균적으로 1~5개쯤 포함될 수 있는 크기 n의 시료를 약 20~25군 채취하여 조사측정한다.

② p의 계산 : 각 군마다의 부적합품률 p를 계산한다.

$$p = np/n$$

③ 관리도 용지에 기입 : p의 값을 표시하는 점을 찍는다.

④ 관리선의 계산 :

중심선 $\bar{p} = \dfrac{\Sigma np}{\Sigma n}$

관리상한 $\mathrm{UCL} = \bar{p} + 3\sqrt{\dfrac{\bar{p}(1-\bar{p})}{n}}$

관리하한 $\mathrm{LCL} = \bar{p} - 3\sqrt{\dfrac{\bar{p}(1-\bar{p})}{n}}$

⑤ 관리선의 기입

⑥ 관리상태의 조사

예제 8·6 내화벽돌의 소성공정에서 소성 때의 균열을 관리할 목적으로, 동시에 소성한 것을 1로트로 하여 소성 후에 관능검사를 해서 부적합품을 골라내고 있다. 동시에 소성되는 수는 품종 관계로 매 로트마다 변동하므로 np 관리도를 적용할 수 없기에 p 관리도를 작성하였다. 데이터 및 관리도는 표 8·8 및 그림 8·6과 같다. 이 공정은 관리상태에 있으나 만성적인 부적합이 나오고 있음을 알 수 있다.

표 8 · 8 p관리도 자료표(data sheet)

No.____________

제품명칭		내화벽돌	제조명령번호			기 간	
품질특성		소성균열	직 장				
측정방법		관능검사	규준일산고			기계번호	
규격한계	최대	한도견본	시료	크기		작업원	
	최소			간격		검사원 성명인	
규격번호			측정기번호				

일시	로트번호	시료군의 번호	시료의 크기 n	부적합품수 np	부적합품률 p	$A=\frac{3}{\sqrt{n}}$	$A\times\sqrt{\bar{p}(1-\bar{p})}$	UCL $\bar{p}+A\sqrt{\bar{p}(1-\bar{p})}$	LCL $\bar{p}-A\sqrt{\bar{p}(1-\bar{p})}$
		1	835	8	1.0	0.104	1.196	2.55	0.15
		2	808	12	1.5	0.106	1.219	2.57	0.13
		3	780	6	0.8	0.107	1.230	2.58	0.12
		4	252	6	2.4	0.189	2.174	3.52	−
		5	430	7	1.6	0.145	1.668	3.02	−
		6	600	5	0.8	0.122	1.403	2.75	−
		7	822	11	1.3	0.105	1.208	2.56	0.14
		8	814	8	1.0	0.105	1.208	2.56	0.14
		9	206	6	2.9	0.209	2.404	3.75	−
		10	703	8	1.1	0.113	1,300	2.65	0.05
		11	856	19	2.2	0.103	1.184	2.53	0.17
		12	709	11	1.6	0.113	1.300	2.65	0.05
		13	350	5	1.4	0.160	1.840	3.19	−
		14	250	8	3.2	0.190	2.185	3.54	−
		15	830	14	1.7	0.104	1.196	2.55	0.15
		16	798	7	0.9	0.106	1.219	2.57	0.13
		17	813	9	1.1	0.105	1.208	2.56	0.14
		18	818	7	0.9	0.105	1.208	2.56	0.14
		19	581	8	1.4	0.125	1.438	2.79	−
		20	464	4	0.9	0.139	1.598	2.95	−
		21	807	11	1.4	0.106	1.219	2.57	0.13
		22	595	7	1.2	0.123	1.414	2.76	−
		23	500	12	2.4	0.134	1.541	2.89	−
		24	760	7	0.9	0.109	1.254	2.60	0.10
		25	420	8	1.9	0.146	1.679	3.06	−
계			15,801 (Σn)	214 (Σnp)					

$\bar{p}=\Sigma np/\Sigma n=214/15,801=0.0135=1.35\%$

$\sqrt{\bar{p}(1-\bar{p})}=\sqrt{0.0135(1-0.0135)}=0.115$

$=11.5\%$

기사

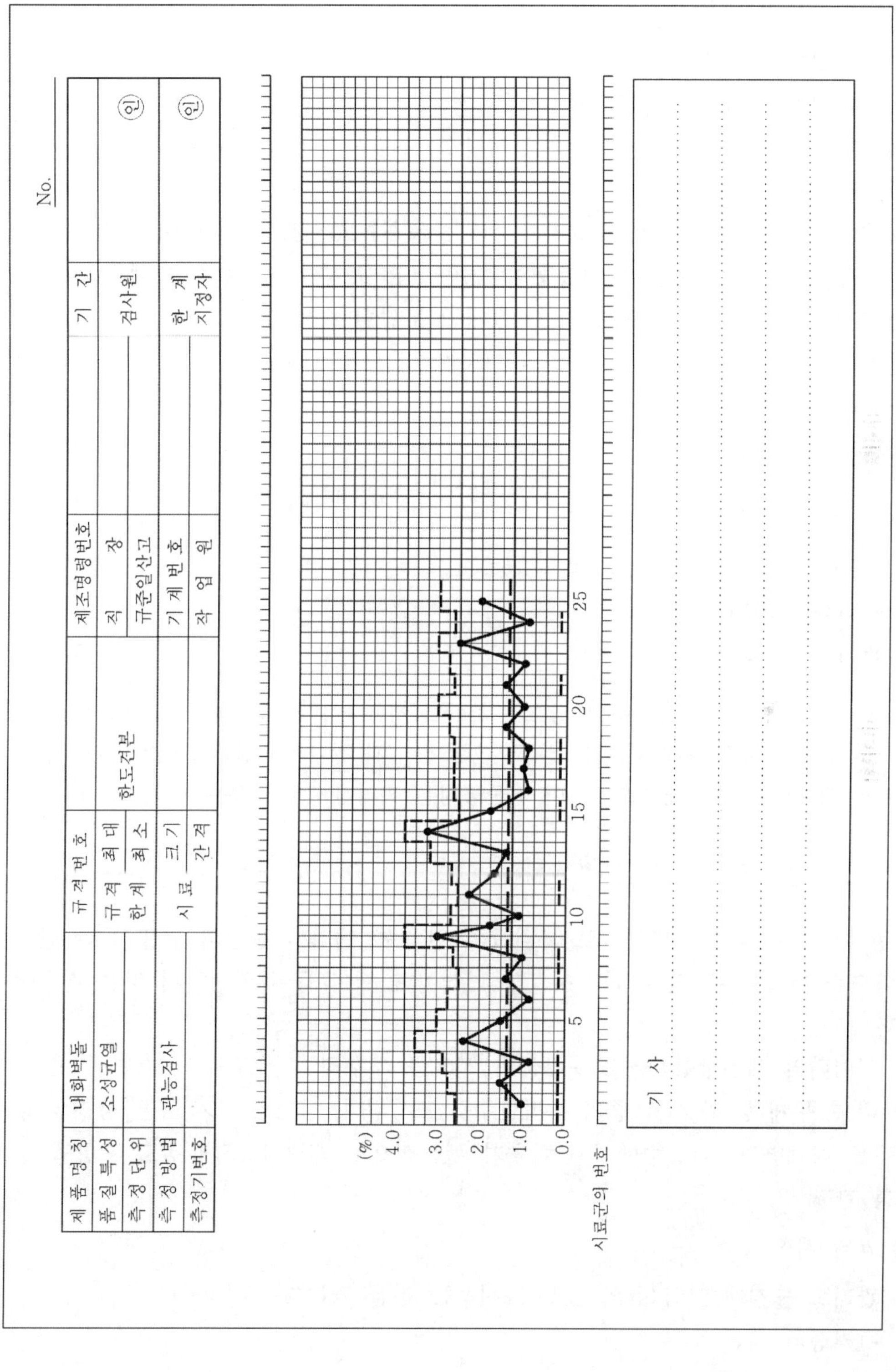

No.

제품명칭	내화벽돌	규격번호		제조명령번호		기 간	
품질특성	소성균열	규격한계 최대	한도견본	직 장		검사원	㉐
측정단위		규격한계 최소		규준일산고			
측정방법	관능검사	시료 크기		기계번호		한계 지정자	㉐
측정기번호		시료 간격		작업원			

(%)
4.0
3.0
2.0
1.0
0.0

5 10 15 20 25

시료군의 번호

기 사

그림 8·6 p 관리도

8.3.6 c 관리도의 작성법

c 관리도는 관리하는 항목으로서 어느 일정단위 중에 나타나는 흠의 수로 라디오 1 대 중에 납땜 부적합수 등과 같이, 미리 정해진 일정단위 중에 포함된 부적합수를 취급할 때 사용한다. 물품 1 개 중에 부적합수가 적을 경우에는 일정개수 중의 부적합수를 사용해도 좋다.

① 데이터 취급방법 : 일정한 크기의 시료군을 약 20~25 군 채취하여 각 시료군 중의 부적합수 c를 조사한다. 시료군의 크기 n은 공정의 부적합수를 예측하여, 시료 중에 부적합수가 평균적으로 약 1~5 개쯤 포함될 수 있도록 한다.

② 관리도 용지에 기입 : c의 값을 표시하는 점을 찍는다.

③ 관리선의 계산

중심선 $\bar{c}=\dfrac{\Sigma c}{k}$

관리상한 $\mathrm{UCL}=\bar{c}+3\sqrt{\bar{c}}$

관리하한 $\mathrm{UCL}=\bar{c}-3\sqrt{\bar{c}}$

④ 관리선의 기입

⑤ 관리상태의 조사

예 제 8 · 7 직물의 부적합수를 특성으로 하여 공정을 관리하기 위해서 c 관리도를 작성하였다. 데이터 및 관리도는 표 8 · 9, 그림 8 · 7과 같다. 이 관리도에서는 관리한계로부터 벗어나는 점이 없으므로, 이 직물공정은 관리상태에 있음을 알 수 있다.

8.3.7 u 관리도의 작성법

u 관리도는 관리하는 항목으로서 직물의 얼룩수, 에나멜 동선의 핀홀 등과 같은 부적합수를 취급할 때, 검사하는 시료의 면적이나 길이 등이 일정하지 않은 경우에 사용한다.

① 데이터의 채취방법 : 약 20~25군의 시료를 채취하여 시료의 단위(면적, 길이, 시간, 대수, 무게 등)와 시료 중의 부적합수를 조사한다. 시료의 크기 n은 공정의 부적합수를 예측하여 시료 중에 부적합수가 평균적으로 대략 1~5개 정도 포함될 수 있도록 한다.

② u의 계산 : $u=\dfrac{c}{n}$

③ 관리도 용지에 기입 : u의 값을 표시하는 점을 찍는다.

④ 관리선의 계산

표 8·9 c관리도 자료표(data sheet)

No.________________

제품명칭		직 물	제조명령번호			기 간	
품질특성		결 점	직 장				
측정방법		관능검사	규준일산고			기계번호	
규격한계	최대		시료	크기	$1m^2$	작업원	
	최소			간격		검사원 성명인	
규격번호			측정기번호				

일시	로트번호	시료군의 번호	부적합수 c	적요
		1	4	
		2	5	
		3	4	
		4	4	
		5	4	
		6	7	
		7	3	
		8	3	
		9	4	
		10	4	
		11	5	
		12	3	
		13	2	
		14	7	
		15	3	
		16	4	
		17	2	
		18	3	
		19	4	
		20	7	
계		($\Sigma c=$)	82	
평균		($\bar{c}=$)	4.1	

$\bar{c}=\Sigma c/k=82/20=4.1$

$UCL=\bar{c}+3\sqrt{\bar{c}}=4.1+3\times\sqrt{4.1}=4.1+6.07\fallingdotseq 10.2$

$LCL=\bar{c}-3\sqrt{\bar{c}}=4.1-3\times\sqrt{4.1}=4.1-6.07=$ 고려하지 않는다.

기사

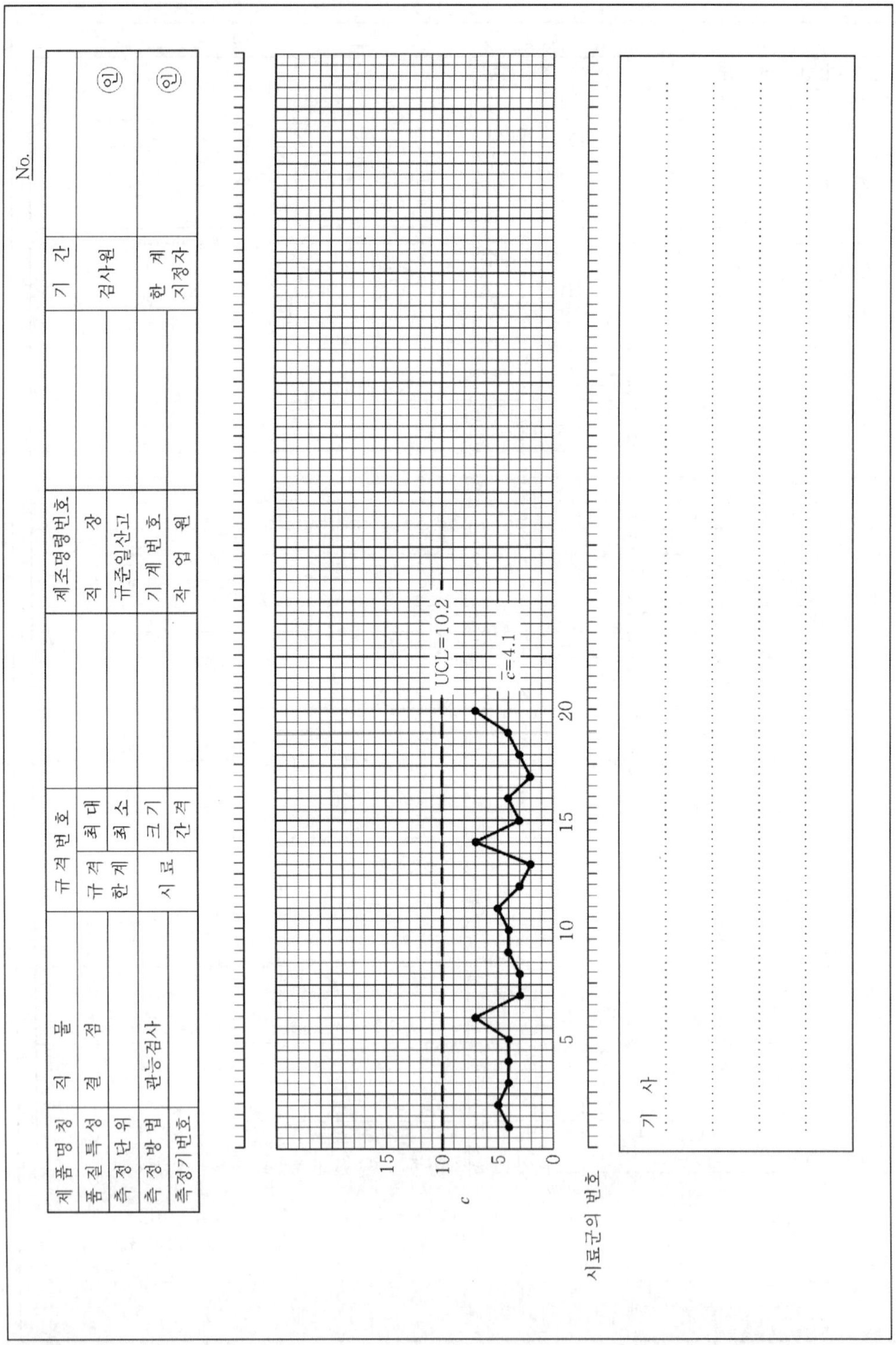

No.

제품명칭	직　물	규격번호			제조명령번호		기　간	
품질특성	결　점	규격 한계	최 대		직　장		검사원	㊞
측정단위			최 소		규준일산고			
측정방법	관능검사	시 료	크 기		기계번호		한 계 지정자	㊞
측정기번호			간 격		작 업 원			

c

15
10
5
0

UCL=10.2

$\bar{c}$=4.1

5　10　15　20

시료군의 번호

기　사

그림 8·7 c 관리도

표 8·10 *u* 관리도 자료표(data sheet)

No.____________

제품명칭		에나멜 동선	제조명령번호			기 간	
품질특성		핀홀의 수	직 장				
측정방법			규준일산고			기계번호	
규격한계	최대		시료	크기		작 업 원	
	최소			간격		검사원 성명인	
규격번호			측정기번호				

일시	로트 번호	시료군의 번호	시료의 크기 n (1000 m)	부적합수 c	단위당 부적합수 u	$\frac{1}{\sqrt{n}}$	UCL $\bar{u}+3\sqrt{\bar{u}}\times\frac{1}{\sqrt{n}}$	LCL $\bar{u}-3\sqrt{\bar{u}}\times\frac{1}{\sqrt{n}}$
		1	1.0	4	4.0	1	8.10	—
		2	1.0	5	5.0	〃	〃	—
		3	1.0	3	3.0	〃	〃	—
		4	1.0	3	3.0	〃	〃	—
		5	1.0	5	5.0	〃	〃	—
		6	1.3	2	1.5	0.877	7.47	—
		7	1.3	5	3.8	〃	〃	—
		8	1.3	3	2.3	〃	〃	—
		9	1.3	2	1.5	〃	〃	—
		10	1.3	1	0.8	〃	〃	—
		11	1.3	5	3.8	〃	〃	—
		12	1.3	2	1.5	〃	〃	—
		13	1.3	4	3.1	〃	〃	—
		14	1.3	2	1.5	〃	〃	—
		15	1.2	6	5.0	0.913	7.65	—
		16	1.2	4	3.3	〃	〃	—
		17	1.2	0	0.0	〃	〃	—
		18	1.7	8	4.7	0.767	6.90	—
		19	1.7	3	1.8	〃	〃	—
		20	1.7	8	4.7	〃	〃	—
계			25.4 (Σn)	75 (Σc)				

$\bar{u}=\Sigma c/\Sigma n=75/25.4=2.95$

$3\sqrt{\bar{u}}=3\times\sqrt{2.95}=5.15$

기사

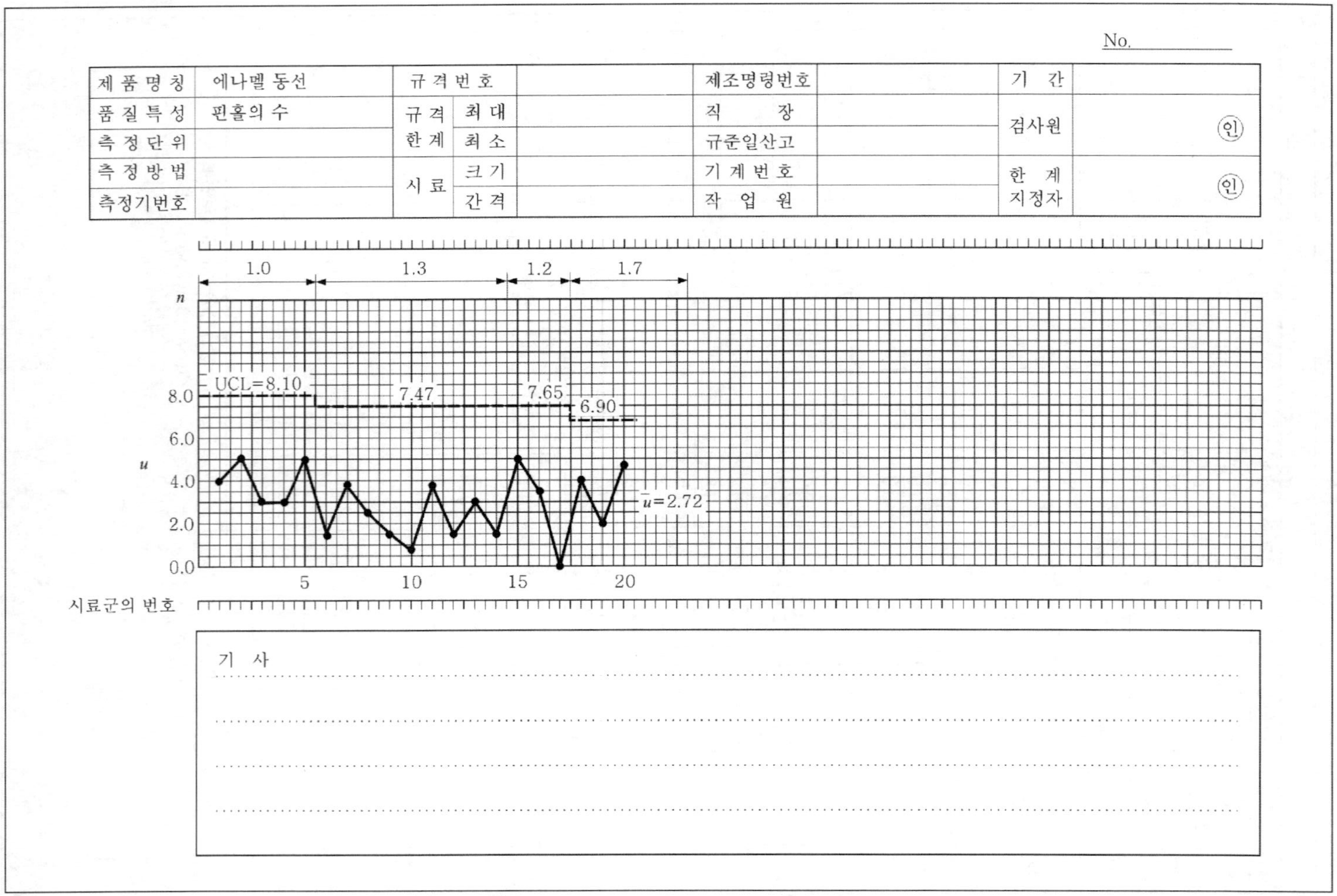

No.

제품명칭	에나멜 동선	규격번호			제조명령번호		기 간	
품질특성	핀홀의 수	규격 한계	최 대		직 장		검사원	ⓘ
측정단위			최 소		규준일산고			
측정방법		시 료	크 기		기계번호		한 계 지정자	ⓘ
측정기번호			간 격		작 업 원			

n: 1.0 | 1.3 | 1.2 | 1.7

u: 0.0, 2.0, 4.0, 6.0, 8.0

UCL=8.10, 7.47, 7.65, 6.90

$\bar{u}$=2.72

시료군의 번호: 5, 10, 15, 20

기 사

그림 8 · 8 u 관리도

중심선 $\bar{u}=\dfrac{\Sigma c}{\Sigma n}$

관리상한 $\mathrm{UCL}=\bar{u}+3\sqrt{\dfrac{\bar{u}}{n}}$

관리하한 $\mathrm{LCL}=\bar{u}-3\sqrt{\dfrac{\bar{u}}{n}}$

⑤ 관리선의 기입

⑥ 관리상태의 조사

예제 8·8 에나멜 동선의 도장공정을 관리하기 위하여 핀홀의 수를 조사하였다. 시료의 길이가 종류에 따라 변화하므로 시료 1000 m당의 핀홀수를 사용하여 u 관리도를 작성한다. 데이터와 관리도는 표 8·10 및 그림 8·8과 같다. 이 관리도는 대체로 공정이 관리상태에 있다고 할 수 있다.

8.3.8 L–S 관리도의 작성법

이 관리도는 계량치의 데이터를 군으로 구분했을 때 군 가운데서 최대치(L)와 최소치 (S)을 구하여 이 L과 S를 1개의 그림표에 점찍어 나가는 관리도로서, L에 대한 한계선, S에 대한 한계선이 그어져 있다. L과 S의 차 즉 범위(R)를 동시에 R 관리도에 사용하는 것이 보통이다. 이 관리도는 군의 변화를 L과 S로 표현하는 것이 더 유효한 경우에 사용하면 편리하다.

① 데이터의 채취방법 : 공정에 대한 데이터(계량치)를 약 100개 모아 크기 4~5의 20~25개조로 군을 구분한다. 군은 기술적인 지식에 의거하여 군내에는 되도록 이질적인 데이터가 포함되지 않도록 한다.

② L과 S를 구한다 : 각 군마다 최대치(L)와 최소치(S)를 구한다.

③ R를 구한다 : 각 군마다 R를 구한다.

$$R=L-S$$

④ 관리도 용지에 기입한다 : L과 S점을 기입한다.

⑤ 관리선의 계산

1) L–S 관리도의 한계선 :

중심선 $\dfrac{1}{2}(\bar{L}+\bar{S})=\bar{M}$

관리상한 $\mathrm{UCL}=\bar{M}+A_9\bar{R}$

표 8·11 L-S관리도 자료표

시료군의 번호	측 정 치					측 정 치		범위
	x_1	x_2	x_3	x_4	x_5	최대치 L	최소치 S	R
1	47	32	44	35	20	47	20	27
2	19	37	31	25	34	37	19	18
3	19	11	16	11	44	44	11	33
4	29	29	42	59	38	59	29	30
5	28	12	45	36	25	45	12	33
6	49	35	11	38	33	40	11	29
7	15	30	12	33	26	33	12	21
8	35	44	32	11	38	44	11	33
9	27	37	26	20	35	37	20	17
10	23	45	26	37	32	45	23	22
11	28	44	40	31	18	44	18	26
12	31	25	24	32	22	32	22	10
13	22	37	19	47	14	47	14	30
14	37	32	12	38	30	38	12	26
15	25	40	24	50	19	50	19	31
16	7	31	23	18	32	32	7	25
17	38	0	41	40	37	41	0	41
18	35	12	29	48	20	48	12	36
19	31	20	35	24	47	47	20	27
20	12	27	38	40	31	40	12	28
21	52	42	52	24	25	50	24	26
22	20	31	15	3	28	31	3	28
23	29	47	41	32	22	47	22	25
24	28	27	22	32	54	54	22	32
25	42	34	15	29	21	42	15	27
						계 1076	390	686

L-S관리도 CL=6.4293 　 R관리도
UCL = CL + $A_9\overline{R}$ = 6.4657 　 UCL = $D_4\overline{R}$ = 0.0579
LCL = CL − $A_9\overline{R}$ = 6.3930 　 LCL = $D_3\overline{R}$ = −

$\overline{L}$ = 6.44304 　 $\overline{S}$ = 6.41560
$\overline{R}$ = 0.0274

n	A_9	D_4	D_3
4	1.52	2.28	
5	1.36	2.11	

기사

관리하한 $\text{LCL} = \overline{M} - A_9\overline{R}$

2) R 관리도의 한계선

중심선 $\overline{R}$

관리상한 $\text{UCL} = D_4\overline{R}$

관리하한 $\text{LCL} = D_3\overline{R}$

⑥ 관리선의 기입

⑦ 관리상태의 조사

예제 8·9 예제 8·1의 데이터에 대하여 L S 관리도를 작성해 보면 표 8·11 및 그림 8·9와 같다. 이 관리도는 대체로 공정이 안정상태에 있다고 할 수 있다.

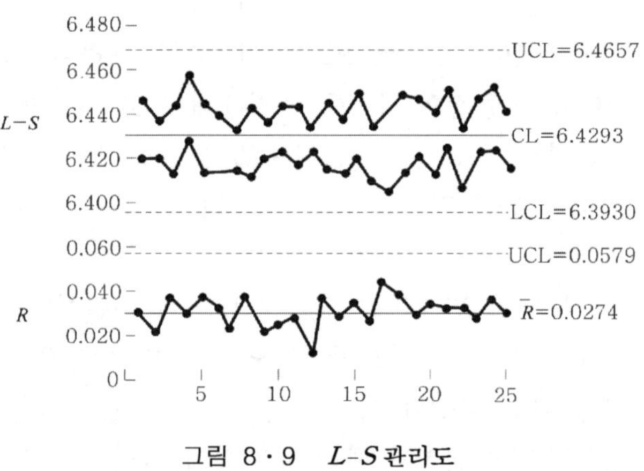

그림 8·9 L-S관리도

8.4 관리도를 보는 방법

관리도의 작성방법에 따라 관리도가 작성되었으면 이것을 어떻게 활용할 것인가가 문제가 된다. 관리도를 그리는 것 자체는 비교적 쉽다고 본다. 관리도는 데이터를 표현하는 형식의 하나로서 데이터를 관리도란 형식으로 옮겨놓는 것은 간단하지만, 이것을 이용하여 공정을 해석하거나 관리에 효과를 얻는 데까지는 그리 간단한 것은 아니다.

많은 경험을 쌓은 후에야 비로소 효과를 얻을 수 있는 것이며, 그리기만 하면 당장 어떤 효과를 올릴 수 있는 것은 결코 아니다. 그리고 작성방법이 너무 용이하다는 것이 품질관리의 초보자에게는 오히려 뭔가 허전하게 느껴져서 좀 힘들고, 어려운 다른 방법이 없을까 하고 새로운 통계적 수법을 사용하려고 찾게 된다.

관리도를 제대로만 사용해 간다면 대단한 효과를 얻을 수 있는 수법임을 다시 한 번 마음에 새겨둘 필요가 있다.

관리도를 잘 활용해 나가기 위해서는 책만 읽고 책에 나오는 문제들만 풀어볼 것이 아니라, 실제의 공정에서 일어나는 문제에 대하여 직접 사용해 보고, 거기서 일어나는 여러 가지 어려움을 해결해 나가며 익히는 것이 빠르고 좋은 방법이다.

관리도를 활용한다는 말은

① 관리도에 나타나 있는 정보를 최대한으로 알아낼 것 — 관리도를 보는 방법

② 관리도에 의거 적절한 조치(action)를 취할 것 — 공정해석 및 관리에 관계되는 것을 말한다.

관리도에 기록된 데이터는 공정 자체를 나타낸 것이 아니고, 공정으로부터 뽑혀진 시료이다. 그래서 관리도를 볼 때는 이 점을 특히 유의해야 한다.

우리는 시료에서 얻은 데이터로부터 또 그 데이터에 대하여 그려진 관리도를 보고, 관리도에 나타나지 않은 공정의 상태를 추정해내지 않으면 안 된다. 시료에서 얻어진 데이터에 의거 판단해야 할 때에는, 때때로 공정에 대하여 틀린 판단을 할 수도 있다. 관리도는 이러한 틀린 판단을 되도록 줄일 수 있다는 점에서 그 의의를 찾을 수 있다.

여기서는 관리도를 볼 때의 원칙적인 방법에 대하여 기술하기로 한다. 이 밖에도 여러 가지 보는 방법이 있으나, 이 정도만이라도 충분히 몸에 익혀서 활용한다면 커다란 효과를 올릴 수 있다고 믿는다.

관리도에는 관리선으로서 중심선과 관리 한계선이 그어져 있다. 중심선은 공정을 분포라고 생각하였을 경우 분포의 위치를 나타내는 것으로서 공정평균이라고 불린다. 관리한계선은 중심선의 양쪽의 산포의 정도를 보기 위한 척도인 것이다. 점이 한계선을 벗어났을 때 그 점은 관리이탈, 보아 넘기기 어려운 점 또는 out of control이라고 한다.

관리이탈의 점이 나타났을 때에는 공정에 무엇인가 보아 넘길 수 없는 원인이 일어나고 있는 것이다. 말하자면 우연 원인에 의해서 기대되는 변동보다 더 큰 변동이 일어나고 있다. 이러한 변동이 나타난 사실에 의해서 보아 넘길 수 없는 원인을 찾아낼 수 있는 것이다. 즉, 우연원인에 의한 변동과 이상원인에 의한 변동을 구별하기 위해서 관리 한계선이 그어져 있는 것이다.

8.4.1 관리상태의 판정

공정이 관리상태에 있는가 어떤가를 판정하는 기준은 다음과 같다.

① 점이 관리 한계선을 벗어나지 않는다(관리이탈이 없다).

② 점의 배열에 아무런 습관성이 없다.

관리상태(안정상태)라는 것은 공정에 있어서 관리특성의 분포가 평균치나 산포도 모두 시간적으로 아무런 변화가 없는 상태를 가리킨다. 하지만, 우리는 공정의 분포 상태의 참값을 알아낼 수 없으며, 공정에서 취한 시료에 관해서 관리도를 작성하여 판단하는 데 지나지 않는다. 그러나 공정에 분포가 있기 때문에 공정의 상태를 판단할 때에, 관리상태에 있음에도 불구하고 관리상태에 있지 않다고 판단하는 과오(제1종 과오)와 관리상태에 있지 않음에도 불구하고 관리상태에 있다고 판단하는 과오(제2종 과오)를 저지르는 것은 어쩔 수가 없다.

다만, 우리는 관리도가 앞에서 말한 과오를 범할 위험을 줄일 수 있는 조건을 설정하고, 이 조건을 만족했을 때에는 일단 공정은 관리상태에 있다고 판정한다.

또한 이러한 판단을 내릴 때에는 어디까지나 ①의 기준이 주된 판단기준이 되며, ②의 기준은 보충해서 보는 방법이다.

①의 기준에서는 다음과 같은 경우 공정은 관리상태에 있다고 판단한다.

i) 연속 25점 모두가 관리한계 내에 있을 때

ii) 연속 35점 중 한계를 벗어나는 점이 1점 이내일 때

iii) 연속 100점 중 한계를 벗어나는 점이 2점 이내일 때

이 기준은 관리한계를 벗어나는 점이 있어도 좋다는 뜻은 아니다. 여기서도 한계를 벗어난 점은 이상임에는 틀림없으므로, 그 원인을 탐구하여 조치를 취하지 않으면 안 된다. 35점 중 1점은 벗어나도 상관없다. 원인은 몰라도 좋다고 생각하기 쉬우니 주의해야 한다. 적은 수의 데이터로서 판단할 경우에는 잘못 판단할 위험이 있으므로, 슈하르트 박사는 "적어도 25점 이상이 한계 안에 있지 않으면 관리상태라고 말할 수 없다"라고 지적하고 있다.

②의 기준은 보충적인 것으로서 한계 안에 있는 점을 보는 방법이다.

점의 배열의 습관성이라는 것은 다음의 경우를 말한다.

i) 런(run)이 나타날 때

ii) 경향이나 주기성이 나타날 때

iii) 중심선의 한쪽에 점이 많이 나타날 때

iv) 점이 관리한계선에 접근하여 여러 개 나타날 때

[1] 런(run)

중심선의 한쪽에 연속해서 나타난 점을 런이라 한다. 런의 길이란 한쪽에 연이은

점의 수를 말한다. 하나의 점의 계열이 있을 경우, 그 중에서도 가장 긴 런의 길이를 척도로 삼아, 그 계열에 습관성이 있는지 없는지를 판단해 나간다. 런의 수란 하나의 점의 계열 전체를 통해서 나타난 런의 개수를 말한다.

런의 길이가 5인 경우 : 공정에 주의

런의 길이가 6인 경우 : 원인조사 개시

런의 길이가 7이상인 경우 : 이상원인이 있다고 판단하고 조치를 취함

너무 긴 런이 나타나는 것은 이상상태이며, 또한 짧은 런만 나타나는 것도 이상이다. 전자는 런의 수가 적은 경우, 후자는 런의 수가 많은 경우에 해당된다. 점의 배열에 습관성이 없다는 것은, 바꾸어 말하면 점이 랜덤하게 배열되어 있다는 것이 된다. 랜덤한 변동에서는 런의 수나 최장의 런의 길이가 어느 정도의 산포를 가지고 나타난다.

[2] 경향(trend)

경향이란 점이 점점 올라가거나 내려가는 상태를 말한다. 여기에는 점이 계속해서 올라가거나 내려가는 경우와, 파동을 나타내면서 올라가거나 내려가는 두 가지 경우가 있다. 경향이 급하거나 아니면 장기간에 걸쳐 있을 경우에는, 결국 한계를 벗어나는 점이 생겨나기 마련이다. 관리도에 경향이 나타난 때에는 그 특성과 상관이 있는 것. 즉 같은 경향을 나타내는 것을 찾아 원인을 파악하여 그것을 제거해야 한다.

[3] 주기(cycle)

점이 주기적으로 상・하로 변동하여 파형을 나타내는 경우를 말한다. 점이 관리한계 안에 들어 있어도 어떤 주기를 가지고 파상적인 변동을 나타낼 경우와, 대파・중파・소파가 합성되어 나타내는 경우, 어떤 주기를 가지고 단계적으로 경향을 나타내는 경우, 때로는 서로 다른 주기가 합성되어 나타나는 수도 있다.

주기의 해석을 엄밀히 하려면 시계열 해석법이 필요하나, 이는 계산이 번거롭기 때문에 관리도에서는 주기의 크기(진폭)를 눈짐작으로 판단하는 것으로도 충분하다. 이 때 불규칙적인 소파는 무시하고 중파와 대파만을 가려내는 것이 좋다.

주기적인 변동은 대개의 경우 런이나 경향에 의한 판단에 의거하여 이상원인이 있다고 결론이 내려질 때가 많으나, 주기성의 변동은 직감에 의거하여 쉽게 판단되는 수가 많다. 주기성이 나타나면 주기적인 변동의 원인이 무엇인가를 추구함과 함께 관리목적에 따라 군구분의 방법, 시료채취 방법, 데이터를 얻는 방법, 또는 데이터의 수정방법 등을 재검토하지 않으면 안 된다.

[4] 중심선의 한쪽에 점이 잇따라 여러 개 나타날 때

중심선의 한쪽에 다음과 같이 연속해서 많은 점이 나타날 때에는 공정이 관리상태에 있지 않다고 판단한다.

① 중심선의 한쪽으로 7점 이상이 계속될 때
② 연속된 11점 중 10점 이상
③ 연속된 14점 중 12점 이상
④ 연속된 17점 중 14점 이상
⑤ 연속된 20점 중 16점 이상

이 때는 그 구간에 있어서 공정평균이 점이 많은 쪽으로 옮겨진 것이 아닌가 하고 의심해 보아도 좋으며, 그 원인을 찾아보면 기술상의 유익한 정보를 얻게 된다.

[5] 점이 관리한계에 접근해서 나타날 때

관리상태의 분포에서 생각해 보면, 점이 관리 한계선 가까이 나타날 확률은 아주 적다. 따라서 점이 한계선 근처에 잇따라 나타날 수 있는 확률은 더욱 적으므로 다음과 같은 경우에는 무엇인가 이상이 있다고 판단할 수 있다.

① 연속된 3점 중 2점 이상이 2σ와 3σ 사이에 발생한 경우
② 연속된 5점 중 4점 이상이 2σ와 3σ 사이에 발생한 경우

3σ 관리 한계선에 접근해 있다는 판정의 기준은, 2σ(중심선에서 관리한계의 거리의 2/3에 해당)를 벗어나는 것으로 한다.

여기서 2σ밖으로 벗어나는 점이 상·하 어느 한쪽이거나 양쪽을 합한 것이나 간에 모두 이상원인이 있다고 본다. 예를 들면, 일반적으로 $\bar{x}$관리도에서 상·하에 나타날 때에는 평균치의 산포가 커졌다는 것을 말하고, 한쪽으로만 나타날 때에는 $\bar{x}$가 변한 것을 나타낸다.

또한 $\bar{x}$ 관리도에서 점이 상·하에 나타났을 때에는 R 관리도의 점도 $\bar{R}$보다 위쪽으로 많이 나타나게 된다. 만일, $\bar{x}$만 상·하로 2σ밖에 벗어나고 R는 변하지 않았을 때에는 공정평균의 변동이 심하다는 것을 나타낸다. R관리도에서 위쪽으로 2σ밖에 점이 계속해서 나타날 때에는 군내의 산포가 커진다는 것을 의미한다.

[6] 특수한 상태가 나타나는 경우

여기서 기술하는 것은 대부분 작성방법이 부적당하기 때문에 생기는 수가 많다.

1) 중심선 가까이에 점들이 모이는 관리도

특히, $\bar{x}$-R 관리도에서 볼 수 있는 것으로서 통상의 방법으로 작성된 $\bar{x}$ 또는 R

관리도에서, 점이 중심선 가까이에 모여 점의 산포에 비해서 관리한계가 너무 넓게 될 때가 흔히 있다. 이것도 점의 배열에 있어 이상 상태의 일종이다. 이는 군구분이 부적당한 경우로서, 이질적인 로트에서 얻어진 데이터를 정리하여 같은 군으로 한 경우, 이와 같은 관리도가 된다.

2) 한계를 벗어난 점이 너무 많은 관리도

$\bar{x}$관리도나 n이 큰 p관리도에 자주 보인다. $\bar{x}$관리도의 경우는 군내의 산포가 군간의 산포, 즉 $\bar{x}$의 변동에 비해서 너무 작기 때문에 이러한 현상이 나타나며, 이러한 관리도는 관리를 하는데 쓸모가 없다. 시료의 채취방법, 군구분의 방법을 바꾸어서 군내의 변동이 좀더 커지도록 해야 한다.

p관리도의 경우는 n이 지나치게 크기 때문에 이러한 현상이 나타나며, 또한 n이 너무 작으면 중심선 가까이에 많은 점이 모이게 된다.

예를 들면, 전수검사를 행한 결과의 데이터를 그대로 사용하면, p관리도는 한계를 벗어난 점이 많이 나타나게 된다. 이때에는 부적합 항목을 층별하거나 시료를 몇 개의 로트로 나누어 부적합품을 계산해야 한다.

8.4.2 $\bar{x}$-R 관리도의 점의 움직임

관리도를 보는 원칙은 앞에 설명한 바와 같으나, 실제로 관리도를 충분히 사용할 수 있으려면 관리도의 구성을 이해할 뿐만 아니라 실제로 일어나는 공정의 변화가 관리도상에 어떻게 나타나는가를 알아두는 것이 좋다. 여기서는 가장 잘 사용하는 $\bar{x}$-R 관리도에 대해 설명한다.

기초가 되는 것은 군내변동과 군간변동의 관계이다.

$\bar{x}$관리도의 한계선은

$$\bar{\bar{x}} \pm A_2 \bar{R} = \bar{\bar{x}} \pm \frac{3}{\sqrt{n}} \cdot \frac{\bar{R}}{d_2} = \bar{\bar{x}} \pm 3 \times \frac{\hat{\sigma}_x}{\sqrt{n}}$$

R관리도의 한계선은

$$\left(1 \pm 3\frac{d_3}{d_2}\right)\bar{R}$$

이다.

$\bar{R}/d_2$는 x의 산포 σ_x의 추정치 $\hat{\sigma}_x$(군내변동이라 하여 $\hat{\sigma}_w$로 표시한다)를 나타내는 것으로 생각되므로, $\bar{x}$관리도에는 $\bar{R}$에 의하여 결정되는 관리한계선, 즉 군내

변동을 기초로 하여 계산한 관리한계선이 들어 있다. 따라서 $\bar{x}$ 관리도에서는 주로 군내변동(σ_w)을 기준으로 하여 군간의 산포(σ_b)의 크기를 감시하고 있다고 생각할 수 있다. 그러나 다음 식에서와 같이 $\bar{x}$점의 움직임(변동)에는 σ_w^2/n이 들어 있으므로, 군내변동이 커질 때에도 $\bar{x}$의 움직임은 커진다.

$$\sigma_{\bar{x}}^2 = \frac{\sigma_w^2}{n} + \sigma_b^2 \qquad (8 \cdot 10)$$

히스토그램에서 구한 전체의 데이터의 산포를 σ_H^2으로 표시하면

$$\sigma_H^2 = \sigma_w^2 + \sigma_b^2$$

과 같이 되며, 식 (8 · 10) 중 $n=1$의 경우이다.

관리상태인 경우 평균치나 표준편차도 변화하지 않는다고 하면 $\sigma_b=0$이고,

$$\sigma_{\bar{x}} = \sigma_w/\sqrt{n} = \frac{\bar{R}}{d_2} \cdot \frac{1}{\sqrt{n}} = \frac{\sigma}{\sqrt{n}}$$

이지만, 평균치가 변화한 때는 $\sigma_b^2 \neq 0$이므로 σ_w를 기준으로 하여 정한 관리 한계선에서 $\bar{x}$가 되어 나갈 가능성이 커진다. 이와 같이 식 (8 · 10)은 관리도를 이해하는 데 중요한 식이다. 공정의 평균치나 산포가 변화할 때 $\bar{x}$-R 관리도의 점의 움직임이 어떻게 되는가를 표시해 본다.

예제 8 · 10 칩(chip)의 실험에 의하여 다음과 같은 공정의 $\bar{x}$-R 관리도를 만들면

a) 관리상태의 관리도

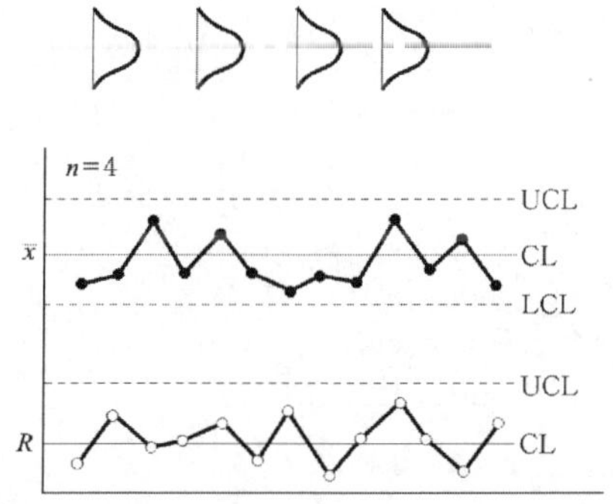

그림 8 · 10

b) 공정평균이 약간 커졌을 때의 관리도(σ 불변)

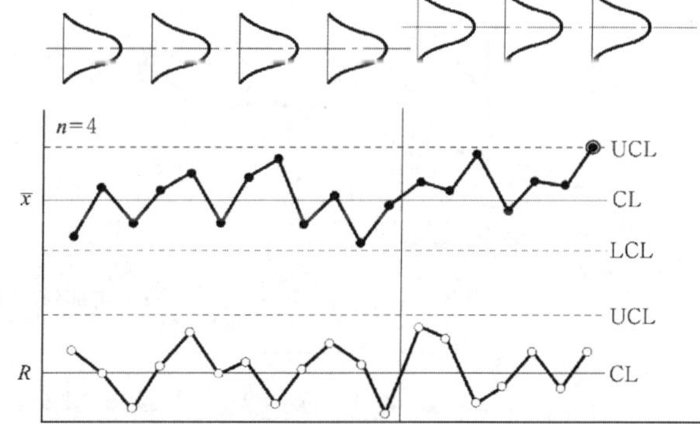

그림 8 · 11

c) 공정평균이 커졌을 경우(σ 불변)의 관리도(그림 8 · 12)

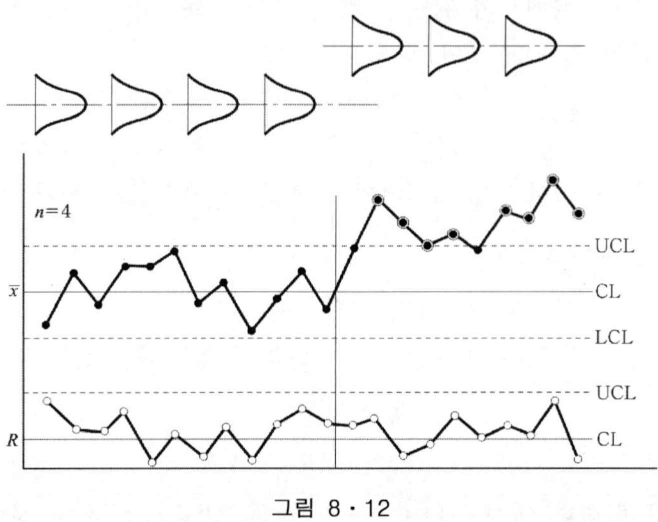

그림 8 · 12

d) 공정평균 경향을 갖고 변하는 경우(σ 불변)의 관리도

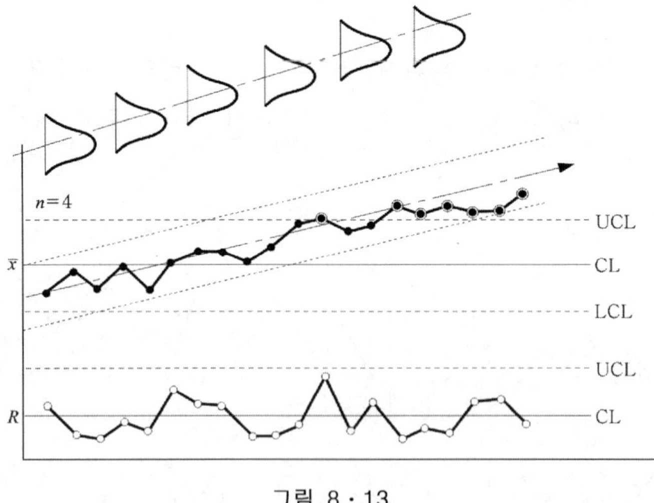

그림 8 · 13

e) 공정평균이 랜덤하게 크게 변한 경우(σ 불변)의 관리도(그림 8 · 14)

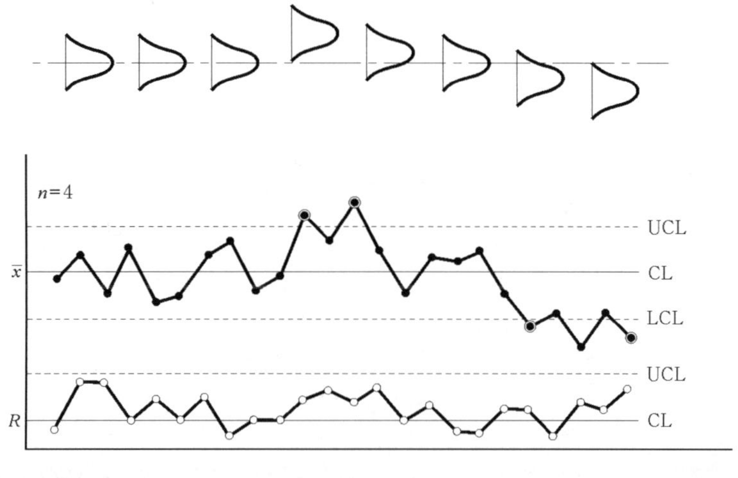

그림 8 · 14

f) 공정평균이 일정하고 산포가 커진 경우의 관리도

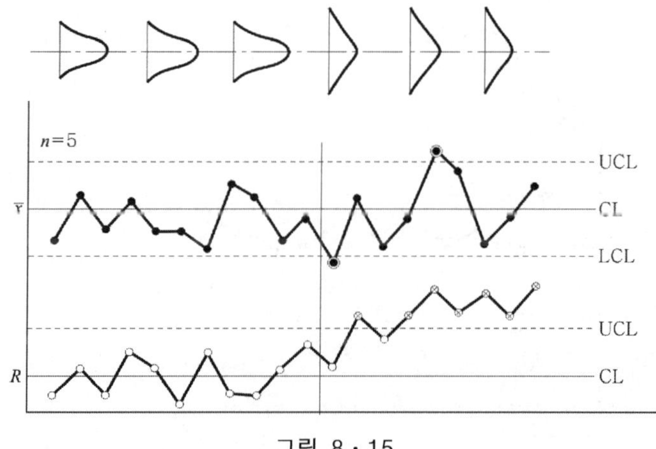

그림 8 · 15

g) 공정평균은 일정하고 산포가 작아진 경우의 관리도(그림 8 · 16)

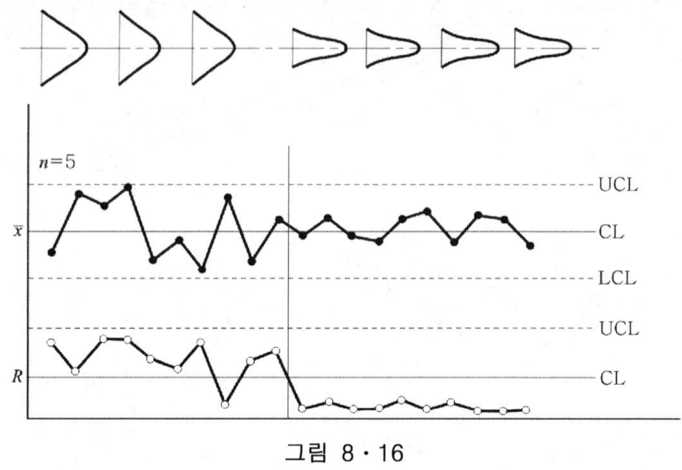

그림 8 · 16

예제 8 · 11 공정에 주기가 있을 때 관리도는 어떻게 되는가? (σ 불변, $n=3$)

a) 공정의 주기와 군내의 데이터 간격이 같은 경우 : 일반적으로는 $\overline{R}$는 크고 R는 대체로 $\overline{R}$의 부근에 산포한다. 또, $\bar{x}$ 관리도에서도 점은 대체로 $\bar{x}$ 부근에 산포한다. 그러나 반대로 점이 거의 모두 선외로 벗어날 경우도 있다(그림 8 · 17).

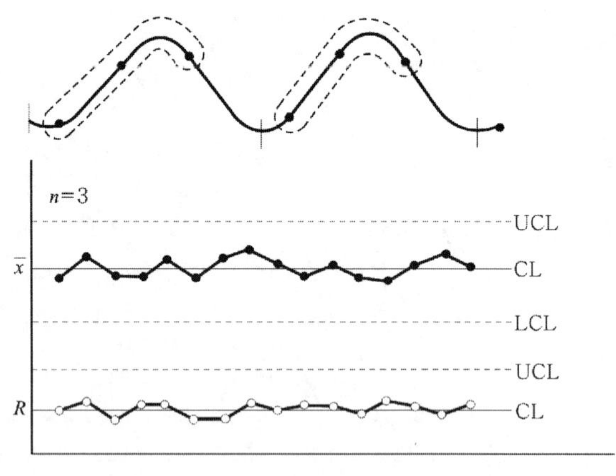

그림 8 · 17

b) 공정의 주기가 군내 데이터의 간격보다 짧을 경우(그림 8 · 18) : 일반적으로 관리도를 판별하기가 어렵다.

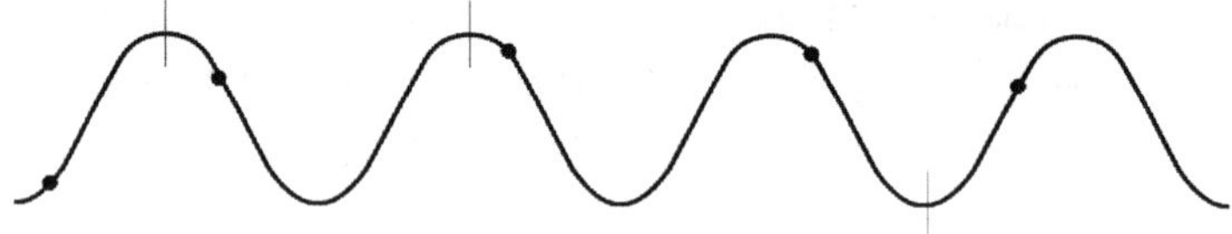

그림 8·18

c) 공정의 주기가 군내의 데이터 간격보다 길 경우 : 점이 대체로 주기성을 가지고 산포하여 한계 외로 벗어나는 점의 수가 많아진다.

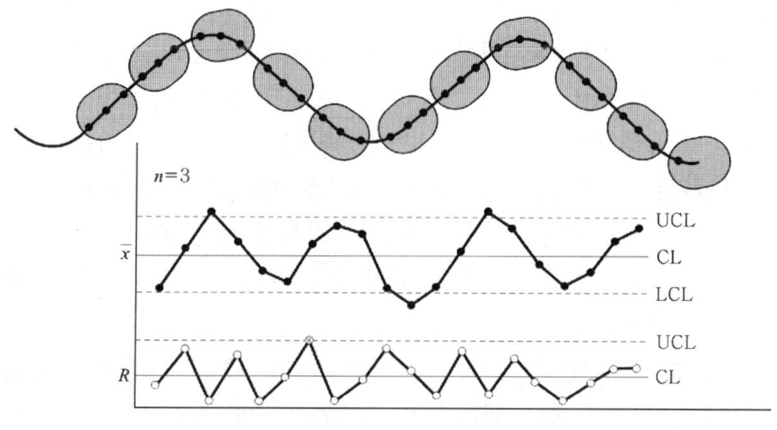

그림 8·19

예제 8·12 a) 다음과 같은 공정에서 A, B, C 3 대의 기계에서 샘플을 1 개씩 취하여 $n=3$의 관리도를 그리면 어떻게 되는가?

b) A, B, C 3대에서 각각 3개씩 샘플을 취하여 $n=3$의 관리도를 그리면 어떻게 되는가?

c) A, B, C의 기계별 관리도를 따로따로 그려서 비교해 보아라.

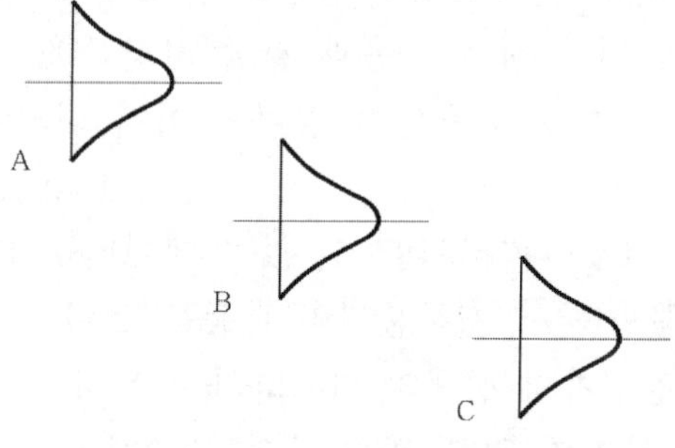

그림 8·20

[참고] 예제 8 · 12는 군구분에 이질의 데이터가 혼합된 경우의 관리도의 모델을 표시한 것이며, 이를 c)와 같이 기계별로 그리면 관리상태에 있는 3개의 관리도가 얻어진다. 이와 같이 시간별, 작업원별, 기계별, 장치별, 작업 조건별, 원료별 등으로 층별하는 것은, 공정의 해석뿐 아니라 관리도에도 극히 중요한 수법이다.

8.4.3 관리도의 사용법

관리도에 의하여 공정의 관리를 할 때는 원칙적으로 다음과 같은 순서에 따른다.

① 관리도에 그릴 품질특성을 결정한다.

② 사용할 관리도를 그린다.

③ 데이터를 모아 과거의 데이터를 해석함 : 공정 해석용의 관리도, 즉 해석용 관리도를 작성하고 층별, 추정, 검정, 상관, 기타 모든 기술적 지식이나 통계적 수법을 병용하여 공정이 안정상태에 있는가, 산포의 원인이 어디에 있는가를 철저히 조사하여 조치한다. 작업표준을 만들고 개정하며, 이것을 지키게 한다. 관리도상의 점은 여러 가지 표준(특히, 작업표준)을 지켜서 작업한 결과일 것과 관리도를 그리는 것만으로는 효용이 없으며, 동시에 작업표준을 만들어야 비로소 통계적 품질관리의 제 1 보를 내디디게 됨을 알아야 한다.

④ 공정 관리용 관리도, 관리 한계선의 결정 : 관리수준을 결정하기 위해서는 해석용 관리도가 만족한 관리상태를 표시함이 필요하며, 이 조건을 만족하면 관리 한계선을 연장하여 기입한다(— · — · —).

⑤ 매일의 데이터를 플롯한다.

⑥ 공정의 관리(원인의 추구 및 조치) : 관리상태에 있지 않음이 인정되면, 곧 원인을 추구하여 조치를 확실히 취하고, 앞으로 똑같은 원인으로 이상이 일어나지 않도록 한다.

⑦ 관리선의 재계산 : 작업표준을 개정하였다든가 기계장치의 조작조건을 변경하였다든가 하는 공정에 뚜렷한 변화가 있을 경우에는 관리 한계선을 재계산한다. 또한, 일정 기한이 지났을 경우 관리도에서 판단하여, 공정에 명백히 변화가 일어났음이 판명된 경우에는 한계 외의 점은 다음과 같이 처리한다.

i) 공정의 이상을 나타내는 점의 원인을 알아서 이에 대하여 조치한 데이터는 제외하고 재계산한다.

ii) 원인불명 또는 알고 있으나 조치할 수 없는 데이터는 그대로 포함시킨다.

이상과 같은 각 단계를 거쳐서 제품품질의 변동을 보아 공정을 관리한다. 이상의 각 단계의 수행을 위해 경영자의 정책의 명확화와 조직의 합리화, 물질표준 또는 기술, 설계표준, 작업표준, 관리를 위한 표준 등의 표준화와 합리화, 전종업원에 대한 교육훈련 등이 필요하다.

연습문제

1. 공정이 안정되어 있다는 것은 어떤 것인가 설명하여라.

2. 다음과 같은 특성치로서 관리도를 작성하려면 어떤 관리도가 적당한가?

① 설비의 월별 고장 횟수(회) ② 형광등의 수명(시간)
③ 부분품의 치수(mm) ④ 매월의 사고건수(건)
⑤ 1급품률(%) ⑥ 수확률(%)
⑦ 재료의 인장강도(kg/mm^2) ⑧ 불순물의 함유량(%)

3. 다음의 데이터는 어떤 제품에 대하여 1시간마다 1개씩 채취하여 측정한 값이다. 1일을 1군으로 하여 $\bar{x}$-R 관리도, $\bar{x}$ 관리도 및 합리적인 군으로 나눌 수 있을 경우의 x 관리도를 작성하여라.

		9/2	3	4	5	6	7	9	10	11	12	13	14	16	17	18	19	21	21
측정순서	1	24	44	21	29	17	16	29	42	44	38	56	25	59	49	40	44	58	35
	2	41	63	14	48	19	20	31	36	30	38	48	30	55	55	40	51	61	35
	3	43	50	22	30	26	33	53	48	19	48	54	60	49	47	37	48	40	20
	4	34	41	11	41	33	35	42	36	23	34	41	42	60	54	47	37	37	28
	5	49	50	25	32	42	24	12	40	23	28	58	48	63	56	32	48	47	10

4. 어떤 화약 약품의 제조공정에서 각 반응마다의 성분을 측정한 결과, 다음과 같은 데이터를 얻었다. 관리도를 작성하여라.

(단위 : %)

배치 No.	1	2	3	4	5	6	7	8	9	10	11	12
성 분	2.3	2.6	2.5	2.3	3.3	3.2	4.3	2.4	2.1	3.6	3.5	2.5
배치 No.	13	14	15	16	17	18	19	20	21	22	23	24
성 분	3.4	1.9	2.3	2.1	2.7	2.7	2.2	3.3	2.5	2.8	2.2	2.9

5. 부분품의 가공공정에서 각 로트로부터 $n=200$의 시료를 채취하여 검사하고 있다. 최근의 검사 데이터는 다음과 같다. np 관리도 및 p 관리도를 작성하여라.

로트 No.	1	2	3	4	5	6	7	8	9	10	11	12	13
부적합품수	7	5	2	4	4	7	5	5	7	5	4	10	3
로트 No.	14	15	16	17	18	19	20	21	22	23	24	25	
부적합품수	2	6	3	5	4	3	5	5	4	11	5	0	

6. 어떤 공장에서의 같은 종류의 기계에서 일어나는 매주의 고정건수 합계는 다음과 같다. c 관리도를 작성하여라.

주 No.	1	2	3	4	5	6	7	8	9	10
고 장 건 수	5	8	5	3	2	3	9	13	1	2
주 No.	11	12	13	14	15	16	17	18	19	20
고 장 건 수	4	8	5	5	3	5	4	6	11	10

7. 점의 배열상태에 습관성이 없다는 것은 어떤 경우인가?

8. 다음 용어의 뜻을 간단히 설명하여라.

① 관리상태(안정상태)

② 보아 넘기기 어려운 원인

③ 우연원인

9. 관리할 항목의 선정에서 고려해야 될 사항을 설명하여라.

10. 관리도의 종류를 들고 관리 한계선을 구하는 식을 정리해 보아라.

11. 관리도를 보는 방법에 대해 요약 정리해 보자.

12. 군구분이 되는 경우의 x 관리도에서 2σ 한계를 사용하기로 한다면 계수 E_2는 어떻게 되는가? 또한 $n=4$, 5인 경우의 계수의 값을 구하여라.

13. 공정의 평균 및 표준편차에 대하여 각각 표준편차가 μ, σ로 주어졌을 때, $\bar{x}$ R 관리도의 관리선은 다음 식으로 나타내어진다. 이 때의 계수의 식을 구하여라. $n=4.5$에 대한 값을 계산하여라.

$\bar{x}$ 관리도	R 관리도
중심선 $=\mu$	중심선 $=d_2\sigma$
$\mathrm{UCL}=\mu+A_\sigma$	$\mathrm{UCL}=D_2\sigma$
$\mathrm{LCL}=\mu-A_\sigma$	$\mathrm{LCL}=D_1\sigma$

14. $s=4.57$(모든 데이터로부터 계산한 표준편차), $\overline{R}=6.32(n=4)$의 값이 얻어졌다. 이 공정의 군내변동 σ_w^2, 군간변동 σ_b^2을 추정하여라.

15. 기계 A 및 B에 대하여 1군 $n=5$의 $\overline{x}$-R 관리도를 작성한 결과 다음과 같이 되었다. A와 B의 평균치에 차가 있는가?

A : $k_A=20$, $\overline{\overline{x}}_A=72.56$, $\overline{R}_A=6.42$

B : $k_B=25$, $\overline{\overline{x}}_B=76.89$, $\overline{R}_B=6.04$

[참고] $|\overline{\overline{x}}_A-\overline{\overline{x}}_B| \geq A_2\overline{R}\sqrt{\frac{1}{k_A}+\frac{1}{k_B}}$ 을 사용하여라.

9 상관과 회귀

9.1 상관과 회귀의 정의

한 예를 들면, 합금의 경도와 성분 사이에 관계가 있다는 것을 알고 있으면 제품에 관하여 일일이 성분을 분석하지 않더라도 경도를 측정함으로써 성분량을 측정할 수 있다. 또 원료 중의 불순물과 제품의 순도 사이에 관계가 있으면 가급적 불순물이 적은 원료를 구입한다는 조치를 취해야 한다. 또, 반응온도와 수량 사이의 관계를 이용하여 적절한 작업표준을 작성할 수 있다.

이와 같이 일종의 측정치의 연속적인 변화에 대하여 다른 측정치가 연속적으로 변화를 하는 경우에 이들 양 사이에 상관(correlation)이 있다고 한다. 또, 2 개의 측정치 사이에 관계가 있다는 것을 알고 있을 때, 다시 이들 관계를 정량적으로 표시하는 데에는 이들 사이의 관계식을 만들면 된다. 이에 의해서, 예컨대 반응온도로부터 제품의 수율량을 추정할 수 있다. 이러한 선을 회귀(regression)라 한다.

일반적으로 상관 및 회귀의 기법은 다음과 같은 경우에 사용된다.

① 다음 공정의 품질특성을 예측하는 경우

② 다음 공정의 품질을 관리하는 수단으로서 전공정의 재료 등의 조건을 관리하는 경우

③ 측정이 곤란하거나 측정이 가능하여도 비경제적인 특성(예컨대, 파괴하지 않으면 조사할 수 없는 특성)을 시험하는 대신에 이것과 관계가 있는 다른 특성으로 관리하는 경우

④ 일반적으로 직접 관리할 수 없는 특성을 다른 특성에 의하여 간접적으로 관리하는 경우

2개의 양 사이의 관계의 강도를 표시하기 위하여 상관계수가 사용된다. 이와 같이

변양 사이의 상관계수 등에 대해서 추정이나 검정을 실시하는 것을 상관분석(correlation analysis)이라 한다. 또, 변량 사이의 회귀선에 관하여 추정 또는 검정하는 것을 회귀분석(regression analysis)이라고 한다.

9.2 산포도와 상관표

9.2.1 산포도

1개의 계량치를 취급하는 경우에 분포의 상태를 알기 위해서는 히스토그램을 작성하는 것이 매우 효과적이었다. 이와 마찬가지로 2개의 변량 사이의 상관관계를 알기 위해서는 먼저 2개의 변량 x, y를 그래프에 타점해 보면 된다. 이와 같이 2개의 변량을 각자 세로축과 가로축에 잡아 측정치를 타점해서 작성한 것을 산포도(scatter diagram)라 한다. 산포도를 보면 대체적으로 어떤 경향을 알 수 있으며, 통계적 검정을 실시하는 경우의 전제조건 등에 관해서도 검토할 수 있다.

산포도를 작성한 경우에 착안해야 할 사항을 열거해 보면 다음과 같다.

① x와 y 사이에 관계가 있는 것처럼 보이는가 어떠한가를 본다(상관검정).

② x와 y 사이가 직선관계인가 곡선관계인가를 본다(곡선관계일 때에는 상관계수를 구하는 것이 그다지 의미가 없고, 직선관계인가 곡선관계인가에 대해서는 회귀분석으로 검정할 수 있다).

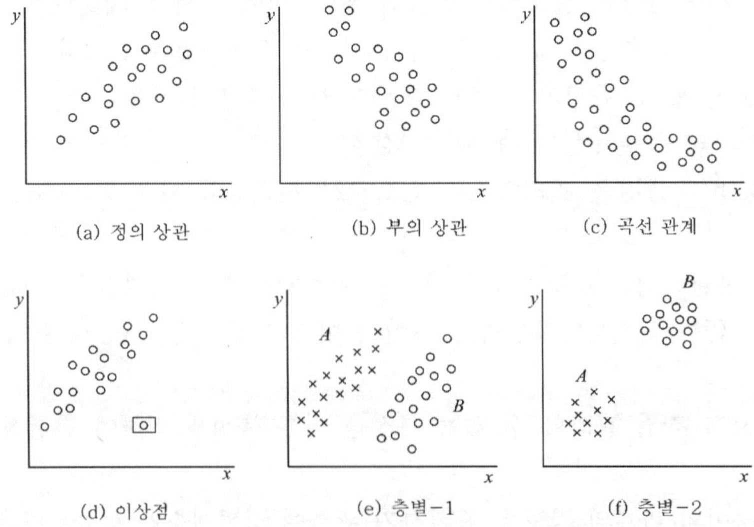

그림 9·1 산포도

③ 이상한 데이터가 있는가 어떤가를 본다(이상한 점은 다른 모집단의 시료의 혼입, 측정 또는 계산의 착오 및 데이터의 기입, 전기, 타점 등의 착오가 원인으로 된다. 이들을 데이터 시트만으로는 발견하기 어렵고, 산포도를 작성함으로써 비로소 발견하기 쉽게 된다).

④ 층별할 수 있는 경우에는 여러 가지 표지로 층별하여 타점해 보면, 여러 가지 정보를 얻을 수 있는 경우가 많다.

x의 값이 증가함에 따라서 y의 값이 증가할 때에는 상관관계는 정이며, x의 값이 증가함에 따라서 y의 값이 감소할 때에는 상관관계는 부라고 한다. x의 값이 증가함에 따라서 y의 값이 불규칙적으로 증가하거나 감소할 때에는 무상관이라 한다.

9.2.2 상관표

데이터의 수가 많아지면 점이 다수의 중복으로 산포도로서 보기는 어려워진다. 이러한 때에는 2차원적인 도수표로 정리하는 것이 좋다. 이러한 표를 상관표라 한다. 표 9·1은 어떤 혼합가스 중의 CO_2의 % (x)와 CO의 % (y)의 상관표이다.

다수의 데이터에 관하여 상관계수를 구할 때에는 그 상관표를 이용하는 것이 편리하다. 그러나 모처럼 그와 같이 많은 데이터가 있다면 오히려 층별하여 산포도를 그려 보는 것이 많은 정보를 얻을 수 있고, 특히 교호작용에 관한 정보를 용이하게 얻을 수 있다. 또한 상관표는 측정치의 수가 많은 경우, 2개의 변량의 도수분포를 어떤 일정한 표의 모양으로 표시한 것이라고도 말할 수 있다.

표 9·1 상관표

$CO_2(x)$% / CO(y)%	10.50～11.00	11.00～11.50	11.50～12.00	12.00～12.50	12.50～13.00	13.00～13.50	13.50～14.00	합 계
30.50～31.00		1						1
30.00～30.50	1	1	1	1				4
29.50～30.00		4	6	1				11
29.00～29.50	1		9	9				19
28.50～29.00		1		14				15
28.00～28.50				18	11	3		32
27.50～28.00				4	6	2		12
27.00～27.50					1	3	1	5
26.50～27.00							1	1
합 계	2	7	16	47	18	8	2	100

9.3 상관계수

2개의 계량치 사이의 상관계수의 정도를 표시하는 척도로서 상관계수(coefficient of correlation)가 사용된다. x와 y의 상관계수의 크기는 x의 편차제곱합, y의 편차제곱합, x와 y의 편차곱의 합(공변동)을 각각 $S(xx)$, $S(yy)$, $S(xy)$라 하면, 다음과 같이 표시된다.

$$r = \frac{S(xy)}{\sqrt{S(xx)S(yy)}} \qquad (9 \cdot 1)$$

단,

$$S(xx) = \sum(x-\bar{x})^2 = \sum x^2 - \frac{(\sum x)^2}{n}$$

$$S(yy) = \sum(y-\bar{y})^2 = \sum y^2 - \frac{(\sum y)^2}{n}$$

$$S(xy) = \sum(x-\bar{x})(y-\bar{y}) = \sum xy - \frac{(\sum x)(\sum y)}{n}$$

위의 $S(xx)$, $S(yy)$, $S(xy)$를 계산의 편의상 변환한 수치 $S(XX)$, $S(YY)$, $S(XY)$를 사용하여 다음 식으로 r를 구하여도 같은 결과가 된다. 단, 회귀의 추정에는 반드시 변환 전의 수치로 환원시켜야 한다.

$$r = \frac{S(XY)}{\sqrt{S(XX)S(YY)}} \qquad (9 \cdot 2)$$

r를 구하는 데는 데이터가 적을 때는 그대로, 데이터가 많을 때는($n > 50$) 상관표를 이용하는 것이 편리하다.

변량이 x, y 2개가 아니고 3개 이상의 상관관계를 구하고자 하는 경우도 있다. 3개 이상의 변량 사이의 관계를 표시하는 상관계수를 중상관 계수라 한다. 2개의 변량 사이의 상관관계를 단상관 계수라고 한다. 여기에서는 단상관 계수에 대한 것만 다루기로 한다. 또한, 상관계수를 자승하여 백분율로 나타낸 것을 기여율이라 한다.

상관계수 r는 -1부터 $+1$까지 사이의 값만을 가지며, $r > 0$일 때에는 정상관이고, $r < 0$일 때에는 부상관, $r = 0$일 때에는 무상관이라고 한다.

[참고] 상관계수의 값을 통계학적으로 분석해 보면

변수 : X, Y

$$(X,\ Y),\ (x,\ y_i), \quad i = 1,\ 2, \cdots\cdots,\ n$$

① 공분산(covariance)

$$V_{xy}=\frac{\sum_{i=1}^{n}(x_i-\bar{x})(y_i-\bar{y})}{n-1}=\frac{S(xy)}{n-1}$$

$$=\frac{\sum_{i=1}^{n}x_iy_i-\frac{\sum_{i=1}^{n}x_i\sum_{i=1}^{n}y_i}{n}}{n-1}$$

$$\left(\begin{array}{l}\Sigma(x_i-\bar{x})^2=\Sigma x_i^2-\frac{(\Sigma x_i)^2}{n}=S(xx)\\ \Sigma(y_i-\bar{y})^2=\Sigma y_i^2-\frac{(\Sigma y_i)^2}{n}=S(yy)\\ \Sigma(x_i-\bar{x})(y_i-\bar{y})=\Sigma x_iy_i-\frac{\Sigma x_i\Sigma y_i}{n}=S(xy)\end{array}\right)$$

i) x증가, y감소형, ii) x증가, y증가형, iii) x감소, y증가형, iv) x감소, y감소형의 네 가지 경우가 있다.

$$V_{xy}\left\{\begin{array}{ll}V_{xy}<0, & \text{음상관(negative correlation)}=\text{부상관}\\ V_{xy}>0, & \text{양상관(positive correlation)}=\text{정상관}\\ V_{xy}=0, & \text{무상관(null correlation)}=\text{영상관}\end{array}\right.$$

② 상관계수(correlation coefficient)

모상관 계수 : ρ

시료상관 계수 : $\hat{\rho}=r_{xy}$

$$\hat{\rho}=r_{xy}=\frac{V_{xy}}{\sqrt{V_x}\sqrt{V_y}}=\frac{V_{xy}}{S_x\cdot S_y}=\frac{S(xy)}{\sqrt{S(xx)}\sqrt{S(yy)}}$$

(단, $-1\leq r_{xy}\leq 1$)

[증명] $\frac{1}{n-1}\sum_{i=1}^{n}[a(x_i-\bar{x})\pm(y_i-\bar{y})]^2\geq 0$ (모든 a에 대해서)

$$\frac{1}{n-1}\Sigma[a(x_i-\bar{x})\pm(y_i-\bar{y})]^2$$

$$=\frac{1}{n-1}\Sigma[a^2(x_i-\bar{x})^2\pm 2a(x_i-\bar{x})(y_i-\bar{y})+(y_i-\bar{y})^2]$$

$$=\frac{1}{n-1}\Sigma a^2(x_i-\bar{x})^2\pm\frac{1}{n-1}\Sigma 2a(x_i-\bar{x})(y_i-\bar{y})+\frac{1}{n-1}\Sigma(y_i-\bar{y})^2$$

$$= \frac{\Sigma(x_i - \bar{x})^2}{n-1} a^2 \pm 2 \frac{\Sigma(x_i - \bar{x})(y_i - \bar{y})}{n-1} a + \frac{\Sigma(y_i - \bar{y})^2}{n-1}$$

$$= V_x a^2 \pm 2 V_{xy} a + V_y \geqq 0$$

$$4 V_{xy}^2 - 4 V_x V_y \leqq 0$$

$$4 V_{xy}^2 \leqq 4 V_x V_y$$

$$\frac{4 V_{xy}^2}{4 V_x V_y} \leqq \frac{4 V_x V_y}{4 V_x V_y}$$

$$\frac{V_{xy}^2}{V_x V_y} \leqq 1$$

$$\left(r_{xy} = \frac{V_{xy}}{\sqrt{V_x}\sqrt{V_y}} \quad \therefore r_{xy}^2 = \frac{V_{xy}^2}{V_x \cdot V_y} \right)$$

$$\therefore (r_{xy})^2 \leqq 1$$

$$\therefore -1 \leqq r_{xy} \leqq 1$$

③ 기여율

$$(r_{xy})^2 \times 100$$

예 제 9・1 다음 데이터에서 i) 공분산(V_{xy}), ii) 상관계수(r_{xy}), iii) 기여율을 구하여라.

[단위 : x(cm), y(g)]

x	6.8	7.1	6.5	7.8	7.5
y	6.1	6.7	6.3	7.1	7.4

《풀이》

x	y	x^2	y^2	xy
6.8	6.1	46.24	37.21	41.48
7.1	6.7	50.41	44.89	47.57
6.5	6.3	42.25	39.69	40.95
7.8	7.1	60.84	50.41	55.38
7.5	7.4	56.25	54.76	55.50
35.7	33.6	255.99	226.96	240.88

i) $V_{xy} = \dfrac{\Sigma xy - \dfrac{\Sigma x \Sigma y}{n}}{n-1} = \dfrac{240.88 - \dfrac{(35.7)(33.6)}{5}}{5-1}$

$$= \frac{240.88}{4} - \frac{1199.52}{20} = 60.22 - 59.976 = 0.244$$

$$\therefore V_{xy} = 0.244(\text{cm} \cdot \text{g})$$

ii) $$r_{xy} = \frac{V_{xy}}{\sqrt{V_x}\sqrt{V_y}}$$

$$= \frac{V_{xy}}{\sqrt{\dfrac{\Sigma x_i^2 - \dfrac{(\Sigma x_i)^2}{n}}{n-1}}\sqrt{\dfrac{\Sigma y_i^2 - \dfrac{(\Sigma y_i)^2}{n}}{n-1}}}$$

$$= \frac{V_{xy}}{\left(\dfrac{1}{n-1}\right)\sqrt{\Sigma x_i^2 - \dfrac{(\Sigma x_i)^2}{n}}\sqrt{\Sigma y_i^2 - \dfrac{(\Sigma y_i)^2}{n}}}$$

$$= \frac{V_{xy}(n-1)}{\sqrt{\Sigma x_i^2 - \dfrac{(\Sigma x_i)^2}{n}}\sqrt{\Sigma y_i^2 - \dfrac{(\Sigma y_i)^2}{n}}}$$

$$\therefore r_{xy} = \frac{0.244 \times 4}{\sqrt{255.99 - \dfrac{(35.7)^2}{5}}\sqrt{226.96 - \dfrac{(33.6)^2}{5}}} = 0.864$$

iii) 기여율 = $(r_{xy})^2 \times 100 = (0.86)^2 \times 100 = 73.96(\%)$

9.3.1 측정치로부터 직접 상관계수를 구하는 방법

① x 및 y를 간단한 수 X, Y로 변환한다.

② X, Y, X^2, Y^2, XY의 합계를 각각 구한다.

③ $$S(XX) = \Sigma X^2 - \frac{(\Sigma X)^2}{n}$$

$$S(YY) = \Sigma Y^2 - \frac{(\Sigma Y)^2}{n}$$

$$S(XY) = \Sigma XY - \frac{\Sigma X \Sigma Y}{n}$$

를 계산한다.

④ r를 구한다(이 때 X, Y는 본래의 단위로 환원시킬 필요가 없다).

[참고] $S(XX)$, $S(YY)$는 항상 양의 값을 가진다.

$S(XY)$는 양의 값이나 음의 값을 가질 수 있다.

예제 9·2 다음은 반응온도(x)와 수량(y)의 관계를 표시한 측정 데이터이다. 이 데이터로써 상관계수를 구하여라.

표 9·2

x	y	x	y	x	y	x	y
51.2	112	52.1	135	53.0	123	52.9	148
51.8	133	53.5	143	54.4	145	52.5	143
53.8	138	54.0	140	54.5	150	51.5	125
53.2	130	53.9	138	51.7	115	53.3	140
53.4	146	52.9	135	52.8	125	52.1	130
50.9	116	53.3	150	52.5	130	52.3	119
51.9	140	54.0	155	54.2	149	52.0	120
50.8	112	54.7	155	51.4	120	52.4	123

(x: ℃, y: g)

《풀이》 ① 데이터를 변환한다.

$$X_i = (x_i - 53.0)\times 10 \qquad Y_i = y_i - 134$$

② 계산표를 작성한다(표 9·3 참조).

③ $S(XX) = 3,829 - (71)^2/32 = 3,671$

$S(YY) = 5,107 - (-5)^2/32 = 5,106$

$S(XY) = 3,546 - (71)(-5)/32 = 3,535$

④ $r = \dfrac{3,535}{\sqrt{3,671\times 5,106}} = 0.816$

9.3.2 측정치가 상관표의 형식으로 주어진 경우의 상관계수를 구하는 법

측정치가 비교적 많은 경우($n > 50$)에는 상관표를 이용하는 것이 편리하다.

① 상관표를 작성한다.

② 상관표의 x, y의 중앙에 가까운 수치를 0, 이보다 큰 수치를 1, 2, 3, ……, 작은 수치를 −1, −2, −3, ……과 같이 표시한다(이 수치를 X_i, Y_j라 하고 주변도수를 U_i, V_j로 한다).

[참고] 주변도수란 상관표, 분할표 등에 있어서 각 행의 도수의 합계 및 각 열의 도수의 합계를 표의 주변에 기입한 것이다.

③ U_iX_i, $U_iX_i^2$, $\sum_{j=1}^{l} f_{ij}Y_j$, $\left(\sum_{j=1}^{l} f_{ij}Y_j\right)X_i$를 계산한다. 단, f_{ij}는 표 중의 도수이며, x의 급의 수를 k, y의 급의 수인 l로 한다. 또 마찬가지로 V_jY_j, $V_jY_j^2$, $\sum_{i=1}^{k} f_{ij}X_i$, $\left(\sum_{i=1}^{k} f_{ij}X_i\right)Y_j$를 계산한다.

표 9·3 상관계수 계산표

시료번호	x	y	X	Y	X^2	Y^2	XY
1	51.2	112	−18	−22	324	484	396
2	51.8	133	−12	−1	144	1	12
3	53.8	138	8	4	64	16	32
4	53.2	130	2	−4	4	16	−8
5	53.4	146	4	12	16	144	48
6	50.9	116	−21	−18	441	324	378
7	51.9	140	−11	6	121	36	−66
8	50.8	112	−22	−22	484	484	484
9	52.1	135	−9	1	81	1	−9
10	53.5	143	5	9	25	81	45
11	54.0	140	10	6	100	36	60
12	53.9	138	9	4	81	16	36
13	5.29	135	−1	1	1	1	−1
14	53.3	150	3	16	9	256	48
15	54.0	155	10	21	100	441	210
16	54.7	155	17	21	289	441	357
17	53.0	123	0	−11	0	121	0
18	54.4	145	14	11	196	121	154
19	54.5	150	15	16	225	256	240
20	51.7	115	−13	−19	169	361	247
21	52.8	125	−2	9	4	81	18
22	52.5	130	−5	−4	25	16	20
23	54.2	149	12	15	144	225	180
24	51.4	120	−16	−14	256	196	224
25	52.9	148	−1	14	1	196	14
26	52.5	143	−5	9	25	81	−45
27	51.5	125	−15	−9	225	81	135
28	53.3	140	3	6	9	36	18
29	52.1	130	−9	−4	81	16	36
30	52.3	119	−7	−15	49	225	105
31	52.0	120	−10	−14	100	196	140
32	52.4	123	−6	−11	37	121	66
계	1688.9	4283	−71	−5	3829	5107	3546

④ $\sum_{i=1}^{k} U_i X_i = \sum_{j=1}^{l}\left(\sum_{i=1}^{k} f_{ij} X_i\right)$

$\sum_{j=1}^{l} V_j Y_j = \sum_{i=1}^{k}\left(\sum_{j=1}^{l} f_{ij} Y_j\right)$

$\sum_{i=1}^{k}\left(\sum_{j=1}^{l} f_{ij} Y_j\right) X_i = \sum_{j=1}^{l}\left(\sum_{i=1}^{k} f_{ij} X_i\right) Y_j$

라는 관계를 이용하여 검사한다.

⑤ $S(XX)$, $S(YY)$, $S(XY)$를 다음 식에 의해서 계산한다.

$$S(XX) = \sum_{i=1}^{k} U_i X_i^2 - \left(\sum_{i=1}^{k} U_i X_i\right)^2 / n$$

$$S(YY) = \sum_{j=1}^{l} V_j Y_j^2 - \left(\sum_{j=1}^{l} V_j Y_j\right)^2 / n$$

$$S(XY) = \sum_{i=1}^{k}\left(\sum_{j=1}^{l} f_{ij} Y_j\right) X_i - \left(\sum_{i=1}^{k} U_i X_i\right)\left(\sum_{j=1}^{l} V_j Y_j\right) / n$$

⑥ r를 구한다.

예제 9 · 3 다음과 같은 상관표에서 상관계수를 계산하여라.

표 9 · 4 건전지의 합제(合劑)의 양(x)과 방전시간(y)의 상관표

y \ x	45	46	47	48	49	50	51	합 계
500					2		1	3
490			1	8	6	7	1	23
480	2	3	5	19	9	3		41
470		4	5	11	4		1	25
460	1	1	1	2		2		7
450	1							1
합계	4	8	12	40	21	12	3	100

《풀이》 ① 상관표에서 표 9 · 5와 같은 계산표를 작성한다.

② $\sum_{i=1}^{k} U_i X_i = \sum_{j=1}^{l}\left(\sum_{i=1}^{k} f_{ij} X_i\right) = 14$

$\sum_{j=1}^{l} V_j Y_j = \sum_{i=1}^{k}\left(\sum_{j=1}^{l} f_{ij} Y_j\right) = -13$

$\sum_{i=1}^{k}\left(\sum_{j=1}^{l} f_{ij} Y_j\right) = \sum_{j=1}^{l}\left(\sum_{i=1}^{k} f_{ij} X_i\right) Y_j = 51$

③ $S(XX) = 176 - (14)^2/100 = 174.04$

$S(YY) = 97 - (13)^2/100 = 95.31$

표 9·5 상관표로부터 상관계수의 계산

y	x	45	46	47	48	49	50	51	V	$VY, VY^2, \Sigma fX, (\Sigma fX)Y$			
	X / Y	−3	−2	−1	0	1	2	3					
500	2					2		1	3	6	12	5	10
490	1			1	8	6	7	1	23	23	23	22	22
480	0	2	3	5	19	9	3		41	0	0	−2	0
470	−1		4	5	11	4		1	25	−25	25	−6	6
460	−2	1	1	1	2		2		7	−14	28	−2	4
450	−3	1							1	−3	9	−3	9
U		4	8	12	40	21	12	3	100	−13	97	14	51
UX		−12	−16	−12	0	21	24	9	14				
UX^2		36	32	12	0	21	48	27	176				
ΣfY		−5	−6	−6	−7	6	3	2	−13				
$(\Sigma fY)X$		15	12	6	0	6	6	6	51				

$$S(XY) = 51 - (14)(-13)/100 = 52.82$$

④ $$r = \frac{S(XY)}{\sqrt{S(XX)S(YY)}} = \frac{52.82}{\sqrt{174.04 \times 95.31}} = 0.410$$

9.4 상관에 관한 검정과 추정

측정치로부터 계산에 의하여 구해진 상관계수는 시료평균, 시료분산 등과 마찬가지의 통계량으로서 시료에 관한 상관계수(시료상관 계수)이다. 따라서 $|r|$가 1에 가깝다고 해서 반드시 x와 y 사이에 고도의 상관이 있다고는 할 수 없으며, 또 $|r|$가 0에 가깝다고 해서 상관이 없다고 단언할 수는 없다.

우리는 이러한 경우에도 시료상관 계수에 의하여 모집단에서의 상관관계의 유무 및 그 정도를 알고자 한다. 그러므로 상관계수의 유의성의 검정 또는 상관계수의 추정을 해야 한다.

이러한 목적을 위해서는 먼저 시료상관 계수가 어떠한 분포를 이루는가를 알지 않으면 안 된다. 여기에서는 통계학에 의하여 얻어진 결과를 간단히 설명하고자 한다.

9.4.1 시료상관 계수의 분포

x, y가 모두 정규분포를 이루는 모집단, 즉 2차 정규분포의 모집단이고, 그 모상

관 계수를 ρ로 한다.

여기에서 샘플링한 시료로부터 구한 상관계수 r의 분포는 다음과 같은 분포를 하는 것으로 알려지고 있다.

① 시료의 크기(개수)가 매우 크고($n \geqq 100$), ρ의 절대치가 그다지 크지 않을 때에는 r는 근사적으로 정규분포를 하며, 그 표준편차는

$$D(r) = \frac{1-\rho^2}{\sqrt{n-1}} \tag{9・3}$$

으로 주어진다.

식 (9・3)에서 $\rho = 0$, 즉 x와 y 사이에 상관이 없다면 r의 분포는

$$E(r) = 0$$
$$D(r) = \frac{1}{\sqrt{n-1}} \tag{9・4}$$

의 정규분포를 하며, r를 $1/\sqrt{n-1}$로 나누어서 표준화하여

$$u = r/\sqrt{n-1}$$

로 하면 u는 이러한 조건하에서는 근사적으로 $N(0,\ 1^2)$의 정규분포를 한다.

② n이 작아지고 $|\rho|$가 1에 가까와지면 r의 분포는 그림 9・2에서와 같이 정규분포에서 상당히 떨어진다.

③ n이 작고($n < 100$), $\rho = 0$일 때 일반적으로 r는 평균 0의 가까이에 정규분포가 아닌 좌우대칭의 분포를 한다. 이 때

$$t = \frac{r\sqrt{n-2}}{\sqrt{1-r^2}} \sim t_{1-\alpha/2}(\nu) \tag{9・5}$$

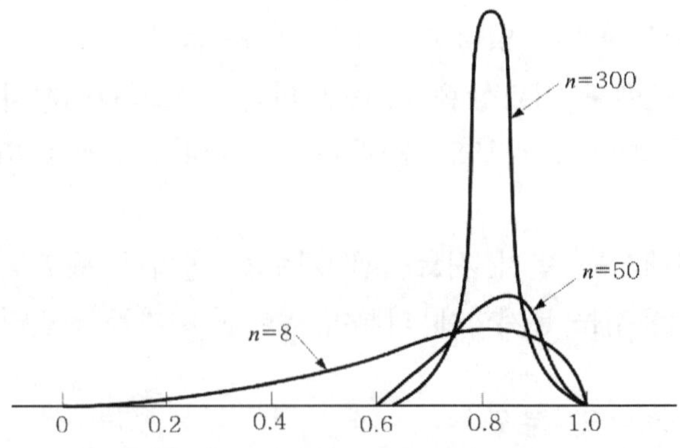

그림 9・2 r의 분포($\rho = 0.8$)

로 놓으면, t는 자유도 $v=n-2$의 t분포를 한다.

또, 식 (9・4)에서 시료의 수 n과 유의수준 α가 주어지면 그 때의 r를 계산할 수 있다. 이와 같이 해서 나온 것이 r표로서 이 표를 사용하여 상관을 검정할 수 있다(표 9・6).

표 9・6 r 분포의 상측 분위점 $r_{1-\alpha}(v)$의 표

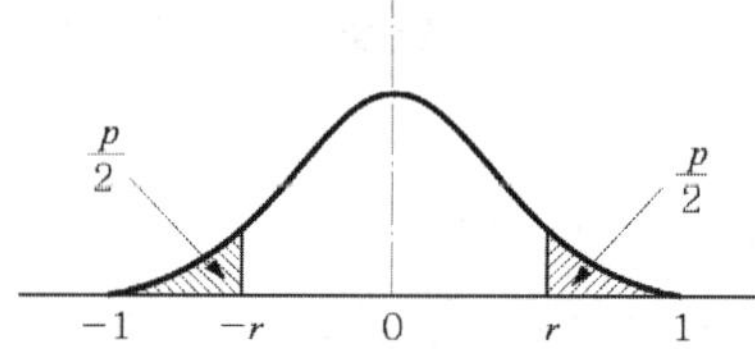

v \ $1-\alpha$	0.95	0.975	0.99	0.995
10	0.4973	0.5760	0.6581	0.7079
11	0.4762	0.5529	0.6339	0.6835
12	0.4575	0.5324	0.6120	0.6614
13	0.4409	0.5139	0.5923	0.6411
14	0.4259	0.4973	0.5742	0.6226
15	0.4124	0.4821	0.5577	0.6055
16	0.4000	0.4683	0.5425	0.5897
17	0.3887	0.4555	0.5285	0.5751
18	0.3783	0.4438	0.5155	0.5614
19	0.3687	0.4329	0.5034	0.5487
20	0.3598	0.4227	0.4921	0.5368
25	0.3233	0.3809	0.4451	0.4869
30	0.2960	0.3494	0.4093	0.4487
35	0.2746	0.3246	0.3810	0.4182
40	0.2573	0.3044	0.3578	0.3932
50	0.2306	0.2732	0.3218	0.3541
60	0.2108	0.2500	0.2948	0.3248
70	0.1954	0.2319	0.2737	0.3017
80	0.1829	0.2172	0.2565	0.2830
90	0.1726	0.2050	0.2422	0.2673
100	0.1638	0.1946	0.2301	0.2540
근사치	$\frac{1.645}{\sqrt{v+1}}$	$\frac{1.960}{\sqrt{v+1}}$	$\frac{2.326}{\sqrt{v+1}}$	$\frac{2.576}{\sqrt{v+1}}$

9.4.2 무상관의 검정

모상관 계수 $\rho = 0$인 귀무가설을 검정한다. 검정의 순서는 다음과 같다.

① 귀무가설을 설정한다.

② 위험률 α를 결정한다.

③ r_0의 값을 구한다.

④ 표 9 · 6에서 자유도 $v = n-2$, 위험률 α에 대응하는 r의 값 $r_{1-\alpha/2}(v)$의 수치를 구한다.

⑤ $|r_0|$와 $r_{1-\alpha/2}(v)$의 값을 비교한다.

$|r_0| < r_{1-\alpha/2}(v)$이면 귀무가설을 채택한다.

$|r_0| \geq r_{1-\alpha/2}(v)$이면 귀무가설을 기각한다.

예제 9 · 4 예제 9 · 2의 데이터에서 상관의 유무를 검정하여라.

《풀이》 ① $H_0: \rho = 0, H_1: \rho \neq 0$

② $\alpha = 0.05, \alpha = 0.01$

③ $r_0 = 0.816$

④ $r_{1-\alpha/2}(v) = r_{1-0.025}(30) = r_{0.975}(30) = 0.3494$(단, $\alpha = 0.05$)

$r_{1-\alpha/2}(v) = r_{1-0.005}(30) = r_{0.995}(30) = 0.4487$(단, $\alpha = 0.01$)

⑤ $|r_0| > r(30, 0.01)$

고도로 유의하다. 즉, 반응온도와 수량 사이에는 정상관이 있다고 할 수 있다.

9.4.3 메디안에 의한 부호검정

데이터가 많은 경우 또는 간단히 상관관계의 유무를 검정하고자 하는 경우에는 메디안에 의한 부호 검정법이 편리하다. 이 방법에서는 2항 확률지를 이용한다. 시료의 크기는 40 이상인 것이 바람직하다.

검정순서는 다음과 같다.

① x와 y의 산포도를 작성하여 이 점들을 좌우로 2등분하는 메디안선과 상하로 2등분하는 메디안선을 긋는다.

② 이와 같이 4개의 구획으로 나누어진 점의 수를 각각 n_1, n_2, n_3, n_4라 하고 $n_+ = n_1 + n_3$, $n_- = n_2 + n_4$를 구한다.

③ 실측 삼각형(n_+, n_-)을 작성한다. 이 때 n_+와 n_- 중 큰 쪽을 가로축으로 한다.

④ 50% 안분선을 긋고 실측 삼각형으로부터의 거리를 양측 α척으로 검정한다. 단거리가 양측 α척의 α% 길이보다 길면 유의수준 α로 유의, 즉 상관이 있다고 판정한다.

9.4.4 모상관 계수의 추정

상관계수 r가 유의로 되었을 때 상관의 강도가 어느 정도인가를 알고자 할 때에는, 이는 평균으로 말한다면 모평균의 추정에 상당하다.

앞에서 설명한 바와 같이 r는 그대로는 정규분포를 하지 않으나,

$$z = \frac{1}{2} \ln \frac{1+r}{1-r} \qquad (9 \cdot 6)$$

로 놓으면, z는 정규분포를 하는 것을 알 수 있다. 그래서 r를 z로 바꾸는 것을 z 변환이라 하고, 표 9 · 7에 나와 있으므로 이것을 사용하면 간단하게 z변환을 할 수 있다. z분포의 표준편차는 근사적으로

$$D(z) = \frac{1}{\sqrt{n-3}}$$

이다. 따라서 $u=(z-\zeta)\sqrt{n-3}$은 표준화한 정규분포를 한다. 단, ζ는

$$\zeta = z_\rho + \frac{\rho}{2(n-1)}$$

로 구해지는 수치이다. 여기서 z_ρ는 모상관 계수 ρ를 z변환한 값이다. n이 크면 이 식의 제2항 $[\rho/2(n-1)]$는 무시하여도 무방하다. 신뢰율 $1-\alpha$의 모상관 계수(z변환한 수치 ζ)의 신뢰한계는

$$z \pm \frac{u_{1-\alpha/2}}{\sqrt{n-3}} \qquad (9 \cdot 7)$$

이다. 모상관 계수 ρ에 대한 검정의 순서는 다음과 같다.

① 신뢰율 $1-\alpha$를 결정한다.

② 상관계수 r를 구한다.

③ z변환표(표 9 · 7)에서 r에 대응하는 z_r를 구한다.

④ 신뢰한계의 폭을 구한다.

$$\pm u_{1-\alpha/2}/\sqrt{n-3}$$

⑤ 변환한 모상관 계수의 신뢰한계를 구한다.

표 9·7 z변환표

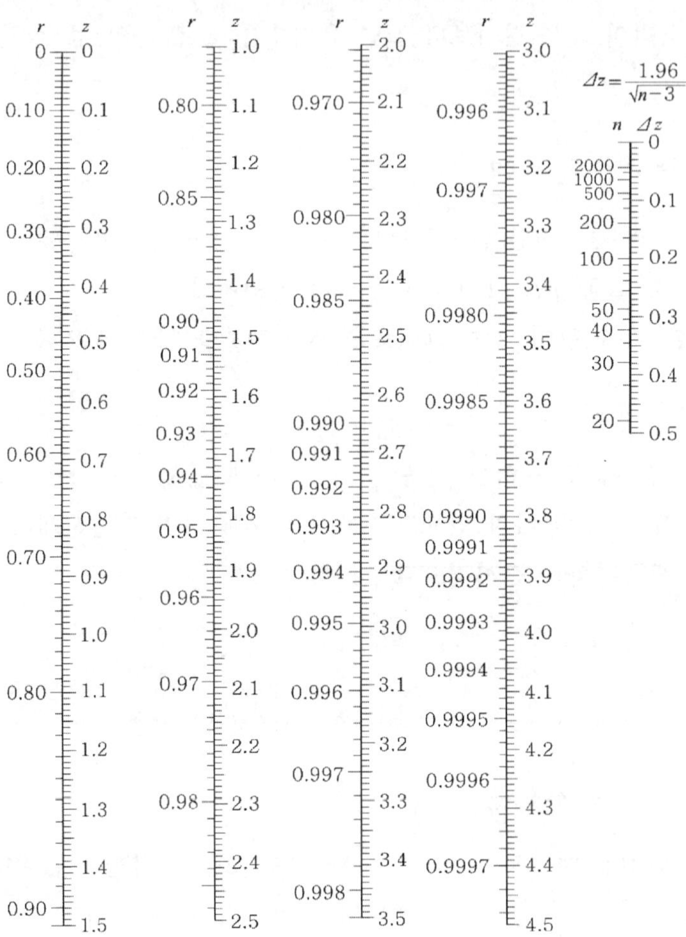

신뢰상한: $z_u = z_r + u_{1-\alpha/2} / \sqrt{n-3}$

신뢰하한: $z_L = z_r - u_{1-\alpha} / \sqrt{n-3}$

⑥ 모상관 계수 ρ의 신뢰한계를 z변환표에서 구한다.

신뢰상한 $z_u \longrightarrow \rho_u$

신뢰하한 $z_L \longrightarrow \rho_L$

단, $n \geqq 30$일 것이 필요하다.

예제 9·5 예제 9·2의 데이터에서 신뢰율 95%로 모상관 계수의 신뢰한계를 구하여라.

《풀이》 ① $1-\alpha = 0.95$

② $r=0.816$

③ $r = 0,816 \longrightarrow z_r = 1.146$

④ $\pm u_{1-\alpha/2}/\sqrt{n-3} = \pm 1.96\sqrt{32-3} = \pm 0.364$

⑤ $z_u = 1.146+0.364=1.510$

$z_L = 1.146-0.364=0.782$

⑥ 신뢰상한 $z_u = 1.510 \longrightarrow \rho_u = 0.906$

신뢰하한 $z_L = 0.782 \longrightarrow \rho_L = 0.654$

[참고] 보조척을 사용하는 방법 : z변환표에 따라서는 확률 95%인 경우 보조척이 만들어져 있으므로 이것을 사용하면 된다. 예제 9 · 5에서 직접 보조척으로 $n = 32$에 대한 Δz의 길이를 잡아서 $r=0.816$에서 상하로 Δz만큼 떨어진 점의 r를 읽으면 $r = 0.654$ 및 $r = 0.906$이 나온다.

이상에서 알 수 있는 바와 같이 모상관 계수의 신뢰구간은 상당히 넓다. n이 작으면 추정의 의미를 상실할 만큼 극히 넓어진다. 그러므로 상관관계를 검토하려면 데이터가 적어도 30 이상이 필요하다.

9.5 회귀분석

공정해석을 하기 위하여 예를 들면 반응온도를 여러 가지로 바꾸어 각각의 온도에서 실험을 반복하여 온도에 따라 제품의 수량이 변화하는지 어떤지를 조사하였다고 하자. 온도에 따라서 수량이 변화하는지 어떤지를 알아보는 데는 여러 가지 방법이 있으나, 온도와 수량과의 관계를 정량적으로 표시하는 것도 중요한 것으로, 이것에 의하여 어떤 온도로 작업을 하면 수량은 어느 정도의 값이 되는가를 추정하거나, 또는 이 관계를 이용하여 관리도를 온도에 대하여 수정함으로써 온도 이외의 중요한 요인을 찾아낼 수도 있다.

이와 같이 온도와 수량의 관계를 정량적으로 표시하는 경우에 회귀식이 사용된다. 여기서는 회귀가 직선으로 표시되는 경우에, 즉 직선회귀의 경우에 대해서 설명한다.

9.5.1 회귀직선

측정치 y_i에서 일정수를 뺀 값의 제곱합

$$Q=\sum(y_i-a)^2$$

을 생각하여, 이 Q를 최소로 하는 a의 값은

$$a = \bar{y}$$

이다. 즉, Q의 값이 최소로 되는 a의 값은 $\bar{y}$로서, 이와 같은 Q의 최소치는 다름 아닌 y의 편차제곱의 합 $S(yy)$이다.

지금 a 대신에 y와 x 사이의 관계식 $y = a + bx$를 생각하여 y의 추정치인 $(a + bx_i)$를 사용하여 y_i와 y의 추정치의 차의 제곱의 합

$$Q = \Sigma\{y_i - (a + bx_i)\}^2$$

을 생각하여 이 Q가 최소가 되게 하면, x로부터 y를 추정할 때 가장 산포가 적은 y의 추정치를 얻는 직선을 구할 수 있다. 즉, Q가 최소가 되게 하는 a, b를 구하면 된다. 이 방법이 최소 제곱법으로 회귀를 구하는 방법이다. 이것을 구하자면 $\partial Q/\partial a$와 $\partial Q/\partial b$를 구해서 얻어지는 식을 0이라 두고 a, b에 대해 풀면 된다.

$$\frac{\partial \Theta}{\partial a} = -2\Sigma\{y_i - (a + bx_i)\} = 0$$

$$\frac{\partial Q}{\partial b} = -2\Sigma x_i\{y_i - (a + bx_i)\} = 0$$

$$\Sigma y_i = na + b\Sigma x_i$$

$$\Sigma x_i y_i = a\Sigma x_i + b\Sigma x_i^2$$

이 2개의 방정식으로부터 a, b를 구하면

$$a = \frac{\Sigma y_i - b\Sigma x_i}{n} = \bar{y} - b\bar{x} = \beta_0$$

$$b = \frac{n\Sigma x_i y_i - \Sigma x_i \Sigma y_i}{\Sigma x_i^2 - (\Sigma x_i)^2} = \frac{\Sigma(x_i - \bar{x})(y_i - \bar{y})}{\Sigma(x_i - \bar{x})^2} = \frac{S(xy)}{S(xx)} = \beta_1 \qquad (9 \cdot 8)$$

여기서 a는 $x = 0$일 때의 y의 값으로서 절편, 또 b는 회귀선의 기울기를 나타내며 회귀계수라 한다.

다음에 (x, y)의 좌표축의 원점을 이동시켜 x, y 대신에 $X = x - \bar{x}$, $Y = y - \bar{y}$로 표시하면 $\Sigma X = \Sigma Y = 0$ 이므로, 식 (9 · 8)에서

$$a = 0$$

$$b = \frac{\Sigma XX}{\Sigma X^2} \qquad (9 \cdot 9)$$

를 얻는다. 즉, 회귀선은 다음과 같이 된다.

$$y-\bar{y}=b(x-\bar{x})$$

이상과 같이 하여 구한 회귀선은 그림 9·3에 있어서 점 (x_i, y_i)로부터 회귀선까지 y방향 거리의 제곱의 합이 최소가 되게 하여 구한 회귀선으로서, 이것을 x에 대한 y의 회귀선이라 한다.

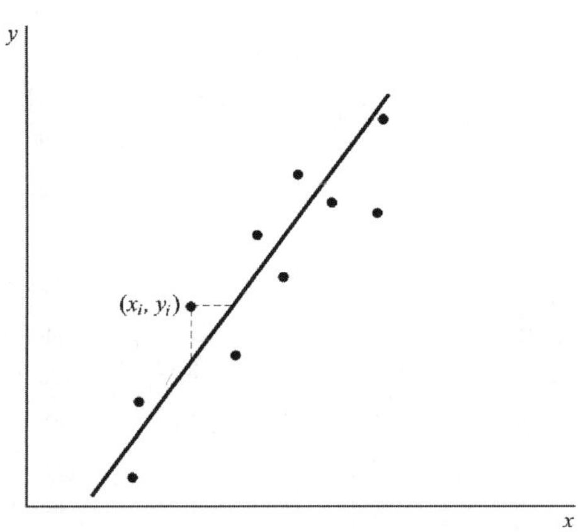

그림 9·3 산포도와 회귀선의 예

예제 9·6 표 9·8에는 제품을 제조할 때의 부원료의 양 x(g)와 생성물의 수량 y(g)의 관계를 표시하였다. x에 대한 y의 회귀선을 구하여라.

표 9·8 부원료의 양(x)과 생성물의 수량(y)의 관계 $\begin{cases} X=(x-5)\times 10 \\ Y=y-60 \end{cases}$

시료번호	x	y	X	Y	X^2	Y^2	XY
1	1.3	40	−37	−20	1369	400	740
2	1.5	30	−35	−30	1225	900	1050
3	2.0	35	−30	−25	900	625	750
4	2.2	50	−28	−10	784	100	280
5	2.8	62	−22	2	484	4	−44
6	2.9	55	−21	−5	441	25	105
7	3.0	35	−20	−25	400	625	500
8	3.4	50	−16	−10	256	100	160
9	3.5	66	−15	6	225	36	−90
10	3.9	49	−11	−11	121	121	121
11	4.2	56	−8	−4	64	16	32
12	4.3	66	−7	6	49	36	−42

표 9·8 부원료의 양(x)과 생성물의 수량(y)의 관계 $\begin{cases} X=(x-5)\times 10 \\ Y=y-60 \end{cases}$ (계속)

시료번호	x	y	X	Y	X^2	Y^2	XY
13	4.5	44	−5	−16	25	256	80
14	4.9	66	−1	6	1	36	−6
15	5.0	87	0	27	0	729	0
16	5.1	57	1	−3	1	9	3
17	5.3	66	3	6	9	36	18
18	5.3	75	3	15	9	225	45
19	5.5	71	5	11	25	121	55
20	5.8	62	8	2	64	4	16
21	6.2	55	12	−5	144	25	−60
22	6.6	68	16	8	256	64	128
23	6.8	75	18	15	324	225	270
24	7.0	83	20	23	400	529	460
25	7.2	52	22	−8	484	64	−176
26	7.6	72	26	12	676	144	312
27	8.5	83	35	23	1225	529	805
28	8.8	94	38	34	1444	1156	1290
29	9.1	64	41	4	1681	16	164
30	9.2	71	42	11	1764	121	462
계	−	−	34	39	14,850	7277	7436

《풀이》 $S(xx)$, $S(yy)$, $S(xy)$를 구하는 계산은 상관계수를 구할 때와 같다.

여기서는 $X=(x-5)\times 10$, $Y=y-60$으로 수치 변환하여 계산했다.

$$n=30 \quad \Sigma X=34 \qquad \Sigma Y=39$$

$$\Sigma X^2=14,850, \qquad \Sigma Y^2=7.277 \quad \Sigma XY=7436$$

$$S(XX)=14,850-\frac{34^2}{30}=14,811.5$$

$$S(YY)=7277-\frac{39^2}{30}=7226.3$$

$$S(XY)=7436-\frac{34\times 39}{30}=7391.8$$

따라서 원래의 단위로 고치면

$$S(xx)=148.115, \qquad S(yy)=7226.3, \qquad S(xy)=738.18$$

$$b=\frac{S(xy)}{S(xx)}=\frac{738.18}{148.115}=4.984$$

또 $\bar{x}=5+\frac{34}{30}\times\frac{1}{10}=5.113$, $\bar{y}=60+\frac{39}{30}=61.30$이므로, x에 대한 y의 회귀식은

$$y-61.30=4.984(x-5.113), \text{ 즉 } y=35.81+4.984x$$

그림 9·4에는 산포도와 회귀식을 표시하였다.

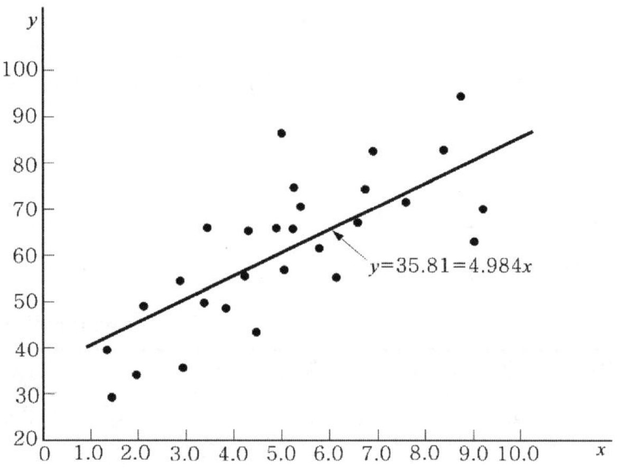

그림 9·4 예제 9·6(표 9·8)의 산포도와 회귀선

9.5.2 상관과 회귀의 관계

x와 y 사이에 상관관계가 있을 경우 x에 대한 y의 회귀선 또는 y에 대한 x의 회귀선을 구할 수 있다. x에 대한 y의 회귀 계수는

$$b = \frac{S(xx)}{S(yy)}$$

이다. 한편 상관계수 r는

$$r = \frac{S(xy)}{\sqrt{S(xx)S(yy)}}$$

이므로, 여기서 $S_x = \sqrt{\frac{S(xx)}{n}}$, $S_y = \sqrt{\frac{S(yy)}{n}}$ 를 대입하면

$$b = r\frac{S_y}{S_x}$$

로 된다.

이와 같이 상관과 회귀는 관계가 있고, 상관의 검정을 한 다음에 회귀선을 구하는 것이 의미가 있으나, x가 확정수일 경우에는 x와 y의 2차원 정규분포의 모집단은 생각 할 수 없으므로, 이와 같은 경우에 상관계수를 구한다든가 상관계수에 대하여 검정하는 것은 무의미하다.

연습문제

1. 어느 제품에 대한 경도(x)와 파괴강도(y)와의 관계로서 다음과 같은 데이터가 얻어졌다. x와 y의 상관관계를 검토하여라.

[단위 : x(mm/kg)×10^{-2}, y(kg · cm)]

No.	1	2	3	4	5	6	7	8	9	10
x	2.2	5.7	4.0	2.2	2.4	2.3	3.8	3.4	4.3	6.5
y	26.5	24.1	21.5	23.3	25.2	26.2	24.7	24.4	23.7	20.7
No.	11	12	13	14	15	16	17	18	19	20
x	3.7	2.3	3.2	2.0	5.2	4.5	4.2	3.1	2.2	2.4
y	24.3	27.2	24.7	28.0	23.1	26.0	24.8	23.1	22.9	24.2
No.	21	22	23	24	25	26	27	28	29	30
x	3.2	3.1	1.7	2.2	2.7	3.8	4.0	4.7	3.2	3.0
y	25.0	26.4	28.8	25.0	24.8	25.3	25.8	24.7	24.1	23.5

2. 다음 데이터는 원료의 어떤 품질(x)과 그 원료를 사용하여 만든 제품의 어떤 특성(y)을 조(組)로 한 것으로서, 기술적으로 양쪽의 관계가 있을 것으로 알고 있다.
   ① 이 데이터에 관하여 산포도를 작성하고 상관계수 r를 구하여라.
   ② 모상관 계수 $\rho=0$이라는 귀무가설을 검정해 보아라.
   ③ 모상관 계수 ρ를 추정하여 95% 신뢰한계를 구하여라.
   ④ 회귀식을 구하여라.

No.	x	y	No.	x	y	No.	x	y
1	462	393	11	469	397	21	463	382
2	473	386	12	455	384	22	465	389
3	477	401	13	467	386	23	491	387
4	475	392	14	490	392	24	480	392
5	481	399	15	460	378	25	484	393
6	461	384	16	458	383	26	474	381
7	478	391	17	477	388	27	475	389
8	486	405	18	472	390	28	463	384
9	483	390	19	486	390	29	470	380
10	470	395	20	475	397	30	476	395

3. 다음과 같은 상관표에서 상관계수를 구하여라.

	y	10.75	11.25	11.75	12.25	12.75	13.25	13.75
x	Y \ X	−3	−2	−1	0	1	2	3
30.75	4		1					
30.25	3	1	1	1	1			
29.75	2		4	6	1			
29.25	1	1		9	9			
28.75	0		1		14			
28.25	−1				18	11	3	
27.75	−2				4	6	2	
27.25	−3					1	3	1
26.75	−4							1

4. 상관과 회귀의 의의와 차이점을 설명하여라.

5. $b=r\dfrac{s_y}{s_x}$ 임을 증명하여라.

6. $r=0.772$, $n=30$으로부터 모상관 계수의 95% 신뢰한계를 구하여라.

7. 어떤 제품의 특성치 x, y간의 관계가 $r=0.664$이었다. 최근 원료의 변화가 있어 시료 250개에 대하여 상관계수를 측정하여 다음과 같은 결과를 얻었다.

$$\bar{x}=1.505, \qquad \bar{y}=2.303$$

$$r=\frac{S(xy)}{\sqrt{S(xx)S(yy)}}=\frac{1043}{\sqrt{1500\times1325}}=0.740$$

① 상관계수는 종래와 다르다고 할 수 있는가?

② 제품의 특성치에 있어서 x에 대한 y의 새로운 회귀식을 구하여라.

8. 다음 데이터에서 ① 공분산(V_{xy}), ② 상관계수(r_{xy}), ③ 기여율, ④ 회귀식을 구하여라.

[단위 : x(cm), y(kg)]

x	5.1	6.3	7.1	5.4	6.5
y	6.7	7.5	8.4	6.2	7.7

10 분산분석

통계적 방법을 조금이라도 사용해 본 사람이라면 분산분석의 계산을 생각하고 있을 것으로 알고 있다. 또한, 실험 계획법을 생각해 볼 수 있다. 통계적으로 계획된 실험 데이터의 뒷처리를 하기 위해서는 반드시 분산 분석법에 의존하지 않을 수 없다. 원래 실험 계획법의 내용을 살펴보면 ① 특성치의 결정, ② 실험의 배치, ③ 실험 데이터의 해석 등으로 나누어 볼 수 있다.

이 세 가지 내용은 모두가 고유기술에 따르는 일이 많고, 다만 실험의 배치만 일반적인 기술에 따른다. 또한, ③의 실험 데이터의 해석의 내용을 들어보면 ⓐ 분산분석, ⓑ 요인효과의 추정, ⓒ 최적 조건의 결정 및 예측, ⓓ 최적공식의 결정 및 예측 등을 들 수 있는데, ⓐ의 분산분석은 바로 이 실험 데이터의 해석에 가장 기초가 됨을 알 수가 있다.

그러나 분산분석한 결과를 바르게 판단해서 유효하게 이용하고 있는 사람은 의외로 드문 것 같다. 그것은 분산분석의 이해가 불충분하였든가 또는 적용한 방법이 부적당하였기 때문이다. 깊은 이론은 언급할 수가 없지만, 극히 간단하게 분산분석은 어떤 것이며 그 올바른 의미와 사용법은 어떠한가를 설명한다.

10.1 예비지식의 정리

처음에 분산분석에 필요한 통계적 지식의 복습을 하기로 한다. 데이터를 얻었을 때 그 데이터의 수가 많고 적음에 따라서 취급하는 방법이 달라진다. 많은 경우에는 도수 분포법이나 관리도법 같은 것으로 해석을 한다. 이와 같은 방법을 대시료 방법이라 한다. 평균치의 차의 t검정이나 분산분석 같은 것은 데이터가 비교적 적은 경우의 방법으로 소시료의 방법이다.

데이터가 많이 모아지면 그것이 분포를 가지고 있음을 알 수 있다. 설사 가지고 있는 데이터가 소수라도 그 데이터가 취해진 모집단은 어떤 분포를 가지고 있음에 틀림없다. 분포의 성질을 수식적으로 표현하려면 먼저 평균치의 산포의 크기를 표시할 필요가 있다.

평균치로서는 산술평균이 제일 많이 쓰인다. 분산분석에서도 산술평균을 쓰고 있다.

산포는 일반적으로 편차제곱의 합을 흔히 쓴다. 또한, 때때로 통계량인 산술평균이나 편차제곱의 합으로부터 모집단의 평균치의 분산을 추정한다. 분산분석에 있어서도 검정 후에 특정조건의 모평균이나 어떤 인자의 각 수준간의 모분산을 추정한다.

이러한 계산에는 다음 식을 사용한다.

산술평균 : $\bar{x} = \sum x / n$

편차제곱의 합 : $S = \sum (x - \bar{x})^2 = \sum x^2 - (\sum x)^2 / n$

모평균의 추정치 : $\hat{\mu} = \bar{x}$

모분산의 추정치 : $\hat{\sigma}^2 = V = S / v$ (불편분산)

단, $v = n - 1$(자유도)

동일한 모집단으로부터 취한 시료라도 몇 개의 시료에 대하여 계산한 불편분산 V의 값은 물론 동일한 값이 되지 않는다. 그러나 동일 모집단에서 취한 임의의 2조(組)의 시료에 대하여 계산한 불편분산 V_i와 V_j의 비 V_i / V_j가 1보다 크게 벗어난다는 것을 생각할 수 없으며, 불편분산을 계산할 때의 자유도에 따라서 어떤 분포를 한다.

이 비의 분포가 F분포이다. 만약, 2조의 시료에서 계산한 불편분산의 비가 1보다 훨씬 큰 값이 되어 F분포표에 표시된 5%의 값을 초과할 경우에는, 이 2조의 시료가 동일 모집단에 속할 확률은 5% 이하밖에 되지 않으므로, 오히려 2조의 시료는 분산이 다른 별개의 모집단에 속하는 것으로 생각한다.

10.2 분산분석의 원리

제 6 장의 통계적 검정에서는 A, B 2조의 변동의 차 또는 평균치의 차의 유의성을 검정하였는데, A, B, C, D, ……와 같이 조수가 많을 때 그 중의 2조씩을 검정하는 방법은 대단히 복잡하다. 예를 들면, 원료의 납품회사를 A, B, C, D의 4종류로 채택했을 때 그 사이의 유의차를 검정하려고 한다면 $\binom{4}{2}=6$회의 검정을 해야 한다. 그러나 목적은 원료의 납품 회사에 따라서 차가 있는가 어떤가를 검정하고자 하는 것이므로 이 4개를 동시에 검정하는 것이 좋다. 분산분석에서는 납품 회사 A, B, C, D로 하는 대신 납품회사 A라는 요인(인자)에 관한 4개의 수준으로 바꾸어 A_1, A_2, A_3, A_4로 표시한다.

여기에 구체적인 예를 들어본다. 표 10 · 1은 어떤 촉매반응에 있어서의 생성물의 수량이다. 12회의 합성반응에 대한 반응조건이 전혀 동일하였다고 하면 이 데이터는 모두 동일한 값이 될 것이다. 그런데 표에서 보는 바와 같이 56 g으로부터 67 g 사이의 산포를 가지고 있다. 산포를 하는 이상 무엇인가 원인이 있을 것이다.

예를 들면, 촉매가 다르지는 않았는지 반응온도의 변화가 없었는지, 반응물의 순도나 양이 다르지는 않았는지, 반응장치나 작업자 같은 것이 다르지는 않았는지, 측정자체에 오차가 없었는지 등등으로 생각하면, 무수한 원인에 의해서 데이터에 산포를 주고 있음을 예상할 수 있다.

이러한 원인을 모두 한 번에 생각해도 좋으나, 먼저 촉매의 종류의 변화가 데이터를 산포시키는 커다란 원인이 되고 있는지 어떤지를 생각한다. 원래, 표 10 · 1의 데이터는 이러한 목적으로 실험한 결과로서 표 10 · 1의 제 1 열은 촉매 A_1, 제 2 열은 촉매 A_2, 제 3 열은 촉매 A_3를 사용한 경우의 데이터이다. 이 때 촉매라는 요인(A)은 3종류 (A_1, A_2, A_3) 즉 3 수준으로 된다.

따라서 이 경우에는 촉매의 종류 이외의 원인을 생각하지 않기로 한다. 그러므로

표 10 · 1

(단위 : g)

57	62	63
56	64	65
58	62	67
57	60	65

제 1 열은 갑이란 작업자, 제 2 열은 을이란 작업자의 데이터만이 되지 않도록 주의해서 데이터를 취한다. 또, 온도는 될 수 있는 한 일정하게 유지되도록 하여 일정하게 할 수 있는 것은 일정하게 하고, 또 일정하게 할 수 없는 것은 랜덤화하여 지금 생각하고 있는 촉매의 종류의 효과만이 열간에 확실하게 나타나도록 주의한다. 이것을 다른 말로 표현하면, 다른 원인과 교락하지 않도록 한다고 한다.

아무튼 12 개의 데이터 사이에는 산포가 있다. 이 12개의 데이터에 대하여 전기한 평균치와 제곱의 합을 구해 본다. 평균치는 당장 필요가 없으므로 그 합만 구해 두고 계산에 앞서 데이터로부터 적당한 수를 빼서 간단한 숫자로 만들어 놓는 것은 검정의 경우와 똑같다. 60을 각 데이터로부터 빼면 표 10 · 2와 같다.

표 10 · 2의 수치전체에 대해서 제곱의 합을 계산한다.

$$S_T = (-3)^2 + (-4)^2 + (-2)^2 + \cdots + 7^2 + 5^2 - 16^2/12 = 148.7$$

여기서 $16^2/12$은 일반적으로 T^2/N으로 표시하고, 계산에 잘 나오는 양으로서 수정항이라 하며 CT 또는 CF로 표시한다. 즉, 일반적으로 다음과 같다.

$$\mathrm{CT} = T^2/N$$

계산한 $S_T = 148.7$은 데이터 전체의 산포를 표시하는 양의 제곱의 합이다.

다음에 현재 생각하고 있는 것은 촉매의 종류에 의한 영향이므로, A_1, A_2, A_3의 각각의 $\bar{x}$ 평균치 사이에 어느 정도의 산포가 있는가를 생각하면 된다. 따라서 각 열의 평균치의 -3, 2, 5의 제곱의 합을 구하면 32.67이 된다. 평균치에 대하여 생각하는 대신에 각 열의 합에 대하여 다음과 같이 계산을 해서 열간의 제곱의 합으로 정의한다.

$$S_A = \Sigma \frac{T_i^2}{n_i} - \mathrm{CT}$$

표 10 · 2 $X = (x - 60)$

A	A_1	A_2	A_3
	−3	2	3
	−4	4	5
	−2	2	7
	−3	0	5
계	−12	8	20

총합계 $T = 16$
데이터의 수 $N = 12$

다만 T_i는 i번째 열의 합, n_i는 i번째 열에 있는 데이터의 수이다. 이 예에서는

$$S_A = \frac{(-12)^2 + 8^2 + 20^2}{4} - 21.3 = 130.7$$

앞에서 구한 열평균의 제곱의 합에 비해서 4배로 되어 있음을 알 수 있다. 즉

$$S_A = n\Sigma(\bar{x}_i - \bar{\bar{x}})^2 = 4\,[(-3-1.33)^2 + (2-1.33)^2 + (3-1.33)^2]$$
$$= 4\times 32.67 = 130.7$$

이다.

이 경우에는 각 열의 크기 n_i가 같으므로 $n_i = n$ 으로 된다. $\bar{x}_i$는 i번째의 열평균, $\bar{\bar{x}}$는 총평균을 표시한다. 이 관계는 물론 용이하게 증명할 수 있다. 이렇게 계산한 130.7은 촉매가 다르기 때문에 생긴 데이터의 산포를 표시한다. 앞에서 계산한 $S_T = 148.7$은 촉매의 차까지도 포함한 여러 가지 모든 원인에 의한 산포를 나타내는 양이다.

따라서 $S_T - S_A = 148.7 - 130.7 = 18.0$은 촉매의 차 이외의 원인에 의한 산포를 나타내는 양이라 생각해도 좋다. 그래서 이것을 오차변동(S_e)으로 표시한다. 데이터를 보면 동일한 촉매를 사용한 실험이라도 동일한 값으로 되지 않으므로, 촉매의 차 이외에도 또 산포의 원인이 있음을 알 수 있다. A_1만의 제곱의 합을 계산하면

$$(-3)^2 + (-4)^2 + (-2)^2 + (-3)^2 - (-12)^2/4 = 2$$

가 된다. 마찬가지로 A_2에서는 8, A_3에서는 8로 되고, 이들을 합하면 18이 되어 $S_T - S_A = 18$과 일치한다. S_A는 촉매간의 변동으로서 각 촉매의 데이터를 각각 군으로 생각하면 군간의 변동이므로 군간변동이라 한다. 이것에 대해 $S_T - S_A = S_e$를 오차변동(군내변동)이라 한다.

이렇게 하여 얻은 군간, 오차의 변동에 대해 자유도를 생각해 본다. 군간변동은 3개의 합 사이에서 구한 것이므로 그 자유도는

$$v_A = 3 - 1 = 2$$

이다. 또, 오차변동의 자유도는 각 군마다 $4-1=3$씩의 자유도를 갖고 있으므로, 3군으로는 $v_e = (4-1)\times 3 = 9$이다. 전체의 데이터 수는 12이므로 총자유도 $v = 12 - 1 = 11$ 로서

$$v = v_A + v_e = 2 + 9 = 11$$

임을 알 수가 있다. v_A, v_e를 얻었으므로 S_A, S_e를 각각 자유도로 나누어 MS_A, MS_e를 구한다.

$$MS_A = S_A / v_A = 130.7/2 = 65.4$$

$$MS_e = S_e / v_e = 18.0/9 = 2.0$$

여기서 MS_e는 각 군내의 산포를 나타내는 σ_e^2의 추정치이다. 그러면 MS_A는 무엇의 추정치일까? 촉매간에 하등의 차이도 없고 촉매의 변화가 데이터의 산포에 영향을 미치지않아 $\sigma_A^2=0$이라 하더라도 군내변동 σ_e^2이 있는 이상 그 평균치의 분산은 σ_e^2/n이 될 것이다. 그런데 여기서 계산한 S_A는 평균치의 제곱의 합의 n배이므로 $\sigma_A^2=0$인 경우에는 MS_A는 σ_e^2의 추정치가 된다. 촉매에 의한 산포 $\sigma_A^2 \neq 0$일 때에는 MS_A, $\sigma_e^2 + n\sigma_A^2$의 추정치가 된다. 그러므로 $MS_A/MS_e = F_0$에 의해서 분산비를 구하면 $\sigma_A^2=0$인 경우에는 MS_A와 MS_e는 모두 σ_e^2의 추정치이므로, F_0의 값은 F분포표의 5% 한계치를 초과할 확률이 5% 이하이다. 바꾸어 말하면 F_0의 값이 F분포표의 5%의 값보다 큰 경우에는 $\sigma_A^2 \neq 0$이고, 이 예에서는 촉매에 의한 데이터의 산포가 크다는 셈이다.

이것으로 알 수 있듯이 σ_e^2이 크면 0이 아니라도 발견할 수 없을지 모르며(제 2 종 과오가 크다), σ_e^2이 작으면 σ_A^2이 작아도 발견할 수 있다. 좋은 정도로 $\sigma_A^2 \neq 0$임을 발견하려면 σ_e^2을 작게 해야 됨을 용이하게 알 수 있다.

10.3 1 원 배 치

실험 계획법이나 분산분석에서는 결과에 영향을 미치는지 어떤지를 알아보고 취급한 원인이라고 생각하는 것을 인자라고 한다. 이 인자를 1 종류만 택할 경우 이러한 계획을 1원배치라 한다.

10.3.1 계 산 순 서

앞에서 고찰한 내용은 바로 1원배치이다. 여기에서 계산의 순서를 정리하여 본다.

① 데이터를 변환한다(표 10 · 2).

② 수정항을 계산한다.

$$\mathrm{CT} = T^2/N = 16^2/12 = 21.3$$

③ 총제곱합 S_T를 계산한다.

$$S_T = \sum X^2 - \mathrm{CT} = (-3)^2 + (-4)^2 + \cdots + 7^2 + 5^2 - 21.3 = 148.7$$

④ 군간제곱의 합 S_A를 계산한다.

$$S_A = \Sigma \frac{T_i^2}{n_i} - \mathrm{CT} = \frac{(-12)^2 + 8^2 + 20^2}{4} - 21.3 = 130.7$$

⑤ 오차의 제곱합 S_e를 계산한다.

$$S_e = S_T - S_A$$

⑥ 자유도를 구한다.

⑦ 결과를 정리하여 분산분석표를 만든다.

분산분석표

요 인	S	v	MS	F_0
A e	130.7 18.0	2 9	65.4 2.0	32.7**
계	148.7	11		

⑧ 분산비를 F분포표와 비교하여 판정을 내린다.

$F_{0.99}(2, 9) = 8.02$이므로 결과는 고도로 유의이다. 즉, $\sigma_A^2 = 0$이라는 귀무가설은 기각되면, 촉매의 오차는 생성물의 수량에 영향을 미친다는 결론이다.

분산분석을 할 때는 처음부터 분산분석에 의해서 쓸모 있는 결과를 얻을 수 있도록 실험을 계획해야 한다. 또, 실험의 순서를 랜덤화한다거나 각 인자를 몇 종으로 나눌 것인가(수준수), 반복을 몇 번 할 것인가 등을 정할 필요가 있다. 이 예에서는 1인자, 3수준으로 반복 4이다. 이러한 계획은 그 목적에 따라 달라지는 것으로서, 이와 같이 계획을 세우는 방법을 실험계획이라 한다.

1인자를 표 10·1처럼 데이터를 배열한 계획이 1원 배치법이고, 1원 배치법의 경우 각 군내의 데이터수는 동일하지 않아도 좋다.

예제 10·1 다음의 데이터를 분산분석하여라.

표 10·3

A \ n	1	2	3	4	5
A_1	47	49	48	50	46
A_2	52	55	50	49	52
A_3	54	58	56	56	57
A_4	58	63	60	64	61

《풀이》 ① 수치를 변환한다.

표 10 · 4 $X=(x-54)$

A \ n	1	2	3	4	5	계
A_1	−7	−5	−6	−4	−8	−30
A_2	−2	1	−4	−5	−2	−12
A_3	0	4	2	2	3	11
A_4	4	9	6	10	7	36
계						5

② $\mathrm{CT}=T^2/N=5^2/20 \fallingdotseq 1$

③ $S_T=(-7)^2+(-2)^2+\cdots+3^2+7^2-1=555-1=554$

④ $S_A=\dfrac{(-30)^2+(-12)^2+(11)^2+(36)^2}{5}-1=492-1=491$

⑤ $S_e=S_T-S_A=554-491=63$

⑥ $v_A=4-1=3,\quad v=20-1=19,\quad v_e=v-v_A=19-3=16$

⑦

분산분석표

요 인	S	v	MS	F_0
A	491	3	164	42.0**
e	63	16	3.9	
계	554	19		

⑧ $F_{0.95}(3,\ 16)=3.24$

$F_{0.99}(3,\ 16)=5.29$

10.3.2 모수의 추정

분산분석을 실시한 후의 1원 배치법에 관해서는 다음에 설명하는 바와 같이 여러 가지 추정이 가능하다. 일반적으로 추정을 함에 있어서 엄밀하게는 데이터의 구조모형에 따라서 그 방법을 바꾸지 않으면 안 된다. 그래서 데이터가 모수모형, 변량모형 중의 어느 모형이 되는가를 충분히 검토할 필요가 있는데, 여기서는 예제 10 · 1에 있는 모수모형의 경우를 주로 하여 추정법을 설명하고자 한다.

[참고] ① 구조모형 : 측정치의 구조를 요인효과나 오차로 하여 식으로 표시한 것.

② 모수모형 : 모든 요인효과가 모수인 구조모형

그 수준을 기술적으로 지정하여 의미 있는 요인은 모수이다. 예를 들면 온도, 압력, 작업 방법 등을 인자로 잡은 경우에는 모수모형이다.

③ 변량모형 : 모든 요인효과가 변량인 구조모형

그 수준을 확률적으로 정하는 경우 그 효과는 변량이다. 예를 들면, 공정에서 생산되는 제품로트를 랜덤으로 샘플링한 경우의 효과, 날짜를 랜덤으로 정하여 실험한 경우의 날짜의 효과, 광석류의 큰 로트로부터 랜덤으로 인크리먼트를 샘플링한 경우의 인크리먼트의 효과 등은 변량으로 되는 경우가 많다.

[1] 각 수준의 모평균의 추정

각 수준의 모평균의 값을 추정하려면 각 수준의 평균치의 수치로서 실시한다. 원래, 추정식은 다음과 같다.

$$\bar{x} \pm t_{1-\alpha/2}(\nu_e)\sqrt{\frac{MS_e}{n}}$$

예제 10 · 1에서 각 수준에 대해 실제로 추정해 본다. (신뢰율 95 %)

$$\left.\begin{aligned} \bar{A}_1 &= 54 + \frac{(-30)}{5} = 48.0 \\ \bar{A}_2 &= 54 + \frac{(-12)}{5} = 51.6 \\ \bar{A}_3 &= 54 + \frac{(11)}{5} = 56.2 \\ \bar{A}_4 &= 54 + \frac{(36)}{5} = 61.2 \end{aligned}\right\} \pm \varepsilon$$

신뢰한계

$$\varepsilon = \pm t_{1-\alpha/2}(\nu_e)\sqrt{\frac{MS_e}{n}} \quad \text{또는} \quad \pm\sqrt{\frac{F_{1-\alpha}(1,\ \nu_e)MS_e}{n}}$$

$$= \pm t(16,\ 0.05)\sqrt{\frac{3.9}{5}} = \pm 2.120\sqrt{\frac{3.9}{5}} = \pm 1.9$$

[2] 각 수준의 모평균의 차의 추정

각 수준의 모평균의 차는 각 수준의 평균치의 차로 추정한다. 원래, 추정식은 다음과 같다.

$$(\bar{x}_1 - \bar{x}_2) \pm t_{1-\alpha/2}(\nu_e)\sqrt{\left(\frac{1}{n_1} + \frac{1}{n_2}\right)MS_e}$$

예제 10 · 1에서 A_1과 A_2 사이의 모평균의 차를 실제로 추정해 본다. (신뢰율 95 %)

$$(\overline{A}_1 - \overline{A}_2) \pm t_{1-\alpha/2}(v_e)\sqrt{\left(\frac{1}{n_1}+\frac{1}{n_2}\right)MS_e}$$

$$= 48.0 - 51.6 \pm t(16,\ 0.05)\sqrt{\left(\frac{1}{5}+\frac{1}{5}\right)\times 3.9}$$

$$= 3.6 \pm 2.120\sqrt{\left(\frac{1}{5}+\frac{1}{5}\right)\times 3.9}$$

$$= 3.6 \pm 2.7 = (0.9\ ,\ 6.3)$$

[3] 실험 전체로서의 모평균의 추정

실험 전체로서의 모평균의 추정치는 $\overline{\overline{x}}$로 하며 그 추정식은 다음과 같다.

$$\overline{\overline{x}} \pm t_{1-\alpha/2}(v_e)\sqrt{\frac{MS_e}{n}}$$

예제 10 · 1에서 실험 전체로서의 모평균을 추정해 본다. (신뢰율 95%)

$$\overline{\overline{x}} = \frac{48.0+51.6+56.2+61.2}{4} = 54.3$$

$$t_{0.975}(16)\sqrt{\frac{3.9}{20}} = 2.120\sqrt{\frac{3.9}{20}} = 0.94$$

$$\therefore 54.3 \pm 0.94 = (44.9\ ,\ 63.7)$$

[4] 수준간의 분산의 추정

수준간의 불편분산 MS_A 및 수준 내의 불편분산 MS_e의 기대치는 각각 다음과 같이 된다.

$$E(MS_A) = E(S_A)/v_A = \sigma_e^2 + n\sigma_A^2$$

$$E(MS_A) = E(S_e)/v_e = \sigma_e^2$$

이상의 관계를 이용하여 수준간 분산 $\hat{\sigma}_A^2$을 추정할 수 있으며, 추정식은 다음과 같다.

$$\hat{\sigma}_A^2 = \frac{MS_A - MS_e}{n}$$

이는 그 요인이 변량모형에 따를 때 특히 중요한 추정법이다.

예제 10 · 1의 분산분석에서 수준간 분산을 구해 보면 다음과 같다.

$$\hat{\sigma}_A^2 = \frac{164 - 3.9}{5} = 32.02$$

10.4 2원 배치법

고찰해야 할 인자가 2개일 때를 2원 배치법이라 한다. 이 경우도 기본적인 방법은 1원배치와 동일하다. 고찰하지 않은 원인은 모두 일정하게 하거나 랜덤화하여 데이터를 잡아서 표 10·5와 같이 배열한다. 이 데이터는 합금의 경도이고, 합금의 경도에 영향을 미치는 인자로서 망간의 함량과 소입온도를 취하고 있다. 이러한 데이터의 배치를 2원배치라 한다.

표 10·5

온도(A) \ Mn량(B)	12%	10%	8%	6%	4%
480°	50	53	51	54	54
460°	48	46	52	51	54
440°	48	50	53	49	51
420°	45	45	46	49	49

10.4.1 계 산 순 서

해석절차는 1원배치와 동일하다.

① 데이터를 변환한다. 표 10·5에서 50을 빼어 표 10·6을 얻는다.

표 10·6 $X=(x-50)$

B \ A	B_1	B_2	B_3	B_4	B_5	계
A_1	0	3	1	4	4	12
A_2	−2	−4	2	1	4	1
A_3	−2	0	3	−1	1	1
A_4	−5	−5	−4	−1	−1	−16
계	−9	−6	2	3	8	−2

② 수정항을 구한다.

$$\mathrm{CT}=(-2)^2/20=0.2$$

③ 총제곱합을 구한다.

$$S_T=0^2+(-2)^2+(-2)^2+\cdots+(1)^2+(-1)^2-0.2=165.8$$

④ 행간제곱의 합을 구한다.

$$S_A = \frac{12^2 + 1^2 + 1^2 + (-16)^2}{5} - 0.2 = 80.2$$

⑤ 열간제곱의 합을 구한다.

$$S_B = \frac{(-9)^2 + (-6)^2 + 2^2 + 3^2 + 8^2}{4} - 0.2 = 48.3$$

⑥ 오차의 제곱합을 구한다.

$$S_e = S_T - S_A - S_B = 165.8 - 80.2 - 48.3 = 37.3$$

⑦ 결과를 정리해서 분산분석표를 만든다(표 10 · 7).

표 10 · 7 분산분석표

요 인	S	v	MS	F_0
A	80.2	3	26.7	8.59**
B	48.3	4	12.1	3.89*
e	37.3	12	3.11	
계	165.8	19		

⑧ 구한 분산비는 F분포표의 한계치 등과 비교하여 판정을 내린다. 이 경우에는

$F_{0.99}(3, 12) = 5.95$,

$F_{0.99}(4, 12) = 5.41$,

$F_{0.95}(4, 12) = 3.26$

이므로, 소입온도는 1% 유의수준으로 유의이고, 망간량은 5% 유의수준으로 유의이므로, 소입온도와 망간량 둘 다 이 변화의 범위에서 경도에 영향을 미친다고 한다.

10.4.2 모수의 추정

분산분석표가 작성되고 검정이 끝난 다음에 어떤 인자를 어떤 수준에서 실험하였을 때의 모평균이나, 어떤 조건하에서의 모평균을 추정할 필요가 생기는 수가 있다. 모평균의 추정에 대해서는 1원배치의 경우와 동일하다.

[1] 각 수준의 모평균의 추정

앞의 예에서 각 온도에서 처리하였을 때 경도의 모평균 95%의 신뢰한계를 구간추정해 본다.

$$\left.\begin{aligned}\overline{A}_1 &= 50+\frac{12}{5}=52.4\\ \overline{A}_2 &= 50+\frac{1}{5}=50.2\\ \overline{A}_3 &= 50+\frac{1}{5}=50.2\\ \overline{A}_4 &= 50+\frac{(-16)}{5}=46.8\end{aligned}\right\}\pm\varepsilon$$

신뢰한계

$$\varepsilon=\pm t_{1-\alpha/2}(\nu_e)\sqrt{\frac{MS_e}{n}} \quad \text{또는} \quad \pm\sqrt{\frac{F_{1-\alpha}(1,\ \nu_e)MS_e}{n}}$$

$$=\pm t_{0.975}(12,)\sqrt{\frac{3.11}{5}}$$

$$=\pm 2.179\times 0.788=\pm 1.7$$

그러므로

μ_1: 52.4±1.7 ⇒ (50.7, 54.1),

μ_2: 50.2±1.7 ⇒ (48.5, 51.9),

μ_3: 50.2±1.7 ⇒ (48.5, 51.9),

μ_4: 46.8±1.7 ⇒ (45.1, 48.5)

로 구간추정할 수 있다. 이 결과를 도시하면 그림 10 · 1과 같이 된다.

망간량의 각 수준에 대해서도 동일하게 추정할 수 있다.

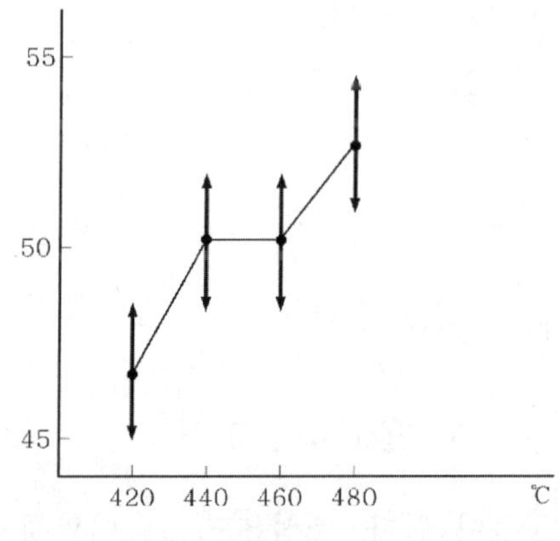

그림 10 · 1

[2] 인자조합의 모평균의 추정

앞의 예에서 각 인자의 조합에 대한 추정을 하여 본다. 먼저, 소입온도 460°, 망간량 6%일 때의 경도를 추정하는 방법을 설명한다. 여기서 수준조합은 A_2B_4이다.

일반적인 추정식은

$$A_iB_j = \overline{T} + (\overline{A}_i - \overline{T}) + \overline{B}_j - \overline{T}) = \overline{A}_i + \overline{B}_j - \overline{T}$$

$$A_2B_4 = \overline{A}_2 + \overline{B}_4 - \overline{T}$$

$$\left(\begin{array}{l} \overline{A}_2 = 50 + \dfrac{1}{5} = 50.2 \\ \overline{B}_4 = 50 + \dfrac{3}{4} = 50.8 \\ \overline{T} = 50 + \dfrac{-2}{20} = 49.9 \end{array} \right)$$

따라서 $A_2B_4 = 50.2 + 50.8 - 49.9 = 51.1$

신뢰한계

$$\pm t_{1-\alpha/2}(\nu_e)\sqrt{\frac{MS_e}{n}} \quad \text{또는} \quad \pm\sqrt{\frac{F_{1-\alpha}(1,\ \nu_e)MS_e}{n}}$$

여기서, n_e=유효 반복수

$$n_e = \frac{\text{전실험 횟수}}{\mu\text{에서 고려한 자유도의 합}+1}$$

$$\therefore n_e = \frac{20}{\nu_A + \nu_B + 1} = \frac{20}{3+4+1} = \frac{20}{8} = 2.5$$

$$\therefore 51.1 \pm t_{0.975}(12)\sqrt{\frac{3.11}{2.5}}$$

$$= 51.1 \pm 12.18 \times 1.115$$

$$= 51.1 \pm 12.43 = (48.67,\ 53.53)$$

또는

$$51.1 \pm \frac{\sqrt{F_{0.95}(1,\ 12)\,MS_e}}{n_e}$$

$$= 51.1 \pm \sqrt{\frac{4.75 \times 3.11}{2.5}}$$

$$= 51.1 \pm 2.43 = (48.67\ ,\ 53.53)$$

예제 10 · 2 분말성형의 공정이 있다. 소성온도 A 이외에 성형압력 B를 요인으로 채택하여 순서를 랜덤으로 실험을 하였다.

A_1: 200℃, A_2: 220℃, A_3: 240℃, A_4: 260℃

B_1: $2t$, B_2: $3t$, B_3: $4t$

성형품의 치수를 어떤 곳에 대하여 측정하였던 바 표 10·8과 같은 데이터를 얻었다. 이 결과를 분산분석하여 유의로 되었던 요인에 대해서 어떤 수준의 사이에 차가 있는가를 추정하여라.

표 10·8

	A_1	A_2	A_3	A_4	
B_1	107.4	106.2	106.0	104.7	
B_2	106.8	107.1	101.8	100.3	
B_3	107.2	106.6	105.5	103.3	

《풀이》 ① 데이터를 변환한다.

표 10·9 $X=(x-105)\times 10$

	A_1	A_2	A_3	A_4	계
B_1	24	12	10	−3	43
B_2	18	21	−32	−47	−40
B_3	22	16	5	−17	26
계	64	49	−17	−67	29

② $\mathrm{CT}=29^2/12=70$

③ $S_T=(24)^2+(18)^2+\cdots\cdots+(-47)^2+(-17)^2-70=5881-70=5811$

④ $S_A=\dfrac{(64)^2+(49)^2+(-17)^2+(-67)^2}{3}-70=3688$

⑤ $S_B=\dfrac{(43)^2+(-40)^2+(26)^2}{4}-70=961$

⑥ $S_e=S_T-S_A-S_B=5811-3688-961=1162$

⑦ $v=12-1=11$

$v_A=4-1=3,\quad v_B=3-1=2,\quad v_e=11-(3+2)=6$

⑧

표 10·10 분산분석표

요 인	S	v	MS	F_0	
A	3688	3	1229	6.34*	
B	961	2	480	2.47	
e	1162	6	194		
계	5811	11			

소성온도가 5%로 유의이며 성형압은 유의가 아니다.

10.5 반복이 있는 2원 배치법

2원 배치법과 동일한 조건에서 2회 이상 데이터가 있는 것을 반복이 있는 2원 배치법이라 한다. 예를 들어 설명하면, 합금의 표면처리를 함으로써 내산성이 증가하는지 어떤지를 알고 싶다.

합금 중에 포함된 크롬량이 다른 합금에 대해서 비교하여 표 10·11의 데이터를 얻었다. 이것을 검토한다. 다만, 표 10·11의 수치는 산처리하였을 때의 무게의 감량(g)을 표시한다. 또한, 실험의 순서는 랜덤화하였다.

표 10·11

Cr 량	1%	2%	3%	4%
표면처리 실시 전	0.12 0.13 0.11	0.10 0.09 0.10	0.08 0.07 0.10	0.08 0.07 0.05
표면처리 행한 후	0.11 0.11 0.12	0.12 0.13 0.11	0.10 0.11 0.10	0.10 0.09 0.11

분산분석을 해보자. 우선, 데이터에서 0.10을 빼고 100배 하여 표 10·12를 만든다.

표 10·12 $X=(x-0.10)\times 100$

R \ C	C_1	C_2	C_3	C_4
R_1	2 3 1	0 −1 0	−2 −3 0	−2 −3 −5
R_2	1 1 2	2 3 1	0 1 0	0 −1 1

동일조건의 반복을 모아 표 10·13을 만든다.

표 10・13

R \ C	C_1	C_2	C_3	C_4	계
R_1	6	−1	−5	−10	−10
R_2	4	6	1	0	11
계	10	5	−4	−10	1

① 수정항을 구한다.

$$\mathrm{CT}=1^2/24\fallingdotseq 0$$

② 총제곱의 합을 구한다(표 10・12).

$$S_T=2^2+3^2+\cdots\cdots+(-1)^2+1^2-0=89.0$$

③ 군간의 제곱의 합을 구한다(표 10・13).

$$S_{RC}=\frac{6^2+4^2+(-1)^2+6^2+(-5)^2+1^2+(-10)^2}{3}-0=71.7$$

④ 행간제곱의 합을 구한다.

$$S_R=\frac{(-10)^2+11^2}{12}-0=18.4$$

⑤ 열간제곱의 합을 구한다.

$$S_c=\frac{10^2+5^2+(-4)^2+(-10)^2}{6}-0=40.2$$

⑥ 교호작용 제곱의 합을 구한다.

$$S_{R\times C}=S_{RC}-S_R-S_C=71.7-18.4-40.2=13.1$$

⑦ 오차제곱의 합을 구한다.

$$S_e=S_T-S_{RC}=89.0-71.7=17.3$$

⑧ 이상의 결과를 정리해서 분산분석표를 만들어 검정한다.

표 10・14 분산분석표

요 인	S	v	MS	F_0
R	18.4×10^{-4}	1	18.4×10^{-4}	17.0**
C	40.2×10^{-4}	3	13.4×10^{-4}	12.4**
$R\times C$	13.1×10^{-4}	3	4.4×10^{-4}	4.1*
e	17.3×10^{-4}	16	1.08×10^{-4}	
계	89.0×10^{-4}	23		

F분포표로 검정하면 표면처리를 하고 안 하고와 크롬량간도 고도로 유의이고 교호작용도 유의이다.

예제 10・3 고정상 촉매를 사용하여 탄화수소를 산화시켜서 산화물을 얻는 실험을 하였다. 촉매는 G와 L의 혼합물이며 그 배합량이 생성물의 순도와 관계되고 있으며, 탄화수소와 산소의 혼합가스의 유속도 또한 큰 영향을 미치고 있는 것을 예비실험의 결과로써 알게 되었다. 그리하여 인자를 다음과 같이 선정하기로 하였다.

배합량 …… A_1: G/L = 1/100
A_2: G/L = 1/10
A_3: G/L = 1/1

유속 …… B_1: 1, B_2: 6, B_3: 11, B_4: 16(cc/sec)

표 10・15

	A_1	A_2	A_3
B_1	41	43	49
	47	45	44
B_2	47	50	52
	45	53	58
B_3	50	55	52
	49	58	54
B_4	55	50	49
	51	47	42

그 결과 실험조건은 3×4＝12, 즉 12가지로 된다. 교호작용을 모두 검출하고자 하므로 2회 반복을 하게 되어 12×2＝24회의 실험을 랜덤으로 실시하였다. 목적으로 하는 생성물의 탄화수소에 대한 보유수율을 측정한 결과 표 10・15와 같은 데이터가 나왔다. 이 결과를 분산분석하여라.

《풀이》 ① 데이터를 변환한다.

표 10・16 $X=(x-50)$

	A_1		A_2		A_3		계
B_1	−9	−3	−7	−5	−1	−6	−31
B_2	−3	−5	0	3	2	8	5
B_3	0	−1	5	8	2	4	18
B_4	5	1	0	−3	−1	−8	−6
계	−15		1		0		−14

② 동일조건의 반복을 모아 표 10・17을 만든다.

표 10・17

	A_1	A_2	A_3	계
B_1	−12	−12	−7	−31
B_2	−8	3	10	5
B_3	−1	13	6	18
B_4	6	−3	9	−6
계	−15	1	0	−14

③ $CT=(-14)^2/24=8.2$

④ $S_T=(-9)^2+(-3)^2+\cdots+4^2+(-8)^2-8.2=513.8$

⑤ $S_A=\dfrac{15^2+1^2+0^2}{8}-8.2=20.0$

⑥ $S_B=\dfrac{(-31)^2+5^2+18^2+(-6)^2}{6}-8.2=216$

⑦ $S_{AB}=\dfrac{(-12)^2(-8)^2+(-1)^2+\cdots+6^2+(-9)^2}{2}-8.2=412.8$

⑧ $S_{A\times B}=S_{AB}-S_A-S_B=412.8-20.0-216=176.7$

⑨ $S_e=S_T-S_{AB}=513.8-412.8=101.0$

⑩ $v=24-1=23$

$v_A=3-1=2$

$v_B=4-1=3$

$v_{A\times B}=2\times 3=6$

$v_e=23-(2+3+6)=12$

⑪

표 10・18 분산분석표

요 인	S	v	MS	F_0
A	20.0	2	10.00	1.19
B	216.1	3	72.03	8.55**
$A\times B$	176.7	6	29.45	3.50*
e	101.0	12	8.42	
계	513.8	23		

유속 B가 1% 유의이고, 교호작용 $A\times B$가 5% 유의이다.

10.6 교호작용

반복이 있는 2원 배치법 또는 고찰해야 할 인자의 수가 3 이상인 경우에는, 2인자간의 교호작용을 검출할 수 있다. 교호작용이라 함은 어떤 인자의 수준의 특정조합에 있어서는 특히 몇 도의 온도에서 활성이 강하다든가, 어떤 공원은 특정한 선반에 익숙하여 그 선반을 사용할 때, 특히 좋은 제품을 만든다든가 하는 수가 있을 경우 교호작용이 있다고 한다. 2원 배치법에 있어서 같은 조건으로 몇 회 실험을 되풀이 하고 있으면 그 인자간의 교호작용을 검출할 수 있다.

예제 10 · 3에서 반복의 평균을 잡아 A를 파라미터로 하여 B에 관해서 타점해 보면 그림 10 · 2와 같이 된다. B에 의한 특성치의 변화방식이 A에 의해서 영향을 받고 있다. 이와 같이 B에 의한 변화의 방식이 A에 의하여 달라질 때 $A \times B$ 교호작용은 그 변화방식을 나타내게 된다. 앞의 2원 배치법에서는 이것이 오차로 간주되었다.

교호작용을 그림 10 · 3에서 설명한다. B에 의한 변화의 방식이 A_1과 A_2에서 정반대로 될 때에는 A와 B와의 주효과가 작고 교호작용이 커진다. 이는 최적조건이 A와 B에 관하여 대상선상에 나타나는 경우에 잘 발생하는 것으로, 이를 이용하여 최적조건을 구할 수 있다. 예제 10 · 3에서도 볼 수 있는 바와 같이, 보유의 최고가 배합량이 작을 때에는 높은 유속 쪽에 있으나, 배합량이 커지면 그것이 낮은 유속 쪽으로 기울어지는 것과 같은 경우이다.

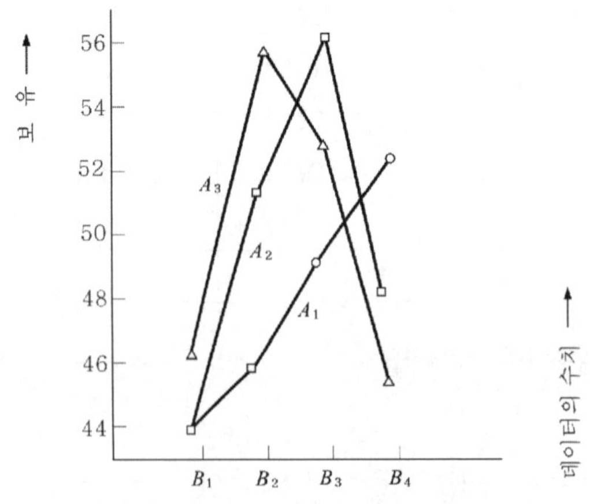

그림 10 · 2 실험결과의 타점

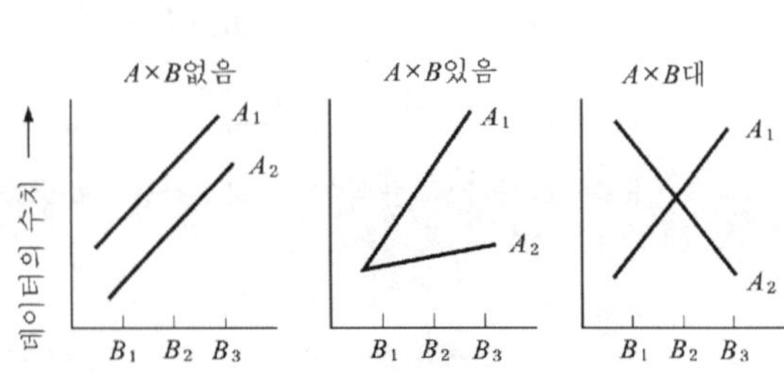

그림 10 · 3 교호작용의 설명

10.7 3원 배치법

다음의 예에서는 3개의 인자를 고찰해 보자. 흡습제를 사용할 때 3사 A_1, A_2, A_3로부터 구입한 2종의 흡습제 B_1, B_2를 전처리를 한 경우와 하지 않은 경우, C_1, C_2에 대해서 표 10·19와 같은 데이터를 얻었다.

표 10·19

B \ C \ A		A_1	A_2	A_3
B_1	C_1	27	23	30
	C_2	30	22	31
B_2	C_1	29	31	32
	C_2	32	34	35

이 경우에는 인자가 3이므로 2인자 교호작용을 검출할 수 있다. 따라서 요인으로서는 A, B, C, $A\times B$, $B\times C$, $C\times A$, e(오차)를 생각해야 하며, 이러한 계획이 3원배치이다.

표 10·19의 데이터에 의거해서 해석을 해보자.

① 데이터를 변환한다.

표 10·20 $X=(x-30)$

B \ C \ A		A_1	A_2	A_3	계	
B_1	C_1	−3	−7	0	−10	−17
	C_2	0	−8	1	−7	
B_2	C_1	−1	1	2	2	13
	C_2	2	4	5	11	
계		−2	−10	8	−4	

② $\mathrm{CT}=(-4)^2/12=1.3$

③ $S_T=(-3)^2+0^2+(-1)^2+2^2+\cdots+2^2+5^2-1.3=172.7$

④ $S_A=\dfrac{(-2)^2+(-10)^2+8^2}{4}-1.3=40.7$

⑤ $S_B=\dfrac{(-17)^2+13^2}{6}-1.3=75.0$

⑥ $S_C = \dfrac{(-10+2)^2+(-7+11)^2}{6} - 1.3 = 12.0$

⑦ $S_{AB} = \dfrac{(-3+0)^2+(-7-8)^2+(0+1)^2+(-1+2)^2+(1+4)^2+(2+5)^2}{2}$

$-1.3 = 153.7$

$S_{A\times B} = S_{AB} - S_A - S_B = 153.7 - 40.7 - 75.0 = 38.0$

⑧ $S_{BC} = \dfrac{(-10)^2+(-7)^2+2^2+11^2}{3} - 1.3 = 90.0$

$S_{B\times C} = S_{BC} - S_B - S_C = 90.0 - 75.0 - 12.0 = 3.0$

⑨ $S_{CA} = \dfrac{(-3-1)^2+(-7+1)^2+(0+2)^2+(0+2)^2+(-8+4)^2+(1+5)^2}{2}$

$-1.3 = 54.7$

$S_{C\times A} = S_{CA} - S_C - S_A = 54.7 - 12.0 - 40.7 = 2.0$

⑩ $S_e = S_T - S_A - S_B - S_C - S_{A\times B} - S_{B\times C} - S_{C\times A}$

$= 172.7 - 40.7 - 75.0 - 12.0 - 38.0 - 3.0 - 2.0 = 2.0$

⑪

표 10・21 분산분석표

요 인	S	ν	MS	F_0
A	40.7	2	20.4	20.4
B	75.0	1	75.0	75.0
C	12.0	1	12.0	12.0
$A\times B$	38.0	2	19.0	19.0
$B\times C$	3.0	1	3.0	3.0
$C\times A$	2.0	2	1.0	1.0
e	2.0	2	1.0	
계	172.7	11		

⑫ 분산비의 값과 F분포표의 값을 비교하여 판정을 내린다. 이 예에서는 회사간, 품종간의 차를 인정할 수 있다. 또, 회사와 품종간에 교호작용이 있어 회사에 따라 품종의 차가 고르지 않음을 알 수 있다. 이 예에서는 $B\times C$, $C\times A$의 교호작용은 유의가 아닐 뿐 아니라 그 분산은 오차분산에 비해서 그리 크지 않다. 이런 경우에는 이들의 교호작용은 없는 것으로 간주하고 이들을 오차항에 풀링한다. 오차항의 자유도가 클수록 검출력이 커지기 때문이다. 즉

$$MS_e' = \frac{S_e + S_{B\times C} + S_{C\times A}}{v_e + v_{B\times C} + v_{C\times A}}$$

$$= \frac{2.0+3.0+2.0}{2+1+2} = 1.4$$

이렇게 분산분석표를 고쳐 만들면 표 10 · 22와 같이 되며 검출력이 커졌기 때문에 처리간의 변동도 유의로 된다.

표 10 · 22 분산분석표

요 인	S	v	MS	F_0
A	40.7	2	20.4	14.6**
B	75.9	1	75.0	53.6**
C	12.0	1	12.0	8.6
$A\times B$	38.0	2	19.0	13.6*
e'	7.0	5	1.4	
계	172.7	11		

10.8 회귀에 관한 분산분석

지금까지 말한 분산분석에서는 특성치의 산포를 층별할 수 있는 요인에 따라 분류하여, 각 요인에 의한 변동을 랜덤한 변동(오차변동)과 비교검정하였다. 회귀분석은 변동을 층별할 수 없어도 상관관계가 있다고 생각되는 원인에 대한 회귀항과 그로부터의 잔차로 나누어서 회귀항(회귀에 의한 변동)이 잔차(오차항에 의한 변동)에 비하여서 큰지 어떤지를 검정하는 방법이다.

y의 총편차제곱합을 $S(yy)$라 한다. 측정치는 회귀선상에 있는 것이 아니라 회귀선의 둘레에 분산되어 있다. y의 $\bar{y}$로부터의 변동인 $S(yy)$는 2개의 성분으로 나눌 수 있다. 그 하나는 회귀에 의한 변동으로서 x의 변화에 따른 y의 변화를 표시하는 것이며, 식으로 표시하면

$$S_R = b^2\Sigma(x-\bar{x})^2 = b^2S(xx) = bS(xy) = \frac{S(xy)^2}{S(xx)}$$

으로 된다. 또 하나는 회귀로부터의 변동(오차변동)으로서

$$S_e = S(yy) - S_R$$

에 의하여 계산된다. 이들 분산의 자유도는 각각

계 : $v=n-1$

회귀에 의한 변동 : $v_R=1$

회귀로부터의 변동 : $v_e=n-2$

이다. 그러므로 S_R로부터 계산된 불편분산 MS_R와 S_e로부터 계산된 불편분산 MS_e와의 비를 구하여 F검정을 할 수 있다.

따라서 분산분석표는 다음과 같이 된다.

표 10・23 분산분석표

요 인	S	v	MS	F_0
R	S_R	1	V_R	F_R
e	S_e	$n-2$	V_e	
계	$S(yy)$	$n-1$		

예제 10・4 $n=30$의 쌍의 데이터를 $X=(x-5)\times 10$, $Y=y-60$으로 수치변환하여 다음과 같은 값을 얻었다(예제 9・6과 같음).

$$\sum X=34, \qquad \sum X^2=14,850$$

$$\sum X=39, \qquad \sum X^2=7277$$

$$\sum XY=7436$$

a) 회귀분석을 하여라.

b) 회귀의 분산분석을 하여라.

《풀이》 a) $S(XX)=14,850-34^2/30=14,811.5$

$S(YY)=7277-39^2/30=7226.3$

$S(XX)=7436-34\times 39/30=7381.8$

$\therefore S(xx)=148.115, \quad S(yy)=7226.3, \quad S(xy)=738.18$

$$b=\frac{S(xy)}{S(xx)}=\frac{738.18}{148.115}=4.984$$

$$\bar{x}=5+\frac{34}{30}\times\frac{1}{10}=5.113$$

$$\bar{y}=60+\frac{39}{30}=61.30$$

회귀직선 : $y-\bar{y}=b(x-\bar{x})$

$y-61.3=4.984(x-5.113)$

$\therefore y=4.984x+35.81$

b) ① 총제곱의 합을 계산한다.

$S_T=(Syy)=7226.3$

② 회귀에 기인한 제곱의 합을 계산한다.

$$S_R = bS(xy) = 4.984 \times 738.18 = 3679$$

③ 회귀로부터의 제곱의 합을 계산한다.

$$S_e = S_T - S_R = 7226 - 3679 = 3547$$

④ 분산분석표를 작성한다.

표 10 · 24 분산분석표

요 인	S	v	MS	F_0
R	3679	1	3679	29.0**
e	3547	28	126.7	
계	7226	29		

회귀에 기인한 분산은 회귀로부터의 분산에 비해서 고도로 유의이다. 즉, 예제 9 · 6으로부터는 부원료의 사용량과 수량 사이에는 고도의 관계가 있다는 결과로 된다.

회귀분석은 x가 층별되고 동일한가에 대해서 몇 개의 측정이 있는 경우라도 적용할 수 있다.

10.9 분산분석에 관한 주의

분산분석에 있어서는 다음 사항에 주의하여야 한다.

1. 목적을 명확히 할 것. 단순히 계산만 해서는 목적이 달성되고 있는가 어떤가를 알 수 없다. 이를 위해서는 다음과 같은 주의가 필요하다.
2. 목적에 대하여 채택한 인자가 적당한가, 또는 수준이 필요 이상으로 넓은 폭으로 잡혀 있지는 않은가.
3. 수준의 수가 너무 적으면 검출력이 작아지고 도움이 되지 않는다. 분석의 목적에 따라서 다르나, 위의 앞에서와 같이 검정해서 수준의 평균을 구하고자 할 때는, ϕ_e가 8~20 정도로 되도록 인자나 수준의 수를 잡는 것이 좋다.
4. 데이터는 어떠한 성질의 것인가를 명백히 할 필요가 있다. 뜻밖의 원인이 포함되어 있어서 오차분산이 너무 커지는 일이 있다.
5. 무엇이 랜덤화되었는지를 주의할 필요가 있다. 랜덤화하는 식에 따라서는, 예를 들면 2원 배치법과 같이 데이터가 배열되어 있어도 전연 계산방법이 다른 경우가 있다.

   여기서는 언급하지 않았지만 분할법 등이 있다.

6. 말할 것도 없이 계산은 정확을 기해야 한다.
7. 결론을 이 실험의 범위 이상으로 확대하는 것은 생각해 볼 일이다. 예를 들면, 100～120℃의 온도범위에서 온도가 유의가 아니라는 결론이 나온다면 그 특성에 영향을 미치지 않는 것이 아니라, 100～120℃의 변화에서는 영향이 있다고는 할 수 없다는 것이다. 130℃로 되면 영향이 있을지도 모르는 일이다.

연습문제

1. 다음 표 10 · 25는 도선코일의 저항치이다. 원재료, 기계에 따른 차가 있는가 분산분석하여라.

표 10 · 25

		기		계			
		B_1	B_2	B_3	B_4	B_5	B_6
원재료	A_1	250	270	260	272	254	273
	A_2	263	271	255	262	260	260

2. 공장별 제품의 3개월간의 원료 원단위표에 의하여 분산분석을 행하여라.

표 10 · 26

공 장 명	A_1	A_2	A_3	A_4
	760	720	720	680
	720	630	740	700
	800	650	750	720

3. 표 10 · 27은 원료의 순도와 용제의 순도를 변경하여 만든 약품의 착색도이다. 분산분석을 하여라.

표 10 · 27

	B_1	B_2	B_3
A_1	26.4	28.1	28.8
	27.3	27.1	29.2
A_2	24.8	26.2	27.1
	24.0	25.0	27.9

4. 하역작업에서 세 사람의 작업자 A_1, A_2, A_3의 담당량을 각각 9회 측정한 결과, 표 10 · 28과 같은 데이터가 나왔다(단위는 **kg**). 세 사람의 담당량 사이에 차가 있다고 할 수 있겠는가?

표 10・28

작업자				담	당	량			
A_1	75	75	73	74	72	73	75	73	74
A_2	76	77	76	74	73	73	74	73	73
A_3	73	72	74	71	71	74	76	74	73

5. 다음과 같은 데이터가 있다. 분산분석을 하여라.

표 10・29

	B_1	B_2	B_3		B_1	B_2	B_3
A_1	58	62	65	A_3	50	57	59
A_2	61	63	70	A_4	57	60	66

6. 3대의 기계 (A)를 사용하며 4종류의 재료 (B)에 관해서 2회씩의 테스트를 실시하였다. 기계 및 재료 사이에 유의차가 있는가를 검정하여라. 또한, 교호작용이 유의인가 어떤가를 검정하여라.

표 10・30

	B_1		B_2		B_3		B_4	
A_1	39.5	40.1	40.3	39.6	40.8	40.3	39.1	40.0
A_2	39.3	39.7	40.2	40.8	40.8	41.5	40.1	40.9
A_3	40.8	41.1	41.5	40.9	41.9	42.5	41.0	40.7

7. 100 Ω을 목표로 하여 저항을 8개 시험제작했는데, 그 값은 다음과 같이 되었다.

98, 103, 100, 101, 102, 98, 99, 105

목표치로부터의 편차, 평균치의 변동, 오차변동, 오차분산을 구하여라.

8. 어떤 기계의 진동의 크기에 대해서 그것을 구성하고 있는 베어링의 흔들림의 대, 소가 영향을 미치고 있는가 어떤가를 조사해 보고 싶다. 베어링의 흔들림 A에 관해서

A_1 : 흔들림이 작은 것, A_2 : 흔들림이 큰 것

A_1에서 10개, A_2에서 6개를 뽑아 기계를 조립하여 진동을 측정하였더니 다음과 같이 나타났다.

A_1: 0.9, 0.3, 0.4, 0.2, 0.1, 0.8, 0.9, 0.4, 0.0, 0.6

A_2: 0.6, 1.0, 1.1, 0.9, 1.0, 1.2

분산분석을 하여 A_1, A_2의 기여율을 구하여라.

9. 다음 데이터는 어떤 화학반응에 있어서 촉매의 입도 A를 3수준, 반응물질에 대한 촉매의 상대속도 B를 4수준으로 잡아 2원 배치법으로 실험을 행한 데이터이다. 실험치는 단위 시간당의 수확량이다.

① 분산분석표를 작성하여라.

② A, B의 효과에 대한 그래프를 그려라.

③ A, B에 관해서 최적조건을 구하고, 그 조건하에서 추가실험을 했을 때의 개개의 실험치 x의 존재범위를 예측하여라.

표 10・31

	B_1	B_2	B_3	B_4
A_1	10	12	17	12
A_2	16	18	24	18
A_3	12	16	25	22

11 샘플링과 샘플링 오차

품질관리에서는 우리들이 취하는 모든 조치가 데이터에 의해 행해진다. 그래서 품질관리를 사실에 의한 관리(fact control)라고도 할 수 있다. 어떤 모집단에 대해 필요에 따라 데이터를 취하고 그것을 분석하여 모집단에 관한 여러 정보를 파악할 수 있으며, 이것을 토대로 품질상의 조치를 취하게 되는데, 결국 이러한 모든 행동은 바로 데이터에 의존하게 된다.

따라서 우리가 이용하는 데이터는 모집단으로부터 두 가지의 과정을 거치게 된다. 첫째는 샘플링이며, 둘째는 샘플링된 시료를 분석하고 측정하는 것이다(그림 11 · 1).

샘플링에 관해서는 그 중요성을 올바르게 인식하고 적절한 샘플링 방법을 택해야 하며 측정도 역시 많은 연구와 기술을 활용하여 정확하게 하여야만 데이터가 믿을 수 있는, 즉 모집단을 대표할 수 있는 것이 되며, 특히 측정이나 샘플링에는 그에 따르는 오차를 감안하여 그 방법과 이론이 전개되게 된다. 그래서 본장에서는 이러한

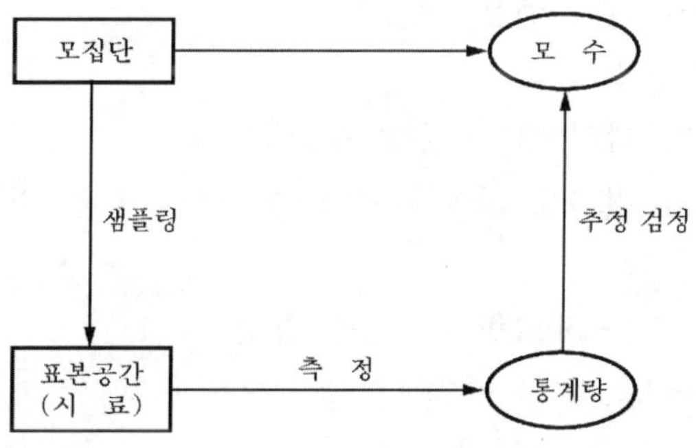

그림 11 · 1 모집단과 시료

문제들을 다루어 보기로 한다.

11.1 샘플링의 목적

통계학에서는 시료가 어떤 하나의 모집단으로부터 랜덤 샘플링되는 것을 전제조건으로 한다. 그러나 샘플링은 요구된 정도와 오차의 범위 내에서 가능한 한 신속하게 그리고 경제적으로 실시되어야만 한다. 이것은 샘플링도 우리들이 생각하고 있는 통계적 개념, 즉 ① 우리들이 얻는 데이터는 항상 산포가 있다. ② 시료는 모집단으로부터 랜덤하게 취해야 한다. ③ 샘플링이나 측정에도 산포가 있다(우연원인, 이상원인), ④ 확률이란 개념(제 1 종 과오, 제 2 종 과오)의 범위를 벗어날 수는 없다.

시료를 샘플링하여 측정해서 로트를 추정하는 것은, 그 결과에 따라서 필요한 조치를 취하기 위해서이다. 공장이나 현장에서 샘플링을 하는 경우의 목적은, 대체로 다음과 같은 두 가지로 나누어 볼 수 있다.

공정에 대한 조치 …… 공정의 관리(관리도 등에 의한), 공정의 해석, 실험의 계획
로트에 대한 조치 …… 검사(수입검사, 출하검사), 품질수준의 추정(자료나 제품의 특성치 등)

그 밖에도 샘플링은 기계능력조사, 가동연구, 시장조사 등에 응용된다. 또한 이들 두 가지의 샘플링 목적은 제 3 장 데이터의 정리방법인 그림 3 · 2를 참조하여, 모집단과 시료와의 관계로 생각하고 살펴보면 이해할 수 있으리라고 본다. 따라서 샘플링은 다음 사항을 유의해야 한다.

1) 합리적인 샘플링 방법

① 목적에 적합한 방법
② 실시하기 쉽고 관리하기 쉬운 방법
③ 경제성을 고려한 방법
④ 샘플링하는 사람에 따라 차가 없는 방법
⑤ 공정이나 대상물의 변화에 따라 바뀌질 수 있는 방법
⑥ 성문화할 수 있는 방법
⑦ 샘플링의 적합 여부를 체크할 수 있는 방법

2) 시료가 갖추어야 할 조건

① 신뢰할 수 있는 샘플링에 의해서 얻어진 것
② 정밀도가 충분할 것
③ 모집단에 대해 신속히 조치를 취할 수 있을 것

④ 경제적으로 얻어진 것

⑤ 치우침(정확도 ; bias)이 없을 것

3) 샘플링 단위

샘플링의 단위는 로트의 구성양상에 따라서 다음과 같이 구별된다.

① 단위체 : 드럼, 관, 병, 전구, 정제 등으로서 단위는 개수이다.

② 집합체 : 광석류, 액체, 기체, 두루마리 등 연속체로서, 단위는 인크리먼트(increment)이다. 또한 인크리먼트는 길이의 개념일 때는 시장(試長), 면적의 개념일 때는 시편(試片)으로 부른다.

그러나 일반적으로 샘플링 단위를 확정할 때는 i) 샘플링의 목적, ii) 비용, iii) 기술정보, iv) 공정이나 제품의 산포, v) 시험방법 등을 고려하여야 한다.

11.2 측정오차와 샘플링 오차

연구실의 연구 또는 실제의 현장에서 얻어지는 데이터에는 반드시 여러 가지 오차가 따르게 된다. 분석오차, 측정오차, 샘플링 오차, 실험오차 등 여러 가지가 있다. 여기서는 중요한 측정오차와 샘플링 오차를 다루어 보기로 한다.

일반적으로 오차라는 말은 오차가 작아지도록 하려는 조치를 강구한다는 면에서 중점을 두고 볼 때, 너무나 막연히 쓰이는 경우가 많다. 즉, 오차의 관리와 통계적 입장에서 본다면 i) 신뢰성, ii) 정밀도, iii) 정확성 등의 3개의 개념으로 나뉘어서 생각해야 한다. 이러한 사고방법은 비단 측정오차나 샘플링 오차에만 국한되는 것이 아니라 모든 오차에 적용이 된다.

11.2.1 측 정 오 차

우선, 측정오차의 경우에 대해서 신뢰성, 정밀도, 정확도(치우침)에 대한 간단한 정의를 들어보자.

1) 오 차(error)

목적으로 삼는(모집단의) 참값과 데이터와의 차

2) 신 뢰 성(reliability)

데이터를 신뢰할 수 있는가의 문제, 즉 분석조작에서 무엇인가 실수를 범하지 않았는가, 계기에 잘못은 없었는가 하는 등의 문제로서, 주로 분석조작이나 계기의 관리문제에 관계된다. 표시방법은 $R(t)$이다.

3) 정 밀 도(정도, precision)

어떤 측정방법으로 동일시료를 무한횟수 측정하였을 때 얻어진 데이터는 반드시 흩어지는데, 그 데이터의 분포의 폭의 크기를 정밀도라고 말한다. 표시방법은 R, σ 이다.

① 정밀도의 종류

i) 동일시료를 같은 분석소에서 같은 사람이 같은 날에 같은 장치로 반복하여 측정하였을 경우의 정밀도 : 평행 정밀도 또는 반복 정밀도

ii) 동일시료를 같은 분석소에서 같은 사람이 다른 날에 측정하였을 때의 정밀도 : 같은 실험실 내의(재현) 정밀도

iii) 동일시료를 같은 분석소에서 다른 사람이 다른 날에 다른 장치로 측정하였을 때의 정밀도 : 같은 실험실 내의(재현) 정밀도

iv) 동일시료를 다른 분석소에서 다른 사람이 다른 날에 다른 장치로 측정하였을 때의 정밀도 : 다른 실험실간의(재현) 정밀도

② 정밀도의 비교

2 개의 분산의 비교(F 검정)

예 제 11 · 1 A, B 2 개의 천칭을 검토하기 위해 같은 물건을 측정한 결과 다음과 같은 데이터가 얻어졌다. 정밀도를 비교하여라.

A : 148.0 148.2 148.0 148.1 148.2 — —

B : 148.7 148.4 148.3 148.6 148.1 148.4 148.3

《풀이》 $S_A=\left(9-\dfrac{5^2}{5}\right)\times10^{-2}=4\times10^{-2}$

$$S_B=\left(136-\frac{28^2}{7}\right)\times10^{-2}=24\times10^{-2}$$

$$V_A=\frac{S_A}{n_A-1}=\frac{4\times10^{-2}}{5-1}=1\times10^{-2}$$

$$V_B=\frac{S_B}{n_B-1}=\frac{24\times10^{-2}}{7-1}=4\times10^{-2}$$

$$F_0=\frac{V_B}{V_A}=\frac{4\times10^{-2}}{1\times10^{-2}}=4$$

$$F_{0.975}(6,4)=9.20$$

$$\therefore 4<9.20$$

차가 있다고 할 수 없다(유의수준 5%).

4) 정확도(치우침, 편의, bias, accuracy)

어떤 측정법으로 동일시료를 무한횟수 측정하였을 때 그 데이터 분포의 평균치와

참값과의 차를 치우침이라고도 하고 정확도라고 부른다. 표시방법은 $d=\bar{x}-\mu$이다.

정확도의 비교 …… 평균치의 검정(t검정)

예제 11・2 온도계를 100개 구입하였는데 이 로트의 평균온도에 치우침이 있는가를 검토하기 위해 로트로부터 랜덤하게 8개의 온도계를 뽑아 표준온도계와 비교를 했다. 표준온도계를 100℃로 하여 측정한 결과 다음과 같은 데이터를 얻었다.

100.2, 99.5, 100.9, 99.1, 99.5, 100.3, 99.8, 100.0 (단위 : ℃)

이 로트의 지시온도에 치우침이 있다고 할 수 있겠는가?

《풀이》 $\bar{x}=99.9125$

$d=|\bar{x}-\mu|=|99.9125-100.0|=0.0875$

$S=\left(229-\dfrac{(-7)^2}{8}\right)\times10^{-2}=2.22$

$V=\dfrac{S}{n-1}=\dfrac{2.22}{7}=0.317$

$t_0=\dfrac{d}{\sqrt{V/n}}=\dfrac{0.0875}{\sqrt{0.0396}}=0.44$

$t_{0.975}(7)=2.365$

$\therefore 0.44 < 2.365$

치우침이 있다고 할 수 없다(유의수준 5%).

이러한 관계를 간단히 그림으로 표시하면 그림 11・2와 같이 된다. 그림에서 보인 분포곡선은 동일시료를 무한횟수 측정하였다고 생각할 때 얻어진 측정치의 분포

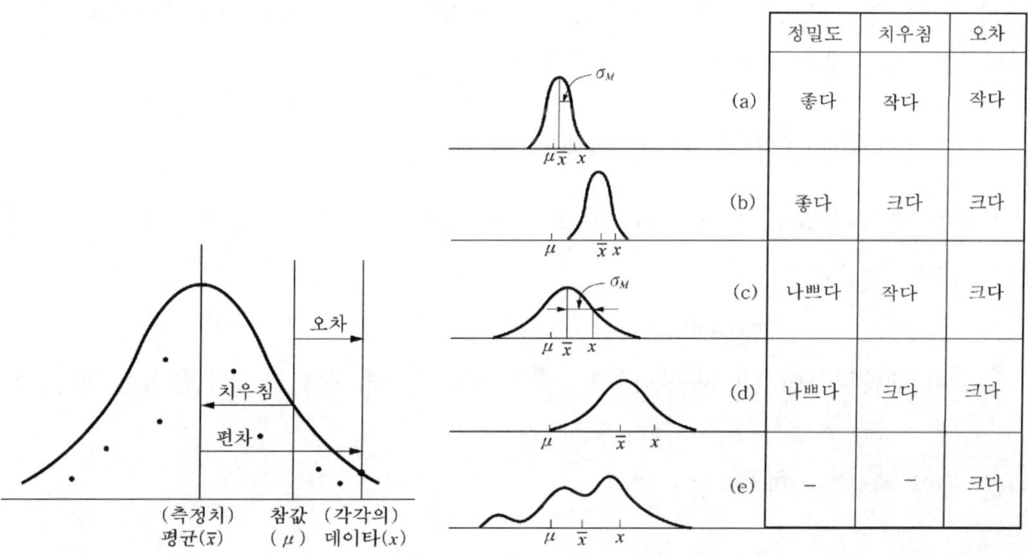

	정밀도	치우침	오차
(a)	좋다	작다	작다
(b)	좋다	크다	크다
(c)	나쁘다	작다	크다
(d)	나쁘다	크다	크다
(e)	–	–	크다

그림 11・2 오차의 분류

이다.

그림에서 μ는 참값, $\bar{x}$는 측정치의 분포의 평균치, x는 실제로 얻어진 데이터, σ_M은 측정치의 분포의 산포를 표준편차로 나타낸 것이다. 따라서 μ와 $\bar{x}$의 차가 치우침, σ_M이 정밀도에 해당한다.

11.2.2 샘플링 오차

샘플링 오차도 11.2.1에서 설명한 바와 같이 신뢰성, 정밀도, 정확도 등으로 나누어 생각할 필요가 있다.

1) 신뢰성 : 샘플링을 작업표준에서 지시한 대로 하도록 관리하는 문제

2) 정밀도 : 샘플을 로트로부터 랜덤하게 취했을 경우의 산포의 문제이며, 이것은 다음에 말하는 통계이론으로 해결할 수 있다.

3) 정확도(치우침) : 치우침은 샘플을 랜덤하게 채취하지 않음으로써 생기는 오차로서, 예를 들면 좋은 부분만을 골라 샘플링한다든지, 나쁜 곳만 골라서 샘플링한다든지 하면 치우침이 생기게 마련이다. 야적된 것이나 화차에 실은 채로의 광석에서 표면으로부터만 샘플을 취한다든지, 병의 윗머리 부분에서만 샘플을 취한다든지, 필터 케이크의 중심부에서만 샘플을 취하는 따위와 같이, 로트의 어떤 부분에서만 골라서 샘플링하도록 하면 치우침이 생기게 마련이다.

치우침이 있는가의 여부는 샘플링 실험으로써 통계적으로 검정하여 보기 전에는 알 수 없다. 일반적으로 치우침이 없는 샘플링 방법을 정하는 데는 기술적으로 치우침이 발생하지 않을 곳에서 랜덤 샘플링하도록 하는 것이 좋다.

11.2.3 샘플링 오차와 측정오차와의 관계

샘플링 오차(정밀도)를 σ_S^2이라 하고, 측정오차(정밀도)를 σ_M^2이라 하면 다음과 같이 된다.

$$\sigma^2 = \sigma_S^2 + \sigma_M^2$$

① 1회 샘플링하여 1회 측정하였을 경우, 또는 1개의 시료를 1회 측정한 경우

$$\sigma^2 = \sigma_S^2 + \sigma_M^2$$

② 동일 시료를 2회 측정한 경우

$$\sigma^2 = \sigma_S^2 + \frac{1}{2}\sigma_M^2$$

③ 5개의 시료를 각각 5회 측정하였을 경우

$$\sigma^2 = \frac{1}{5}\sigma_S^2 + \frac{1}{5}\sigma_M^2 \times \frac{1}{5}$$

예제 11 · 3 $\sigma_S = 5\%$, $\sigma_M = 1\%$인 경우, 만약 동일시료를 2회 측정했을 경우의 분산은 얼마인가?

《풀이》 $\sigma^2 = 0.05^2 + \frac{1}{2}(0.01)^2 = 0.00255$

[분산의 가법성(가성성)]

어떤 모집단 (μ, σ^2)으로부터 시료를 1개 뽑아 측정하여 데이터 (x)를 얻었다면, x의 구조는

$$x = \mu + s + m$$

여기서 μ : 모집단의 모평균

s : 샘플링 오차에 의한 μ로부터의 차이

m : 측정오차에 의한 μ로부터의 차이

따라서 s와 m은 서로 독립이므로

$$\sigma_x^2 = \sigma_S^2 + \sigma_M^2$$

여기서 σ_S^2 : 샘플링에 의한 분산

σ_M^2 : 측정에 의한 분산

이와 같이 각 요소의 분산을 합하면 전체의 분산이 됨을 알 수 있다. 이러한 원리를 분산의 가법성 또는 분산의 가성성이라 하며, 이것은 각 요소의 분산을 합성하는데 많이 활용되고 있다.

11.2.4 샘플링 방법의 합리화 순서

합리적인 샘플링 방법을 취하기 위해서는 다음과 같은 순서에 유의하면 될 것이다.

① 무엇 때문에 데이터는 잡고 있는가를 깊이 생각하여 그 목적을 명확히 할 것
② 로트를 분명히 할 것
③ 측정법을 검토하여 오차를 분명히 할 것
④ 시료의 조제방법을 검토하여 오차를 분명히 할 것
⑤ 로트나 공정의 분산을 추정하는 실험을 통계적으로 하여 둘 것
⑥ 이것을 근거로 해서 통계적, 기술적으로 샘플링 방법을 결정하여 둘 것
⑦ 샘플링, 시료조제, 측정 등의 작업을 관리할 것

⑧ 잡은 데이터는 최초에 목적한대로 활용하여 필요한 행동으로 옮길 것
⑨ 그 결과에 따라서 다시 샘플링 방법, 시료 조제법, 추정법 등을 재검토할 것

이와 같이 합리화 순서에 따라 얻어진 데이터는 모집단을 대표할 수 있어야 하며 오차가 적어야 한다.

11.3 각종 샘플링 방법

11.3.1 랜덤 샘플링

랜덤 샘플링(random sampling)이란 모집단의 어느 부분이라도 목적으로 하는 특성에 관하여 같은 확률로 시료 중에 뽑혀지도록 하는 샘플링 방법을 말한다.

랜덤 샘플링에는 다음과 같은 세 가지 방법이 있다.

[1] 단순 랜덤 샘플링

모집단으로부터 전혀 랜덤하게 샘플링하는 방법으로서, 사전에 모집단에 대한 지식이 없을 경우에 사용하는 방법이다.

크기 N의 로트로부터 크기 n의 샘플을 랜덤으로 샘플링하기 위해서는, 다음과 같은 순서를 밟는다.

① N개의 물품에 1부터 N까지의 번호를 붙인다.
② $1 \sim N$ 범위의 난수열을 만들어 중복을 제외하고 최초의 n개의 난수를 선정한다.
③ 선정한 수에 상당하는 번호를 샘플링한다.

난수열 : 난수표를 사용하여 난수열을 만드는 방법은 다음과 같다.

1. 출발점을 랜덤으로 정한다 : 난수표의 임의의 페이지 위에 눈을 감은 채 연필을 세워서 떨어뜨려, 맞은 점으로부터 가장 가까운 숫자를 기점으로 해서 연속 3개의 숫자를 읽어 이를 행의 번호로 한다(이때 000은 1000으로 본다). 다음에는 다시 한번 연필을 떨어뜨려 맞은 점에 가장 가까운 숫자에 의하여 열의 번호를 정한다(4개씩의 조가 1행에 10조 들어 있으므로, 이를 왼쪽으로부터 1~9번 및 0번으로 하여 선정된 번호의 열의 좌단을 출발점으로 한다).

2. 원난수열을 읽는다 : 1자리(행)의 원난수열 또는 2자리의 원난수열이 필요한 경우에는 오른쪽으로 진행시킨다. 우단에 이르면 다음 행의 좌단으로 속행한다. 3자리 이상의 원난수열이 필요할 때에는 밑으로 진행시킨다. 하단에 이르면 같은 페이지 안에서 다음 열로 속행한다. 3자리인 경우에는 1조 4개의 숫자 중 최후의 1개를 버

린다. 페이지의 오른쪽의 아래에 달하면 다음 페이지의 왼쪽의 위로 옮긴다. 최후의 페이지일 때는 최초의 페이지로 옮긴다.

3. 지정된 범위의 난수열로 변환한다 : 필요한 난수의 범위가 1~ N일 때 N의 수치에 의하여 다음과 같은 변환을 한다.

i) $N \leq 10$일 때 → 1자리의 원난수열을 택하고 N을 초과하는 것을 넘겨가며 읽는다. 0은 10으로 본다.

ii) $11 \leq N \leq 20$일 때 → 2자리의 난수열을 택하고 20으로 나누어 나머지로 바꿔놓은 다음에 N을 초과하는 것을 넘겨가며 읽는다. 0은 20으로 본다.

iii) $21 \leq N \leq 50$일 때 → 2자리의 원난수열을 택하고 50으로 나누어 나머지로 바꿔놓은 다음에 N을 초과하는 것을 넘겨가며 읽는다. 0은 50으로 본다.

iv) $51 \leq N \leq 100$일 때 → 2자리의 원난수열을 택하고 N을 초과하는 것을 넘겨가며 읽는다. 00은 100으로 본다.

v) N이 100을 초과할 때 → 위에 준한다.

원난수열을 만들기 위해서는 난수표 이외에 주사위, 숫자, 눈금을 표시한 회전판, 칩(chip) 등의 난수기로 만든 난수를 사용하는 방법도 있다. 또, N개의 물품이 일정한 형태로 배열하여 들어 있으며, 그 중에서 n개의 물품을 샘플링하는 작업이 반복될 경우에는 샘플링용 카드를 사용한다(샘플링용 카드는 조의 수만큼 미리 준비해 둔다).

[2] 계통 샘플링(systematic sampling)

모집단으로부터 시간적, 공간적으로 일정한 간격을 정해 놓고 샘플링하는 방법을 말한다.

N개의 물품이 1열로 배열되어 있을 때, 그 중에서 일정한 간격으로 n개의 물품을 샘플링할 때에는 다음과 같은 순서를 밟는다.

① 물품에 1부터 N까지의 번호를 붙인다.

② N을 n으로 나눈 수치의 정수부분을 샘플링 간격 k로 한다.

③ 1~k 중에서 랜덤으로 1개의 번호를 선정한다.

④ 선정된 번호의 물품을 기점으로 하여 이하 k번째마다 물품을 샘플링해 나간다. 그렇게 하면 샘플링되는 물품의 개수가 n개로 되는 경우와 $n+1$개로 되는 경우가 있다. $n+1$개로 되는 경우, 만일 n개로 할 필요가 있을 때에는 그 중의 1개를 랜덤으로 버린다.

[3] 지그재그 샘플링(zigzag sampling)

제조공정의 품질특성이 시간이나 수량에 따라서 어느 정도 주기적으로 변화하는 경우에는 계통 샘플링의 샘플을 샘플링한 위험성이 없지 않다. 이때 공정 중의 품질이 변화하는 주기와 상이한 간격으로 시료를 샘플링하도록 하면 문제가 없다.

계통 샘플링에서 주기성에 의한 치우침이 들어갈 위험성을 방지하도록 한 것이 지그재그 샘플링이다. 예를 들면, 제조순번을 1, 2, 3, …으로 하였을 경우 샘플링 비율을 1/6이라 하면 계통 샘플링에서는 제품을 6개씩 구획하여 최초의 샘플을 랜덤으로 2라 정하면 2, 2+6 =8, 8+6=14와 같이 선정한다.

1, ②, 3, 4, 5, 6 | 7, ⑧, 9, 10, 11, 12 | 13, ⑭, ……

로 되도록 샘플링하게 되는데, 지그재그 샘플링에서는 제품구획의 2번째, 4번째와 같이 하나 걸러서 제조순번을 역으로 하여 시료를 샘플링하는 것이다. 즉 처음의 구획을 2라 하면

1, ②, 3, 4, 5, 6 | 12, ⑪, 10, 9, 8, 7 | 13, ⑭, ……

가 되도록 한다. 그래서 계통 샘플링에서와 같이 일정한 간격으로 되지 않는다. 이와 같이 하면 계통 샘플링보다도 더 랜덤하게 샘플링될 때가 많다.

크기 N의 정규분포를 하는 유한 모집단 $N(\mu, \sigma^2)$에서 n개의 샘플을 샘플링할 때 평균치 $\bar{x}$의 분포에 주목하면

$$E(\bar{x}) = \mu \qquad (11 \cdot 1)$$

$$D(\bar{x}) = \sqrt{\frac{N-n}{N-1}} \cdot \frac{\sigma}{\sqrt{n}} \qquad (11 \cdot 2)$$

$$\fallingdotseq \sqrt{1-\frac{n}{N}} \cdot \frac{\sigma}{\sqrt{n}} \quad (N \gg 1\text{일 때})$$

$$\fallingdotseq \frac{\sigma}{\sqrt{n}} \quad \left(\frac{n}{N} < 0.1\text{일 때}\right)$$

이다. 이 때 $\sqrt{\frac{N-n}{N-1}}$ 및 $\sqrt{1-\frac{n}{N}}$을 유한수정이라 한다. n/N을 샘플링 비율이라 하고 α로 표시하는 경우가 있다. $N \gg 1$이고 $n/N < 0.1$일 때 유한 모집단(로트)은 무한 모집단으로 취급할 수 있다.

또, 구간추정을 하는 것은 샘플링의 정도를 문제로 하는 데 있어서 중요하다. 샘플링에는 정도를 β로 표시하는 경우가 많다. 평균치의 정도는

$$\beta_{\bar{x}} = \pm \mu_{1-\alpha} \frac{\sigma}{\sqrt{n}} \quad (\sigma\text{를 알고 있을 때})$$

$$= \pm t_{1-\alpha/2}(\nu)\frac{\sigma_e}{\sqrt{n}} \quad (\sigma\text{를 모를 때})$$

로 표시되고, 총계의 정도는

$$\beta_X = \pm u_{1-\alpha} \cdot N \cdot \frac{\sigma}{\sqrt{n}} \quad (\sigma\text{를 알고 있을 때})$$

$$= \pm t_{1-2/\alpha}(\nu) \cdot N \cdot \frac{\sigma_e}{\sqrt{n}} \quad (\sigma\text{를 모를 때})$$

로 된다(단, X는 $\bar{x}$로 추정한 로트의 합계).

예제 11 · 4 종래 납품되고 있던 기계부품의 치수의 변동은 0.15 cm이었다. 이번에 납품된 로트의 평균치를 신뢰율 95 %, 정도 0.10 cm로 알고자 한다. 샘플을 몇 개로 할 것인가?

《풀이》 $\beta_{\bar{x}} = \pm u_{(1-\alpha)} \cdot \frac{\sigma}{\sqrt{n}}$ 에서 $0.10 = 1.96 \cdot \frac{0.15}{\sqrt{n}}$

$n=9$, 즉 9개로 하면 된다.

예제 11 · 5 $N=8000$, $\sigma=2$의 제품군이 있다. 여기에서 샘플을 샘플링하여 $\bar{x}$의 표준편차를 0.05로 하기 위해서는 샘플의 크기를 얼마로 할 것인가?

《풀이》 $D(\bar{x}) = \sqrt{1-\frac{n}{N}} \cdot \frac{\sigma}{\sqrt{n}}$ 에서 $0.05 = \sqrt{1-\frac{n}{8000}} \cdot \frac{2}{\sqrt{n}}$

로 되어 $n=1333$개가 된다.

11.3.2 2단계 샘플링(two stage sampling)

모집단을 몇 개의 부분(1차 샘플링 단위)으로 나누어 먼저 제 1 단계에서 그 중의 몇 개의 부분을 샘플(1차 시료)로 샘플링하고, 다음에는 제 2 단계로 그 부분 중에서 몇 개의 단위체 또는 단위량(2차 시료)을 샘플링하는 방법이다.

예를 들면, 1로트가 10다스(120개)들이 상자 50상자로 되어 있을 때, 50개의 샘플을 취하는데 우선 상자를 5상자 샘플링하고, 그 5상자로부터 10개씩 랜덤 샘플링하는 편이 50상자 전체로부터 50개의 샘플을 뽑아내는 것보다 수월할 때가 많다. 이와 같이 샘플링을 두 단계로 나누어서 하는 방법을 2단계 샘플링이라 한다.

2단계 샘플링 방법을 그림 11 · 3을 참조하면서 고찰해 보기로 하자. 그림에서와 같이 각 서브로트(이 경우 상자)는 1차 샘플링 단위(primary sampling unit), 각 서브로트 내의 제품의 샘플링 단위를 2차 샘플링 단위(secondary sampling unit)라고 한다. 샘플로서 채취된 서브로트를 1차 시료, 이것들로부터 2단계의 샘플로써 채취한

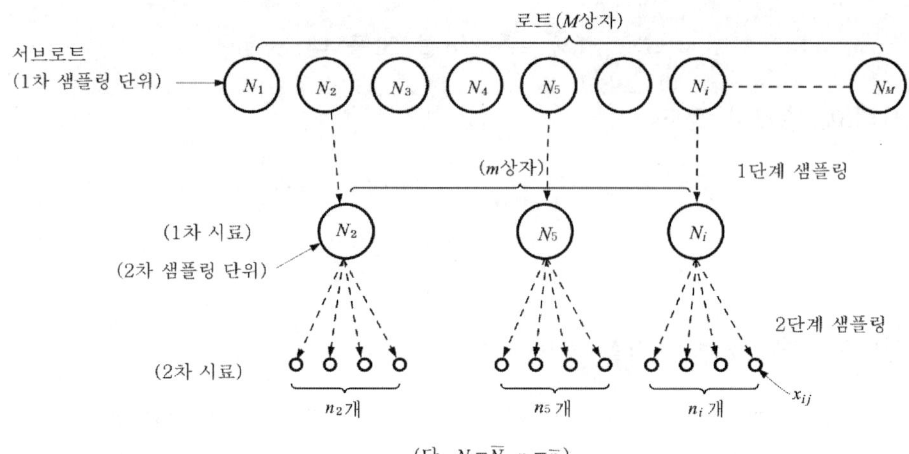

그림 11 · 3 2단계 샘플링

제품을 2차 시료라고 한다.

그림 11 · 3은 N_i개의 제품이 M상자에 들어 있을 때 이것으로부터 m상자를 랜덤하게 채취하고 채취된 각 m상자로부터 n_i개의 제품을 샘플링하는 방법을 보였다. 일반적으로 공업제품에서는 어떤 일정량 $\overline{N}$만큼씩 포장되어 있을 경우가 많다. 이와 같은 경우에 2단계 샘플링이 흔히 이용된다.

로트의 크기 N과 샘플의 크기 n은 각각

$$N = \sum_{i}^{M} N_i \quad n = \sum_{i}^{m} n_i$$

로 된다.

우리들이 보통 2단계 샘플링을 하는 경우에는 각 포장이 동일한 양으로 되어 있는 것이 많고, 각 서브로트로부터 같은 크기의 2차 샘플링 단위를 뽑을 경우가 많다. 이하 이론에서는 N_i, n_i가 각각 일정하고

$$N_i = \overline{N} \quad n_i = \overline{n}$$

경우일 때만을 설명한다. 이와 같이 모집단을 몇 개의 서브로트로 나누면 모분산 σ^2은 어떻게 되는가?

여기서 μ : 로트의 모평균

σ^2 : 로트의 모분산

μ_i : i번째의 서브로트의 모평균

σ_i^2 : i번째의 서브로트 내의 분산

x_{ij}: i번째의 서브로트 중의 j번째의 부분품의 특성치

M: 서브로트의 수

라고 하면, 평균치에 관해서

$$\mu = \frac{1}{N} \sum_{i}^{M} \cdot \sum_{j}^{\overline{N}} x_{ij} = \frac{\overline{N}}{N} \sum_{i}^{M} \mu_i \tag{11 · 3}$$

$$\mu_i = \frac{1}{\overline{N}} \sum_{j}^{\overline{N}} x_{ij}$$

분산에 관해서

$$\begin{aligned} \sigma^2 &= \frac{1}{N} \sum_{i}^{M} \sum_{j}^{\overline{N}} (x_{ij} - \mu)^2 \\ &= \frac{1}{N} \sum_{i}^{M} \sum_{j}^{\overline{N}} (x_{ij} - \mu_i)^2 + \frac{1}{M} \sum_{i}^{M} (\mu_i - \mu)^2 \\ &= \frac{1}{N} \sum_{i}^{M} \sigma_i^2 + \frac{1}{M} \sum_{i}^{M} (\mu_i - \mu)^2 \\ &= \sigma_w^2 + \sigma_b^2 \end{aligned} \tag{11 · 4}$$

단, $\sigma_w^2 = \frac{1}{N} \sum_{i}^{M} \sum_{j}^{\overline{N}} (x_{ij} - \mu_i)^2$ …… 서브로트 내의 분산

$\sigma_b^2 = \frac{1}{M} \sum_{i}^{M} (\mu_{ij} - \mu)^2$ …… 서브로트간의 분산

으로 되어 모분산 σ^2은 서브로트 내의 분산과 서브로트간의 분산의 합으로서 나타낼 수 있다는 것을 알 수 있다.

이와 같은 로트로부터 m개의 1차 샘플링 단위를 뽑고, 뽑힌 m개로부터 $\overline{n}$개씩의 2차 샘플링 단위를 뽑아 그 i번째의 1차 샘플링 단위의 j번째의 2차 샘플링 단위의 데이터를 x_{ij}라고 하면, 모평균의 불편 추정치는

$$\hat{\mu} = \overline{x} = \frac{1}{m\overline{n}} \sum_{i}^{m} \sum_{j}^{\overline{n}} x_{ij} \tag{11 · 5}$$

로 주어진다. 이때 추정의 오차분산 $V(\overline{x})$는 측정오차를 무시할 때

$$\begin{aligned} V(\overline{x}) &= \frac{M-m}{M-1} \frac{\sigma_b^2}{m} + \frac{\overline{N}-\overline{n}}{\overline{N}-1} \frac{\sigma_w^2}{m\overline{n}} \\ &\fallingdotseq \left(1 - \frac{m}{M}\right) \frac{\sigma_b^2}{m} + \left(1 - \frac{\overline{n}}{\overline{N}}\right) \frac{\sigma_w^2}{m\overline{n}} \quad (\text{단, } M \gg 1,\ \overline{N} \gg 1\text{일 때}) \end{aligned} \tag{11 · 6}$$

$$\fallingdotseq \frac{\sigma_b^2}{m} + \frac{\sigma_w^2}{m\bar{n}} \quad (\text{단, } m/M \leqq 0.1,\ \bar{n}/\bar{N} \leqq 0.1\text{일 때})$$

만약 2차 샘플링 단위를 1개씩 측정하였을 경우 측정 정밀도를 σ_M^2이라 하면

$$V(\bar{x}) = \frac{M-m}{M-1}\frac{\sigma_b^2}{m} + \frac{\bar{N}-\bar{n}}{\bar{N}-1}\frac{\sigma_w^2}{m\bar{n}} + \frac{\sigma_M^2}{m\bar{n}} \qquad (11 \cdot 7)$$

혹은, $m\bar{n}$개의 샘플을 모아서 이것을 1개의 대량 시료로 삼아서 이것을 축분(reduction)하여 이것을 2회에 걸쳐 분석하였을 때, 축분의 정밀도를 σ_R^2, 분석의 정밀도를 σ_M^2이라 하면

$$V(\bar{x}) = \underbrace{\frac{M-m}{M-1}\frac{\sigma_b^2}{m} + \frac{\bar{N}-\bar{n}}{\bar{N}-1}\frac{\sigma_w^2}{m\bar{n}}}_{\sigma_S^2} + \sigma_R^2 + \frac{\sigma_M^2}{2} \qquad (11 \cdot 8)$$

여기서 1항 +2항이 이른바 샘플링의 정밀도 σ_S^2이 된다.

예 제 11 · 6 10 kg 들이의 화학약품이 100 상자가 있다. 그 상자간의 산포 σ_b=0.3 %, 상자 내의 인크리먼트(10 g)간의 산포 σ_w=0.5 %일 때 5상자를 랜덤하게 뽑고 그 가운데서 5 인크리먼트씩을 랜덤하게 샘플링해서 이것을 혼합시료로 하여 축분해서, 2회 분석하면 그 로트의 모평균의 추정의 정밀도 $V(\bar{x})$가 얼마나 되겠는가? 단, 축분정밀도 σ_R=0.20 %, 분석 정밀도 σ_M=0.15 %라고 한다.

《풀이》 $m/M = 5/100 < 0.1$

$\bar{n}/\bar{N} = 10 \times 5/10,000 < 0.1$

$$V(\bar{x}) = \frac{M-m}{M-1}\frac{\sigma_b^2}{m} + \frac{\bar{N}-\bar{n}}{\bar{N}-1}\frac{\sigma_w^2}{m\bar{n}} + \sigma_R^2 + \frac{\sigma_M^2}{2}$$

$$= \frac{(0.3)^2}{5} + \frac{(0.5)^2}{5\times5} + (0.2)^2 + \frac{(0.15)^2}{2}$$

$$= 0.018 + 0.010 + 0.040 + 0.011 = 0.079$$

$\therefore \sigma_x = 0.28\ \%$

이 보기에서 $\sigma_R > \sigma_S > \sigma_M$의 순으로 되어 있다. 그래서 추정의 정밀도를 좋게 하기 위해서는 σ_R를 작게 하는 것이 가장 효과적임을 보여 준다.

11.3.3 층별 샘플링(stratified sampling)

모집단을 몇 개의 층으로 나누어서 각 층으로부터 각각 랜덤하게 시료를 샘플링하는 방법이다. 로트가 커서 그것이 분명히 이질성분으로 구성되어 있다고 생각될 때에는, 그 이질의 층(층별된 층)으로부터 샘플링해야 한다는 것을 용이하게 상상할

수 있다. 따라서 이 샘플링 방법은

① 조그만 각 층으로부터 랜덤하게 샘플을 취하면 되므로, 랜덤 샘플링이 손쉽게 이루어진다.

② 단순 랜덤 샘플링보다 일반적으로 샘플의 크기가 작아도 같은 정밀도를 얻을 수 있다. 이와 같은 특징이 있으므로 실제로 자주 쓰인다. 예를 들면, 입하된 광석을 각 화차마다 샘플링하고 이것을 대량시료로 삼거나, 제품로트가 5상자의 용기에 들어 있을 때, 각 상자로부터 샘플링하는 것도 층별 샘플링이다. 층별 샘플링은 2단계 샘플링에서 $m=M$인 경우라고 볼 수 있다.

지금 크기 N의 로트를 m층으로 나누어서 각 층의 크기가 N_i일 때, 각 층으로부터 크기 n_i의 샘플을 랜덤하게 취하면

$$N=\sum_i^m N_i, \qquad N=\sum_i^m n_i$$

모평균을 μ, 모분산 σ^2, 각 층마다에서 제 i층의 모평균이 μ_i, 모분산을 σ_i^2이라 하면

$$\mu=\sum_i^m \frac{N_i}{N}\mu_i \qquad (11\cdot 9)$$

$$\mu_i=\frac{1}{N_i}\sum_j^{N_i} x_{ij}$$

$$\sigma^2=\sum_i^m \frac{N_i}{N}(\mu_i-\mu)^2+\sum_i^m \frac{N_i}{N}\sigma_i^2 \qquad (11\cdot 10)$$

$$\sigma_i^2=\frac{1}{N_i}\sum_j^{N_i}(x_{ij}-\mu_i)^2$$

$$\sigma_b^2=\sum_i^m \frac{N_i}{N}(\mu_i-\mu)^2 \qquad (11\cdot 11)$$

$$=\frac{1}{m}\sum_i^m(\mu_i-\mu)^2 \text{ (단, } N_i=\overline{N}\text{으로 일정할 때)}$$

$$\sigma_w^2=\sum_i^m \frac{N_i}{N}\sigma_i^2 \qquad (11\cdot 12)$$

$$=\frac{1}{m}\sum_i^m \sigma_i^2 \text{ (단, } N_i=\overline{N}\text{으로 일정할 때)}$$

이 때 샘플로부터 모집단의 모평균의 불편추정은

$$\hat{\mu}\leftarrow\bar{x}=\sum_i^m \frac{N_i}{N}\cdot\frac{1}{n_i}\sum_j^{n_i} x_{ij} \qquad (11\cdot 13)$$

$$= \frac{1}{n} \sum_{i}^{m} \sum_{j}^{n_i} x_{ij} \text{ (단, } n_i/N_i\text{가 일정할 때)}$$

$$= \frac{1}{m\overline{n}} \sum_{i}^{m} \sum_{j}^{n} x_{ij} \text{ (단, } N_i = \overline{N},\ n_i = \overline{n}\text{일 때)}$$

특히, 식 (11・11) 중 n_i/N_i 일정, 즉 각 층의 크기 N_i에 비례시켜 샘플의 크기 n_i를 뽑았을 경우를 층별비례 샘플링이라 한다.

$$V(\overline{x}) = \sum_{i}^{m} \frac{N_i - n_i}{N_i - 1} \cdot \frac{\sigma_i^2}{n_i} \left(\frac{N_i}{n_i} \right)^2 \qquad (11 \cdot 14)$$

$$\fallingdotseq \sum_{i}^{m} \frac{\sigma_i^2}{n_i} \left(\frac{N_i}{N} \right)^2 \text{ (단, } n_i/N_i \leqq 0.1\text{일 때)}$$

$$\fallingdotseq \frac{\sigma_w^2}{n} \text{ (단, } n_i/N_i \text{ 일정이며, } n_i/N_i \leqq 0.1\text{일 때)}$$

$$\fallingdotseq \frac{\sigma_w^2}{m\overline{n}} \text{ (단, } N_i = \overline{N},\ n_i = \overline{n}\text{으로 일정이며 } \overline{n}/\overline{N} \leqq 0.1\text{일 때)}$$

[주] 1. 축분이나 측정 정밀도를 고려할 때는 식 (11・7)~(11・8)과 같이 σ_R, σ_M의 항을 넣어 두면 된다.

2. $V(\overline{x})$에는 σ_b^2을 포함하지 않음을 알 수 있다(층간의 산포가 되도록 커지게 만들면 추정의 정밀도가 좋아진다).

원래, 각 층으로부터 샘플링하는 방법에는 다음과 같은 세 가지가 있다.

① 비례 샘플링 : 각 층으로부터 그 크기에 비례하여 샘플링하는 방법

② 네이만 샘플링 : 각 층의 크기와 표준편차에 비례하여 샘플링하는 방법

③ 데밍 샘플링 : 각 층으로부터 샘플링하는 비용까지도 고려하는 방법

이 중에서도 가장 많이 사용되는 것이 위에서 설명한 층별비례 샘플링(비례 샘플링)이다.

예제 11・7 본선으로 광석이 입하되었다. 부선은 5척이고 각각 약 500, 700, 1500, 1800, 600톤씩 싣고 있다. 각 부선으로부터 하선할 때 100톤 간격으로 인크리먼트를 떠서 이것을 대량시료로 혼합할 경우, 샘플링의 정밀도는 얼마나 되겠는가? 단, 이 광석은 이제까지의 실험으로부터 100톤 내의 인크리먼트간의 산포 $\sigma_w = 0.8\%$인 것을 알고 있다.

《풀이》 이 예제는 층별비례 샘플링이라고 생각된다.

$$n \fallingdotseq \frac{1}{100}(500 + 700 + 1500 + 1800 + 600) = 51$$

$$\sigma_S^2 = V(\bar{x}) = \frac{\sigma_w^2}{n} = \frac{0.8^2}{51} \fallingdotseq 0.013$$

11.3.4 취락 샘플링(cluster sampling)

층별 샘플링에서는 $V(\bar{x})$에 σ_w^2만이 들어가고 σ_b^2이 들어가지 않았으나, 이 샘플링에서는 그 반대로 각 취락 내에 가급적 모집단이 가진 모든 성질이 포함되도록 변동을 크게 하고, 그 대신에 취락간의 차이를 가능한 한 없애도록 한 것이다. 모집단을 여러 개의 서브로트(취락)로 나누어 그 나눈 부분 중 몇 개를 랜덤하게 샘플링하고, 뽑힌 시료를 모두 조사하는 샘플링 방법이다(2단계 샘플링에서 $n_i = N_i$인 경우로 볼 수 있다).

지금 각 $\bar{N}$개 들이의 M상자의 로트로부터 m상자를 랜덤하게 뽑아 모두 측정한다면

$$\hat{\mu} \leftarrow \bar{x} = \frac{1}{m\bar{N}} \sum_{i}^{m} \sum_{j}^{\bar{N}} x_{ij} \tag{11 · 15}$$

$$V(\bar{x}) = \frac{M-m}{M-1} \frac{\sigma_b^2}{m} \tag{11 · 16}$$

$$\fallingdotseq \frac{\sigma_b^2}{m} \quad (\text{단, } m/M \leqq 0.1\text{일 때})$$

[주] $V(\bar{x})$에는 σ_w^2에 관계하지 않음을 알 수 있다(σ_w를 크게, 즉 층내가 될수록 불균형하게 취락을 만들면 σ_b가 작아지므로 추정의 정밀도는 좋아진다).

연습문제

1. 다음은 어떤 샘플링 방법을 사용할 것인가?
   ① 한 로트가 10다스 드는 50상자에서 50개의 시료를 채취하는데 먼저 상자를 5상자 샘플링하고, 이 5상자에서 각각 10개씩 랜덤 샘플링하였다.
   ② 15톤 적재하는 20화차에서 4화차를 랜덤하게 채취하여, 이 4화차로부터 5인크리먼트씩 랜덤 샘플링하였다.
   ③ 10톤 적재하는 5화차에서 각 화차로부터 3인크리먼트씩 랜덤 샘플링하였다.
   ④ 볼트가 10,000개씩 든 10상자의 로트에서 각 상자로부터 랜덤하게 100개씩의 볼트를 샘플링하였다.
   ⑤ 부분품이 100개씩 든 1000상자의 로트에서 10상자를 랜덤하게 채취하여 그 채취한 10상자에 대해 전부 조사하였다.

2. A, B 2개의 천칭(분동의 오차까지 포함시켜서)의 정밀도를 비교하는데, 같은 물건을 날을 달리하여 측정한 결과 다음과 같은 데이터가 얻어졌다. 2개의 천칭의 정밀도에 차가 있다고 말할 수 있겠는가?
   A : 1548.0, 1548.2, 1548.0, 1548.1, 1548.2, 1548.0 (mg)
   B : 1548.7, 1548.4, 1548.3, 1548.4, 1548.1, 1548.6, 1548.3, 1548.7 (mg)

3. 표준시료의 어떤 성분 함유량이 2.10 %인 것을 알고 있다. 어떤 분석실에서 이 시료를 8번 분석하여 다음과 같은 결과를 얻었다. 이 분석에 치우침이 있다고 할 수 있겠는가?
   2.11, 2.04, 2.18, 2.00, 2.04, 2.12, 2.07, 2.09 (%)

4. 어떤 실험자가 계속해서 탄소분석을 하고 있다. 이에 대하여 장기간에 걸친 데이터를 통계적으로 분석한 결과 그 분석오차가 표준편차로 $\sigma=0.15$ %임을 알고 있다. 새로 합성한 유기 화합물의 탄소분(%)을 95 % 신뢰율로 ±0.1%로 구하기 위해서는 분석을 몇 회 실시할 필요가 있겠는가?

5. 새로 개발한 약품에 관하여 5회 샘플링해서 그 융점을 측정하여 데이터의 변동을 구해본 결과, 불편분산 $V=0.315$가 나왔다. 이 약품의 융점을 신뢰율 95 %로, 정도 0.5(℃)에서 구하려면 다시 몇 회의 측정을 실시해야 할 것인가?

6. 계통 샘플링과 지그재그 샘플링을 비교 설명하여라.

7. 층별 샘플링과 취락 샘플링의 차이점을 설명하여라.

8. 1개 계약분의 원료광석 1개 로트가 5회에 걸쳐서 공장 내에 반입되었다. 매회 반입된 광석의 색조가 조금씩 변화하고 있으므로 성분이 달라진 것으로 생각된다. 그러나 분량이 상이하므로 층별비례 샘플링을 실시하기로 하여 다음과 같은 결과를 얻었다. x는 수분(%)이다.

단, 1회의 시료는 50 g이며, 각 회의 수분의 변동은 $\sigma_w = 0.10$임을 알고 있다. 이 로트의 평균수분의 95 % 신뢰율에 있어서의 신뢰구간을 구하여라.

횟수	N_i	n_i (시료수)	$\bar{x}_i$
1	250 t	5	4.35
2	300 t	6	4.24
3	200 t	4	4.72
4	300 t	6	4.83
5	250 t	5	4.86

9. 합리적인 샘플링 방법을 설명하여라.

10. 측정오차와 샘플링 오차를 비교 설명하여라.

12 샘플링검사

12.1 검사의 개요

12.1.1 검사의 정의

검사란 물품을 어떤 방법으로 측정한 결과를 판정기준과 비교하여 개개의 물품에 양호, 부적합 또는 로트의 합격, 불합격의 판정을 내리는 것으로 정의할 수 있다. 그러나 이 검사(inspection)에 대한 정의는 여러 가지로 생각할 수 있다. KS A 3001-2에 의하면 "품질 또는 서비스의 하나 이상의 특성값에 대하여 측정 · 시험 · 검정 · 게이지 맞춤 등을 실시하여 규정의 요구사항과 비교하여 적합한지 여부를 판정하는 활동"으로 정의하고 MIL-STD-105D에 의하면 "검사란 측정, 점검, 시험 또는 게이지에 맞추어 보는 것 등과 같이 제품의 단위를 요구조건과 비교하는 것"이라고 정의하고 있다. 또한 쥬란(Juran)은 "검사란 제품이 계속되는 다음의 공정에 적합한 것인가, 또 최종제품의 경우에는 구매자에 대해서 발송해도 좋은가를 결정하는 활동이다"라고 정의하고 있다.

이러한 검사에 대한 정의는 실제로 수입검사에서는 재료, 원료, 부분품 또는 반제품이 다음 공정에 대해서 지장이 없는지의 보증을 행하기 때문이며, 최종검사는 제품이라고 인정하여도 좋은지 어떤지의 보증이며, 출하검사는 재고 중의 경시변화가 없는가, 포장에 잘못은 없는가 등에 대한 보증을 하기 위한 것이다.

따라서 검사란 시험과는 구별하여 사용해야 한다. 시험이란 샘플 또는 시험편의 특성을 조사하는 것이므로 명확하게 구분이 된다.

전수검사(total inspection)란 검사로트의 전수에 관하여 실시하는 검사이며, 샘플링검사(sampling inspection)란 로트로부터 시료를 샘플링하여 시험해서 그 결과를 판정기준과 비교하여 그 로트의 합격, 불합격을 판정하는 검사인데, 로트의 크기와의 관계, 시료의 샘플링 방법, 판정기준 등은 경제성을 고려하여 통계적 방법으로 결정된다.

12.1.2 검사의 목적

검사의 목적은 검사의 정의가 다양한 것처럼 여러 항목으로 구분된다.

① 좋은 로트와 나쁜 로트의 구별
② 양호품과 부적합품의 구별
③ 공정의 변화를 판단
④ 공정이 규격한계에 가까워졌는지를 판단
⑤ 제품의 부적합의 정도를 평가
⑥ 측정기기의 정밀도를 측정
⑦ 검사원의 정확도를 평가
⑧ 제품설계에 필요한 정보의 확보
⑨ 공정능력의 측정

이와 같이 다양한 검사의 목적은 제조 작업과 품질특성의 관리, 그리고 품질에 대한 조치를 취하는 데 중요한 역할을 한다.

12.1.3 검사의 종류

검사의 종류는 검사가 행해지는 목적, 장소 기타에 의하여 다음과 같이 분류된다.

1) 검사가 행해지는 공정에 의한 분류

① 수입검사와 구입검사 : 재료, 반제품 또는 제품을 받아들이는 경우에 행하는 검사를 일반적으로 수입검사라 하고, 외부에서 구입하는 경우의 검사를 구입검사라 한다. 이 경우의 구입자는 관청, 공장, 상점, 일반 대형 소비자의 경우도 있고, 또는 같은 공장 내의 소비자의 경우도 있다. 한편 공급자는 공장, 상점 또는 같은 공장 내의 공급자인 경우도 있다.

② 공정검사와 중간검사 : 공정검사는 앞의 제조공정이 끝나서 다음 제조공정으로 이동하는 사이에 행해지는 검사로서 중간검사라고도 한다.

③ 최종검사 : 제조공정의 최종단계에서 행해지는 검사로서 완성품에 대해서 행한다.

④ 출하검사 : 제품을 출하하는 경우에 행하는 검사이다.

⑤ 기타 검사 : 기타의 검사로서는 입고검사, 출고검사, 인수인계검사 등이 있다.

2) 검사가 행해지는 장소에 의한 분류

① 정위치검사 : 특별한 장소에 물품을 운반해서 검사하는 방법으로서, 1개소에서 검사하는 편이 좋은 경우에 행한다.

② 순회검사 : 공정간에서 검사하는 경우에 도중에 검사공정을 넣지 않고 검사원이 현장을 순회하여 제조된 물품을 검사하는 방법을 말한다.

3) 검사의 성질에 의한 분류

① 파괴검사 : 파괴검사란 물품을 파괴하지 않고서는 검사의 목적을 달성할 수 없는 것, 또는 시험을 하면 상품가치가 없어지는 검사를 말하며, 예를 들면 전구의 수명시험, 재료의 인장강도 시험, 비닐관의 수압시험 등으로, 이러한 검사에는 전수검사를 할 수가 없으므로 반드시 샘플링검사를 적용한다.

② 비파괴검사 : 비파괴검사란 물품을 조사하더라도 그것의 상품가치가 변하지 않는 것을 말한다. 이를테면 전구의 점등시험, 앰플의 이물검사, 도그판의 핀홀 검사 등을 들 수 있다.

4) 판정의 대상에 의한 분류

① 전수검사 : 개개의 물품 또는 항목에 대하여 그 전수 또는 전 항목을 검사하는 것으로서, 치명적인 부적합에 대하여, 어떤 것은 중부적합에 대해서 적용한다. 또 샘플링검사를 하는 것보다 경제적인 경우에 전수검사를 한다.

② 샘플링검사 : 샘플링검사란 로트별로 시료를 샘플링하고 샘플링한 물품을 조사해서 로트의 합격이나 불합격을 결정하는 로트별 샘플링검사를 말한다.

③ 간접검사 : 수입(구입)검사에서 공급자가 실시한 검사결과를 필요에 따라 확인함으로써 구입자의 검사(시험)를 생략하는 것을 말한다.

12.1.4 검사의 계획

어떤 물품을 검사할 때는 검사계획을 입안해야 한다. 이 때의 문제가 되는 것은 다음과 같다.

1) 어떠한 물품을 검사하면 좋은가

보통 물품을 인수 인도할 때에는 검사가 행해지는데, 그대로 검사를 할 것인지 무검사로 할 것인지는 경제성의 문제와 직결되는 문제이다. 그래서 전수검사의 비용과 무검사의 비용을 생각해 보아야 한다.

검사에 대한 경제성의 검토는 손익분기점에 의해 행한다. 그림 12 · 1에서 보는 바

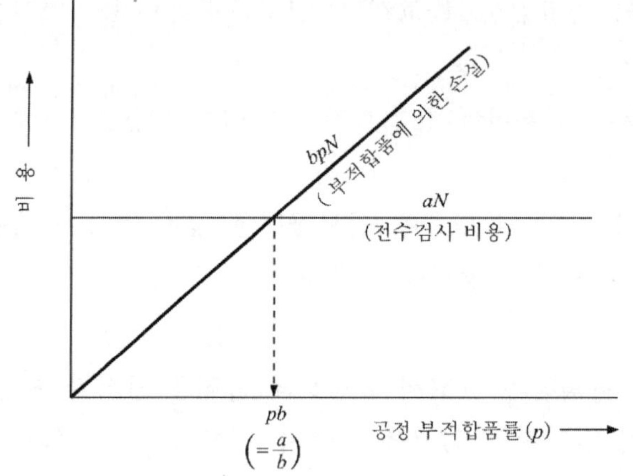

그림 12・1 검사의 손익분기점

와 같이 손익분기점 부적합품률보다 나쁜 공정 부적합품률의 경우($P_b < P$)는 전수검사를 실시하고, 손익분기점 부적합품률보다 좋은 공정 부적합품률의 경우($P_b < P$)는 특히 공정이 안정되어 있으면 검사를 생략해도 되며, 일반적인 경우에는 샘플링검사의 실시를 검토한다.

즉 검사비용 a와 검사를 하지 않음으로써 입게 되는 손실비용 b와를 비교하였을 경우, 다음과 같이 판단한다.

$a > b$이면, 검사하지 않음

$a < b$이면, 검사를 함

2) 어떠한 점을 검사항목으로 선정하는가

제품에는 치수, 무게, 용량, 성분, 경도, 항장력과 같이 계량적 품질특성이 문제가 되는 경우와 먼지, 긁힌 흠, 천의 얼룩, 더러워짐, 촉감 등 계수적 품질특성이 문제가 되는 경우가 있다. 이들 품질특성 중의 어떤 특성을 검사할 것인가를 결정하지 않으면 안 된다. 따라서 기술, 제조, 검사의 3개 부문이 충분히 연락을 취하고 협의하여 검사항목을 결정해야 한다. 특히 출하검사의 경우에는 판매부문의 의견을 충분히 참작해서 검사항목을 결정해야 한다.

3) 어떠한 검사방식을 사용할 것인가

① 전수검사를 사용할 것인가 샘플링검사를 적용할 것인가.

② 어떤 샘플링검사를 적용할 것인가를 결정한다.

4) 언제 어디서 검사를 할 것인가

부적합품을 미연에 방지한다는 점에서 보면 검사는 공정의 초기에 임해서 하는 편이 좋다.

12.1.5 전수검사와 샘플링검사

모든 제품은 하나하나 검사함으로써 그 품질을 완전히 보증할 수 있다. 검사는 이러한 의미에서는 전수검사를 실시하는 것이 좋으나, 검사의 성질에 따라서 전수검사를 실시할 수 없는 경우, 또는 전수검사가 경제적으로 불리할 경우에는 샘플링검사를 실시한다. 샘플링검사는 제품의 품질을 하나하나 보증할 수는 없으나, 어떤 확률로 로트별 품질을 보증할 수 있고, 또 검사노력의 절감 등 경제적으로 유리한 경우가 많다. 그러므로 품질의 특성이나 사용목적 등에 따라서 하나하나의 제품에 대해 품질을 보증하지 않아도 되는 경우에는 샘플링검사를 실시한다.

파괴검사 등에서는 물품의 품질을 보증하기 위해서 샘플링검사를 행할 수밖에 없다. 또 과거의 실적 등에서 제품의 품질이 명백한 경우에는 무검사가 경제적으로 유리한 경우도 있다.

일반적으로 다음과 같은 경우에는 전수검사보다도 샘플링검사가 유리하다고 하겠다.

① 다수, 다량의 것으로서 어느 정도의 부적합품의 혼입이 허용되는 경우

② 검사항목이 많은 경우

③ 불완전한 전수검사에 비하여 신뢰성이 높은 결과를 얻을 수 있는 경우

④ 검사비용을 적게 하고자 할 경우

⑤ 생산자에게 품질향상의 자극을 주고자 할 때

⑥ 전수검사가 불가능한 경우(파괴검사 등)

⑦ 기술적으로 보아 개별검사가 무의미한 경우(금형, 치구로 가공되는 프레스품, 성형품 등)

12.1.6 샘플링검사의 실시조건

샘플링검사를 실시할 경우에는 다음과 같은 조건이 필요하다.

① 제품이 로트로서 처리될 수 있을 것 : 샘플링검사는 로트의 처리를 결정하는 행동으로서 로트 내의 개개 제품을 따로따로 처리하는 것이 아니다. 그러므로 제품이 로트로서 처리될 수 있는 경우가 아니면 샘플링검사를 적용할 수 없다.

② 합격로트 중에도 어느 정도 부적합품의 혼입이 허용될 수 있을 것 : 샘플링검사에 의해 합격한 로트라도 그 안에 부적합품이 전혀 없는 것은 아니다.

③ 시료를 랜덤으로 샘플링할 수 있을 것 : 샘플링검사는 시료를 랜덤으로 샘플링할 수 있는 것을 기초조건으로 하고 있다. 그러나 이러한 조건에 만족되지 못하면 나중에 곤란해진다. 그래서 샘플링검사를 실시하기 위해서는 샘플이 랜덤으로 샘플링될 수 있는 구체적인 조치를 강구해야 한다.

④ 품질기준이 명확할 것 : 계수샘플링검사의 경우 샘플 1개씩을 조사할 때 서로 다른 판단을 내린다면, 로트에 대하여 올바른 판정을 할 수 없으므로 한도견본을 설치하거나 정확한 게이지를 사용하거나 해서 누가, 언제 검사를 해도 같은 결과가 나오도록 해 둘 필요가 있다.

또 계량샘플링검사의 경우에도 개개의 데이터가 신뢰할 수 있는 것이고, 또 판정기준이 명확하지 않으면 로트를 올바르게 판정할 수 없으므로, 적절한 측정방법과 계측기를 사용하여 측정치의 필요한 자릿수까지 누가, 언제 검사하여도 같은 결과가 나올 수 있도록 준비하며, 판정기준을 명확히 정해 둘 필요가 있다.

⑤ 계량샘플링검사에서는 일반적으로 특성치가 정규분포를 하고 있는 것을 전제조건으로 하고 있으므로, 이러한 경우에는 거의 정규분포를 볼 수 있다는 것을 알고 있지 않으면 안 된다.

12.2 샘플링검사의 형식 및 방식

샘플링검사는 샘플링 형식에 따라서 다음과 같이 네 가지로 분류된다.

① 1회 샘플링검사(single sampling inspection) : 어떤 로트로부터 시료를 150개 샘플링하여 그 중에 부적합품이 5개 이상 포함되어 있으면 로트를 불합격으로 하고, 부적합품이 4개 이하인 경우에는 합격으로 한다. 이와 같이 로트에서 시료를 단일회 샘플링하여 그 시험결과로써 로트의 합격, 불합격을 판정하는 검사형식이다.

② 2회 샘플링검사(double sampling inspection) : 어떤 로트로부터 시료 100개를 샘플링하여 그 중에 부적합품이 2개 이하이면 로트를 합격으로 하고, 6개 이상이면 로트를 불합격으로 한다. 불량품이 3~5개일 경우에는 로트에서 다시 200개를 샘플링하여(합계 300개의 시료를 샘플링한 것으로 된다) 그 시료(300개의 시료) 중에 부적합품의 수가 5개 이하이면 로트를 합격으로 하고, 6개 이상이면 불합격으로 판정한다.

이와 같이 샘플링검사를 제1회째로 지정한 크기의 시료를 조사하여 합격, 불합격이 명백한 경우에만 판정을 내리고, 그 중간의 결과를 나타낸 경우에는 제2회째로 지정된 크기의 시료를 시험하여 그 결과를 제1회째의 시험결과에 누계해서 그 성적에 따라 로트의 합격, 불합격을 판정하는 검사를 2회 샘플링검사라 한다.

③ **다회 샘플링검사(multiple sampling inspection)**: 2회 샘플링검사의 형식을 3회 이상의 샘플링검사의 형식으로 확장한 것이며, 매회 정해진 크기의 시료를 시험하여 다회까지의 누계성적을 판정기준과 비교하여 합격, 불합격, 검사속행의 어느 하나로 판정해서 일정한 횟수까지 합격인가 불합격인가의 판정을 내리는 검사방식으로 5회까지 할 수 있다.

④ 축차 샘플링검사(sequential sampling inspection): 1개씩 또는 일정개씩의 시료를 시험하면서 그 누계성적을 그 때마다 판정기준과 비교함으로써 합격, 불합격, 검사속행의 어느 하나의 판정을 하는 검사 형식이다. 1개씩인 경우에 각개축차 샘플링검사, 일정 개수씩인 경우를 군축차 샘플링검사라 한다. 일정 횟수로 검사를 끝마치는 경우에는 다회 샘플링검사의 형식으로 된다.

1회 샘플링검사는 가장 간단하나 검사수가 다른 형식에 비하여 크므로 검사 단위당 검사 비용이 크고, 검사수를 감소시킬 필요가 있는 경우에는 유리하다.

샘플링검사에서 로트로부터 얼마만큼의 시료를 샘플링하여 조사한 데이터로부터 로트의 합격, 불합격을 어떻게 판정할 것인가를 명확히 규정하는 것을 샘플링방식을 정한다고 한다. 샘플링방식은 계수, 계량 등의 종류와 규준, 조정, 선별, 연속 등의 형태와 1회, 2회, 다회, 축차 등의 형식을 정한 다음에 뒤에 설명하는 α, β, p_0, p_1, m_0, m_1 등의 조건에 따라서 결정되는 것이며, 검사방식을 어떻게 정하느냐 하는 것이 샘플링검사에서는 매우 중요하다.

12.3 OC곡선(검사특성곡선)

12.3.1 OC곡선의 작성방법

OC곡선(operating characteristic curve)은 검사특성곡선으로서 다음과 같이 작성된다.

이제 검사에 제출된

로트의 크기 $N=1000$, 로트 중의 부적합품률 $p=2\%$

시료의 크기 $n=50$

일 때, 이 로트에서 반복하여 시료를 샘플링한 다음 부적합품수(이를 r라 함)를 셀 경우에 50개의 시료 중에 포함되는 부적합품수는 반드시 기대치인 1개가 되지 않는

다. 이는 샘플링에 의한 변동인데, 이 때 각 부적합품수가 나타나는 확률 $P_{(r)}$는

$$P_{(r)} = \frac{\binom{Np}{r}\binom{N-Np}{n-r}}{\binom{N}{r}} \qquad (12 \cdot 1)$$

로 표시되고, 이는 초기하분포에 따른다.

만일 N이 n에 비하여 충분히 크다면 $(N/n>10)$, N을 무한대로 생각하여 2항분포에 의해서

$$P_{(r)} = \binom{n}{r} P^r (1-p)^{n-r} \qquad (12 \cdot 2)$$

또 $N/n>10$ 이고, $p<0.10$, $np>10$ 이면 푸아송 분포로 근사시켜서

$$P_{(r)} = e^{-np} \cdot \frac{(np)^r}{r!} \qquad (12 \cdot 3)$$

가 된다.

윗식에 $r=0$, $r=1$……로 대입하여 계산하면 표 12·1과 같이 그 값이 구해진다.

여기에서 $n=50$, Ac(합격판정 개수) $=1$ 이라는 샘플링방식을 적용했을 때 로트가 어느 정도의 비율로 합격할 것인가? 이는 로트의 부적합품률에 관계되는데 부적합품률 $p=2\%$ 이면

부적합품이 나오지 않을 확률 $r=0$, $p(0)=0.364$

부적합품이 1개 나올 확률 $r=1$, $p(1)=0.372$

부적합품이 1개 이하일 확률 $r=0, 1$, $p(0,1)=0.736$

즉 이 때 $n=50$, $Ac=1$ 이라는 샘플링방식을 정하면 불량률 2%의 로트는 0.736의 확률로 합격된다. 로트의 부적합품률이 다른 경우에도 동일한 방법으로 합격확률을 계산할 수 있다. 식 (12·3)을 이용하여 각 부적합품률의 로트의 합격확률 $L_{(p)}$를 계산하려면

표 12·1

r	$P_{(r)}$	r	$P_{(r)}$
0	0.364	5	0.0027
1	0.372	6	0.0004
2	0.186	7	0.00005
3	0.061	8	0.00001
4	0.014	9	0.00000

$$L_{(p)}=\sum_{r=0}^{Ac} e^{-np} \cdot \frac{(np)^r}{r!} \qquad (12 \cdot 4)$$

를 사용하면 된다. 계산결과는 표 12 · 2와 같다.

이것은 당연한 것으로서 로트의 부적합품률이 0이면 로트의 합격확률은 1로 되고, 부적합품률이 늘어남에 따라서 로트의 합격확률이 낮아진다. 이상의 관계를 그래프에 그린 것이 OC곡선이다.

즉, 검사에 제출되는 로트의 부적합품률 (p%)을 가로축으로, 검사에 제출된 특정한 품질로트가 샘플링방식에 따라서 합격으로 될 확률 $L_{(p)}$를 세로축으로 하여 작성한 곡선이다.

그림 12 · 2는 표 12 · 2의 값을 그래프에 플롯한 것으로 $n=50$, $Ac=1$의 OC

표 12 · 2

p%	$L_{(p)}$	p%	$L_{(p)}$
0	1.000	8	0.083
1	0.911	9	0.053
2	0.736	10	0.034
3	0.555	11	0.021
4	0.406	12	0.013
5	0.279	13	0.008
6	0.190	14	0.005
7	0.126	15	0.003

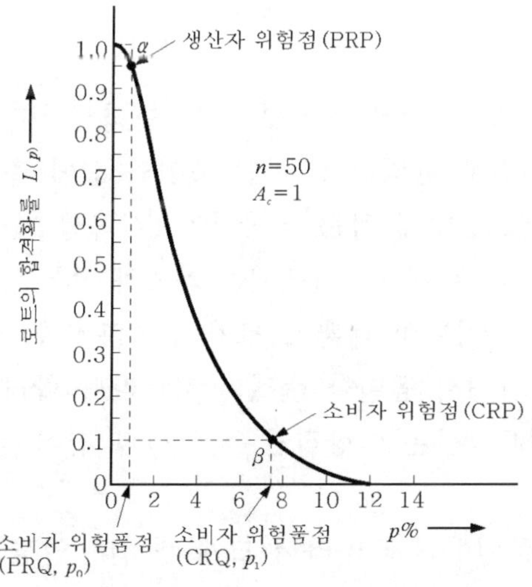

그림 12 · 2 OC곡선

곡선이다.

12.3.2 생산자위험과 소비자위험

$n=50$, $Ac=1$ 이라는 샘플링 방식에 의하면

① 구입자는 부적합품률 7.56% 보다 큰(나쁜) 로트가 합격되는 것은 10회 중 1회 (확률 0.1) 이하라는 보증을 받는다.

② 판매자는 부적합품률 0.715% 보다 작은(좋은) 로트가 불합격으로 되어 버리는 것은 100회 중 5회(확률 0.05) 이하라는 보증을 받는다.

그래서 로트 부적합품률이 낮은 쪽의 경계선에 상당하는 로트 부적합품률을 p_0로 표시하고, p_0의 로트가 불합격으로 될 확률 $(1-L_{(p_0)})$을 α로 표시한다. 이 확률은 판매자(생산자)에게 있어서 곤란한 일이나 샘플링검사를 하는 이상 불가피한 일이다. 그래서 이것을 생산자위험이라 한다.

한편 로트 부적합품률이 높은 쪽의 경계선에 상당하는 로트 부적합품률을 p_1으로 표시하고, p_1의 로트가 합격할 확률 $(L_{(p_1)})$을 β로 표시한다. 이 확률은 구매자(소비자)에게 있어서 곤란한 일이나 샘플링검사를 하는 이상 불가피하다. 그러므로 이것을 소비자위험이라 한다.

샘플링검사에서는 p_0, p_1, α, β를 정하면 OC곡선이 결정되므로 판매자 및 구매자에게 어느 정도의 보증을 부여할 것인가가 수량적으로 명확해진다. 그러므로 OC곡선을 그리지 않더라도 OC곡선의 2개 점으로 보호특성을 표시할 수 있다.

12.3.3 OC곡선의 성질

그림 12 · 3과 같이 어떤 품질을 경계로 하여 합격시키고자 하는 품질수준 이상의 좋은 품질의 로트는 전부 합격하고, 어떤 품질의 점에 충족되지 않는 품질이 나쁜 로트는 전부 불합격으로 되게 하는 이상적인 OC곡선을 생각할 수 있다.

이러한 곡선으로 되는 것은 전수검사에서는 가능하지만, 샘플링검사에서는 샘플링의 변동성에 의하여 어느 정도의 나쁜 로트가 합격하거나 좋은 로트가 불합격으로 되는 것이 불가피하다. 그래서 동일한 품질의 로트라도 합격할 수도 있고 불합격으로 될 수도 있으므로, OC곡선은 이상적인 OC곡선과 같이 직선이 아니라 곡선으로 되어 버리는 것이다.

그러나 OC곡선은 샘플링방식에 따라서 크게 변하며 일정한 것이 아니다. 그렇다면 OC곡선이 로크의 크기 N이나 시료의 크기 n, 합격판정 개수 Ac를 여러 가지

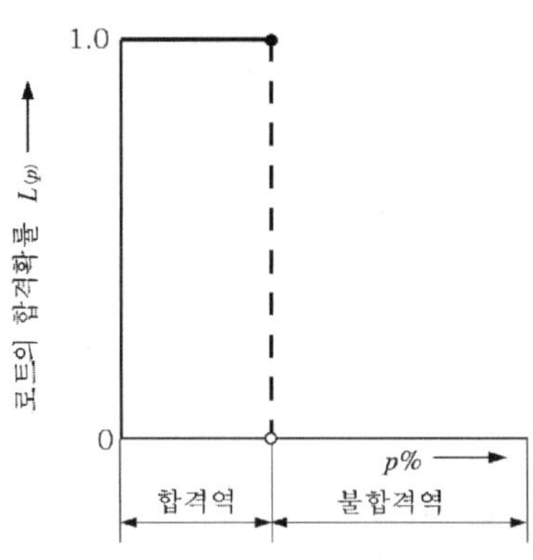

그림 12·3 이상적인 OC곡선

로 바꾸었을 때 어떻게 변화하는가를 계수 규준형 1회 샘플링검사를 예로 들어서 그 특질을 검토해 보기로 한다.

i) 합격판정 개수 Ac와 시료의 크기 n과 로트의 크기 N의 비 $\left(\frac{Ac/n}{N}\right)$를 일정하게 하였을 때 $N=1000$, $n=100$, $Ac=10$인 샘플링검사에 비하여 $N=100$, $n=10$, $Ac=1$인 샘플링검사는 로트 부적합품률이 낮은 쪽에서는 합격확률이 작으나, 로트 부적합품률이 큰 쪽에서는 합격확률이 높아지므로 좋은 로트가 불합격으로 되거나 나쁜 로트가 합격으로 될 확률이 커진다. 다시 말하면, 뒤에 것은 앞에 것에 비하여 좋은 로트와 나쁜 로트를 구별하는 능력이 낮아지며, 성능이 나쁜 샘플링 방식이 된다.

이와 같이 퍼센트(%) 샘플링에 의한 샘플링검사는 로트의 크기가 바뀌면 품질보증의 정도도 전혀 달라지므로, 좋은 검사방식이라고 할 수 없다. 또 품질보증의 근거가 박약하다(그림 12·4).

ii) 합격판정 개수 Ac만을 바꾸는 경우(N, n은 일정)에는 합격판정 개수 Ac를 증가시킴에 따라 OC곡선은 오른쪽으로 완만해진다. 즉, 나쁜 로트가 합격하기 쉬워진다. 이는 검사가 수월해지므로 당연한 일이다.

여기에서 주의해야 할 것은 Ac가 감소하면 OC곡선이 급격하게 직립형으로 된다. 이는 검사가 전수검사에 가까운 성질을 가지고 있음을 의미하며, 로트 부적합품률의 약간의 변동이 생산자위험에 큰 영향을 미치게 된다. 그러므로 시료 중에 부적합품이 단 1개도 있어서는 안 된다는 샘플링방식($Ac=0$)은 그다지 바람직스러운 방식이 아니다(그림 12·5).

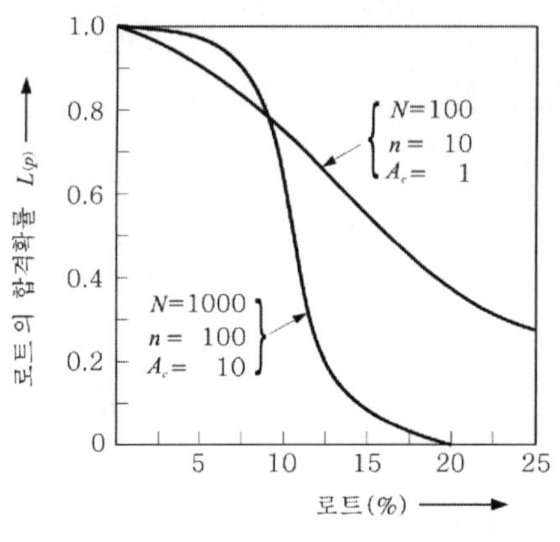

그림 12·4 OC곡선의 성질(1)
$\frac{Ac/n}{N}$ 일정

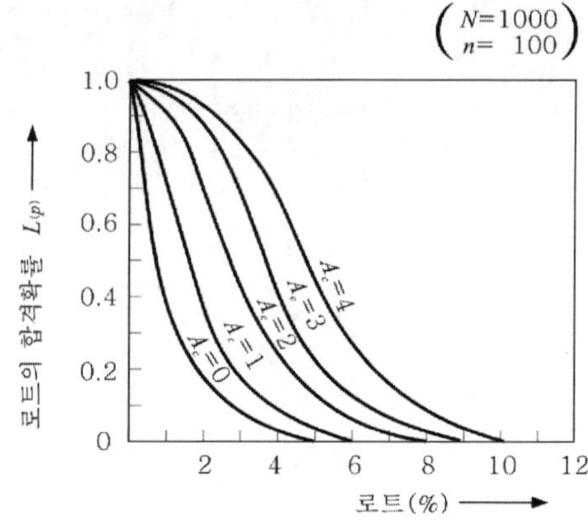

그림 12·5 OC곡선의 성질(2)
Ac만 바꾸고 N과 n은 일정

iii) 합격판정 개수 Ac를 일정하게 하고 시료의 크기 n을 바꿀 때(N은 일정), 시료의 크기를 증가시켜 나가면 OC곡선의 경사가 점점 급해진다. OC곡선의 경사가 급해진다고 하는 것은 좋은 로트와 나쁜 로트를 판별하는 능력이 좋아진다는 것을 의미한다. 그러므로 샘플링검사의 성능을 좋게 하기 위해서는 시료의 크기를 어느 정도 크게 할 필요가 있음을 알게 된다(그림 12·6).

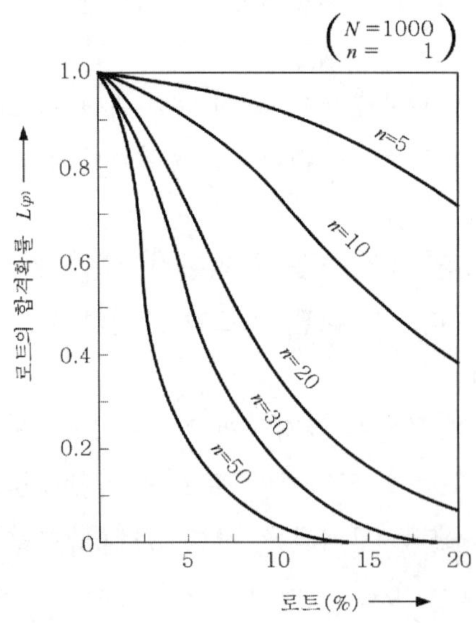

그림 12·6 OC곡선의 성질(3)
n만 바꾸고 N과 Ac는 일정

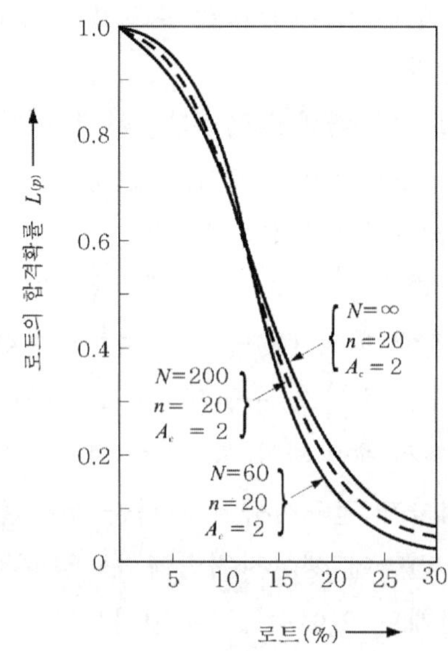

그림 12·7 OC곡선의 성질(4)
N만 바꾸고 n과 Ac는 일정

iv) 샘플링방식을 일정하게 하여 로트의 크기 N을 바꿀 경우 로트의 크기 N이 시료의 크기 n에 비하여 극단적으로 작지 않는 한 OC곡선은 그다지 변화하지 않는다. 일반적으로 $N \geq 10n$이 되면 OC곡선의 차이는 실용상 무시해도 지장이 없는 정도로 된다.

또 로트의 크기 $N=60$과 같이 로트가 시료에 비하여 그다지 크지 않은 경우에는 OC곡선의 변화하는 정도가 상당히 급하게 되는데, 합격하는 비율이 로트 부적합품률의 낮은 쪽에서는 커지고, 반대로 부적합품률이 높은 쪽에서는 작아지므로 보다 안전한 샘플링방식이라 할 수 있다. 그러나 샘플링검사가 가지고 있는 성질로 본다면 로트의 크기는 가급적 크게 하는 것이 상대적으로 시료의 크기를 작게 하여도 된다는 것을 알 수 있다(그림 12 · 7).

(v) OC곡선은 하나의 샘플링검사 방식이 정해지면 반드시 이것에 대하여 독특한 것으로서 정해지는 것이며, OC곡선을 관찰함으로써 그 샘플링검사 방식으로는 어느 정도의 부적합품률의 로트가 얼마 정도의 비율로 합격될까 하는 것과, 또 로트를 어느 정도의 비율로 합격시키기 위해서는 로트의 부적합품률은 어느 정도가 되어야 할까 등을 알 수 있다.

예 제 12 · 1 로트의 크기 $N=1000$, 시료의 크기 $n=30$으로 하였을 때 로트의 부적합품률 p가 5%, 10%, 15%, 20%로 되어 있으면 이에 대응해서 시료 중에 부적합품이 r개 나타날 확률은 표 12 · 3과 같다.

합격판정 개수 $Ac=3$일 때 OC곡선을 구하여라.

표 12 · 3 부적합품이 나타날 확률

($N=1000$, $n=30$)

r	$p=5\%$	$p=10\%$	$p=15\%$	$p=20\%$
0	0.210	0.040	0.007	0.001
1	0.342	0.139	0.039	0.009
2	0.263	0.229	0.102	0.032
3	0.123	0.240	0.171	0.077
4	0.044	0.180	0.210	0.132
5	0.011	0.102	0.187	0.174

《풀이》 부적합품률에 따른 합격확률 $L_{(p)}$를 구한다.

p(%)	$L_{(p)}=\sum_{r=0}^{3}P_{(r)}$
5	0.938
10	0.648
15	0.319
20	0.119

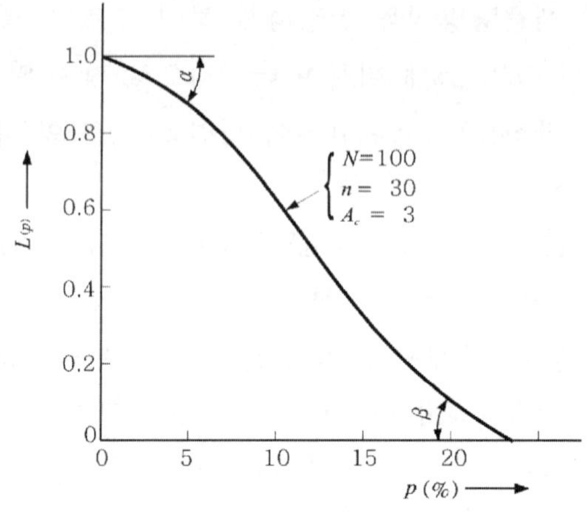

그림 12 · 8 OC곡선

12.3.4 누적확률곡선의 사용법

손다이크곡선(Thorndike curve)이란 불리는 푸아송 분포의 경우의 누적확률곡선은 주어진 샘플링검사 방식에서 부적합품률 p인 로트가 합격하는 확률 $L_{(p)}$의 값을 구하는 경우나 OC곡선을 그리는 경우에 많은 도움이 된다.

그림 12 · 9는 푸아송 분포, 부적합품률이 p인 무한 모집단에서 샘플링한 n개의

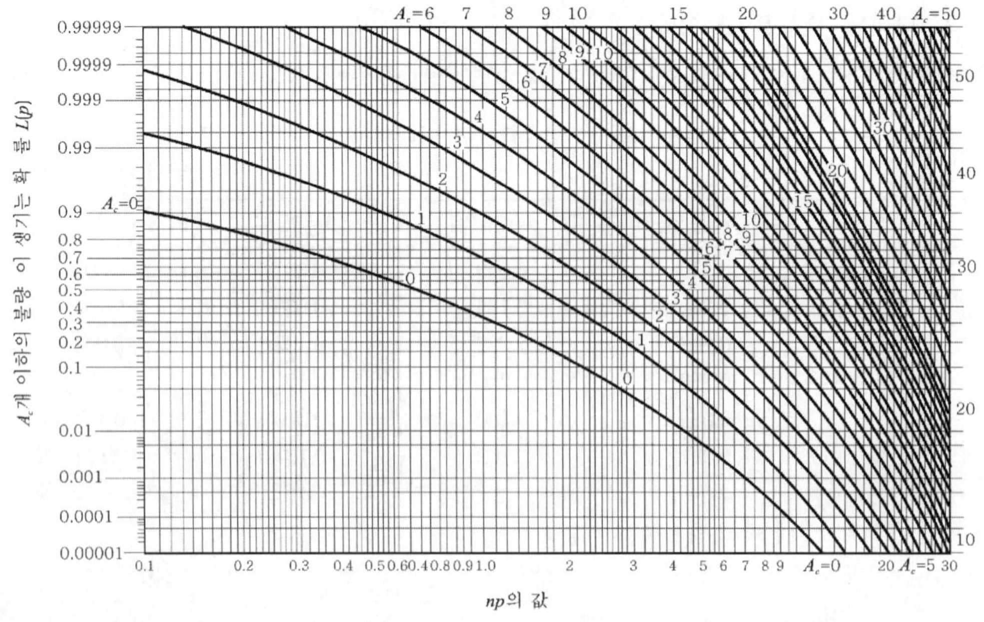

그림 12 · 9 누적확률곡선

시료 중에 Ac개 이하의 부적합품이 나올 확률을 구하기 위한 도표로서, 손다이크에 의해서 만들어진 도표를 수정한 것이다.

누적확률곡선의 사용방법은 다음과 같다.

① np의 값을 계산한다.

② 이 값을 가로축에 잡고 수선을 세운다.

③ 이 수선과 합격판정 개수 Ac의 곡선과의 교점을 구한다.

④ 이 교점을 좌측으로 이동시켜 세로축의 값을 읽는다. 이것이 합격확률 $L_{(p)}$이다(그림 12 · 10).

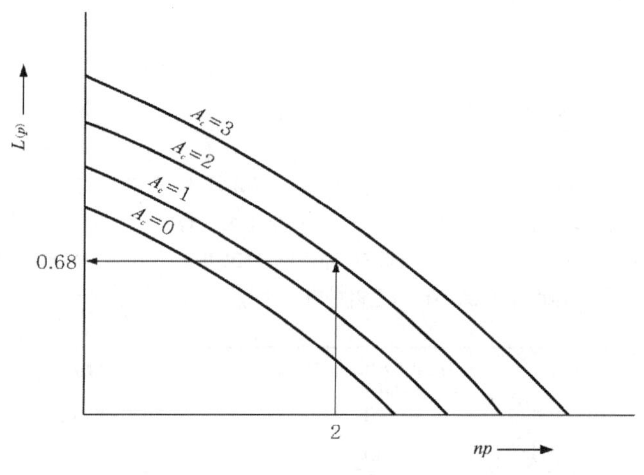

그림 12 · 10

예제 12 · 2 $n=100$, $Ac=3$이라는 샘플링검사 방식에서 부적합품률 $p=2\%$인 로트가 합격할 확률을 구하여라.

《풀이》 ① $np=100\times0.02=2$

② 이 값을 그림 12 · 9의 가로축에 잡는다.

③ 이 점을 수직으로 위로 이동해서 $Ac=3$의 곡선과의 교점을 구한다.

④ 이 교점을 이동해서 세로축과 만나는 점을 구한다.

$L_{(p)}=0.85$

예제 12 · 3 $n=100$, $Ac=3$의 샘플링검사 방식에서 합격확률 $L_{(p)}=0.95$로 되는 로트의 부적합품률 p를 구하여라.

《풀이》 ① $L_{(p)}=0.95$의 값을 그림 12 · 9의 세로축에 잡는다.

② 이 점을 왼쪽으로 이동해서 $Ac=3$의 곡선과의 교점을 구한다.

③ 이 교점을 밑으로 이동해서 가로축의 값을 구한다.

$$p=\frac{np}{n}=\frac{1.33}{100}=0.0133=1.33\,\%$$

예제 12·4 $p_0=1\%$, $\alpha=0.05$; $p_1=10\%$, $\beta=0.10$을 만족시키는 샘플링검사 방식 (n, Ac)을 구하여라.

《풀이》 ① $\alpha=0.05$를 만족시키는 샘플링검사 방식을 다음과 같이 구한다.

$L_{(p)}=1-\alpha=0.95$의 값을 그림 12·9의 세로축에 잡고, 이것을 오른쪽으로 이동시켜 $Ac=0$, $Ac=1$, $Ac=2$ ……의 각각의 곡선과의 교점을 구하여, 각각에 대응하는 np의 값을 읽어내서 이 값을 $(np)_{0.95}$ 라고 정리한다.

Ac	$(np)_{0.95}$	$n_0=(np)_{0.95}/p_0$	Ac	$(np)_{0.95}$	$n_0=(np)_{0.95}/p_0$
0	—	—	3	1.35	135
1	0.35	35	4	1.95	195
2	0.80	80	5	2.45	245

② $\beta=0.10$을 만족시키는 샘플링검사 방식을 다음과 같이 구한다.

$L(p)=\beta=0.10$의 값을 그림 12·9의 세로축에 잡고 이것을 오른쪽으로 이동시켜서 $Ac=0$, $Ac=1$, $Ac=2$, ……의 각각의 곡선과의 교점을 구하여 각각에 대응하는 np의 값을 읽어 이들의 값을 $(np)_{0.10}$으로 해서 정리한다.

Ac	$(np)_{0.10}$	$n_0=(np)_{0.10}/p_1$	Ac	$(np)_{0.10}$	$n_0=(np)_{0.10}/p_1$
0	2.3	23	3	6.7	67
1	3.9	39	4	8.0	80
2	5.3	53	5	9.2	92

③ ① 및 ②의 샘플링검사 방식을 같은 Ac에 대해서 보면, $Ac=1$의 경우가 가장 시료의 크기가 근사하다. 따라서 양자의 시료의 크기를 평균해서 n을 구한다.

$$n=\frac{n_0+n_1}{2}=\frac{35+39}{2}=37$$

그러므로 $p_0=1\%$, $\alpha=0.05$; $p_1=10\,\%$, $\beta=0.10$을 만족시키는 샘플링검사 방식은 $n=37$, $Ac=1$이 된다.

12.4 규준형 샘플링검사

12.4.1 계수규준형 1회 샘플링검사(KS A 3102)

이 샘플링검사는 생산자와 소비자의 요구를 만족시킬 수 있도록 설계된 샘플링검사로서, 로트로부터 시료를 1회 샘플링하여 시료 중의 부적합품수에 의하여 로트의 합격, 불합격을 판정하는 것이다.

표 12·4에 의하여 생산자위험 α(5%)에 대한 p_0(합격시키고자 하는 로트 부적합품률의 하한)와 소비자위험 β(10%)에 대한 p_1(불합격시키고자 하는 로트 부적합품률의 하한)을 정하여 샘플링방식을 결정한다. 단 α와 β는 다음 식에 의해서 구할 수 있다.

$$1-\alpha=\sum_{r=0}^{Ac}\binom{n}{r}p_0^r(1-p_0)^{n-r}, \qquad \beta=\sum_{r=0}^{Ac}\binom{n}{r}p_1^r(1-p_1)^{n-r}$$

샘플링검사 방식을 구하는 순서는 다음과 같다.

① p_0, p_1을 지정한다.

생산자위험 $\alpha=0.05$, 소비자위험 $\beta=0.10$으로 하여 구입자측과 판매자측이 합의하여 p_0, p_1을 결정한다. 이 때 p_0, p_1의 값은 생산능력, 경제적 사정, 품질에 대한 필요한 요구 또는 검사에 소요되는 비용, 노력, 시간 등 각 거래사정을 고려하여 결정하게 된다. 동시에 p_1/p_0의 비도 고려할 필요가 있다. 이론적으로 $p_1/p_0>1$이어야 하지만 이 비가 1에 가까우면 검사개수가 많아지므로 일반적으로는 $p_1/p_0 \geqq 3$으로 하는 것이 좋다.

② 표 12·4에서 p_0, p_1에 대한 n, Ac를 구한다.

ⓐ 표 12·4에서 p_0를 포함하는 행과 p_1을 포함하는 열의 교차하는 난을 구한다.

ⓑ 난 중의 좌측의 글자는 시료의 크기 n으로 하고, 우측의 굵은 글자는 합격판정 개수 Ac로 한다.

ⓒ 구한 난에 화살표가 있을 때에는 그 방향에 따라서 순차적으로 진행하여 도달한 수치 기입란에서 n, Ac를 구한다.

ⓓ 구한 난에 *가 있을 때에는 표 12·5의 샘플링검사 설계보조표에서 n, Ac를 구한다.

ⓔ 빈칸에 대해서는 샘플링검사 방식이 없는 것으로 한다. 이와 같이 해서 구한 n이 로트의 크기를 초과하는 경우에는 전수검사를 실시하는 것으로 한다.

③ 구한 n, Ac에 관하여 OC곡선을 조사하고, 또 검사 비용 등을 검토한 결과 필요하다면, p_0, p_1을 수정해서 n, Ac를 다시 구한다.

표 12·4 계수규준형 1회 샘플링 검사표

p_1(%) / p_0(%)	0.71 ~ 0.90	0.91 ~ 1.12	1.13 ~ 1.40	1.41 ~ 1.80	1.81 ~ 2.24	2.25 ~ 2.80	2.81 ~ 3.55	3.56 ~ 4.50	4.51 ~ 5.60	5.61 ~ 7.10	7.11 ~ 9.00	9.01 ~ 11.2	11.3 ~ 14.0	14.1 ~ 18.0	18.1 ~ 22.4	22.5 ~ 28.0	28.1 ~ 35.5	p_1(%) / p_0(%)
0.090~0.112	*	400 **1**	↓	←	↓	→	60 **0**	50 **0**	←	↓	↓	←	↓	↓	↓	↓	↓	0.000~0.112
0.113~0.140	*	↓	300 **1**	↓	→	↓	→	↑	40 **1**	←	↓	↓	←	↓	↓	↓	↓	0.113~0.140
0.141~0.180	*	500 **2**	↓	250 **1**	↓	←	↓	→	↑	30 **0**	←	↓	↓	←	↓	↓	↓	0.141~0.180
0.181~0.224	*	*	400 **2**	↓	200 **1**	↓	←	↓	→	↑	25 **0**	←	↓	↓	←	↓	↓	0.181~0.224
0.225~0.280	*	*	500 **3**	300 **2**	↓	150 **1**	↓	←	↓	→	↑	20 **0**	←	↓	↓	←	↓	0.225~0.280
0.281~0.355	*	*	*	400 **2**	250 **2**	↓	120 **1**	↓	←	↓	→	↑	15 **0**	←	↓	↓	←	0.281~0.355
0.356~0.450	*	*	*	500 **6**	300 **3**	200 **2**	↓	100 **1**	↓	←	↓	→	↑	15 **0**	←	↓	↓	0.356~0.450
0.451~0.560	*	*	*	*	400 **4**	250 **3**	150 **2**	↓	80 **1**	↓	←	↓	→	↑	10 **0**	←	↓	0.451~0.560
0.561~0.710	*	*	*	*	500 **6**	300 **4**	200 **3**	120 **2**	↓	60 **1**	↓	←	↓	→	↑	7 **0**	←	0.561~0.710
0.711~0.900	*	*	*	*	*	400 **6**	250 **4**	150 **2**	100 **2**	↓	50 **1**	↓	←	↓	→	↑	5 **0**	0.711~0.900
0.901~1.12		*	*	*	*	*	300 **6**	200 **4**	120 **3**	80 **2**	↓	40 **1**	↓	←	↓	↑	↑	0.901~1.12
1.13~1.40			*	*	*	*	500 **10**	250 **6**	150 **4**	100 **3**	60 **2**		30 **1**	↓	←	↓	↑	1.13~1.40
1.41~1.80				*	*	*	*	400 **10**	200 **6**	120 **4**	80 **3**	50 **2**	↓	25 **1**	→	←	↓	1.41~1.80
1.81~2.24					*	*	*	*	300 **10**	150 **6**	100 **4**	60 **3**	40 **2**	↓	20 **1**	↓	←	1.81~2.24
2.25~2.80						*	*	*	*	250 **10**	120 **6**	70 **4**	50 **3**	30 **2**	↓	15 **1**	↓	2.25~2.80
2.81~3.55							*	*	*	*	200 **10**	100 **6**	60 **4**	40 **3**	25 **2**	↓	10 **1**	2.81~3.55
3.56~4.50								*	*	*	*	150 **10**	80 **6**	50 **4**	30 **3**	20 **2**	↓	3.56~4.50
4.51~5.60									*	*	*	*	120 **10**	60 **6**	40 **4**	25 **3**	15 **2**	4.51~5.60
5.61~7.10										*	*	*	*	100 **10**	50 **6**	30 **4**	20 **3**	5.61~7.10
7.11~9.00											*	*	*	*	70 **10**	40 **6**	25 **4**	7.11~9.00
9.01~11.2												*	*	*	*	60 **10**	30 **6**	9.01~11.2
p_0(%) / p_1(%)	0.71 ~ 0.90	0.91 ~ 1.12	1.13 ~ 1.40	1.41 ~ 1.80	1.81 ~ 2.24	2.25 ~ 2.80	2.81 ~ 3.55	3.56 ~ 4.50	4.51 ~ 5.69	5.61 ~ 7.10	7.11 ~ 9.00	9.01 ~ 11.2	11.3 ~ 14.0	14.1 ~ 18.0	18.1 ~ 22.4	22.5 ~ 22.4	28.1 ~ 35.5	p_0(%) / p_1(%)

〔비고〕 1. 좌측 글자는 n, 우측 굵은 글자는 Ac

2. 화살표는 그 방향의 칸의 n, Ac를 사용한다.

3. *표는 표 12·5에 따른다. 빈칸에 대해서는 샘플링검사 방법이 없다.

표 12・5 샘플링검사 설계보조표

p_1/p_0	Ac	n
17 이상	0	$2.56/p_0+115/p_1$
16~7.9	1	$17.8/p_0+194/p_1$
7.8~5.6	2	$40.9/p_0+266/p_1$
5.5~4.4	3	$68.3/p_0+334/p_1$
4.3~3.6	4	$98.5/p_0+400/p_1$
3.5~2.8	6	$164\ /p_0+527/p_1$
2.7~2.3	10	$308\ /p_0+770/p_1$
2.2~2.0	15	$502\ /p_0+1065/p_1$
1.99~1.86	20	$704\ /p_0+1350/p_1$

예제 12・5 $p_0=2\%$, $p_1=12\%$에 대한 샘플링검사 방식 n, Ac를 구하여라.

《풀이》 표 12・4에서 $p_0=2\%$를 포함하는 행과 $p_1=12\%$를 포함하는 열과의 만나는 칸에서 $n=40$, $Ac=2$를 구함.

예제 12・6 $p_0=0.5\%$, $p_1=10\ \%$에 대한 샘플링검사 방식 n, Ac를 구하여라.

《풀이》 표 12・4에서 $p_0=0.5\%$를 포함하는 행과 $p_1=10\ \%$를 포함하는 열과의 만나는 칸에서 화살표를 따라가 $n=50$, $Ac=1$을 구함.

예제 12・7 $p_0=0.4\%$, $p_1=1.2\%$에 대한 샘플링검사 방식 n, Ac를 구하여라.

《풀이》 표 12・4에서 $p_0=0.4\%$를 포함하는 행과 $p_1=1.2\%$를 포함하는 열이 만나는 칸에 *로 되어 있다.

표 12・5에서 $p_1/p_0=1.2/0.4=3.0$ 값에 포함하는 행에서

$$n=164/p_0+527/p_1=164/0.4+527/1.2=410+439=849$$

$Ac=6$을 구함.

12.4.2 계량규준형 1회 샘플링검사(KS A 3103, KS A 3104)

표준편차를 알고 로트의 평균치를 보증하는 경우 및 표준편차를 알고 로트의 부적합품률을 보증하는 경우(KS A 3103), 표준편차를 모르고 상한규격치 또는 하한규격치만을 규정하는 경우(KS A 3104)에 대해 설명하고자 한다.

KS A 3103은 로트의 품질을 로트의 평균치 또는 부적합품률로 표시한 경우에 생산자 및 소비자가 요구하는 검사특성을 갖도록 설계한 샘플링검사로서, 1회에 샘플링한 시료의 특성치의 평균치에 대하여 알고 있는 표준편차로서 계산한 합격 판정치를 비교함으로써 로트의 합격, 불합격을 판정하는 것이다.

검사의 순서는 로트의 평균치를 보증하는 경우와 부적합품률을 보증하는 경우에 따라서 약간 다르다. 평균치 보증에는 m_0(합격시키고자 하는 로트 평균 한계), m_1(불합격으로 하고자 하는 로트 평균치)을 지정하여 부적합품률 보증에는 상한규격치 s_u, 하한규격치 s_L의 한쪽 또는 양쪽을 규정하여 p_0, p_1을 지정할 필요가 있다.

[1] 로트 평균치를 보증하는 경우의 샘플링검사 방식을 구하는 방법
(표준편차를 알 때)

1) m_0, m_1을 지정한다.

물품을 판매하는 측과 구매하는 측의 합의하에 m_0, m_1을 결정한다. 이 때 $\alpha=0.05$, $\beta=0.10$을 기준으로 한다.

2) σ를 지정한다.

로트의 표준편차 σ를 미리 알고 있는 경우 또는 물품을 판매하는 측과 구매하는 측과의 협정으로 정해져 있는 경우는 그 수치를 사용한다. 만일 σ가 주어지지 않았을 때에는 과거의 검사 데이터로부터 추정한 수치를 사용한다.

3) $\dfrac{m_1-m_0}{\sigma}$를 계산하여 소숫점 이하 3자리에서 끊는다.

4) 표 12·6을 사용하여 $\dfrac{|m_1-m_0|}{\sigma}$의 열에서 3)으로 구한 수치를 포함하는 행을 구한다.

표 12·6 m_0, m_1을 근거로 시료의 크기 n과 G_0를 구하는 표

[$\alpha \fallingdotseq 0.05$, $\beta \fallingdotseq 0.10$]

$\sigma=\dfrac{\vert m_1-m_0\vert}{\sigma}$	n	G_0
2.069 이상	2	1.163
1.690~2.068	3	0.950
1.463~1.689	4	0.822
1.309~1.462	5	0.736
1.195~1.308	6	0.672
1.106~1.194	7	0.622
1.035~1.105	8	0.582
0.975~1.034	9	0.548
0.925~0.974	10	0.520
0.882~0.924	11	0.496
0.845~0.881	12	0.475
0.812~0.844	13	0.456
0.772~0.811	14	0.440
0.756~0.711	15	0.425

표 12·6 m_0, m_1을 근거로 시료의 크기 n과 G_0를 구하는 표 (계속)
[α≒0.05, β≒0.10]

$\sigma = \dfrac{\lvert m_1 - m_0 \rvert}{\sigma}$	n	G_0
0.732～0.775	16	0.411
0.710～0.731	17	0.399
0.690～0.709	18	0.383
0.671～0.689	19	0.377
0.654～0.670	20	0.368
0.585～0.653	25	0.329
0.534～0.584	30	0.300
0.495～0.533	35	0.278
0.463～0.494	40	0.260
0.436～0.462	45	0.245
0.414～0.435	50	0.233

5) 그 행의 n 및 계수 G_0를 읽어 $\overline{X}_u$ 또는 $\overline{X}_L$을 계산한다.

① 특성치가 낮은 편이 좋은 경우(상한합격판정치 $\overline{X}_u$를 지정하는 경우)

그림 12·11에서, 좋은 로트에 대해서

$$\overline{X}_u = m_0 + K_\alpha \frac{\sigma}{\sqrt{n}} \tag{12·5}$$

나쁜 로트에 대해서

$$\overline{X}_u = m_1 - K_\beta \frac{\sigma}{\sqrt{n}} \tag{12·6}$$

이 두 식에서 $\overline{X}_u$를 소거한다.

$$0 = (m_0 - m_1) + (K_\alpha + K_\beta) \frac{\sigma}{\sqrt{n}} \tag{12·7}$$

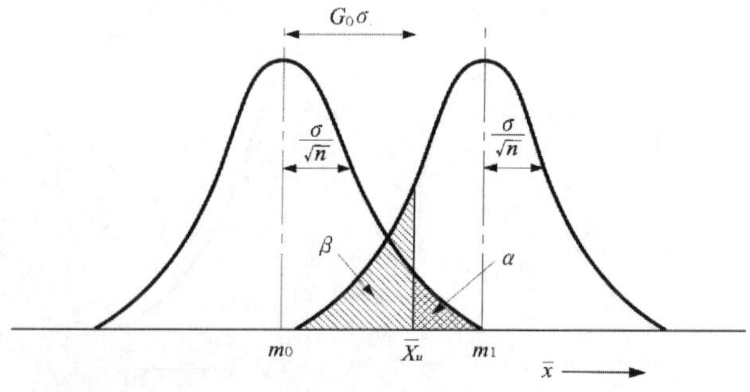

그림 12·11 특성치가 낮은 편이 좋은 경우

따라서 시료의 크기 n은

$$n=\left(\frac{K_\alpha+K_\beta}{m_1-m_0}\right)^2\sigma^2 \qquad (12 \cdot 8)$$

또 상한합격판정치, $\overline{X}_u$는 식 (12 · 5)에서

$$\overline{X}_u=m_0+\frac{K_\alpha}{\sqrt{n}}\sigma$$

여기서 $\dfrac{K_\alpha}{\sqrt{n}}=G_0$라 하면

$$\overline{X}_u=m_0+G_0\sigma \qquad (12 \cdot 9)$$

② 특성치가 높은 편이 좋은 경우(하한합격판정치 $\overline{X}_L$을 지정하는 경우)

그림 12 · 12에서, 좋은 로트에 대해서

$$\overline{X}_L=m_0-K_\alpha\frac{\sigma}{\sqrt{n}} \qquad (12 \cdot 10)$$

나쁜 로트에 대해서

$$\overline{X}_L=m_1+K_p\frac{\sigma}{\sqrt{n}} \qquad (12 \cdot 11)$$

이 두 식에서 $\overline{X}_L$을 소거한다.

$$0=(m_0-m_1)-(K_\alpha+K_\beta)\frac{\sigma}{\sqrt{n}} \qquad (12 \cdot 12)$$

따라서 시료의 크기 n은

$$n=\left(\frac{K_\alpha+K_\beta}{m_0-m_1}\right)^2\sigma^2 \qquad (12 \cdot 13)$$

또 하한합격판정치 $\overline{X}_L$은 식 (12 · 10)에 의하여

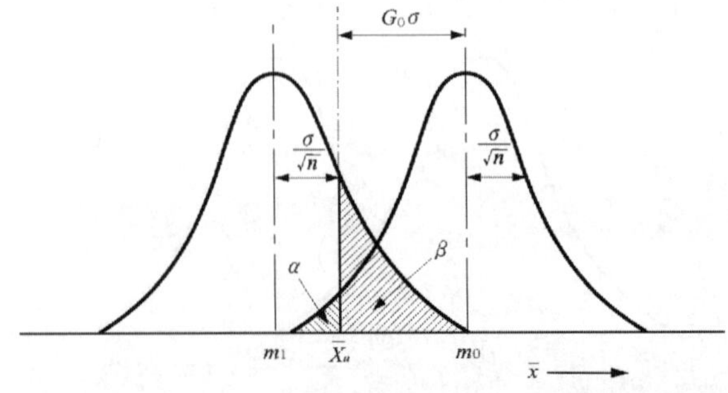

그림 12 · 12 특성치가 높은 편이 좋은 경우

$$\overline{X}_L = m_0 - \frac{K_\alpha}{\sqrt{n}}\sigma$$

여기서, $\frac{K_\alpha}{\sqrt{n}} = G_0$라 하면

$$\overline{X}_L = m_0 - G_0\sigma \qquad (12 \cdot 14)$$

6) 구한 n과 $\overline{X}_u$ 또는 $\overline{X}_L$에 대하여 검사비용, OC곡선 등을 검토한 결과 그 수치가 적당하면 그대로 채택하고, 부적당한 것으로 인정될 때에는 m_0, m_1의 수치를 수정하여 $\overline{X}_u$ 또는 $\overline{X}_L$을 다시 계산한다.

7) 로트의 판정

n, $\overline{X}_u$ 또는 $\overline{X}_L$이 결정되면 검사할 로트 중에서 랜덤으로 크기 n의 시료를 샘플링하여 결정된 시험방법에 의해서 시험하고 $\overline{x}$를 구하여 그 수치와

①의 경우에는 $\overline{X}_u$와 비교해서

$\overline{x} \leq \overline{X}_u$이면 로트를 합격으로 하고

$\overline{x} > \overline{X}_u$이면 로트를 불합격으로 한다.

②의 경우에는 $\overline{X}_L$과 비교해서

$\overline{x} \geq \overline{X}_L$이면 로트를 합격으로 하고

$\overline{x} < \overline{X}_L$이면 로트를 불합격으로 한다.

[참고] 로트의 평균치를 보증할 경우의 샘플링방법에 대한 OC곡선은 용이하게 구할 수 있다. 식 (12 · 6)을 이용하면 다음 식을 얻는다.

$$m_1 = \overline{X}_u + K_p\frac{\sigma}{\sqrt{n}}$$

이 식에서 샘플링방식이 결정되면 n, $\overline{X}_u$ 모두 알고 있는 양인데다 σ도 알고 있으므로 윗식은 m_1과 K_β의 관계식이 된다. 그러므로 m_1을 일반적으로 m으로 표시하고 β는 평균치 m의 로트가 합격하는 비율 $L_{(m)}$으로 놓을 수 있다.

$$m = \overline{X}_u + K_{L(m)}\frac{\sigma}{\sqrt{n}}$$

이 식에 의해서 구체적으로 OC곡선을 구한다.

예를 들면 $n = 3$, $\overline{X}_u = 522.4$, $\sigma = 20$일 때 OC곡선을 구해 본다.

$$m = 522.4 + K_{L(m)}\frac{20}{\sqrt{3}}$$

m에 490, 500, 510, …… 등의 값을 대입할 때 $K_{L(m)}$은 어느 정도로 되는가에 따라 $L_{(m)}$의 값은 얼마나 되는가를 구해 본다.

다음 표에서 로트의 평균치 m을 가로축에, 로트가 합격하는 비율 $L_{(m)}$을 세로축에 잡아 m과 $L_{(m)}$의 관계를 도시하면 그림 12 · 13과 같이 된다. 이것이 OC곡선인데, 이와 같이 계량샘플링검사일 경우에도 정규분포를 사용하여 임의의 평균치 m의 로트가 얼마의 비율로 합격하는가를 용이하게 구할 수 있다. 따라서 하나의 샘플링검사 방식이 결정되면 그에 따른 OC곡선을 그려서 합격확률에 대한 부적합품률과 부적합품률에 대한 합격확률을 검토해 보아야 한다.

$L_{(m)}$을 구하는 계산표

m	$m-522.4$	$(m-522.4)/20\sqrt{3}=K_{L(m)}$	$L_{(m)}$
490	−32.4	−2.806	0.9975
500	−22.4	−1.940	0.9738
510	−12.4	−1.074	0.8586
520	−2.4	−0.208	0.5825
530	7.6	0.658	0.2552
540	17.6	1.524	0.0638

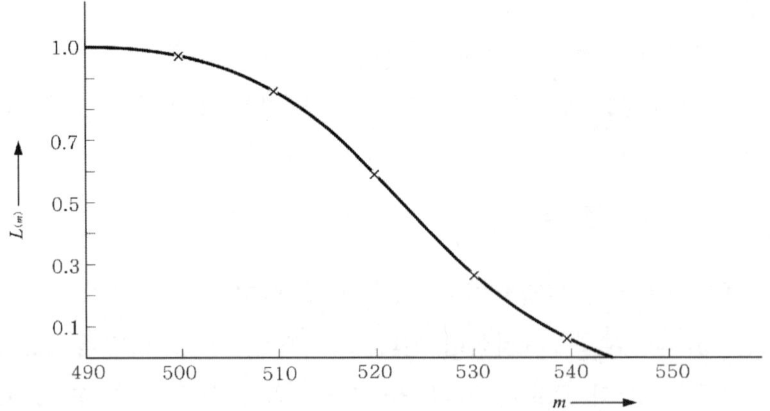

그림 12 · 13 OC 곡선

[2] 로트의 불량률을 보증할 때의 샘플링검사 방식을 구하는 방법 (표준편차를 알 때)

1) p_0, p_1을 지정한다.

물품을 판매하는 측과 구입하는 측이 합의하여 p_0, p_1을 결정한다. 이 때

$\alpha=0.05$, $\beta=0.10$을 기준으로 한다.

2) σ를 지정한다.

로트의 표준편차 σ를 미리 알고 있는 경우, 또는 물품을 판매하는 측과 구입하는 측과의 협정으로 정해져 있는 경우에는 그 수치를 사용한다. 만일 σ가 주어져 있지 않을 때에는 과거의 검사 데이터로부터 추정한 수치를 사용한다.

3) 표 12 · 7을 사용하여 p_0, p_1에 대한 n과 합격판정치를 계산하기 위한 합부판정계수 k를 구한다.

① 표 12 · 7 중의 p_0를 포함하는 행과 p_1을 포함하는 열이 교차하는 난을 구한다.

② 구한 난에 숫자가 기입되어 있을 때에는 좌하측의 수치를 시료의 크기 n으로, 우상측의 수치를 합격판정치를 계산하기 위한 합부판정계수 k로 한다.

③ 구한 난에 *표가 있을 때에는 표 12 · 8의 보조표에서

$$n=\left(\frac{2.9264}{K_{p0}-K_{p1}}\right)^2, \qquad k=0.562073K_{p1}+0.437927K_{p0}$$

에 의하여 n, k를 계산한다.

④ 난이 공백일 때에는 샘플링검사 방식이 없다.

4) $\overline{X}_u$ 또는 $\overline{X}_L$을 계산한다.

① 상한규격치 S_u가 주어진 경우

로트의 품질특성 x는 그림 12 · 14와 같이 $N(m, \sigma^2)$의 정규분포를 하고 상한규격치 S_u를 초과하는 특성치를 갖는 검사단위는 부적합품이고, 로트 중에 이 부적합품이 포함되는 비율이 부적합품률이다.

그림 12 · 14에 따라서 측정으로 얻은 본래의 데이터에 대해서

$$S_u=m_0+K_{p0}\sigma \qquad (12 \cdot 15)$$

$$S_u=m_1+K_{p1}\sigma \qquad (12 \cdot 16)$$

평균치에 대해서

$$\overline{X}_u=m_0+K_\alpha\frac{\sigma}{\sqrt{n}} \qquad (12 \cdot 17)$$

$$\overline{X}_u=m_1-K_\beta\frac{\sigma}{\sqrt{n}} \qquad (12 \cdot 18)$$

식 (12 · 15)~식 (12 · 17)로 m_0를 소거하면

표 12·7 p_0(%), p_1(%)을 기초로 하여 시료의 크기 n과 k를 구하는 표

좌하는 n, 우상은 k

p_0(%) 대표치 \ p_1(%) 대표치	범위 \ 범위	0.80 0.71~0.90	1.00 0.91~1.12	1.25 1.13~1.40	1.60 1.41~1.80	2.00 1.81~2.24	2.50 2.25~2.80	3.15 2.81~3.55
0.100	0.090~0.112	2.71 18	2.66 15	2.61 12	2.56 10	2.51 8	2.45 7	2.40 6
0.125	0.113~0.140	2.68 23	2.63 18	2.58 14	2.53 11	2.48 9	2.43 8	2.37 6
0.160	0.141~0.180	2.64 29	2.60 22	2.55 17	2.50 13	2.45 11	2.39 9	2.35 7
0.200	0.181~0.244	2.61 39	2.57 28	2.52 21	2.47 16	2.42 13	2.36 10	2.30 8
0.250	0.225~0.280	*	2.54 37	2.49 27	2.44 20	2.38 15	2.33 12	2.28 10
0.315	0.281~0.355	*	*	2.46 36	2.40 25	2.35 19	2.30 14	2.24 11
0.400	0.356~0.450	*	*	*	2.37 33	2.32 24	2.26 18	2.21 14
0.500	0.451~0.560	*	*	*	2.33 46	2.28 31	2.23 23	2.17 17
0.630	0.561~0.710	*	*	*	*	2.25 22	2.19 30	2.14 21
0.800	0.711~0.900	*	*	*	*	*	2.6 42	2.10 28
1.00	0.901~1.12		*	*	*	*	*	2.06 39
1.25	1.13~1.40			*	*	*	*	*
1.60	1.41~1.80				*	*	*	*
2.00	1.81~2.24					*	*	*
2.50	2.25~2.80						*	*
3.16	2.81~3.55							*
4.00	3.56~4.50							
5.00	4.51~5.60							
6.30	5.61~7.10							
8.00	7.11~9.00							
10.0	9.01~11.2							

<비고> *의 칸은 표 12·8에 의하여 각각 p_0, p_1의 대표치에 대한 K_{p0}, K_{p1}을 정수로, k는 소숫점 이하 3자리까지 계산하여 2자리로 끝맺음한 것을 사용하며, $n=\left(\frac{2.9264}{K_{p0}-K_{p1}}\right)^2$, $k=0.562073K_{p1}+0.437927K_{p0}$를 계산하고, n은 정수로 k는 소숫점 이하 3자리까지 계산하여 2자리로 끝맺음한 것을 사용한다. 빈칸에 대해서는 샘플링검사 방식이 없다.

$\left(\begin{array}{l} \alpha \fallingdotseq 0.05 \\ \beta \fallingdotseq 0.10 \end{array} \right)$

4.00	5.00	6.30	8.00	10.0	12.5	16.0	20.0	25.0	31.5
3.56 ~ 4.50	4.51 ~ 5.60	5.61 ~ 7.10	7.11 ~ 9.00	9.01 ~ 11.2	11.3 ~ 14.0	14.1 ~ 18.0	18.1 ~ 22.4	22.5 ~ 28.0	28.1 ~ 35.5
2.34 5	2.28 4	2.21 4	2.14 3	2.08 3	1.99 2	1.91 2	1.84 2	1.75 2	1.66 2
2.31 5	2.25 5	2.19 4	2.11 3	2.05 3	1.96 2	1.88 2	1.80 2	1.72 2	1.62 2
2.28 6	2.22 5	2.15 4	2.09 4	2.01 3	1.94 3	1.84 2	1.77 2	1.68 2	1.59 2
2.25 7	2.19 6	2.12 5	2.05 4	1.98 3	1.91 3	1.81 2	1.73 2	1.65 2	1.55 2
2.21 8	2.15 6	2.09 5	2.02 4	1.95 4	1.87 3	1.80 3	1.70 2	1.61 2	1.52 2
2.18 9	2.12 7	2.06 6	1.99 5	1.92 4	1.84 3	1.76 3	1.66 2	1.57 2	1.48 2
2.15 11	2.08 8	2.02 7	1.95 6	1.89 5	1.81 4	1.72 3	1.64 3	1.53 2	1.44 2
2.11 13	2.05 0	1.99 8	1.92 6	1.85 5	1.77 4	1.68 3	1.60 3	1.50 2	1.40 2
2.08 15	2.02 12	1.95 9	1.89 7	1.81 6	1.74 5	1.65 4	1.56 3	1.46 2	1.36 2
2.04 20	1.98 15	1.91 11	1.84 8	1.78 7	1.70 5	1.61 4	1.52 3	1.44 3	1.32 2
2.00 26	1.94 18	1.88 14	1.81 10	1.74 8	1.66 6	1.58 5	1.50 4	1.42 3	1.30 3
1.97 36	1.91 24	1.84 17	1.77 12	1.70 9	1.63 7	1.54 6	1.45 4	1.37 3	1.26 3
*	1.86 34	1.80 23	1.73 16	1.66 12	1.59 9	1.50 6	1.41 5	1.32 4	1.21 3
*	*	1.76 31	1.69 20	1.62 14	1.54 10	1.46 8	1.37 6	1.28 5	1.16 3
*	*	1.72 46	1.65 28	1.58 19	1.50 13	1.42 9	1.33 7	1.24 5	1.13 4
*	*	*	1.60 42	1.53 26	1.46 17	1.37 11	1.29 8	1.19 6	1.09 5
*	*	*	*	1.49 39	1.41 24	1.33 15	1.24 10	1.14 7	1.04 5
	*	*	*	*	1.37 35	1.28 20	1.19 13	1.10 9	0.99 6
		*	*	*	*	1.23 30	1.14 18	1.05 12	0.94 8
		*	*	*	*	*	1.09 27	1.00 16	0.89 10
				*	*	*	1.03 44	0.94 23	0.83 14

표 12·8 (표 12·7)의 p의 대표치에 대한 K_p의 표

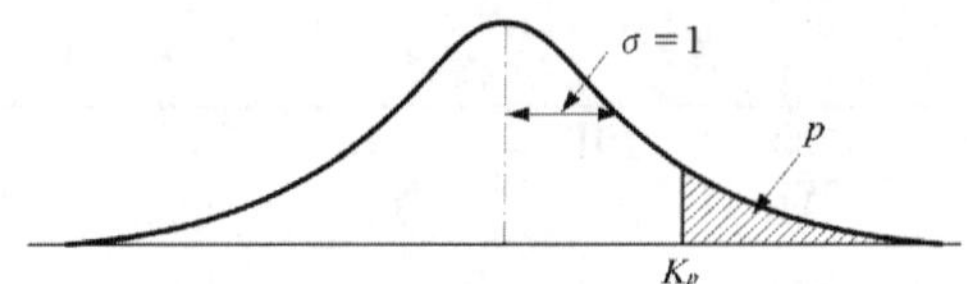

p(%)		K_p	p(%)		K_p
p_0	p_1		p_0	p_1	
0.100	—	3.09023	3.15	3.15	1.85919
0.125	—	3.02334	4.00	4.00	1.75069
0.160	—	2.94784	5.00	5.00	1.64485
0.200	—	2.87816	6.30	6.30	1.53007
0.250	—	2.80703	8.00	8.00	1.40507
0.315	—	2.73174	10.0	10.0	1.28155
0.400	—	2.65207	—	12.5	1.15035
0.500	—	2.57583	—	16.5	0.99446
0.630	—	2.49488	—	20.0	0.84162
0.800	0.80	2.40892	—	25.0	0.67449
1.00	1.00	2.32635	—	31.5	0.48173
1.25	1.25	2.24140			
1.60	1.60	2.14441			
2.00	2.00	2.05375			
2.50	2.50	1.95996			

<비고> 이 표는 표준정규분포에 있어서의 상측확률 p(%)를 부여하는 점을 표시한 것으로서 (표 12·7)에서의 $n=\left(\frac{2.9264}{K_{p0}-K_{p1}}\right)$, $k=0.562073K_{p1}+0.437927K_{p0}$에 의하여 n, k를 계산할 때 사용된다.

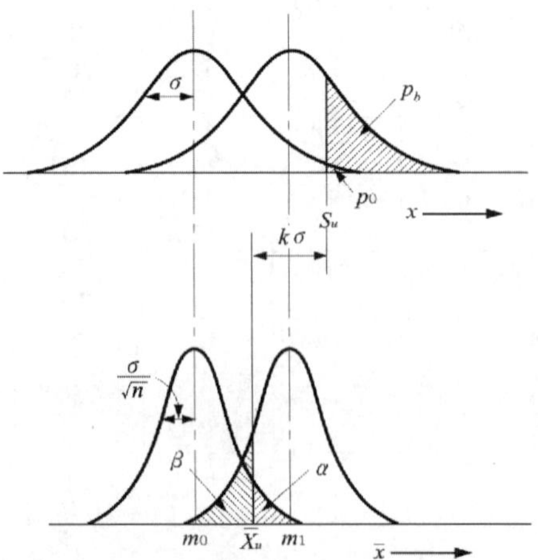

그림 12·14 상한규격치가 주어진 경우

$$S_u - \overline{X}_u = \left(K_{p0} - \frac{K_\alpha}{\sqrt{n}} \right) \sigma \qquad (12 \cdot 19)$$

식 (12・16)~식 (12・18)로 m_1을 소거하면

$$S_u - \overline{X}_u = \left(K_{p1} + \frac{K_\beta}{\sqrt{n}} \right) \sigma \qquad (12 \cdot 20)$$

식 (12・19)와 식 (12・20)에서

$$K_{p0} - \frac{K_\alpha}{\sqrt{n}} = K_{p1} + \frac{K_\beta}{\sqrt{n}} = k \qquad (12 \cdot 21)$$

로 놓을 수 있다. 이것으로부터

$$K_{p0} - K_{p1} = (K_\alpha + K_\beta) \frac{1}{\sqrt{n}}$$

따라서

$$n = \left(\frac{K_\alpha + K_\beta}{K_{p0} + K_{p1}} \right)^2 \qquad (12 \cdot 22)$$

또 식 (12・21)의 $k = K_{p0} - \frac{K_\alpha}{\sqrt{n}}$ 에 식 (12・22)를 대입하면

$$k = K_{p0} - K_\alpha \frac{K_{p0} - K_{p1}}{K_\alpha + K_\beta}$$

이것을 정리하면 식 (12・23)과 같이 된다.

$$k = \frac{K_{p0} K_\beta + K_{p1} K_\alpha}{K_\alpha + K_\beta} \qquad (12 \cdot 23)$$

또 상한합격판정치 $\overline{X}_u$는 식 (12・19)에서

$$S_u - \overline{X}_u = \left(K_{p0} - \frac{K_\alpha}{\sqrt{n}} \right) \sigma$$

로부터 식 (12・21)의 관계에 의하여

$$S_u - \overline{X}_u = k\sigma$$

즉, 식 (12・24)와 같이 된다.

$$\overline{X}_u = S_u - k\sigma \qquad (12 \cdot 24)$$

② 하한규격치 S_L이 주어져 있는 경우

그림 12・15의 하한규격치 S_L보다 낮은 특성치를 갖는 검사단위는 부적합품인 경우, 측정에서 얻은 본래의 데이터에 대하여

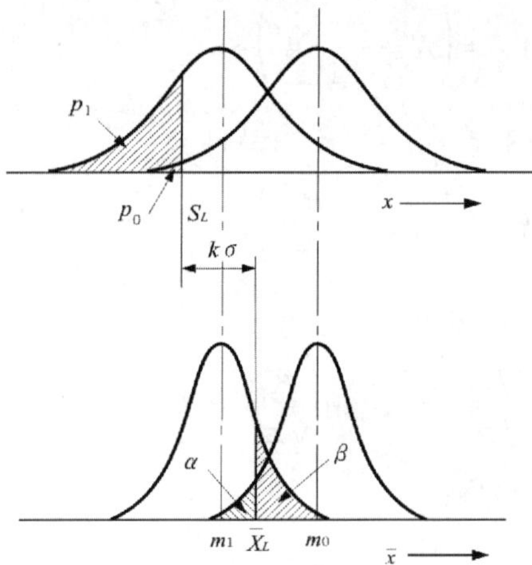

그림 12・15 하한규격차가 주어진 경우

$$S_L = m_0 - K_{p0}\sigma \tag{12・25}$$

$$S_L = m_1 - K_{p1}\sigma \tag{12・26}$$

평균치에 대하여

$$\overline{X}_L = m_0 - K_\alpha \frac{\sigma}{\sqrt{n}} \tag{12・27}$$

$$\overline{X}_L = m_1 + K_\beta \frac{\sigma}{\sqrt{n}} \tag{12・28}$$

식 (12・25)～식 (12・27)로 m_0를 소거하면

$$S_L - \overline{X}_L = -\left(K_{p0} - \frac{K_\alpha}{\sqrt{n}}\right)\sigma \tag{12・29}$$

식 (12・26)～식 (12・28)로 m_1을 소거하면

$$S_L - \overline{X}_L = -\left(K_{p1} + \frac{K_\beta}{\sqrt{n}}\right)\sigma \tag{12・30}$$

식 (12・29)와 식 (12・30)에 의하여

$$K_{p0} - \frac{K_\alpha}{\sqrt{n}} = K_{p1} + \frac{K_\beta}{\sqrt{n}} = k \tag{12・31}$$

로 놓을 수 있다. 이것으로부터

$$K_{p0} - K_{p1} = (K_\alpha + K_\beta)\frac{1}{\sqrt{n}}$$

따라서

$$n=\left(\frac{K_\alpha+K_\beta}{K_{p0}-K_{p1}}\right)^2 \tag{12・32}$$

또 식 (12・31)에서 $k=K_{p0}-\frac{K_\alpha}{\sqrt{n}}$ 에 식 (12・32)를 대입하면

$$k=\frac{K_{p0}K_\beta+K_{p1}K_\alpha}{K_\alpha+K_\beta} \tag{12・33}$$

로 되어 하한규격치 S_L이 주어진 경우의 샘플링검사 방식의 시료의 크기 n과 합부판정 계수 k는 상한규격치 S_u가 주어진 경우의 n, k의 값과 동일하게 된다.

또 하한합격판정치 $\overline{X}_L$은 식 (12・31)의 관계에 의해서

$$S_L-\overline{X}_L=-\left(K_{p0}-\frac{K_\alpha}{\sqrt{n}}\right)\sigma$$

즉 식 (12・34)와 같이 된다.

$$\overline{X}_L=S_L+k\sigma \tag{12・34}$$

5) 구한 n, k에 대하여 OC곡선 등으로 경제적 사정, 기타에 관하여 만족스럽지 못하면 p_0, p_1의 수치를 바꾸어서 n과 $\overline{X}_u$ 또는 X_L을 다시 구한다.

6) 로트의 판정

n, $\overline{X}_u$ 또는 $\overline{X}_L$이 결정되면 검사할 로트 중에서 랜덤으로 크기 n의 시료를 샘플링하여 결정된 시험방법에 의해서 시험하여 $\overline{x}$를 구하고

① 상한규격치 S_u가 주어진 경우 상한합격판정치 $\overline{X}_u$와 비교하여

$\overline{x}\leqq\overline{X}_u$이면, 로트는 합격

$\overline{x}>\overline{X}_u$이면, 로트는 불합격으로 판정한다.

② 하한규격치 S_L이 주어진 경우 하한합격판정치 $\overline{X}_L$과 비교하여

$\overline{x}\geqq\overline{X}_L$이면, 로트는 합격

$\overline{x}<\overline{X}_L$이면, 로트는 불합격으로 판정한다.

[참고] 이 밖에 상한규격치와 하한규격치가 주어진 경우가 있는데, 여기서는 이에 대한 설명을 생략한다. 불량률 보증의 경우에 대한 OC곡선을 작성하는 방법도 생략한다.

예제 12・8 어떤 공장에서 사용하는 셀룰로이드 관재에 포함되는 함수율은 적을수록 좋다고 한다. 그래서 제조업자와 협의하여 $m_0=3\%$, $m_1=6\%$로 정하고 또 로트의

표준편차 $\sigma=4.6\%$로 하여 $\alpha=0.05$, $\beta=0.10$으로 한 경우의 샘플링검사 방식을 구하여라.

《풀이》 ① $m_0=0.03$, $m_1=0.06$

② $\sigma=0.046$

③ $\dfrac{m_1-m_0}{\sigma}=\dfrac{0.06-0.03}{0.046}=0.65$

④ 표 12 · 6에서 $n=25$, $G_0=0.329$를 구한다.

⑤ $\overline{X}_u=m_0+G_0\sigma=0.03+0.329\times0.046=0.045134$

예제 12 · 9 고형 가성소다 중의 NaOH 함유규격은 KS에 의하면 1호품이 98% 이상이다. 이 품질을 보증하기 위하여 로트평균치가 98%(하한규격치)에 미달하는 것이 0.50 % 이하의 로트는 통과시키고, 그것이 6% 이상의 로트는 통과시키지 않는 계량규준형 1회 샘플링검사 방식을 구하여라. 단, 로트의 $\sigma=0.75\%$이고, $\alpha=5\%$, $\beta=10\%$로 한다.

《풀이》 ① $p_0=0.50\%$, $p_1=6\%$

② $\sigma=0.75\%$

③ 표 12 · 7에서 $n=8$, $k=1.99$를 구한다.

④ $\overline{X}_L=S_L+k\sigma=98.0+1.99\times0.75=99.49(\%)$

8개의 시료를 샘플링하여 각각을 측정해서 그 평균치가 99.49%와 같거나 또는 그 이상이면 로트는 합격이다.

예제 12 · 10 철강재의 인장강도는 큰 편이 좋다. 지금 평균치가 46 kg/mm^2 이상인 로트는 통과시키고, 그것이 43 kg/mm^2 이하인 로트는 통과되지 않도록 하는 샘플링검사 방식을 구하여라. 단, $\sigma=4$kg/mm^{2}이고 $\alpha=0.5$, $\beta=0.10$으로 한다.

《풀이》 ① $m_0=46$kg/mm^2, $m_1=43$kg/mm^2

② $\sigma=4$kg/mm^2

③ $\dfrac{m_0-m_1}{\sigma}=\dfrac{46-43}{4}=0.75$

④ 표 12 · 6에서 $n=16$, $G_0=0.411$을 구한다.

⑤ $\overline{X}_L=m_0-G_0\sigma=46-0.411\times4=44.4$ kg/mm^2

예제 12 · 11 금속판의 표면경도의 상한규격치가 로크웰 경도 68 이하로 규정되었을 때 로크웰 경도 68을 넘는 것이 0.5% 이하인 로트는 통과시키고, 그것이 4% 이상인 로트는 통과시키지 않도록 하는 샘플링검사 방식을 구하여라. 단, $\sigma=3$, $\alpha=0.05$, $\beta=0.10$으로 한다.

《풀이》 ① $p_0=0.5\%$, $p_1=4\%$

② $\sigma=3$

③ 표 12 · 7에서 $n=13$, $k=2.11$을 구한다.

④ $\overline{X}_u = S_u - k\sigma = 68 - 2.11 \times 3 = 61.67$

13개의 시료를 샘플링하여 각각을 측정해서 그 평균치가 로크웰 경도 68과 같거나 또 그 이하이면 로트는 합격이다.

예제 12 · 12 $p_0 = 1\%$, $\alpha = 0.05$, $p_1 = 10\%$, $\beta = 0.10$을 만족하는 샘플링검사 방식을 구하여라.

《풀이》 계산에 의해서 구해 본다.

① K_{p0}, K_α, K_{p1}, K_β의 값은 표 12 · 8에서 구한다.

$K_{p0} = 2.33$, $K_\alpha = 1.64$

$K_{p1} = 1.28$, $K_\beta = 1.28$

② 식 (12 · 22)에서 n을 구한다.

$$n = \left(\frac{K_\alpha + K_\beta}{K_{p0} - K_{p1}}\right)^2 = \left(\frac{1.64 + 1.28}{2.33 - 1.28}\right)^2 = \left(\frac{2.92}{1.05}\right)^2 = 7.74 \fallingdotseq 8$$

③ 식 (12 · 23)에 의하여 k를 구한다.

$$k = \frac{K_{p0}K_\beta + K_{p1}K_\alpha}{K_\alpha + K_\beta} = \frac{2.33 \times 1.28 + 1.28 \times 1.64}{1.64 + 1.28} = 1.74$$

따라서 샘플링검사 방식은 $n=8$, $k=1.74$가 된다. 즉 로트에서 랜덤하게 시료 8개를 샘플링하여 계획하고 그 결과를 $x_1, x_2, \cdots, x_8$이라고 할 때, 평균치 $\bar{x} = \frac{\sum x_i}{8}$를 구하여

$\bar{x} \leqq \overline{X}_u = S_u - 1.74\sigma$이면, 로트 합격

$\bar{x} > \overline{X}_u = S_u - 1.74\sigma$이면, 로트 불합격

예제 12 · 13 평균치 500g 이하인 로트는 될 수 있는 한 합격시키고 싶으나 평균치 540 g 이상인 로트는 될 수 있는 한 불합격시키고 싶다. 단, 종전의 결과로부터 표준편차는 20 g으로 생각된다 이 때 $\alpha = 0.05$, $\beta = 0.10$이다. 샘플링검사 방식을 구하여라.

《풀이》 ① $K_\alpha = 1.64$, $m_0 = 500$

$K_\beta = 1.28$, $m_1 = 540$

② $n = \left(\frac{K_\alpha + K_\beta}{m_0 - m_1}\right)^2 \sigma^2 = \left(\frac{1.64 + 1.28}{500 - 540}\right)^2 \times 20^2 = 2.13 \fallingdotseq 3$

③ $\overline{X}_u = \frac{m_0 K_\beta + m_1 K_\alpha}{K_\alpha + K_\beta} = \frac{500 \times 1.28 + 540 \times 1.64}{1.64 + 1.28} = 522.4$

즉, 로트에서 랜덤하게 3개의 시료를 취하여 측정하고 그 결과를 x_1, x_2, x_3라고 할 때, 이로부터 평균치 $\bar{x} = \frac{1}{3}\sum x_i$를 구하여

$\bar{x} \leqq 522.4$이면, 로트 합격

$\bar{x} > 522.4$이면, 로트 불합격

예제 12 · 14 $p_0 = 0.5\%$, $p_1 = 6\%$, $\alpha = 0.05$, $\beta = 0.10$을 만족하는 계수 샘플링검사

방식과 계량 샘플링검사 방식을 구하고 비교하여 보아라.

《풀이》 ① 계수 샘플링검사 방식

표 12·4에서 $n=60,\ Ac=1$

② 계량 샘플링검사 방식

$K_{p0}=2.58,\quad K_{\alpha}=1.64$

$K_{p1}=1.56,\quad K_{\beta}=1.28$

$$n=\left(\frac{K_{\alpha}+K_{\beta}}{K_{p0}-K_{p1}}\right)^2=\left(\frac{1.64+1.28}{2.58-1.56}\right)^2=\left(\frac{2.92}{1.08}\right)^2=7.3 \fallingdotseq 8$$

$$k=\frac{K_{p0}K_{\beta}+K_{p1}K_{\alpha}}{K_{\alpha}+K_{\beta}}=\frac{2.58\times1.28+1.56\times1.64}{1.64+1.28}=2$$

따라서 계량검사 쪽이 계수검사보다 시료의 수가 훨씬 적어도 되는 것을 알 수 있다. 즉 계량검사는 측정치를 내는 데 계수치보다 번잡스러우나 샘플링 시료의 수가 적다는 점이 유리하다. 그러나 로트 내의 특성치가 정규분포를 하고 있을 것과 σ가 너무 크지 않을 것을 전제조건으로 한다.

[3] 로트의 표준편차를 모를 때의 계량 규준령 1회 샘플링검사

1) 상한규격치 S_u가 주어진 경우

표준편차 σ를 알고 있고 상한규격치 S_u가 주어진 경우에는 로트로부터 크기 n의 시료를 샘플링하고, 특성치를 계측하여 이것들의 평균치 $\bar{x}$를 산출하여

$$\bar{x}\leqq \bar{X}_u=S_u-k\sigma \text{이면 로트 합격}$$

$$\bar{x}> \bar{X}_u=S_u-k\sigma \text{이면 로트 불합격}$$

으로 판정하였다. 그러나 이 모양을 변형해서

$$\left.\begin{array}{l} S_u\geqq\bar{x}+k\sigma \text{ 이면 로트 합격} \\ S_u<\bar{x}+k\sigma \text{ 이면 로트 불합격} \end{array}\right\} \qquad (12\cdot35)$$

으로 판정한다.

식 (12·35)의 우변에서 σ미지인 경우에는 σ대신에 불편분산의 제곱근, 즉 $s_e=\sqrt{V}$를 생각해서 식 (12·35)에 대입하면

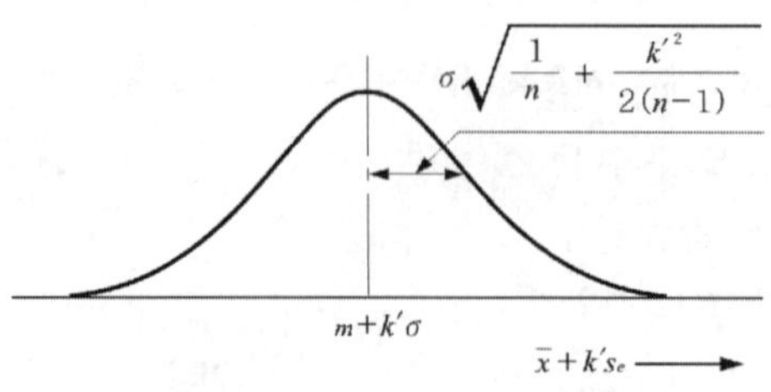

그림 12·16

$$\left.\begin{array}{l} S_u \geq \bar{x}+k's_e \text{이면 로트 합격} \\ S_u < \bar{x}+k's_e \text{이면 로트 불합격} \end{array}\right\} \quad (12 \cdot 36)$$

으로 판정할 수 있다.

여기서 s_e는 통계량이기 때문에 분포를 형성하고, 더욱이 $n \geq 5$일 때는 근사적으로 $N[\sigma, \sigma^2/2(n-1)]$의 정규분포에 따른다.

그러나 $\bar{x}$와 s_e의 분포는 그림 12 · 16과 같은 근사적인 정규분포를 한다.

$$\bar{x}+k's_e \Rightarrow N\left\{m+k'\sigma, \ \frac{\sigma^2}{n}+\frac{k'^2\sigma^2}{2(n-1)}\right\} \quad (12 \cdot 37)$$

그림 12 · 17의 p_0와 같은 부적합품률을 갖는 평균치 m_0의 로트는 좋은 로트로 해서 되도록 받아들이고, p_1과 같은 부적합품률을 갖는 평균치 m_1인 로트는 나쁜 로트로서 받아들이고 싶지 않은 경우, 샘플링검사의 우연성에 의해서 좋은 로트가 불합격으로 되는 확률을 α로, 또 나쁜 로트가 합격하는 확률을 β로 억제하여 식 (12 · 36)의 조건을 만족시키는 샘플링검사 방식의 시료의 크기 n과 합부판정 계수 k'를 구하려면 그림 12 · 17에 의하여

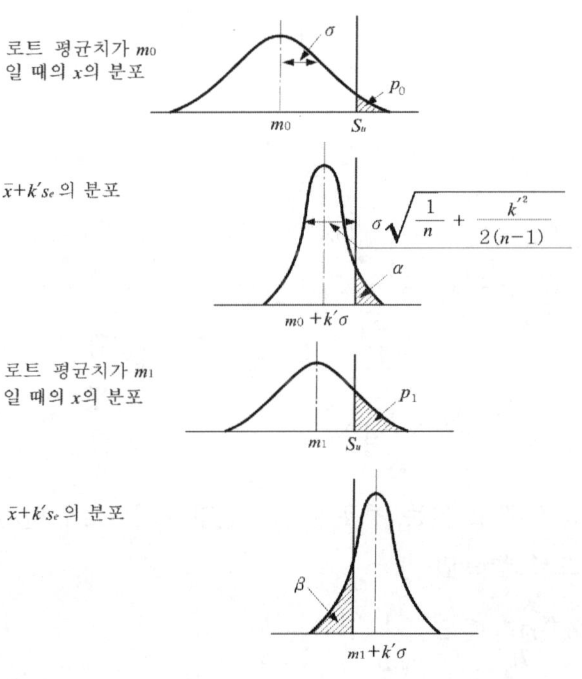

그림 12 · 17

$$S_u = m_0 + k'\sigma + K_\alpha\sigma\sqrt{\frac{1}{n} + \frac{k'^2}{2(n-1)}} \qquad (12 \cdot 38)$$

$$S_u = m_1 + k'\sigma - K_\beta\sigma\sqrt{\frac{1}{n} + \frac{k'^2}{2(n-1)}} \qquad (12 \cdot 39)$$

식 (12 · 38)에서

$$\frac{S_u - m_0}{\sigma} = k' + K_\alpha\sqrt{\frac{1}{n} + \frac{k'^2}{2(n-1)}} \qquad (12 \cdot 40)$$

그런데 $\frac{S_u - m_0}{\sigma} = K_{p0}$이므로, 식 (12 · 40)은

$$K_{p0} = k' + K_\alpha\sqrt{\frac{1}{n} + \frac{k'^2}{2(n-1)}} \qquad (12 \cdot 41)$$

같은 방법으로 식 (12 · 39)에 의하여

$$K_{p1} = k' - K_\beta\sqrt{\frac{1}{n} + \frac{k'^2}{2(n-1)}} \qquad (12 \cdot 42)$$

식 (12 · 41)로부터

$$\frac{K_{p0} - k'}{K_\alpha} = \sqrt{\frac{1}{n} + \frac{k'^2}{2(n-1)}} \qquad (12 \cdot 43)$$

식 (12 · 42)로부터

$$\frac{k' - K_{p1}}{K_\beta} = \sqrt{\frac{1}{n} + \frac{k'^2}{2(n-1)}} \qquad (12 \cdot 44)$$

식 (12 · 43)과 식 (12 · 44)로

$$\frac{K_{p0} - k'}{K_\alpha} = \frac{k' - K_{p1}}{K_\beta}$$

이것으로부터

$$k' = \frac{K_{p0}K_\beta + K_{p1}K_\alpha}{K_\alpha + K_\beta} \qquad (12 \cdot 45)$$

로 되어 표준편차 σ를 알고 있는 경우의 합부판정 계수 k와 일치한다. 또 식 (12 · 43)에서 $n-1 \doteqdot n$으로 놓으면

$$\frac{K_{p0} - k'}{K_\alpha} = \frac{1}{\sqrt{n}}\sqrt{1 + \frac{k'^2}{2}} \qquad (12 \cdot 46)$$

식 (12 · 46)의 k'에 식 (12 · 45)의 관계를 대입하고 n에 관하여 정리하면, 단, $k' = k$이므로

$$n=\left(1+\frac{k^2}{2}\right)\left(\frac{K_\alpha}{K_{p0}-\dfrac{K_{p0}K_\beta+K_{p1}K_\alpha}{K_\alpha+K_\beta}}\right)^2$$

$$=\left(1+\frac{k^2}{2}\right)\left(\frac{K_\alpha+K_\beta}{K_{p0}-K_{p1}}\right)^2 \qquad (12 \cdot 47)$$

으로 된다. 즉 표준편차 σ를 모를 경우의 샘플링검사 방식의 합부판정 계수 k는 σ를 알고 있을 경우와 동일한 식으로 주어지지만, 시료의 크기 n은 σ를 알고 있을 경우의 $\left(1+\dfrac{k^2}{2}\right)$ 배로 증가한다.

2) 하한규격치 S_L이 주어진 경우

$$\left.\begin{aligned} S_L &= m_0-k'\sigma-K_\alpha\sigma\sqrt{\frac{1}{n}+\frac{k'^2}{2(n-1)}} \\ S_L &= m_1-k'\sigma-K_\beta\sigma\sqrt{\frac{1}{n}+\frac{k'^2}{2(n-1)}} \end{aligned}\right\} \qquad (12 \cdot 48)$$

S_u가 주어진 경우와 동일하게 n, k'를 유도할 수 있다.

$$\left.\begin{aligned} &S_L \leqq \bar{x}-ks_e \text{이면 로트 합격} \\ &S_L > \bar{x}-ks_e \text{이면 로트 불합격} \end{aligned}\right\} \qquad (12 \cdot 49)$$

[참고] i) 표준편차를 모르는 경우의 샘플링검사 방식의 OC곡선을 구하는 법은 생략한다.

ii) 표준편차를 모르는 경우의 검사절차도 생략한다.

12.5 로트별 검사에 대한 AQL 지표형 샘플링검사 (KS A ISO 2859-1 : 2001)

이 샘플링검사의 특징은 다수의 공급자로부터 연속적이고 대량으로 구입되는 경우에 적용되는 계수값 합부판정 샘플링검사로서 구입자가 요구하는 품질과 구입검사 결과로 추정한 공정평균품질 p를 비교하여 공급자를 3등급으로 나누어서 이 등급에 따라 상이한 검사를 실시하여, 공급자에 경쟁의식을 일으켜서 나쁜 품질의 물품이 납품되는 것을 방지하도록 한 것이다. 구입자의 요구품질을 AQL(합격품질수준, Acceptable Quality Level)이라 한다. AQL=3%라고 하는 것은 공정평균이 3% 이하의 납품자로부터는 제품을 구입하고, 3% 이상의 공급자로부터는 제품을 구입하고 싶지 않은 것을 의미하고 있다.

이 샘플링검사는 다수의 공급자 중에서 구입자가 어떤 공급자를 선택하여 장기적인 안목에 입각한 다수로트품질의 보증에 중점을 두고 있으며, 불합격된 로트는 원칙적으로 그대로 공급자에게 반납하며, 구입자는 일체 선별하지 않게 되어 있다.

12.5.1 샘플링표의 특징

KS A ISO 2859-1의 기능상 및 샘플링표의 구성상의 특징은 다음과 같다.

① 검사의 엄격도 조정에 의하여 품질향상의 자극을 준다.
② 구입자가 공급자를 선택할 수 있다.
③ 장기적으로 품질을 보증한다.
④ 불합격 로트의 처리방법이 정해져 있다.
⑤ 로트의 크기와 시료의 크기와의 관계가 분명하게 정해져 있다.
⑥ 로트의 크기에 따라 생산자 위험 α가 일정하게 되어 있지 않다.
⑦ 3종류의 샘플링 형식이 정해져 있다.
⑧ 검사수준이 여러 개 있다.
⑨ AQL과 시료의 크기에는 등비수열이 채택되어 있다.

12.5.2 검사 절차

① 합격품질 수준 AQL을 정한다 — AQL은 부적합품률 또는 100 아이템당 부적합수로 표시한다. 검사항목이 2개 이상일 때에는 상이한 AQL을 부여하는 경우도 있다. AQL의 수치는 부적합품 또는 부적합의 각 계급별로 희망품질과 달성가능한 품질의 균형을 고려하여 다음의 26단계(부적합품률일 때에는 16단계) 중에서 선정해야 한다.

예를 들면 치명결함에 대한 AQL은 0.1, 중결함 A에는 0.25, 중결함 B에는 1.0, 경결함에는 2.5와 같이 정한다.

0.010, 0.015, 0.025, 0.040, 0.065, 0.10, 0.15, 0.25,
0.40, 0.65, 1.0, 1.5, 2.5, 4.0, 6.5, 10, 15, 25,
40, 65, 100, 150, 250, 400, 650, 1000 (26단계)

※ AQL 선정시 고려사항

－요구품질에 맞추어 정한다.

－부적합의 등급에 따라 정한다.
－공정평균에 근거를 둔다.
－공급자와 협의한다.
－AQL값은 지속적으로 검토한다.

② 검사수준을 정한다 — 검사수준은 Ⅰ, Ⅱ, Ⅲ이 있는데 보통 Ⅱ수준을 사용한다. 이는 OC곡선이 상이하고, 샘플링한 시료의 크기의 비율은 대체로

$$\text{I} : \text{II} : \text{III} = 0.4 : 1.0 : 1.6$$

으로 되어 있다.

수명시험이나 파괴시험과 같이 비용이 드는 검사에서는 시료의 크기를 가급적 작게 할 필요가 있다. 그래서 보통검사수준 Ⅰ, Ⅱ, Ⅲ 이외에 Ⅰ보다 더 낮은 특별검사수준으로서 S-1, S-2, S-3, S-4가 규정되어 있다. 이것을 소시료검사라 한다.

③ 검사의 엄격도를 정한다 — 보통 검사, 까다로운 검사, 수월한 검사 중 어느 것을 적용할 것인가를 결정한다.

④ 샘플링형식을 정한다 — 1회 샘플링, 2회 샘플링, 다회 샘플링 등 3종류의 샘플링형식 중에서 어느 하나를 선정한다(OC곡선은 어느 것을 선정하여도 거의 같다).

⑤ 로트를 형성한다 — 납품로트를 그대로 검사로트로 할 것인가, 또는 분할합병할 것인가를 정하여 로트의 크기 N을 지정한다.

⑥ 시료문자를 구한다 — 표 12 · 9에 의하여 로트의 크기 N과 검사수준에 의해서 정해지는 시료문자를 정한다.

⑦ 샘플링방식을 결정한다 — 주샘플링표는 1회, 2회 및 다회에 관하여 보통검사, 까다로운 검사, 수월한 검사의 3개씩 합계 9종류의 표로 구성되어 있고 보조적 주샘플링 표는 1회에 대하여 보통검사, 까다로운 검사, 수월한 검사의 3종류로 구성되어 있다.

⑧ 검사로트로부터 ⑦에서 구한 시료를 샘플링한다.

⑨ 시료를 검사한다.

⑩ 검사로트의 합격 · 불합격의 판정을 내리고 로트를 처리한다.

예제 12 · 15 어떤 전기기기의 수입검사를 위하여 KS A ISO 2859-1을 사용하기로 하였다. AQL＝0.65%, 로트의 크기 1000으로 검사수준 Ⅱ에 대한 1회 샘플링 보통검사의 샘플링방식을 구하여라.

《풀이》 ① 표 12 · 9에서 시료문자는 J이다.

표 12·9 시료문자

로트의 크기	특별검사수준				통상검사수준		
	S-1	S-2	S-3	S-4	I	II	III
2~ 8	A	A	A	A	A	A	B
9~ 15	A	A	A	A	A	B	C
16~ 25	A	A	B	B	B	C	D
26~ 50	A	B	B	C	C	D	E
51~ 90	B	B	C	C	C	E	F
91~ 150	B	B	C	D	D	F	G
151~ 280	B	C	D	E	E	G	H
281~ 500	B	C	D	E	F	H	J
501~ 1200	C	C	E	F	G	J	K
1201~ 3200	C	D	E	G	H	K	L
3201~ 10000	C	D	F	G	J	L	M
10001~ 35000	C	D	F	H	K	M	N
35001~ 150000	D	E	G	J	L	N	P
150001~ 500000	D	E	G	J	M	P	Q
500001 이상	D	E	H	K	N	Q	R

② 1회 샘플링 방식은 표 12 · 10 (a)에서 시료의 크기는 80, 합격판정 개수(A_c)는 1, 불합격 판정 개수(R_c)는 2로 된다. 만일 까다로운 검사라면 시료의 크기는 80, $A_c=1$, $R_e=2$로 되어 보통검사와 같게 되나, 수월한 검사를 하면 시료의 크기는 32, $A_c=1$, $R_e=2$ 로 된다. 이때는 분수합격판정개수를 적용할 수 있다.

③ 2회 샘플링 방식은 표 12 · 11 (a) (b) (c)로부터 아래와 같이 얻을 수 있다.

검사의 엄격도	시료구분	시료의 크기 (n_1, n_2)	합격 판정개수(A_c)	불합격 판정개수(R_e)
보통 검사	제1시료	50	0	2
	제2시료	50(누계 100)	1	2
까다로운 검사	제1시료	50	0	2
	제2시료	50(누계 100)	1	2
수월한 검사	제1시료	20	0	2
	제2시료	20(누계 40)	1	2

표 12 · 10 1회 샘플링 방식(주샘플링표)

(a) 보통검사(1회)

샘플 문자	샘플 크기	합격 품질 수준, AQL, 부적합품 퍼센트 및 100아이템당 부적합수																									
		0.010	0.015	0.025	0.040	0.065	0.10	0.15	0.25	0.40	0.65	1.0	1.5	2.5	4.0	6.5	10	15	25	40	65	100	150	250	400	650	1000
		A_c R_e	A_c R_e	A_c R_e	A_c R_e	A_c R_e	A_c R_e	A_c R_e	A_c R_e	A_c R_e	A_c R_e	A_c R_e	A_c R_e	A_c R_e	A_c R_e	A_c R_e	A_c R_e	A_c R_e	A_c R_e	A_c R_e	A_c R_e	A_c R_e	A_c R_e	A_c R_e	A_c R_e	A_c R_e	A_c R_e
A	2														↓	0 1		↓	1 2	2 3	3 4	6 6	7 8	10 14	14 15	21 22	30 31
B	3													↓	0 1	↑	↓	1 2	2 3	3 4	5 6	7 8	10 11	14 15	21 22	30 31	44 45
C	5												↓	0 1	↑	↓	1 2	2 3	3 4	5 6	7 8	10 11	14 15	21 22	30 31	44 45	↑
D	8											↓	0 1	↑	↓	1 2	2 3	3 4	5 6	7 8	10 11	14 15	21 22	30 31	44 45	↑	
E	13										↓	0 1	↑	↓	1 2	2 3	3 4	5 6	7 8	10 11	14 15	21 22	30 31	44 45	↑		
F	20									↓	0 1	↑	↓	1 2	2 3	3 4	5 6	7 8	10 11	14 15	21 22	↑	↑	↑			
G	32								↓	0 1	↑	↓	1 2	2 3	3 4	5 6	7 8	10 11	14 15	21 22	↑						
H	50							↓	0 1	↑	↓	1 2	2 3	3 4	5 6	7 8	10 11	14 15	21 22	↑							
J	80						↓	0 1	↑	↓	1 2	2 3	3 4	5 6	7 8	10 11	14 15	21 22	↑								
K	125					↓	0 1	↑	↓	1 2	2 3	3 4	5 6	7 8	10 11	14 15	21 22	↑									
L	200				↓	0 1	↑	↓	1 2	2 3	3 4	5 6	7 8	10 11	14 15	21 22	↑										
M	315			↓	0 1	↑	↓	1 2	2 3	3 4	5 6	7 8	10 11	14 15	21 22	↑											
N	500		↓	0 1	↑	↓	1 2	2 3	3 4	5 6	7 8	10 11	14 15	21 22	↑												
P	800	↓	0 1	↑	↓	1 2	2 3	3 4	5 6	7 8	10 11	14 15	21 22	↑													
Q	1250	0 1	↑	↓	1 2	2 3	3 4	5 6	7 8	10 11	14 15	21 22	↑														
R	2000	↑		1 2	2 3	3 4	5 6	7 8	10 11	14 15	21 22	↑															

비 고 ↓ 화살표 아래의 최초의 샘플링 방식을 사용한다. 만약 샘플 크기가 로트 크기 이상이면 전수 검사한다.

↑ 화살표 위의 최초의 샘플링 방식을 사용한다.

A_c 합격 판정 개수

R_e 불합격 판정 개수

(b) 까다로운 검사(1회)

샘플 문자	샘플 크기	합격 품질 수준, AQL, 부적합품 퍼센트 및 100아이템당 부적합수																									
		0.010	0.015	0.025	0.040	0.065	0.10	0.15	0.25	0.40	0.65	1.0	1.5	2.5	4.0	6.5	10	15	25	40	65	100	150	250	400	650	1000
		A_c R_e	A_c R_e	A_c R_e	A_c R_e	A_c R_e	A_c R_e	A_c R_e	A_c R_e	A_c R_e	A_c R_e	A_c R_e	A_c R_e	A_c R_e	A_c R_e	A_c R_e	A_c R_e	A_c R_e	A_c R_e	A_c R_e	A_c R_e	A_c R_e	A_c R_e	A_c R_e	A_c R_e	A_c R_e	A_c R_e
A	2	↓	↓	↓	↓	↓	↓	↓	↓	↓	↓	↓	↓	↓	↓	↓	0 1	↓	↓	1 2	2 3	3 4	5 6	8 9	12 13	18 19	27 28
B	3	↓	↓	↓	↓	↓	↓	↓	↓	↓	↓	↓	↓	↓	↓	0 1	↓	↓	1 2	2 3	3 4	5 6	8 9	12 13	18 19	27 28	41 42
C	5	↓	↓	↓	↓	↓	↓	↓	↓	↓	↓	↓	↓	↓	0 1	↓	↓	2 3	2 3	3 4	5 6	8 9	12 13	18 19	27 28	41 42	↑
D	8	↓	↓	↓	↓	↓	↓	↓	↓	↓	↓	↓	↓	0 1	↓	↓	1 2	2 3	3 4	5 6	8 9	12 13	18 19	27 28	41 42	↑	↑
E	13	↓	↓	↓	↓	↓	↓	↓	↓	↓	↓	↓	0 1	↓	↓	1 2	2 3	3 4	5 6	8 9	12 13	18 19	27 28	41 42	↑	↑	↑
F	20	↓	↓	↓	↓	↓	↓	↓	↓	↓	↓	0 1	↓	↓	1 2	2 3	3 4	5 6	8 9	12 13	18 19	↑	↑	↑	↑	↑	↑
G	32	↓	↓	↓	↓	↓	↓	↓	↓	↓	0 1	↓	↓	1 2	2 3	3 4	5 6	8 9	12 13	18 19	↑	↑	↑	↑	↑	↑	↑
H	50	↓	↓	↓	↓	↓	↓	↓	↓	0 1	↓	↓	1 2	2 3	3 4	5 6	8 9	12 13	18 19	↑	↑	↑	↑	↑	↑	↑	↑
J	80	↓	↓	↓	↓	↓	↓	↓	0 1	↓	↓	1 2	2 3	3 4	5 6	8 9	12 13	18 19	↑	↑	↑	↑	↑	↑	↑	↑	↑
K	125	↓	↓	↓	↓	↓	↓	0 1	↓	↓	1 2	2 3	3 4	5 6	8 9	12 13	18 19	↑	↑	↑	↑	↑	↑	↑	↑	↑	↑
L	200	↓	↓	↓	↓	↓	0 1	↓	↓	1 2	2 3	3 4	5 6	8 9	12 13	18 19	↑	↑	↑	↑	↑	↑	↑	↑	↑	↑	↑
M	315	↓	↓	↓	↓	0 1	↓	↓	1 2	2 3	3 4	5 6	8 9	12 13	18 19	↑	↑	↑	↑	↑	↑	↑	↑	↑	↑	↑	↑
N	500	↓	↓	↓	0 1	↓	↓	1 2	2 3	3 4	5 6	8 9	12 13	18 19	↑	↑	↑	↑	↑	↑	↑	↑	↑	↑	↑	↑	↑
P	800	↓	↓	0 1	↓	↓	1 2	2 3	3 4	5 6	8 9	12 13	18 19	↑	↑	↑	↑	↑	↑	↑	↑	↑	↑	↑	↑	↑	↑
Q	1250	↓	0 1	↓	↓	1 2	2 3	3 4	5 6	8 9	12 13	18 19	↑	↑	↑	↑	↑	↑	↑	↑	↑	↑	↑	↑	↑	↑	↑
R	2000	0 1	↑	↓	1 2	2 3	3 4	5 6	8 9	12 13	18 19	↑	↑	↑	↑	↑	↑	↑	↑	↑	↑	↑	↑	↑	↑	↑	↑
S	3150			1 2																							

비 고 ↓ 화살표 아래의 최초의 샘플링 방식을 사용한다. 만약 샘플 크기가 로트 크기 이상이면 전수 검사한다.

↑ 화살표 위의 최초의 샘플링 방식을 사용한다.

A_c 합격 판정 개수

R_e 불합격 판정 개수

(c) 수월한 검사(1회)

샘플 문자	샘플 크기	0.010	0.015	0.025	0.040	0.065	0.10	0.15	0.25	0.40	0.65	1.0	1.5	2.5	4.0	6.5	10	15	25	40	65	100	150	250	400	650	1000
		A_c R_e	A_c R_e	A_c R_e	A_c R_e	A_c R_e	A_c R_e	A_c R_e	A_c R_e	A_c R_e	A_c R_e	A_c R_e	A_c R_e	A_c R_e	A_c R_e	A_c R_e	A_c R_e	A_c R_e	A_c R_e	A_c R_e	A_c R_e	A_c R_e	A_c R_e	A_c R_e	A_c R_e	A_c R_e	A_c R_e
A	2	↓	↓	↓	↓	↓	↓	↓	↓	↓	↓	↓	↓	↓	↓	0 1	↓	↓	1 2	2 3	3 4	5 6	7 8	10 11	14 15	21 22	30 31
B	2	↓	↓	↓	↓	↓	↓	↓	↓	↓	↓	↓	↓	↓	0 1	↑	↓	↓	1 2	2 3	3 4	5 6	7 8	10 11	14 15	21 22	30 31
C	2	↓	↓	↓	↓	↓	↓	↓	↓	↓	↓	↓	↓	0 1	↑	↓	↓	1 2	3 4	3 4	4 5	6 7	8 9	10 11	14 15	21 22	↑
D	3	↓	↓	↓	↓	↓	↓	↓	↓	↓	↓	↓	0 1	↑	↓	↓	1 2	2 3	3 4	4 5	6 7	8 9	10 11	14 15	21 22	↑	↑
E	5	↓	↓	↓	↓	↓	↓	↓	↓	↓	↓	0 1	↑	↓	↓	1 2	2 3	3 4	4 5	6 7	8 9	10 11	14 15	21 22	↑	↑	↑
F	8	↓	↓	↓	↓	↓	↓	↓	↓	↓	0 1	↑	↓	↓	1 2	2 3	3 4	4 5	6 7	8 9	10 11	↑	↑	↑	↑	↑	↑
G	13	↓	↓	↓	↓	↓	↓	↓	↓	0 1	↑	↓	↓	1 2	2 3	3 4	4 5	6 7	8 9	10 11	↑	↑	↑	↑	↑	↑	↑
H	20	↓	↓	↓	↓	↓	↓	↓	0 1	↑	↓	↓	1 2	2 3	3 4	4 5	6 7	8 9	10 11	↑	↑	↑	↑	↑	↑	↑	↑
J	32	↓	↓	↓	↓	↓	↓	0 1	↑	↓	↓	1 2	2 3	3 4	4 5	6 7	8 9	10 11	↑	↑	↑	↑	↑	↑	↑	↑	↑
K	50	↓	↓	↓	↓	↓	0 1	↑	↓	↓	1 2	2 3	3 4	4 5	6 7	8 9	10 11	↑	↑	↑	↑	↑	↑	↑	↑	↑	↑
L	80	↓	↓	↓	↓	0 1	↑	↓	↓	1 2	2 3	3 4	4 5	6 7	8 9	10 11	↑	↑	↑	↑	↑	↑	↑	↑	↑	↑	↑
M	125	↓	↓	↓	0 1	↑	↓	↓	1 2	2 3	3 4	4 5	6 7	8 9	10 11	↑	↑	↑	↑	↑	↑	↑	↑	↑	↑	↑	↑
N	200	↓	↓	0 1	↑	↓	↓	1 2	2 3	3 4	4 5	6 7	8 9	10 11	↑	↑	↑	↑	↑	↑	↑	↑	↑	↑	↑	↑	↑
P	315	↓	0 1	↑	↓	↓	1 2	2 3	3 4	4 5	6 7	8 9	10 11	↑	↑	↑	↑	↑	↑	↑	↑	↑	↑	↑	↑	↑	↑
Q	500	0 1	↑	↑	↓	1 2	2 3	3 4	4 5	6 7	8 9	10 11	↑	↑	↑	↑	↑	↑	↑	↑	↑	↑	↑	↑	↑	↑	↑
R	800	↑	↑	↑	1 2	2 3	3 4	4 5	6 7	8 9	10 11	↑	↑	↑	↑	↑	↑	↑	↑	↑	↑	↑	↑	↑	↑	↑	↑

(표 상단 제목: 합격 품질 수준, AQL, 부적합품 퍼센트 및 100아이템당 부적합수)

비 고 ↓ 화살표 아래의 최초의 샘플링 방식을 사용한다. 만약 샘플 크기가 로트 크기 이상이면 전수 검사한다.

↑ 화살표 위의 최초의 샘플링 방식을 사용한다.

A_c 합격 판정 개수

R_e 불합격 판정 개수

표 12 · 11 2회 샘플링 방식(주샘플링표)

(a) 보통 검사(2회)

샘플 문자	샘플	샘플 크기	누계 샘플 크기	합격 품질 수준, AQL, 부적합품 퍼센트 및 100아이템당 부적합수																									
				0.010	0.015	0.025	0.040	0.065	0.10	0.15	0.25	0.40	0.65	1.0	1.5	2.5	4.0	6.5	10	15	25	40	65	100	150	250	400	650	1000
				A_c R_e	A_c R_e	A_c R_e	A_c R_e	A_c R_e	A_c R_e	A_c R_e	A_c R_e	A_c R_e	A_c R_e	A_c R_e	A_c R_e	A_c R_e	A_c R_e	A_c R_e	A_c R_e	A_c R_e	A_c R_e	A_c R_e	A_c R_e	A_c R_e	A_c R_e	A_c R_e	A_c R_e	A_c R_e	A_c R_e
A				↓	↓	↓	↓	↓	↓	↓	↓	↓	↓	↓	↓	↓	↓	*	↓	↓	*	*	*	*	*	*	*	*	*
B	제 1	2	2	↓	↓	↓	↓	↓	↓	↓	↓	↓	↓	↓	↓	↓	*	↑	↓	0 2	0 3	1 3	2 5	3 6	5 9	7 11	11 16	17 22	25 31
	제 2	2	4																	1 2	3 4	4 5	6 7	9 10	12 13	18 19	26 27	37 39	56 57
C	제 1	3	3	↓	↓	↓	↓	↓	↓	↓	↓	↓	↓	↓	↓	*	↑	↓	0 2	0 3	1 3	2 5	3 6	5 9	7 11	11 16	17 22	25 31	↑
	제 2	3	6																1 2	3 4	4 5	6 7	9 10	12 13	18 19	26 27	37 39	56 57	
D	제 1	5	5	↓	↓	↓	↓	↓	↓	↓	↓	↓	↓	↓	*	↑	↓	0 2	0 3	1 3	2 5	3 6	5 9	7 11	11 16	17 22	25 31	↑	↑
	제 2	5	10															1 2	3 4	4 5	6 7	9 10	12 13	18 19	26 27	37 39	56 57		
E	제 1	8	8	↓	↓	↓	↓	↓	↓	↓	↓	↓	↓	*	↑	↓	0 2	0 3	1 3	2 5	3 6	5 9	7 11	11 16	17 22	25 31	↑	↑	↑
	제 2	8	16														1 2	3 4	4 5	6 7	9 10	12 13	18 19	26 27	37 39	56 57			
F	제 1	13	13	↓	↓	↓	↓	↓	↓	↓	↓	↓	*	↑	↓	0 2	0 3	1 3	2 5	3 6	5 9	7 11	11 16	↑	↑	↑	↑	↑	↑
	제 2	13	26													1 2	3 4	4 5	6 7	9 10	12 13	18 19	26 27						
G	제 1	20	20	↓	↓	↓	↓	↓	↓	↓	↓	*	↑	↓	0 2	0 3	1 3	2 5	3 6	5 9	7 11	11 16	↑	↑	↑	↑	↑	↑	↑
	제 2	20	40												1 2	3 4	4 5	6 7	9 10	12 13	18 19	26 27							
H	제 1	32	32	↓	↓	↓	↓	↓	↓	↓	*	↑	↓	0 2	0 3	1 3	2 5	3 6	5 9	7 11	11 16	↑	↑	↑	↑	↑	↑	↑	↑
	제 2	32	64											1 2	3 4	4 5	6 7	9 10	12 13	18 19	26 27								
J	제 1	50	50	↓	↓	↓	↓	↓	↓	*	↑	↓	0 2	0 3	1 3	2 5	3 6	5 9	7 11	11 16	↑	↑	↑	↑	↑	↑	↑	↑	↑
	제 2	50	100										1 2	3 4	4 5	6 7	9 10	12 13	18 19	26 27									
K	제 1	80	80	↓	↓	↓	↓	↓	*	↑	↓	0 2	0 3	1 3	2 5	3 6	5 9	7 11	11 16	↑	↑	↑	↑	↑	↑	↑	↑	↑	↑
	제 2	80	160									1 2	3 4	4 5	6 7	9 10	12 13	18 19	26 27										
L	제 1	125	125	↓	↓	↓	↓	*	↑	↓	0 2	0 3	1 3	2 5	3 6	5 9	7 11	11 16	↑	↑	↑	↑	↑	↑	↑	↑	↑	↑	↑
	제 2	125	250								1 2	3 4	4 5	6 7	9 10	12 13	18 19	26 27											
M	제 1	200	200	↓	↓	↓	*	↑	↓	0 2	0 3	1 3	2 5	3 6	5 9	7 11	11 16	↑	↑	↑	↑	↑	↑	↑	↑	↑	↑	↑	↑
	제 2	200	400							1 2	3 4	4 5	6 7	9 10	12 13	18 19	26 27												
N	제 1	315	315	↓	↓	*	↑	↓	0 2	0 3	1 3	2 5	3 6	5 9	7 11	11 16	↑	↑	↑	↑	↑	↑	↑	↑	↑	↑	↑	↑	↑
	제 2	315	630						1 2	3 4	4 5	6 7	9 10	12 13	18 19	26 27													
P	제 1	500	500	↓	*	↑	↓	0 2	0 3	1 3	2 5	3 6	5 9	7 11	11 16	↑	↑	↑	↑	↑	↑	↑	↑	↑	↑	↑	↑	↑	↑
	제 2	500	1000					1 2	3 4	4 5	6 7	9 10	12 13	18 19	26 27														
Q	제 1	800	800	*	↑	↓	0 2	0 3	1 3	2 5	3 6	5 9	7 11	11 16	↑	↑	↑	↑	↑	↑	↑	↑	↑	↑	↑	↑	↑	↑	↑
	제 2	800	1600				1 2	3 4	4 5	6 7	9 10	12 13	18 19	26 27															
R	제 1	1250	1250	↑	↑	0 2	0 3	1 3	2 5	3 6	5 9	7 11	11 16	↑	↑	↑	↑	↑	↑	↑	↑	↑	↑	↑	↑	↑	↑	↑	↑
	제 2	1250	2500			1 2	3 4	4 5	6 7	9 10	12 13	18 19	26 27																

비 고
- ↓ 화살표 아래의 최초의 샘플링 방식을 사용한다. 만약 샘플 크기가 로트 크기 이상이면 전수 검사한다.
- ↑ 화살표 위의 최초의 샘플링 방식을 사용한다.
- A_c 합격 판정 개수
- R_e 불합격 판정 개수
- * 대응하는 1회 샘플링 방식을 사용한다(만약 사용할 수 있다면 대신에 아래의 2회 샘플링 방식을 사용해도 좋다).

(b) 까다로운 검사(2회)

샘플 문자	샘플	샘플 크기	누계 샘플 크기	합격 품질 수준, AQL, 부적합품 퍼센트 및 100아이템당 부적합수																									
				0.010	0.015	0.025	0.040	0.065	0.10	0.15	0.25	0.40	0.65	1.0	1.5	2.5	4.0	6.5	10	15	25	40	65	100	150	250	400	650	1000
				A_c R_e	A_c R_e	A_c R_e	A_c R_e	A_c R_e	A_c R_e	A_c R_e	A_c R_e	A_c R_e	A_c R_e	A_c R_e	A_c R_e	A_c R_e	A_c R_e	A_c R_e	A_c R_e	A_c R_e	A_c R_e	A_c R_e	A_c R_e	A_c R_e	A_c R_e	A_c R_e	A_c R_e	A_c R_e	A_c R_e
A				↓	↓	↓	↓	↓	↓	↓	↓	↓	↓	↓	↓	↓	↓	↓	↓	↓	↓	*	*	*	*	*	*	*	*
B	제1 제2	2 2	2 4	↓	↓	↓	↓	↓	↓	↓	↓	↓	↓	↓	↓	↓	↓	*	↓	↓	0 2 1 2	0 3 3 4	1 3 4 5	2 5 6 7	4 7 10 11	6 10 15 16	9 14 23 24	15 20 34 35	23 29 52 53
C	제1 제2	3 3	3 6	↓	↓	↓	↓	↓	↓	↓	↓	↓	↓	↓	↓	↓	*	↓	↓	0 2 1 2	0 3 3 4	1 3 4 5	2 5 6 7	4 7 10 11	6 10 15 16	9 14 23 24	15 20 34 35	23 29 52 53	↑
D	제1 제2	5 5	5 10	↓	↓	↓	↓	↓	↓	↓	↓	↓	↓	↓	↓	*	↓	↓	0 2 1 2	0 3 3 4	1 3 4 5	2 5 6 7	4 7 10 11	6 10 15 16	9 14 23 24	15 20 34 35	23 29 52 53	↑	↑
E	제1 제2	8 8	8 16	↓	↓	↓	↓	↓	↓	↓	↓	↓	↓	↓	*	↓	↓	0 2 1 2	0 3 3 4	1 3 4 5	2 5 6 7	4 7 10 11	6 10 15 16	9 14 23 24	15 20 34 35	23 29 52 53	↑	↑	↑
F	제1 제2	13 13	13 26	↓	↓	↓	↓	↓	↓	↓	↓	↓	↓	*	↓	↓	0 2 1 2	0 3 3 4	1 3 4 5	2 5 6 7	4 7 10 11	6 10 15 16	9 14 23 24	↑	↑	↑	↑	↑	↑
G	제1 제2	20 20	20 40	↓	↓	↓	↓	↓	↓	↓	↓	↓	*	↓	↓	0 2 1 2	0 3 3 4	1 3 4 5	2 5 6 7	4 7 10 11	6 10 15 16	9 14 23 24	↑	↑	↑	↑	↑	↑	↑
H	제1 제2	32 32	32 64	↓	↓	↓	↓	↓	↓	↓	↓	*	↓	↓	0 2 1 2	0 3 3 4	1 3 4 5	2 5 6 7	4 7 10 11	6 10 15 16	9 14 23 24	↑	↑	↑	↑	↑	↑	↑	↑
J	제1 제2	50 50	50 100	↓	↓	↓	↓	↓	↓	↓	*	↓	↓	0 2 1 2	0 3 3 4	1 3 4 5	2 5 6 7	4 7 10 11	6 10 15 16	9 14 23 24	↑	↑	↑	↑	↑	↑	↑	↑	↑
K	제1 제2	80 80	80 160	↓	↓	↓	↓	↓	↓	*	↓	↓	0 2 1 2	0 3 3 4	1 3 4 5	2 5 6 7	4 7 10 11	6 10 15 16	9 14 23 24	↑	↑	↑	↑	↑	↑	↑	↑	↑	↑
L	제1 제2	125 125	125 250	↓	↓	↓	↓	↓	*	↓	↓	0 2 1 2	0 3 3 4	1 3 4 5	2 5 6 7	4 7 10 11	6 10 15 16	9 14 23 24	↑	↑	↑	↑	↑	↑	↑	↑	↑	↑	↑
M	제1 제2	200 200	200 400	↓	↓	↓	↓	*	↓	↓	0 2 1 2	0 3 3 4	1 3 4 5	2 5 6 7	4 7 10 11	6 10 15 16	9 14 23 24	↑	↑	↑	↑	↑	↑	↑	↑	↑	↑	↑	↑
N	제1 제2	315 315	315 630	↓	↓	↓	*	↓	↓	0 2 1 2	0 3 3 4	1 3 4 5	2 5 6 7	4 7 10 11	6 10 15 16	9 14 23 24	↑	↑	↑	↑	↑	↑	↑	↑	↑	↑	↑	↑	↑
P	제1 제2	500 500	500 1000	↓	↓	*	↓	↓	0 2 1 2	0 3 3 4	1 3 4 5	2 5 6 7	4 7 10 11	6 10 15 16	9 14 23 24	↑	↑	↑	↑	↑	↑	↑	↑	↑	↑	↑	↑	↑	↑
Q	제1 제2	800 800	800 1600	↓	*	↓	↓	0 2 1 2	0 3 3 4	1 3 4 5	2 5 6 7	4 7 10 11	6 10 15 16	9 14 23 24	↑	↑	↑	↑	↑	↑	↑	↑	↑	↑	↑	↑	↑	↑	↑
R	제1 제2	1250 1250	1250 2500	*	↑	↓	0 2 1 2	0 3 3 4	1 3 4 5	2 5 6 7	4 7 10 11	6 10 15 16	9 14 23 24	↑	↑	↑	↑	↑	↑	↑	↑	↑	↑	↑	↑	↑	↑	↑	↑
S	제1 제2	2000 2000	2000 4000			0 2 1 2									↑	↑	↑	↑	↑	↑	↑	↑	↑	↑	↑	↑	↑	↑	↑

비 고
- ↓ 화살표 아래의 최초의 샘플링 방식을 사용한다. 만약 샘플 크기가 로트 크기 이상이면 전수 검사한다.
- ↑ 화살표 위의 최초의 샘플링 방식을 사용한다.
- A_c 합격 판정 개수
- R_e 불합격 판정 개수
- * 대응하는 1회 샘플링 방식을 사용한다(만약 사용할 수 있다면 대신에 아래의 2회 샘플링 방식을 사용해도 좋다).

(c) 수월한 검사(2회)

샘플 문자	샘플	샘플 크기	누계 샘플 크기	합격 품질 수준, AQL, 부적합품 퍼센트 및 100아이템당 부적합수																									
				0.010	0.015	0.025	0.040	0.065	0.10	0.15	0.25	0.40	0.65	1.0	1.5	2.5	4.0	6.5	10	15	25	40	65	100	150	250	400	650	1000
				A_c R_e	A_c R_e	A_c R_e	A_c R_e	A_c R_e	A_c R_e	A_c R_e	A_c R_e	A_c R_e	A_c R_e	A_c R_e	A_c R_e	A_c R_e	A_c R_e	A_c R_e	A_c R_e	A_c R_e	A_c R_e	A_c R_e	A_c R_e	A_c R_e	A_c R_e	A_c R_e	A_c R_e	A_c R_e	A_c R_e
A				↓	↓	↓	↓	↓	↓	↓	↓	↓	↓	↓	↓	↓	↓	*	↓	↓	*	*	*	*	*	*	*	*	*
B				↓	↓	↓	↓	↓	↓	↓	↓	↓	↓	↓	↓	↓	*	↑	↓	↓	*	*	*	*	*	*	*	*	*
C				↓	↓	↓	↓	↓	↓	↓	↓	↓	↓	↓	↓	*	↑	↓	↓	*	*	*	*	*	*	*	*	*	↑
D	제1 제2	2 2	2 4	↓	↓	↓	↓	↓	↓	↓	↓	↓	↓	↓	*	↑	↓	↓	0 2 1 2	0 3 3 4	1 3 4 5	2 4 5 6	3 6 7 8	4 7 10 11	5 9 12 13	7 11 18 19	11 16 26 27	↑	↑
E	제1 제2	3 3	3 6	↓	↓	↓	↓	↓	↓	↓	↓	↓	↓	*	↑	↓	↓	0 2 1 2	0 3 3 4	1 3 4 5	2 4 5 6	3 6 7 8	4 7 10 11	5 9 12 13	7 11 18 19	11 16 26 27	↑	↑	↑
F	제1 제2	5 5	5 10	↓	↓	↓	↓	↓	↓	↓	↓	↓	*	↑	↓	↓	0 2 1 2	0 3 3 4	1 3 4 5	2 4 5 6	3 6 7 8	4 7 10 11	5 9 12 13	↑	↑	↑	↑	↑	↑
G	제1 제2	8 8	8 16	↓	↓	↓	↓	↓	↓	↓	↓	*	↑	↓	↓	0 2 1 2	0 3 3 4	1 3 4 5	2 4 5 6	3 6 7 8	4 7 10 11	5 9 12 13	↑	↑	↑	↑	↑	↑	↑
H	제1 제2	13 13	13 26	↓	↓	↓	↓	↓	↓	↓	*	↑	↓	↓	0 2 1 2	0 3 3 4	1 3 4 5	2 4 5 6	3 6 7 8	4 7 10 11	5 9 12 13	↑	↑	↑	↑	↑	↑	↑	↑
J	제1 제2	20 20	20 40	↓	↓	↓	↓	↓	↓	*	↑	↓	↓	0 2 1 2	0 3 3 4	1 3 4 5	2 4 5 6	3 6 7 8	4 7 10 11	5 9 12 13	↑	↑	↑	↑	↑	↑	↑	↑	↑
K	제1 제2	32 32	32 64	↓	↓	↓	↓	↓	*	↑	↓	↓	0 2 1 2	0 3 3 4	1 3 4 5	2 4 5 6	3 6 7 8	4 7 10 11	5 9 12 13	↑	↑	↑	↑	↑	↑	↑	↑	↑	↑
L	제1 제2	50 50	50 100	↓	↓	↓	↓	*	↑	↓	↓	0 2 1 2	0 3 3 4	1 3 4 5	2 4 5 6	3 6 7 8	4 7 10 11	5 9 12 13	↑	↑	↑	↑	↑	↑	↑	↑	↑	↑	↑
M	제1 제2	80 80	80 160	↓	↓	↓	*	↑	↓	↓	0 2 1 2	0 3 3 4	1 3 4 5	2 4 5 6	3 6 7 8	4 7 10 11	5 9 12 13	↑	↑	↑	↑	↑	↑	↑	↑	↑	↑	↑	↑
N	제1 제2	125 125	125 250	↓	↓	*	↑	↓	↓	0 2 1 2	0 3 3 4	1 3 4 5	2 4 5 6	3 6 7 8	4 7 10 11	5 9 12 13	↑	↑	↑	↑	↑	↑	↑	↑	↑	↑	↑	↑	↑
P	제1 제2	200 200	200 400	↓	*	↑	↓	↓	0 2 1 2	0 3 3 4	1 3 4 5	2 4 5 6	3 6 7 8	4 7 10 11	5 9 12 13	↑	↑	↑	↑	↑	↑	↑	↑	↑	↑	↑	↑	↑	↑
Q	제1 제2	315 315	315 630	*	↑	↑	↓	0 2 1 2	0 3 3 4	1 3 4 5	2 4 5 6	3 6 7 8	4 7 10 11	5 9 12 13	↑	↑	↑	↑	↑	↑	↑	↑	↑	↑	↑	↑	↑	↑	↑
R	제1 제2	500 500	500 1000	↑	↑	↑	0 2 1 2	0 3 3 4	1 3 4 5	2 4 5 6	3 6 7 8	4 7 10 11	5 9 12 13	↑	↑	↑	↑	↑	↑	↑	↑	↑	↑	↑	↑	↑	↑	↑	↑

비 고
- ↓ 화살표 아래의 최초의 샘플링 방식을 사용한다. 만약 샘플 크기가 로트 크기 이상이면 전수 검사한다.
- ↑ 화살표 위의 최초의 샘플링 방식을 사용한다.
- A_c 합격 판정 개수
- R_e 불합격 판정 개수
- * 대응하는 1회 샘플링 방식을 사용한다(만약 사용할 수 있다면 대신에 아래의 2회 샘플링 방식을 사용해도 좋다).

참고로 2회 샘플링 보통 검사의 절차를 흐름도(flow chart)로 작성하면 다음과 같다.

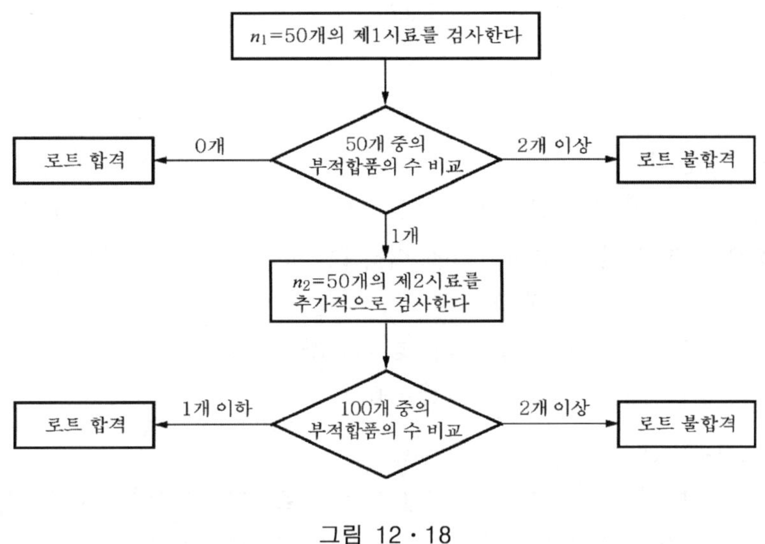

그림 12 · 18

12.5.3 엄격도 조정

엄격도 조정 절차는 그림 12 · 19와 같으며 검사의 개시시점에서는 보통검사를 실시한다. 다만, 소관권한자가 다른 지정을 한 경우는 제외된다.

여기서 소관권한자는 다음과 같은 경우가 있다.

① 공급자의 품질부문(제1자)

② 구입자 또는 조달기관(제2자)

③ 독립의 검사 또는 인증기관(제3자)

④ 상기 ①, ② 또는 ③ 중 하나에서 기능마다 다르고, 양 당사자간(예를 들어 공

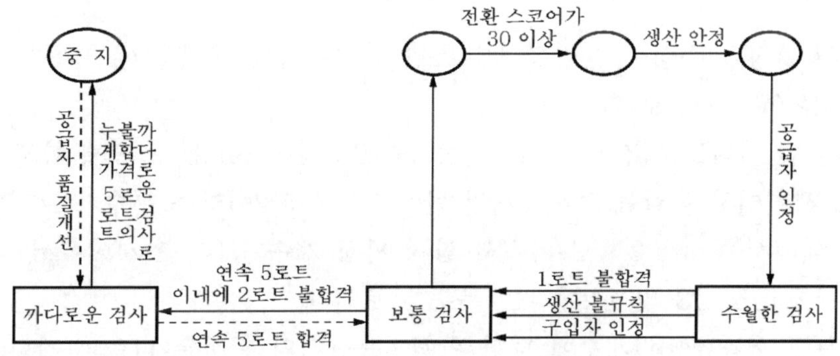

그림 12 · 19 전환규칙의 개략

급자와 구입자 사이)의 합의 서면 기술한다.

전환 스코어의 계산은 소관 권한자가 다른 지정을 하지 않는 한 보통 검사의 개시 시점에서 시작하는 것이 좋다. 전환 스코어는 계속하는 로트의 보통 검사의 초기 검사 후에 그때마다 갱신한다.

1) 1회 샘플링 방식

① 합격 판정 개수가 2 이상일 때, 만일 AQL이 한 단계 엄격해졌다고 해도 로트가 합격이 되었다면 전환 스코어에 3을 더하고, 그렇지 않으면 전환 스코어를 0으로 되돌린다.

② 합격 판정 개수가 0 또는 1일 때 로트가 합격이면 전환 스코어에 2를 더하고, 그렇지 않으면 전환 스코어를 0으로 되돌린다.

2) 2회 또는 다회 샘플링 방식

① 2회 샘플링 방식을 사용할 때 제1샘플에서 로트가 합격이 된다면 전환 스코어에 3을 더하고, 그렇지 않으면 전환 스코어를 0으로 되돌린다.

② 다회 샘플링 방식을 사용할 때 제3샘플까지 로트가 합격이 되면 전환 스코어에 3을 더하고, 그렇지 않으면 전환 스코어를 0으로 되돌린다.

3) 분수 합격 판정 개수의 1회 샘플링 방식을 사용할 때 전환 스코어의 갱신 규칙은 다음과 같다.

① 주어진 합격 판정 개수가 1/3 또는 1/2일 때 로트가 합격이면 전환 스코어에 2를 더하고, 그렇지 않으면 전환 스코어를 0으로 되돌린다.

② 합격 판정 개수가 0일 때 로트가 합격이면 전환 스코어에 2를 더하고, 그렇지 않으면 전환 스코어를 0으로 되돌린다.

12.5.4 분수 합격 판정 개수의 1회 샘플링방식

분수 합격 판정 개수의 샘플링방식은 소관 권한자가 승인했을 때 사용할 수 있으며 표 12 · 12 (a) (b) (c)로부터 구한다.

보통 검사 및 까다로운 검사에 대해서는 표 12 · 12의 (a) (b) 중에서 합격 판정 개수가 0과 1 사이에서 화살표로 된 2개의 난에 1/3 및 1/2이라는 분수가 보인다. 수월한 검사에 대해서는 표 12 · 12 (c)에서 합격 판정 개수가 0과 1 사이에서 화살표가 된 3개의 난에 1/5, 1/3 및 1/2이라는 분수가 보인다.

이러한 분수 합격 판정 개수에 대한 합격 · 불합격의 판정은 다음과 같다.

표 12 · 12 1회 샘플링 방식(보조적 주샘플링표)

(a) 보통검사의 1회 샘플링 방식(보조적 주 샘플링표)

샘플 문자	샘플 크기	합격 품질 수준, AQL, 부적합품 퍼센트 및 100아이템당 부적합수																									
		0.010	0.015	0.025	0.040	0.065	0.10	0.15	0.25	0.40	0.65	1.0	1.5	2.5	4.0	6.5	10	15	25	40	65	100	150	250	400	650	1000
		A_c R_e	A_c R_e	A_c R_e	A_c R_e	A_c R_e	A_c R_e	A_c R_e	A_c R_e	A_c R_e	A_c R_e	A_c R_e	A_c R_e	A_c R_e	A_c R_e	A_c R_e	A_c R_e	A_c R_e	A_c R_e	A_c R_e	A_c R_e	A_c R_e	A_c R_e	A_c R_e	A_c R_e	A_c R_e	A_c R_e
A	2	↓	↓	↓	↓	↓	↓	↓	↓	↓	↓	↓	↓	↓	↓	0 1	1/3	1/2	1 2	2 3	3 4	6 6	7 8	10 14	14 15	21 22	30 31
B	3	↓	↓	↓	↓	↓	↓	↓	↓	↓	↓	↓	↓	↓	0 1	1/3	1/2	1 2	2 3	3 4	5 6	7 8	10 11	14 15	21 22	30 31	44 45
C	5	↓	↓	↓	↓	↓	↓	↓	↓	↓	↓	↓	↓	0 1	1/3	1/2	1 2	2 3	3 4	5 6	7 8	10 11	14 15	21 22	30 31	44 45	↑
D	8	↓	↓	↓	↓	↓	↓	↓	↓	↓	↓	↓	0 1	1/3	1/2	1 2	2 3	3 4	5 6	7 8	10 11	14 15	21 22	30 31	44 45	↑	↑
E	13	↓	↓	↓	↓	↓	↓	↓	↓	↓	↓	0 1	1/3	1/2	1 2	2 3	3 4	5 6	7 8	10 11	14 15	21 22	30 31	44 45	↑	↑	↑
F	20	↓	↓	↓	↓	↓	↓	↓	↓	↓	0 1	1/3	1/2	1 2	2 3	3 4	5 6	7 8	10 11	14 15	21 22	↑	↑	↑	↑	↑	↑
G	32	↓	↓	↓	↓	↓	↓	↓	↓	0 1	1/3	1/2	1 2	2 3	3 4	5 6	7 8	10 11	14 15	21 22	↑	↑	↑	↑	↑	↑	↑
H	50	↓	↓	↓	↓	↓	↓	↓	0 1	1/3	1/2	1 2	2 3	3 4	5 6	7 8	10 11	14 15	21 22	↑	↑	↑	↑	↑	↑	↑	↑
J	80	↓	↓	↓	↓	↓	↓	0 1	1/3	1/2	1 2	2 3	3 4	5 6	7 8	10 11	14 15	21 22	↑	↑	↑	↑	↑	↑	↑	↑	↑
K	125	↓	↓	↓	↓	↓	0 1	1/3	1/2	1 2	2 3	3 4	5 6	7 8	10 11	14 15	21 22	↑	↑	↑	↑	↑	↑	↑	↑	↑	↑
L	200	↓	↓	↓	↓	0 1	1/3	1/2	1 2	2 3	3 4	5 6	7 8	10 11	14 15	21 22	↑	↑	↑	↑	↑	↑	↑	↑	↑	↑	↑
M	315	↓	↓	↓	0 1	1/3	1/2	1 2	2 3	3 4	5 6	7 8	10 11	14 15	21 22	↑	↑	↑	↑	↑	↑	↑	↑	↑	↑	↑	↑
N	500	↓	↓	0 1	1/3	1/2	1 2	2 3	3 4	5 6	7 8	10 11	14 15	21 22	↑	↑	↑	↑	↑	↑	↑	↑	↑	↑	↑	↑	↑
P	800	↓	0 1	1/3	1/2	1 2	2 3	3 4	5 6	7 8	10 11	14 15	21 22	↑	↑	↑	↑	↑	↑	↑	↑	↑	↑	↑	↑	↑	↑
Q	1250	0 1	1/3	1/2	1 2	2 3	3 4	5 6	7 8	10 11	14 15	21 22	↑	↑	↑	↑	↑	↑	↑	↑	↑	↑	↑	↑	↑	↑	↑
R	2000	1/3	1/2	1 2	2 3	3 4	5 6	7 8	10 11	14 15	21 22	↑	↑	↑	↑	↑	↑	↑	↑	↑	↑	↑	↑	↑	↑	↑	↑

비 고 ⇩ 화살표 아래의 최초의 샘플링 방식을 사용한다. 만약 샘플 크기가 로트 크기 이상이면 전수 검사한다.

⇧ 화살표 위의 최초의 샘플링 방식을 사용한다.

A_c 합격 판정 개수

R_e 불합격 판정 개수

(b) 엄격한 검사의 1회 샘플링 방식(보조적 주 샘플링표)

샘플 문자	샘플 크기	합격 품질 수준, AQL, 부적합품 퍼센트 및 100아이템당 부적합수																									
		0.010	0.015	0.025	0.040	0.065	0.10	0.15	0.25	0.40	0.65	1.0	1.5	2.5	4.0	6.5	10	15	25	40	65	100	150	250	400	650	1000
		A_c R_e	A_c R_e	A_c R_e	A_c R_e	A_c R_e	A_c R_e	A_c R_e	A_c R_e	A_c R_e	A_c R_e	A_c R_e	A_c R_e	A_c R_e	A_c R_e	A_c R_e	A_c R_e	A_c R_e	A_c R_e	A_c R_e	A_c R_e	A_c R_e	A_c R_e	A_c R_e	A_c R_e	A_c R_e	A_c R_e
A	2															↓	0 1	1/3	1/2	1 2	2 3	3 4	5 6	8 9	12 13	18 19	27 28
B	3														↓	0 1	1/3	1/2	1 2	2 3	3 4	5 6	8 9	12 13	18 19	27 28	41 42
C	5													↓	0 1	1/3	1/2	1 2	2 3	3 4	5 6	8 9	12 13	18 19	27 28	41 42	↑
D	8												↓	0 1	1/3	1/2	1 2	2 3	3 4	5 6	8 9	12 13	18 19	27 28	41 42	↑	
E	13											↓	0 1	1/3	1/2	1 2	2 3	3 4	5 6	8 9	12 13	18 19	27 28	41 42	↑		
F	20										↓	0 1	1/3	1/2	1 2	2 3	3 4	5 6	8 9	12 13	18 19	↑	↑	↑			
G	32									↓	0 1	1/3	1/2	1 2	2 3	3 4	5 6	8 9	12 13	18 19	↑						
H	50								↓	0 1	1/3	1/2	1 2	2 3	3 4	5 6	8 9	12 13	18 19	↑							
J	80							↓	0 1	1/3	1/2	1 2	2 3	3 4	5 6	8 9	12 13	18 19	↑								
K	125						↓	0 1	1/3	1/2	1 2	2 3	3 4	5 6	8 9	12 13	18 19	↑									
L	200					↓	0 1	1/3	1/2	1 2	2 3	3 4	5 6	8 9	12 13	18 19	↑										
M	315				↓	0 1	1/3	1/2	1 2	2 3	3 4	5 6	8 9	12 13	18 19	↑											
N	500			↓	0 1	1/3	1/2	1 2	2 3	3 4	5 6	8 9	12 13	18 19	↑												
P	800		↓	0 1	1/3	1/2	1 2	2 3	3 4	5 6	8 9	12 13	18 19	↑													
Q	1250	↓	0 1	1/3	1/2	1 2	2 3	3 4	5 6	8 9	12 13	18 19	↑														
R	2000	0 1	1/3	1/2	1 2	2 3	3 4	5 6	8 9	12 13	18 19	↑															

비 고 ↓ 화살표 아래의 최초의 샘플링 방식을 사용한다. 만약 샘플 크기가 로트 크기 이상이면 전수 검사한다.

↑ 화살표 위의 최초의 샘플링 방식을 사용한다.

A_c 합격 판정 개수

R_e 불합격 판정 개수

(c) 수월한 검사의 1회 샘플링 방식(보조적 주 샘플링표)

샘플 문자	샘플 크기	합격 품질 수준, AQL, 부적합품 퍼센트 및 100아이템당 부적합수																									
		0.010	0.015	0.025	0.040	0.065	0.10	0.15	0.25	0.40	0.65	1.0	1.5	2.5	4.0	6.5	10	15	25	40	65	100	150	250	400	650	1000
		A_c R_e	A_c R_e	A_c R_e	A_c R_e	A_c R_e	A_c R_e	A_c R_e	A_c R_e	A_c R_e	A_c R_e	A_c R_e	A_c R_e	A_c R_e	A_c R_e	A_c R_e	A_c R_e	A_c R_e	A_c R_e	A_c R_e	A_c R_e	A_c R_e	A_c R_e	A_c R_e	A_c R_e	A_c R_e	A_c R_e
A	2	↓	↓	↓	↓	↓	↓	↓	↓	↓	↓	↓	↓	↓	↓	0 1	1/3	1/2	1 2	2 3	3 4	5 6	7 8	10 11	14 15	21 22	30 31
B	3	↓	↓	↓	↓	↓	↓	↓	↓	↓	↓	↓	↓	↓	0 1	1/5	1/3	1/2	1 2	2 3	3 4	5 6	7 8	10 11	14 15	21 22	30 31
C	5	↓	↓	↓	↓	↓	↓	↓	↓	↓	↓	↓	↓	0 1	1/5	1/3	1/2	1 2	2 3	3 4	4 5	6 7	8 9	10 11	14 15	21 22	↑
D	8	↓	↓	↓	↓	↓	↓	↓	↓	↓	↓	↓	0 1	1/5	1/3	1/2	1 2	2 3	3 4	4 5	6 7	8 9	10 11	14 15	21 22	↑	↑
E	13	↓	↓	↓	↓	↓	↓	↓	↓	↓	↓	0 1	1/5	1/3	1/2	1 2	2 3	3 4	4 5	6 7	8 9	10 11	14 15	21 22	↑	↑	↑
F	20	↓	↓	↓	↓	↓	↓	↓	↓	↓	0 1	1/5	1/3	1/2	1 2	2 3	3 4	4 5	6 7	8 9	10 11	↑	↑	↑	↑	↑	↑
G	32	↓	↓	↓	↓	↓	↓	↓	↓	0 1	1/5	1/3	1/2	1 2	2 3	3 4	4 5	6 7	8 9	10 11	↑	↑	↑	↑	↑	↑	↑
H	50	↓	↓	↓	↓	↓	↓	↓	0 1	1/5	1/3	1/2	1 2	2 3	3 4	4 5	6 7	8 9	10 11	↑	↑	↑	↑	↑	↑	↑	↑
J	80	↓	↓	↓	↓	↓	↓	0 1	1/5	1/3	1/2	1 2	2 3	3 4	4 5	6 7	8 9	10 11	↑	↑	↑	↑	↑	↑	↑	↑	↑
K	125	↓	↓	↓	↓	↓	0 1	1/5	1/3	1/2	1 2	2 3	3 4	4 5	6 7	8 9	10 11	↑	↑	↑	↑	↑	↑	↑	↑	↑	↑
L	200	↓	↓	↓	↓	0 1	1/5	1/3	1/2	1 2	2 3	3 4	4 5	6 7	8 9	10 11	↑	↑	↑	↑	↑	↑	↑	↑	↑	↑	↑
M	315	↓	↓	↓	0 1	1/5	1/3	1/2	1 2	2 3	3 4	4 5	6 7	8 9	10 11	↑	↑	↑	↑	↑	↑	↑	↑	↑	↑	↑	↑
N	500	↓	↓	0 1	1/5	1/3	1/2	1 2	2 3	3 4	4 5	6 7	8 9	10 11	↑	↑	↑	↑	↑	↑	↑	↑	↑	↑	↑	↑	↑
P	800	↓	0 1	1/5	1/3	1/2	1 2	2 3	3 4	4 5	6 7	8 9	10 11	↑	↑	↑	↑	↑	↑	↑	↑	↑	↑	↑	↑	↑	↑
Q	1250	0 1	1/5	1/3	1/2	1 2	2 3	3 4	4 5	6 7	8 9	10 11	↑	↑	↑	↑	↑	↑	↑	↑	↑	↑	↑	↑	↑	↑	↑
R	2000	1/5	1/3	1/2	1 2	2 3	3 4	4 5	6 7	8 9	10 11	↑	↑	↑	↑	↑	↑	↑	↑	↑	↑	↑	↑	↑	↑	↑	↑

비 고 ⇩ 화살표 아래의 최초의 샘플링 방식을 사용한다. 만약 샘플 크기가 로트 크기 이상이면 전수 검사한다.

⇧ 화살표 위의 최초의 샘플링 방식을 사용한다.

A_c 합격 판정 개수

R_e 불합격 판정 개수

[1] 샘플링방식이 일정한 경우

샘플 중에 부적합품이 전혀 없을 때에는 로트를 합격으로 한다.

현재의 샘플 중 부적합품의 수가 1개뿐일 때에는, 필요한 수의 직전 로트에서의 샘플 중에 부적합품이 전혀 없을 때에만 현재의 로트를 합격으로 한다. 합격 판정 개수 1/2에 대해서는 필요한 직전 로트의 수는 1이다. 합격 판정 개수 1/3에 대해서는 필요한 직전 로트의 수는 2이다. 또, 합격 판정 개수 1/5에 대해서는 필요한 직전 로트의 수는 4이다. 기타의 경우에는 현재의 로트를 불합격으로 한다.

[2] 샘플링방식이 일정하지 않은 경우

합부 판정 스코어를 사용하며 그 계산법은

① 보통 검사, 까다로운 검사 또는 수월한 검사의 개시 시점에서 합부 판정 스코어를 0으로 되돌린다.

② 만일 주어진 합격 판정 개수가 0이면 합부 판정 스코어는 바뀌지 않는다.
만일 주어진 합격 판정 개수가 1/5이면 합부 판정 스코어에 2를 가산한다.
만일 주어진 합격 판정 개수가 1/3이면 합부 판정 스코어에 3을 가산한다.
만일 주어진 합격 판정 개수가 1/2이면 합부 판정 스코어에 5를 가산한다.
만일 주어진 합격 판정 개수가 1 이상이면 합부 판정 스코어에 7을 가산한다.

③ 분수 합격 판정 개수의 샘플링방식에 대해서 만일 합부 판정 스코어가 8 이하이면 합격 판정 개수를 0으로 한다. 만일 합부 판정 스코어가 9 이상이면 합격 판정 개수를 1로 한다. 만일 주어진 합격 판정 개수가 정수이면 합격 판정 개수는 바뀌지 않는다.

④ 만일 샘플 중에 1개 이상의 부적합품(또는 부적합)이 발견된 경우에는 (로트의 합부 판정 후에) 합부 판정 스코어를 0으로 되돌린다.

[비고] 합부 판정 스코어의 갱신(가산)은 샘플링방식을 구한 후 합부 판정 전에 한다. 합부 판정 스코어의 0으로의 재설정은 합부 판정 후에 한다. 한편 전환 스코어의 갱신과 0으로의 재설정은 양쪽 모두 합부 판정 후에 한다.

예제 12 · 16 AQL 1%, 통상 검사 수준표를 사용하고 시리즈의 로트가 부적합품수 검사에 제출되어 분수합격 판정 개수의 샘플링방식을 선택 사용했을 때 최초 25로트의 결과는 다음 표와 같다.

로트 번호	N	샘플 문자	n	당초의 A_c	합부 판정 스코어 (검사 전)	적용하는 A_c	부적합품수 d	합부 판정	합부 판정 스코어 (검사 후)	전환 스코어	샘플링검사의 엄격함 (검사 후)
1	180	G	32	1/2	0	0	0	합격	5	2	보통 검사로 속행
2	200	G	32	1/2	10	1	1	합격	0	4	보통 검사로 속행
3	250	G	32	1/2	5	0	1	불합격	0	0	보통 검사로 속행
4	450	H	50	1	7	1	1	합격	0	2	보통 검사로 속행
5	300	H	50	1	7	1	1	합격	0	4	보통 검사로 속행
6	80	E	13	0	0	0	1	불합격	0	0	까다로운 검사로 이행
7	800	J	80	1	7	1	1	합격	0	–	까다로운 검사로 속행
8	300	H	50	1/2	5	0	0	합격	5	–	까다로운 검사로 속행
9	100	F	20	0	5	0	0	합격	5	–	까다로운 검사로 속행
10	600	J	80	1	12	1	0	합격	12	–	까다로운 검사로 속행
11	200	G	32	1/3	15	1	1	합격	0*	–	보통 검사로 복귀
12	250	G	32	1/2	5	0	0	합격	5	2	보통 검사로 속행
13	600	J	80	2	12	2	1	합격	0	5	보통 검사로 속행
14	80	E	13	0	0	0	0	합격	0	7	보통 검사로 속행
15	200	G	32	1/2	5	0	0	합격	5	9	보통 검사로 속행
16	500	H	50	1	12	1	0	합격	12	11	보통 검사로 속행
17	100	F	20	1/3	15	1	0	합격	15	13	보통 검사로 속행
18	120	F	20	1/3	18	1	0	합격	18	15	보통 검사로 속행
19	85	E	13	0	18	0	0	합격	18	17	보통 검사로 속행
20	300	H	50	1	25	1	1	합격	0	19	보통 검사로 속행
21	500	H	50	1	7	1	0	합격	7	21	보통 검사로 속행
22	700	J	80	2	14	2	1	합격	0	24	보통 검사로 속행
23	600	J	80	2	7	2	0	합격	7	27	보통 검사로 속행
24	550	J	80	2	14	2	0	합격	0*	30	수월한 검사로 이행
25	400	H	20	1/2	5	0	0	합격	5	–	수월한 검사로 이행

<비고> *는 엄격도 전환 후의 합부 판정 스코어이다.

12.6 고립 로트의 검사에 대한 LQ지표형 샘플링검사 (KS A ISO 2859-2 : 2001)

KS A ISO 2859-1의 AQL을 지표로 하는 샘플링검사 방식이다. 이 샘플링검사 방식은 여러 가지 경우에 널리 사용되고 있으나, 본래는 연속 시리즈의 로트 검사를 위해 설계된 것으로 전환 규칙이 적용된다. 이 전환 규칙은 (까다로운 검사의 전환, 또 검사 중지에 따라서) 소비자에 대한 보호를 하는 한편으로, 생산자에게 품질 수준 개선에 대한 자극을 줄 수 있다. 그러나 KS A ISO 2859-1의 전환 규칙을 적용할 수 없는 경우도 여러 가지 있다. 그 전형적인 것이 고립 상태에 있는 로트이다.

이 샘플링검사의 특징은 이와 같이 로트가 고립상태에 있을 때 계수값 합부 판정 샘플링검사로서 LQ(한계품질, Limiting Quality)를 지표로 하고 AQL은 직접지표로서는 사용하지 않지만 KSA ISO 2859-1과 병용은 가능하다.

한계 품질이란 고립 로트에서 합격으로 판정하고 싶지 않은 로트의 불량률을 말한다. 즉, 한계 품질은 부적합품 퍼센트(또는 100 아이템당 부적합수)로 표시한 품질 수준이다. 폐지된 KS A 3105에서는 한계 품질을 로트 허용 불량률(LTPD : lot tolerance percent defective)이라고 부르고 보통 p_1이라고 표시하였다. 로트가 한계 품질에 있는 경우에도 샘플링검사에서 로트가 합격될 확률이 있는데, 이런 확률을 소비자 위험(consumer's risk)이라고 부르고, 이를 보통 β로 표시한다. 이에 비하여 검사에서 합격으로 판정하고 싶은 로트의 낮은 불량률은 합격품질수준(AQL : Acceptable Quality Level)이라고 부르고 보통 p_0라고 명기하였다. 로트의 불량률이 AQL인 경우에도 샘플링검사에서 로트가 불합격되는 확률이 있는데, 이런 확률을 생산자 위험(producer's risk)이라고 부르고 이를 보통 α라고 표시한다.

LQ에서의 소비자 위험은 통상 10% 미만, 나빠도 13% 미만이다.

샘플링검사의 절차는 절차 A와 절차 B로 구분되며 각 절차의 적용범위는 다음과 같다.

① 절차 A : 이것은 공급자와 소비자 양쪽 모두가 로트를 고립 상태로 간주하는 것을 바라는 경우에 사용하는 절차이다. 절차 B를 사용한다는 특별한 지시가 있는 경우 이외에는 이 절차를 사용한다.

② 절차 B : 이것은 공급자는 로트가 연속 시리즈의 하나로 간주하는 것을 바라고 있으나, 소비자는 로트를 고립 상태로 받아들인다고 생각하는 경우에 사용하는 절차이다. 절차 B를 적용할 때는 공급자는 KS A ISO 2859-1에서와 같은 결과를 유지할

수 있다.

12.6.1 검사 절차

① 샘플링검사 절차를 선택한다. — 절차 A와 절차 B 중에서 사용할 절차를 규정한다. 계약이나 규정에 있어서 별도로 결정되어 있지 않은 경우에는 절차 A를 사용한다.

절차 A는 샘플링검사의 결과에 대하여 초기하 분포에 기초하고 있으나, 절차 A의 샘플링방식 중 합격 판정 개수가 0이 아닌 것에 대해서 이 분포는 2항 분포에 근사하다. 절차 A는 합격 판정 개수가 0인 샘플링방식을 포함하고 샘플 크기는 초기하 분포에 기초하고 있으나, 절차 B에서는 합격 판정 개수가 0인 샘플링방식은 포함하지 않고(즉, $A_c \geq 1$) 전수 검사로 한다.

② 한계품질 LQ를 정한다. — LQ는 바람직한 품질의 최소 3배로 한다. LQ의 지표로는 0.50, 0.80, 1.25, 2.0, 3.15, 5.0, 8.0, 12.5, 20.0, 31.5의 10개의 시리즈를 표준값으로 하고 비표준값인 LQ가 규정되어 있는 경우에는 표 12 · 16에서 LQ의 비표준값이 포함되는 구간에 대응하는 표준값을 구하여 사용한다.

③ 검사수준을 정한다(절차 B 적용시).

④ 샘플링방식을 결정한다.

i) 1회 샘플링검사

• 절차 A 적용시 : 표 12 · 13을 사용하여 n, A_c를 구한다.

• 절차 B 적용시 : 표 12 · 14 (a)~12 · 14 (d)를 사용하여 n, A_c를 구한다(검사 수준의 특별한 지정이 없으면 검사 수준 II를 사용).

ii) 2회 및 다회 샘플링검사

절차 A 및 절차 B의 샘플링방식 중 $A_c \geq 1$인 것은 표 12 · 15 및 표 12 · 16을 사용하여 2회 및 다회 샘플링방식 n, A_c, R_e를 구한다.

⑤ 시료를 샘플링한다.

⑥ 시료를 검사한다.

⑦ 검사 로트의 합격, 불합격의 판정을 내리고 로트를 처리한다.

예제 12 · 17 KS A ISO 2859-2를 적용하는 어떤 로트의 크기가 5000이고 LQ=3.15인 샘플링방식을 구하여라(절차 A를 적용).

《풀이》 표 12 · 14에서 시료의 크기(n)는 200, 합격판정개수(A_c)는 1로 된다.

즉, 크기 5000인 로트에서 200개를 랜덤하게 추출하여 검사한 결과 부적합품의 개수가 1개 이하이면 합격으로 하고 2개 이상이면 불합격으로 한다.

예제 12 · 18 KS A ISO 2859-2를 적용하는 어떤 로트의 크기가 1500이고 검사 수준 II를 사용하는 경우에 절차 B에 의한 샘플링방식을 구하여라.

《풀이》 표 12 · 15 (c)에서 AQL = 1.0%, $n = 125$, $A_c = 3$을 구할 수 있다.

표 12 · 13 한계 품질(LQ)을 지표로 하는 1회 샘플링방식(절차 A, 주 샘플링 표)

로트 크기		한계 품질(LQ)(부적합품 퍼센트)									
		0.50	0.80	1.25	2.0	3.15	5.0	8.0	12.5	20.0	31.5
16～25	n	*	*	*	*	*	*	17([1])	13	9	6
	A_c							0	0	0	0
26～50	n	*	*	*	*	*	28([1])	22	15	10	6
	A_c						0	0	0	0	0
51～90	n	*	*	*	50	44	34	24	16	10	8
	A_c				0	0	0	0	0	0	0
91～150	n	*	*	90	80	55	38	26	18	13	13
	A_c			0	0	0	0	0	0	0	1
151～280	n	200([1])	170(1)	130	95	65	42	28	20	20	13
	A_c	0	0	0	0	0	0	0	0	1	1
281～500	n	280	220	155	105	80	50	32	32	20	20
	A_c	0	0	0	0	0	0	0	1	1	3
501～1200	n	380	255	170	125	125	80	50	32	32	32
	A_c	0	0	0	0	1	1	1	1	3	5
1201～3200	n	430	280	200	200	125	125	80	50	50	50
	A_c	0	0	0	1	1	3	3	3	5	10
3201～10000	n	450	315	315	200	200	200	125	80	80	80
	A_c	0	0	1	1	3	5	5	5	10	18
10001～35000	n	500	500	315	315	315	315	200	125	125	80
	A_c	0	1	1	3	5	10	10	10	18	18
35001～150000	n	800	500	500	500	500	500	315	200	125	80
	A_c	1	1	3	5	10	18	18	18	18	18
150001～500000	n	800	800	800	800	800	500	315	200	125	80
	A_c	1	3	5	10	18	18	18	18	18	18
500001 이상	n	1250	1250	1250	1250	800	500	315	200	125	80
	A_c	3	5	10	18	18	18	18	18	18	18

[주([1])] 만약 샘플 크기가 로트 크기 이상이면 전수 검사한다.

[비고] * : 전수 검사하는(한계 품질은 로트 중 부적합품 개수가 1미만인 것을 의미하거나 또는 적용할 수 있는 샘플링 방식이 없다.)

표 12·14(a) 한계 품질 0.50%에 대한 1회 샘플링방식(절차 B, 주 샘플링 표)

검사 수준에 대한 로트 크기					KS A ISO 2859-1의 1회 샘플링방식(보통 검사)			샘플 문자	합격 확률(%)의 특정값에 대응하는 공정 품질의 값(1)(부적합품 퍼센트)					각 검사 수준에 대한 한계 품질(LQ)에서의 소비자 위험(β_{LQ})의 최대값(2)		
S-1~S-3	S-4	I	II	III	AQL	n	A_c		95.0	90.0	50.0	10.0	5.0	S-1~I	II	III
801(3) 이상	801(3) 이상	801(3) 이상	801(3)~500000	801(3)~150000	0.065	800	1	P	0.0444	0.0665	0.210	0.485	0.592	9.1	9.1	9.1
			500001 이상	150001~500000	0.10	1250	3	Q	0.109	0.140	0.294	0.534	0.619		13.0	13.0
				500001 이상	0.10	2000	5	R	0.131	0.158	0.283	0.463	0.525			6.7

[주(1)] 공정 품질의 값은 2항 분포에 기초한다.

(2) 초기하 분포에 의한 소비자 위험의 정확한 값은 로트 크기에 따라서 바뀐다. 여기서는 각 검사 수준의 최대값을 부여한다.

(3) 801 미만의 로트에 대해서는 전수 검사한다.

OC 곡선

(OC 곡선은 1회 샘플링 방식에 대한 것이나 샘플 문자 및 A_c로 식별한다)

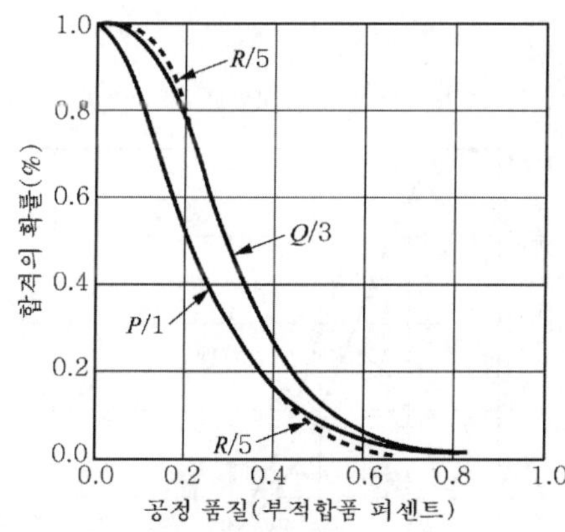

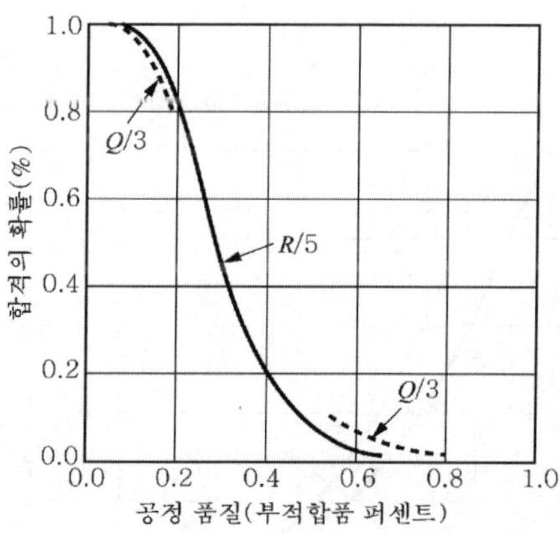

표 12·14 (b) 한계 품질 3.15%에 대한 1회 샘플링방식(절차 B, 주 샘플링 표)

검사 수준에 대한 로트 크기					KS A ISO 2859-1의 1회 샘플링방식 (보통 검사)			샘플문자	합격 확률(%)의 특정값에 대응하는 공정 품질의 값([1])(부적합품 퍼센트)					각 검사 수준에 대한 한계 품질(LQ)에서의 소비자 위험(β_{LQ})의 최대값([2])		
S-1~S-3	S-4	I	II	III	AQL	n	A_c		95.0	90.0	50.0	10.0	5.0	S-1~I	II	III
126([3]) 이상	126([3]) 이상	126([3])~35000	126([3])~3200	126([3])~1200	0.40	125	1	K	0.285	0.426	1.34	3.08	3.74	9.3	8.5	7.4
		35001~150000	3201~10000	1201~3200	0.65	200	3	L	0.686	0.875	1.83	3.31	3.83	12.2	12.2	11.0
		150001~500000	10001~35000	3201~10000	0.65	315	5	M	0.830 0.833	1.00 1.00	1.80 1.80	2.94 2.92	3.34 3.31	7.0 6.7	7.0 6.7	6.7 6.4
		500001 이상	35001 이상	10001 이상	1.00	500	10	N	1.24	1.41	2.13	3.06	3.37	8.3	8.3	8.3

[주([1])] 공정 품질의 값은 2항 분포에 기초한다.

([2]) 초기하 분포에 의한 소비자 위험의 정확한 값은 로트 크기에 따라서 바뀐다. 여기서는 각 검사 수준의 최대값을 부여한다.

([3]) 126 미만의 로트에 대해서는 전수 검사한다.

OC 곡선

(OC 곡선은 1회 샘플링 방식에 대한 것이나 샘플 문자 및 A_c로 식별한다)

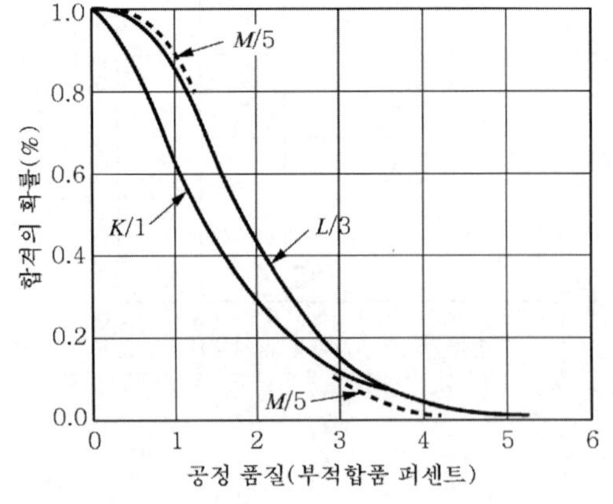

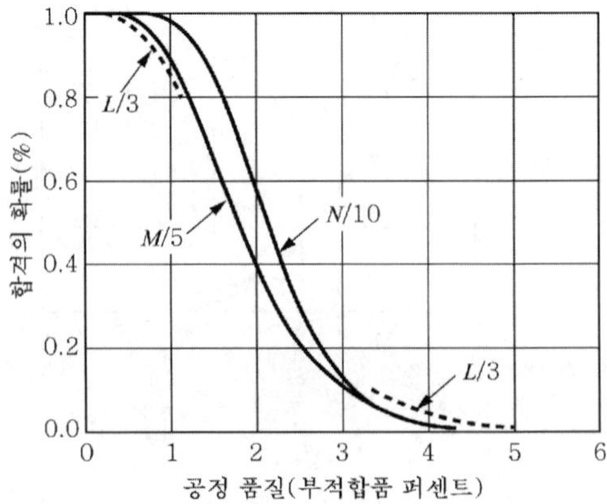

표 12·14 (c) 한계 품질 5.00%에 대한 1회 샘플링방식(절차 B, 주 샘플링 표)

검사 수준에 대한 로트 크기					KS A ISO 2859-1의 1회 샘플링방식 (보통 검사)			샘플 문자	합격 확률(%)의 특정값에 대응하는 공정 품질의 값(1)(부적합품 퍼센트)					각 검사 수준에 대한 한계 품질(LQ)에서의 소비자 위험(β_{LQ})의 최대값(2)		
S-1~S-3	S-4	I	II	III	AQL	n	A_c		95.0	90.0	50.0	10.0	5.0	S-1~I	II	III
81(3) 이상	81(3)~500000	81(3)~10000	81(3)~1200	81(3)~500	0.65	80	1	J	0.446	0.667	2.09	4.78	5.79	8.6	7.9	6.9
	500001 이상	10001~35000	1201~3200	501~1200	1.00	125	3	K	1.10	1.40	2.93	5.27	6.09	12.4	11.9	11.0
		35001~150000	3201~10000	1201~3200	1.00	200	5	L	1.31	1.58	2.83	4.59	5.18	6.2	6.2	5.7
		150001 이상	10001 이상	3201 이상	1.50	315	10	M	1.97	2.24	3.38	4.85	5.33	8.1	8.1	8.1

[주(1)] 공정 품질의 값은 2항 분포에 기초한다.

(2) 초기하 분포에 의한 소비자 위험의 정확한 값은 로트 크기에 따라서 바뀐다. 여기서는 각 검사 수준의 최대값을 부여한다.

(3) 81 미만의 로트에 대해서는 전수 검사한다.

OC 곡선

(OC 곡선은 1회 샘플링 방식에 대한 것이며 샘플 문자 및 A_c로 식별한다)

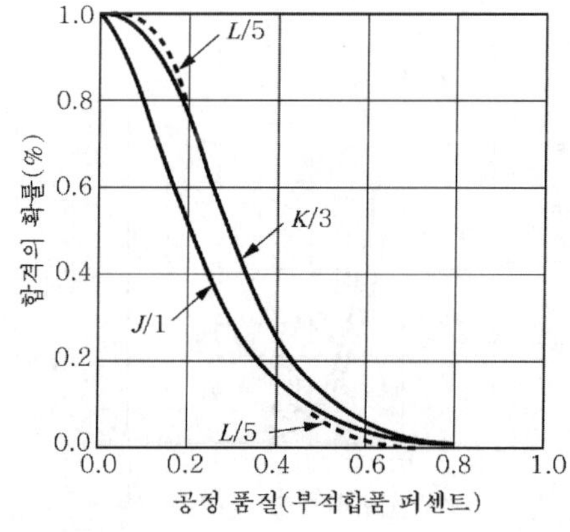

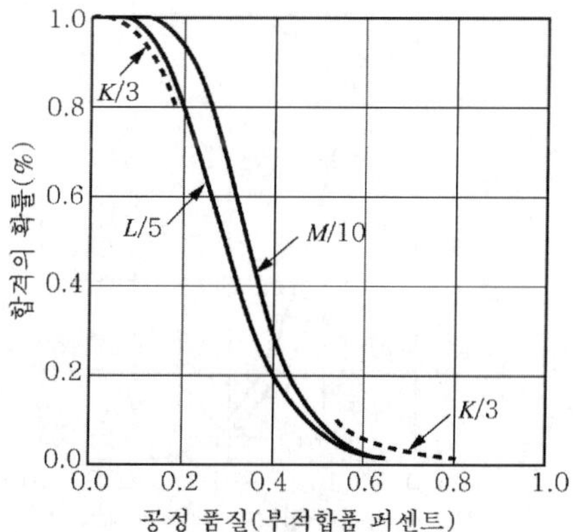

표 12 · 14 (d) 한계 품질 20.0%에 대한 1회 샘플링방식(절차 B, 주 샘플링 표)

검사 수준에 대한 로트 크기						KS A ISO 2859-1의 1회 샘플링방식(보통 검사)			샘플문자	합격 확률(%)의 특정값에 대응하는 공정 품질의 값([1])(부적합품 퍼센트)					각 검사 수준에 대한 한계 품질(LQ)에서의 소비자 위험(β_{LQ})의 최대값([2])		
S-1, S-2	S-3	S-4	I	II	III	AQL	n	A_c		95.0	90.0	50.0	10.0	5.0	S-1～I	II	III
21([3]) 이상	21([3])～35000	21([3])～1200	21([3])～500	21([3])～150	21([3])～90	2.50	20	1	F	1.81	2.69	8.25	18.1	21.6	6.9	5.6	4.8
	35001～500000	1201～10000	501～1200	151～280	91～150	4.00	32	3	G	4.38	5.56	11.4	19.7	22.5	9.3	8.0	6.8
	500001 이상	10001～35000	1201～3200	281～500	151～280	4.00	50	5	H	2.36	6.43	11.3	17.8	19.9	4.8	4.0	3.4
		35001 이상	3201 이상	501 이상	281 이상	6.50	80	10	J	7.91	8.95	13.3	18.6	20.3	5.6	5.6	5.6

[주([1])] 공정 품질의 값은 2항 분포에 기초한다.

([2]) 초기하 분포에 의한 소비자 위험의 정확한 값은 로트 크기에 따라서 바뀐다. 여기서는 각 검사 수준의 최대값을 부여한다.

([3]) 21 미만의 로트에 대해서는 전수 검사한다.

OC 곡선

(OC 곡선은 1회 샘플링 방식에 대한 것이나 샘플 문자 및 A_c로 식별한다)

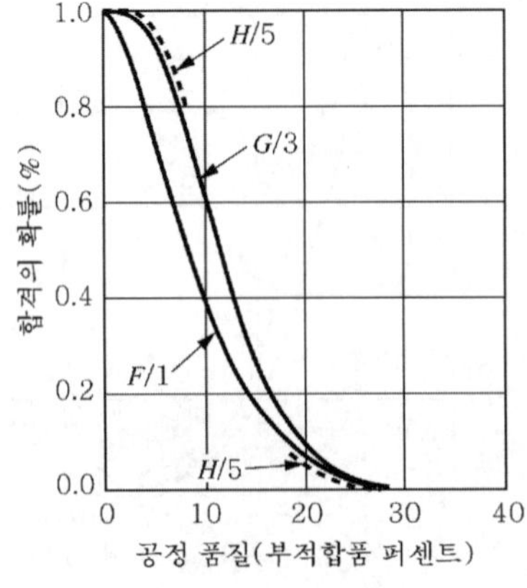

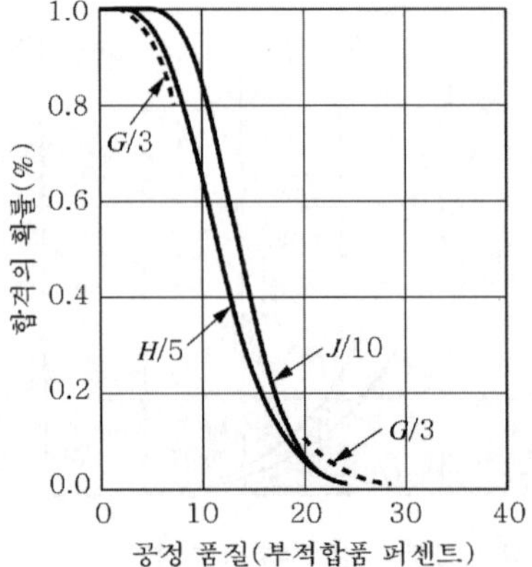

표 12·15 한계 품질(LQ)과 소비자 위험 품질(CRQ)과의 관계 및 한계 품질(LQ)의 비우선값의 우선값으로의 전환

한계 품질(LQ)의 우선값 (부적합품 퍼센트)	부표 B1~B10 중 소비자 위험 품질(CRQ)의 구간(β=10%) (부적합품 퍼센트)	한계 품질(LQ)의 비우선값을 포함한 구간(부적합품 퍼센트)
0.50	0.463~0.534	0.40≤LQ<0.65
0.80	0.741~0.833	0.65≤LQ<1.00
1.25	1.16~1.33	1.00≤LQ<1.50
2.00	1.85~2.11	1.50≤LQ<2.50
3.15	2.92~3.31	2.50≤LQ<4.00
5.00	4.59~5.27	4.00≤LQ<6.50
8.00	7.29~8.16	6.50≤LQ<10.0
12.5	11.3~12.9	10.0≤LQ<15.0
20.0	17.8~19.7	15.0≤LQ<25.0
31.5	27.1~30.4	25.0≤LQ<40.0

[비 고] 이 규격의 샘플링방식은 한계 품질(LQ)의 우선값과 함께 사용하는 것을 전제로 하고 있다. 만일 한계 품질(LQ)의 비우선값이 이미 규정되어 있는 곳에 이 규격을 도입하는 경우에는 한계 품질(LQ)의 비우선값을 포함한 구간과의 관계를 이용하여 우선값으로 전환한다.

표 12·16 2회 및 다회 샘플링방식에 대한 누계 샘플 크기

샘플링 검사 형식	샘플	KS A ISO 2859-1의 샘플 문자											
		E	F	G	H	J	K	L	M	N	P	Q	R
1회		13	20	32	50	80	125	200	315	500	800	1250	2000
2회	제1	8	13	20	32	50	80	125	200	315	500	800	1250
	제2	16	26	40	64	100	160	250	400	630	1000	1575	2500
다회	제1	3	5	8	13	20	32	50	80	125	200	315	500
	제2	6	10	16	26	40	64	100	160	250	400	630	1000
	제3	9	15	24	39	60	96	150	240	375	600	945	1500
	제4	12	20	32	52	80	128	200	320	500	800	1260	2000
	제5	15	25	40	65	100	160	250	400	625	1000	1575	2500

[비 고] 2회 및 다회 샘플링방식에 대해서는 표에 표시되어 있는 것은 누계 샘플 크기이다. 각각의 경우에 매회 제1샘플과 같은 크기의 샘플이 필요하다. 결과를 누계하여 표 12·17에 표시하는 합격 판정 개수 및 불합격 판정 개수와 비교한다(6. 참조).

표 12·17 1회, 2회 및 다회 샘플링방식에 대한 합격 판정 개수 및 불합격 판정 개수

샘플링 검사 형식	각 회의 샘플 크기의 근사값(1)	대응하는 1회 샘플링 방식의 합격 판정 개수(2)									
		1		3		5		10		18	
		A_c	R_e	A_c	R_e	A_c	R_e	A_c	R_e	A_c	R_e
1회	n_0	1	2	3	4	5	6	10	11	18	19
2회	0.63 n_0	0	2	1	4	2	5	5	9	9	14
	0.63 n_0	1	2	4	5	6	7	12	13	23	24
다회	0.25 n_0	#	2	#	3	$	4	0	5	1	8
	0.25 n_0	0	2	0	3	1	5	3	8	6	12
	0.25 n_0	0	2	1	4	2	6	6	10	11	17
	0.25 n_0	0	2	2	5	4	7	9	12	16	22
	0.25 n_0	1	2	4	5	6	7	12	13	23	24
판별력(CRQ/PRQ)		10.9		4.89		3.55		2.50		(2)	
AQL에서의 합격의 확률(%)(절차 B)		90.9		96.1		98.3		98.6		(2)	

[주(1)] 각 회의 샘플 크기는 근사값이다. 정확한 값은 샘플 문자에 대응하여 표 12·16에 있다.
(2) 이 합격 판정 개수는 절차 A에만 사용한다.
[비 고] # 이 샘플 크기로 합격의 판정은 불가능하다.

12.7 스킵 로트 샘플링검사(KS A ISO 2859-3 : 2001)

이 샘플링방식의 특징은 제출된 제품에 대한 검사노력의 감소를 도모하는 계수값 스킵 로트(Skip-lot) 합부 판정 샘플링 검사로서 공급자가 모든 면에서 그 품질을 효과적으로 관리하는 능력이 있는 것을 실증하고, 요구 조건에 합치하는 로트를 계속적으로 생산하는 경우에 적용할 수 있다. 검사 노력의 감소는 검사에 제출된 로트를 규정한 확률로 임의 선택하고, 검사 없이 통과시킬 것인가를 결정함으로써 달성된다. 즉, 연속하여 제출된 로트 중의 일부 로트를 검사 없이 합격으로 하는 샘플링검사이다.

검사는 공급자 또는 구입자의 검사 장소에서 행해지는 경우도 있고, 생산 프로세스의 조작 경계에서 행해지는 경우도 있다. 이 스킵 로트 절차는 KS A ISO 2859-1에 기술된 로트별 계수값 샘플링 방식과 함께 사용하도록 설계되어 있다.

이 절차는 연속적 시리즈의 로트 또는 배치(batch)에 사용하는 것을 의도한 것으로, 고립 상태의 로트에 대해 사용해서는 안 된다. 시리즈의 전 로트는 유사한 품질이 기대되고, 또 검사하지 않은 로트의 품질은 검사한 로트의 품질과 동등하다는 확

신을 할 수 있는 이유가 있는 것이 바람직하다.

또한 검사 특성값이 KS A ISO 2859-1에 설정되어 있는 계수값의 경우에만 사용할 수 있으며 그 절차의 적용 방법은 KS A ISO 2859-1의 수월한 검사와는 다르다.

이 규격의 스킵 로트 절차는 KS A ISO 2859-1의 절차가 통상 검사 수준 Ⅰ, Ⅱ 또는 Ⅲ하에서 보통 검사 또는 수월한 검사 혹은 보통 검사와 수월한 검사의 조합인 경우에만 실시된다(까다로운 검사에서는 스킵 로트 검사를 적용할 수 없다).

다회 샘플링방식은 보통 검사에서 자격 심사의 페이즈(상태 1)의 경우에만 사용할 수 있다. 합격 판정 개수가 0의 1회 샘플링방식은 이 규격에서는 사용하지 않도록 한다.

수월한 검사와 비교하면 다음과 같다.

① 수월한 검사는 KS A ISO 2859-1의 특징의 하나로, 보통 검사보다 작은 샘플 크기를 사용할 수 있다.

② 수월한 검사는 제품이 로트별 검사 상태에 있을 때 사용할 수 있으나, 스킵 로트 검사 또는 스킵 로트 중단의 상태에 있을 때에는 사용할 수 없다.

③ 스킵 로트 샘플링 검사는 수월한 검사보다 비용적으로 유리한 경우에는 수월한 검사 대신에 사용할 수 있다.

12.7.1 스킵 로트 자격 심사

[1] 공급자의 자격 심사

공급자는 다음의 각 항을 만족하여야 한다.

① 제품 품질과 설계 변경을 관리하기 위한 문서화된 시스템을 갖추고 유지한다.

② 품질 수준의 이동을 검출 수정하고, 또 품질의 저하를 초래하는 프로세스의 변화를 가시할 능력이 있는 시스템을 구축한다.

③ 품질의 저하를 초래할 우려가 있는 조직 변경이 없어야 한다.

[2] 제품의 자격 심사

제품은 다음의 각 항을 만족하여야 한다.

① 안정된 설계에 따른 것이어야 한다.

② 공급자와 소관 권한자 양쪽이 합의한 기간, 실질적 연속 생산의 상태에서 제조되어 온 것으로 한다(만일 기간의 규정이 없으면 6개월로 하고, 샘플의 승인을 위하여 생산이 중지된 경우에는 승인되고 생산 개시부터의 기간만을 포함한다).

③ 제품에 대한 자격 심사 기간 중, 통상 검사 수준 Ⅰ, Ⅱ 또는 Ⅲ에서 보통 검사

표 12・18 스킵 로트 검사 적용을 위한 최소 누계 샘플 크기

부적합품수	합격 품질 수준(AQL) 부적합품 퍼센트([1]) 또는 100단위당 불합격수)												
	0.1	0.15	0.25	0.4	0.65	1	1.5	2.5	4	6.5	10	15	25
	최소 누계 샘플 크기												
0	2660	1740	1040	650	400	260	174	104	65	40	26	17	10
1	4250	2840	1700	1070	654	425	284	170	107	65	43	28	17
2	5740	3830	2300	1440	883	574	383	230	144	88	57	38	23
3	7140	4760	2860	1790	1098	714	476	286	179	110	71	48	29
4	8490	5660	3400	2120	1306	849	566	340	212	131	85	57	34
5	9800	6530	3920	2450	1508	980	653	392	245	151	98	65	39
6	11090	7390	4440	2770	1706	1109	739	444	277	171	111	74	44
7	12360	8240	4940	3090	1902	1236	824	494	309	190	124	82	49
8	13610	9070	5440	3400	2094	1361	907	544	340	209	136	91	54
9	14850	9900	5940	3710	2285	1485	990	594	371	229	149	99	59
10	16080	10720	6430	4020	2474	1608	1072	643	402	247	161	107	64
11	17290	11530	6920	4320	2660	1729	1153	692	432	266	173	115	69
12	18500	12330	7400	4630	2846	1850	1233	740	463	285	185	123	74
13	19700	13130	7880	4930	3031	1970	1313	788	493	303	197	131	79
14	20890	13930	8360	5220	3214	2089	1393	836	522	321	209	139	84
15	22080	14720	8830	5520	3397	2208	1472	883	552	340	221	147	88
16	23260	15500	9300	5820	3578	2326	1550	930	582	358	233	155	93
17	24430	16290	9770	6110	3758	2443	1629	977	611	376	244	163	98
18	25600	17070	10240	6400	3938	2560	1707	1024	640	394	256	171	102
19	26760	17840	10700	6690	4117	2676	1784	1070	669	412	268	178	107
20	27930	18620	11170	6980	4297	2793	1862	1117	698	430	279	186	112

[주([1])] 부적합품 퍼센트는 10 이하의 AQL에 적합하다.

([2]) 각각의 추가 부적합품은 20의 최소 샘플 크기에 n을 더한다.
예를 들면, AQL이 1%이고 22의 부적합품이 발견되었을 때, 최소 누계 샘플 크기는 다음에 의하여 구해진다.

$(2 \times 117) + 2793 = 3027$

표 12·19 스킵 로트 검사의 개시, 계속, 재개를 위한 합격 판정수

샘플 크기	합격 품질 수준(AQL)([1]) 부적합품 퍼센트([2]) 또는 100단위당 부적합)												
	0.1	0.15	0.25	0.4	0.65	1	1.5	2.5	4	6.5	10	15	25
	합격 판정수												
2								→	→	0	→	0	1
3							→	→	0	→	0	1	1
5						→	→	0	→	0	1	1	2
8					→	→	0	→	0	1	1	2	3
13				→	→	0	→	0	1	1	2	3	5
20			→	→	0	→	0	1	1	2	3	5	7
32		→	→	0	→	0	1	1	2	3	5	7	11
50	→	→	0	→	0	1	1	2	3	5	7	11	17
80	→	0	→	0	1	1	2	3	5	7	11	17	
125	0	→	0	1	1	2	3	5	7	11	17		
200	→	0	1	1	2	3	5	7	11	17			
315	0	1	1	2	3	5	7	11	17				
500	1	1	2	3	5	7	11	17					
800	1	2	3	5	7	11	17						
1250	2	3	5	7	11	17							
2000	3	5	7	11	17								

[주([1])] 엄격하지 않은 검사에 의하여 화살표 표시한 $A_c = 0$을 나타낸다.

([2]) 부적합품 퍼센트 10 이하의 AQL에 적용한다.

[비 고] 이 스킵 로트 합격 판정수는 ISO 2859-1에 주어진 각각의 로트에 대한 합부 판정 기준과 혼동해서는 안 된다.

또는 수월한 검사 혹은 보통 검사와 수월한 검사의 조합이 적용되어야 한다(자격 심사 기간 중에 1로트라도 까다로운 검사를 적용받은 제품은 스킵 로트 검사를 받을 자격이 없다).

④ 공급자와 소관 권한자 양쪽이 합의한 안정 기간 중 AQL 또는 그보다 좋은 품질이 유지되어야 한다(만일 이 기간의 규정이 없으면 이 기간은 6개월로 한다).

⑤ 다음의 품질 요구 사항을 만족하여야 한다.

i) 직전의 10로트 이상이 합격되어야 한다. 만일 누계 샘플 크기에 대한 표 12·18의 요구 사항이 10로트로 만족되지 않으면, 10로트 이상이 필요하다.

ii) 직전의 10로트 또는 그 이상의 로트에 대하여 표 12 · 18의 요구 사항이 각각 만족되어야 한다.

iii) 최근의 각 2로트에 대하여 표 12 · 19의 요구 사항이 각각 만족되어야 한다. 만일 2회 또는 다회 샘플링방식을 사용하고 있을 때 위의 ii) 및 iii)의 절차에서는 제 1샘플의 결과만을 사용한다.

예제 12 · 19 공급자의 자격사항을 만족한 어떤 제품이 AQL=0.65%로 검사되고 연속 10로트가 합격하고 누계 샘플 크기가 1400개로 그 10로트에서 합계 4개의 부적합품이 발견되었다. 그리고 최근 2로트는 샘플 크기 125개로 샘플 중 부적합품이 각 1개로 나타났을 경우 제품의 스킵 로트 자격심사 결과는 어떠한가?

《풀이》 표 12 · 18에서 부적합품의 합계가 4개에 대한 최소 누계 샘플 크기가 1306개이다. 합계 샘플 크기의 1400은 이 최소 누계 샘플 크기를 넘으므로 표 1의 판정 기준은 만족한다. 그리고 최근의 2로트의 샘플 크기는 125개로, 샘플 중 부적합품은 각각 1개라고 생각한다. 표 12 · 19에서 샘플 크기 125에 대한 부적합품의 허용값은 1개이므로 표 12 · 20의 판정 기준은 만족한다. 따라서 이 제품은 품질 요구 사항을 만족하고, 스킵 로트 검사의 자격을 취득한다.

12.7.2 스킵 로트 검사 절차

제품이 공급자 및 제품의 자격심사에 적합하게 생산되면 스킵 로트 검사의 대상이 된다.

스킵 로트 절차 구조의 개요는 그림 12 · 20과 같으며, 이 절차에는 3개의 기본적 상태가 존재한다.

- 상태 1 : 로트별 검사
- 상태 2 : 스킵 로트 검사
- 상태 3 : 스킵 로트 중단

어느 제품에 대한 검사의 절차는 상태 1, 즉 로트별 검사에서 시작한다. 공급자와 제품이 스킵 로트 검사의 자격을 취득했을 때에는 상태 2, 즉 스킵 로트 검사로 옮겨 간다. 스킵 로트 검사는 일반적으로 중단되어 상태 3으로 옮겨 가는 경우가 있으며, 상태 3에서는 그 제품이 최초만큼 엄격하지 않은 조건에서 자격을 재취득하고, 상태 2로 되돌릴 수 있다. 한편 상태 2 또는 상태 3에서 그 제품이 스킵 로트 검사의 자격을 상실하는 경우도 있고, 이 경우에 절차는 상태 1로 되돌리고, 그 제품은 또 한번 공급자 및 제품의 자격심사 요구사항을 모두 만족하여야 한다.

이 스킵 로트 절차에서 상태 1, 2 및 3의 전기간 중 개개의 로트에 대해서 사용하는 합격 및 불합격의 판정 기준은 KS A ISO 2859-1 : 1989의 보통 검사를 기준으로

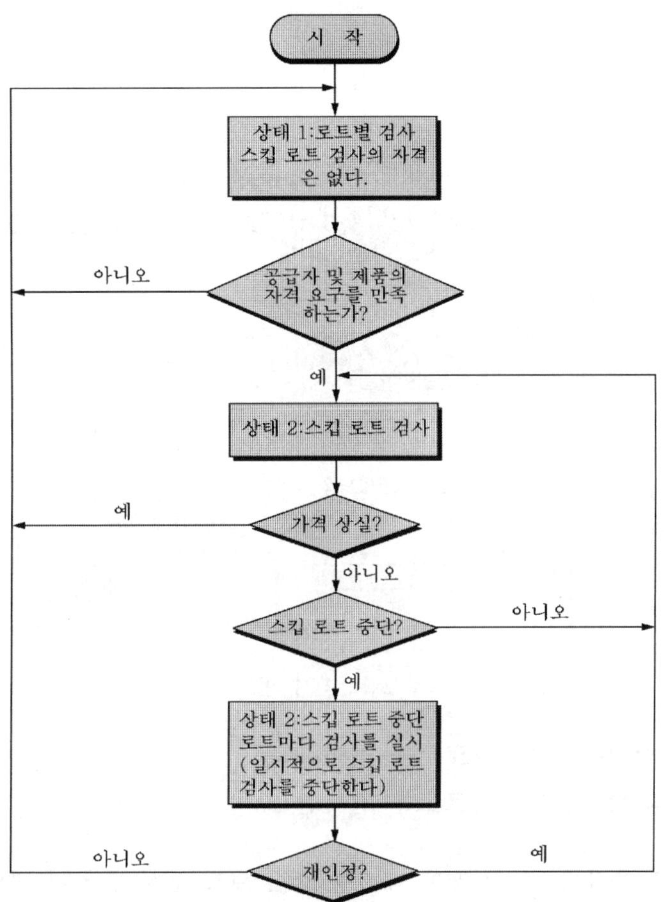

그림 12 · 20 스킵 로트 절차의 기본 구조

한다.

[1] 스킵 로트 검사의 초기 빈도 결정

그림 12 · 21에는 스킵 로트 검사의 초기 빈도 결정을 위하여 사용하는 절차가 나타나 있다. 이 빈도의 결정에는 최근 10로트 또는 그것을 초과하는 데이터를 사용하고 이들의 데이터는 검사한 아이템의 수와 샘플 중에서 발견된 불합격품 또는 불합격의 수에 대한 경과 기록이다. 만일 샘플 크기가 충분히 크지 않고, 표 12 · 19의 최소 누계 샘플 크기를 만족할 수 없을 때는 다음에 규정하는 요구 사항에 합격하기 위해서 10로트보다 많은 데이터가 필요하다.

초기 빈도의 선택기준은 다음의 3가지가 사용된다.

• 1/2(제출된 2로트 중에서 1로트를 검사한다)

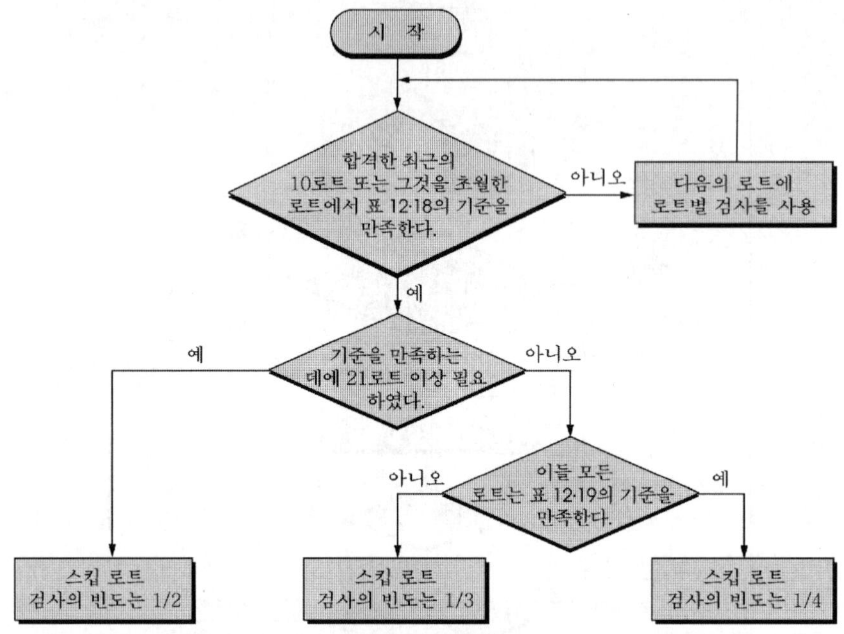

그림 12 · 21 스킵 로트 검사 빈도의 초기값 설정

- 1/3(제출된 3로트 중에서 1로트를 검사한다)
- 1/4(제출된 4로트 중에서 1로트를 검사한다)

예제 12 · 20 다음의 3가지 사례에 대하여 스킵 로트 검사의 초기 빈도를 구해 보자.

(사례 1) 최초의 10로트로 제품이 자격을 취득하고, 또 로트 크기는 1250～9500 사이에 있었다고 가정한다. 이들 로트에 대한 샘플 크기는 125 또는 200으로, 각 샘플 중에서의 불합격품은 항상 1 또는 0이었다. 따라서 10로트 모두가 표 12 · 19의 AQL=0.65에 대한 요구 사항을 만족한다. 즉, 초기 빈도는 1/4이다.

(사례 2) 최초의 로트가 샘플 크기 125 중에서 불합격품 2개를 포함하였다고 가정한다. 즉, 이 로트에 대해서는 표 12 · 19의 요구 사항은 만족되지 않는다. 또, 최초의 10로트에서 제품이 자격을 취득했다고 가정한다. 이 경우, 초기 빈도는 1/3이다.

(사례 3) 제3로트 및 제11로트가 불합격이었지만, 제21로트에서 제품이 자격을 취득했다고 가정한다. 이 경우, 자격 취득에 요한 로트수가 20을 초과하는 것으로 초기 빈도는 1/2이다.

[2] 검사 빈도 감소 및 증가

만일 다음의 조건이 양쪽 모두 만족되면 검사의 빈도는 다음의 낮은 빈도로 옮겨도 좋다(예를 들면, 1/3에서 1/4로, 1/4에서 1/5로 옮길 수는 있어도 1/5이라는 빈도는 초기 빈도로는 사용할 수 없다).

• 현행의 상태 2(스킵 로트 검사)에 있어서 직전의 빈도 변경 이후에 연속 10로트 이상이 스킵 로트 검사를 받아 합격하고, 그들의 로트에서의 데이터가 표 12 · 18의 요구 이상이어야 한다.

• 소관 권한자가 이 빈도 이행을 승인하여야 한다.

그리고 자격재취득시에는 표 12 · 19의 스킵 로트 검사를 위해 스킵 로트 검사 중단 이전의 검사 빈도보다 높은 검사 빈도로 변경한다(예를 들면, 1/5→1/4, 1/4→1/3, 1/3→1/2).

예제 **12 · 21** 예제 12 · 20의 (사례 1)과 같은 초기 빈도가 1/4인 경우, 다음의 10로트는 누계샘플크기가 1625이고 부적합품수가 5일 때 검사 빈도의 조정을 해보자.

《풀이》 불합격품수=5 및 AQL=0.65에 대한 최소 누계 샘플 크기는 1508이므로 이것은 표 12 · 18의 기준을 만족한다. 또 최근의 2로트에 대한 샘플 크기는 125 및 200이고, 각 샘플 중의 불합격품은 각각 1이라고 한다. 따라서 이들의 로트는 표 12 · 19의 요구 사항을 만족한다. 즉, 검사 빈도를 1/5로 해도 좋다.

[3] 자격중단

스킵 로트 검사기간 중 다음의 조건 중 어느 쪽이나 또는 양쪽이 발생한 경우에는 스킵 로트 검사를 중단하고 로트별 검사를 적용하여야 한다.

• 검사한 최후의 로트에서의 데이터가 표 12 · 19의 판정기준에 합치하지 않았다.

• 2회 샘플링 방식을 사용하여 제2 샘플이 필요해졌다. (이것은 2회 샘플링 방식에 대하여 위와 동등하다.)

[4] 자격재심사(재인정)

만일 스킵 로트 검사가 중단된 상태 3의 기간 중에 연속 4로트가 합격하고 최근의 연속 2로트가 양쪽 모두 표 12 · 19의 요구 사항을 만족한다면 스킵 로트 검사로 되돌아와도 좋다. 2회 샘플링 방식을 사용하는 때는 제1샘플의 결과만을 사용한다. 만일 중단 이전의 검사 빈도가 1/2이 아니면 다음에 높은 빈도로(예를 들면 1/4에서 1/3으로) 이행하여야 한다. 그렇지 않으면 1/2의 빈도로 되돌아와야 한다.

예를 들어 빈도가 1/5인 스킵 로트 검사 중에 최후의 1로트가 불합격으로 되면, 스킵 로트 검사는 중단된다. 여기서 상태 3의 기간 중에 연속 4로트가 합격하고, 또 최근의 2로트에 대한 샘플 크기는 각각 125이고, 각 샘플 중의 불합격품은 각각 1로 한다. 이 제품은 빈도 1/4의 스킵 로트 검사의 자격을 다시 준다.

[5] 자격상실

다음 중 어느 하나라도 발생하면 그 제품은 스킵 로트 검사의 자격을 상실하고 로트별 검사로 되돌아온다.

• 상태 3에서 1로트가 불합격이 되었다.

• 상태 3에서 10로트 이내에 자격을 재취득하지 않았다.

• 공급자와 소관 권한자 양쪽이 합의한 기간 생산 활동이 없었다(만일 이 기간에 대한 합의가 없으면 2개월로 한다).

• 공급자가 문서화되고, 승인된 품질 관리 절차를 현저히 일탈하였다. 또는 공급자가 공급자 및 제품의 자격 상실 요구 사항을 만족하지 않았다.

• 소관 권한자가 로트별 검사로 되돌아오는 것을 희망한다(예를 들면, 고객으로부터 고충을 듣고 확인하고, 제품 또는 서비스의 품질에 중대한 영향이 있는 것을 알았거나 또는 상태 2 및 상태 3 사이의 이행이 단기간에 2회 이상 일어났다).

12.7.3 공급자 및 소관 권한자의 책임

[1] 공급자의 책임

공급자는 제조 방법 또는 검사 방법의 변경 또는 그 제품의 생산에 관련하는 공구, 게이지 또는 원재료의 개량 혹은 시방 변경을 실시했을 때는 검사 기능에 통지하여야 한다.

공급자는 불합격 로트를 발견하고, 소정의 조직적 절차에 따른 준비가 필요해졌을 때는 즉시 검사 기능에 통지하여야 한다. 그 로트는 소정의 조직적 절차에 따라서 소관 권한자가 합격승인을 하기까지 보류해 두어야 한다. 이 절차하에서 합격이 된 로트는 스킵 로트 검사 절차의 목적에 대해서는 존재하지 않은 것으로 취급한다.

공급자는 원재료가 새로운 리스트 번호, 도면 번호 또는 시방서에 따라서 최초로 제조되었을 때는 언제라도 검사 기능에 통지하여야 한다.

공급자는 검사 기능이 검사했는가에 관계없이 출하한 모든 로트에 대한 검사 데이터를 검사 기능이 이용할 수 있도록 해 두어야 한다.

공급자는 시방서 번호, 리스트 또는 도면 번호, 계약 또는 구입 주문 번호, 고객, 목적지, 출하량을 포함한 리스트를 검사 기능에 공급하여야 한다. 검사 기능이 검사하지 않은 로트를 출하할 때 공급자는 출하일자를 기록하고, 출하품에 스킵 로트 절차의 검사 기능의 검사 없이 출하한 제품인 것을 표시하는 스탬프를 찍어야 한다.

[2] 검사 기능 및 소관 권한자의 책임

검사 기능은 스킵 로트 검사가 KS A ISO 2859-1에 정해져 있는 수월한 검사보다 비용적으로 유리한가를 결정하기 위해서 생산, 검사 및 제품의 형편에 관한 모든 요소를 재조사하여야 한다. 스킵 로트가 수월한 검사보다 비용적으로 유리하다고 결정하고, 또 공급자 및 제품의 자격 심사 요구 사항에 합치하면 검사 기능은 소관 권한자에게 문서로 통지하고, 그 제품에 대해서 스킵 로트 검사를 추천하여야 한다. 거기에는 다음과 같은 정보를 포함한다.

- 품질 이력
- 제조 기간
- 공급자의 현행품질 관리 절차의 사본 및 그 절차에 대한 공급자의 능력 정리, 공급자의 검사 및 시험 방법 및 모든 특성값을 관리하는 능력에 대한 평가에는 특별한 주의를 기울여야 한다.
- 스킵 로트 검사의 도입 희망 시기
- 초기 빈도의 희망값

초기 책임자는 그 제품의 최종 용도 및 그 안전상의 관점을 재조사하고, 그 제품이 스킵 로트 검사의 자격을 취득해도 좋은가를 판정하여야 한다. 소관 권한자는 공급된 정보를 재조사하고, 그 공급자가 제품 품질의 전면적 관리를 하는가를 판정하여야 하고, 스킵 로트 검사의 개시 일자를 결정하여야 한다.

검사 기능은 공급자와 소관 권한자가 합의한 빈도로 공급자의 품질 관리 시스템을 재조사하여야 한다. 빈도의 합의가 없으면 6개월마다 1회 재조사하여야 한다. 이 재조사의 목적은 공급자가 그 품질 관리 절차를 이해하고, 또 그에 따르고 있는가를 판정하는 것이다. 만일 불충분한 곳이 있으면 조직적 채널을 통하여 소관 권한자에게 통지하여야 한다. 스킵 로트 검사를 중지하는가의 여부는 소관 권한자가 결정한다.

정기적으로 검사 기능은 프로세스간 검사를 실시하여야 한다.

12.7.4 검사 로트의 선택 방법

[1] 정육면체 주사위를 사용하는 방법

빈도 1/2	로트가 검사에 제출된 때, 정육면체 주사위를 흔든다. 만일 주사위의 눈이 홀수이면 그 로트를 검사 로트로 선택하고, 짝수이면 그 로트를 검사하지 않고 합격으로 한다.
빈도 1/3	로트가 검사에 제출된 때, 정육면체 주사위를 흔든다. 만일 주사위의 눈이 1 또는 2이면 그 로트를 검사 로트로 선택하고, 3 이상이면 그 로트를 검사하지 않고 합격으로 한다.

빈도 1/2	로트가 검사에 제출된 때, 정육면체 주사위를 흔든다. 만일 주사위의 눈이 홀수이면 그 로트를 검사 로트로 선택하고, 짝수이면 그 로트를 검사하지 않고 합격으로 한다.
빈도 1/3	로트가 검사에 제출된 때, 정육면체 주사위를 흔든다. 만일 주사위의 눈이 1 또는 2이면 그 로트를 검사 로트로 선택하고, 3 이상이면 그 로트를 검사하지 않고 합격으로 한다.

[2] 난수표를 사용하는 방법

많은 난수표가 발표되고 있고, 또 난수 발생을 위해 여러 가지 컴퓨터 프로그램이 있다. 00000에서 99999까지의 5자리 난수가 사용 가능한 것으로 가정한다. 빈도 $1/k$로 선택하는 경우에는 얻어진 난수를 k로 나누고, 그 나머지가 1이면 그 로트를 검사 로트로 선택하고, 1 이외이면 그 로트를 합격으로 한다. 이 방법은 $k=2, 3, 4$ 또는 5인 경우에 적합하다.

난수표를 사용하는 경우에 사용한 난수는 그 후의 검토시에는 사용하지 않는다.

12.8 계수연속생산형 샘플링검사(KS A 3106)

이 샘플링검사는 벨트 컨베이어(belt conveyor) 생산방식과 같이 물품이 1개 1개씩 연속하여 이동되는 경우에 평균품질을 지정된 평균출검품질한계(AOQL) 내에 들어가도록 하는 것이다. 계수연속생산형 샘플링검사에는 그림 12 · 22와 같이 각개검사에서 시작하여 품질이 양호하면 일부 검사로 넘어가고 일부 검사에서 부적합품을 발견하였을 때는 즉시 각개 검사로 바꾸는 것에 대해서 규정하고 있다. 한편 검사 방법은 비파괴검사이어야 한다. 이 검사규격은 다지(Dodge)의 CSP-1을 기초로 하여 작성된 것으로 우리나라의 KS A 3106에 규정되어 있다.

검사절차는 다음과 같다.

① AOQL을 지정한다 — AOQL은 생산형태, 경제적 사정, 품질에 대한 요구, 검사에 소요되는 비용, 노력, 시간 등 생산상 또는 거래상의 실정을 아울러 고려해서 물품을 양도하는 측과 인수하는 측과의 합의하에 결정한다(AOQ와 AOQL의 관계, 그림 12 · 23 참조).

② 로트를 형성한다 — 연속적으로 보내지고 있는 이동로트를 로트로 한다. 새로운 로트에 대해서는 각개 검사로부터 시작한다. 정지로트에 대해서도 이 샘플링검사를 적용할 수 있다.

③ 도중에 발견된 부적합품을 양품으로 대체하거나 또는 제거하거나 한다 — 예

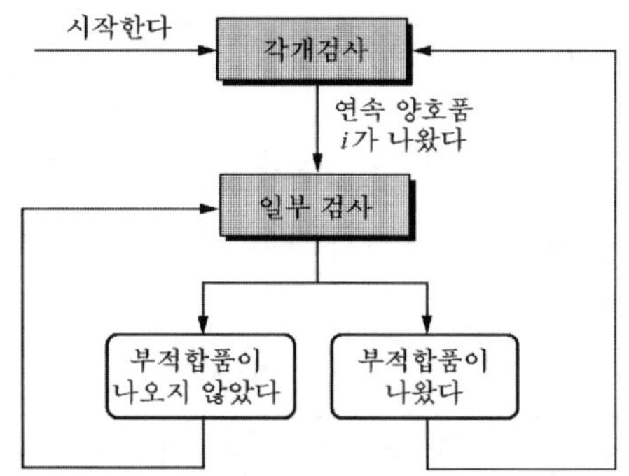

그림 12 · 22 **계수 연속생산형 샘플링검사 흐름도**

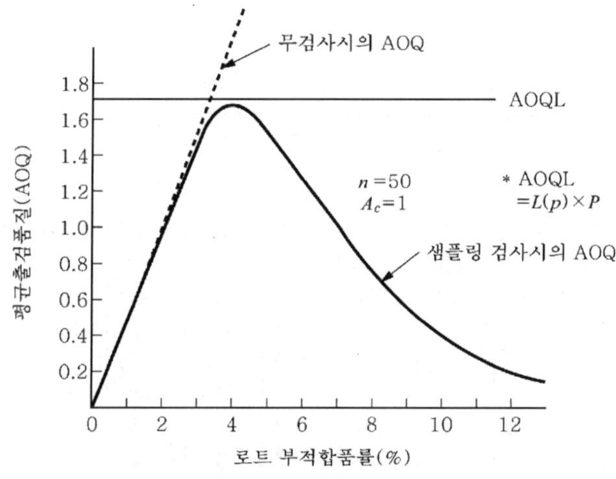

그림 12 · 23 **평균출검품질(AOQ)**

를 들면 검사 후의 물품의 수가 감소하여도 상관없을 때에는 부적합품을 제거하며, 그렇지 않은 경우에는 양품과 대체한다.

④ 공정평균 불량률($\bar{p}$)을 추정한다 — 공정이 안정되어 있어서 현재까지의 공정평균부적합품률을 알고 있는 경우에는 그 수치를 그대로 검사기간의 공정평균 부적합품률로 사용한다. 그렇지 않은 경우에는 최근의 제품공정에서 나온 10개 이상의 로트에서 각 로트로부터 시료를 샘플링하여 검사해서 다음 식에 의해 구한다.

$$\bar{p}(\%) = \frac{\text{시료 내의 부적합품 수}}{\text{시료의 크기}} \times 100 \qquad (12 \cdot 50)$$

⑤ 군 구분의 크기를 결정한다 — 군 구분의 크기 $1/f$은 먼저 다음 식에 의해서 품질개선지수 b(이 수치는 품질개선 요구의 정도를 표시한다)를 구하여 그 수치에 의해서 표 12 · 20으로부터 선정한다.

$$b = \frac{\bar{p}}{\text{AOQL}} \qquad (12 \cdot 51)$$

⑥ **연속 양품수를 결정한다** — 연속 양품수 i는 AOQL과 $1/f$로부터 부적합품을 양품수로 대체하는 경우에는 표 12 · 21에서, 부적합품을 제거하는 경우에는 표 12 · 22에서 구한다.

표 12 · 20 군 구분의 크기 $1/f$을 구하는 표

b	1.52 미만	1.52~1.61 미만	1.61~1.70 미만	1.70~1.83 미만	1.83~1.96 미만	1.96~2.12 미만	2.12~2.31 미만	2.31~2.51 미만	2.51~2.89 미만	2.89~3.75 미만	3.75 이상
$\frac{1}{f}$	50	30	20	15	10	8	6	5	4	3	2

표 12 · 21 연속 양품수 i를 구하는 표(부적합품을 양품과 대체하는 경우)

AOQL의 범위 (%)	$\frac{1}{f}$										
	2	3	4	5	6	8	10	15	20	30	50
0.1~0.16 미만	280	470	610	720	820	980	1100	1350	1530	1790	2140
0.16~0.25 미만	175	290	380	450	510	610	690	840	960	1120	1340
0.25~0.4 미만	115	185	245	290	330	390	440	540	610	720	860
0.4~0.63 미만	69	120	155	180	205	245	275	340	380	450	540
0.63~1.0 미만	44	73	96	115	130	155	175	215	245	285	340
1.0~1.6 미만	28	46	60	71	81	97	110	135	155	180	215
1.6~2.5 미만	17	29	37	44	50	60	68	83	91	115	135
2.5~4.0 미만	11	18	24	28	32	38	43	53	60	71	84
4.0~6.3 미만	7	11	15	17	20	24	27	33	37	44	52
6.3~10.0 미만	4	7	9	11	12	15	17	21	23	27	33

표 12 · 22 연속 양품수 i를 구하는 표(부적합품을 제거하는 경우)

AOQL의 범위 (%)	$\frac{1}{f}$										
	2	3	4	5	6	8	10	15	20	30	50
0.1~0.16 미만	280	470	610	720	820	980	1100	1350	1530	1790	2140
0.16~0.25 미만	175	290	380	450	510	610	690	840	960	1120	1340
0.25~0.4 미만	115	185	245	290	330	390	440	540	610	720	860
0.4~0.63 미만	70	120	155	180	205	245	275	340	380	450	540
0.63~1.0 미만	45	74	96	115	130	155	175	215	245	285	340
1.0~1.6 미만	29	47	61	72	82	98	110	135	155	180	215
1.6~2.5 미만	18	30	38	45	51	61	69	84	95	115	135
2.5~4.0 미만	12	19	25	29	33	39	44	54	61	72	85
4.0~6.3 미만	8	12	16	18	21	25	28	34	38	45	53
6.3~10.0 미만	5	8	10	12	13	16	18	22	24	28	34

⑦ 검사를 실시한다.

ⓐ 품질기준에 따라서 각개 검사로부터 시작하여 양품인가 부적합품인가를 조사한다.

ⓑ 양품이 연속하여 i개가 나올 때까지 각개 검사를 계속하여, 만일 i개가 되지 않는 동안에 부적합품이 나타나면 다시 다음의 양품으로부터 시작하여 각개 검사를 계속한다.

ⓒ 양품이 연속하여 i개가 나오면 그 다음 검사단위부터 $1/f$개마다 조로 군 구분하여, 각 조에서 1개를 샘플링해서 조사하는 일부 검사로 옮긴다.

ⓓ 일부 검사에서 조사한 1개가 양품이면 같은 일부 검사를 계속한다.

ⓔ 일부 검사에서 조사한 1개가 불량품이면 다음 군 구분의 검사단위로부터 각개 검사로 다시 옮긴다.

ⓕ ⓑ 및 ⓔ에서 부적합품을 양품으로 대체하는 경우에는 이를 수리하거나, 또는 다른 검사완료의 양품과 대체한다. 또 부적합품을 양품으로 대체할 수 없을 때에는 단지 그것을 제거하기만 한다.

ⓖ 이후 이를 로트가 끝날 때까지 반복한다.

예제 12 · 22 벨트 컨베이어에 의한 제품공정에서 보내지는 반제품을 연속적으로 검사하는 경우 AOQL=0.5%의 연속 생산형 샘플링검사 방식을 구하여라. 단, 도중에서 발견된 부적합품은 제거하기로 한다. $\bar{p}=1.2\%$ 이다.

《풀이》 ① AOQL $=0.5\%$

② $\bar{p}=1.2\%$

③ 품질개선지수 b를 구한다.

$$b=\frac{\bar{p}}{\text{AOQL}}=\frac{1.2}{0.5}=2.4$$

④ 군 구분의 크기 $1/f$을 표 12 · 20에서 구한다.

$b=2.4$에 대해서 $1/f=5$

⑤ 표 12 · 22에서 AOQL $=0.5\%$를 포함하는 행과 $1/f=5$를 포함하는 열이 교차하는 난에서 $i=180$을 구한다.

따라서 샘플링방식 $1/f=5$, $i=180$

예제 12 · 23 예제 12 · 22의 검사를 실시하여라.

《풀이》 예제 12 · 21에 있어서의 샘플링방식 $1/f=5$, $i=180$을 실시하면 다음과 같이 된다.

① 최초에 각개 검사로부터 시작하여 32번째의 물품이 부적합품이었다. 그래서 33번째부터 다시 각개 검사를 계속하여 180개, 즉 212번째까지 양품이 계속되었다.

② 213번째부터 5개, 즉 217번째까지를 구분으로 하여 5개 중에서 2번째, 즉 214번째를 조사하였더니 양품이었다. 그래서 다음의 군 구분 218번째부터 222번째까지의 5개 중에서 219번째를 조

사한다. 이후 부적합품이 발견될 때까지 같은 방법으로 일부 검사를 계속한다.

③ 일부 검사에서 채취한 304번째가 부적합품이었다. 이 구분의 다음 구분, 즉 308번째부터 다시 각개 검사로 돌아간다.

④ 이후 이것을 되풀이한다.

12.9 축차 샘플링검사

축차 샘플링검사는 동일한 OC곡선을 갖는 샘플링검사 조건하에서 평균검사개수가 가장 적게 되어 있는 샘플링방식으로, 이론적으로는 1943년에 A. Wald에 의하여 발표된 축차확률비 검정에 근거를 두고 있다. 축차 샘플링검사 방식은 로트로부터 1개씩 검사단위를 채취하고, 검사결과를 누적해 가면서 다음과 같은 판정을 내린다.

① 로트를 합격으로 한다.

② 검사를 속행한다.

③ 로트를 불합격으로 한다.

따라서 ①과 ③의 경우에는 그 단계에서 검사가 끝나지만, ②의 경우에는 다시 1개의 검사단위를 채취하고, 시험하여 얻어진 결과와 앞에 나온 결과를 누적해서 위의 세 가지 중에서 어느 쪽인가의 판정을 내려서 로트합격이나 불합격이 판정될 때까지 검사를 속행한다.

또 축차 샘플링검사 방식에는 검사단위의 품질을 양호품과 부적합품으로 표시한 부적합품 개수에 근거를 둔 계수값 축차 샘플링검사는 KS A ISO 8422 : 2001에 규정되어 있고 검사단위를 계량치로 표시하고, 그 누적치로 판정하는 계량값 축차 샘플링검사는 KS A ISO 8423 : 2001에 규정되어 있다.

12.9.1 계수값 축차 샘플링검사(KS A ISO 8422 : 2001)

이 샘플링방식은 부적합의 정도가 부적합품률 또는 100 항목당 부적합수로 표시되는 경우에 사용하고 생산자위험점 5% 및 소비자위험점 10%를 지표로 한다.

계수 축차 샘플링방식에서는 항목은 임의로 선택되고 1개씩 검사하여 부적합항목수(또는 부적합수)의 누계카운트를 계산하고 각 항목의 검사 후, 검사의 그 단계에서 로트의 판정에 충분한 정보를 얻을 수 있었는지를 누계카운트를 사용하여 검토한다.

누계카운트에서는 합격 또는 불합격의 어느 쪽의 결정도 내릴 수 없는 경우는 또 1개의 항목을 검사한다. 이 순서는 로트의 합격 또는 불합격의 결정을 할 수 있는 충분한 샘플정보가 축적될 때까지 반복한다.

이 샘플링방식의 특징은 다음과 같다.

① 로트검사를 하기 이전에 1회, 2회, 다회 또는 축차 샘플링방식을 선택해야 하며, 하나의 로트에 대한 검사기간 중에는 다른 샘플링방식으로 전환할 수 없다.

② 샘플링을 하기 전에 누계샘플사이즈의 중지값(n_t)을 설정해 두고 누계샘플사이즈(n_{cum})가 n_t에 이르면 검사를 중지한다.

소로트에 대하여 축차 샘플링방식을 적용할 때에는 비복원 샘플링을 실시할 수 있다(원칙적으로 복원샘플링을 해야 하지만).

[1] 실시 이전의 준비

(1) 파라미터 h_A, h_R 및 g의 값을 구한다.

표 12 · 23 및 표 12 · 24에서 생산자위험 α=0.05 및 소비자위험 β=0.10과 생산자 위험물질(PRQ) 및 소비자위험품질(CRQ)의 각 대표값에 대응하는 파라미터 h_A, h_R, g의 값을 구한다.

h_A : 합격 판정 개수를 정하기 위하여 사용되는 상수(합격 판정선의 절편)

h_R : 불합격 판정 개수를 정하기 위하여 사용되는 상수(불합격 판정선의 절편)

g : 합격 판정 개수 및 불합격 판정 개수를 정하기 위하여 누계샘플사이즈에 곱하는 계수(합격 판정선 및 불합격 판정선의 기울기)

(2) 누계샘플사이즈의 중지값(n_t)의 결정

① 대응하는 1회 샘플링방식의 샘플사이즈 n_0를 알고 있는 경우

$n_t = 1.5n_0$ (단, 끝수를 올린다.)

② n_0를 모르는 경우(부적합품률 검사시)

$$n_t = \frac{2h_A \cdot h_R}{g(1-g)} \text{ (단, 끝수를 올린다.)}$$

③ 소로트에 대한 중도중지

n_t > 로트사이즈 N인 경우, $n_t = N$

(3) 수치판정법 및 도식판정법의 선택

① 수치판정법은 표준적인 방법으로 정확하고 합격 여부의 판정에 의문의 여지를 남기지 않는 장점이 있으며 그 방법으로서는 누계샘플사이즈 n_{cum}의 1에서 $n_t - 1$까지 각 값에 대하여 합격판정개수 A 및 불합격판정개수 R과 n_t에 대응하는 A_t 및 R_t를 계산한다.

i) $A = g \cdot n_{cum} - h_A$(단, 소수점 이하 3자리까지 끝수 버림)

표 12・23 생산자 위험 α=0.05 및 소비자 위험 β=0.10에 대한 축차 샘플링 방식의 파라미터(부적합품률 검사, 주샘플링표)

PRQ	파라미터	CRQ(소비자 위험 품질 수주)																
		0.80	1.00	1.25	1.60	2.00	2.50	3.15	4.00	5.00	6.30	8.00	10.00	12.50	16.00	20.00	25.00	31.50
0.100	h_A	1.079	0.974	0.887	0.808	0.747	0.694	0.647	0.604	0.568	0.535	0.504	0.478	0.454	0.429	0.408	0.388	0.367
	h_R	1.385	1.250	1.139	1.037	0.959	0.891	0.830	0.775	0.729	0.687	0.647	0.614	0.583	0.551	0.524	0.498	0.472
	g	0.003 37	0.003 91	0.004 56	0.005 43	0.006 37	0.007 50	0.008 91	0.010 7	0.012 7	0.015 2	0.018 5	0.022 2	0.026 7	0.033 0	0.040 2	0.049 4	0.061 6
0.125	h_A	1.208	1.078	0.973	0.878	0.806	0.746	0.691	0.642	0.602	0.565	0.531	0.502	0.475	0.448	0.425	0.403	0.381
	h_R	1.551	1.384	1.249	1.127	1.035	0.957	0.887	0.825	0.773	0.726	0.682	0.644	0.610	0.575	0.546	0.518	0.489
	g	0.003 64	0.004 21	0.004 90	0.005 80	0.006 79	0.007 97	0.009 44	0.011 3	0.013 4	0.016 0	0.019 4	0.023 2	0.027 9	0.034 4	0.041 9	0.051 3	0.063 8
0.160	h_A	1.393	1.223	1.089	0.972	0.885	0.812	0.748	0.691	0.645	0.602	0.564	0.531	0.501	0.471	0.446	0.422	0.398
	h_R	1.789	1.570	1.399	1.247	1.136	1.042	0.960	0.887	0.828	0.774	0.724	0.682	0.644	0.605	0.572	0.542	0.511
	g	0.003 98	0.004 59	0.005 31	0.006 27	0.007 31	0.008 55	0.010 1	0.012 0	0.014 2	0.017 0	0.020 5	0.024 5	0.029 4	0.036 2	0.043 9	0.053 6	0.066 6
0.200	h_A	1.617	1.392	1.221	1.075	0.970	0.883	0.808	0.742	0.689	0.641	0.597	0.561	0.528	0.494	0.466	0.440	0.414
	h_R	2.076	1.787	1.568	1.381	1.245	1.134	1.037	0.952	0.884	0.823	0.767	0.720	0.677	0.635	0.599	0.565	0.532
	g	0.004 33	0.004 98	0.005 74	0.006 75	0.007 84	0.009 15	0.010 8	0.012 8	0.015 1	0.018 0	0.021 6	0.025 7	0.030 8	0.037 8	0.045 8	0.055 9	0.069 2
0.250	h_A	1.926	1.615	1.390	1.204	1.074	0.968	0.878	0.801	0.739	0.684	0.635	0.594	0.557	0.520	0.489	0.460	0.432
	h_R	2.473	2.074	1.785	1.546	1.378	1.243	1.128	1.028	0.949	0.879	0.815	0.762	0.715	0.667	0.628	0.591	0.555
	g	0.004 73	0.005 41	0.006 22	0.007 29	0.008 44	0.009 81	0.011 5	0.013 6	0.016 0	0.019 0	0.022 8	0.027 1	0.032 4	0.039 7	0.047 9	0.058 3	0.072 1
0.315	h_A	2.403	1.937	1.622	1.374	1.207	1.075	0.966	0.873	0.800	0.736	0.679	0.632	0.591	0.549	0.515	0.483	0.452
	h_R	3.085	2.487	2.083	1.764	1.549	1.381	1.240	1.121	1.028	0.945	0.872	0.812	0.758	0.705	0.661	0.620	0.580
	g	0.005 21	0.005 93	0.006 79	0.007 92	0.009 14	0.010 6	0.012 4	0.014 6	0.017 1	0.020 2	0.024 2	0.028 7	0.034 2	0.041 8	0.050 3	0.061 1	0.075 3
0.40	h_A	3.229	2.441	1.961	1.610	1.385	1.214	1.076	0.962	0.875	0.799	0.732	0.678	0.630	0.583	0.545	0.509	0.475
	h_R	4.146	3.134	2.518	2.067	1.778	1.559	1.382	1.236	1.123	1.026	0.940	0.871	0.809	0.749	0.700	0.654	0.610
	g	0.005 77	0.006 55	0.007 47	0.008 67	0.009 96	0.011 5	0.013 4	0.015 7	0.018 4	0.021 7	0.025 8	0.030 5	0.036 3	0.044 1	0.053 0	0.064 2	0.079 0
0.50	h_A	4.759	3.224	2.437	1.917	1.606	1.381	1.205	1.064	0.958	0.868	0.790	0.727	0.673	0.619	0.576	0.537	0.498
	h_R	6.110	4.140	3.129	2.461	2.062	1.774	1.548	1.366	1.231	1.114	1.014	0.934	0.863	0.795	0.740	0.689	0.640
	g	0.006 38	0.007 22	0.008 19	0.009 47	0.010 8	0.012 5	0.014 5	0.016 9	0.019 7	0.023 2	0.027 5	0.032 4	0.0.38 4	0.046 6	0.055 8	0.067 4	0.082 7
0.63	h_A	9.357	4.834	3.256	2.390	1.926	1.611	1.377	1.196	1.064	0.953	0.860	0.786	0.723	0.662	0.613	0.568	0.526
	h_R	12.013	6.206	4.180	3.069	2.472	2.069	1.763	1.535	1.366	1.224	1.104	1.009	0.928	0.849	0.787	0.729	0.675
	g	0.007 12	0.008 01	0.009 05	0.010 4	0.011 9	0.013 6	0.015 7	0.018 3	0.021 2	0.024 9	0.029 4	0.034 6	0.040 8	0.049 4	0.059 0	0.071 0	0.086 8
0.80	h_A		9.999	4.994	3.210	2.425	1.946	1.614	1.371	1.200	1.062	0.947	0.858	0.783	0.712	0.656	0.605	0.557
	h_R		12.837	6.411	4.122	3.113	2.499	2.073	1.760	1.541	1.363	1.215	1.102	1.006	0.914	0.842	0.777	0.715
	g		0.008 96	0.010 1	0.011 5	0.013 1	0.014 9	0.017 2	0.020 0	0.023 1	0.026 9	0.031 7	0.037 1	0.043 7	0.052 6	0.062 6	0.075 1	0.091 6
1.00	h_A			9.976	4.729	3.201	2.417	1.925	1.589	1.364	1.188	1.046	0.939	0.850	0.767	0.702	0.644	0.590
	h_R			12.808	6.071	4.110	3.103	2.472	2.040	1.751	1.525	1.343	1.205	1.091	0.984	0.901	0.827	0.757
	g			0.011 2	0.012 8	0.014 4	0.016 4	0.018 8	0.021 7	0.025 0	0.029.0	0.034 1	0.039 7	0.046 6	0.055 9	0.066 4	0.079 4	0.096 5

〔비고〕 PRQ 및 CRQ는 부적합품률(%)로 표시하고 있다.

표 12·23 생산자 위험 $\alpha=0.05$ 및 소비자 위험 $\beta=0.10$에 대한 축차 샘플링 방식의 파라미터(부적합품률 검사, 주샘플링표)(계속)

PRQ	파라미터	CRQ(소비자 위험 품질 수준)																
		0.80	1.00	1.25	1.60	2.00	2.50	3.15	4.00	5.00	6.30	8.00	10.00	12.50	16.00	20.00	25.00	31.50
1.25	h_A				8.990	4.713	3.189	2.386	1.890	1.580	1.348	1.168	1.036	0.929	0.830	0.755	0.688	0.627
	h_R				11.543	6.052	4.095	3.063	2.426	2.028	1.731	1.500	1.331	1.193	1.066	0.969	0.884	0.805
	g				0.014 2	0.015 0	0.018 0	0.020 6	0.023 7	0.027 2	0.031 4	0.036 7	0.042 7	0.049 9	0.059 7	0.070 6	0.084 1	0.101 8
1.60	h_A					9.938	4.943	3.247	2.392	1.917	1.586	1.343	1.171	1.036	0.915	0.824	0.745	0.674
	h_R					12.721	6.346	4.169	3.072	2.461	2.036	1.724	1.504	1.330	1.175	1.058	0.957	0.865
	g					0.017 9	0.020 2	0.022 9	0.026 2	0.029 9	0.034 5	0.040 1	0.046 4	0.054 0	0.064 3	0.075 8	0.089 9	0.108 4
2.00	h_A						9.863	4.830	3.154	2.376	1.888	1.553	1.329	1.157	1.008	0.899	0.806	0.723
	h_R						12.663	6.202	4.049	3.051	2.424	1.994	1.706	1.485	1.294	1.154	1.035	0.928
	g						0.022 4	0.025 3	0.028 9	0.032 8	0.037 6	0.043 6	0.050 3	0.058 2	0.069 0	0.081 0	0.095 8	0.115 0
2.50	h_A							9.467	4.637	3.131	2.335	1.843	1.535	1.311	1.123	0.989	0.878	0.780
	h_R							12.155	5.953	4.019	2.998	2.367	1.971	1.683	1.441	1.269	1.127	1.001
	g							0.028 1	0.031 9	0.036 1	0.041 2	0.047 5	0.054 6	0.063 0	0.074 3	0.086 9	0.102 3	0.122 3
3.15	h_A								9.089	4.677	3.100	2.289	1.832	1.521	1.274	1.104	0.967	0.850
	h_R								11.669	6.005	3.980	2.939	2.353	1.953	1.635	1.417	1.242	1.091
	g								0.035 6	0.040 1	0.045 5	0.052 2	0.059 7	0.068 6	0.080 5	0.093 7	0.109 9	0.130 7
4.00	h_A									9.637	4.705	3.060	2.295	1.827	1.481	1.256	1.083	0.938
	h_R									12.372	6.040	3.929	2.947	2.346	1.902	1.613	1.390	1.204
	g									0.044 8	0.050 7	0.057 8	0.065 8	0.075 2	0.087 9	0.101 8	0.118 7	0.140 6
5.00	h_A										9.193	4.484	3.013	2.255	1.750	1.445	1.220	1.039
	h_R										11.803	5.757	3.868	2.895	2.247	1.855	1.566	1.333
	g										0.056 3	0.063 9	0.072 4	0.082 4	0.095 7	0.110 3	0.128 1	0.150 9
6.30	h_A											8.753	4.482	2.987	2.162	1.714	1.406	1.171
	h_R											11.238	5.754	3.835	2.776	2.201	1.805	1.503
	g											0.071 2	0.080 2	0.090 8	0.104 9	0.120 4	0.139 0	0.162 9
8.0	h_A												9.184	4.535	2.871	2.132	1.675	1.352
	h_R												11.792	5.822	3.686	2.737	2.151	1.735
	g												0.089 7	0.101 0	0.116 0	0.132 3	0.152 0	0.177 1
10.0	h_A													3.958	4.177	2.776	2.049	1.585
	h_R													11.501	5.363	3.564	2.631	2.035
	g													0.112 1	0.128 0	0.145 2	0.166 0	0.192 2

〔비고〕 PRQ 및 CRQ는 부적합품률(%)로 표시하고 있다.

표 12·24 생산자 위험 $\alpha=0.05$ 및 소비자 위험 $\beta=0.10$에 대한 축차 샘플링 방식의 파라미터(100항목당 부적합품률 검사, 주샘플링표)

PRQ	파라미터	CRQ(소비자 위험 품질 수준)																
		0.80	1.00	1.25	1.60	2.00	2.50	3.15	4.00	5.00	6.30	8.00	10.00	12.50	16.00	20.00	25.00	31.50
0.100	h_A	1.083	0.987	0.891	0.812	0.751	0.699	0.653	0.610	0.575	0.543	0.514	0.489	0.466	0.444	0.425	0.408	0.391
	h_R	1.390	1.255	1.144	1.042	0.965	0.898	0.838	0.784	0.739	0.698	0.660	0.628	0.599	0.570	0.546	0.523	0.502
	g	0.003 37	0.003 91	0.004 55	0.005 41	0.006 34	0.007 46	0.008 84	0.010 6	0.012 5	0.015 0	0.018 0	0.021 5	0.025 7	0.031 3	0.037 6	0.045 1	0.054 6
0.125	h_A	1.213	1.083	0.978	0.883	0.812	0.751	0.698	0.650	0.610	0.574	0.541	0.514	0.489	0.464	0.444	0.425	0.407
	h_R	1.557	1.390	1.255	1.134	1.042	0.965	0.896	0.834	0.784	0.737	0.695	0.660	0.628	0.596	0.570	0.546	0.523
	g	0.003 64	0.001 21	0.004 89	0.005 79	0.006 76	0.007 93	0.009 37	0.011 2	0.013 2	0.015 8	0.018 9	0.022 5	0.026 9	0.032 7	0.039 2	0.046 9	0.056 7
0.160	h_A	1.399	1.228	1.095	0.978	0.891	0.819	0.755	0.699	0.654	0.613	0.575	0.544	0.517	0.489	0.466	0.446	0.426
	h_R	1.796	1.577	1.406	1.255	1.144	1.051	0.970	0.898	0.840	0.787	0.739	0.699	0.663	0.628	0.599	0.572	0.547
	g	0.003 98	0.004 58	0.005 30	0.006 25	0.007 29	0.008 51	0.010 0	0.011 9	0.014 1	0.016 7	0.020 0	0.023 8	0.028 3	0.034 4	0.041 1	0.049 2	0.059 3
0.200	h_A	1.624	1.399	1.228	1.083	0.978	0.891	0.817	0.751	0.699	0.653	0.610	0.575	0.544	0.514	0.489	0.466	0.445
	h_R	2.085	1.796	1.577	1.390	1.255	1.444	1.048	0.965	0.898	0.838	0.784	0.739	0.699	0.660	0.628	0.599	0.571
	g	0.004 33	0.004 97	0.005 73	0.006 73	0.007 82	0.009 11	0.010 7	0.012 7	0.014 9	0.017 7	0.021 1	0.025 1	0.029 7	0.036 1	0.043 0	0.051 4	0.061 9
0.250	h_A	1.936	1.624	1.399	1.213	1.083	0.978	0.889	0.812	0.751	0.698	0.650	0.610	0.575	0.541	0.514	0.489	0.466
	h_R	2.485	2.085	1.796	1.557	1.390	1.255	1.141	1.042	0.965	0.896	0.834	0.784	0.739	0.695	0.660	0.628	0.598
	g	0.004 73	0.005 41	0.006 21	0.007 27	0.008 42	0.009 77	0.011 4	0.013 5	0.015 9	0.018 7	0.022 4	0.026 4	0.031 3	0.037 9	0.045 1	0.053 7	0.064 6
0.315	h_A	2.415	1.949	1.633	1.385	1.218	1.087	0.978	0.886	0.814	0.751	0.696	0.651	0.612	0.573	0.542	0.515	0.489
	h_R	3.101	2.502	2.097	1.778	1.564	1.395	1.255	1.137	1.045	0.965	0.894	0.836	0.785	0.736	0.696	0.661	0.628
	g	0.005 20	0.005 93	0.006 78	0.007 91	0.009 12	0.010 5	0.012 3	0.014 5	0.016 9	0.020 0	0.023 8	0.028 0	0.033 1	0.039 9	0.047 4	0.056 4	0.067 7
0.40	h_A	3.248	2.457	1.976	1.624	1.399	1.228	1.091	0.978	0.891	0.817	0.751	0.699	0.654	0.610	0.575	0.544	0.516
	h_R	4.170	3.154	2.537	2.085	1.796	1.577	1.401	1.255	1.144	1.048	0.965	0.898	0.840	0.784	0.739	0.699	0.662
	g	0.005 77	0.006 55	0.007 46	0.008 66	0.009 94	0.011 5	0.013 3	0.015 6	0.018 2	0.021 4	0.025 4	0.029 8	0.035 2	0.042 3	0.050 1	0.059 5	0.071 2
0.50	h_A	4.790	3.248	2.457	1.936	1.624	1.399	1.223	1.083	0.978	0.889	0.812	0.751	0.699	0.650	0.610	0.575	0.543
	h_R	6.150	4.170	3.154	2.485	2.085	1.796	1.570	1.390	1.255	1.441	1.042	0.965	0.898	0.834	0.784	0.739	0.698
	g	0.006 38	0.007 21	0.008 19	0.009 46	0.010 8	0.012 1	0.014 4	0.016 8	0.019 5	0.022 9	0.027 1	0.031 7	0.037 3	0.044 7	0.052 9	0.062 6	0.074 8
0.63	h_A	9.424	4.873	3.286	2.415	1.949	1.633	1.399	1.218	1.087	0.978	0.886	0.814	0.754	0.696	0.651	0.612	0.575
	h_R	12.099	6.256	4.218	3.101	2.502	2.097	1.796	1.564	1.395	1.255	1.137	1.045	0.967	0.894	0.836	0.785	0.739
	g	0.007 12	0.008 01	0.009 05	0.010 4	0.011 9	0.013 6	0.015 7	0.018 2	0.021 1	0.024 6	0.029 0	0.033 9	0.039 7	0.047 5	0.056 0	0.066 2	0.078 9
0.80	h_A		10.089	5.044	3.248	2.457	1.976	1.643	1.399	1.228	1.091	0.978	0.891	0.819	0.751	0.699	0.654	0.613
	h_R		12.953	6.476	4.170	3.154	2.537	2.109	1.796	1.577	1.401	1.255	1.144	1.051	0.965	0.898	0.840	0.787
	g		0.008 96	0.010 1	0.011 5	0.013 1	0.014 9	0.017 1	0.019 9	0.022 9	0.026 7	0.031 3	0.036 4	0.042 6	0.050 7	0.059 6	0.070 3	0.083 6
1.00	h_A			10.089	4.790	3.248	2.457	1.962	1.624	1.399	1.223	1.083	0.978	0.891	0.812	0.751	0.699	0.653
	h_R			12.953	6.150	4.170	3.154	2.519	2.085	1.796	1.570	1.390	1.255	1.144	1.042	0.965	0.898	0.838
	g			0.011 2	0.012 8	0.014 4	0.016 4	0.018 7	0.021 6	0.024 9	0.028 8	0.033 7	0.039 1	0.045 5	0.054 1	0.063 4	0.074 6	0.088 4

〔비고〕 PRQ 및 CRQ는 100항목당 부적합품률(%)로 표시하고 있다.

표 12 · 24 생산자 위험 $\alpha=0.05$ 및 소비자 위험 $\beta=0.10$에 대한 축차 샘플링 방식의 파라미터(100항목당 부적합품률 검사, 주샘플링표)(계속)

PRQ	파라미터	CRQ(소비자 위험 품질 수준)																
		0.80	1.00	1.25	1.60	2.00	2.50	3.15	4.00	5.00	6.30	8.00	10.00	12.50	16.00	20.00	25.00	31.50
1.25	h_A				9.120	4.790	3.248	2.436	1.936	1.624	1.392	1.213	1.083	0.978	0.883	0.812	0.751	0.698
	h_R				11.709	6.150	4.170	3.127	2.485	2.085	1.787	1.557	1.390	1.255	1.134	1.042	0.965	0.896
	g				0.014 2	0.015 0	0.018 0	0.020 6	0.023 6	0.027 1	0.031 2	0.036 4	0.042 1	0.048 9	0.057 9	0.067 6	0.079 3	0.093.7
1.60	h_A					10.089	5.044	3.323	2.457	1.976	1.643	1.399	1.228	1.095	0.978	0.891	0.819	0.755
	h_R					12.953	6.476	4.267	3.154	2.537	2.109	1.796	1.577	1.406	1.255	1.144	1.051	0.970
	g					0.017 9	0.020 2	0.022 9	0.026 2	0.029 8	0.034 3	0.039 8	0.045 8	0.053 0	0.062 5	0.072 9	0.085 1	0.1003
2.00	h_A						10.089	4.956	3.248	2.457	1.962	1.624	1.399	1.228	1.083	0.978	0.891	0.817
	h_R						12.953	6.363	4.170	3.154	2.519	2.085	1.796	1.577	1.390	1.255	1.144	1.048
	g						0.022 4	0.025 3	0.028 9	0.032 7	0.037 5	0.043 3	0.049 7	0.057 3	0.067 3	0.078 2	0.091 1	0.107 0
2.50	h_A							9.741	4.790	3.248	2.436	1.936	1.624	1.399	1.213	1.083	0.978	0.689
	h_R							12.506	6.150	4.170	3.127	2.485	2.085	1.796	1.557	1.390	1.255	1.141
	g							0.028 1	0.031 9	0.036 1	0.041 1	0.047 3	0.054 1	0.062 1	0.072 7	0.084 2	0.097 7	0.114 5
3.15	h_A								9.424	4.873	3.248	2.415	1.949	1.633	1.385	1.218	1.087	0.978
	h_R								12.099	6.256	4.170	3.101	2.502	2.097	1.778	1.564	1.395	1.255
	g								0.035 6	0.040 0	0.045 4	0.052 0	0.059 3	0.067 8	0.079 1	0.091 2	0.105 5	0.123 1
4.00	h_A									10.089	4.956	3.248	2.457	1.976	1.624	1.399	1.228	1.091
	h_R									12.953	6.363	4.170	3.154	2.537	2.085	1.796	1.577	1.401
	g									0.044 8	0.050 6	0.057 7	0.065 5	0.074 6	0.086 6	0.099 4	0.114 6	0.133 3
5.00	h_A										9.741	4.790	3.248	2.457	1.936	1.624	1.399	1.223
	h_R										12.506	6.150	4.170	3.154	2.485	2.085	1.796	1.570
	g										0.056 2	0.063 8	0.072 1	0.081 9	0.094 6	0.108 2	0.124 3	0.144 0
6.30	h_A											9.424	4.873	3.286	2.415	1.949	1.633	1.399
	h_R											12.099	6.256	4.218	3.101	2.502	2.097	1.796
	g											0.0712	0.080 1	0.090 5	0.104 1	0.118 6	0.135 7	0.156 6
8.0	h_A												10.089	5.044	3.248	2.457	1.976	1.643
	h_R												12.953	6.476	4.170	3.154	2.537	2.109
	g												0.089 6	0.100 8	0.115 4	0.131 0	0.149 2	0.171 5
10.0	h_A													10.089	4.790	3.248	2.457	1.962
	h_R													12.953	6.150	4.170	3.154	2.519
	g													0.112 0	0.127 7	0.144 3	0.163 7	0.187 4

〔비고〕 PRQ 및 CRQ는 100항목당 부적합품률(%)로 표시하고 있다.

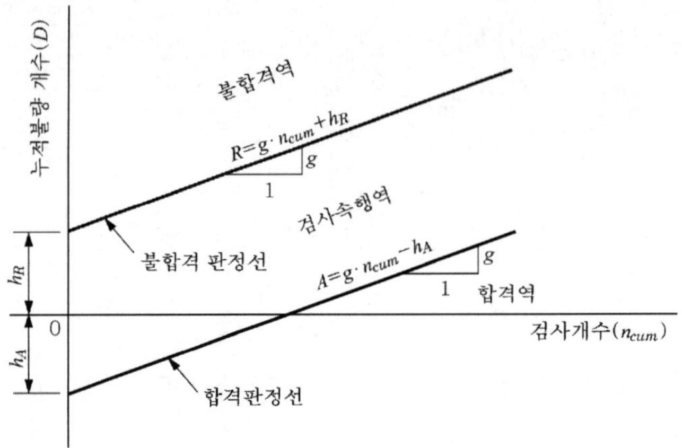

그림 12·24 축차 샘플링검사

$A<0$인 때에는 n_{cum}이 너무 작아서 합격판정을 할 수 없다.

로트의 합격판정에 필요한 최소의 $n_{cum}=\dfrac{h_A}{g}$(단, 끝수 올림)

ii) $R=g\cdot n_{cum}+h_R$(단, 소수점 이하 3자리까지 끝수 올림)

$R>n_{cum}$인 때에는 n_{cum}이 너무 작아서 불합격판정을 할 수 없다.

로트의 불합격판정에 필요한 최소의 $n_{cum}=\dfrac{h_R}{1-g}$(단, 끝수 올림)

iii) $A_t=gn_t$(단, 끝수 올림)

iv) $R_t=A_t+1$

② 도식 판정법은 시리즈의 로트의 검사에 적합하다. 합격 판정도는 1회 작성하면 반복 사용할 수 있기 때문이다.

그러나 이 방법은 점을 타점하거나 직선을 그리거나 하는 데 기인하는 부정확성을 갖고 있다. 한편 이 방법은 검사한 항목의 증가에 따르는 로트 품질의 정보 증가를 시각적으로 나타낸다는 장점이 있다. 즉, 정보는 검사 속행역 내에서의 꺾은선의 진행으로 표시되고, 그 선이 이 영역의 경계선에 도달하거나 또는 그것과 교차할 때까지 계속된다.

그 방법으로는 가로축은 n_{cum}, 세로축은 누계카운트 D로 하고, 합격판정선 A는 점 $(0 : -h_A)$와 점 $(n_{cum} : g\cdot n_{cum}-h_A)$을 직선으로 연결하고 불합격판정선 R은 점 $(0 : h_R)$과 점 $(n_{cum} : g\cdot n_{cum}+h_R)$을 직선으로 연결한다. n_t인 곳에 세로선을 기입하여 중지선으로 한다.

합격판정선 아래쪽을 합격역, 불합격판정선의 위쪽을 불합격역, 합격판정선과 불합격판정선 사이를 검사속행역이라 한다.

[2] 검사의 실시

1) 샘플링방식의 지정

1회, 2회, 다회 또는 축차 샘플링방식을 검사실시 이전에 선택한다.

2) 생산자위험품질(PRQ)과 소비자위험품질(CRQ)의 수준을 지정한다.

3) 합격여부 판정도의 작성

① 표 12 · 23 및 표 12 · 24에서 PRQ와 CRQ의 각 대표값에 대응하는 h_A, h_R 및 g를 구하여 합격판정선 A와 불합격판정선 R을 계산한다.

② n_t를 결정하고 n_t에 대응하는 A_t 및 R_t를 계산한다.

③ A, R 및 n_t를 이용하여 합격여부판정도를 작성한다.

4) 샘플의 샘플링과 누계카운트(D)의 기록

로트에서 임의로 개개의 샘플항목을 뽑고, 뽑은 순서대로 1개씩 검사한 후 적합품은 0, 부적합품은 1로 합격여부판정표에 기록하고, 그때까지 샘플 중에 발견된 부적합품(또는 부적합)의 누계개수를 누계카운트(D)로 기록한다.

5) 합격여부의 판정

① 수치판정법

i) 누계 카운트 D가 대응하는 합격판정개수 A 이하이면 로트는 합격으로 한다.

ii) 누계 카운트 D가 대응하는 불합격판정개수 R 이상이면 로트는 불합격으로 한다.

iii) i) 및 ii)의 양쪽 모두 만족하지 않으면 다시 1개의 항목을 골라서 검사한다. 누계 샘플 사이즈가 중지값 n_t에 도달한 경우에는 합격 판정 개수의 중지값 A_t 및 불합격판정개수의 중지값 $R_t = A_t + 1$을 사용하여 위의 i) 및 ii)의 룰을 적용한다.

② 도식판정법

i) 점이 합격역에 들어가면 로트를 합격으로 한다.

ii) 점이 불합격역에 들어가면 로트를 불합격으로 한다.

iii) 점이 검사 속행역에 있으면 다시 1개의 항목을 골라서 검사한다. 검사 결과의 경향을 보기 쉽게 하기 위하여 그림 위에서 계속되는 점 사이를 꺾은선으로 연결하면 된다.

예 제 12 · 243 어떤 형식의 애자는 절연 전압의 공칭값이 1000 kV로 규정되어 있다. 검사 기관은 이 형식의 애자 생산 로트의 합격 판정을 위하여 샘플 사이즈 65, 합격 판정 개수 6이라는 1회 샘플링방식을 사용하고 있다. 시험 전압의 상승에는 시간과 에너지가 필요하므로, 이 애자 생산 로트의 합격 판정에는 앞으로 축차 샘플링방식을 사용하는 편이 좋다고 되었다. 축차 샘플링방식은 사용 중의 1회 샘플링방식 및 유사한 OC 곡선을 가져야 한다.

1회 샘플링방식은 다음과 같은 특성을 갖고 있다.

- 생산 로트 중의 애자 5%가 이 공칭 절연 전압에 견딜 수 없는 경우에는 로트의 합격 확률은 0.95이다.
- 생산 로트 중의 애자의 16%가 이 공칭 절연 전압에 견딜 수 없는 경우에는 로트의 합격의 확률은 0.10이다.

이러한 요구 사항에서 다음과 같은 것이 정해진다.

- 생산자 위험 품질(PRQ) 5%에서 95%의 로트의 합격이 기대된다. 즉, 생산자 위험점은 5%, 즉 $\alpha=0.05$라는 것이 된다.
- 소비자 위험 품질(CRQ) 16%에서 10%의 로트의 합격이 기대된다. 즉, 소비자 위험점은 10%, 즉 $\beta=0.10$이라는 것이 된다.

이 요구 내용은 그림 12 · 25의 OC 곡선의 그래프에 나타나 있다. 축차 샘플링방식을 구하여라.

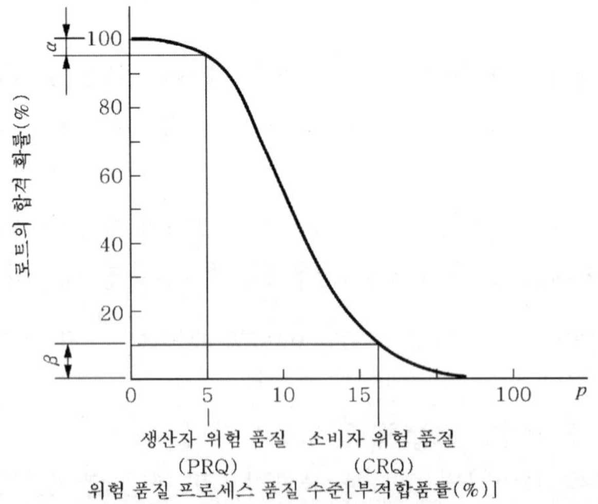

그림 12 · 25 생산자 위험 $\alpha=0.05$ 및 소비자 위험 $\beta=0.10$의 샘플링방식의 OC 곡선

《풀이》 ① 표 12 · 23에서 $h_A=1.750$, $h_K=2.247$, $g=0.0957$을 구할 수 있다.

② ①에서 구한 파라미터를 기준으로 이 샘플링방식은

n_0(대응하는 1회 샘플링검사방식의 샘플 사이즈)$=65$

A_0(대응하는 1회 샘플링검사방식의 합격판정개수)=6

으로 주어져 있다.

따라서 누계 샘플 사이즈의 중지값 n_t=98이 된다.

③ 수치판정법의 합격판정표

파라미터가 h_A=1.750, h_R=2.247, g=0.0957, 누계 샘플 사이즈의 중지값이 n_t=98에 대응하는 합격판정개수는 gn_t=9.38의 끝수를 버린 정수가 된다. 따라서 합격판정개수 A_t는 9가 되고, 불합격판정개수 R_t는 10이 된다.

합격판정개수 A에 대한 식은 다음과 같아지고 끝수를 버리고 정수로 한 것이 된다.

$$0.0957n_{cum}-1.750$$

또한 불합격판정개수 R에 대한 식은 다음과 같아져서 끝수를 올림하여 정수로 한 것이 된다.

$$0.0957n_{cum}+2.247$$

누계샘플사이즈 n_{cum}=1, 2, …, 97에 대응하는 합격 및 불합격판정개수는 n_{cum}의 값을 위의 식에 대입하여 그 결과를 위의 방법으로 끝맺음한다. 그 결과가 표 12·25에 나타나 있다.

표 12·25 축차 샘플링방식을 위한 합격 판정표

누계 샘플사이즈 n_{cum}	$gn_{cum}-h_A$	합격판정개수 A	$gn_{cum}+h_A$	불합격판정개수 R
1	−1.654	*	2.343	**
2	−1.559	*	2.438	**
3	−1.463	*	2.534	3
4	−1.367	*	2.630	3
5	−1.272	*	2.726	3
6	−1.176	*	2.821	3
7	−1.080	*	2.917	3
8	−0.984	*	3.013	4
9	−0.889	*	3.108	4
10	−0.793	*	3.204	4
11	−0.697	*	3.300	4
12	−0.602	*	3.395	4
13	−0.506	*	3.491	4
14	−0.410	*	3.587	4
15	−0.315	*	3.683	4
16	−0.219	*	3.778	4
17	−0.123	*	3.874	4
18	−0.027	*	3.970	4
19	0.068	*	4.065	5
20	0.164	0	4.161	5
·	·	·	·	·
·	·	·	·	·
·	·	·	·	·
97	7.533	7	11.530	12
98	−	9	−	10

* 누계 샘플사이즈가 너무 작아서 합격의 판정을 할 수 없다.

** 누계 샘플 사이즈가 너무 작아서 불합격의 판정을 할 수 없다.

④ 도식판정법의 합격여부 판정도

도식판정법의 합격여부 판정도는 그래프 용지를 사용하여 가로축은 누계 샘플사이즈 n_{cum}, 세로축은 누계 카운트 D로 한다. 합격 판정선은 $(0 : -h_A)$의 점 및 $(n_{cum} : gn_{cum} - h_A)$의 전 점을 지나는 직선이다. $n_{cum}=97$을 고르면 $gn_{cum} - h_A = 7.533$이 된다. 그래프 용지에 2점(0 : −1.750) 및 (97 : 7.533)을 타점하고 이 2점을 직선으로 연결한다.

마찬가지로 불합격 판정선은 $(0 : -h_R)$ 및 $(n_{cum} : gn_{cum} + h_R)$의 각 점을 지나는 직선이며 $n_{cum}=97$에 대응하여 2점(0 : 2.247) 및 (97 : 11.530)을 타점하여 이 2점을 직선으로 연결한다. 마지막으로 중지선으로서 $n_{cum}=98$인 곳에 세로선을 기입한다.

합격역의 경계는 합격 판정선이며, 또한 중지선 위에서 점(98 : 9) 이하의 부분도 합격역에 포함된다. 불합격역의 경계는 불합격 판정선이며 또한 중지선 위에서 점(98 : 10) 이상의 부분도 불합격역에 포함된다. 검사 속행역의 경계는 합격 판정선, 불합격 판정선 및 중지선이다.

그 결과가 그림 12 · 26에 나타나 있다.

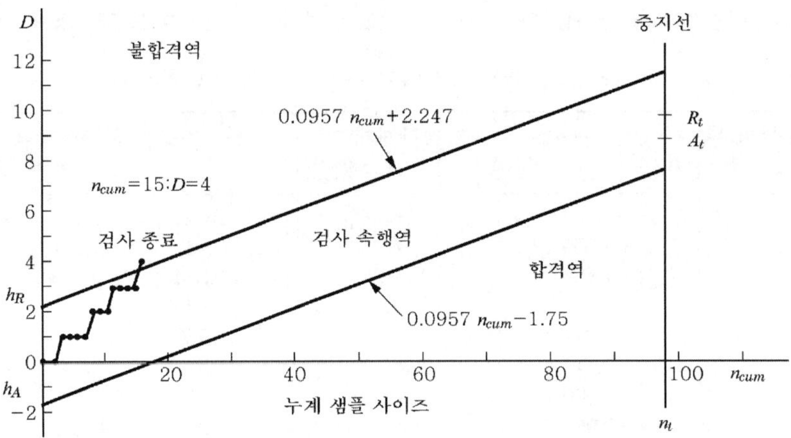

그림 12 · 26 축차 샘플링방식에 대한 합격 여부 판정도

⑤ 만약 어떤 로트에서 샘플에서 최초의 15개의 애자 중 3번째, 8번째, 11번째 및 15번째의 애자가 공칭 절연 전압의 규정값을 만족하지 않았다고 가정하자. 이 검사 결과를 표의 형식으로 나타낸 것이 표 12 · 26과 같다.

15개의 애자 검사 후, 누계 카운트는 불합격 판정 개수와 같아졌으므로 로트는 불합격으로 하고 검사는 종료한다.

한편, 다른 로트에서의 샘플 중에서 최초의 19개의 애자가 전부 공칭 절연 전압의 규정값을 만족한 경우는 19개 애자의 검사 후, 누계 카운트(0)는 합격판정개수와 같아졌으므로 로트는 합격이 되고 검사는 종료한 것이다.

어떤 로트의 검사 중에 98번째 항목의 검사 이전에 검사가 종료하지 않은 경우는 98번째 항목의 검사 후 검사는 종료한다. 98번째 항목의 검사 후, 누계 카운트가 9개 이하이면 로트는 합격으로 한다. 또한 누계 카운트가 10개 이상이면 로트는 불합격으로 한다.

그리고 도식판정법으로 보면 그림 12 · 26에 나타나듯이 합격여부판정도 위에 점$(n_{cum} : D)$을 순차 타점하여 꺾은선을 연결한다. 점(15 : 4)은 명확히 불합격역에 들어갔으므로 15번째 항목의 검사 후 검사는 종료하고 로트는 불합격이 된다.

표 12·26 데이터에 대한 합격 여부 판정표(검사 기록 용지)

누계 샘플사이즈 n_{cum}	검사 결과	합격판정개수 A	누계 카운트 D	불합격판정개수 R
1	0	*	0	**
2	0	*	0	**
3	1	*	1	3
4	0	*	1	3
5	0	*	1	3
6	0	*	1	3
7	0	*	1	3
8	1	*	2	4
9	0	*	2	4
10	0	*	2	4
11	1	*	3	4
12	0	*	3	4
13	0	*	3	4
14	0	*	3	4
15	1	*	4	4
16		*		4
17		*		4
18		*		4
19		0		5
20		0		5
·		·		·
·		·		·
·		·		·
97		7		12
98		9		10

* 누계 샘플사이즈가 너무 작아서 합격의 판정을 할 수 없다.
** 누계 샘플 사이즈가 너무 작아서 불합격의 판정을 할 수 없다.

12.9.2 계량값 축차 샘플링검사(KS A ISO 8423 : 2001)

이 샘플링방식은 이산적 아이템/항목의 계량치 검사를 위한 것으로 생산자위험점 5%와 소비점위험점 10%를 지표로 한다.

아이템을 임의로 선택하여 1개씩 검사하고 각 아이템의 검사 후 누계여유치 Y를 계산하여 검사의 그 단계에서 로트 판정에 충분한 정보를 얻을 수 있는지 여부를 누계여유치를 사용하여 심사한다. 누계여유치로 로트합격이나 로트불합격의 어느 쪽으로도 판정할 수 없을 때에는 다시 1개의 아이템을 검사한다.

그리고 이 샘플링방식은 다음의 조건을 모두 만족하는 경우에 사용하도록 설계되어 있다.

① 이산적 아이템의 연속적 시리즈의 로트에서 모두가 동일 생산자의 동일 생산 프로세스에 대하여 적용한다. 고립로트의 검사에는 적용할 수 없고 각 생산자에 대하여 개별적으로 적용한다.

② 연속적 척도로 측정가능한 단일의 품질특성치 x만을 고려한다. 복수의 특성치에는 적용할 수 없다.

③ 생산은 거의 통계적 관리상태에 있어 안정되어 있고, x에 관하여 표준편차 σ를 알고 있고 정규분포 또는 정규분포에 아주 가까운 분포를 하고 있어야 한다.

④ 규격상한 U, 규격하한 L 또는 양쪽 규격 U 및 L(연결식 양쪽 규격, 개별식 양쪽 규격)이 정해져 있는 경우에 적용한다.

[1] 실시 이전의 준비

1) 합격판정치 A 및 불합격판정치 R을 구한다.

표 12 · 27에서 PRQ와 CRQ의 각 대표치에 대응하는 파라미터 h_A, h_R, g를 구하고 이것을 이용하여 A 및 R을 계산한다.

① 한쪽 규격의 경우(소수점 이하 2자리까지)

$$A = g\sigma \cdot n_{cum} + h_A\sigma$$

$$R = g\sigma \cdot n_{cum} - h_R\sigma$$

② 연결식 양쪽 규격의 경우

	규격상한 U	규격하한 L
A	$A^{(U)} = (U - L - g \cdot \sigma)n_{cum} - h_A\sigma$	$A^{(L)} = g\sigma n_{cum} + h_A\sigma$
R	$R^{(U)} = (U - L - g \cdot \sigma)n_{cum} + h_R\sigma$	$R^{(L)} = g\sigma n_{cum} - h_R\sigma$

③ 개별식 양쪽 규격의 경우

	규격상한 U	규격하한 L
A	$A^{(U)} = (U - L - g^{(U)} \cdot \sigma)n_{cum} - h_A^{(U)}\sigma$	$A^{(L)} = g^{(L)}\sigma n_{cum} + h_A^{(L)}\sigma$
R	$R^{(U)} = (U - L - g^{(U)} \cdot \sigma)n_{cum} + h_R^{(U)}\sigma$	$R^{(L)} = g^{(L)}\sigma n_{cum} - h_R^{(L)}\sigma$

단, U에 대한 파라미터와 L에 대한 파라미터의 2쌍을 구한다.

표 12・27 생산자 위험 $\alpha = 0.05$ 및 소비자 위험 $\beta = 0.10$에 대한 계량 축차 샘플링방식의 파라미터(부적합품률 검사, 주 샘플링표)

PRQ	파라미터	CRQ(소비자 위험 품질 수준)																
		0.80	1.00	1.25	1.60	2.00	2.50	3.15	4.00	5.00	6.30	8.00	10.00	12.50	16.00	20.00	25.00	31.50
0.100	h_A	3.304	2.947	2.652	2.380	2.172	1.992	1.829	1.681	1.558	1.443	1.336	1.245	1.161	1.074	1.001	0.932	0.863
	h_R	4.242	3.784	3.405	3.056	2.789	2.557	2.348	2.158	2.000	1.853	1.715	1.598	1.490	1.379	1.285	1.196	1.108
	g	2.750	2.708	2.666	2.617	2.572	2.525	2.475	2.420	2.368	2.310	2.248	2.186	2.120	2.042	1.966	1.882	1.786
	n_t	29	23	19	16	13	11	10	8	8	7	7	5	5	4	4	4	4
0.125	h_A	3.664	3.230	2.879	2.561	2.322	2.117	1.934	1.769	1.633	1.508	1.391	1.293	1.202	1.110	1.032	0.958	0.886
	h_R	4.704	4.147	3.696	3.288	2.981	2.718	2.483	2.271	2.097	1.936	1.786	1.659	1.543	1.425	1.325	1.231	1.137
	g	2.716	2.675	2.632	2.584	2.539	2.492	2.441	2.387	2.334	2.277	2.214	2.152	2.087	2.009	1.932	1.849	1.753
	n_t	35	28	23	19	16	13	11	10	8	7	7	5	5	5	4	4	4
0.160	h_A	4.177	3.622	3.187	2.802	2.518	2.279	2.068	1.881	1.728	1.588	1.459	1.351	1.252	1.153	1.069	0.990	0.913
	h_R	5.363	4.651	4.091	3.597	3.233	2.926	2.655	2.414	2.218	2.039	1.873	1.735	1.608	1.480	1.372	1.271	1.172
	g	2.678	2.637	2.595	2.548	2.501	2.454	2.404	2.349	2.296	2.239	2.176	2.115	2.049	1.971	1.895	1.811	1.715
	n_t	46	35	28	22	17	14	13	10	10	8	7	7	5	5	4	4	4
0.200	h_A	4.798	4.080	3.536	3.069	2.731	2.452	2.209	1.997	1.825	1.670	1.528	1.410	1.303	1.195	1.105	1.022	0.939
	h_R	6.160	5.238	4.539	3.939	3.506	3.148	2.837	2.564	2.344	2.144	1.952	1.810	1.673	1.534	1.419	1.312	1.206
	g	2.644	2.602	2.560	2.511	2.466	2.419	2.369	2.314	2.262	2.204	2.142	2.080	2.014	1.936	1.860	1.776	1.680
	n_t	59	44	34	25	20	17	14	11	10	8	7	7	5	5	5	4	4
0.250	h_A	5.655	4.683	3.980	3.398	2.989	2.658	2.375	2.131	1.937	1.763	1.606	1.476	1.359	1.242	1.145	1.056	0.968
	h_R	7.260	6.013	5.110	4.362	3.837	3.412	3.049	2.736	2.487	2.263	2.144	1.895	1.745	1.595	1.471	1.355	1.243
	g	2.608	2.567	2.524	2.476	2.430	2.384	2.333	2.279	2.226	2.169	2.204	2.044	1.979	1.901	1.824	1.741	1.644
	n_t	83	58	41	31	25	19	16	13	11	10	8	7	7	5	5	4	4
0.315	h_A	6.974	5.553	4.591	3.633	3.320	2.917	2.580	2.295	2.071	1.873	1.697	1.552	1.424	1.296	1.191	1.094	1.001
	h_R	8.953	7.130	5.895	4.921	4.263	3.745	3.313	2.946	2.659	2.405	2.179	1.993	1.828	1.664	1.529	1.405	1.285
	g	2.570	2.529	2.487	2.438	2.333	2.346	2.295	2.241	2.188	2.131	2.068	2.007	1.941	1.863	1.787	1.703	1.607
	n_t	125	80	55	38	29	23	19	14	13	10	8	8	7	5	5	5	4
0.40	h_A	9.259	6.912	5.482	4.435	3.763	3.253	2.839	2.498	2.235	2.006	1.805	1.643	1.499	1.358	1.244	1.138	1.037
	h_R	11.887	8.874	7.038	5.694	4.831	4.176	3.645	3.207	2.870	2.576	2.318	2.109	1.925	1.744	1.598	1.462	1.332
	g	2.530	2.489	2.447	2.398	2.353	2.306	2.256	2.201	2.148	2.091	2.029	1.967	1.901	1.823	1.747	1.663	1.567
	n_t	218	122	77	52	37	28	22	17	14	11	10	8	7	7	5	5	4
0.50	h_A	13.488	9.024	6.732	5.216	4.312	3.656	3.141	2.728	2.418	2.153	1.923	1.739	1.579	1.424	1.298	1.184	1.075
	h_R	17.317	11.586	8.643	6.700	5.536	4.693	4.033	3.503	3.105	2.764	2.469	2.233	2.028	1.828	1.667	1.520	1.380
	g	2.492	2.451	2.409	2.360	2.315	2.268	2.218	2.163	2.110	2.053	1.990	1.929	1.863	1.785	1.709	1.625	1.529
	n_t	463	208	116	71	49	35	26	20	16	13	11	10	8	7	5	5	4
0.63	h_A	26.190	13.358	6.882	6.424	5.103	4.209	3.542	3.025	2.649	2.333	2.066	1.855	1.674	1.500	1.362	1.237	1.118
	h_R	33.625	17.150	11.403	8.247	6.552	5.403	4.547	3.884	3.400	2.996	2.652	2.382	2.150	1.926	1.748	1.588	1.436
	g	2.452	2.411	2.368	2.320	2.274	2.227	2.177	2.123	2.070	2.012	1.950	1.888	1.823	1.745	1.668	1.585	1.488
	n_t	1.739	454	202	106	68	46	34	25	19	16	13	10	8	7	7	5	5
0.80	h_A		27.265	13.440	8.511	6.339	5.015	4.095	3.420	2.946	2.562	2.243	1.997	1.789	1.592	1.436	1.296	1.168
	h_R		35.005	17.255	10.927	8.138	6.438	5.258	4.391	3.783	3.289	2.879	2.564	2.297	2.043	1.844	1.666	1.500
	g		2.368	2.325	2.277	2.231	2.184	2.134	2.080	2.027	1.969	1.907	1.845	1.780	1.702	1.625	1.542	1.445
	n_t		1.886	460	185	103	65	44	31	23	19	14	11	10	8	7	5	5
1.00	h_A			26.505	12.374	8.259	6.145	4.819	3.911	3.303	2.827	2.444	2.155	1.914	1.690	1.516	1.363	1.220
	h_R			34.028	15.886	10.603	7.889	6.187	5.021	4.241	3.630	3.137	2.766	2.458	2.170	1.947	1.750	1.567
	g			2.284	2.235	2.190	2.143	2.093	2.039	1.986	1.928	1.866	1.804	1.738	1.660	1.584	1.500	1.404
	n_t			1.781	389	175	97	61	40	29	22	17	13	11	8	7	7	5

[비 고] PRQ 및 CRQ는 부적합품률(%)로 표시되어 있다.

표 12・27 생산자 위험 α＝0.05 및 소비자 위험 β＝0.10에 대한 계량 축차 샘플링방식의 파라미터(부적합품률 검사, 주 샘플링표)(계속)

PRQ	파라미터	CRQ(소비자 위험 품질 수준)													
		1.60	2.00	2.50	3.15	4.00	5.00	6.30	8.00	10.00	12.50	16.00	20.00	25.00	31.50
1.25	h_A	23.209	11.997	7.999	5.890	4.588	3.774	3.165	2.692	2.345	2.063	1.805	1.608	1.437	1.279
	h_R	29.798	15.402	10.270	7.562	5.890	4.845	4.063	3.456	3.011	2.649	2.318	2.065	1.845	1.643
	g	2.193	2.148	2.101	2.050	1.196	1.943	1.886	1.823	1.761	1.696	1.618	1.542	1.458	1.362
	n_t	1.367	367	164	89	55	30	26	20	16	13	10	8	7	5
1.60	h_A		24.832	12.206	7.893	5.718	4.507	3.665	3.045	2.609	2.265	1.958	1.728	1.532	1.354
	h_R		31.881	15.671	10.134	7.341	5.706	4.705	3.909	3.350	2.908	2.513	2.219	1.966	1.738
	g		2.099	2.052	2.002	1.948	1.895	1.837	1.775	1.713	1.647	1.569	1.493	1.409	1.313
	n_t		1.564	379	160	85	50	35	25	19	14	11	10	7	7
2.00	h_A			24.006	11.572	7.429	5.506	4.299	3.471	2.915	2.492	2.125	1.857	1.632	1.432
	h_R			30.821	14.857	9.537	7.069	5.519	4.456	3.743	3.199	2.729	2.385	2.096	1.839
	g			2.007	1.956	1.902	1.849	1.792	1.729	1.668	1.602	1.524	1.448	1.364	1.263
	n_t			1.462	341	142	79	49	32	23	17	13	10	8	7
2.50	h_A				22.341	10.757	7.144	5.237	4.057	3.318	2.781	2.332	2.013	1.751	1.523
	h_R				28.683	13.811	9.173	6.723	5.209	4.260	3.570	2.994	2.585	2.248	1.955
	g				1.910	1.855	1.802	1.745	1.683	1.621	1.555	1.477	1.401	1.317	1.221
	n_t				1.267	295	131	71	43	29	22	16	11	10	7
3.15	h_A					20.747	10.503	6.840	4.957	3.897	3.176	2.603	2.212	1.900	1.634
	h_R					26.637	13.485	8.782	6.365	5.004	4.078	3.342	2.840	2.440	2.098
	g					1.805	1.792	1.695	1.632	1.570	1.505	1.427	1.350	1.267	1.170
	n_t					1.093	281	121	64	40	28	19	14	11	8
4.00	h_A						21.273	10.204	6.514	4.799	3.750	2.977	2.476	2.092	1.774
	h_R						27.311	13.101	8.363	6.161	4.815	3.822	3.179	2.686	2.278
	g						1.698	1.640	1.578	1.516	1.451	1.373	1.296	1.213	1.116
	n_t						1.140	265	109	59	37	23	17	13	10
5.00	h_A							19.612	9.389	6.197	4.553	3.461	2.803	2.320	1.936
	h_R							25.180	12.054	7.956	5.845	4.444	3.598	2.979	2.485
	g							1.587	1.525	1.463	1.398	1.320	1.243	1.160	1.063
	n_t							976	224	98	55	32	22	16	11
6.30	h_A								18.010	9.059	5.929	4.203	3.270	2.631	2.147
	h_R								23.123	11.630	7.612	5.396	4.198	3.378	2.757
	g								1.468	1.406	1.340	1.262	1.186	1.102	1.006
	n_t								824	209	91	46	29	19	13
8.00	h_A									18.226	8.838	5.483	3.996	3.082	2.438
	h_R									23.400	11.347	7.039	5.130	3.956	3.130
	g									1.343	1.278	1.200	1.123	1.040	0.993 4
	n_t									844	199	77	41	26	17
10.0	h_A										17.159	7.842	5.117	3.709	2.815
	h_R										22.030	10.068	6.570	4.761	3.614
	g										1.216	1.138	1.062	0.978 0	0.881 6
	n_t										748	157	68	37	22

[비 고] PRQ 및 CRQ는 부적합품률(%)로 표시되어 있다.

2) n_t를 결정하고 n_t에 대응하는 A_t를 계산한다.

① n_t의 결정

i) 축차 및 대응하는 1회 샘플링방식의 샘플사이즈 n_o를 알고 있는 경우

$n_t = 1.5n_o$(단, 끝수를 올린다)

ii) n_o를 모르는 경우

표 12 · 27을 이용하여 PRQ 및 CRQ의 각 대표치에 대응하는 n_t를 구한다.

iii) 소로트에서 $n_t > N$인 경우에는 $n_t = N$(단, $N > 7n_t$가 바람직하다)

② A_t의 계산

한쪽 규격		연결식 양쪽 규격	개별식 양쪽 규격
$A_t = g\sigma \cdot n_t$	U	$A_t^{(U)} = (U - L - g\sigma)n_t$	$A_t^{(U)} = (U - L - g^{(U)}\sigma)n_t$
	L	$A_t^{(L)} = g\sigma \cdot n_t$	$A_t^{(L)} = g^{(L)}\sigma \cdot n_t$

3) 프로세스표준편차의 최대허용치를 구한다.

① 한계프로세스표준편차 LPSD(com.) — 연결식 양쪽 규격의 경우

프로세스표준편차 σ가 LPSD를 넘는 경우에는 축차 샘플링방식을 적용할 수 없다.

$\text{LPSD} = (U - L)\psi$

(단, 계수 ψ는 표 12 · 28에서 PRQ값에 대응하여 구한다)

② 최대프로세스표준편차 MPSD(sep.) — 개별식 양쪽 규격의 경우

프로세스표준편차 σ가 MPSD를 넘는 경우에는 축차 샘플링방식을 적용할 수 없으며, 전 로트를 불합격으로 처리한다.

$\text{MPSD} = (U - L)f$

(단, 계수 f는 표 12 · 29에서 상측 또는 하측규격 각각에 대하여 PRQ와 CRQ에 대응하여 구한다)

4) A, R 및 n_t를 이용하여 합부판정도를 작성한다.

한쪽 규격의 경우, 가로축은 n_{cum}, 세로축은 누계여유치 Y로 하고, 합격판정선 A는 점$(0 : h_A\sigma)$와 점$(n_{cum} : g\sigma n_{cum} + h_A\sigma)$을 연결하고, 불합격판정선 R은 점$(0 : -h_R\sigma)$와 점$(n_{cum} : g\sigma n_{cum} - h_R\sigma)$를 연결한다. n_t인 곳에 세로선을 기입하여 중지선으로 한다(그림 12 · 27 참조).

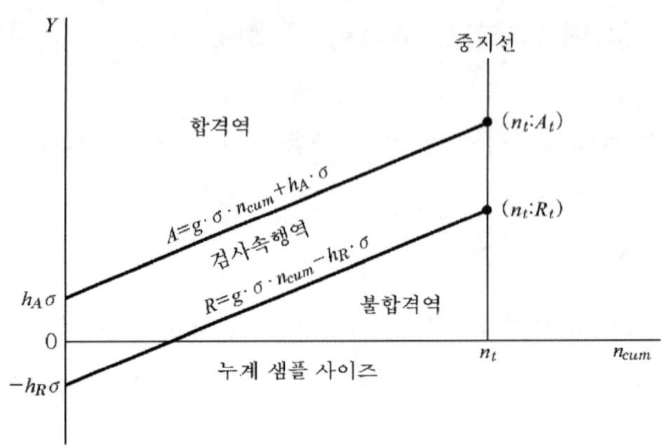

그림 12 · 27 한쪽 규격(*L*만 주어진 경우)인 경우의 합격판정도

연결식 양쪽 규격의 경우 가로축은 n_{cum}, 세로축은 Y로 하고, 누계샘플사이즈가 n_t인 곳에는 세로선(중지선)이 있다. 합격판정치 및 불합격판정치에 대응하는 4개의 직선이 있다(그림 12 · 28 참조).

개별식 양쪽 규격의 경우 가로축은 n_{cum}, 세로축은 Y로 한다. 누계샘플사이즈가 n_t인 곳에는 세로선(중지선)이 있다. 합격판정치 및 불합격판정치에 대응하는 직선은 규격 하한에 대한 2개와 규격 상한에 대한 2개가 있다.

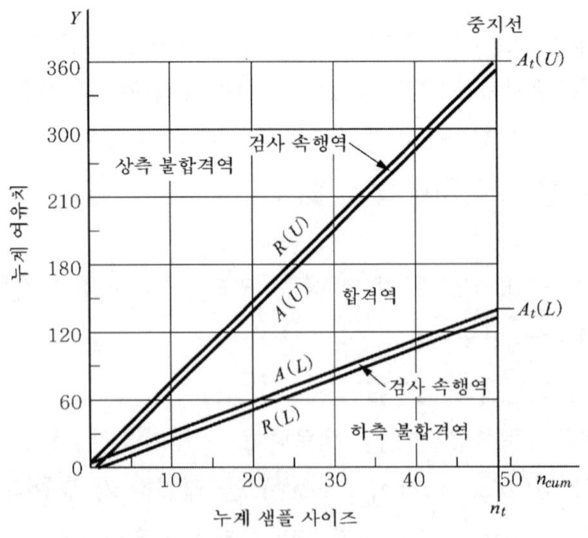

그림 12 · 28 연결식 양쪽 규격인 경우의 합부판정도

5) 수치판정법 및 도식판정법의 선택

표 12·28 한계 프로세스 표준 편차 LPSD를 구하기 위한 계수 ψ의 값

PRQ (%)	0.10	0.125	0.16	0.20	0.25	0.315	0.40	0.50	0.63	0.80	1.00	1.25	1.60	2.00	2.50	3.15	4.00	5.00	6.30	8.00	10.00
ψ	0.143	0.146	0.149	0.152	0.155	0.158	0.161	0.165	0.169	0.174	0.178	0.183	0.189	0.194	0.201	0.208	0.216	0.225	0.235	0.246	0.259

[비 고] 축차 샘플링방식을 위한 한계 프로세스 표준 편차 LPSD는 표준화한 값 ψ를 규격 공차($U-L$)를 곱하여 구한다. 즉, LPSD = ψ($U-L$). 한계프로세스 표준 편차 LPSD는 축차 샘플링방식을 연결식 양쪽 규격에 대하여 사용하는 경우의 프로세스 표준 편차의 최대 허용값을 주는 것이다. 프로세스 표준 편차가 LPSD를 넘은 경우는 축차 샘플링방식은 사용할 수 없다.

표 12·29 최대 프로세스 표준 편차 MPSD를 구하기 위한 계수 f의 값(개별식 양쪽 규격)

$PRQ^{(L)}$	$PRQ^{(U)}$																				
	0.100	0.125	0.160	0.200	0.250	0.315	0.400	0.500	0.630	0.800	1.00	1.25	1.60	2.00	2.50	3.15	4.00	5.00	6.30	8.00	10.00
0.100	0.162	0.164	0.166	0.168	0.170	0.172	0.174	0.176	0.179	0.182	0.185	0.188	0.191	0.194	0.198	0.202	0.207	0.211	0.216	0.222	0.229
0.125	0.164	0.165	0.167	0.169	0.172	0.174	0.176	0.179	0.181	0.184	0.187	0.190	0.194	0.197	0.201	0.205	0.209	0.214	0.220	0.226	0.232
0.160	0.166	0.167	0.170	0.172	0.174	0.176	0.179	0.181	0.184	0.187	0.190	0.193	0.196	0.200	0.204	0.208	0.213	0.218	0.223	0.230	0.236
0.200	0.168	0.169	0.172	0.174	0.176	0.178	0.181	0.183	0.186	0.189	0.192	0.195	0.199	0.203	0.207	0.211	0.216	0.221	0.227	0.233	0.240
0.250	0.170	0.172	0.174	0.176	0.178	0.181	0.183	0.186	0.189	0.192	0.195	0.198	0.202	0.206	0.210	0.214	0.219	0.225	0.231	0.237	0.245
0.315	0.172	0.174	0.176	0.178	0.181	0.183	0.186	0.188	0.191	0.195	0.198	0.201	0.205	0.209	0.213	0.218	0.223	0.228	0.235	0.242	0.249
0.400	0.174	0.176	0.179	0.181	0.183	0.186	0.189	0.191	0.194	0.198	0.201	0.204	0.208	0.213	0.217	0.222	0.227	0.233	0.239	0.246	0.254
0.500	0.176	0.179	0.181	0.183	0.186	0.188	0.191	0.194	0.197	0.201	0.204	0.208	0.212	0.216	0.220	0.225	0.231	0.237	0.244	0.251	0.259
0.630	0.179	0.181	0.184	0.186	0.189	0.191	0.194	0.197	0.200	0.204	0.207	0.211	0.216	0.220	0.224	0.230	0.236	0.242	0.248	0.256	0.265
0.800	0.182	0.184	0.187	0.189	0.192	0.195	0.198	0.201	0.204	0.208	0.211	0.215	0.220	0.224	0.229	0.234	0.240	0.247	0.254	0.262	0.271
1.000	0.185	0.187	0.190	0.192	0.195	0.198	0.201	0.204	0.207	0.211	0.215	0.219	0.224	0.228	0.233	0.239	0.245	0.252	0.259	0.268	0.277
1.250	0.188	0.190	0.193	0.195	0.198	0.201	0.204	0.208	0.211	0.215	0.219	0.223	0.228	0.233	0.238	0.244	0.250	0.257	0.265	0.274	0.284
1.600	0.191	0.194	0.196	0.199	0.202	0.205	0.208	0.212	0.216	0.220	0.224	0.228	0.233	0.238	0.244	0.250	0.257	0.264	0.272	0.282	0.292
2.000	0.194	0.197	0.200	0.203	0.206	0.209	0.213	0.216	0.220	0.224	0.228	0.233	0.238	0.243	0.249	0.256	0.263	0.270	0.279	0.289	0.300
2.500	0.198	0.201	0.204	0.207	0.210	0.213	0.217	0.220	0.224	0.229	0.233	0.238	0.244	0.249	0.255	0.262	0.269	0.277	0.287	0.297	0.308
3.150	0.202	0.205	0.208	0.211	0.214	0.218	0.222	0.225	0.230	0.234	0.239	0.244	0.250	0.256	0.262	0.269	0.277	0.285	0.295	0.306	0.318
4.000	0.207	0.209	0.213	0.216	0.219	0.223	0.227	0.231	0.236	0.240	0.245	0.250	0.257	0.263	0.269	0.277	0.286	0.295	0.305	0.317	0.330
5.000	0.211	0.214	0.218	0.221	0.225	0.228	0.233	0.237	0.242	0.247	0.252	0.257	0.264	0.270	0.277	0.285	0.295	0.304	0.315	0.328	0.342
6.300	0.216	0.220	0.223	0.227	0.231	0.235	0.239	0.244	0.248	0.254	0.259	0.265	0.272	0.279	0.287	0.295	0.305	0.315	0.327	0.341	0.356
8.000	0.222	0.226	0.230	0.233	0.237	0.242	0.246	0.251	0.256	0.262	0.268	0.274	0.282	0.289	0.297	0.306	0.317	0.328	0.341	0.356	0.372
10.000	0.229	0.232	0.236	0.240	0.245	0.249	0.254	0.259	0.265	0.271	0.277	0.284	0.292	0.300	0.308	0.318	0.330	0.342	0.356	0.372	0.390

[비 고] ① 축차 샘플링방식을 위한 최대 공정 표준 편차 MPSD는 표준화한 값 f를 규격 공차($U-L$)를 곱하여 구한다. 즉, MPSD = $f(U-L)$. 한계 공정 표준 편차 MPSD는 축차 샘플링방식을 개별식 양쪽 규정 한계에 대하여 사용하는 경우의 공정 표준 편차의 최대 허용값을 준다. 공정 표준 편차가 MPSD를 넘은 경우는 전로트는 불합격이 된다.

② $PRQ^{(L)}$ 및 $PRQ^{(U)}$는 부적합품률(%)로 표시되어 있다.

[2] 검사의 실시

1) 샘플링방식을 지정한다.

2) 생산자위험품질(PRQ)과 소비자위험품질(CRQ)의 수준을 지정한다.

3) 샘플의 샘플링 및 누계여유치 Y를 기록한다.

① 로트에서 임의로 개개의 샘플아이템을 뽑고, 뽑은 순서대로 1개씩 검사한다.

② 여유치 y는 다음과 같이 계산하고 그때까지의 y의 누계를 합부판정표에 Y로 기록한다.

i) 양쪽 규격, 규격하한의 경우 : $y = x - L$

ii) 규격상한의 경우 : $y = U - x$

4) 합격여부의 판정

① 수치판정법

i) 한쪽 규격의 경우

- $Y \geq A$이면 로트합격
- $Y \leq R$이면 로트불합격
- $A < Y < R$이면 검사속행

다만, n_{cum}이 n_{t}에 도달한 때에는 검사를 중도 중지하고 다음과 같이 판정한다. $Y \geq A_{\text{t}}$이면 로트 합격, 그렇지 않으면 로트 불합격

ii) 연결식 양쪽 규격의 경우

- $A^{(L)} \leq Y \leq A^{(U)}$이면 로트합격
- $Y \geq R^{(U)}$ 또는 $Y \leq R^{(L)}$이면 로트 불합격
- 위의 두 경우 모두를 만족할 수 없으면 검사속행

단, n_{cum}이 n_{t}에 도달한 때에는 검사를 중도 중지하고 다음과 같이 판정한다. $A_{\text{t}}^{(L)} \leq Y \leq A_{\text{t}}^{(U)}$이면 로트 합격, 그렇지 않으면 로트 불합격

iii) 개별식 양쪽 규격의 경우

- 규격상한 U에 대하여
  - $Y \leq A^{(U)}$이면 로트합격
  - $Y \geq R^{(U)}$이면 로트불합격 → 검사종료
  - 위의 두 경우 모두를 만족할 수 없으면 검사속행
- 규격하한 L에 대하여
  - $Y \geq A^{(L)}$이면 로트합격
  - $Y \leq R^{(L)}$이면 로트불합격 → 검사종료
  - 위의 두 경우 모두를 만족할 수 없으면 검사속행

② 도식판정법

합부판정도에 점(n_{cum} : Y)를 타점한 후

i) 점이 합격점에 들어가면 로트합격

ii) 점이 불합격점에 들어가면 로트불합격

iii) 점이 검사속행역에 들어가면 또 1개의 아이템을 검사한다.

예제 12·253 애자에 대하여 절연 전압 200 kV라고 규정되어 있다. 정상적인 생산에서의 로트가 검사에 제출되었다. 생산은 안정되어 있고, 절연 전압의 분포는 정규 분포에 따른다는 것이 확인되어 있다. 그리고 로트 내의 표준 편차는 안정되어 있어서 $\sigma = 1.2$ kV로 간주하면 된다는 문서가 제출되어 있다. 다음과 같은 특성을 가진 축차 샘플링방식을 사용하기로 결정되었다.

① 제출 로트의 품질이 부적합품률로 0.5%이면 로트의 합격 확률은 0.95로 한다.

② 제출 로트의 품질이 부적합품률로 2.0%이면 로트의 합격 확률은 0.10으로 한다.

규격은 한쪽 규격으로 규격하한으로 볼 때 샘플링방식을 구하여라.

《풀이》 ① 표 12 · 27로부터 CRQ=2.0%, PRQ=0.5%에 대응하는 축차 샘플링방식의 파라미터는 다음과 같다.

$$h_A = 4.312 \quad h_R = 5.536 \quad g = 2.315 \quad n_t = 49$$

② ①에서 구한 파라미터를 기준으로

합격판정치 $A = 2.778 n_{cum} + 5.174$

불합격 판정치 $R = 2.778 n_{cum} - 6.643$

누계 샘플사이즈 $n_{cum} = 1, 2, \cdots, 48$에 대응하는 합격 판정치 및 불합격 판정치는 이와 같은 식에 순차적으로 n_{cum}의 값을 대입하면 구할 수 있다. 또한 누계 샘플 사이즈의 중지치 n_t에 대응하는 합격 판정치 $A_t = 2.778\, n_t$로 구할 수 있다.

③ 샘플을 1개씩 검사한 결과 측정치 및 여유치가 표 12 · 30의 2열 및 3열과 같을 때 수치 판정법의 합부판정표는 표 12 · 30으로 나타낼 수 있으며 12번째 아이템 검사 후에 누계 샘플 사

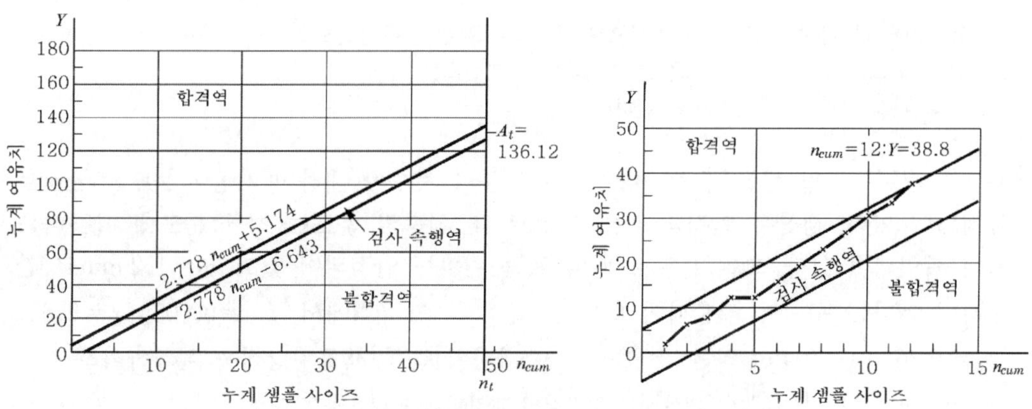

그림 12 · 29 축차 샘플링방식에 대한 합부 판정도

표 12·30 한쪽 규격 한계에 대한 축차 샘플링방식을 위한 합부 판정표

누계 샘플 사이즈 n_{cum}	측정치 x kV	여유치 y	불합격 판정치 R	누계 여유치 Y	합격 판정치 A
1	202.5	2.5	−3.86	2.5	7.95
2	203.8	3.8	−1.09	6.3	10.73
3	201.9	1.9	1.69	8.2	13.51
4	205.6	5.6	4.47	13.8	16.29
5	199.9	−0.1	7.25	13.7	19.06
6	202.7	2.7	10.02	16.4	21.84
7	203.2	3.2	12.80	19.6	24.62
8	−203.6	3.6	15.58	23.2	27.40
9	204.0	4.0	18.36	27.2	30.18
10	203.3	3.6	21.14	30.8	32.95
11	203.3	3.3	23.91	34.1	35.73
12	204.7	4.7	26.69	38.8	38.51
13	−	−	29.47	로트	41.29
14	−	−	32.25	합격	44.07
⋮	⋮	⋮	⋮	⋮	⋮
48			126.70		138.58
49					136.12

이즈 12개 검사 후 이 로트를 합격으로 판정한다.

④ 도식판정법의 합부판정도는 가로축을 누계 샘플 사이즈 n_{cum}, 세로축을 누계 여유치 Y로 하는 그래프 용지를 준비한다. 합격 판정선은 (0 : $h_A\sigma$)의 점 및 (n_{cum} : $g\sigma n_{cum} - h_A\sigma$)의 모든 점을 지나는 직선이다. $n_{cum}=30$을 고르면 $g\sigma n_{cum}+h_A=88.51$이 된다. 그래프 용지에 2점(0 : 5.17) 및 (30 : 88.51)을 타점하고 이 2점을 직선으로 연결한다.
마찬가지로 불합격 판정선은 (0 : $-h_A\sigma$) 및 $n_{cum}=30$에 대응하는 (n_{cum} : R)의 2점(30 : 76.70)을 타점하여, 이 2점을 직선으로 연결하여 불합격 판정선으로 한다. 마지막으로 중지선으로서 $n_{cum}=49$인 곳에 세로선을 기입하여 중지선으로 한다.
이를 나타내면 그림 12·29와 같다.

예제 12·263 공업 생산 중의 어떤 기계 부품의 치수에 대하여 시방이 205±5 mm로 규정되어 있다. 생산은 안정되어 있고 로트 내 치수의 분포는 정규 분포에 따른다는 것이 확인되어 있다. 그리고 로트 내의 표준 편차는 안정되어 있고 $\sigma=1.2$ mm로 간주하면 된다는 문서가 제출되어 있다. 연결식 양쪽 규격에서 $p_A=0.005$, $\alpha=0.05$, $p_R=0.02$, $\beta=0.10$이라는 특성을 가진 계량치 축차 샘플링방식을 설계하여라.

《풀이》 ① 표 12·27에서 이 축차 샘플링방식의 파라미터는 다음과 같다.

$$h_A=4.312,\ h_R=5.536,\ g=2.315 \text{ 및 } n_t=49$$

② ①에서 구한 파라미터를 기준으로 상측 합격 판정치 $A^{(U)}$ 및 하측 합격 판정치 $A^{(L)}$을 주는 식은 다음과 같다.

$$A^{(U)}=7.222n_{\text{cum}}-5.174$$
$$A^{(L)}=2.778n_{\text{cum}}+5.174$$

상측 불합격 판정치 $R^{(U)}$ 및 하측 불합격 판정치 $R^{(L)}$을 주는 식은 다음과 같다.

$$R^{(U)}=7.222n_{\text{cum}}+6.643$$
$$R^{(L)}=2.778n_{\text{cum}}-6.643$$

누계 샘플 사이즈 $n_{\text{cum}}=1,\ 2,\ \cdots,\ 48$에 대응하는 합격 판정치 및 불합격 판정치는 이와 같은 식에 순차적으로 n_{cum}의 값을 대입하면 구할 수 있다.

또한 누계 샘플 사이즈의 중지치 $n_t=49$에 대응하는 합격 판정치 $A_t^{(U)}$ 및 $A_t^{(L)}$은 다음과 같다.
을 주는 식은 다음과 같다.

$$A_t^{(U)}=7.222n_t$$
$$A_t^{(L)}=2.778n_t$$

③ 샘플을 1개씩 검사한 결과 측정치 및 여유치가 표 12·31의 2열 및 3열과 같을 때 수치판정법의 수치판정표는 표 12·31로 나타낼 수 있으며, 12번째 아이템 검사 후에 이 로트는 합격으

표 12·31 연결식 양쪽 규격에 대한 축차 샘플링방식을 위한 합부 판정표

누계 샘플 사이즈 n_{cum}	측정치 x mm	여유치 y	하측 불합격 판정치 $R^{(L)}$	하측 합격 판정치 $A^{(L)}$	누계 여유치 Y	상측 합격 판정치 $A^{(U)}$	상측 불합격 판정치 $R^{(U)}$
1	202.5	2.5	−3.86	7.95*	2.5	2.05*	13.87
2	203.8	3.8	−1.09	10.73*	6.3	9.27*	21.09
3	201.9	1.9	1.69	13.51	8.2	16.49	28.31
4	205.6	5.6	4.47	16.29	13.8	23.71	35.53
5	199.9	−0.1	7.25	19.06	13.7	30.94	42.75
6	202.7	2.7	10.02	21.84	16.4	38.16	49.98
7	203.2	3.2	12.80	24.62	19.6	45.38	57.20
8	−203.6	3.6	15.58	27.40	23.2	52.60	64.42
9	204.0	4.0	18.36	30.18	27.2	59.83	71.64
10	203.3	3.6	21.14	32.95	30.8	67.05	78.87
11	203.3	3.3	23.91	35.73	34.1	74.27	86.09
12	204.7	4.7	26.69	38.51	38.8	81.49	93.31
13	−	−	29.47	41.29	로트	88.71	100.53
14	−	−	32.25	44.07	합격	95.94	107.75
⋮	⋮	⋮	⋮	⋮	⋮	⋮	⋮
48			126.70	138.58		341.48	353.30
49				136.12		353.88	

* 이 누계 샘플 사이즈에서는 하측 합격 판정치가 상측 합격 합격 판정치를 넘으므로 합격의 판정은 불가능하다.

로 판정한다.

④ 도식판정법의 합부판정도는 가로축을 누계 샘플 사이즈 n_{cum}, 세로축을 누계 여유치 Y로 하는 그래프 용지를 준비한다. 규격 하한치에 대한 합격 판정선은 2점(0 : 5.17) 및 (30 : 88.51)을 직선으로 연결한다. 또한 하측 불합격 판정선은 2점(0 : −6.64) 및 (30 : 76.70)을 직선으로 연결하여 작성한다.

규격 상한에 대한 합격 판정선은 (30 : −5.17) 및 (30 : 211.49)를 직선으로 연결하여 작성한다. 마찬가지로 상측 불합격 판정선은 2점(0 : 6.64) 및 (30 : 223.30)을 직선으로 연결하여 작성한다. 마지막으로 $n_{\text{cum}}=49$인 곳에 세로선을 기입하여 중지선으로 한다. 이를 나타내면 그림 12 · 30과 같다.

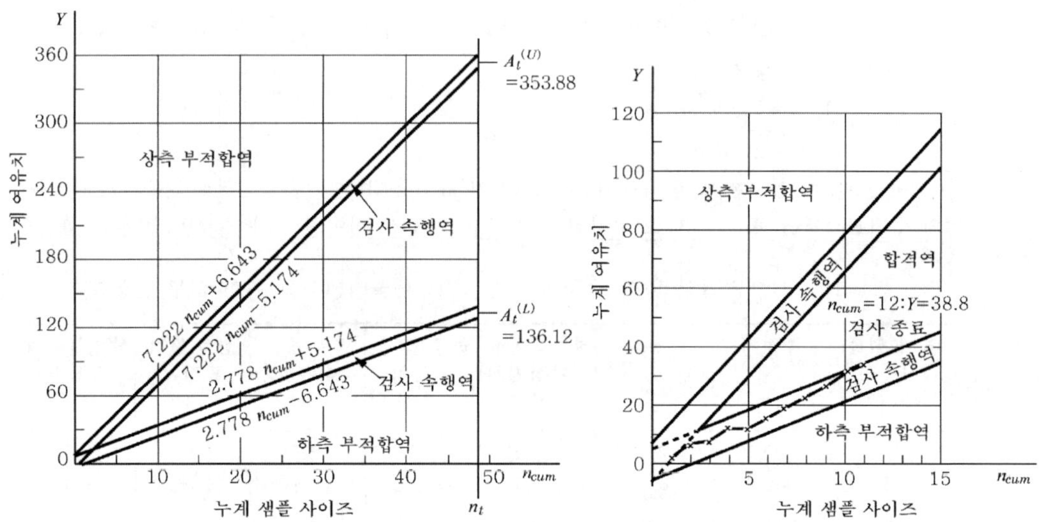

그림 12 · 30 연결식 양쪽 규격인 경우의 축차 샘플링방식에 대한 합격 여부 판정도

예 제 12 · 273 어떤 전자 부품의 출력 전압에 대하여 시방이 5950 ± 50 mV로 규정되어 있다. 생산은 안정되어 있고 로트 내의 출력 전압의 분포는 정규 분포에 따른다는 것이 확인되어 있다. 그리고 로트 내의 표준 편차는 안정되어 있고 $\sigma = 12$ mV로 간주하면 된다는 문서가 제출되어 있다.

규격 상한 $U = 6\,000$ mV에 대하여 $P_A^{(U)} = 0.005$, $\alpha^{(U)} = 0.05$, $P_R^{(U)} = 0.02$, $\beta^{(U)} = 0.10$ 및 규격 하한 $L = 5\,900$ mV에 대하여 $P_A^{(L)} = 0.025$, $\alpha^{(L)} = 0.05$, $P_R^{(L)} = 0.10$, $\beta^{(L)} = 0.10$이라는 특성을 가진 계량치 축차 샘플링방식을 설계하여라.

《풀이》 ① 개별식 양쪽 규격 한계가 주어져 있으므로 축차 샘플링방식에 대하여 2쌍의 파라미터를 구한다. 규격 상한에 대한 파라미터는 다음과 같다.

$$h_A^{(U)} = 4.312,\quad h_R^{(U)} = 5.536,\quad g^{(U)} = 2.315 \text{ 및 } n_t^{(U)} = 49$$

또한 규격 하한에 대한 파라미터는 다음과 같다.

$$h_A^{(L)} = 3.319,\quad h_R^{(L)} = 4.260,\quad g^{(L)} = 1.621 \text{ 및 } n_t^{(L)} = 29$$

2개의 중지치 중 큰 쪽은 $n_t^{(U)}=49$이므로, 이 축차 샘플링방식에 대한 중지치는 $n_t=49$를 사용한다.

② ①에서 구한 파라미터를 기준으로 규격 상한에 대한 합격 판정치 $A^{(U)}$ 및 불합격 판정치 $R^{(U)}$를 주는 식은 다음과 같다.

$$A^{(U)}=7.222n_{\text{cum}}-5.174$$

$$R^{(U)}=7.222n_{\text{cum}}+6.643$$

규격 하한에 대한 합격 판정치 $A^{(L)}$ 및 불합격 판정치 $R^{(L)}$을 주는 식은 다음과 같다.

$$A^{(U)}=72.22n_{\text{cum}}+39.82$$

$$R^{(L)}=19.45n_{\text{cum}}-51.12$$

누계 샘플 사이즈 $n_{\text{cum}}=1, 2, \cdots, 48$에 대응하는 합격 판정치 및 불합격 판정치는 이와 같은 식에 순차적으로 n_{cum}의 값을 대입하면 구할 수 있다.

또한 누계 샘플 사이즈의 중지치 $n_t=49$에 대응하는 합격 판정치 $A_t^{(U)}$ 및 $A_t^{(L)}$은 다음과 같다.

$$A_t^{(U)}=7.222n_t$$

$$A_t^{(L)}=19.45n_t$$

③ 샘플을 1개씩 검사한 결과 측정치 및 여유치가 표 12 · 32의 2열 및 3열과 같을 때 수치판정법의 합부판정표는 표 12 · 32로 나타낼 수 있으며, 2번째 아이템 검사 후에 규격상한치에 대해

표 12 · 32 개별식 양쪽 규격에 대한 축차 샘플링방식을 위한 합부 판정표

누계 샘플 사이즈 n_{cum}	측정치 x mm	여유치 y	하측 불합격 판정치 $R^{(L)}$	하측 합격 판정치 $A^{(L)}$	누계 여유치 Y	상측 합격 판정치 $A^{(U)}$	상측 불합격 판정치 $R^{(U)}$
1	5930	30	−31.7	59.3	30	20.5	138.7
2	5909	9	−12.2	78.7	39	92.7	210.9
3	5921	21	7.2	98.2	60	164.9	283.1
4	5924	24	26.7	117.6	84	237.1	355.3
5	5927	27	46.1	137.1	111	309.4	427.5
6	5939	39	65.5	156.5	150	381.6	499.8
7	5914	15	85.0	176.0	164	453.6	572.0
8	5916	16	104.5	195.4	180	526.0	644.2
9	5932	32	123.9	214.9	212	598.2	716.4
10	5918	18	143.4	234.3	230	670.5	788.6
11	5934	34	162.8	253.8	264	742.7	860.9
12	−	−	182.3	273.2	로트	814.9	933.1
13	−	−	201.7	292.7	합격	887.1	1 005.3
14	−	−	221.2	312.1		959.3	1 077.5
⋮	⋮	⋮	⋮	⋮	⋮	⋮	⋮
48			882.5	973.4		3 414.8	3 533.0
49				953.1		3 538.8	

서는 로트합격으로 검사종료하고 11번째 아이템 검사 후에 규격 하한치에 대하여 로트합격으로 모든 검사를 종료한다.

④ 도식판정법의 합부판정도는 가로축을 누계 샘플 사이즈 n_{cum}, 세로축을 누계 여유치 Y로 하는 그래프 용지를 준비한다. 규격 하한에 대한 합격 판정선은 2점 (0 : 39.8) 및 (30 : 623.3)을 직선으로 연결하여 작성한다. 또한 규격 하한에 대한 불합격 판정선은 2점 (0 : −51.1) 및 (30 : 532.4)를 직선으로 연결하여 작성한다.
규격 상한에 대한 합격 판정선은 2점 (30 : −5.17) 및 (30 : 211.49)를 직선으로 연결하여 작성한다. 마찬가지로 상측 불합격 판정선은 2점 (0 : 6.64) 및 (30 : 223.30)을 직선으로 연결하여 작성한다. 마지막으로 $n_{\text{cum}}=49$인 곳에 세로선을 기입하여 중지선으로 한다.
이를 나타내면 그림 12 · 31과 같다.

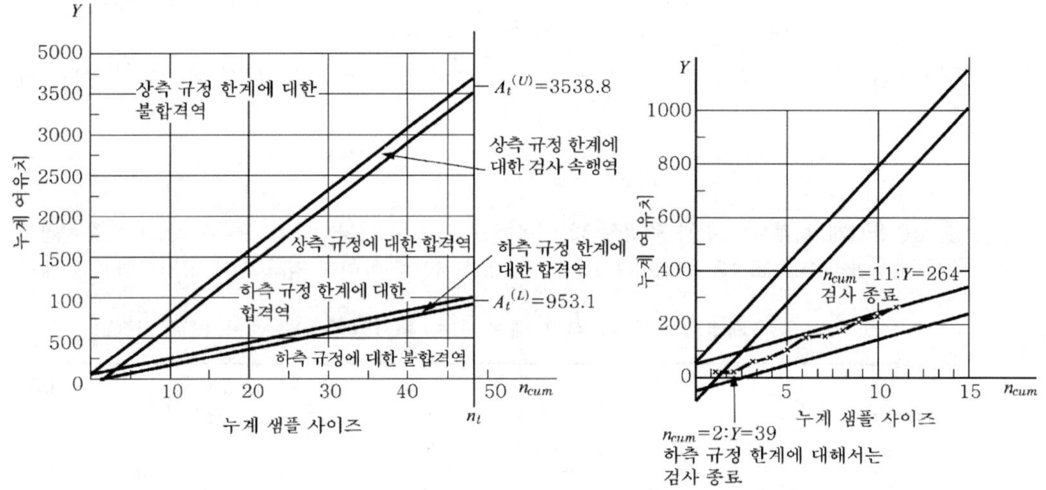

그림 12 · 31 개별식 양쪽 규격의 경우의 축차 샘플링방식에 대한 합부 판정도

연습문제

1. 누적확률곡선을 사용하여 다음 값을 구하여라.

① $n=30$, $Ac=1$이 되는 샘플링방식에 있어서 $p=3\%$인 로트가 합격할 확률

② $n=50$, $Ac=2$가 되는 샘플링방식에서 $L_{(p)}=0.85$가 되는 로트의 불량률

③ $p=4\%$인 로트가 합격할 확률이 0.1이 되는 n과 Ac의 조합을 Ac가 0에서 5까지에 대하여

2. $n=100$, $Ac=3$의 샘플링방식의 OC곡선을 그려라.

3. 다음의 p_0, p_1을 만족시키는 계수규준형 1회 샘플링방식을 설계하여라($\alpha=0.05$, $\beta=0.10$).

① $p_0=1\%$, $p_1=20\%$

② $p_0=1\%$, $p_1=2\%$

③ $p_0=10\%$, $p_1=20\%$

④ $p_0=1\%$, $p_1=3\%$, 로트의 크기 $N=50$

4. 다음의 p_0, p_1을 만족시키는 계량규준형 1회 샘플링방식을 계산하여라($\alpha=0.05$, $\beta=0.10$).

① $p_0=1\%$, $p_1=20\%$

② $p_0=1\%$, $p_1=2\%$

③ $p_0=10\%$, $p_1=20\%$

5. Y제품의 불순물의 함량은 로트의 평균으로서 0.2 mg이라 하면 합격으로 하여도 좋으나, 이것이 0.3 mg을 초과할 때에는 불합격시키고 싶다. $\alpha=0.05$, $\beta=0.10$으로 하여 샘플링방식을 설계하여라. 단, $\sigma=0.08$ mg이다.

6. X부품의 경도가 로크웰 경도 이상으로 규정되어 있다. $p_0=1\%$, $p_1=4\%$($\alpha=0.05$, $\beta=0.10$)로 하고, 또 $\sigma=0.8$로 하여 샘플링방식을 설계하여라. 그리고 구한 샘플링방식에서 불적합품률 5%인 로트의 합격할 확률을 구하여라.

7. 어떤 로트 중의 제품치수의 표준편차가 $\sigma=2.8$ mm이다. $m_0=28$ mm 이상의 로트는 대부분 합격으로 하고 싶지만 $m_1=20$ mm 이하인 로트는 합격시키고 싶지 않다. $\alpha=0.05$, $\beta=0.10$으로 하고, 이 경우의 샘플링방식을 구하여라.

8. 전기부품의 저항치가 450 Ω 이하이어야 한다고 규정되어 있다. 이 경우 $n=5$, $k=2.12$라고 하는 계량규준형 1회 샘플링검사를 하였더니 측정치는 각각 다음과 같았다.

42.5, 43.5, 46.5, 44.5, 43.0(Ω)

로트의 표준편차 $\sigma=2$ Ω이라 하면 이 로트는 합격으로 되겠는가, 불합격으로 되겠는가?

9. $N=91000$, $n=20$, $c=2$로 선별형 샘플링검사를 하는 경우의 AOQ 곡선을 만들고, 또 이 경우의 AOQL은 얼마로 되는가?

10. MIL-STD-105 D를 적용하여 검사하는 경우에 로트의 크기 1000, AQL =4%에 대한 각 조합의 1회 샘플링방식을 구하여라. 단, 검사수준은 II로 한다.

11. MIL-STD-105 D를 적용하여 검사하는 경우 로트의 크기 300, AQL =1%에 대한 각 조합의 1회 샘플링 방식을 구하여라. 단, 검사수준은 III으로 한다.

12. 어떤 공장의 병에 넣는 공정에서 계수연속생산형 샘플링검사를 적용하여 검사를 하려고 한다. 공정평균은 $\bar{p}=1.5\%$로서 안정되어 있다. AOQL =0.25%로 해서 샘플링방식을 구하여라.

13. 건전지가 벨트 컨베이어 위를 제품화되어 가면서 이동해 가고 있는 공정이 있다. 여기서 AOQL =0.3%의 연속생산형 계수 샘플링검사를 실시하고자 한다. 다만, 검사항목은 단자전압으로서 규정전압 1.5 V를 만족시키지 못하는 것은 불적합품으로 한다. 과거의 검사결과로 추정한 공정평균은 0.5%이다. 샘플링방식을 구하여라. 만일 도중에 불적합품이 발견되면 양품과 대체하는 것으로 한다.

14. $p_0=1\%$, $p_1=19\%$로 하여 계수 1회 샘플링검사를 설계하여라.

15. 어떤 제품로트의 검사를 계량 1회 샘플링검사로 실시하는 경우에 규격하한 $S_L=30$이고 특정치의 분포는 정규분포이며, 로트의 표준편차 $\sigma=3\%$일 때 다음 조건을 만족시키는 샘플링방식을 구하여라.

$$p_0=1\%, \quad \alpha=0.05, \quad p_1=6\%, \quad \beta=0.10$$

16. 크기 300의 로트에 관하여 AQL =1.5%로 하여 MIL-STD-105 D에 의한 샘플링검사를 설계하여라. 검사수준은 II로 한다.

17. $m_0=1.8$, $m_1=1.5$, $\sigma=0.3$으로 하여 계량규준형 샘플링검사를 설계하여라.

18. 벨트 컨베이어에 의하여 제조공정에서 보내지고 있는 반제품에 대하여 연속생산형 샘플링검사 방식을 설계하여라. 단, AOQL =0.5%, 공정평균 불량률 =1.2%이다.

19. 다음에 대하여 각각 특징을 설명하여라.
   ① 규준형 샘플링검사
   ② AQL지표형 샘플링검사
   ③ 스킵 로트 샘플링검사
   ④ 연속생산형 샘플링검사
   ⑤ 축차 샘플링검사

20. OC곡선의 성질에 대해 설명하여라.

21. 검사의 정의와 목적에 대해 설명하여라.

22. 전수검사 및 샘플링검사의 유리한 점을 설명하여라.

23. 계수검사와 계량검사의 특징을 열거하여라.

13 공정능력과 규격

13.1 공정능력

13.1.1 공정능력의 정의

공정능력(process capability ; quality capability of process)의 정의에 대해서는 여러 견해가 있다. 그 중에서 중요한 몇 가지만 소개해 보기로 한다.

1) 공정능력이란 공정에 있어서의 달성능력이다(어휘상의 정의).

2) 공정능력이란 공정이 최상을 이룰 때(관리상태) 제품 각각의 변동이 어느 정도인가를 표시하는 양이다(J. M. Juran). 이 때에는 보통 공정능력 대신 자연공차(natural tolerance)라는 용어를 사용하며, 자연공차의 6배(6 σ)가 공정능력에 해당된다.

3) 공정능력이란 통계적 관리상태하에서의 공정의 정상적인 움직임, 즉 외부적인 요인에 방해됨이 없이 작업을 행한 공정에 의해서 만들어진 일련의 예측할 수 없는 결과이다(Western Electric Co.). 이 때에는 같은 모양의 부품을 만들기 위한 공정의 고유능력으로 주어진 조건하에서 일정기간 통계적 관리상태로 유지할 수 있는 최량의 분포를 의미한다.

4) 공정능력이란 일정요인에 의한 정상적인 안정 조건하에서 그 공정의 품질상의 달성능력이다(A. V. Feigenbaum). 이 때에는 공정요인, 공정조건이라는 중요한 두 가지의 요소가 포함된다. 또한 공정능력의 척도로서 6 σ를 사용한다.

$$\text{공정능력(process capability)} = 6\sigma = 6\sqrt{\frac{\Sigma(x_i - \bar{x})^2}{n-1}}$$

여기서, σ : 시료의 표준편차,

x_i : 개개의 측정치,

$\bar{x}$: 측정치의 산술평균,

n : 시료의 수

이상의 네 가지 정의에서 알 수 있는 바와 같이 공정능력이 어떤 공정에서의 품질상의 달성능력을 뜻하는 것은 확실하지만, 환경조건하에서의 달성능력을 문제로 하고 있다. 이러한 면에서 본다면 공정능력이란 "그 존재가 경제적인 면에서 허용되고 결과를 예측할 수 있는 요인을 포함한 안정상태의 공정이 만들어내는 품질상의 달성능력"이라고 할 수 있을 것이다. 이렇게 하여 정해진 공정능력은 어떠한 측도로 표시하는가를 규정하는 것이 공정능력의 측도에 관한 정의이다. 따라서 공정능력에 대한 개념과 공정능력의 측도에 대한 개념은 서로 밀접한 관계에 있으나 서로 다른 개념이며, 공정능력의 의의를 구체적으로 명시하기 위해서는 이 양자를 명확히 규정하지 않으면 안 된다.

13.1.2 공정능력의 구성요소

품질에 영향을 미치는 요인은 몇 개의 기본요소로 분류해 왔다. 이 기본요소는 공정을 형성하는 사람(man), 설비(machine), 원재료(material), 방법(method)의 4M과 측정(measurement)을 들 수 있다. 이들의 관계를 그림 13 · 1에 표시한다.

이들 요인들은 각각 고유의 산포를 갖고 있으므로 이들을 합성한 공정도 고유의 산포를 갖게 된다. 따라서 공정능력은 이들 요소의 능력으로 분해할 수가 있다.

위에서 설비의 능력은 보통 설비능력 혹은 기계능력이라 불리고 있다. 이 때의 기계 능력은 기계에 한정하지 않고 장치, 기타 일반의 설비를 포함하고 있다.

근대공업에서 기계나 장치의 사용은 본질적인 것이기 때문에 이들의 공정에 대한 기여의 정도는 다른 요소에 비교하여 극히 크므로, 때로는 공정능력은 기계능력으로 대용되는 수가 있다. 따라서 우리는 공정능력과 기계능력의 관계를 두 가지 의미로 파악하지 않으면 안 된다.

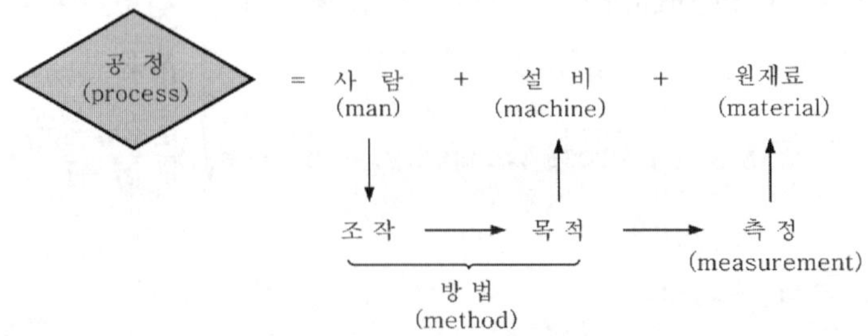

그림 13 · 1 공정과 4M과의 관계

① 이 양자의 관계가 밀접하여 공정능력≒기계능력이라고 생각될 때

② 이 양자의 관계가 전혀 다른 공정능력≠기계능력이라고 생각될 때

②와 같은 경우는 공정능력과 기계능력을 분리하여 측정할 필요가 있다. 따라서 공정은 각종 요소의 합성에 의해서 형성되는 것이므로, 각 요소마다 분리하고 층별하여 각각의 기여율을 산출해 두는 것이 일상의 관리에 있어서나 또 공정의 설계에 있어서도 중요하다.

이상에서 말한 바와 같이 공정능력과 그것을 구성하는 기계능력 및 기타의 요소의 능력과는 상호 밀접한 관계가 있으나, 그것들의 공정능력에 대한 기여의 정도는 업체나 생산형태, 생산방식 등에 따라 상이하므로, 상호의 관계를 객관적으로 분석, 파악하도록 노력해야 한다.

13.1.3 공정능력의 계산

지금 어떤 부품에 밀링(milling) 가공을 실시하여 가공 후의 두께를 측정했을 때 그 분포의 표준편차의 값이 0.020 mm가 되었다고 하면, 그 공정이 안정상태에 있는 한 두께의 공정능력치는 6×0.020 mm, 즉 0.120 mm에 가까운 것이 될 것이다. 이 때 만약에 두께의 공차가 0.120 mm였다고 한다면 이 공정은 일단 만족할 만한 것이라고 할 수 있다. 그러나 실제 문제로는 작업조건이 언제나 일정하게 유지되어 있다고는 말할 수 없고, 기계의 조정이 변화하거나 공구가 마멸되거나 하여 공차를 더욱 좁히든가, 그렇지 않으면 공정을 개선하여 산포를 더욱 감소시킬 필요가 있을 것이다. 즉, 공정능력치와 공차와의 사이에는 어느 정도의 여유가 있어야 한다. 그래서 공정능력치를 1로 했을 때 공차는 1.3~1.5로 하는 것이 좋다.

좀더 구체적인 예로서 김씨의 직장에서는 신제품 개발로 그림 13·2와 같은 휠을 생산하는 데 있어 중심부의 안지름을 선반 가공하게 되었다. 도면의 수치는 $\phi 40''^{+0.03}_{-0}$이다. 이것은 사양상의 허용공차가 −0, +0.03을 취한 것으로 안지름을

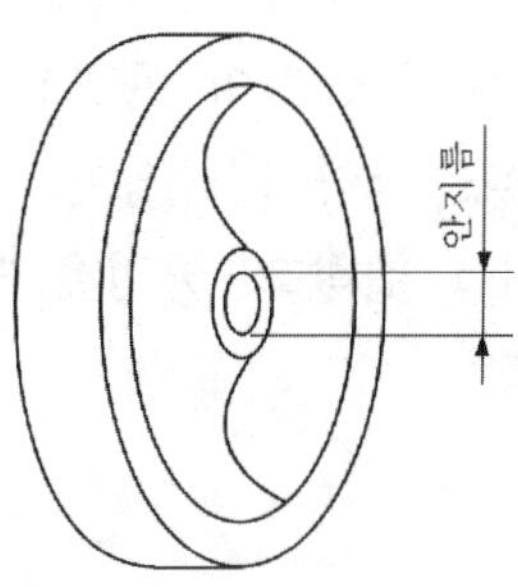

그림 13·2 휠

공차 이상으로 크게 할 경우에는 작동 중 소음을 많이 발생하게 되고, 작게 가공할 경우에는 축을 삽입할 수 없기 때문에 불량이 되는 것이다. 도면에 의해 작업표준을 작성하여 가공할 것 중 60개를 시료로 채취하고, 측정하여 표준편차를 계산한 결과 표준편차(σ)가 0.07이 되었다. 휠 안지름의 허용오차와 ±3σ 를 비교하여 보면 표준편차는 $^{+0.03}_{-0}$이므로 허용오차의 폭은 0.03이고, ±3σ 는 ±0.021, 6σ 의 폭은 0.042임을 알 수 있다. 바로 6σ 의 폭이 공정능력이며 이것을 계산하기 위해서는 표준편차(σ)를 계산해야 한다. 이 예에서는 가공능력이 공차의 폭보다 큰 것임을 알 수 있다.

공정능력을 구하는 방법은 도수분포에 의한 것과 $\bar{x}$-R 관리도에 의한 것과 이동범위(R_s)에 의한 방법 등이 있다.

1) 도수분포에 의한 방법

$$6\sigma = 6 \cdot h\sqrt{\frac{\Sigma fu^2 - \dfrac{(\Sigma fu)^2}{\Sigma f}}{\Sigma f}}$$

$$= 6 \cdot h\sqrt{\frac{\Sigma fu^2}{\Sigma f} - \left(\frac{\Sigma fu}{\Sigma f}\right)^2} \qquad (13 \cdot 1)$$

예제 13 · 1 도수분포표에서 $h=0.5$, $\Sigma f=100$, $\Sigma fu=28$, $\Sigma fu^2=396$일 때 공정능력을 구하여라.

《풀이》 $6\sigma = 6\times0.5\sqrt{\dfrac{396}{100} - \left(\dfrac{28}{100}\right)^2}$

$= 6\times0.942 = 5.652 = \pm2.826$

도수분포에 의해 공정능력을 구해 보았으나, 공정의 안정상태가 문제가 될 때는 다음에서 다루는 $\bar{x}$-R 관리도에 의한 방법을 병용하면 더욱 좋다.

2) $\bar{x}$ R 관리도에 의한 방법

이 방법은 먼저 관리도를 작성하여 공정의 안정상태를 조사한 후 안정상태에 있다고 판정되면 공정능력을 구한다. 만약에 공정이 안정상태가 아닌 것이면 그 원인을 찾아내어 공정에 대한 조치를 취하고, 공정을 안정화한 다음 다시 조사한 후 공정능력을 구한다.

$$6\sigma = 6 \cdot \frac{\bar{R}}{d_2} \qquad (13 \cdot 2)$$

여기서 d_2는 시료의 크기 n에 의해 정해지는 계수

$$\overline{R} = \frac{R_1 + R_2 + \cdots\cdots + R_n}{n}$$

예제 13 · 2 제품은 철판이다. 품질 특성치는 두께로 $n=5$, $k=25$ 조의 데이터를 취해 $\overline{x}$ R 관리도를 작성하여 다음 데이터를 얻었다. $\overline{x}=1.989$, $\overline{R}=0.372$, 그리고 $\overline{x}$ 관리도와 R 관리도는 관리상태에 있다. 따라서 공정능력을 구하여라($d_2=2.326$).

《풀이》 $6\sigma = \dfrac{6\times 0.372}{2.326} = \dfrac{2.232}{2.326} = 0.9596 = \pm 0.4798$

3) 이동범위에 의한 방법

이 방법은 데이터순으로 공정능력도에 타점한 다음 데이터를 체크하고 이상이 있는 데이터는 조치를 취한다. 그리고 데이터의 이동범위(R_s)를 구하고, 그 합계 ΣR_s를 계산하여 $\overline{R}_s$를 구한 후 공정능력을 구한다.

$$6\sigma = 6 \cdot \frac{\overline{R}_s}{d_2} \qquad (13 \cdot 3)$$

여기서 d_2 : $n=2$일 때의 값

$$\overline{R}_s = \frac{\Sigma R_s}{k-1}$$

예제 13 · 3 이동범위의 합계 $\Sigma R_s=0.443$, $k=60$일 때 공정능력을 구하여라. 단, d_2는 $n=2$일 때의 값으로 1.128이다.

《풀이》 $6\sigma = 6\times\dfrac{0.008}{1.128} = 6\times 0.007 = 0.042 = \pm 0.021$

단, $\overline{R}_s = \dfrac{0.443}{59} = 0.0075 \fallingdotseq 0.008$

13.1.4 공정능력과 공정능력지수

공정능력이 정량적으로 파악되면, 그 공정(품질)의 달성능력에 관한 정보가 얻어진 셈이다. 따라서 해당공정의 가치(공정가치의 대소)는 그 공정에 요구되는 사항으로서, 예를 들면 품질, 생산량, 납기, 코스트, 기타 각종의 복수의 요구항목을 어느 정도 만족시키는가에 따라 평가될 것이다.

그러나 여기서는 품질을 중심으로 하여 설명한다. 품질에 관한 요구항목은 품질목표 또는 품질규격에 대한 만족도의 대소를 공정의 가치판단의 척도로서 사용하게 된다. 그래서 공정능력(process capability)은 정해진 작업표준과 규격대로 작업해서 생산한 제품의 표준편차의 6배로 나타나게 된다. 이것을 공정의 고유능력 또는 공정능력이라 한다.

한편 공정능력지수(process capability index)란 도면에서 요구하는 조건(공차, 허용한계)과 공정능력을 비교하여 공정능력의 만족의 정도를 수치로 나타내게 되며, 그 계산식은 다음과 같다.

$$\text{공정능력지수}(C_p) = \frac{\text{공차 } T}{6\sigma} = \frac{S_U - S_L}{6\sigma} \qquad (13 \cdot 4)$$

여기서 T=tolerance, σ=표준편차

이와 같이 양측 규격의 경우 이 규격의 폭 T와 6σ로 표시되는 공정능력과의 비를 공정능력의 평가척도로서 이용하며, 이것을 일반적으로 공정능력지수라 부르며 C_p(PCI)로 표시한다.

보통은 공정의 상태를 정규분포로 생각할 때 $N(\mu, \sigma^2)$을 전제로 생각해 보면, 이 평가법에서는 그림 13 · 3의 (a)에서와 같이 $C_p=1$은 $T=6\sigma$를 뜻하며, 이 때는 규격으로부터 벗어날 제품은 겨우 0.27%에 해당된다. 그림 13 · 3의 (b)는 C_p의 값이 1보다 클수록 규격에 대해서 공정능력이 충분히 여유가 있음을 나타낸다. 그림 13 · 3 (c)는 C_p의 값이 1보다 작을수록 공정능력이 부족한 경우이다.

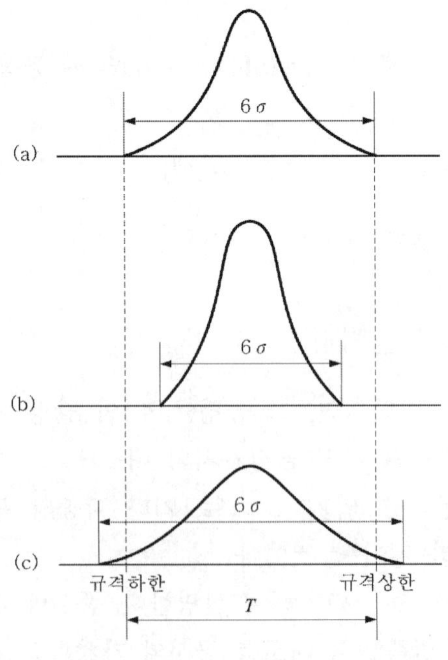

그림 13 · 3 규격의 폭과 6σ

그리고 한쪽 규격만 있는 경우의 공정능력지수는 다음과 같은 식으로 표시될 수 있다.

$$\text{규격 상한만 있는 경우 : } C_p = \frac{S_U - \bar{x}}{3\sigma}$$

$$\text{규격 하한만 있는 경우 : } C_p = \frac{\bar{x} - S_L}{3\sigma}$$

한편 품질특성치의 분포가 규격의 중앙에 위치하지 않고 한쪽으로 치우쳐 있는 경우에는 치우침도를 고려한 공정능력지수 C_{pk}가 사용되는데 규격의 중심값을 M, 치우침도를 K라고 하면

$$C_{pk} = (1-K)C_p$$

$$\text{여기서 } K = \frac{1M - \bar{x}1}{T/2}$$

로 표시된다.

이와 같이 규격에 대한 만족도를 C_p값으로 표시하나, 실제로 기계에 있어서의 공구의 마멸, 기타 원인에 의한 어쩔 수 없는 공정의 산포의 변화를 감안하여 $\pm 1.5\sigma$ 만큼의 여유를 주어 표 13 · 1과 같은 평가방법을 사용하여 공정능력을 판정할 때가 많다.

각 등급에 대한 조치의 지침으로서는 I 등급은 공정 상태가 안정상태에 있음을 의미하며 더욱더 정도가 높은 부품을 가공할 필요가 있으며, 가공시간(개당)을 단축하여 생산 능력의 향상을 시도해야 한다.

II 등급은 I 등급으로의 향상에 주력해야 하며 III 등급은 공정능력이 부족한 상태를 말하며, ① 적정한 능력을 보유한 공정(기계설비)으로 작업을 옮긴다. ② 자체의 공정능력 향상에 필요한 투자를 가한다. ③ 더욱 심할 때는 규격을 재검토하여 조정한다. ④ 특별한 관리와 가공을 한다. 즉 이러한 여러 조치가 필요하다.

따라서 C_p는 품질설계, 공정설계, 기술표준의 설계 등에 많이 적용되며, 제품설계에 필요한 정보를 제공하여 부적당한 공정의 개선과 제품의 질적저하를 최소화할 수

표 13 · 1 공정능력지수 C_p로 공정능력을 판단하는 방법

C_p의 범위	등 급	판 단
$C_p \geq 1.33$	I	공정능력이 충분하다
$1.33 > C_p \geq 1$	II	공정능력이 빠듯하다
$1 > C_p$	III	공정능력이 부족하다

* 공정능력을 허용할 수 있는 최대값 : $C_p = 1.33$

있고, 경제적인 측면에서 제품생산을 위한 기계와 작업자의 최적계획을 보증하는 데 긴요하게 활용된다.

또한 공차의 범위를 설정하여 품질관리에 적용함으로써 새로운 품질관리기법으로 발전시켜야 한다.

예제 13·4 어떤 제품의 축의 안지름을 품질특성으로 하여 $n=5$, $k=20$의 데이터를 취해 $\bar{x}$-R 관리도를 작성한 결과 다음 값을 얻었다. $\bar{\bar{x}}=6.4297$, $\bar{R}=0.0273$, 그리고 $\bar{x}$ 및 R 관리도는 관리상태에 있음을 알았다. 또 이 제품의 규격은 6.400~6.470 mm, $n=5$일 때 d_2는 2.326이다. 공정능력지수(C_p)를 구하여라.

《풀이》 ① $6\sigma=\frac{6\bar{R}}{d_2}=\frac{6\times 0.0273}{2.326}=0.0704$

② $T=6.470-6.400=0.07$

③ $C_p=\frac{T}{6\sigma}=\frac{0.07}{0.0704}=0.994$

13.2 규 격

13.2.1 규격의 정의

규격(specification)이란 표준 중 주로 물건에 직접 또는 간접으로 관계되는 기술적 사항에 관하여 규정된 기준이라 말할 수 있다. 원래 품질관리에서는 제품에 대한 규격을 설정하여 설정된 규격에 실제의 품질을 적용시키려는 노력을 하게 되며, 이것은 바로 설계품질과 적합품질을 형성하는 기본으로서 품질관리에서는 가장 핵심적인 업무라고 할 수 있다.

여기에서는 좀더 규격에 대한 구체적인 사항으로 제품의 치수에 한정된 규격에 대해서 설명하기로 한다. 규격은 공칭치수(nominal size)와 공차(tolerance)에 의해 형성된다. 공칭치수란 규격의 중심으로서 품질특성의 기준이 되는 치수이며, 공차란 품질특성의 총허용 변동을 말한다.

품질관리란 바로 변동의 관리라 할 수 있으며, 따라서 우리는 규격에서 특히 공차에 관심을 기울여야 한다.

13.2.2 공차와 허용차

표준을 규정하기 위해 산포(흩어짐)를 수치로 표시하는 데는 허용차와 공차가 있다. 허용차란 규정된 기준치와 규정된 한계치와의 차, 또는 분석시험 등에서 데이터의 산포가 허용되는 한계를 말한다.

그림 13 · 4는 공차와 허용차의 관계를 나타낸 예이다.

이 예에서는 어떤 부품의 치수규격이 50±2 mm라면 +2 mm, −2 mm는 허용차이며, 규정된 최대치와 최소치의 차 4 mm는 공차이다. 따라서 공차는 허용차의 의미로 쓰이기도 한다.

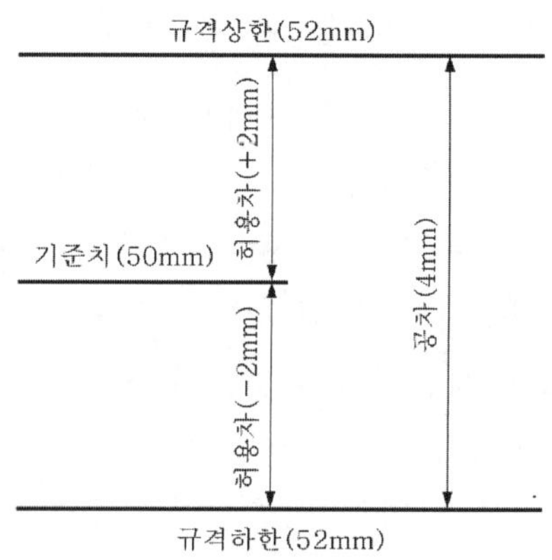

그림 13 · 4 공차와 허용차

13.2.3 틈새와 끼워맞춤

실제로 치수의 품질특성은 허용한계 내에서 변동이 발생하므로 조합되는 한 쌍의 부품, 예를 들면 구멍과 축의 끼워맞춤(fit)에 있어서도 그 맞춤의 정도에도 변동이 있게 된다. 그림 13 · 5는 부품 A, B, C, D 4개를 차례로 홈에 끼워 맞출 때 D와 E 사이의 틈새(clearance)가 생긴다. 이 때 바로 누적공차의 변동 때문에 D가 헐겁게 조립될 수도 있고, 억지로 끼워 넣게 되는 수도 있고, 알맞게 끼워 넣을 수도 있다. 아무튼 우리는 여기서 D와 E 사이의 틈새의 크기에 주의해야 한다.

이 그림에서 틈새는 짝을 이루는 품질특성인 A의 바깥지름과 E의 안지름에 의해 형성이 된다. 최대틈새는 부품 E의 구멍이 최대한계에서 부품 A의 지름의 최소한계를 뺀 값이며, 최소틈새는 부품 E의 최소한계에서 A의 최대한계를 뺀 값이다.

틈새는 실제의 틈새의 조건여하에 따라서 양의 값이 되기도 하고, 음의 값이 되기도 한다. 또한 끼워맞춤에는 헐거운 끼워맞춤, 억지 끼워맞춤, 중간 끼워맞춤의 세 가지 형태가 있다.

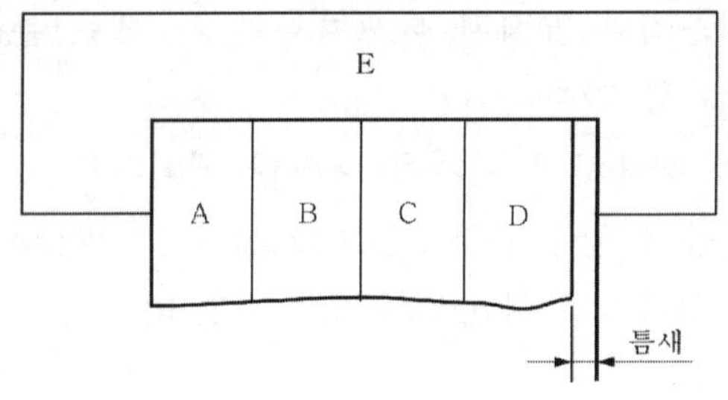

그림 13·5 틈 새

1) 헐거운 끼워맞춤(clearance fit) : 항상 틈새가 생기는 끼워맞춤으로서, 그림 13·6에서와 같이 축(shaft)의 허용 구역은 완전히 구멍(hole)의 허용구역보다 아래에 있다.

2) 억지 끼워맞춤(interference fit) : 항상 죔새가 생기는 끼워맞춤으로서 그림 13·7에서와 같이 구멍의 치수가 축의 치수보다 작을 때를 말한다.

3) 중간 끼워맞춤(transition fit) : 각각 허용치수 안에 다듬질한 구멍과 축을 끼워 맞추었을 때 그 치수에 따라 틈새가 생기는 것도 있고 죔새가 생기는 것도 있는 끼워맞춤으로서, 축의 허용구역은 구멍의 허용구역에 겹치게 된다.

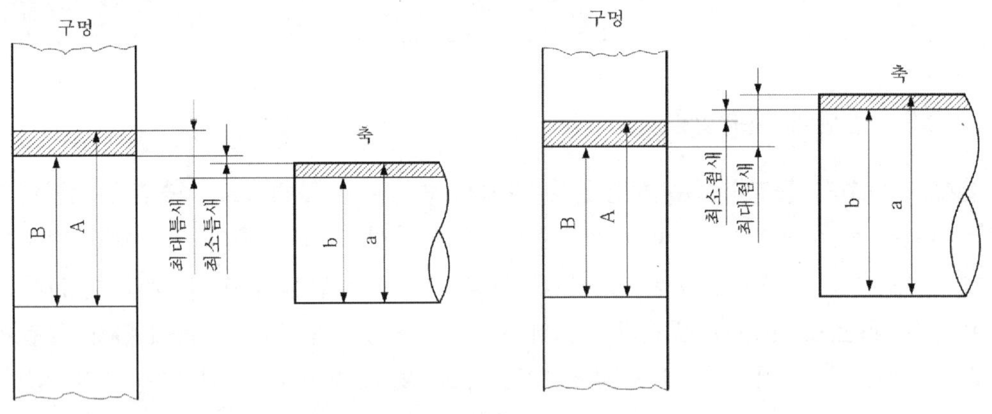

그림 13·6 헐거운 끼워맞춤　　　　그림 13·7 억지 끼워맞춤

예제 13·5 구멍과 축의 치수가 다음과 같이 주어졌을 때 최대 및 최소의 틈새는 다음과 같다. ① 공칭치수, ② 공차, ③ 최대틈새, ④ 최소틈새, ⑤ 평균틈새 등을 구하여

(단위 : inch)

	구 멍	축
최대허용치수	A=0.5010	a=0.5010
최소허용치수	B=0.5000	b=0.5006

라. 단, 이 경우는 중간 끼워맞춤의 형태이다.

《풀이》 ① 공칭치수=축 0.5008, 구멍 0.5005

② 공차 : 축 0.0004, 구멍 0.001

③ 최대틈새=A−b=+0.0004

④ 최소틈새=B−a=−0.0010

⑤ 평균틈새=(최대틈새+최소틈새)/2=(0.0004−0.0010)/2=−0.0003

13.2.4 제조공정과 규격

규격은 설계 기술자 및 제조 기술자에 의하여 개개의 제품에 대한 제품 전체의 분포에 대해, 혹은 이들 사항 전부에 대하여 정해지게 된다.

또한 규격은 보통 다음과 같은 기본적인 형을 취하게 된다.

1) 개개의 제품에 적용되는 한계 또는 요구를 규정하는 경우

예를 들면 부품의 길이는 0.125″±0.003″가 아니면 안 된다고 하는 것과 같이, 만약 개개의 제품이 한계 내에 있을 때는 물론이고, 바로 한계상에 있어도 그 제품은 규격에 맞는 것으로 보게 되며, 이것은 제품의 집단에 대해 규정하게 된다.

2) 분포의 요구에 따라 적용되는 한계를 규정하는 경우

예를 들면 제품 전체의 평균치는 0.5 mV보다 높아서는 안 되며, 제품의 각 단위는 ±0.03 mV를 넘지 않는 산포를 가지며, 또 항상 이 평균치의 주위에 분포하지 않으면 안 된다고 하는 것과 같이 분포의 요구뿐만 아니라 개개의 제품에 적용되는 한계를 규정하게 된다.

때로는 이와 같은 요구를 $\bar{x}$-R 관리도로 규정할 때도 있다. 즉 규격으로서 $\bar{x}$-R 관리도의 중심선 및 관리한계를 지정하고, 제품로트로부터 랜덤으로 취해진 시료가 관리도에서 관리상태에 있으면 그 제품은 합격으로 한다.

3) 제품에 대하여 허용되어지는 요구에 따라 적용되는 한계를 규정하는 경우

예를 들면 저항은 173Ω을 넘어서는 안 된다. 그러나 이 한계를 벗어난 것이 2% 이하이고 어느 것이나 173Ω을 넘지 않는 한 합격으로 한다고 하는 것과 같이, 구입자측이 제품이 합치되어야 할 AQL을 규정할 때와 같은 규격이다.

품질관리를 실시하는 데 있어서 이와 같은 규격을 쓰면 많은 이점이 있다. 그 이유는 검사 비용이 적게 들고 개개의 제품의 보증보다 집단제품의 보증에 주력하기 때문이다.

제조공정과 규격과의 관계를 비교하기 위해서는 $\bar{x}$ R 관리도를 활용하여 공정을 안정상태로 유지하게 한 다음 이것들과 규격을 대비하면 좋다.

공정과 규격과의 사이에는 다음과 같은 네 가지의 기본적인 관계가 있다.

1) 공정의 산포가 규격의 최대치와 최소치의 차보다 작고 공정의 중심이 안정되어 있는 경우로서 그림 13 · 8과 같은 때이다.

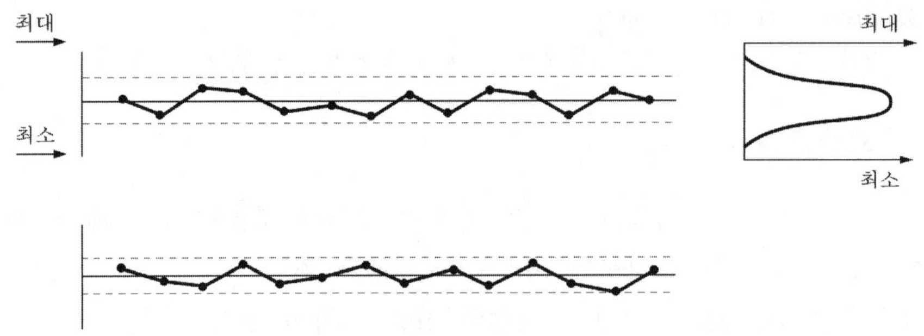

그림 13 · 8 규정된 한계보다 좁게 되어 있는 공정

이 때의 조치로서는 다음과 같은 것을 생각할 수 있다.

① 현행 제조공정의 관리를 계속한다.

② 공정에 있어서 관리도의 변형된 관리 한계선을 적용할 것을 생각한다.

③ 공정에서 소정의 간격으로 시료를 취해서 관리도에 그 결과를 기입만 하는 체크검사를 함으로써 검사를 줄일 것을 생각한다.

2) 공정의 산포가 규격의 최대치와 최소치의 차와 똑같은 경우로서 그림 13 · 9와 같은 때이다.

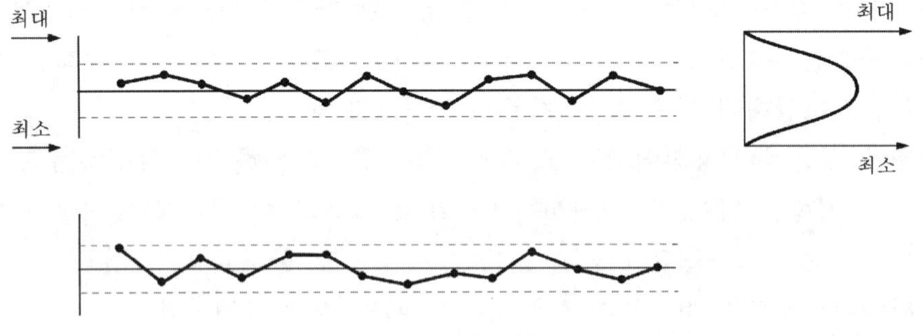

그림 13 · 9 규정된 한계와 똑같은 공정

이 때의 조치로서는 다음과 같은 것을 생각할 수 있다.

① 공정의 변화를 항상 체크하면서 공정의 중심이 규격의 중심에 오도록 할 것

② 분포가 커졌을 때는 전수선별을 해야 한다.

③ 실험계획에 의해 공정의 산포를 줄일 것을 생각한다.

④ 규격의 폭을 넓힐 수 있는가를 검사하여 가능하다면 이것을 넓히도록 한다.

3) 공정의 산포는 규격의 최대치와 최소치의 차보다 작으나 공정의 중심이 규격한계의 중심에서 벗어나 있을 경우로서 그림 13 · 10과 같은 때이다.

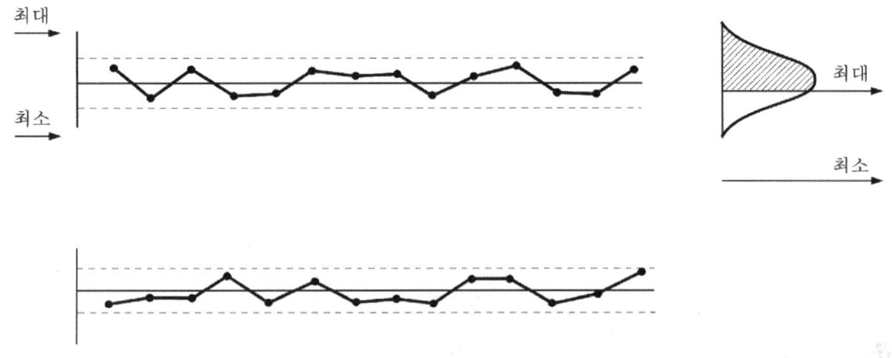

그림 13 · 10 규정된 한계의 중심에서 벗어난 공정

이 때의 조치로서는 다음과 같은 것을 생각할 수 있다.

① 규격한계 내의 어느 점에 분포의 중심을 정하고 그 점에서 관리를 계속해 나간다.

② 만약 현장이 규격한계 내에 분포의 중심을 옮길 수가 없어서 현재의 수준으로 좋은 제품을 만들 수 없을 때에는 미완성이라고 그 수준의 아래에다 기입한다. 현장에 관리도를 비치하고 품질관리회의에서 정기적으로 그것을 연구한다. 필요하면 그 공정을 변동시키고 있는 원인을 발견하기 위해 실험을 계획한다. 그리고 필요한 정보가 얻어질 때까지 전수선별을 한다. 문제가 해결될 때까지 이것을 중단해서는 안된다.

③ 현재의 규격을 제품에 불리한 영향을 주지 않고 변경할 수가 있는가 어떤가를 조사하여, 이것이 가능할 때에는 규격을 변경할 준비를 한다. 때로는 하나의 규격에 맞추기 위해 분포를 움직이면 다른 규격을 만족하지 못하게 되는 수가 있다. 이러한 경우에는 그들의 특성간에 상관관계가 있을지도 모르기 때문에 이것을 조사해 본다. 이런 경우에는 각 특성에 대한 관리도를 작성하여 그 관리도를 여러 사람이 같이 연구한다. 어떠한 실험을 계획할 때라도 양쪽의 특성을 포함하도록 한다. 이렇게 함으로써 분포의 최적 조합이 발견되고 동시에 양쪽의 특성으로부터 얻어지는 수익을 최대로 할 수가 있다.

4) 공정의 산포가 규격의 최대치와 최소치의 차보다 클 경우로서 그림 13 · 11과 같은 때이다.

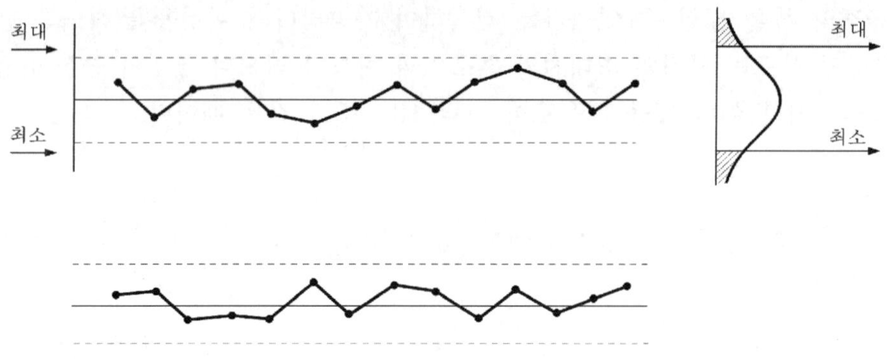

그림 13·11 규정된 한계보다 더 넓은 공정

이 때의 조치로서는 다음과 같은 것을 생각할 수 있다.

① 규격을 넓히도록 한다.

② 실험을 계획하여 공정의 산포를 감소시킨다.

③ 문제가 해결될 때까지 전제품에 대해서 전수선별을 한다.

④ 재가공이나 폐기물까지도 포함시켜 경제적인 견지에서 어떤 기준을 정하여 그 기준으로서 관리를 계속한다.

⑤ 새로운 기계의 구입, 상이한 공구의 설계, 또는 상이한 방법의 이용 등, 기본적인 공정의 개선을 꾀한다.

만약 $\bar{x}$ R 관리도에서 관리하고 있는 공정품질의 정상분포가 너무 커서 규격의 한계 내에 들어오지 않을 때, 또는 공정의 중심이 적정한 곳에 있지 않을 때는 확실히 공정과 규격 사이에 모순이 있다. 이 모순을 해결하는 데는 다음과 같은 방법이 있다.

1) 공정을 변경한다.

2) 규격을 변경한다.

3) 한계 밖에 나가는 제품을 선별하여 손질을 한다.

먼저 공정변경을 시도해 본다. 만약에 필요한 조치를 취하는 데 비용이 많이 든다든가 효과적인 조치방법이 없을 때는 규격의 변경 가능성을 검토해야 한다. 규격을 검토하는 일반적인 방법은 규격 개개의 제품에 대한 공차가 제품 조립시에 제품의 기능이나 호환성에 대해 어떤 영향을 미치는가를 조사하고 그 공차를 재조정해 보는 것이다. 제품 코스트를 최소로 하기 위해서 부품의 공차를 현장에서 무리해서 작게 가공하기보다는 설계의 허용치수 내에서 될 수 있는 대로 크게 하는 것이 좋다.

처음 두 가지 방법을 적용할 수 없다거나 적용해서 효과를 거두지 못하였을 때 취하는 최종적인 방법이 세 번째 방법이다. 매우 비용이 드는 고가의 방법이므로 이것은 최종의 수단이라고 생각해야 한다.

13.2.5 공차의 통계적 가성성

2개 이상의 부품이 조합될 때 그 조합에 의해 새로운 치수나 이전에는 없었던 새로운 산포가 생긴다. 조합의 특성을 알고 싶다든지 부품의 가공과 조립의 양쪽을 가장 경제적이고 용이하게 하기 위해서는 부품의 적정한 공차설정을 생각하는 것이 중요하다. 이러한 목적하에 고안된 것이 공차설정의 통계적 방법이다.

이 방법으로는 분포의 가성성(addition of distribution)이 적용된다. 어느 하나의 부품의 분포는 다음 부품의 분포에 가성되며, 조립이 완성될 때까지 그 가성이 계속된다고 하는 이론이다.

[1] 평균치의 합의 법칙

부품의 하나의 치수가 다른 것에 가성되도록 조립되어질 때 조립품의 치수의 평균치는 부품의 치수의 평균치의 합과 같다. 예를 들어

$\bar{x}_A$: A부품 치수의 평균치

$\bar{x}_B$: B부품 치수의 평균치

$\bar{x}_C$: C부품 치수의 평균치

라고 하면

조립품 치수의 평균치 $= \bar{x}_A + \bar{x}_B + \bar{x}_C$(그림 13 · 12 참조)

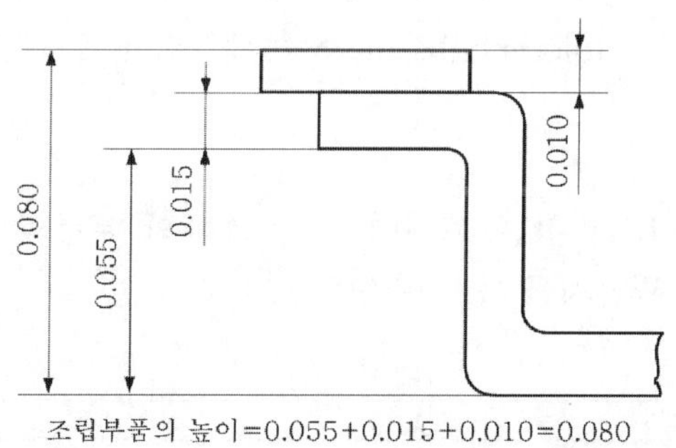

그림 13 · 12 평균치의 합

[2] 표준편차 또는 분산의 가성성의 법칙

부품이 랜덤으로 조립될 때 조립품의 표준편차는 부품의 표준편차의 단순한 합으

로 되지 않는다. 부품의 표준편차를 각각 제곱하여(분산의 값으로 고쳐) 그것들을 합한 값의 제곱근을 취하면 이것이 조립품의 표준편차가 된다. 예를 들어

σ_A : A부품의 표준편차, σ_B : B부품의 표준편차

라고 하면

$$\text{조립품의 표준편차} = \sqrt{\sigma_A^2 + \sigma_B^2}$$

여기서 표준편차 대신에 규격의 공차를 이용하면 조립품의 공차가 된다.

[3] 조립의 공차와 겹침공차

표준편차의 가성성의 법칙은 조립작업에 있어 중요한 의미를 갖고 있다. 그 이유는 제곱합(평방합)의 제곱근은 단순히 표준편차들의 가산으로 얻어진 값보다 언제나 작게 되기 때문이다. 예를 들어

$$\sigma_A = 0.0003, \qquad \sigma_B = 0.0004$$

라고 하면

$$\sigma_A + \sigma_B = 0.0007$$

그러나

$$\sqrt{\sigma_A^2 + \sigma_B^2} = \sqrt{0.0003^2 + 0.0004^2} = 0.0005$$

$$\therefore \sigma_A + \sigma_B > \sqrt{\sigma_A^2 + \sigma_B^2}$$

이 예에서 보는 바와 같이 표준편차의 합은 0.0007인데 통계적 가성성의 법칙에서는 0.0005가 된다. 이것은 랜덤한 조립을 하면 조립품의 산포는 각 부품의 산포의 합계보다도 언제나 좁은 산포의 상태로 유지할 수 있다는 것을 의미하고 있다. 이것을 겹침공차(overlapping tolerance)라고 하는데, 설계에서는 이러한 이점 때문에 많이 이용되고 있다.

예제 13·6 그림 13·13과 같은 도면에서 ① 개개의 부품의 공차합계, ② 조립부품의 공차, ③ 조립품의 평균치를 구하여라.

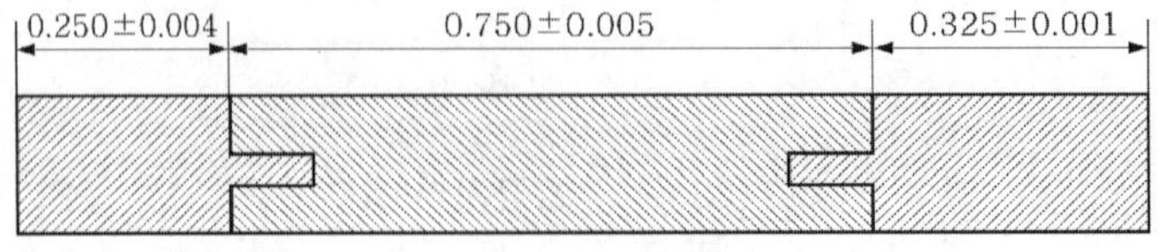

그림 13·13

《풀이》 ① 개개의 부품의 공차합계

$0.004 + 0.005 + 0.001 = \pm 0.010$

② **조립부품의 공차**

$\pm\sqrt{(0.004)^2 + (0.005)^2 + (0.001)^2} = \pm 0.0065$

③ **조립품의 평균치**

공칭치수 A + 공칭치수 B + 공칭치수 C

$= 0.250 + 0.750 + 0.325 = 1.325$

연습문제

1. 다음 용어의 의미를 설명하여라.
① 공차 ② 허용차 ③ 규격 ④ 틈새

2. 공정능력이란 무엇인가 설명하여라.

3. 공정능력지수로 공정능력을 판단하는 방법에 대해 설명하여라.

4. 공차가 같은 4개의 부품을 조립했을 때 조립공차는 ±0.005 inch이다. 부품공차는 얼마인가?

5. 어느 기계부품의 규격치의 공차는 $b\pm0.05$ cm이었다. 또한 이 제품의 표준편차는 $\sigma=0.02$ cm일 때 이 부품의 공정능력지수(C_p)는 얼마인가?

6. 그림 13 · 14와 같은 조립품에서 겹침공차가 고려되었을 때, 세 부품에 의해 조립된 조립품의 통계적 공차는 얼마인가?

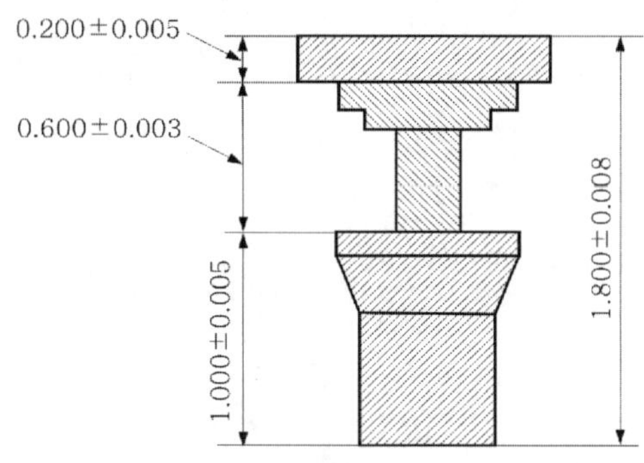

부품의 공차 ±0.005, ±0.003, ±0.005
조립품의 공차±0.008

그림 13 · 14

7. 비행기용 terminal block에 소요되는 슬롯(slot)의 규격은 0.8800~0.8750 inch이다. 이 슬롯의 제조 공정을 관리하기 위하여 16일간에 걸쳐 5개씩의 데이터를 취해 $\bar{x}$-R 관리도를 작성해 보니 $\bar{x}$와 R 관리도는 안정상태이었으며 $\bar{\bar{x}}=0.8758$, $\bar{R}=0.0039$였다. 슬롯의 공정능력을 평가하여라.

8. 어떤 축의 바깥지름의 규격은 6.400~6.470 mm이다. $n=4$, $k=20$의 데이터를 취해 $\bar{x}$-R 관리도를 작성해 보니 관리상태이었다. $\bar{\bar{x}}=6.4297$, $\bar{R}=0.0273$일 때 공정능력을 구하여라.

부 록

[부표 Ⅰ] 정규분포표
[부표 Ⅱ] t 분포표
[부표 Ⅲ] χ^2 분포표
[부표 Ⅳ] F 분포표
[부표 Ⅴ] 누적 이항 분포표
[부표 Ⅵ] 누적 푸아송 분포표
[부표 Ⅶ] 관리도용 계수표
[부표 Ⅷ] r 분포표
[부표 Ⅸ] 난수표

[부표 I] 정규분포표

양쪽의 경우(빗금확률면적 $\alpha/1$)　　　　한쪽의 경우(빗금확률면적 α)

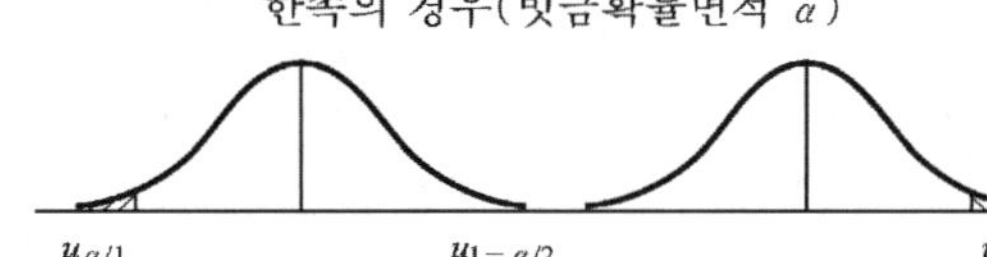

표준화 정규분포의 상측 빗금확률면적 α에 의한 상측 분위점 $u_{1-\alpha}$의 표

α	0	1	2	3	4	5	6	7	8	9
0.00*	∞	3.090	2.878	2.748	2.652	2.576	2.512	2.457	2.409	2.366
0.0*	∞	2.326	2.054	1.881	1.751	1.645	1.555	1.476	1.405	1.341
0.1*	1.282	1.227	1.175	1.126	1.080	1.036	.994	.954	.915	.878
0.2*	.842	.806	.772	.739	.706	.674	.643	.613	.583	.553
0.3*	.524	.496	.468	.440	.412	.385	.358	.358	.305	.279
0.4*	.253	.228	.202	.176	.151	.126	.100	.100	.075	.025

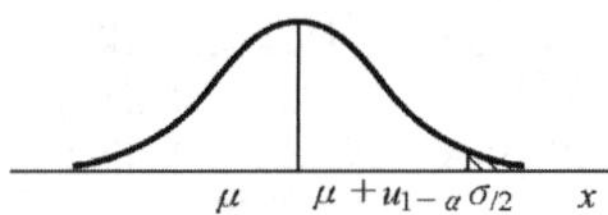

정규분포의 x가 $\mu+u_{1-\alpha}\sigma$ 이상의 값이 될 확률 α의 표(빗금확률면적은 α를 의미함)

u	.00	.01	.02	.03	.04	.05	.06	.07	.08	.09
0.0	.5000	.4960	.4920	.4880	.4840	.4801	.4761	.4721	.4681	.4641
0.1	.4602	.4562	.4522	.4483	.4443	.4404	4364	.4325	.4286	.4247
0.2	.4207	.4168	.4129	.4090	.4052	.4013	.3974	.3936	.3897	.3859
0.3	.3821	.3783	.3745	.3707	.3669	.3632	.3594	.3557	.3520	.3483
0.4	.3446	.3409	.3372	.3336	.3300	.3264	.3228	.3192	.3156	.3121
0.5	.3085	.3050	.3015	.2981	.2946	.2912	.2877	.2843	.2810	.2776
0.6	.2743	.2709	.2676	.2643	.2611	.2578	.2546	.2514	.2483	.2451
0.7	.2420	.2389	.2358	.2327	.2297	.2266	.2236	.2206	.2177	.2148
0.8	.2119	.2090	.2061	.2033	.2005	.1977	.1949	.1922	.1894	.1867
0.9	.1841	.1814	.1788	.1762	.1736	.1711	.1685	.1660	.1635	.1611
1.0	.1587	.1562	.1539	.1515	.1492	.1469	.1446	.1423	.1401	.1379
1.1	.1357	.1335	.1314	.1292	.1271	.1251	.1230	.1210	.1190	.1170
1.2	.1151	.1131	.1112	.1093	.1075	.1056	.1038	.1020	.1003	.0985
1.3	.0968	.0951	.0934	.0918	.0901	.0885	.0869	.0853	.0838	.0823
1.4	.0808	.0793	.0778	.0764	.0749	.0735	.0721	.0708	.0694	.0681
1.5	.0668	.0655	.0643	.0630	.0618	.0606	.0594	.0582	.0571	.0559
1.6	.0548	.0537	.0526	.0516	.0505	.0495	.0485	.0475	.0465	.0455
1.7	.0446	.0436	.0427	.0418	.0409	.0401	.0392	.0384	.0375	.0367
1.8	.0359	.0351	.0344	.0336	.0329	.0322	.0314	.0307	.0301	.0294
1.9	.0287	.0281	.0274	.0268	.0262	.0256	.0250	.0244	.0239	.0233
2.0	.0228	.0222	.0217	.0212	.0207	.0202	.0197	.0192	.0188	.0183
2.1	.0179	.0174	.0170	.0166	.0162	.0158	.0154	.0150	.0146	.0143
2.2	.0139	.0136	.0132	.0129	.0125	.0122	.0119	.0116	.0113	.0110
2.3	.0107	.0104	.0102	.0099	.0096	.0094	.0091	.0089	.0087	.0084
2.4	.0082	.0080	.0078	.0075	.0073	.0071	.0069	.0068	.0066	.0064
2.5	.0062	.0060	.0059	.0057	.0055	.0054	.0052	.0051	.0049	.0048

2.6	$.0^{2}4661$	$.0^{2}4527$	$.0^{2}4396$	$.0^{2}4269$	$.0^{2}4145$	$.0^{2}4025$	$.0^{2}3907$	$.0^{2}3793$	$.0^{2}3681$	$.0^{2}3573$
2.7	$.0^{2}3467$	$.0^{2}3364$	$.0^{2}3264$	$.0^{2}3167$	$.0^{2}3072$	$.0^{2}2980$	$.0^{2}2890$	$.0^{2}2803$	$.0^{2}2718$	$.0^{2}2635$
2.8	$.0^{2}2555$	$.0^{2}2477$	$.0^{2}2401$	$.0^{2}2327$	$.0^{2}2250$	$.0^{2}2180$	$.0^{2}2118$	$.0^{2}2052$	$.0^{2}1988$	$.0^{2}1920$
2.9	$.0^{2}1866$	$.0^{2}1807$	$.0^{2}1750$	$.0^{2}1695$	$.0^{2}1041$	$.0^{2}1589$	$.0^{2}1538$	$.0^{2}1489$	$.0^{2}1441$	$.0^{2}1395$
3.0	$.0^{2}1350$	$.0^{2}1306$	$.0^{2}1264$	$.0^{2}1223$	$.0^{2}1183$	$.0^{2}1144$	$.0^{2}1107$	$.0^{2}1070$	$.0^{2}1035$	$.0^{2}1001$
3.1	$.0^{3}9676$	$.0^{3}9351$	$.0^{3}9043$	$.0^{3}8740$	$.0^{3}8447$	$.0^{3}8104$	$.0^{3}7888$	$.0^{3}7622$	$.0^{3}7364$	$.0^{3}7114$
3.2	$.0^{3}6871$	$.0^{3}6637$	$.0^{3}6410$	$.0^{3}6190$	$.0^{3}5976$	$.0^{3}5770$	$.0^{3}5571$	$.0^{3}5377$	$.0^{3}5190$	$.0^{3}5009$
3.3	$.0^{3}4834$	$.0^{3}4665$	$.0^{3}4501$	$.0^{3}4342$	$.0^{3}4189$	$.0^{3}4041$	$.0^{3}3897$	$.0^{3}3758$	$.0^{3}3624$	$.0^{3}3495$
3.4	$.0^{3}3369$	$.0^{3}3248$	$.0^{3}3131$	$.0^{3}3018$	$.0^{3}2909$	$.0^{3}2803$	$.0^{3}2701$	$.0^{3}2602$	$.0^{3}2507$	$.0^{3}2415$
3.5	$.0^{3}2326$	$.0^{3}2241$	$.0^{3}2158$	$.0^{3}2078$	$.0^{3}2001$	$.0^{3}1926$	$.0^{3}1854$	$.0^{3}1785$	$.0^{3}1718$	$.0^{3}1653$
3.6	$.0^{3}1591$	$.0^{3}1531$	$.0^{3}1473$	$.0^{3}1417$	$.0^{3}1363$	$.0^{3}1311$	$.0^{3}1261$	$.0^{3}1213$	$.0^{3}1166$	$.0^{3}1121$
3.7	$.0^{3}1078$	$.0^{3}1036$	$.0^{4}9961$	$.0^{4}9574$	$.0^{4}9201$	$.0^{4}8842$	$.0^{4}8496$	$.0^{4}8162$	$.0^{4}7841$	$.0^{4}7532$
3.8	$.0^{4}7235$	$.0^{4}6948$	$.0^{4}6673$	$.0^{4}6407$	$.0^{4}6152$	$.0^{4}5906$	$.0^{4}5669$	$.0^{4}5442$	$.0^{4}5223$	$.0^{4}5012$
3.9	$.0^{4}4810$	$.0^{4}4615$	$.0^{4}4427$	$.0^{4}4247$	$.0^{4}4074$	$.0^{4}3908$	$.0^{4}3747$	$.0^{4}3594$	$.0^{4}3446$	$.0^{4}3304$
4.0	$.0^{4}3167$	$.0^{4}3036$	$.0^{4}2910$	$.0^{4}2789$	$.0^{4}2673$	$.0^{4}2561$	$.0^{4}2454$	$.0^{4}2351$	$.0^{4}2252$	$.0^{4}2157$
4.1	$.0^{4}2066$	$.0^{4}1978$	$.0^{4}1894$	$.0^{4}1814$	$.0^{4}1737$	$.0^{4}1662$	$.0^{4}1591$	$.0^{4}1523$	$.0^{4}1458$	$.0^{4}1395$
4.2	$.0^{4}1335$	$.0^{4}1277$	$.0^{4}1222$	$.0^{4}1168$	$.0^{4}1118$	$.0^{4}1069$	$.0^{4}1022$	$.0^{5}9774$	$.0^{5}9345$	$.0^{5}8934$
4.3	$.0^{5}8540$	$.0^{5}8163$	$.0^{5}7801$	$.0^{5}7455$	$.0^{5}7124$	$.0^{5}6807$	$.0^{5}6503$	$.0^{5}6212$	$.0^{5}5934$	$.0^{5}5668$
4.4	$.0^{5}5419$	$.0^{5}5169$	$.0^{5}4935$	$.0^{5}4712$	$.0^{5}4498$	$.0^{5}4294$	$.0^{5}4098$	$.0^{5}3911$	$.0^{5}3732$	$.0^{5}3561$
4.5	$.0^{5}3398$	$.0^{5}3241$	$.0^{5}3092$	$.0^{5}2949$	$.0^{5}2813$	$.0^{5}2682$	$.0^{5}2558$	$.0^{5}2439$	$.0^{5}2325$	$.0^{5}2216$
5.0	$.0^{6}2867$	$.0^{6}2722$	$.0^{6}2584$	$.0^{5}2452$	$.0^{6}2328$	$.0^{6}2209$	$.0^{6}2096$	$.0^{6}1989$	$.0^{6}1887$	$.0^{6}1790$
5.5	$.0^{7}1899$	$.0^{7}1794$	$.0^{7}1695$	$.0^{7}1601$	$.0^{7}1512$	$.0^{7}1428$	$.0^{7}1349$	$.0^{7}1274$	$.0^{7}1203$	$.0^{7}1135$
6.0	$.0^{9}9899$	$.0^{9}9276$	$.0^{9}8721$	$.0^{9}8198$	$.0^{9}7706$	$.0^{9}7242$	$.0^{9}6806$	$.0^{9}6396$	$.0^{9}6009$	$.0^{9}5646$

[부표 II] t 분포표

양쪽의 경우(빗금확률면적 $\alpha/2$)

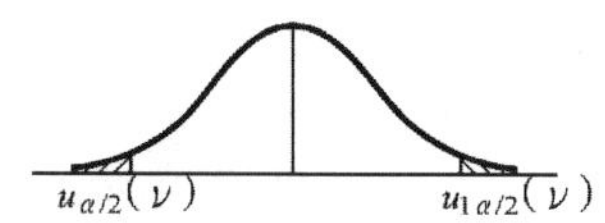

한쪽의 경우(빗금확률면적 α)

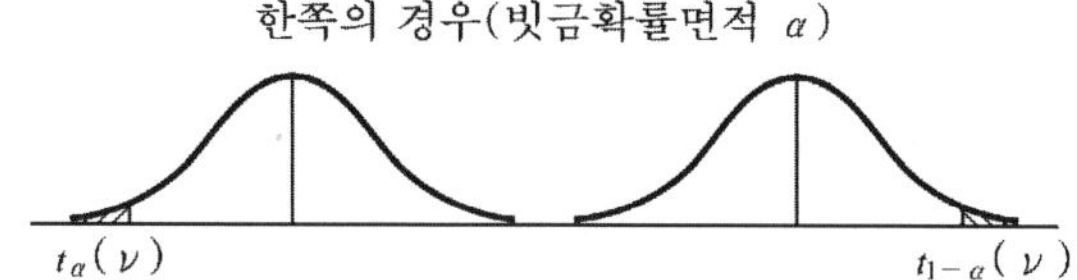

t 분포의 상측 분위점 $t_{1-\alpha}(\nu)$의 표

ν \ $1-\alpha$	0.75	0.80	0.85	0.90	0.95	0.975	0.99	0.995	0.9995
1	1.000	1.376	1.963	3.078	6.314	12.706	31.821	63.657	636.619
2	0.816	1.061	1.386	1.886	2.920	4.303	6.965	9.925	31.598
3	0.765	0.978	1.250	1.638	2.353	3.182	4.541	5.841	12.941
4	0.741	0.941	1.109	1.533	2.132	2.776	3.747	4.604	8.610
5	0.727	0.920	1.156	1.476	2.015	2.571	3.365	4.032	6.859
6	0.718	0.906	1.134	1.440	1.943	2.447	3.143	3.707	5.959
7	0.711	0.896	1.119	1.415	1.895	2.365	2.998	3.499	5.405
8	0.706	0.889	1.108	1.397	1.860	2.306	2.896	3.355	5.041
9	0.703	0.883	1.100	1.383	1.833	2.262	2.821	3.250	4.781
10	0.700	0.879	1.093	1.372	1.812	2.228	2.764	3.169	4.587
11	0.697	0.876	1.088	1.363	1.796	2.201	2.718	3.106	4.437
12	0.695	0.873	1.083	1.356	1.782	2.179	2.681	3.055	4.318
13	0.694	0.870	1.079	1.350	1.771	2.160	2.650	3.012	4.221
14	0.692	0.868	1.076	1.345	1.761	2.145	2.624	2.977	4.140
15	0.691	0.866	1.074	1.341	1.753	2.131	2.602	2.947	4.073
16	0.690	0.865	1.071	1.337	1.746	2.120	2.583	2.921	4.015
17	0.689	0.863	1.069	1.333	1.740	2.110	2.567	2.898	3.965
18	0.688	0.862	1.067	1.330	1.734	2.101	2.552	2.878	3.922
19	0.688	0.861	1.066	1.328	1.729	2.093	2.539	2.861	3.883
20	0.687	0.860	1.064	1.325	1.725	2.086	2.528	2.845	3.850
21	0.686	0.859	1.063	1.323	1.721	2.080	2.518	2.831	3.819
22	0.686	0.858	1.061	1.321	1.717	2.074	2.508	2.819	3.792
23	0.685	0.858	1.060	1.319	1.714	2.069	2.500	2.807	3.767
24	0.685	0.857	1.059	1.318	1.711	2.064	2.492	2.797	3.745
25	0.684	0.856	1.058	1.316	1.708	2.060	2.485	2.787	3.725
26	0.684	0.856	1.058	1.315	1.706	2.056	2.479	2.779	3.707
27	0.684	0.855	1.057	1.314	1.703	2.052	2.473	2.771	3.690
28	0.683	0.855	1.056	1.313	1.701	2.048	2.467	2.763	3.674
29	0.683	0.854	1.055	1.311	1.699	2.045	2.462	2.756	3.659
30	0.683	0.854	1.055	1.310	1.697	2.042	2.457	2.750	3.646
40	0.681	0.851	1.050	1.303	1.684	2.021	2.423	2.704	3.551
60	0.679	0.848	1.046	1.296	1.671	2.000	2.390	2.660	3.460
120	0.677	0.845	1.041	1.289	1.658	1.980	2.358	2.617	3.373
∞	0.674	0.842	1.036	1.282	1.645	1.960	2.326	2.576	3.291

[부표 III] χ^2분포표

양쪽의 경우(빗금확률면적 $\alpha/2$)

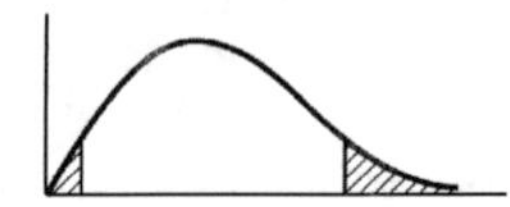

$\chi^2_{\alpha/2}(\nu)$ $\chi^2_{1-\alpha/2}(\nu)$

한쪽의 경우(빗금확률면적 α)

$\chi^2_{\alpha/2}(\nu)$ $\chi^2_{\alpha-2}(\nu)$

카이제곱 분포의 하측, 상측 분위점 $\chi^2_{\alpha}(v)$와 $\chi^2_{1-\alpha}(v)$의 표

v	α						1−α				
	0.005	0.01	0.025	0.05	0.10	.50	0.90	0.95	0.975	0.99	0.995
1	0.0439	0.0316	0.0398	0.0239	0.0158	0.455	2.71	3.84	5.02	6.63	7.88
2	0.0100	0.0201	0.0506	0.103	0.211	1.386	4.61	5.99	7.38	9.21	10.60
3	0.0717	0.115	0.216	0.352	0.584	2.37	6.25	7.81	9.35	11.34	12.84
4	0.207	0.297	0.484	0.711	1.064	3.36	7.78	9.49	11.14	13.28	14.86
5	0.412	0.554	0.831	1.145	1.610	4.35	9.24	11.07	12.82	15.09	16.75
6	0.676	0.872	1.237	1.635	2.20	5.35	10.64	12.59	14.45	16.81	18.55
7	0.989	1.239	1.690	2.17	2.83	6.35	12.02	14.07	16.01	18.48	20.28
8	1.344	1.646	2.18	2.73	3.49	7.34	13.36	15.51	17.53	20.09	21.96
9	1.735	2.09	2.70	3.33	4.17	8.34	14.68	16.92	19.02	21.67	23.59
10	2.16	2.56	3.25	3.94	4.87	9.34	15.99	18.31	20.48	23.21	25.19
11	2.60	3.05	3.82	4.57	5.58	10.34	17.28	19.68	21.92	24.73	26.76
12	3.07	3.57	4.40	5.23	6.30	11.34	18.55	21.03	23.34	26.22	28.30
13	3.57	4.11	5.01	5.89	7.04	12.34	19.81	22.36	24.74	27.69	29.82
14	4.07	4.66	5.63	6.57	7.79	13.34	21.06	23.68	26.12	29.14	31.32
15	4.60	5.23	6.26	7.26	8.55	14.34	22.31	25.00	27.49	30.58	32.80
16	5.14	5.81	6.91	7.96	9.31	15.34	23.54	26.30	28.85	32.00	34.27
17	5.70	6.41	7.56	8.67	10.09	16.34	24.77	27.59	30.19	33.41	35.72
18	6.26	7.01	8.23	9.39	10.86	17.34	25.99	28.87	31.53	34.81	37.16
19	6.84	7.63	8.91	10.12	11.65	18.34	27.20	30.14	32.85	36.19	38.58
20	7.43	8.26	9.59	10.85	12.44	19.34	28.41	31.41	34.17	37.57	40.00
21	8.03	8.90	10.28	11.59	13.24	20.30	29.62	32.67	35.48	38.93	41.40
22	8.64	9.54	10.98	12.34	14.04	21.30	30.81	33.92	36.78	40.29	42.80
23	9.26	10.20	11.69	13.09	14.85	22.30	32.01	35.17	38.08	41.64	44.18
24	9.89	10.86	12.40	13.85	15.66	23.30	33.20	36.42	39.36	42.98	45.56
25	10.52	11.52	13.12	14.61	16.47	24.30	34.38	37.65	40.65	44.31	46.93
26	11.16	12.20	13.84	15.38	17.29	25.30	35.56	38.89	41.92	45.64	48.29
27	11.81	12.88	14.57	16.15	18.11	26.30	36.74	40.11	43.19	46.96	49.64
28	12.46	13.56	15.31	16.93	18.94	27.30	37.92	41.34	44.46	48.28	50.99
29	13.12	14.26	16.05	17.71	19.77	28.30	39.09	42.56	45.72	49.59	52.34
30	13.79	14.95	16.79	18.49	20.60	29.30	40.26	43.77	46.98	50.89	53.67
40	20.71	22.16	24.43	26.51	29.05	39.30	51.81	55.76	59.34	63.69	66.77
50	27.99	29.17	32.36	34.76	37.69	49.30	63.17	67.50	71.42	76.15	79.49
60	35.53	37.48	40.48	43.19	46.46	59.30	74.40	79.08	83.30	88.38	91.95
70	43.28	45.44	48.76	51.74	55.33	69.30	85.53	90.53	95.02	100.4	104.2
80	51.17	53.54	57.15	60.39	64.28	79.30	96.58	101.9	106.6	112.3	113.6
90	59.20	61.75	65.65	69.13	73.29	89.30	107.60	113.1	118.1	124.1	128.3
100	67.33	70.06	74.22	77.93	82.36	99.30	118.50	124.3	129.6	153.8	140.2

[부표 IV] F분포표

양쪽의 경우(빗금확률면적 $\alpha/2$) 한쪽의 경우(빗금확률면적 α)

$F_{\alpha/2}(\nu_1, \nu_2)$ $F_{1-\alpha/2}(\nu_1, \nu_2)$ $F_{\alpha}(\nu_1, \nu_2)$ $F_{1-\alpha}(\nu_1, \nu_2)$

F분포 상측 분위점 $F_{1-\alpha}(v_1, v_2)$의 표(단, $F_{\alpha}(v_1, v_2) = 1/F_{1-\alpha}(v_2, v_1)$이다)

v_2	$1-\alpha$	v_1																		
		1	2	3	4	5	6	7	8	9	10	11	12	15	20	24	30	60	120	∞
1	0.90	39.9	49.5	53.6	55.8	57.2	58.2	58.9	59.4	59.9	60.2	60.5	60.7	61.2	61.7	62.0	62.3	62.8	63.1	63.3
	0.95	161	200	216	225	230	234	237	239	241	242	243	244	246	248	249	250	252	253	254
	0.975	648	800	864	900	922	937	948	957	963	969	973	977	985	993	997	1001	1010	1014	1018
	0.99	4052	5000	5403	5625	5764	5859	5928	5981	6022	6056	6082	6106	6157	6209	6235	6261	6313	6339	6366
2	0.90	8.53	9.00	9.16	9.24	9.29	9.33	9.35	9.37	9.38	9.39	9.40	9.41	9.42	9.44	9.45	9.46	9.47	9.48	9.49
	0.95	18.5	19.0	19.2	19.2	19.3	19.3	19.4	19.4	19.4	19.4	19.4	19.4	19.4	19.4	19.5	19.5	19.5	19.5	19.5
	0.975	38.5	39.0	39.2	39.3	39.3	39.3	39.4	39.4	39.4	39.4	39.4	39.4	39.4	39.5	39.5	39.5	39.5	39.5	39.5
	0.99	88.5	99.0	99.2	99.2	99.3	99.3	99.4	99.4	99.4	99.4	99.4	99.4	99.4	99.4	99.5	99.5	99.5	99.5	99.5
3	0.90	5.54	5.46	6.39	5.34	5.31	5.28	5.27	5.25	5.24	5.23	5.22	5.22	5.20	5.18	5.18	5.17	5.15	5.14	5.13
	0.95	10.1	9.55	9.28	9.12	9.01	8.94	8.89	8.85	8.81	8.79	8.76	8.74	8.70	8.66	8.64	8.62	8.57	8.55	8.53
	0.975	17.4	16.0	15.4	15.1	14.9	14.7	14.6	14.5	14.5	14.4	14.4	14.3	14.3	14.2	14.1	14.1	14.0	14.0	13.9
	0.99	34.1	30.8	29.5	28.7	28.2	27.9	27.7	27.5	27.3	27.2	27.1	27.1	26.9	26.7	26.6	26.5	26.3	26.2	26.1
4	0.90	4.54	4.32	4.19	4.11	4.05	4.01	3.98	3.95	3.94	3.92	3.91	3.90	3.87	3.84	3.83	3.82	3.79	3.78	3.76
	0.95	7.71	6.94	6.59	6.39	6.26	6.16	6.09	6.04	6.00	5.96	5.94	5.91	5.85	5.80	5.77	5.75	5.69	5.66	5.63
	0.975	12.2	10.7	9.98	9.60	9.36	9.20	9.07	8.98	8.90	8.84	8.80	8.75	8.66	8.56	8.51	8.46	8.36	8.31	8.26
	0.99	21.2	18.0	16.7	16.0	15.5	15.2	15.0	14.8	14.7	14.5	14.4	14.4	14.2	14.0	13.9	13.8	13.7	13.6	13.5
5	0.90	4.06	3.78	3.62	3.52	3.45	3.40	3.37	3.34	3.32	3.30	3.28	3.27	3.24	3.21	3.19	3.17	3.14	3.12	3.11
	0.95	6.61	5.79	5.41	5.19	5.05	4.95	4.88	4.82	4.77	4.74	4.71	4.68	4.62	4.56	4.53	4.50	4.43	4.40	4.37
	0.975	10.0	8.43	7.76	7.39	7.15	6.98	6.85	6.76	6.68	6.62	6.57	6.52	6.43	6.33	6.28	6.23	6.12	6.07	6.02
	0.99	16.3	13.3	12.1	11.4	11.0	10.7	10.5	10.3	10.2	10.1	9.96	9.89	9.72	9.55	9.47	9.38	9.20	9.11	9.02
6	0.90	3.78	3.46	3.29	3.18	3.11	3.05	3.01	2.98	2.96	2.94	2.92	2.90	2.87	2.84	2.82	2.80	2.76	2.74	2.72
	0.95	5.99	5.14	4.76	4.53	4.39	4.28	4.21	4.15	4.10	4.06	4.03	4.00	3.04	3.87	3.84	3.81	3.74	3.70	3.67
	0.975	8.81	7.26	6.60	6.23	5.99	5.82	5.70	5.60	5.52	5.46	5.41	5.27	5.27	5.17	5.12	5.07	4.96	4.90	4.85
	0.99	13.7	10.9	9.78	9.15	8.75	8.47	8.26	8.10	7.98	7.87	7.79	7.72	7.56	7.40	7.31	7.23	7.06	6.97	6.88
7	0.90	3.59	3.26	3.07	2.96	2.88	2.83	2.78	2.75	2.72	2.70	2.68	2.67	2.63	2.59	2.58	2.56	2.51	2.49	2.47
	0.95	5.59	4.74	4.35	4.12	3.97	3.87	3.79	3.73	3.68	3.64	3.60	3.57	3.51	3.44	3.41	3.38	3.30	3.27	3.23
	0.975	8.07	6.54	5.89	5.52	5.29	5.12	4.99	4.90	4.82	4.76	4.71	4.67	4.57	4.47	4.42	4.36	4.25	4.20	4.14
	0.99	12.2	9.55	8.45	7.85	7.46	7.19	6.99	6.84	6.72	6.62	6.54	6.47	6.31	6.16	6.07	5.99	5.82	5.74	5.65
8	0.90	3.46	3.11	2.92	2.81	2.73	2.67	2.62	2.59	2.56	2.54	2.52	2.50	2.46	2.42	2.40	2.38	2.34	2.32	2.29
	0.95	5.32	4.46	4.07	3.84	3.69	3.58	3.50	3.44	3.39	3.35	3.31	3.28	3.22	3.15	3.12	3.08	3.01	2.97	2.93
	0.975	7.57	6.06	5.42	5.05	4.82	4.65	4.53	4.43	4.36	4.30	4.25	4.20	4.10	4.00	3.95	3.89	3.78	3.73	3.67
	0.99	11.3	8.65	7.59	7.01	6.63	6.37	6.18	6.03	5.91	5.81	5.73	5.67	5.52	5.36	5.28	5.20	5.03	4.95	4.86
9	0.90	3.36	3.01	2.81	2.69	2.61	2.55	2.51	2.47	2.44	2.42	2.40	2.38	2.34	2.30	2.28	2.25	2.21	2.18	2.16
	0.95	5.12	4.26	3.86	3.63	3.48	3.37	3.29	3.23	3.18	3.14	3.10	3.07	3.01	2.94	2.90	2.86	2.79	2.75	2.71
	0.975	7.21	5.71	5.08	4.72	4.48	4.32	4.20	4.10	4.03	3.96	3.91	3.87	3.77	3.67	3.61	3.56	3.45	3.39	3.33
	0.99	10.6	8.02	6.99	6.42	6.06	5.80	5.61	5.47	5.35	5.26	5.18	5.11	4.96	4.81	4.73	4.65	4.48	4.40	4.31

10	0.90	3.29	2.92	2.73	2.61	2.52	2.46	2.41	2.38	2.35	2.32	2.30	2.28	2.24	2.20	2.18	2.16	2.11	2.08	2.06
	0.95	4.96	4.10	3.71	3.48	3.33	3.22	3.14	3.07	3.02	2.98	2.94	2.91	2.84	2.77	2.74	2.70	2.62	2.58	2.54
	0.975	6.94	5.46	4.83	4.47	4.24	4.07	3.95	3.85	3.78	3.72	3.67	3.62	3.52	3.42	3.37	3.31	3.20	3.14	3.08
	0.99	10.0	7.66	6.55	5.99	5.64	5.39	5.20	5.06	4.94	4.85	4.77	4.71	4.56	4.41	4.33	4.25	4.08	4.00	3.91
11	0.90	3.23	2.86	2.66	2.54	2.45	2.39	2.34	2.30	2.27	2.25	2.23	2.21	2.17	2.12	2.10	2.08	2.03	1.99	1.97
	0.95	4.84	3.98	3.59	3.36	3.20	3.09	3.01	2.95	2.90	2.85	2.82	2.79	2.72	2.65	2.61	2.57	2.49	2.43	2.40
	0.975	6.72	5.26	4.63	4.28	4.04	3.88	3.76	3.66	3.59	3.53	3.48	3.43	3.33	3.23	3.17	3.12	3.00	2.94	2.88
	0.99	9.65	7.21	6.22	5.67	5.32	5.07	4.89	4.74	4.63	4.54	4.46	4.40	4.25	4.10	4.02	3.94	3.78	3.66	3.60
12	0.90	3.18	2.81	2.61	2.48	2.39	2.33	2.28	2.24	2.21	2.19	2.17	2.15	2.10	2.06	2.04	2.01	1.96	1.93	1.90
	0.95	4.75	3.89	3.49	3.26	3.11	3.00	2.91	2.85	2.80	2.75	2.72	2.69	2.62	2.54	2.51	2.47	2.38	2.34	2.30
	0.975	6.55	5.10	4.47	4.12	3.89	3.73	3.61	3.51	3.44	3.37	3.32	3.28	3.18	3.07	3.02	2.96	2.85	2.79	2.72
	0.99	9.33	6.93	5.95	5.41	5.06	4.82	4.64	4.50	4.39	4.30	4.22	4.16	4.01	3.86	3.78	3.70	3.54	3.45	3.36
13	0.90	3.14	2.76	2.56	2.43	2.35	2.28	2.23	2.20	2.16	2.14	2.12	2.05	2.10	2.01	1.98	1.96	1.90	1.86	1.85
	0.95	4.67	3.81	3.41	3.18	3.03	2.92	2.83	2.77	2.71	2.67	2.63	2.53	2.60	2.46	2.42	2.38	2.30	2.23	2.21
	0.975	6.41	4.97	4.35	4.00	3.77	3.60	3.48	3.39	3.31	3.25	3.20	3.05	3.15	2.95	2.89	2.84	2.72	2.66	2.60
	0.99	9.07	6.70	5.74	5.21	4.86	4.62	4.44	4.30	4.19	4.10	4.02	3.82	3.96	3.66	3.59	3.51	3.34	3.22	3.17
14	0.90	3.10	2.73	2.52	2.39	2.31	2.24	2.19	2.15	21.2	2.10	2.08	2.05	2.01	1.96	1.94	1.91	1.86	1.83	1.80
	0.95	4.60	3.74	3.34	3.11	2.96	2.85	2.76	2.70	2.65	2.60	2.57	2.53	2.46	2.39	2.35	2.31	2.22	2.18	2.13
	0.975	6.30	4.86	4.24	3.89	3.66	3.50	3.36	3.29	3.26	3.15	3.10	3.05	2.95	2.84	2.79	2.73	2.61	2.55	2.49
	0.99	8.86	6.51	5.56	5.04	4.69	4.46	4.28	4.14	4.03	3.94	3.86	3.38	3.66	3.51	3.43	3.35	3.18	3.09	3.00
15	0.90	3.07	2.70	2.49	2.36	2.27	2.21	2.16	2.12	2.09	2.06	2.04	2.02	1.97	1.92	1.90	1.87	1.82	1.79	1.76
	0.95	4.54	3.68	3.29	3.06	2.90	2.79	2.71	2.64	2.59	2.54	2.51	2.48	2.40	2.33	2.29	2.25	2.16	2.11	2.07
	0.975	6.20	4.77	4.15	3.80	3.58	3.41	3.29	3.20	3.12	3.06	3.01	2.96	2.86	2.76	2.70	2.64	2.52	2.46	2.40
	0.99	8.68	6.36	5.42	4.89	4.56	4.32	4.14	4.00	3.89	3.80	3.73	3.67	3.52	3.37	3.29	3.21	3.05	2.96	2.87
20	0.90	2.97	2.59	2.38	2.25	2.16	2.09	2.04	2.00	1.96	1.94	1.92	1.89	1.84	1.79	1.77	1.74	1.68	1.64	1.61
	0.95	4.35	3.49	3.10	2.87	2.71	2.60	2.51	2.45	2.39	2.35	2.31	2.28	2.20	2.12	2.08	2.04	1.95	1.90	1.84
	0.975	5.87	4.46	3.86	3.51	3.29	3.13	3.01	2.91	2.84	2.77	2.72	2.68	2.57	2.46	2.41	2.35	2.22	2.16	2.09
	0.99	8.10	5.85	4.94	4.43	4.10	3.87	3.70	3.56	3.46	3.37	3.29	3.23	3.09	2.94	2.86	2.78	2.61	2.52	2.42
24	0.90	2.93	2.54	2.33	2.19	2.10	2.04	1.98	1.94	1.91	1.88	1.85	1.83	1.78	1.73	1.70	1.67	1.61	1.57	1.53
	0.95	4.26	3.40	3.01	2.78	2.62	2.51	2.42	2.36	2.30	2.25	2.21	2.18	2.11	2.03	1.98	1.94	1.84	1.79	1.73
	0.975	5.72	4.32	3.72	3.38	3.15	2.99	2.87	2.78	2.70	2.64	2.59	2.54	2.44	2.33	2.27	2.21	2.08	2.01	1.94
	0.99	7.82	5.61	4.72	4.22	3.90	3.67	3.50	3.36	3.26	3.17	3.09	3.03	2.89	2.74	2.66	2.58	2.40	2.31	2.21
30	0.90	2.88	2.49	2.28	2.14	2.05	1.98	1.93	1.88	1.85	1.82	1.79	1.77	1.72	1.67	1.64	1.61	1.54	1.50	1.46
	0.95	4.17	3.32	2.92	2.69	2.53	2.42	2.33	2.27	2.21	2.16	2.13	2.09	2.01	1.93	1.89	1.84	1.74	1.68	1.62
	0.975	5.57	4.18	3.59	3.25	3.03	2.87	2.75	2.65	2.57	2.51	2.46	2.41	2.31	2.20	2.14	2.07	1.94	1.87	1.79
	0.99	7.56	5.39	4.51	4.02	3.70	3.47	3.30	3.17	3.07	2.98	2.91	2.84	2.70	2.55	2.47	2.39	2.21	2.11	2.01
60	0.90	2.79	2.39	2.18	2.04	1.95	1.87	1.82	1.77	1.74	1.71	1.68	1.66	1.60	1.54	1.51	1.48	1.40	1.35	1.29
	0.95	4.00	3.15	2.76	2.53	2.37	2.25	2.17	2.10	2.04	1.99	1.95	1.92	1.84	1.75	1.70	1.65	1.53	1.47	1.39
	0.975	5.29	3.93	3.34	3.01	2.79	2.63	2.51	2.41	2.33	2.27	2.22	2.17	2.06	1.94	1.88	1.82	1.67	1.58	1.48
	0.99	7.08	4.98	4.13	3.65	3.34	3.12	2.95	2.82	2.72	2.63	2.56	2.50	2.35	2.20	2.12	2.03	1.84	1.73	1.60
120	0.90	2.75	2.36	2.13	1.99	1.90	1.82	1.77	1.72	1.68	1.65	1.62	1.60	1.55	1.48	1.45	1.41	1.32	1.26	1.19
	0.95	3.92	3.07	2.68	2.45	2.29	2.18	2.09	2.02	1.96	1.91	1.87	1.83	1.75	1.66	1.61	1.55	1.43	1.35	1.25
	0.975	5.15	3.80	3.23	2.89	2.67	2.52	2.39	2.30	2.22	2.16	2.11	2.05	1.94	1.82	1.76	1.69	1.53	1.43	1.31
	0.99	7.08	4.98	4.13	3.65	3.34	3.12	2.95	2.82	2.72	2.47	2.40	2.34	2.19	2.03	1.95	1.86	1.66	1.53	1.38
∞	0.90	2.71	2.30	2.08	1.94	1.85	1.77	1.72	1.67	1.63	1.60	1.57	1.55	1.49	1.42	1.38	1.34	1.24	1.17	1.00
	0.95	3.84	3.00	2.60	2.37	2.21	2.10	2.01	1.94	1.88	1.83	1.79	1.79	1.67	1.57	1.52	1.46	1.32	1.22	1.00
	0.975	5.02	3.69	3.12	2.79	2.57	2.41	2.29	2.19	2.11	2.05	2.00	1.94	1.83	1.71	1.64	1.57	1.39	1.27	1.00
	0.99	6.63	4.61	3.78	3.32	3.02	2.80	2.64	2.51	2.41	2.32	2.25	2.18	2.04	1.88	1.79	1.70	1.47	1.32	1.00

[부표 V] 누적 이항 분포표

$$P[X \leqq c] = \sum_{x=0}^{c} \binom{n}{x} p^x (1-p)^{n-x}$$

n	c	p										
		0.05	0.10	0.20	0.30	0.40	0.50	0.60	0.70	0.80	0.90	0.95
$n=1$	0	0.950	0.900	0.800	0.700	0.600	0.500	0.400	0.300	0.200	0.100	0.050
	1	1.000	1.000	1.000	1.000	1.000	1.000	1.000	1.000	1.000	1.000	1.000
$n=2$	0	0.902	0.810	0.640	0.490	0.360	0.250	0.160	0.090	0.040	0.010	0.002
	1	0.997	0.990	0.960	0.910	0.840	0.750	0.640	0.510	0.360	0.190	0.097
	2	1.000	1.000	1.000	1.000	1.000	1.000	1.000	1.000	1.000	1.000	1.000
$n=3$	0	0.857	0.729	0.512	0.343	0.216	0.125	0.064	0.027	0.008	0.001	0.000
	1	0.993	0.972	0.896	0.784	0.648	0.500	0.352	0.216	0.104	0.028	0.007
	2	1.000	0.999	0.992	0.973	0.936	0.875	0.784	0.657	0.488	0.271	0.143
	3	1.000	1.000	1.000	1.000	1.000	1.000	1.000	1.000	1.000	1.000	1.000
$n=4$	0	0.815	0.656	0.410	0.240	0.130	0.063	0.026	0.008	0.002	0.000	0.000
	1	0.986	0.948	0.810	0.652	0.478	0.313	0.179	0.084	0.027	0.004	0.000
	2	1.000	0.996	0.973	0.916	0.821	0.688	0.525	0.348	0.181	0.052	0.014
	3	1.000	1.000	0.998	0.992	0.974	0.938	0.870	0.760	0.590	0.644	0.185
	4	1.000	1.000	1.000	1.000	1.000	1.000	1.000	1.000	1.000	1.000	1.000
$n=5$	0	0.774	0.590	0.328	0.168	0.078	0.031	0.010	0.002	0.000	0.000	0.000
	1	0.977	0.919	0.737	0.528	0.337	0.188	0.087	0.031	0.007	0.000	0.000
	2	0.999	0.991	0.942	0.837	0.683	0.500	0.317	0.163	0.058	0.009	0.001
	3	1.000	1.000	0.993	0.969	0.913	0.812	0.663	0.472	0.263	0.081	0.023
	4	1.000	1.000	1.000	0.998	0.990	0.969	0.922	0.832	0.672	0.410	0.226
	5	1.000	1.000	1.000	1.000	1.000	1.000	1.000	1.000	1.000	1.000	1.000
$n=6$	0	0.735	0.531	0.262	0.118	0.047	0.016	0.004	0.001	0.000	0.000	0.000
	1	0.967	0.886	0.655	0.420	0.233	0.109	0.041	0.011	0.002	0.000	0.000
	2	0.998	0.984	0.901	0.744	0.544	0.344	0.179	0.070	0.017	0.001	0.000
	3	1.000	0.999	0.983	0.930	0.821	0.656	0.456	0.256	0.099	0.016	0.002
	4	1.000	1.000	0.998	0.989	0.959	0.891	0.767	0.580	0.345	0.114	0.033
	5	1.000	1.000	1.000	0.999	0.996	0.984	0.953	0.882	0.738	0.469	0.265
	6	1.000	1.000	1.000	1.000	1.000	1.000	1.000	1.000	1.000	1.000	1.000
$n=7$	0	0.698	0.478	0.210	0.082	0.028	0.008	0.002	0.000	0.000	0.000	0.000
	1	0.956	0.850	0.577	0.329	0.159	0.063	0.019	0.004	0.000	0.000	0.000
	2	0.996	0.974	0.852	0.647	0.420	0.227	0.096	0.029	0.005	0.000	0.000
	3	1.000	0.997	0.967	0.874	0.710	0.500	0.290	0.126	0.033	0.003	0.000
	4	1.000	1.000	0.995	0.971	0.904	0.773	0.580	0.353	0.148	0.026	0.004
	5	1.000	1.000	1.000	0.996	0.981	0.937	0.841	0.671	0.423	0.150	0.044
	6	1.000	1.000	1.000	1.000	0.998	0.992	0.972	0.918	0.790	0.522	0.302
	7	1.000	1.000	1.000	1.000	1.000	1.000	1.000	1.000	1.000	1.000	1.000
$n=8$	0	0.663	0.430	0.163	0.058	0.017	0.004	0.001	0.000	0.000	0.000	0.000
	1	0.943	0.813	0.503	0.255	0.106	0.035	0.009	0.001	0.000	0.000	0.000
	2	0.994	0.962	0.797	0.552	0.315	0.145	0.050	0.011	0.001	0.000	0.000
	3	1.000	0.995	0.944	0.806	0.594	0.363	0.174	0.058	0.010	0.000	0.000
	4	1.000	1.000	0.990	0.942	0.826	0.637	0.406	0.194	0.056	0.005	0.000
	5	1.000	1.000	0.999	0.989	0.950	0.885	0.685	0.448	0.203	0.038	0.006
	6	1.000	1.000	1.000	0.999	0.991	0.965	0.894	0.745	0.497	0.187	0.057
	7	1.000	1.000	1.000	1.000	0.999	0.996	0.983	0.942	0.832	0.570	0.337
	8	1.000	1.000	1.000	1.000	1.000	1.000	1.000	1.000	1.000	1.000	1.000

	0	0.630	0.387	0.134	0.040	0.010	0.002	0.000	0.000	0.000	0.000	0.000
	1	0.929	0.775	0.436	0.196	0.071	0.020	0.004	0.000	0.000	0.000	0.000
	2	0.992	0.947	0.738	0.463	0.232	0.090	0.025	0.004	0.000	0.000	0.000
	3	0.999	0.992	0.914	0.730	0.483	0.254	0.099	0.025	0.003	0.000	0.000
$n=9$	4	1.000	0.999	0.980	0.901	0.733	0.500	0.267	0.099	0.020	0.001	0.000
	5	1.000	1.000	0.997	0.975	0.901	0.746	0.517	0.270	0.086	0.008	0.001
	6	1.000	1.000	1.000	0.996	0.975	0.910	0.768	0.537	0.262	0.053	0.008
	7	1.000	1.000	1.000	1.000	0.996	0.980	0.929	0.804	0.564	0.225	0.071
	8	1.000	1.000	1.000	1.000	1.000	0.998	0.990	0.960	0.866	0.613	0.370
	9	1.000	1.000	1.000	1.000	1.000	1.000	1.000	1.000	1.000	1.000	1.000
	0	0.599	0.349	0.107	0.028	0.006	0.001	0.000	0.000	0.000	0.000	0.000
	1	0.914	0.736	0.376	0.149	0.046	0.011	0.002	0.000	0.000	0.000	0.000
	2	0.988	0.930	0.678	0.383	0.167	0.055	0.012	0.002	0.000	0.000	0.000
	3	0.999	0.987	0.879	0.650	0.382	0.172	0.055	0.011	0.001	0.000	0.000
	4	1.000	0.998	0.967	0.850	0.633	0.377	0.166	0.047	0.006	0.000	0.000
$n=10$	5	1.000	1.000	0.994	0.953	0.834	0.623	0.367	0.150	0.033	0.002	0.000
	6	1.000	1.000	0.999	0.989	0.945	0.828	0.618	0.350	0.121	0.013	0.001
	7	1.000	1.000	1.000	0.998	0.988	0.945	0.833	0.617	0.322	0.070	0.012
	8	1.000	1.000	1.000	1.000	0.998	0.989	0.954	0.851	0.624	0.264	0.086
	9	1.000	1.000	1.000	1.000	1.000	0.999	0.994	0.972	0.893	0.651	0.401
	10	1.000	1.000	1.000	1.000	1.000	1.000	1.000	1.000	1.000	1.000	1.000
	0	0.569	0.314	0.086	0.020	0.004	0.000	0.000	0.000	0.000	0.000	0.000
	1	0.898	0.697	0.322	0.113	0.030	0.006	0.001	0.000	0.000	0.000	0.000
	2	0.985	0.910	0.617	0.313	0.119	0.033	0.006	0.001	0.000	0.000	0.000
	3	0.998	0.981	0.839	0.570	0.290	0.113	0.029	0.004	0.000	0.000	0.000
	4	1.000	0.997	0.950	0.790	0.533	0.274	0.099	0.022	0.002	0.000	0.000
$n=11$	5	1.000	1.000	0.988	0.922	0.753	0.500	0.247	0.078	0.012	0.000	0.000
	6	1.000	1.000	0.998	0.978	0.901	0.726	0.467	0.210	0.050	0.003	0.000
	7	1.000	1.000	1.000	0.996	0.971	0.887	0.704	0.430	0.161	0.019	0.002
	8	1.000	1.000	1.000	0.999	0.994	0.967	0.881	0.687	0.383	0.090	0.015
	9	1.000	1.000	1.000	1.000	0.999	0.994	0.970	0.887	0.678	0.303	0.102
	10	1.000	1.000	1.000	1.000	1.000	1.000	0.996	0.980	0.914	0.686	0.431
	11	1.000	1.000	1.000	1.000	1.000	1.000	1.000	1.000	1.000	1.000	1.000
	0	0.540	0.282	0.069	0.014	0.002	0.000	0.000	0.000	0.000	0.000	0.000
	1	0.882	0.650	0.275	0.085	0.020	0.003	0.000	0.000	0.000	0.000	0.000
	2	0.980	0.889	0.558	0.253	0.083	0.019	0.003	0.000	0.000	0.000	0.000
	3	0.998	0.974	0.795	0.493	0.225	0.073	0.015	0.002	0.000	0.000	0.000
	4	1.000	0.996	0.927	0.724	0.438	0.194	0.057	0.009	0.001	0.000	0.000
	5	1.000	0.999	0.981	0.882	0.665	0.387	0.158	0.039	0.004	0.000	0.000
$n=12$	6	1.000	1.000	0.996	0.961	0.842	0.613	0.335	0.118	0.019	0.001	0.000
	7	1.000	1.000	0.999	0.991	0.943	0.806	0.562	0.276	0.073	0.004	0.000
	8	1.000	1.000	1.000	0.998	0.985	0.927	0.775	0.507	0.205	0.026	0.002
	9	1.000	1.000	1.000	1.0000	0.997	0.981	0.917	0.7417	0.442	0.111	0.020
	10	1.000	1.000	1.000	1.000	1.000	0.997	0.980	0.915	0.725	0.341	0.118
	11	1.000	1.000	1.000	1.000	1.0000	1.0000	0.998	0.986	0.931	0.718	0.460
	12	1.000	1.000	1.000	1.000	1.000	1.000	1.000	1.000	1.000	1.000	1.000
	0	0.513	0.254	0.055	0.010	0.001	0.000	0.000	0.000	0.000	0.000	0.000
	1	0.865	0.621	0.234	0.064	0.013	0.002	0.000	0.000	0.000	0.000	0.000
	2	0.975	0.866	0.502	00.202	0.058	0.011	0.001	0.000	0.000	0.000	0.000
	3	0.997	0.966	0.747	0.421	0.169	0.046	0.008	0.001	0.000	0.000	0.000
	4	1.000	0.994	0.901	0.654	0.353	0.133	0.032	0.004	0.000	0.000	0.000
	5	1.000	0.999	0.970	0.835	0.574	0.291	0.098	0.018	0.001	0.000	0.000
	6	1.000	1.000	0.993	0.938	0.771	0.500	0.229	0.062	0.007	0.000	0.000
$n=13$	7	1.000	1.000	0.999	0.982	0.902	0.709	0.426	0.165	0.030	0.001	0.000
	8	1.000	1.000	1.000	0.996	0.968	0.867	0.647	0.346	0.099	0.006	0.000
	9	1.000	1.000	1.000	0.999	0.992	0.954	0.831	0.579	0.253	0.034	0.003
	10	1.000	1.000	1.000	1.000	0.999	0.989	0.942	0.798	0.498	0.134	0.025
	11	1.000	1.000	1.000	1.000	1.000	0.998	0.987	0.936	0.776	0.379	0.135
	12	1.000	1.000	1.000	1.000	1.000	1.000	0.999	0.990	0.945	0.746	0.487
	13	1.000	1.000	1.000	1.000	1.000	1.000	1.000	1.000	1.000	1.000	1.000

$n=14$	0	0.488	0.229	0.044	0.007	0.001	0.000	0.000	0.000	0.000	0.000	0.000
	1	0.847	0.585	0.198	0.047	0.008	0.001	0.000	0.000	0.000	0.000	0.000
	2	0.970	0.842	0.448	0.161	0.040	0.006	0.001	0.000	0.000	0.000	0.000
	3	0.996	0.956	0.698	0.355	0.124	0.029	0.004	0.000	0.000	0.000	0.000
	4	1.000	0.991	0.870	0.584	0.279	0.090	0.018	0.002	0.000	0.000	0.000
	5	1.000	0.999	0.956	0.781	0.486	0.212	0.058	0.008	0.000	0.000	0.000
	6	1.000	1.000	0.988	0.907	0.692	0.395	0.150	0.031	0.002	0.000	0.000
	7	1.000	1.000	0.998	0.969	0.850	0.605	0.308	0.093	0.012	0.000	0.000
	8	1.000	1.000	1.000	0.992	0.942	0.788	0.514	0.219	0.044	0.001	0.000
	9	1.000	1.000	1.000	0.998	0.982	0.910	0.721	0.416	0.130	0.009	0.000
	10	1.000	1.000	1.000	1.000	0.996	0.971	0.876	0.645	0.302	0.044	0.004
	11	1.000	1.000	1.000	1.000	0.999	0.994	0.960	0.839	0.552	0.158	0.030
	12	1.000	1.000	1.000	1.000	1.000	0.999	0.992	0.953	0.802	0.415	0.153
	13	1.000	1.000	1.000	1.000	1.000	1.000	0.999	0.993	0.956	0.771	0.512
	14	1.000	1.000	1.000	1.000	1.000	1.000	1.000	1.000	1.000	1.000	1.000
$n=15$	0	0.463	0.206	0.035	0.005	0.000	0.000	0.000	0.000	0.000	0.000	0.000
	1	0.829	0.549	0.167	0.035	0.005	0.000	0.000	0.000	0.000	0.000	0.000
	2	0.964	0.816	0.398	0.127	0.027	0.004	0.000	0.000	0.000	0.000	0.000
	3	0.995	0.944	0.648	0.297	0.097	0.018	0.002	0.000	0.000	0.000	0.000
	4	0.999	0.987	0.836	0.515	0.217	0.059	0.009	0.001	0.000	0.000	0.000
	5	1.000	0.998	0.939	0.722	0.403	0.151	0.034	0.004	0.000	0.000	0.000
	6	1.000	1.000	0.982	0.869	0.610	0.304	0.095	0.015	0.001	0.000	0.000
	7	1.000	1.000	0.996	0.950	0.787	0.500	0.213	0.050	0.004	0.000	0.000
	8	1.000	1.000	0.999	0.985	0.905	0.696	0.390	0.131	0.018	0.000	0.000
	9	1.000	1.000	1.000	0.996	0.966	0.849	0.597	0.278	0.061	0.002	0.000
	10	1.000	1.000	1.000	0.999	0.991	0.941	0.783	0.485	0.164	0.013	0.001
	11	1.000	1.000	1.000	1.000	0.998	0.982	0.909	0.703	0.352	0.056	0.005
	12	1.000	1.000	1.000	1.000	1.000	0.996	0.973	0.873	0.602	0.184	0.036
	13	1.000	1.000	1.000	1.000	1.000	1.000	0.995	0.965	0.833	0.451	0.171
	14	1.000	1.000	1.000	1.000	1.000	1.000	1.000	0.995	0.965	0.794	0.537
	15	1.000	1.000	1.000	1.000	1.000	1.000	1.000	1.000	1.000	1.000	1.000
$n=16$	0	0.440	0.185	0.028	0.003	0.000	0.000	0.000	0.000	0.000	0.000	0.000
	1	0.811	0.515	0.141	0.026	0.003	0.000	0.000	0.000	0.000	0.000	0.000
	2	0.957	0.789	0.352	0.099	0.018	0.002	0.000	0.000	0.000	0.000	0.000
	3	0.993	0.932	0.598	0.246	0.065	0.011	0.001	0.000	0.000	0.000	0.000
	4	0.999	0.983	0.798	0.450	0.617	0.038	0.005	0.000	0.000	0.000	0.000
	5	1.000	0.997	0.918	0.660	0.329	0.105	0.019	0.002	0.000	0.000	0.000
	6	1.000	0.999	0.973	0.825	0.527	0.227	0.058	0.007	0.000	0.000	0.000
	7	1.000	1.000	0.993	0.926	0.716	0.402	0.142	0.026	0.001	0.000	0.000
	8	1.000	1.0000	0.999	0.974	0.858	0.598	0.284	0.074	0.007	0.000	0.000
	9	1.000	1.000	1.000	0.993	0.942	0.773	0.473	0.175	0.027	0.001	0.000
	10	1.000	1.000	1.00	0.998	0.981	0.895	0.671	0.340	0.082	0.003	0.000
	11	1.000	1.000	1.000	1.000	0.995	0.962	0.833	0.550	0.202	0.017	0.001
	12	1.000	1.000	1.000	1.000	0.999	0.989	0.935	0.754	0.402	0.068	0.007
	13	1.000	1.000	1.000	1.000	1.000	0.998	0.982	0.901	0.648	0.211	0.043
	14	1.000	1.000	1.000	1.000	1.000	1.000	0.997	0.974	0.859	0.485	0.189
	15	1.000	1.000	1.000	1.000	1.0000	1.000	1.000	0.997	0.972	0.815	0.560
	16	1.000	1.000	1.000	1.000	1.000	1.000	1.000	1.000	1.000	1.000	1.000
$n=17$	0	0.481	0.167	0.023	0.002	0.000	0.000	0.000	0.000	0.000	0.000	0.000
	1	0.792	0.482	0.118	0.019	0.002	0.000	0.000	0.000	0.000	0.000	0.000
	2	0.950	0.762	0.310	0.077	0.012	0.001	0.000	0.000	0.000	0.000	0.000
	3	0.991	0.917	0.549	0.202	0.046	0.006	0.000	0.000	0.000	0.000	0.000
	4	0.999	0.978	0.758	0.389	0.126	0.025	0.003	0.000	0.000	0.000	0.000
	5	1.000	0.995	0.894	0.597	0.246	0.072	0.011	0.001	0.000	0.000	0.000
	6	1.000	0.999	0.962	0.775	0.448	0.166	0.035	0.003	0.000	0.000	0.000
	7	1.000	1.000	0.989	0.895	0.641	0.315	0.092	0.013	0.000	0.000	0.000
	8	1.000	1.000	0.997	0.960	0.801	0.500	0.199	0.040	0.003	0.000	0.000
	9	1.000	1.000	1.000	0.987	0.908	0.685	0.359	0.105	0.011	0.000	0.000
	10	1.000	1.000	1.000	0.997	0.965	0.834	0.552	0.225	0.038	0.001	0.000
	11	1.000	1.000	1.000	0.999	0.989	0.928	0.736	0.403	0.106	0.005	0.000

	12	1.000	1.000	1.000	1.000	0.997	0.978	0.874	0.611	0.242	0.022	0.001
	13	1.000	1.000	1.000	1.000	1.000	0.994	0.954	0.798	0.451	0.083	0.009
$n=17$	14	1.000	1.000	1.000	1.000	1.000	0.999	0.988	0.923	0.690	0.238	0.050
	15	1.000	1.000	1.000	1.000	1.000	1.000	0.998	0.981	0.882	0.518	0.208
	16	1.000	1.000	1.000	1.000	1.000	1.000	1.000	0.998	0.997	0.833	0.582
	17	1.000	1.000	1.000	1.000	1.000	1.000	1.000	1.000	1.000	1.000	1.000
	0	0.397	0.150	0.018	0.002	0.000	0.000	0.000	0.000	0.000	0.000	0.000
	1	0.774	0.450	0.099	0.014	0.001	0.000	0.000	0.000	0.000	0.000	0.000
	2	0.942	0.734	0.271	0.060	0.008	0.001	0.000	0.000	0.000	0.000	0.000
	3	0.989	0.902	0.501	0.165	0.033	0.004	0.000	0.000	0.000	0.000	0.000
	4	0.998	0.972	0.716	0.333	0.094	0.015	0.001	0.000	0.000	0.000	0.000
	5	1.000	0.994	0.867	0.534	0.209	0.048	0.006	0.000	0.000	0.000	0.000
	6	1.000	0.999	0.949	0.722	0.374	0.119	0.020	0.001	0.000	0.000	0.000
	7	1.000	1.000	0.984	0.859	0.563	0.240	0.058	0.006	0.000	0.000	0.000
	8	1.000	1.000	0.996	0.940	0.737	0.407	0.135	0.021	0.001	0.000	0.000
$n=18$	9	1.000	1.000	0.999	0.979	0.865	0.593	0.263	0.060	0.004	0.000	0.000
	10	1.000	1.000	1.000	0.994	0.942	0.760	0.437	0.141	0.016	0.000	0.000
	11	1.000	1.000	1.000	0.999	0.980	0.881	0.626	0.278	0.051	0.001	0.000
	12	1.000	1.000	1.000	1.000	0.994	0.952	0.791	0.466	0.133	0.006	0.000
	13	1.000	1.000	1.000	1.000	0.999	0.985	0.906	0.667	0.284	0.028	0.002
	14	1.000	1.000	1.000	1.0000	1.000	0.996	0.967	0.835	0.499	0.098	0.011
	15	1.000	1.000	1.000	1.000	1.000	0.999	0.992	0.940	0.729	0.266	0.058
	16	1.000	1.000	1.000	1.000	1.000	1.000	0.999	0.986	0.901	0.550	0.226
	17	1.000	1.000	1.000	1.000	1.000	1.000	1.000	0.998	0.982	0.850	0.603
	18	1.000	1.000	1.000	1.000	1.000	1.000	1.000	1.000	1.000	1.000	1.000
	0	0.377	0.135	0.014	0.001	0.000	0.000	0.000	0.000	0.000	0.000	0.000
	1	0.755	0.420	0.083	0.010	0.001	0.000	0.000	0.000	0.000	0.000	0.000
	2	0.933	0.705	0.237	0.046	0.005	0.000	0.000	0.000	0.000	0.000	0.000
	3	0.987	0.885	0.455	0.133	0.023	0.002	0.000	0.000	0.000	0.000	0.000
	4	0.998	0.965	0.673	0.282	0.070	0.010	0.001	0.000	0.000	0.000	0.000
	5	1.000	0.991	0.837	0.474	0.163	0.032	0.003	0.000	0.000	0.000	0.000
	6	1.000	0.998	0.932	0.666	0.308	0.084	0.012	0.001	0.000	0.000	0.000
	7	1.000	1.000	0.977	0.818	0.488	0.180	0.035	0.003	0.000	0.000	0.000
	8	1.000	1.000	0.993	0.916	0.667	0.324	0.088	0.011	0.000	0.000	0.000
	9	1.000	1.000	0.998	0.967	0.814	0.500	0.186	0.033	0.002	0.000	0.000
$n=19$	10	1.000	1.000	1.000	0.980	0.912	0.676	0.333	0.084	0.007	0.000	0.000
	11	1.000	1.000	1.000	0.997	0.965	0.820	0.512	0.182	0.023	0.000	0.000
	12	1.000	1.000	1.000	0.999	0.988	0.916	0.692	0.334	0.068	0.002	0.000
	13	1.000	1.000	1.000	1.000	0.997	0.968	0.837	0.526	0.163	0.009	0.000
	14	1.000	1.000	1.000	1.000	0.999	0.990	0.930	0.718	0.327	0.035	0.002
	15	1.000	1.000	1.000	1.000	1.000	0.998	0.977	0.867	0.545	0.115	0.013
	16	1.000	1.000	1.000	1.000	1.000	1.000	0.995	0.954	0.763	0.295	0.067
	17	1.000	1.000	1.000	1.000	1.000	1.000	0.999	0.990	0.917	0.580	0.245
	18	1.000	1.000	1.000	1.000	1.000	1.000	1.000	0.999	0.986	0.865	0.623
	19	1.000	1.000	1.000	1.000	1.000	1.000	1.000	1.000	1.000	1.000	1.000
	0	0.358	0.122	0.012	0.001	0.000	0.000	0.000	0.000	0.000	0.000	0.000
	1	0.736	0.392	0.069	0.008	0.001	0.000	0.000	0.000	0.000	0.000	0.000
	2	0.925	0.677	0.206	0.035	0.004	0.000	0.000	0.000	0.000	0.000	0.000
	3	0.984	0.867	0.411	0.107	0.016	0.001	0.000	0.000	0.000	0.000	0.000
	4	0.997	0.957	0.630	0.238	0.051	0.006	0.000	0.000	0.000	0.000	0.000
	5	1.000	0.989	0.804	0.416	0.126	0.021	0.002	0.000	0.000	0.000	0.000
	6	1.000	0.998	0.913	0.608	0.250	0.058	0.006	0.000	0.000	0.000	0.000
$n=20$	7	1.000	1.000	0.968	0.772	0.416	0.132	0.021	0.001	0.000	0.000	0.000
	8	1.000	1.000	0.990	0.887	0.596	0.252	0.057	0.005	0.000	0.000	0.000
	9	1.000	1.000	0.997	0.952	0.755	0.412	0.128	0.017	0.001	0.000	0.000
	10	1.000	1.000	0.999	0.983	0.872	0.588	0.245	0.048	0.003	0.000	0.000
	11	1.000	1.000	1.000	0.995	0.943	0.748	0.404	0.113	0.010	0.000	0.000
	12	1.000	1.000	1.000	0.999	0.979	0.868	0.584	0.228	0.032	0.000	0.000
	13	1.00	1.000	1.000	1.0000	0.994	0.942	0.750	0.392	0.087	0.002	0.000
	14	1.000	1.000	1.000	1.000	0.998	0.979	0.874	0.584	0.196	0.011	0.000

$n=20$	15	1.000	1.000	1.000	1.000	1.000	0.994	0.949	0.762	0.370	0.043	0.003
	16	1.000	1.000	1.000	1.000	1.000	0.999	0.984	0.893	0.589	0.133	0.016
	17	1.000	1.000	1.000	1.000	1.000	1.000	0.996	0.965	0.794	0.323	0.075
	18	1.000	1.000	1.000	1.000	1.000	1.000	0.999	0.992	0.931	0.608	0.264
	19	1.000	1.000	1.000	1.000	1.000	1.000	1.000	0.999	0.998	0.878	0.642
	20	1.000	1.000	1.000	1.000	1.000	1.000	1.000	1.000	1.000	1.000	1.000
$n=25$	0	0.277	0.072	0.004	0.000	0.000	0.000	0.000	0.000	0.000	0.000	0.000
	1	0.642	0.271	0.027	0.002	0.000	0.000	0.000	0.000	0.000	0.000	0.000
	2	0.873	0.537	0.098	0.009	0.000	0.000	0.000	0.000	0.000	0.000	0.000
	3	0.966	0.764	0.234	0.033	0.002	0.000	0.000	0.000	0.000	0.000	0.000
	4	0.993	0.902	0.421	0.090	0.009	0.000	0.000	0.000	0.000	0.000	0.000
	5	0.999	0.967	0.617	0.193	0.029	0.002	0.000	0.000	0.000	0.000	0.000
	6	1.000	0.991	0.780	0.341	0.074	0.007	0.000	0.000	0.000	0.000	0.000
	7	1.000	0.998	0.891	0.512	0.154	0.022	0.001	0.000	0.000	0.000	0.000
	8	1.000	1.000	0.953	0.677	0.274	0.054	0.004	0.000	0.000	0.000	0.000
	9	1.000	1.000	0.983	0.811	0.425	0.115	0.013	0.000	0.000	0.000	0.000
	10	1.000	1.000	0.994	0.902	0.586	0.212	0.034	0.002	0.000	0.000	0.000
	11	1.000	1.000	0.998	0.956	0.732	0.345	0.078	0.006	0.000	0.000	0.000
	12	1.000	1.000	1.000	0.983	0.846	0.500	0.154	0.017	0.000	0.000	0.000
	13	1.000	1.000	1.000	0.994	0.922	0.655	0.268	0.044	0.002	0.000	0.000
	14	1.000	1.000	1.000	0.998	0.966	0.788	0.414	0.098	0.006	0.000	0.000
	15	1.000	1.000	1.000	1.000	0.987	0.885	0.575	0.189	0.017	0.000	0.000
	16	1.000	1.000	1.000	1.000	0.996	0.946	0.726	0.323	0.047	0.000	0.000
	17	1.000	1.000	1.000	1.000	0.999	0.978	0.846	0.488	0.109	0.002	0.000
	18	1.000	1.000	1.000	1.000	1.000	0.993	0.926	0.659	0.220	0.009	0.000
	19	1.000	1.000	1.000	1.000	1.000	0.998	0.971	0.807	0.383	0.033	0.001
	20	1.000	1.000	1.000	1.000	1.000	1.000	0.991	0.910	0.579	0.098	0.007
	21	1.000	1.000	1.000	1.000	1.000	1.000	0.998	0.967	0.766	0.236	0.034
	22	1.000	1.000	1.000	1.000	1.000	1.000	1.000	0.991	0.902	0.463	0.127
	23	1.000	1.000	1.000	1.000	1.000	1.000	1.000	0.998	0.973	0.729	0.358
	24	1.000	1.000	1.000	1.000	1.000	1.000	1.000	1.000	0.996	0.928	0.723
	25	1.000	1.000	1.000	1.000	1.000	1.000	1.000	1.000	1.000	1.000	1.000

[부표 VI] 누적 푸아송 분포표

$$P[X \leqq c] = \sum_{x=0}^{c} \frac{e^{-m} m^{x}}{x!}$$

c	m									
	0.10	0.20	0.30	0.40	0.50	0.60	0.70	0.80	0.90	1.00
0	0.905	0.819	0.741	0.670	0.607	0.549	0.497	0.449	0.407	0.368
1	0.999	0.982	0.963	0.938	0.910	0.878	0.844	0.809	0.772	0.736
2	1.000	0.999	0.996	0.992	0.986	0.977	0.966	0.953	0.937	0.920
3	1.000	1.000	1.000	0.999	0.998	0.997	0.994	0.991	0.945	0.981
4	1.000	1.000	1.000	1.000	1.000	1.000	0.999	0.999	0.989	0.996
5	1.000	1.000	1.000	1.000	1.000	1.000	1.000	1.000	0.998	0.999
6	1.000	1.000	1.000	1.000	1.000	1.000	1.000	1.000	1.000	1.000
7	1.000	1.000	1.000	1.000	1.000	1.000	1.000	1.000	1.000	1.000

c	m									
	1.10	1.20	1.30	1.40	1.50	1.60	1.70	1.80	1.90	2.00
0	0.333	0.301	0.273	0.247	0.223	0.202	0.183	0.165	0.150	0.135
1	0.3699	0.663	0.627	0.592	0.558	0.525	0.493	0.463	0.434	0.406
2	0.900	0.879	0.857	0.833	0.809	0.783	0.757	0.731	0.704	0.677
3	0.974	0.966	0.957	0.946	0.934	0.921	0.907	0.891	0.875	0.857
4	0.995	0.992	0.989	0.986	0.981	0.976	0.970	0.964	0.956	0.947
5	0.999	0.998	0.998	0.997	0.996	0.994	0.992	0.990	0.987	0.983
6	1.000	1.000	1.000	0.999	0.999	0.999	0.998	0.997	0.997	0.995
7	1.000	1.000	1.000	1.000	1.000	1.000	1.000	0.999	0.999	0.999
8	1.000	1.000	1.000	1.000	1.000	1.000	1.000	1.000	1.000	1.000
9	1.000	1.000	1.000	1.000	1.000	1.000	1.000	1.000	1.000	1.000

c	m									
	2.10	2.20	2.30	2.40	2.50	2.60	2.70	2.80	2.90	3.00
0	0.122	0.111	0.100	0.091	0.082	0.074	0.067	0.061	0.055	0.050
1	0.380	0.355	0.331	0.308	0.287	0.267	0.249	0.231	0.215	0.199
2	0.650	0.623	0.596	0.570	0.544	0.518	0.494	0.469	0.446	0.423
3	0.839	0.819	0.799	0.779	0.758	0.736	0.714	0.962	0.670	0.647
4	0.938	0.928	0.916	0.904	0.891	0.877	0.863	0.848	0.832	0.815
5	0.980	0.975	0.970	0.964	0.958	0.951	0.943	0.935	0.926	0.916
6	0.994	0.993	0.991	0.988	0.986	0.983	0.979	0.976	0.971	0.966
7	0.999	0.998	0.997	0.997	0.996	0.995	0.993	0.992	0.990	0.988
8	1.000	1.000	0.999	0.999	0.999	0.999	0.998	0.998	0.997	0.996
9	1.000	1.000	1.000	1.000	1.000	1.000	0.999	0.999	0.999	0.999
10	1.000	1.000	1.000	1.000	1.000	1.000	1.000	1.000	1.000	1.000
11	1.000	1.000	1.000	1.000	1.000	1.000	1.000	1.000	1.000	1.000
12	1.000	1.000	1.000	1.000	1.000	1.000	1.000	1.000	1.000	1.000

c	m									
	3.10	3.20	3.30	3.40	3.50	3.60	3.70	3.80	3.90	4.00
0	0.045	0.041	0.037	0.033	0.030	0.027	0.025	0.022	0.020	0.018
1	0.185	0.171	0.159	0.147	0.136	0.126	0.116	0.107	0.099	0.092
2	0.401	0.380	0.359	0.340	0.321	0.303	0.285	0.269	0.253	0.238
3	0.625	0.603	0.580	0.558	0.537	0.515	0.494	0.473	0.453	0.433
4	0.798	0.781	0.763	0.744	0.725	0.706	0.687	0.668	0.648	0.629
5	0.906	0.895	0.883	0.871	0.858	0.844	0.830	0.816	0.801	0.785

6	0.961	0.955	0.949	0.942	0.935	0.927	0.918	0.909	0.899	0.889
7	0.986	0.983	0.980	0.977	0.973	0.969	0.965	0.960	0.955	0.944
8	0.995	0.994	0.993	0.992	0.990	0.988	0.986	0.984	0.981	0.979
9	0.999	0.998	0.998	0.997	0.997	0.996	0.995	0.994	0.993	0.992
10	1.000	1.000	0.999	0.999	0.999	0.999	0.998	0.998	0.998	0.997
11	1.000	1.000	1.000	1.000	1.000	1.000	1.000	0.999	0.999	0.999
12	1.000	1.000	1.000	1.000	1.000	1.000	1.000	1.000	1.000	1.000
13	1.000	1.000	1.000	1.000	1.000	1.000	1.000	1.000	1.000	1.000
14	1.000	1.000	1.000	1.000	1.000	1.000	1.000	1.000	1.000	1.000

c	m									
	4.50	5.00	5.50	6.00	6.50	7.00	7.50	8.00	8.50	9.00
0	0.011	0.007	0.004	0.002	0.002	0.001	0.001	0.000	0.000	0.000
1	0.061	0.040	0.027	0.017	0.011	0.007	0.005	0.003	0.002	0.001
2	0.174	0.125	0.088	0.062	0.043	0.030	0.020	0.014	0.009	0.006
3	0.342	0.265	0.202	0.151	0.112	0.082	0.059	0.042	0.030	0.021
4	0.532	0.440	0.358	0.285	0.224	0.173	0.132	0.100	0.074	0.055
5	0.703	0.616	0.529	0.446	0.369	0.301	0.241	0.191	0.150	0.116
6	0.831	0.762	0.686	0.606	0.527	0.450	0.378	0.313	0.256	0.207
7	0.913	0.867	0.809	0.744	0.673	0.599	0.525	0.453	0.386	0.324
8	0.960	0.932	0.894	0.847	0.792	0.729	0.662	0.593	0.523	0.456
9	0.983	0.968	0.946	0.916	0.877	0.830	0.776	0.717	0.653	0.857
10	0.993	0.986	0.975	0.957	0.933	0.901	0.862	0.816	0.763	0.706
11	0.998	0.995	0.989	0.980	0.966	0.947	0.921	0.883	0.849	0.803
12	0.999	0.998	0.996	0.991	0.984	0.973	0.957	0.936	0.909	0.876
13	1.000	0.999	0.998	0.996	0.993	0.987	0.978	0.966	0.949	0.926
14	1.000	1.000	0.999	0.999	0.997	0.994	0.990	0.983	0.973	0.959
15	1.000	1.000	1.000	0.999	0.999	0.998	0.995	0.992	0.986	0.978
16	1.000	1.000	1.000	1.000	1.000	0.999	0.998	0.996	0.993	0.989
17	1.000	1.000	1.000	1.000	1.000	1.000	0.999	0.998	0.997	0.995
18	1.000	1.000	1.000	1.000	1.000	1.000	1.000	0.999	0.999	0.998
19	1.000	1.000	1.000	1.000	1.000	1.000	1.000	1.000	0.999	0.999
20	1.000	1.000	1.000	1.000	1.000	1.000	1.000	1.000	1.000	1.000
21	1.000	1.000	1.000	1.000	1.000	1.000	1.000	1.000	1.000	1.000
22	1.000	1.000	1.000	1.000	1.000	1.000	1.000	1.000	1.000	1.000

[부표 VII] 관리도용 계수표

군의 크기	관리 한계를 위한 계수													중심선을 위한 계수			
	A	A_2	A_3	A_4	A_9	B_3	B_4	B_5	B_6	D_1	D_2	D_3	D_4	c_4	d_2	d_3	m_3
2	2.121	1.880	2.659	1.880	2.695	–	3.267	–	2.606	–	3.686	–	3.267	0.798	1.128	0.853	1.000
3	1.732	1.023	1.954	1.187	1.826	–	2.568	–	2.276	–	4.358	–	2.575	0.886	1.693	0.888	1.160
4	1.500	0.729	1.628	0.796	1.522	–	2.266	–	2.088	–	4.698	–	2.282	0.921	2.059	0.880	1.092
5	1.342	0.577	1.427	0.691	1.363	–	2.089	–	1.964	–	4.918	–	2.114	0.940	2.326	0.864	1.198
6	1.225	0.483	1.287	0.549	1.263	0.030	1.970	0.029	1.874	–	5.078	–	2.004	0.952	2.534	0.848	1.135
7	1.134	0.419	1.182	0.509	1.194	0.118	1.882	0.113	1.806	0.204	5.204	0.076	1.924	0.959	2.707	0.833	1.214
8	1.061	0.373	1.099	0.432	1.143	0.185	1.815	0.179	1.751	0.388	5.306	0.136	1.864	0.965	2.847	0.820	1.160
9	1.000	0.337	1.032	0.412	1.104	0.239	1.761	0.232	1.707	0.547	5.393	0.184	1.816	0.969	2.970	0.808	1.223
10	0.949	0.308	0.975	0.363	1.072	0.284	1.716	0.276	1.669	0.687	5.469	0.223	1.777	0.973	3.078	0.797	1.176
11	0.905	0.285	0.927	0.350	–	0.321	1.679	0.313	1.637	0.811	5.535	0.256	1.744	0.975	3.173	0.787	1.228
12	0.866	0.266	0.886	0.315	–	0.354	1.646	0.346	1.610	0.922	5.594	0.284	1.717	0.978	3.258	0.778	1.188
13	0.832	0.249	0.850	0.307	–	0.382	1.618	0.374	1.585	1.025	5.647	0.308	1.693	0.979	3.336	0.770	1.232
14	0.802	0.235	0.817	0.280	–	0.406	1.594	0.399	1.563	1.118	5.696	0.329	1.672	0.981	3.407	0.763	1.196
15	0.775	0.223	0.789	0.275	–	0.428	1.572	0.421	1.544	1.203	5.741	0.348	1.653	0.982	3.472	0.756	1.235
16	0.750	0.212	0.763	0.254	–	0.448	1.552	0.440	1.526	1.282	5.782	0.364	1.637	0.983	3.532	0.750	1.203
17	0.782	0.203	0.739	0.251	–	0.466	1.534	0.458	1.511	1.356	5.820	0.379	1.622	0.985	3.588	0.744	1.237
18	0.707	0.194	0.718	0.234	–	0.482	1.518	0.475	1.496	1.424	5.856	0.392	1.609	0.985	3.640	0.739	1.208
19	0.688	0.187	0.698	0.232	–	0.497	1.503	0.490	1.483	1.487	5.891	0.404	1.596	0.986	3.689	0.733	1.239
20	0.671	0.180	0.680	0.218	–	0.510	1.490	0.504	1.470	1.549	5.921	0.414	1.585	0.987	3.735	0.729	1.212
21	0.655	0.173	0.663	0.215	–	0.523	1.477	0.516	1.459	1.605	5.951	0.425	1.575	0.988	3.778	0.724	1.240
22	0.640	0.167	0.647	0.203	–	0.534	1.466	0.528	1.448	1.659	5.979	0.435	1.565	0.988	3.819	0.720	1.215
23	0.626	0.162	0.633	0.201	–	0.545	1.455	0.539	1.438	1.710	6.006	0.443	1.557	0.989	3.858	0.716	1.241
24	0.612	0.157	0.619	0.191	–	0.555	1.445	0.549	1.429	1.759	6.031	0.452	1.548	0.989	3.895	0.712	1.218
25	0.600	0.153	0.606	0.190	–	0.565	1.435	0.559	1.420	1.806	6.056	0.459	1.541	0.990	3.931	0.708	1.242

[부표 Ⅷ] r 분포표

v \ $1-\alpha$	0.95	0.975	0.99	0.995
10	.4973	.5760	.6581	.7079
11	.4762	.5529	.6339	.6835
12	.4575	.5324	.6120	.6614
13	.4409	.5139	.5923	.6411
14	.4259	.4973	.5742	.6226
15	.4124	.4821	.5577	.6055
16	.4000	.4683	.5425	.5897
17	.3887	.4555	.5285	.5751
18	.3783	.4438	.5155	.5614
19	.3687	.4329	.5034	.5487
20	.3598	.4227	.4921	.5368
25	.3233	.2809	.4451	.4869
30	.2960	.3494	.4093	.4487
35	.2746	.3246	.3810	.4182
40	.2573	.3044	.3578	.3932
50	.2306	.2732	.3218	.3541
60	.2108	.2500	.2948	.3248
70	.1954	.2319	.2737	.3017
80	.1829	.2172	.2565	.2830
90	.1726	.2050	.2422	.2673
100	.1638	.1946	.2301	.2540
근사치	$\frac{1.645}{\sqrt{v+1}}$	$\frac{1.960}{\sqrt{v+1}}$	$\frac{2.326}{\sqrt{v+2}}$	$\frac{2.576}{\sqrt{v+3}}$

[부표 Ⅸ] 난수표

03 47 43 73 86	36 96 47 36 61	46 98 63 71 62	33 26 16 80 45	60 11 14 10 95
97 74 24 67 62	42 81 14 57 20	42 53 32 37 32	27 07 36 07 51	24 51 79 89 73
16 76 62 27 66	56 50 26 71 07	32 90 79 78 53	13 55 38 58 59	88 97 54 14 10
12 56 85 99 26	96 96 68 27 31	05 03 72 93 15	57 12 10 14 21	88 26 49 81 76
55 59 56 35 64	38 54 82 64 22	31 62 43 09 90	06 18 44 32 53	23 93 01 30 30
16 22 77 94 39	49 51 43 54 82	17 37 93 23 78	87 35 20 96 43	84 26 34 91 64
84 42 17 53 31	57 24 55 06 88	77 04 74 47 67	21 76 33 50 25	83 92 12 06 76
60 01 63 78 59	16 95 55 67 19	98 10 50 71 75	12 86 73 58 07	44 39 52 38 79
33 21 12 34 29	78 64 56 07 82	52 42 07 44 38	15 51 00 13 42	99 66 02 79 54
57 60 86 32 44	09 47 27 96 54	49 17 46 09 62	90 52 84 77 27	08 02 73 43 28
18 18 07 92 46	44 17 16 58 09	79 83 86 19 62	06 76 50 03 10	55 23 64 05 05
26 62 38 97 75	84 16 07 44 99	83 11 46 32 24	20 14 85 88 45	10 93 72 88 71
23 42 40 64 74	82 97 77 77 81	07 45 32 14 08	32 98 94 07 72	93 85 79 10 75
52 36 28 19 95	50 92 26 11 97	00 56 76 31 38	80 22 02 53 53	86 60 42 04 53
37 85 94 35 12	83 39 50 08 30	42 34 07 96 88	54 42 06 87 98	35 85 29 48 39
70 29 17 12 13	40 33 20 38 26	13 89 51 03 74	17 76 37 13 04	07 74 21 19 30
56 62 18 37 35	96 83 50 87 75	97 12 25 93 47	70 33 24 03 54	97 77 46 44 80
99 49 57 22 77	88 42 95 45 72	16 64 36 16 00	04 43 18 66 79	94 77 24 21 90
16 08 15 04 72	33 27 14 34 09	45 59 34 68 49	12 72 07 34 45	99 27 72 95 14
31 16 93 32 43	50 27 89 87 19	20 15 37 00 49	52 85 66 60 44	38 68 88 11 80
68 34 30 13 70	55 74 30 77 40	44 22 78 84 26	04 33 46 09 52	68 07 97 06 57
74 57 25 65 76	59 29 97 68 60	71 91 38 67 54	13 58 18 24 76	15 54 55 95 52
27 42 37 86 53	48 55 90 65 72	96 57 69 36 10	96 46 92 42 45	97 60 49 04 94
00 39 68 29 61	66 37 32 20 30	77 84 57 03 29	10 45 65 04 26	11 04 96 67 24
29 94 98 94 24	68 49 69 10 82	53 75 91 93 30	34 25 20 57 27	40 48 73 51 92
16 90 82 66 59	83 62 64 11 12	67 19 00 71 74	60 47 21 29 68	02 02 37 03 31
11 27 94 75 06	06 09 19 74 66	02 94 37 34 02	76 70 90 30 86	38 45 94 30 38
35 24 10 16 20	33 32 51 26 38	79 78 45 04 91	16 92 53 56 16	02 75 50 95 98
38 23 16 86 38	42 38 97 01 50	87 75 66 81 41	40 01 74 91 62	48 51 84 08 32
31 96 25 91 47	96 44 33 49 13	34 86 82 53 91	00 52 43 48 85	27 55 26 89 62
66 67 40 67 14	64 05 71 95 86	11 05 65 09 68	76 83 20 37 90	57 16 00 11 66
14 90 84 45 11	75 73 88 05 90	52 27 41 14 86	22 98 12 22 08	07 52 74 95 80
68 05 51 18 00	33 96 02 75 19	07 06 62 93 55	59 33 82 43 90	49 37 38 44 59
20 46 78 73 90	97 51 40 14 02	04 02 33 31 08	39 54 16 49 36	47 95 93 13 30
64 19 58 97 79	15 06 15 93 20	01 90 10 75 06	40 78 78 89 62	02 67 74 19 33
05 26 93 70 60	22 35 85 15 13	92 03 51 59 77	59 56 78 06 83	52 91 05 70 74
07 97 10 88 23	09 98 42 99 64	61 71 62 99 15	06 51 29 16 93	58 05 77 09 51
68 71 86 85 85	54 87 66 47 54	73 32 08 11 12	44 95 92 63 16	29 56 51 29 48
26 99 61 65 53	58 37 78 80 70	42 10 50 67 42	32 17 55 85 74	94 44 67 16 94
14 65 52 68 75	87 59 36 22 41	26 78 63 06 55	13 08 27 01 50	15 29 39 39 43
17 53 77 58 71	71 41 61 50 72	12 41 94 96 26	44 95 27 36 99	08 96 74 30 83
90 26 59 21 19	23 52 23 33 12	96 93 02 18 39	07 02 18 36 07	25 99 32 70 23
41 23 52 55 99	31 04 49 69 96	10 47 48 45 88	13 41 43 89 20	97 17 14 49 17
60 20 50 81 69	31 99 73 68 68	35 81 33 03 46	24 30 12 48 60	18 99 10 72 34
91 25 38 05 90	94 58 28 41 36	45 37 59 03 09	90 35 57 29 12	82 62 54 65 60
34 50 57 74 37	98 80 33 00 91	09 77 93 19 82	74 94 80 04 04	45 07 31 66 49
85 22 04 39 43	73 81 53 94 79	33 62 46 86 28	08 31 54 46 31	53 94 13 38 47
09 79 13 77 48	73 82 97 22 21	05 03 27 24 83	72 89 44 05 60	35 80 39 94 88
88 75 80 18 14	22 95 75 42 49	39 32 82 22 49	02 48 07 70 35	16 04 61 67 87
90 96 23 70 00	39 00 03 06 90	55 85 78 38 36	91 37 30 69 32	90 89 00 76 33

53 74 23 99 67   61 32 25 69 84   94 62 67 86 24   98 33 41 19 95   47 53 53 38 09
63 38 06 86 54   99 00 65 26 37   02 82 90 23 07   76 62 67 80 60   75 91 13 81 19
35 30 58 21 46   06 72 17 10 94   25 21 31 71 96   49 28 24 00 49   55 65 79 78 07
63 43 36 82 69   65 51 18 37 88   61 38 44 12 45   32 92 85 88 65   54 34 81 85 35
98 25 37 55 26   01 91 82 81 46   74 71 12 94 97   24 02 71 37 07   03 92 18 66 75

02 63 21 17 69   71 50 80 89 56   38 15 70 11 18   43 40 45 86 98   00 83 26 91 03
64 55 22 21 82   48 22 28 06 00   61 54 13 43 91   82 78 12 23 29   06 66 24 12 27
85 07 26 13 89   01 10 07 82 04   59 63 69 36 03   69 11 15 83 80   13 29 54 19 28
58 54 16 24 15   51 54 44 82 00   62 61 65 04 69   38 18 65 18 94   85 72 13 49 21
34 85 27 84 87   61 48 64 56 26   90 18 48 13 26   37 70 15 42 57   65 65 80 39 07

03 92 18 27 46   57 99 16 96 56   30 33 72 85 22   84 64 38 56 98   99 01 30 98 64
62 95 30 27 59   37 75 41 66 48   86 97 80 61 45   23 53 04 01 63   45 76 08 64 27
08 45 93 15 22   60 21 75 46 91   98 77 27 85 42   28 88 61 08 84   69 62 03 42 73
07 08 55 18 40   45 44 75 13 90   24 94 96 61 02   57 55 66 83 15   73 42 37 11 61
01 85 89 95 66   51 10 19 34 88   15 84 97 19 75   12 76 39 43 78   64 63 91 08 25

72 84 71 14 35   19 11 58 49 26   50 11 17 17 76   86 31 57 20 18   95 60 78 46 75
88 78 28 16 84   13 52 53 94 53   75 45 69 30 96   73 89 65 70 31   99 17 43 48 76
45 17 75 65 57   28 40 19 72 12   25 12 74 75 67   60 40 60 81 19   24 62 01 61 16
96 76 28 12 54   22 01 11 94 25   71 96 16 16 88   68 64 36 74 45   19 59 50 88 92
43 31 67 72 30   24 02 94 08 63   38 32 36 66 02   69 36 38 25 39   48 03 45 15 22

50 44 66 44 21   66 06 58 05 62   68 15 54 35 02   42 35 48 96 32   14 52 41 52 48
22 66 22 15 86   26 63 75 41 99   58 42 36 72 24   58 37 52 18 51   03 37 18 39 11
96 24 40 14 51   23 22 30 88 57   95 67 47 29 83   94 69 40 06 07   18 16 36 78 86
31 73 91 61 19   60 20 72 93 48   98 57 07 23 69   65 95 39 69 58   56 80 30 19 44
78 60 73 99 84   43 89 94 36 45   56 69 47 07 41   90 22 91 07 12   78 35 34 08 72

84 37 90 61 56   70 10 23 98 05   85 11 34 76 60   76 48 45 34 60   01 64 18 39 96
36 67 10 08 23   98 93 35 08 86   99 29 76 29 81   33 34 91 58 93   63 14 52 32 52
07 28 59 07 48   89 64 58 89 75   83 85 62 27 89   30 14 78 56 27   86 63 59 80 02
10 15 83 87 60   79 24 31 66 56   21 48 24 06 93   91 98 94 05 49   01 47 59 38 00
55 19 68 97 65   03 73 52 16 56   00 53 55 90 27   33 42 29 38 87   22 13 88 83 34

53 81 29 13 39   35 01 20 71 34   62 33 74 82 14   53 73 19 09 03   56 54 29 56 93
51 86 32 68 92   33 98 74 66 99   40 14 71 94 58   45 94 19 38 81   14 44 99 81 07
35 91 70 29 13   80 03 54 07 27   96 94 78 32 66   50 95 52 74 33   13 80 55 62 54
37 71 67 95 13   20 02 44 95 94   64 85 04 05 72   01 32 90 76 14   53 89 74 60 41
93 66 13 83 27   92 79 64 64 72   28 54 96 53 84   48 14 52 98 94   56 07 93 89 30

02 96 08 45 65   13 05 00 41 84   93 07 54 72 59   21 45 57 09 77   19 48 56 27 44
49 83 43 48 35   82 88 33 69 96   72 36 04 19 76   47 45 15 18 60   82 11 08 95 97
84 60 71 62 46   40 80 81 30 37   34 39 23 05 38   25 15 35 71 30   88 12 57 21 77
18 17 30 88 71   44 91 14 88 47   89 23 30 63 15   56 34 20 47 89   99 82 93 24 98
79 69 10 61 78   71 32 76 95 62   87 00 22 58 40   92 54 01 75 25   43 11 71 99 31

75 93 36 57 83   56 20 14 82 11   74 21 97 90 65   96 42 68 63 86   74 54 13 26 94
38 30 92 29 03   06 28 81 39 38   62 25 06 84 63   61 29 08 93 67   04 32 92 08 09
51 29 50 10 34   31 57 75 95 80   51 97 02 74 77   76 15 48 49 44   18 55 63 77 09
21 31 38 86 24   37 79 81 53 74   73 24 16 10 33   52 83 90 94 76   70 47 14 54 36
29 01 23 87 88   58 02 39 37 67   42 10 14 20 92   16 55 23 42 45   54 96 09 11 06

95 33 95 22 00   18 74 72 00 32   38 79 58 69 32   81 76 80 26 92   82 80 84 25 39
90 84 60 79 80   24 36 59 87 35   82 07 53 89 35   96 35 23 79 18   05 98 90 07 35
46 40 62 98 82   54 97 20 56 95   15 74 80 08 32   16 46 70 50 80   67 72 16 42 79
20 31 89 03 43   38 46 82 68 72   32 14 82 99 70   80 60 47 18 97   63 49 30 21 30
71 59 73 05 50   08 22 23 71 77   91 01 93 20 49   82 96 59 26 94   66 39 67 98 60

찾아보기

◂한 글▸

◂영 문▸

품질관리(제2판)

2006년 8월 10일 제2판발행 • 공저자 박주영·김영준
2012년 2월 5일 2판6쇄발행 • 발행인 최 국 주
• 발행처 동 명 사

경기도 파주시 교하읍 문발리 535-10 파주출판단지 30블록 4롯트
전 화 : 031) 955-7200(代), 955-7201~4, 7203 (편집부)
팩시밀리 : 031) 955-7205
출판등록 : 1950년 11월 1일(제1-76호)
E-mail : dms723@chol.com
홈페이지 : www.dmsbook.com

정가 27,000원

ISBN 978-89-411-2909-7 93320